Georg Wilhelm Friedrich Hegel

# Vorlesungen über die Philosophie der Kunst

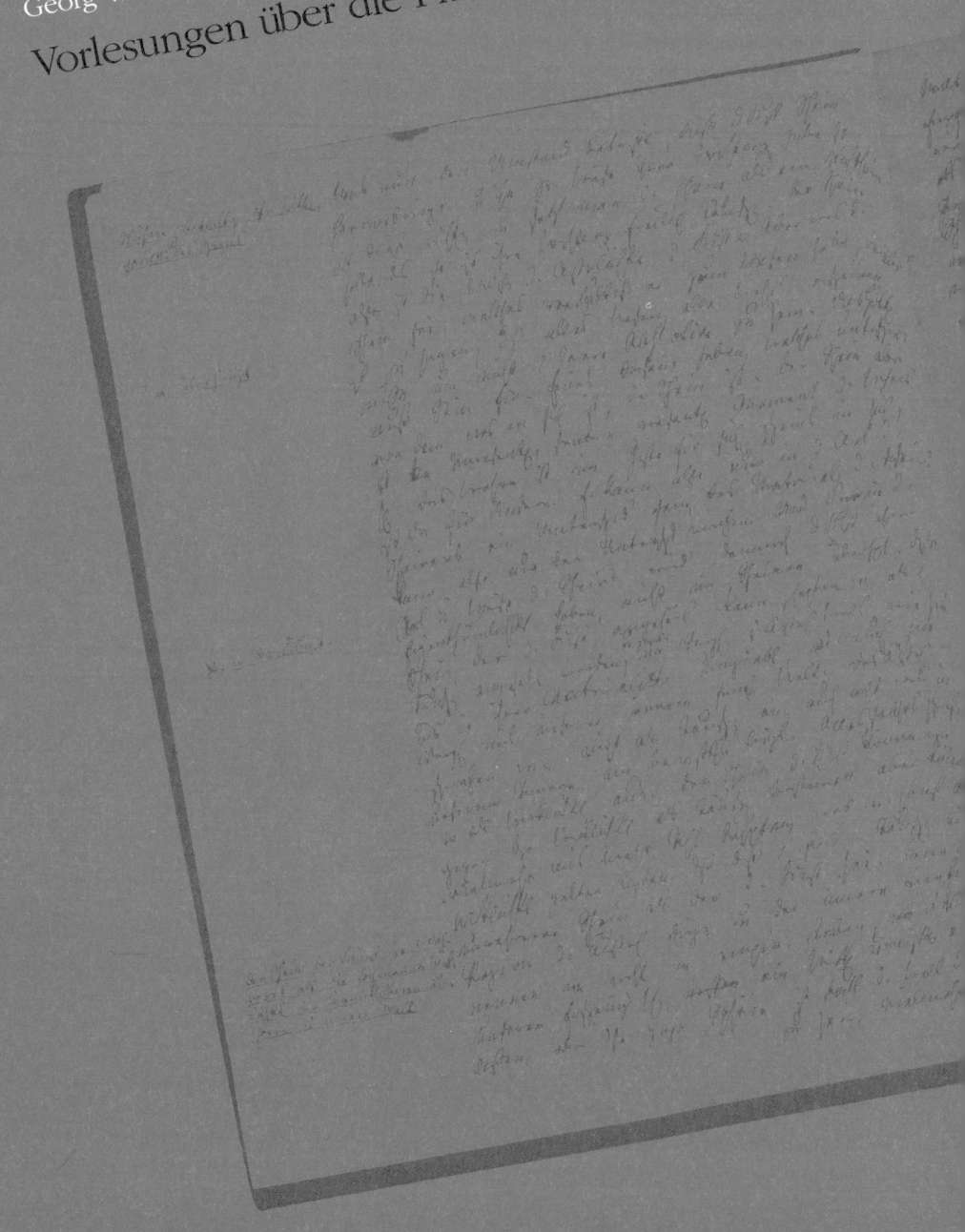

Georg Wilhelm Friedrich Hegel
Vorlesungen über die Philosophie der Kunst
Berlin 1823
Nachgeschrieben von Heinrich Gustav Hotho
Hrsg. von Annemarie Gethmann-Siefert
Hamburg: Felix Meiner Verlag 1998
VORLESUNGEN
Ausgewählte Nachschriften und Manuskripte. Bd 2

이 책의 한국어판 저작권은 펠릭스 마이너 출판사와
미술문화와의 독점계약으로 미술문화 출판사에 있습니다.
신저작권법에 의해 한국 내에서 보호를 받는 저작물이므로
무단전재와 무단복제를 금합니다.

# 헤겔 예술철학
베를린 1823년 강의. H. G. 호토의 필기록

**초판 발행** 2008. 01. 25
**초판 3쇄** 2018. 09. 14
**지은이** 게오르크 빌헬름 프리드리히 헤겔
**편집자** 안네마리 게트만-지페르트
**옮긴이** 한동원 권정임
**펴낸이** 지미정
**펴낸곳** 미술문화
경기도 고양시 일산동구 중앙로 1275번길 38-10, 1504호
**전화** (02)335-2964 **팩스** (02)335-2965
등록번호 제2012-000142호
ISBN 978-89-91847-37-8 값 25,000원
www.misulmun.co.kr

# 헤겔
# 예술철학

게오르크 빌헬름 프리드리히 헤겔
베를린 1823년 강의. H. G. 호토의 필기록
안네마리 게트만-지페르트 편집

한동원 · 권정임 옮김

### 일러두기

· 본문 옆에 나란히 표기된 난외주석은 호토에 의한 것임
· 본문에 사용된 제목 가운데 흐린 글씨체로 표시된 것은 편집자에 의해 추가된 것임
· 〔 〕의 내용은 역자가 독자의 편의를 위해 추가한 것임
· |와 어깨글자는 필기록의 쪽수를 표시한 것임
· 주는 편집자와 역자에 의한 것이며, 역자에 의한 것은 '역주' 라고 표기하였음
· 참고도판은 역자에 의한 것임
· 이 책에 사용된 부호는 다음과 같다.
　〈 〉 미술작품
　《 》 미술을 제외한 시, 음악, 연극 등의 작품
　『 』 책명
　「 」 논문 또는 책의 장이나 절의 명칭

〈헤겔의 초상〉
1825년경. 라차루스 고틀리브 지클링(Lazarus Gottlieb Sichling)이 율리우스 제버(Julius L. Sebber)의 석판화를 동판화로 모작

# 차례

8 호토의 난외주석에 따른 분류
14 참고도판

**편집자 해제** 31 헤겔의 예술철학
H. G. 호토가 받아 쓴 1823년 베를린 예술철학 강의 노트의 편집에 관하여
안네마리 게트만지페르트

## 헤겔 예술철학
베를린 1823년 강의. H. G. 호토의 필기록

**들어가는 말** 77

**일반부분** 127 미 일반
160 예술미 혹은 이념상
164 이념상의 현실성
199 **일반적 예술형식**
200 상징적 예술형식
237 고전적 예술형식
265 낭만적 예술형식
270  1) 종교적 영역
277  2) 세속적 영역
282  3) 주관성의 형식주의

| 특수부분 | 295 | |
|---|---|---|
| | 299 | 건축 |
| | 302 | 1) 자립적 혹은 상징적 건축 |
| | 314 | 2) 고전적 건축술 |
| | 320 | 3) 고딕적 혹은 낭만적 건축술 |
| | 323 | 조각 |
| | 343 | 회화 |
| | 357 | 음악 |
| | 366 | 시 |
| | 380 | 1) 서사시 |
| | 392 | 2) 서정적인 것 |
| | 393 | 3) 극시(劇詩) |

| 부록 | 409 | 언급되는 책 |
|---|---|---|
| | 413 | 편집자와 역자의 주 |
| | 473 | 용어해설 |
| | 489 | 역자해설 |
| | 495 | 필자소개 |
| | 501 | 사항색인 |
| | 508 | 인명색인 |

# 호토의 난외주석에 따른 분류

**들어가는 말**

**예술에 대한 통념 77**
    예술은
        a) 자유로운 상상에 속하는 것으로서 77
        b) 단순히 호감적인 것으로서 77
        c) 단지 가상 속에서 그 현실성을 갖는 것으로서 학문적 고찰의 대상이 될 수 없다는 통념 77

**이 범주들에 대한 더 자세한 고찰 78**
        a) 가상이라는 범주 78
            α) 가상 일반 78
            β) 예술에서의 가상 78
        b) 학문적으로 다룰 만한 예술의 가치 80

**그러므로 우리는 우선 예술에 대한 일반적인 표상만 가지고 있다. 83**
    1) 예술작품은 자연산물이 아니라 인간에 의해 생산된 것이라는 통념 83
        a) 그러므로 우리는 그것에 따라 각자가 예술작품을 생산할 수 있는 규칙을 확정해야만 한다는 통념 84
        b) 따라서 우리는 산물이 순수하게 어떤 특수한 소질에 속한다는 그 반대의 신념에 빠진다 85
        c) 인간의 작품으로서의 예술작품은 자연산물에 뒤진다는 통념 87
        d) 인간은 도대체, 왜 예술작품을 제작하는가라는 물음 88

    2) 예술작품은 인간, 더 자세히는 인간의 감각을 위해 만들어진 것이라는 통념 90
        a)
            α) 예술작품은 쾌적한 감각을 불러일으키기 위해 제작되어 있다는 통념 90
            β) 더 자세히는 예술작품은 아름다움의 감정을 불러일으켜야 한다는 통념 92
        b) 예술작품은 피상적으로나 감정에 의해서가 아니라 특정한 측면에 의해 판정될 수 있다는 통념: 전문성 93
        c) 예술에 나타나는 그대로의 감각적인 것의 관계들 94
            α) 객관적인 것으로서의 예술작품에 관하여 94
            β) 예술가의 주관적 활동에 관하여 98
            γ) 예술 일반과 관련하여 100

3) 예술작품은 그 작용에 목적이 있다는 통념 101

  a) 자연의 모방이 목적이라는 통념 101
  b) 인간 가슴 속에 존재하는 모든 것을 표현하는 것이 목적이라는 통념 102
  c) 예술은 본질적으로 궁극목적을 가져야 하는데, 그 궁극목적은 야만의 유화 및 요컨대 도덕적인 것의 확산이라는 통념 103

**예술개념 일반 108**

**우리가 고찰할 학문의 분류 110**

1) 일반부분 110

  a) 절대적 통일성을 향한 노력 또는 상징적 예술 111
  b) 내용과 형식의 절대적 통일성 혹은 고전적 예술 112
  c) 이 절대적 통일성의 와해 혹은 낭만적 예술 113

2) 특수부분 114

  a) 이 규정성들에 대한 추상적 방식의 고찰 114
    α) 건축 114
    β) 조각 115
    γ) 낭만적 예술 115
  b) 보다 구체적인 고찰 116
    α) 건축에 대한 고찰 117
    β) 조각에 대한 고찰 117
    γ) 낭만적 예술에 대한 고찰 118
      i) 회화 119
      ii) 음악 120
      iii) 시 121
  c) 추상적으로 감각적인 공간과 시간이라는 측면에 따른 고찰 122
    α) 건축은 그 현존재의 3차원에 따라 공간을 질료로 취한다. 122
    β) 조각은 이를 규정하는 영혼이 거주하는 유기적인 형태를 만들 때 3차원을 필요로 한다. 122
    γ) 낭만적 예술: 122
      i) 회화는 추상적 공간과 평면, 평면의 형상화를 사용한다. 122
      ii) 공간의 추상적 부정, 즉 시간의 음(音)예술 123
      iii) 공간과 시간의 절대적 부정성인 시 123

**일반예술형식과 특수예술의 관계 123**

  a) 상징적 예술은 건축에서 최대로 적용된다. 123
  b) 고전적 예술은 조각에서 최대로 적용된다. 123
  c) 낭만적 예술에는 회화와 음악이 속한다. 123
  d) 시는 모든 예술형식들을 거쳐 나아간다. 123

## 일반부분

### I. 미 이념 127

제1부 : 127

1) 미 일반 127
   a) 개념 그 자체는 자신 속에서 구분되는 존재의 이념적 통일성이다. 128
   b) 실재성은 개념 속에 있는 이념적인 계기들의 직접적인 현존이다. 129
   c) 개념의 계기들의 이러한 현존들은 또한 그 실재성에서도 개념의 통일성으로서 총괄된다. 129
      α) 첫 번째 필연적인 통일성은 우리에게는 지체들이 서로 나란히 있는 익숙함 속에 있다. 137
      β) 익숙함에서 계속 나아가게 되는 바는 특정한 속성이 지체들의 필연적 연관에 주도적인 역할을 하게 된다는 것이다. 137
      γ) 감각 혹은 의미로 가득 찬 직관 139

A. 추상적 형식 144
   a) 같은 형태의 추상적 반복으로서의 합규칙성 144
   b) 같지 않은 형태들의 추상적인 반복으로서의 균제 144
   c) 추상적으로 내적인 연관으로서의 합법칙성 148

B. 추상적 내용 혹은 자기 자신과 동등한 통일성으로서의 질료 152
   살아 있다는 것만으로서의 미의 결함: 153
   a) 유기체로서의 생명체에 관하여 155
   b) 직접적으로 개별적인 것으로서의 생명성에 관하여 157
   c) 개별 생명체는 개체적인 것으로서 자신 속에서 특수화되고 한정되어 있다는 것에 관하여 159

제2부 : 예술미 혹은 이념상 일반 160

제3부 : 이념상의 현존재 혹은 예술미의 현실성 164

1) 보편적 상태로서의 외부 세계, 이 속에서 개별 이상이 실현된다. 165
2) 상황 170
   a) 정지해 있는, 과정이 없는 상황: 고대의 신전 조각상 171
   b) 움직임으로서의 상황: 역학적 상황 또는 욕구의 외화 171
   c) 행위로서의 상황 173
3) 상태에 반하는 행위와 이 행위의 반작용, 즉 자신의 특수한 상황에 대한 실체적인 상태의 반작용 174
   a) 행위에 의해 실행되는 실체적인 것 177
   b) 행위의 실체성을 현실화한 것으로서의 구체적인 인간 개별성 184

4) 이상이 현실화될 때의 완전히 외적인 규정성  186
      a) 이 일치는 우선 주체와 이를 둘러싸고 있는 비유기적 자연 간의 조화에 있다.  188
      b) 두 번째 일치는 인간이 자연 속에서 자기 자신에 만족함으로써 낳는 일치이다.  189
         α) 이론적 만족: 장식  189
         β) 만족의 실천적 관계  190
      c) 관습과 관련된 일치  192

## II. 일반적 예술형식들  200

### 제1부: 상징적 예술형식 200

  제1장 상징 일반에 대하여  200
   1) 자연대상에 대한 일반적인 표상이 내용일 수 있다.  210
   2) 상징적인 것에서 이런 내용의 형태화는 불완전하다.  212
   아름다운 것 혹은 고전적 예술로의 이행을 이루는 것은 이집트 상징인데,
   더구나 이집트 상징이 상징으로서
   1) 전체 상징을 만들어냄으로써  219
   2) 혹은 죽은 자의 왕국에 대한 표상이 등장함으로써 그렇게 된다.  220

  제2장 상징적인 것의 직접적인 통일성의 분리: 숭고의 시 혹은 성스러운 시  223

  제3장 의미와 형태의 분리로부터 통일성으로의 복귀: 직유  225
   1) 이솝 우화  227
      a) 수수께끼  228
      b) 비유담  229
      c) 교훈담  229
   2) 알레고리  229
   3) 은유  230
   4) 비유  230
      α) 감화된 심정이 자신의 내용을 그 직접성에서 표명하지 않으므로 한 번쯤
         비유들이 생길 수 있다.  233
      β) 이에 대한 다른 측면은 심정이 자신의 내용으로부터 해방된다는 것이다.  234

### 제2부: 고전적 예술형식 일반 237

  개별성의 이러한 출현을 위한 재료를 조달하는 것  257
   1) 고전적 예술의 전제인 상징적 예술  257
   2) 그 외의 소재는 옛 왕들과 영웅들의 역사적인 전통이 제공한다.  258

3) 세 번째 원천은 시인의 상상이다. 259

제3부 : 낭만적 예술형식 265

   1) 종교적 영역 270
      a) 자기 자신과의 신적 화해의 과정 273
      b) 다른 개인들에게서의 이러한 과정을 서술 274
      c) 심정의 내면성에서 이루어지는 신적인 과정의 서술 276
   2) 세속적 영역 277
      a) 명예 279
      b) 사랑 280
      c) 충성 281
   3) 형식적 주관성 282

## 특수부분

제1부 : 조형예술 299

   제1장 299
   A. 건축 299
   1) 자립적 또는 상징적인 건축 301
   2) 고전적 건축 314
      가옥을 이루는 계기들: 317
      a) 받치는 것: 원주, 벽, 들보 317
      b) 받쳐진 것 317
      사원의 계기들: 317
      a) 받치는 것 317
         α) 연속과 그룹으로 있는 기둥 318
         β) 고정된 장벽으로 둘러싸인 내부 318
         γ) 원주들과의 결합 318
      b) 받쳐진 것은 지붕이다. 319
   3) 낭만적 건축 320

   제2장 323
   B. 조각 323

   제3장 343
   C. 회화 343

제2부: 음향예술 혹은 음악  357

제3부: 언어예술 혹은 시  366

  제1장 서사시  380

  서사시의 역사  391

    1) 동양의 서사적인 시작품들: 상징적인 시작품들  391

    2) 고전적인 시작품: 호메로스, 베르길리우스  391

    3) 낭만인 고대 서사시: 오시안, 단테의 『신곡』, 아리오스토, 타소 등  391

  제2장 서정시  392

  제3장 극  393

  고전 비극  396

    1) 합창은 안정된 통일성 속에 있는 보편적인 위력들이다.  397

    2) 비극의 두 번째 측면을 이루는 것은 안정된 상태의 충돌이다.  397

    3) 그러나 이런 꺾이지 않는 강건함이 개별자들을 서로 파괴하게 한다.  400

      a) 개인은 자신의 타자를 자신에 대해 외적으로 가질 정도로 몰락할 수 있다.  400

      b) 또는 개인은 그 자신에게서 자신의 타자를 갖는다.  400

      c) 세 번째 화해는 주체 자체에서 생겨나는 화해이다.  401

  근대 비극

  희극

참고도판

**1.** 〈벨베데레의 아폴로〉
BC 4세기 레오카레(Leochare)의 청동입상을 로마 시대에 본뜬 대리석 복제품.
15C에 발굴되었고, 이 작품이 있는 바티칸의 벨베데레 궁전 이름을 따라 제목을 붙임.
로마, Vatican Museum 소장.(p.171, 일반부분 주 23 참조)

2. 장-밥티스테 피갈(Jean-Baptiste Pigalle), 〈날개를 달고 있는 머큐리〉 1714-85, 높이 187cm. 파리, Musée de Louvre 소장.
(p.172, 일반부분 주 23 참조)

3. 베르텔 토르발센(Bertel Thorvaldsen), 〈머큐리상〉
1818. 머큐리가 아르구스(헤겔은 마르시아로 잘못 앎)를 해치기 위해 비수를 숨기고 있는 모습이다.
코펜하겐, Thorvaldsen Museum 소장.(p.172, 일반부분 주 25 참조)

4. 루돌프 샤도(Rudolf Schadow), 〈샌들 묶는 소녀〉
1817, 높이 118cm. 헤겔은 빌헬름 샤도의 작품으로 오인하고 있었음. 헤겔이 말한 이 작품은 토르발센의 영향을 받은 그의 형 루돌프 샤도의 작품임.
뮌헨, Neue Pinakothek 소장.
(p.172, 일반부분 주 27 참조)

5. 피디아스(Phidias), 〈올림피아의 제우스〉
높이 약 120cm. 분실된 피디아스 원본의 상상에 의한 모작.
(p.239, 일반부분 주 130 참조)

6. 게르하르트 도우(Gerhard Dou), 〈실패를 쥐고 있는 늙은 부인〉
1660-75년경, 패널에 유채. 러시아, Hemitag Museum 소장.
(p.289, 일반부분 주 210 참조)

**7.** 피테르 브뢰겔(Pieter Brueghel the Elder), 〈바벨탑〉
1563년경, 패널에 유채, 60x74.3cm.
로테르담, Boijmans van Beuningen Museum 소장.(p.304 참조)

**8-a.** 〈여러 모양의 헤르메(株像)〉
헤르메(주상)는 원래 헤르메스 신의 제의 때 사용한 것으로 팔이 달린 남근상 형태였다. 이 형태가 사각 받침대 내지는 기둥 위에 두상이 있는 형태로 발전하면서 5C경에는 헤르메스 신 이외의 신들뿐 아니라, 정치가, 철학자들의 헤르메로 만들어지면서 헤르메는 주상(기둥조각상)으로 그 의미가 일반화되었다. 인물상을 기둥으로 하는 카리야티드도 헤르메의 일종이다. (p.306 참조)

**8-b.** 폴리에우크토스(Polyeuktos), 〈데모스테네스 상 Demosthenes〉 BC 280년경, 1825년 발굴, 높이 189cm. 뮌헨, Glyptothek 소장.

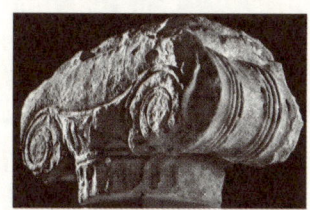

**9.** 도리아, 이오니아, 코린트 주두 양식.
도리아 양식은 주두가 단순한 판형으로 되어 있으며 주두 위에 트리글리프와 메토프가 있는 것이 특징이다.
이오니아 양식의 주두는 나선형 모양의 북으로 이루어져 있고, 코린트 양식의 주두는 아칸더스 잎 모양으로 장식되어 있다. (p.318, 319 참조)

**10-a.** 도리아식 목조건축의 상단 구조.
비트루비우스(Vitruvius)의 고증에 따른 갈리아니(Galiani)의 그림.
고대의 목조건축물은 도리아식 주두 양식이며 아키트레이브, 트리글리프, 메토프 등의 주요구조는 석조 양식과 일치하고 있다.
다만 목조건축에서는 들보들이 대들보 위에 가로로 놓이는데 이 들보의 도리머리(그림 L, M)가 살대(Rost)를 이룬다. 그리고 이 도리머리면들에 트리글리프(그림 N)가 새겨진다. (p.319 참조)

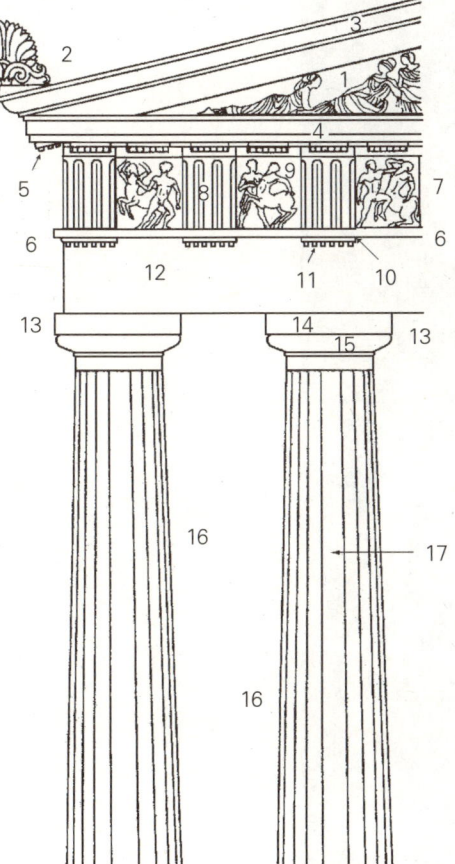

**10-b.** 도리아식 석조건축 양식.
목조건축과 달리 석조건축에서는 트리글리프들 사이에 있는 메토프에 부조 조각이 있으며, 지붕 아래 삼각형의 박공이 있어 대부분 여기에 고부조 조각이 제작되어 있다.

1. 박공
2. 아크로테리아(합각머리)
3. 돌림띠 위에 있는 홈통
4. 들보
5. 처마장식(물방울 모양)
6. 테니아(머리장식띠)
7. 트리글리프프리즈
8. 트리글리프
9. 메토프(소간벽)
10. 레귤라
11. 물방울 장식
12. 아키트레이브(대들보)
13. 주두
14. 주두의 관판
15. 주두 접시판
16. 기둥
17. 홈

**11.** 작자 미상, 〈어린 디오니소스를 안고 있는 판〉
높이 187cm. 리시포스(Lysippos) 작품의 모작으로 추정됨.
헤겔이 1815년에 뮌헨에서 본 작품.
뮌헨, Glyptothek 소장. (p.337 참조)

  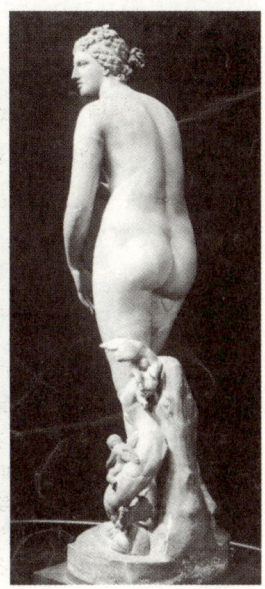

**12.** 〈메디치의 비너스〉
153cm. BC 2C경 헬레니즘 시대 그리스 원작을 바탕으로 한 로마 시대 모각.
피렌체, Uffizi Museum 소장. (p.338 참조)

**13-a.** 라파엘로, 〈기적의 어획고 초벌그림〉
1513-14년경, 종이에 템페라 혼합재료, 400x360cm.
런던, Victoria & Albert Museum 소장. (p. 346, 특수부분 주 42 참조)

**13-b.** 라파엘로의 그림에 의한 〈기적의 어획고〉 태피스트리, 1519년경, 실크와 울, 441x490cm. 시스틴 성당 하단 벽면의 태피스트리. 바티칸, Vatican Museum 소장. (p.346, 특수부분 주 42 참조)

**14-a.** 코레조(Antonio da Correggio), 〈참회하는 마리아〉, 29.1x22.4cm. 코레조의 원작은 분실됨.
이 작품은 페르난드 필로티(Fernand Piloty the Elder)가 코레조의 작품을 토대로 1808-15년 사이에 동판화로 제작한 것이다. 필로티는 1815년 뮌헨에서 전시회를 가졌는데, 헤겔이 이 전시회를 보았는지는 알 수 없다.
로마, Gabinetto Nazionalle delle Stampe 소장.
(p.352 참조)

**14-b.** 〈독서 중에 참회하는 마리아〉
헤겔 시대에는 이 작품을 코레조의 〈참회하는 마리아〉로 여겼다.
드레스덴 회화 갤러리 소장, 전쟁 중 분실.
(p.352 참조)

**15.** 로지에 반 데어 베이덴(Rogier van der Weyden), 〈동방박사의 경배〉 1460년경, 패널에 유채. 콜룸바 제단화. 세 폭 중 가운데 작품. 뮌헨, Alte Pinakothek 소장. (p.353 참조)

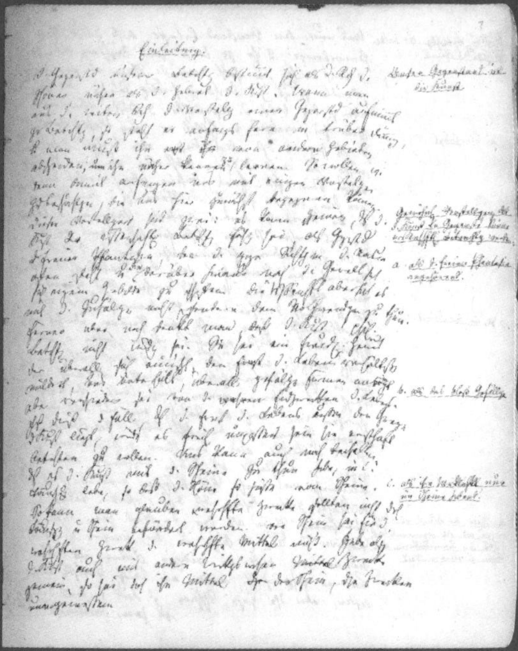

수고 1쪽

**편집자 해제**

# 헤겔의 예술철학
### H. G. 호토가 받아쓴 1823년 베를린 예술철학 강의 노트의 편집에 관하여

안네마리 게트만-지페르트

1. 헤겔 미학의 현재성을 둘러싼 논쟁에 대하여
2. 헤겔 미학에 관한 원자료들
3. 현상 VS 체계
4. "필기록들은 확실히 불투명한 원자료들이다."
5. 1823년 예술철학 강의 필기록 수고형태와 편집작업에 관하여

이 책은 헤겔이 베를린 시대(1818-31)에 강의했던 "미학 혹은 예술철학 (Aestheticen sive philosophiam artis)의 필기록(Nachschrift) 한 편을 담고 있다. 이 필기록은 무엇보다 1823년 여름 학기 강의를 받아쓴 것으로 이 강의에 대한 자료로는 지금까지 보존된 유일한 것이며, 후일 헤겔『미학 Vorlesungen über die Ästhetik, 1835』을 편집한 하인리히 구스타브 호토(Heinrich Gustav Hotho, 1802-73)가 작성한 것이다. 호토는 헤겔이 사망한 지 4년 후에 세 권으로 된 『미학』을 출간했는데, 이는 호토가 자신이 가지고 있던 헤겔의 베를린 강의에 관한 원자료들(Quellen)을 근거로 하여 편찬한 것이다. 이후 이 텍스트는 헤겔의 진정한 예술철학으로 여겨졌으며, 헤겔 철학 가운데 오늘날에도 여전히 효력이 있는 유일한 부분으로 여겨져왔다. 그러나 헤겔『미학』을 둘러싼 논쟁은 동시에 — 비록 수십 년이 지나도록 주목되지 않았지만 — 호토가 『미학』을 출판하려고 강의자료를 개작하면서 은밀하게 엮어넣었던 예술관이 현재성이 있는가에 관한 논쟁이기도 하다. 호토의 이러한 개작으로 인해 헤겔의 많은 사유들이 점차 약화되고 불분명하게 되었으며, 무엇보다 내용적으로 다른 점이 강조되었다.

우리가 출판하는 이 책, 즉 호토가 헤겔의 강의를 들으며 작성한 필기록은『미학』[1]에 비해 유난히 간략한 점이 두드러진다. 그럼에도 이 필기록은 헤겔 미학의 개요를 담고 있는데, 우리는 이 개요를 통해 예술에 대한 헤겔의 특성 규정을 예술의 정신사적 내지는 문화사적 기능에서 인식할 수 있다. 여기에서는 예술의 실재성을 중심으로 해서 철학적 구조화가 이루어지며, 이를 통해 예술에 대한 철학적 고찰과 역사적 고찰이 결합되어 현상학적 단초로 재구성된다. 이러한 점이 철저히 변증법적으로 구성되어버린『미학』과 구분되는 점이다. 미학 혹은 예술철학에 관해 헤겔이 베를린에서 네 번에 걸쳐 행한 강의들에 대한 필기록들과『미학』을 비교한 많은 연구들에서 증명된 바는, 헤겔의 본래의 구상이 강의필기록들에만 들어 있다는 점이다.

강의들은 헤겔이 새로이 알게 된 것을 꾸준히 자신의 생각 속에 통합시키며, 미술 전시, 근대국가에서 교양의 요소로서 예술의 제도화, 그리고 예술의 발전가능성에 대해 숙고한 바를 보여준다는 점에서 특별하다. 이러한 사유발전과정은 ― 헤겔 미학의 현재성에 관한 물음에 대해 매우 유익한데도 ―『미학』에서는 더 이상 인식될 수 없다. 호토의 기본적인 개작작업에 의해 미학은 그 자체 완결된 철학 체계의 폐쇄적인 한 부분이 되어버린다. 이에 반해 1823년 여름학기 강의에서 나온 호토의 필기록은 헤겔의 예술철학 구상에 관한 증거물이 되는데, 이 증거물은 헤겔『미학』의 의미를 둘러싼 학문적 및 철학적 토론을 위해 오늘날에도 여전히 흥미롭다. 이 필기록은 헤겔이 그의 베를린 학생들에게 강의했던, 그리고 그가 사망할 때까지 보완하고 확장하고 구성을 바꾸었던 예술철학의 대상과 발전을 잘 보여준다.

## 1. 헤겔 미학의 현재성을 둘러싼 논쟁에 관하여

호토는 역사와 문화에서 예술의 의미에 대한 철학적인 토론, 그리고 현상과 현상의 역사적 발전을 위해 열려 있는 토론을 절대지 체계의 한 부분이 되게끔 구조를 바꿔버렸다. 그러나 이 일은 놀랍게도 헤겔의 동시대인들에게는 어떠한 동요도 불러일으키지 않았다.『미학』의 출간에 이어서 나온 비평과 서평들에서 볼 수 있듯, 예술철학의 완결된 체계적 형식은 이미 많은 이들에게 헤겔의 원저작으로 간주되었다. 비록 전체로서의 헤겔의 "절대지의 체계"가 의문스러워 보이지만, 사람들은 빈번히 이런 비판에서『미학』을 명백하게 제외한다. 그래서『미학』은 마르크스주의의 대부들에 의해 헤겔 철학 입문을 위한 매우 유용한 통로로 추천되었다. 예술사회학 및 예술학, 문예학은『미학』을 그들의 근본개념을 위한 기초로 사용했으며,『미학』속의 논란 많은 예술판정조차 오늘날 여전히 현대에서의 예술의 몰락을 예언적으로 선취한 것으로 몇몇 해석가들에 의해 옹호되고 있다.

헤겔 미학의 철학 외적인 작용의 이러한 형세는 철학적 논의를 통해 완성되었다. 헤겔 제자들은 소위 "예술의 종말"과, 이것과 결부된 것처럼 보이는 미학의 "고전주의" 논제의 의미 혹은 무의미에 대해 논쟁을 벌였다. 비록 체계적 기초, 즉 절대지의 독단적인 체계가 저속할지라도 사람들은 최근까지 『미학』에서 예술을 위한, 그리고 미학적 문제들을 특수하게 철학적으로 취급하기에 현재적이며 해명할 수 있는 통찰을 다시 찾아내고 있다.

1835년 이래 현존하며 현재까지 영향을 미치고 있는 『미학』 텍스트 자체 역시, 새로운 원자료(Quelle)를 통해 『미학』의 주지된 시각을 개정하는 일이 [우리에게] 도움이 되기보다는 오히려 불필요한 것처럼 보이게 할 정도로 철학적 논쟁을 위한 풍성한 자극들을 제공하기는 한다. 그럼에도 헤겔의 베를린 미학 강의에 관한 원자료의 더 정확한 지식을 배경으로 한다면 단지 "새로운 헤겔"만이 나타나는 것이 아니라, 더 나아가 역사적인 원자료를 증거로 하여 예술철학에 관한 일련의 해석문제들을 피할 수 있다.

### 1.1 예술의 현상학 혹은 미학의 체계?

오늘날 처음으로 그런 것이 아니라 이미 헤겔 시대에도 그의 추종자와 비평가들은 무엇보다 "예술의 종말" 논제가 예술의 역사적인 의미를 해명하는 분석들과 모순된다는 것과, 그 논제가 이제는 헤겔의 적확한 예술비평과 특성묘사와는 세세하게 합일될 수 없다는 것을 주장했다. 최초로 헤겔 『미학』을 영어로 번역한 토마스 말콤 녹스 경(Sir Thomas Malcom Knox)[2]은 예술판단과 미학의 체계적 기초 간의 상충에 관해 언급하였다. 이 불일치는 그가 철저히 연구한 끝에, '헤겔은 그의 『미학』에서 종종 자신이 말한 것을 의미하지 않았을 수도 있다' 라는 견해를 가질 정도로 그에게는 놀랍고 이해할 수 없는 것으로 보였다. 이미 1930년경에 게오르크 라쏜(Georg Lasson)[3]은 그 반대를 주장하였다. 라쏜은 1823년과 1826년 강의에 관한 필자 미상의 강의필기록을 토대로 하여 『미학』의 원자료를 검토하고는, 헤겔의 예술판단들은 종종 원자료에서는 근거를 찾을 수 없는, 미학의 수상한 부분이라고 여겼으며 그러한 예술판단들은 예술이라는 현상을 철학적으로 관철시키려는 시도는 아니라고 보았다. 『미학』에 관한 해석의 다양함과 상이함은 위의 두 가지 근본입장으로 소급될 수 있지만 『미학』에서 취한 증거들은 너무 다의적이고 보편적이어서 어느 하나의 간명하고 긴밀한 구상도 모순에 빠지기 때문에 두 입장이 최종적으로 결정될 수 없다.

1970년대 이래 헤겔의 저작들, 특히 그의 『미학』에 관한 관심이 새로이 자라났음이 확실하다. 디터 헨리히(Dieter Henrich)는 헤겔이 미학 강의들에서 '예술이라는 역사적 현상을 분석하기 위해 뒷전으로 밀려난 철학적 체계를 단념하려 하지 않았을까' 하는 물음과 함께 헤겔 미학의 현재성에 대한 새로운 옹호의 물꼬를 텄다.[4] 사람들은 헤겔의 선입관 없는, 놀랄 정도로 지식이 풍부한, 그리고 역사적 현상을 향해 엄밀하게 조정된 예술규정에 집중하면 예술의 종말 논제를 가능한 한 지양할 수 있을 것이라고 본다. 사실 예술의 종말이란 논제를 회피하기 위해 반드시 미학의 체계적 기초를 포기해야 하는 것은 아니라는 것이 이미 헤겔 미학에 대한 〔헤겔의〕 동시대적 토론들에서 나타난다. 여기에서는 — 특히 호토 자신의 숙고와 테오도르 피셔(Theodor Vischer), 역시 헤겔과 친하지 않았던 테오도르 문트(Theodor Mundt) 같은 철학자에게서도— 미학의 체계가 보존되지만, 예술의 종말 논제는 예술의 완결될 수 없는 미래에 관한 논제로써 묵시적으로 대체된다.

그래서 한편으로는 미학을 체계적으로 기초화하는 것이 어쩔 수 없이 받아들일 수밖에 없는 예술의 종말에 관한 논제와 결부되는 것이 아니라, 체계적인 토대를 유지하면서도 이 논제를 피해갈 수 있는 것처럼 보인다. 그러나 다른 한편으로 사람들은 마음에 들지 않는 귀결인 예술의 종말이라는 주장을 회피하기 위해 철학적 체계론을 포기함으로써 헤겔 미학의 긍정적인 가능성들을 시야에서 놓쳐버린다. 이러저러한 시도들에 반해 캐어스턴 해리스(Karsten Harries)는 바로 예술의 종말 논제가 헤겔『미학』의 현재성을[5] 기초할 것이라고 주장했다. 그의 의견에 따르면 이 논제는 현대예술의 운명에 대한 예언적·혜안적인 진단으로 증명된다는 것이다. 즉 더욱 더 추상적인 표현에, 더욱 더 진기한 현시형식에 이르게 된 예술은 마지막에 이른 것이며, 헤겔은 이것을 앞서 인식한 소수의 철학자 가운데 한 사람이라는 것이다.

이러한 해석에서는 헤겔의 구상이 간단하게 몰락한다. 헤겔이 예술철학에서 중요하게 여기는 것은 예술의 문화적 성과를 역사적 조건의 관점에서 규정하는 것이다. 특히 그는 예술작품 속에서의 이성이념의 직관적 실현인 "이념상(das Ideal)"을 위해, 역사적으로 변화하는 계기들을 예술과 형상화의 문화적 의미가 동일하게 머무는 계기들과 구분되게 하는 구조를 찾아내고자 했다. 그래서 ― 더 상세하게 설명되어야 하겠지만 ― "예술형식"에 대한 그의 구상에는 〔예술의〕 역사적 현상과 그 작용의 차이들을 다루는 것이 보이는데, 그것은 그의 숙고들의 고유한 현재성을 보증한다.

그럼에도 헤겔은 이미 그의 생존시에, 체계적으로 갖춰진 그의 예술철학이 예술의 새로운 발전을 위한 여지를 별로 부여하지 않으며, 독단적이고 잘못된 예술개념으로써 "예술의 미래"를 부당하게 깎아내고 협소하게 한다는 비난과 맞서야 했을 것이다. 헤겔의 예술철학을 독단적 체계학으로 돌리는 이러한 잘못된 평가에 반하여 그의 베를린 강의들의 원자료에 대한 앎은 더욱 차별화된 토론을 가능하게 한다. 이 사실은 우리가 발간하는 1823년 강의의 필기록에 의해 증명될 것이며, 또한 근간 마지막 두 강의에 관한 다른 원자료들의 출간에 의해 뒷받침될 것이다.[6] 현재 헤겔 비판은 "예술의 종말" 논제와 이와 결부된 미학의 "고전주의" 문제로부터 부적절하고도 불필요하게 날카로운 결론을 이끌어내고 있다. 그것은 전체로서의 철학적 미학, 적어도 독일 관념론의 내용미학이 의심스럽게 된다는 것과, 헤겔과 절교하기를 호소하고 따라서 내용미학 일반을 둘러싼 논의를 중단하기를 호소하는 것이다. 헤겔 미학에 대한 이러한 완강한 거부에 반하여 베를린 강의들에 관한 원자료의 편찬작업은 더욱 차별화된 토론을 가능하게 하는데, 그 이유는 수많은 새로운 측면들이 논의를 풍성하게 하기 때문이다.

### 1.2 헤겔 예술철학에 대한 토론의 기만적인 토대

오늘날 헤겔 미학은 오로지 그의 제자 구스타브 호토가 스승의 사후에 『미학』에 부여했던 형식으로만 알려져 있다. 세 권을 가득 채우는 텍스트는 1835년이 시작하면서 그 초판이 나왔고, 그런 후 약간 개정된 제2판이 1842년부터 나왔으며, 그 이후로 [이 텍스트는] 진정한 헤겔 미학으로, 이와 함께 헤겔의 예술규정의 현재성을 둘러싼 논의에 대한 가시적으로 확실한 근거로 여겨지고 있다.[7] 그러나 그것의 오래 계속되는 영향에도 불구하고 우리는 헤겔 『미학』을 그의 예술철학에 대한 역사적으로 정확한, 또한 사상적으로도 엄밀한 해명이 되기에는 문제가 많은 기초 텍스트로 간주해야만 한다. 『미학』의 진정성과 원래성에 대한 오늘날까지 중단없는 신뢰는 어떠한 실제적인 근거도 갖지 않았기 때문이다.

호토는 헤겔 『미학』에 대한 그의 「서언 Vorrede」에서 자신이 『미학』 텍스트를 재구성했던 문헌과 자료들을 밝히고 있다. 흥미로운 것은 무엇보다도 미학에 관한 헤겔의 노트 두 권에 관한 언급이다. 헤겔은 그의 1818년 하이델베르크 미학 강의를 위해 스케치와 메모들이 들어 있는 노트를 사용했을 것이며, 조금 나중에(1820/21년이 시작되면서) 그의 베를린 강의를 위해서는 새 노트를 준비했음이 틀림없다. 헤겔은 이 두 번째 노트를 연속되는 강의들에서 전체적으로 확장했으며, 예술 문제와 예술들의 특성에 관한 수많은 발췌들을 끼워넣음으로써 풍성하게 만들었다.

그럼에도 호토의 서술에 따르면, 헤겔은 베를린 강의 노트를 단지 몇 구절만 일반적으로 정리하고, 문체를 다듬었다고 한다. 그러나 그 동안 재발굴된, 헤겔 자신이 그의 원고 속에 끼워둔 미학에 관한 텍스트 조각들도 대부분 스케치처럼 마구 갈겨쓴 숙고의 성격을 가지거나 혹은 발췌들이다. 이러한 사실들을 통해, 우리가 헤겔의 수고들 가운데 현재 보유하고 있는 모든 근거는 미학이 마지막까지 "진행중인 작업"으로 남아 있었다는 인상을 불러일으킨다. 또한 헤겔 강의들의 그간 알려진 다른 원자료들 역시 이러한 인상을 확증해준다. 1820/21, 1823, 1826, 1828/29년 베를린에서 행한 미학 혹은 예술철학 강의에 관한 필기록들은 사실적 및 형식적인 측면에서 상당한 변경과 강조점의 변이를 시사한다.

그런 이유에서 호토는 『미학』을 편찬하면서 "가장 세심하게 필기된 노트들과" 헤겔 원고를 배합해서 텍스트를 재구성하거나, 심지어는 짜맞출 수밖에 없다고 느꼈다(Vorrede, VIII). 그러면서 호토는 하이델베르크 시대의 노트뿐 아니라 1820/21년 베를린에서의 첫 강의에 관한 원자료는 제외시켰고, 본질적으로 자신이 들었던 1823년 강의와 헤겔의 마지막 두 강의에 대한 몇 권의 필기 노트들을 근거로 하였다. 이 자료는 호토의 관점에서 보자면 특히, 헤겔이 강의들에서 분명히 그의 미학의 어떠한 체계적 기초도 강론하지 않았다는 난점을 시사한다. 헤겔이 강의에서 지시하는 『엔치클로페디 Enzyklopädie』의 체계는[8] 필시 호토에게 충분하지 않았다. 그렇기 때문에 그가 「서언」에서 알리고 있듯, 호토 자신이 헤겔의 변증법적 체계를 예술에 관한 사유에다 통합시켰던 것이다. 헤겔의 미학은 이렇게 절대지라는 전체 체계의 부분으로 완성되어서 셸링(Schelling)이나 졸거(Solger)의 체계적인 미학과의 비교에서 입지를 보유할 수 있어야 했다.

헤겔 미학 강의 원자료에 대한 이러한 개작방식에 대한 시사들은 거의 주목되지 않았다. 이 시사들은 호토가 미학에 관한 헤겔의 숙고에 상당한 침해를 기도했을 것이라는 의심과, 『미학』의 빗나간 체계적 구성 역시 세부적으로 차이를 낳았다는 의심을 강화시킨다. 호토의 편집상의 가공작업에 의해 헤겔 미학은 내용적으로만이 아니라 구조적으로도 변하게 되었다. 예를 들면 헤겔은 1826년을 포함한 시기 이전까지의 강의들에서는 강의를 두 부분으로 나눠서 세 예술형식들을 거의 동일한 분량에서 다루었다. 그는 마지막 강의에서 다시 상징적·고전적·낭만적 예술형식의 구조적 규정을 대략 같은 분량으로 맞췄는데, 이는 새로 첨부된 미학의 세 번째, 즉 "개별부분 Individueller Teil"에서 특히 "상징적 예술형식"의 구상과 또한 ("낭만적 예술형식"에서 서술된) 근대 예술을 풍부한 예들에서 논의하기 위해서이다. 이러한 강조점 변이는 『미학』에는 나타나 있지 않다. 『미학』에서 호토는 먼저 헤겔이 상징적·고전적·낭만적 예술형식의 특성을 위해 〔"일반부분"에서〕 제시하는 예들을 "특수부분"에서 이들 예술형식들에 부속시키며 이 예들을 ― 종종 어긋나는, 가끔은 더욱 모순적인 형식으로 ― "개별부분"에서 다시 반복한다. 이러한 중복들에 의해 『미학』은 강의 필기록보다 상당히 분량이 많고, 모순되는 숙고들로 인해 이해할 수 없는 텍스트가 되어버렸다.

더욱이 호토는 『미학』이 생생하게 정신적으로 스며드는 것은 헤겔의 스케치 덕분이 아니라 편집자의 훌륭한 재구성 덕분이라는 점을 터놓고 주장한다. 이 주장은 명백하게 억지다. 헤겔의 스케치와 호토의 완성을 비교하면 빈번히 불일치가 드러나며, 더구나 편집상의 개정작업과는 반대로 강의 원자료들에 들어 있는 구술된 단어가 전해주는 장점들이 명백하기 때문이다. 그렇기 때문에 자신이 『미학』으로써 더욱 발전된 진정한 헤겔 텍스트를 후세에 전수했다고 하는 호토의 주장을 받아들이기 어렵다. 현재 헤겔 강의에 관한 주지된 바의 열두 편의 필기록들은[9] 『미학』에 반하여 헤겔 예술철학과 그것의 발전, 그리고 수정들에 대한 더 생생하고 더 정확한 그림을 부여한다. 이 필기록들을 모두 합하면 확실히 믿을 만한 방식으로 예술철학에 관한 헤겔의 고유한 구상을 규명할 수 있을 것이다.

### 1.3 치명적인 귀결들

게오르크 라쏜은 이미 1930년에 이 문제들을 시사하였고, 원자료에서 확증할 수 있는 『미학』 구절들을 알 수 있도록 만들어서 "이념상"의 규정인 첫 부분을 새로이 발간했지만, 이러한 시도는 거의 주목받지 못했다. 광범위한 예술철학의 독자들은 빈번히 〔기존의〕 텍스트에 맹목적으로 매료되었다. 게다가 헤겔 『미학』에 대한 어떤 비판적인 편찬작업과 여러 미학 강의들에 관한 원자료의 새로운 편찬작업도 호토 이상의 편집 스타일과 완성을 보이는 저작이 나올 수는 없을 것이라는 우려도 있다. 비록 사람들이 『미학』의 진정성에 대하여 호토를 무비판적으로 칭송하지 않을지라도, 역사적-비판적 연구와 텍스트 구성에서는 예술철학의 체계적 완결성에 다시 도달할 수 없으리라는 사실에 대한 두려움이 헤겔 미학에 필수적인 새 편집에 착수하려는 용기를 마비시킨다.[10] 그렇다고 해서 우리는 성공적인 체계적 기획을 고집하지 말아야 하나? 그리고 헤겔 『미학』의 완성된 형태를 파괴하는 서지학적 엄밀성을 거절해야 하는가?

이리하여 『미학』 텍스트의 진정성을 고수하는 진기한 모습과, 사실적인 연관들에 대한 정확한 통찰보다는 헤겔 예술철학의 "완성된 형태"를 선호하는 모습이 보인다. 그럼에도 미학 강의의 역사적-비판적 출간서를 기대할 수 있다면 — 헤겔 미학의 현재성을 둘러싼 논의에서처럼 — 사람들은 체계에 대한 강제 혹은 고뇌스런 "예술의 종말" 논제로부터 벗어나고자 할 것이다. 그러나 우리는 헤겔이 전개했던 그대로, 즉 예술은 "이념상"으로서 절대정신의 (말하자면 첫번째) 형식이라는 그 근본논제의 역사적 확증으로서 예술철학을 수용해야 할 것이다. 강의들에는 『엔치클로페디』에서의 이러한 규정이 상이한 표현과 역사적인 상황들에서 검증되는데, 헤겔은 현상학적으로 강의함으로써 『엔치클로페디』에서 형성한 체계를 수정했을 뿐만 아니라, 『엔치클로페디』를 통해 강의를 수정하기도 했다.

## 2. 헤겔 미학에 관한 원자료들

우리가 헤겔의 미학 강의들에 관해 알고 있는 자료는 미학에 관해 다소 해명을 하는 원고 몇 장과 헤겔의 강의나 강의와 관련해서 나온 학생들의 필기록과 정서록으로 이루어진 것들이다. 이 자료에는 헤겔의 여타의 저서들과 강의들에 흩어져 있는 숙고들도 포함되는데, 이것들은 헤겔이 미학에서 다시 거론하였으며 하나의 전체구상으로 완성시켰던 것이다. 만약 우리가 헤겔 자신이 권위를 부여한 숙고들을 필기록들 속에 들어 있는 미학 강의들의 전승(傳承)과 결부시킨다면 헤겔 미학에 관한 문헌연구가 실제로 많은 수익이 있을 것이다. 말하자면 인쇄물에서 산만하게 드러나는 예술에 대한 성찰들이 강의들에서는 하나의 전체 구상으로 발전되는데, 이 전체 구상은 예술철학의 논의할 만한, 내용적으로 현대적인 구상을 만든다.

### 2.1 스케치에서 체계로: 예술에 대한 헤겔의 숙고들

우리는 그의 가장 초기의 철학적 탐색 이후 "우리에 대한" 예술의 의미, 즉 예술의 역사적 기능에 관한 물음에 몰두된 헤겔을 보게 된다. 먼저 그는 계몽을 넘어서는 자신의 종교비판 프로그램의 맥락에서 예술(즉 시)이 통합적인 계기가 되는 민중교육에 대한 하나의 이상을 발전시켰다. 이러한 연관 속에서 "이념상(das Ideal)"의 규정이 보이는데, 이 규정은 미학 강의의 도입부에서 헤겔이 가지는 숙고들, 즉 예술작품 속에서의 이념의 "현존재", "현존" 혹은 "생동성"으로서의 이념상 규정을 미리 보여준다. 종교비판적 청년기 저작의 규정에서는 생동적으로 영향력 있게 지속되는 종교의 설립자들 혹은 덕성있는 스승들의 아름다운 행동 속에 실현된 이성이념이 "이념상"으로 간주된다.[11] 1797년의 소위 「독일 관념론의 최초의 체계 구상」[12]에서 헤겔은 (이성)이념은 "미감적으로", 그리고 "신화적으로" 매개될 때만 역사적으로 작용할 수 있다는 언급을 통해 예술 및 종교의 역사적 필연성을 규정한다. 이로써 헤겔은 이성적 종교에 대한 근본 구상에서 예술규정의 체계적 핵심을 확고히 했고, "아름다운 종교"의 이념상에서는 나중에 전개시킨 "고전적 예술형식"에 대한 구상을 확고히 했다. 예술에서, 이념상에서 생동적인 미는 "작품"이 된다. 예술은 역사적 공동체에게 종교를 지지하고, 종교는 민족의 인륜성의 창조이며 전통이다.

1800년의 소위 「체계단편 *Systemfragment*」에서 헤겔은 "낭만적 예술형식"에 관해 나중에 제시할 규정의 근본 특징을 발전시키며, 확실히 종교의 맥락에서 무한한 삶에 대해 다소 적합한 설명을 부여할 능력이 있는 예술들을 다루고 있다.[13] 헤겔은 시대와 문화에 따라 차이가 날 수 있는 절대적 생동감, 신적인 것의 "객관화"에 관한 후일의 사유를 여기에서 구조적으로 준비했다. 그가 사원과 신상 조각의 예에서 명시하는 것은, 종교를 형성하기 위한 목적에서 그때그때 정립된 객관화는 항상 지속되는 것이 아니라 오직 그 시대에만 타당한 의미를 가질 수 있다는 점이다. 언젠가 "아름다운 종교"의 궁극점에 도달한다면 이와 함께 예술은 예술의 전통적인 내용, 즉 신적인 것으로부터 분리되고, 새로운 신성자(der neue Heilige), 즉 새로운 역사적 내용으로서의 "인간적인 것(humanus)"으로 이행하기 위한 구조적인 단초점이 미리 주어진다.

미학에 관한 체계적 구상은 「차이 *Differenz*」 논서와 「발렌슈타인 *Wallenstein*」에 관한 논편, 초기 강의인 「철학입문」, 1805/06년의 「실재철학」, 『정신현상학』, 「자연법」 논편, 뉘른베르크 교육론들,[14] 「상급반을 위한 엔치클로페디」[15]에서 보이는 계속된 발전단계들에 매개되어 이미 1810년에 확고하게 윤곽이 잡힌 채 준비되어 있었다. 헤겔은 이 구상을 1817년 『엔치클로페디』에서 공식화했으며, 또한 1818년 하이델베르크 미학 강의는 본질적으로 예술과 그것의 체계적 의미에 관한 이러한 숙고들을 통해 확립되어 있었다.

하지만 미학에 관한 하이델베르크 노트뿐 아니라 베를린 노트도 분실되었기 때문에 우리는 헤겔 자신의 손에 의한 것으로는 극도로 부족한 원자료만 이용할 수 있으나 그의 다른 출간물들에서 예술철학의 차별화된 체계적 개요와 일련의 내용적 숙고들을 얻게 되는데, 이 숙고들은 강의에 관한 원자료들과의 비교를 통해 헤겔의 구상을 정확하게 재구성할 수 있게 한다. 헤겔 미학 강의들에 관한 필기록의 편찬작업 없이는 물론 이러한 시도는 불충분한 것으로 남을 것이다.[16]

### 2.2 헤겔의 베를린 강의에 관한 필기록들

헤겔은 베를린에서 점점 많아지는 청강자들 앞에서 미학 혹은 예술철학에 관한 강의를 네 번하게 된다. 이에 관한 원자료들은 헤겔 자신이 출간한 저서들에서 나온 숙고들과 더불어 그의 미학 구상에 대한 정확한 모습을 중재해준다. 더구나 직필 노트에는 사유들이 빈번히 스케치 같지만, 핵심적인 것은 일반적으로 매우 정확하게 전달되고 있다. 동일한 연도의 강의에 대한 상이한 증거물들을 비교하면 일종의 검사가 이루어지며, 교차해서 보면 강의에 가까운 것에 대한, 그리고 구술된 단어들이 〔강의내용을〕 충실하게 전달한다는 암시를 얻는다. 따라서 헤겔 강의들에 관한 원자료들은 전체적으로, 호토가 『미학』에서 이것과 헤겔 원고를 혼합시켰던 동질적인 텍스트 형태보다 헤겔 예술철학을 더 정확하고 더 원형에 충실하게 재현한다. 그동안 미학의 모든 강의년도의 필기록들이 알려지게 되었다. 1820/21년 겨울과 1823년 여름에 실시한 처음 두 번의 베를린 강의에서는 각각 한 편씩만 전해지고, 나중의 강의들에서는 더 많은 필기록들이 전해진다.

헤겔이 베를린에서 행한 첫번째 강의에 관한 원자료와 더불어 우리는 헤겔이 그것을 기초로 하여 미학을 곧 책으로 발간한다고 공고했던 작업의 모든 단계를 알 수 있다. 1820/21년 강의에 관한 증거물로는 어떤 동급생을 위해 빌헬름 폰 아쉐베르크(Wilhelm von Ascheberg)가 쓴 정서록(Ausschrift)이 있다.[17] 이 필기록은 직접적인 강의 직필 노트가 아니라 직필 노트보다는 자연히 문헌가치가 떨어지는, 추후에 쓴 정서작업이다. 1823년 여름강의는 미학 혹은 예술철학에 관한 네 시간 짜리 강의이다. 이 강의에 관한 지금까지 유일한 문헌은 호토의 직필 노트인데, 이 노트를 번역한 것이 본서이다. 가장 풍성한 원자료는 또 다시 네 시간 짜리인 1826년 미학 강의에 관한 것이다. 이 강의에서는 (질적으로 상이한) 네 편의 순수한 직필노트와 몇 편의 정서작업이 있다. 여기에서도 그 동안 알려진 문헌들에 관한 현재의 해석을 위해서는 우선 직접적인 직필 노트들이 관심을 끈다. 1828/29년 겨울학기에 헤겔은 그의 미학 강의를 다섯 시간으로 늘렸다. 이 강의에 관한 세 편의 필기록이 지금까지 알려져 있고, 전해져 있다. 언급된 필기록들 외에도 몇 편의 이차 문헌들이 있는데, 이 문헌들은 방향이 헤겔의 강의에 잘 맞춰져 있지는 않지만, 강의 증거물에서 『미학』으로 넘어가는 데 대한 많은 해명을 준다.

### 2.3 호토의 1823년 강의 필기록

지금까지 알려진 모든 직필 노트들 중 최초의 것으로서 호토 자신의 1823년 노트가 우리의 책으로 출간된다. 이 필기록은 호토가 『미학』 출판을 준비할 때 표준으로 사용한 것이지만 『미학』은 종종 이 필기록의 구절과 의미로부터 상당히 벗어났다. 무엇보다 중요한 것은 호토가 추후에 이 직필노트의 가장자리에다 내용을 분류하는 메모와 난외주석을 보여준다는 점이다. 289쪽으로 된 이 필기록은 전체 강의를 문서로써 증명하며, 헤겔의 본질적 사유에 대한 정확한 형상을 보여준다. 원형, 즉 헤겔이 1823년 여름에 행한 강의에 헤겔의 노트와의 직접적인 비교를 통해서는 접근할 수 없지만, 헤겔의 다른 강의들에 대한 호토의 필기록에서 확증할 수 있는 것은 사유의 흐름을 본질적으로 파악하고 세세한 것에까지 정확하게 재현하는 그의 놀랄 만한 능력이다.

강의 필기자들이 흔히 개개의 예들을 서술하면서 혼란스러워지는 경우에 호토는 헤겔의 사유흐름을 알아내고 사실에서 정확하게, 몇 개의 적은 예들을 통해 명확하게 하고자 애썼다. 그는 이러한 것을 간결한 형식에서도, 몇 개의 예외를 제외한다면, 잘 정형화된 서법에서도 성공적으로 해냈다. 헤겔의 사유과정은 이러한 방법으로 명료하고 분명하게 보고되며, 특히 독자에게 친절하며, 잘 분절되고 철저히 다듬어진 형식으로 중재된다. 헤겔 강의의 이러한 재현방식은 상이한 문헌들에서 조합된 『미학』보다 훨씬 덜 복잡하기 때문에 호토의 필기록은 헤겔 예술철학으로의 입문을 위해서는 『미학』보다 오히려 훨씬 적합하다. 따라서 이 강의의 직필 노트 출간은 역사적 이유들에서 노고의 가치가 있을 뿐 아니라 연구를 위해 적합한 것이기도 하다.

헤겔 미학에 관한 필기록들의 편집은 원자료에 대한 우리의 지식을 확장한다는 역사적 가치만 가지는 것이 아니라, 헤겔 미학과 더불은 논의, 그리고 이를 둘러싼 사실적인 논의에 적합한 기초를 마련한다는 체계적 의미를 갖는다. 필기록들에서 만나게 되는 것은 또 다른 헤겔만이 아니다. 이 필기록들은 이미 그 자체로 헤겔 수용의 많은 선입견과 오해를 제거할 수 있는 철학적 논의에 적합한 기초를 처음으로 제공한다. 무엇보다도 헤겔이 예술의 역사적 다양함에 생동성 없는 변증법적 체계를 독단적으로 뒤집어 씌웠다는 비난은 이 텍스트들에 의해 효력을 잃게 된다.[18] 모든 필기록들에서 만나게 되는 것은 [헤겔이] 인류문화의 결정적인 계기로서의 예술에 대해 성찰하면서, 신중하고 주의 깊게 구조화하는, 짧게 말하면 포괄적인 의미에서 현상학적으로 논의하는 철학함이다.

원자료, 즉 이 필기록의 가치는 분명 "제3의 원자료", 즉 『미학』에 반해 더 높은 정확성에 의해 급증하기 때문에 마지막 몇 가지 예들에서 이러한 새로운, 현재적인 헤겔이 소개될 것이다. 헤겔은 자신의 강의들에서 언제나 새로운 자기비판을 하면서, 그리고 오늘날에도 여전히 흥미로운 시도들을 논의하면서 역사적 세계에 대한 예술의 역할을 특성짓는다. 호토의 필기록은 철학자가 예술세계를 성찰하면서 "거쳐간 길들" 중의 하나에 대한 증거물을 전해준다. 여기서 만나게 되는 것은 비록 헤겔 자신에 의해 최종적으로 보증된 형식으로는 아닐지라도 원래의, 주의 깊게 사실에 입각한, 그리고 진정한 수용을 반영하고 있는 헤겔의 예술철학이다.

# 3. 현상 vs 체계

헤겔은 그의 미학 강의들을 매번 새로이 개작하여 확장하고 구조를 변경하기도 했다. 그러나 근본사유들, 무엇보다도 그가 이전에 출간한 저작들에서 발전시켰던, 역사적 문화에 대한 예술의 의미에 비중을 두는 관점들은 미학에도 규준으로 남아 있다. 헤겔은 강의를 시작하면서 자신은 미학에 관한 숙고들을 체계적이 아니라 — 사실을 통해 쉬운 말로 가장 잘 바꿔쓸 수 있도록 — 현상학적으로 시작한다는 점을 분명히 밝혔다. 그는 예술이라는 현상에 대한 성찰과 그의 철학적·미술사적 해석들을 통해, 예술개념을 획득하고 동시에 미학의 "영역"을 윤곽짓고자 했다. 이 영역은 사람들이 작품 속에서 이룩했던 "미의 왕국"("예술미"의 왕국)이다. 이렇듯 헤겔은 역사적 현상으로의 체계적인 접근을 특별히 기초한 것이 아니라 단지 "전제적으로(lemmatisch)"만, 즉 다른 해석의 비판적 전망에서는 호응력 있게 서술했다. 그러나 다른 한편 자신의 철학 체계, 특히 『엔치클로페디』에서 절대지의 체계 속에서 완결하게 확립한 예술 규정을 전제한다.

### 3.1 미학의 체계와 형식적 구조

『엔치클로페디』에서 헤겔은 예술작품, 즉 이념의 역사적 생동성 속에서 실현되는 문화적-역사적 의식의 형식을 "절대지"의 체계 속에 통합시킨다.

그러나 예술을 철학 체계 속으로 통합시킬 때에도 예술철학 강의의 발전에 대한 명백한 흔적이 보이며, 거꾸로 예술철학 강의 구조는 『엔치클로페디』를 규정하고 있다. 1820/21년과 1823년의 베를린 강의가 여전히 1817년 『엔치클로페디』의 원래 구상에 의존하고 있는 반면, 1826년 강의는 ―『엔치클로페디』의 개정판(1827)으로 이끄는 결과를 낳는― 체계에 관한 생각의 분명한 "발아" 흔적을 보여준다. 헤겔은 『엔치클로페디』의 초판에서 예술종교에서 계시종교로, 계시종교에서 철학으로의 이행을 결과로 갖게 된 반면, 이후의 숙고들에서는 그가 미학에서 세 개의 예술형식에 대한 정의를 통해 역사적·구조적으로 완성시킨, 이 이행의 더 엄밀한 규정들을 전개한다.

따라서 미학 강의의 건축 구조에는 체계적 토대의 지속과 그 매개의 수정이 동시에 명료하게 보인다. 헤겔은 구조적·정신사적 전망 속에서 예술을 규정한다. 즉 철학적 미학은 인류의 역사적 문화 속에서의 예술의 기능과 역할 규정을 수행한다는 것이다. 말하자면 예술의 철학적 규정에서 중요한 것은 아름답거나 아름답지 않은 예술들의 미감적 가치가 아니라 언제나 문화적 중요성에 대한 물음이다. 이러한 전망은 국가에서의 예술의 역할이 여러 역사적 시기와 문화에 따라 구분될 수 있는지, 그리고 어느 정도 구분될 수 있는지의 물음과 함께 모든 강의들 속에 지속적으로 포함되어 있다. 이러한 토대를 전제한다면 우리는 모든 강의들에 지속적으로 유지된, 헤겔 사유의 발전사에서 나온 설득력 있는 구상을 획득할 것이다. 변이들은 정신사적, 더 자세히 말하면 문화철학적 예술규정을 배경으로 하여 역사적 현상 자체에서 체계적 구조화를 확증하려는 "현상학적 의무"를 수행하는 것으로 나타난다.

이러한 방식에 의하면 절대지의 "독단적 체계"를 벗어날 수 있다는 희망은 믿을 수 없는 것으로 증명된다. 강의에서 헤겔은 그가 『엔치클로페디』를 통해 미학을 단지 체계적으로만 기초하지 않고, 그 〔『엔치클로페디』의〕 토대를 자신의 강의에서도 고려하고 있다는 점을 명백하게 알리고 있다. 흥미롭게도 강의필기록들은 이런 방식의 체계적인 토대를 이루고 있음을 분명히 반영하고 있지만, 변증법적으로 구축된『미학』과는 상당히 다르다.

"예술의 종말 논제"(내지는 "그 최고의 가능성에서 볼 때 예술의 과거적 특성"에 관한 논제)는 분명히 헤겔의 정신사적 예술규정으로부터, 따라서 그의 미학의 체계로부터 귀결된다. 그러나 이 논제는『미학』이 보여주는 것처럼 명백하게 그 논제와 결부된 고전주의, 즉 아름다운 예술에 우선적인 관심으로 이어지지는 않는다.『엔치클로페디』뿐 아니라 예술철학 강의는 이 비판받는 논제〔예술의 과거성에 대한 논제〕가 예술의 문화변이적 작용가능성 및 형태화 가능성을 문화불변적 목적과 구조적으로 구분하는 데 그 근거를 두고 있음을 밝힌다. 헤겔은 예술이 인류문화에서 핵심기능을 가진다는 것, 그리고 다른 현상들과 나란히 하나의 현상일 수 있을 뿐 아니라 주어진 것들에 대한 성찰 형식으로서 문화의 거울 및 문화의 원동력이어야 한다는 것에서 출발한다. 예술 속에서, 그리고 예술을 통해서 문화공동체는 그들의 의식적 동일성을 획득하고자 노력하며, 가능한 자아실현 형식들과 세계실현 형식들의 다양을 통해 그 동일성을 찾거나 혹은 주제로 삼는다. "〔보편적 진리를 매개하는〕 그 최고의 가능성에서 볼 때 예술의 과거적 특성"이라는 논제는 예술형식에 대한 규정성의 틀 내에서만, 따라서 예술의 역사적 기능, 헤겔 미학에서 특수한 구조화의 틀 내에서만 이해될 수 있다. 이러한 연관에서는 이 논제가 근대 세계에서의 예술의 역할 규정을 논리적으로 활성화하는 것으로 나타난다.

헤겔이 이른바 "예술의 종말 논제"에 대해 의미심장하며 설득력 있는 논거를 제공하는 것과 마찬가지로, "고전주의 비난" 역시 효력을 상실한다.[19] 예술에 대한 헤겔의 철학적 규정에는 고대가, 따라서 "고전적 예술형식"이 핵심적인 위치를 얻게 되는데, 그것은 헤겔이 고대 그리스를 예술에 의해 지지된 문화로 보기 때문이다. 이 시기에 문화는 다른 본질적인 계기들과 나란히 예술도 함께 포괄했던 것이 아니라, 문화 전체가 "예술작품"이었다.[20] 여기에서 예술작품의 규정은 고전 그리스적 이상(Ideal)을 기초로 하여 확립되는 것이지 미감적 형식들에서 확립되는 것은 아니다. 이 규정은 "고전주의적"이 되지 않는다. 왜냐하면 역사에서의 예술의 기능은 ― 헤겔이 그것을 규정하듯이 ― "미감적" 가치판단의 척도가 아니라 그러한 역사적-문화적 의미 변이에 대한 성찰의 규준가치를 형성하기 때문이다.

예술이 특정 문화에서 최고의 가능성에 도달한다는 것, 그리고 헤겔이 의미하듯이 그리스 신상 조각보다 "더 아름다운 것"은 "있을 수 없으며, 될 수도 없다"는 것이 뜻하는 바는, 고전적 미 곁에서는 이 아름다운 형태에 필적하지 못하는 한, 다른 모든 미가 비예술로 변질되어야 한다는 것이 아니다. 게다가 헤겔이 방법적으로 전체 및 세부로 손을 뻗치면서 체계적으로 방향을 잡아 성찰해 나가고 있는 미학의 계속적인 체계적 도입전제, 즉 "이념상"의 규정이 분석되어야 한다. 또한 이 규정과 이것과 결부된 미학의 "논리학"도 『미학』와 강의들을 비교함으로써 새로이 조망된다.

### 3.2 "이념상"과 예술형식

헤겔은 그의 미학 영역을 "예술미", 즉 인간에 의해 인간을 위해 산출된 미로 확실히 한다. 그는 궁극적으로는 인간의 역사적 행동에서 생겨나는 현상만이 철학으로 충분하게 재구성할 수 있다는 사실을 통해 이러한 생각을 논증한다. 헤겔이 이미 예나 시대 이래 예술 규정을 함께 발전시켰던 여러 체계 초안들에는 이런 생각이 결정적인 역할을 한다. 예술미는 조화를 필요로 하는 감각에 말을 걸기 때문에 우선적인 의미를 가지는 것이 아니라, 인간이 그와 같이 [예술적으로] 형태화된 사물 속에서 자유롭고 이성적으로 행동할 수 있는 자신의 고유한 능력을 만나기 때문에 그러하다. 그래서 예술미는 원래적 의미에서는 이념상, 즉 미의 역사적 생동적인 현재이다. 이와 함께 이상(理想)과 역사적 작품과의 결합, 마찬가지로 인간 행동과 인간적 자기실현 및 자기 자신에 관한 이해의 "목적"과 예술의 재연결이 확고하다.

철학적 논의에서만이 아니라 거의 모든 예술이론적 · 미술사적 혹은 문예학적 논문들은 『미학』에서 나온 헤겔의 이념상(Ideal, 理念像) 규정에 관해 언급하고 있다. 이념상은 『미학』에서 미(美)와 동일시되며, 미는 "이념의 감각적 현현"으로(Ästh.I 1. 144; Ästh.II 1, 141) 정의된다. 이념상의 이러한 기초를 이루는 규정은 『미학』에서 중심적 위치를 점하지만, 헤겔 자신에 의해 출간된 저서들 내의 예술에 대한 서술에서와 마찬가지로 헤겔의 베를린 강의들에 대한 지금까지 알려진 모든 원자료에서는 보이지 않는다. 호토의 1823년 필기록에는 "정신의 원칙적인 관심들" 일반으로서의 예술·가상·감각성·정신성·이념 간의 연관에 관한 상세한 논구가 보인다. 이러한 상술들과 관계하여 무엇보다 "이념의 감각적 현현"으로서의 미와 이념상 정의를 『미학』에 삽입하도록 호토를 추동하였을 개념적인 기초요소들이 다시금 떠오른다. 그럼에도 불구하고 헤겔은 이러한 계기들을 의도적으로 따로 분리하였으며, 이념상을 이렇게 감각과 이념을 결합시켜 정의하지 않고 "감각적인 것의 가상"과 "예술"의 조합을 통하여 정의하였다.

  자연을 직접성에 두지 않아야 하며, 두어서는 안 되는 예술에서(Hotho 1823. 수고 205쪽) 사람들은 세계에 대한 표상, 더욱이 감각적인 표상을 설계한다. 이 표상은 언어에서처럼 추상적인 기호에 의해서가 아니라 "감각적인 방식"으로 매개되어 있다. "그래서 한편으로는 내용이 있어야 하지만 다른 한편으로 그 내용은 현실적인 것이 아니라 표상의 내용으로서 있음"을 인식하도록 있어야 한다(Hotho 1823. 수고 196쪽). 헤겔은 예술의 매개수행에까지 일반적으로 확장될 수 있는 정의 내에서 회화를 특성지으면서 위의 사실을 개념화한다. 예술은 "표상의 표상"인 것이다(Hotho 1823. 수고 196쪽).

  따라서 예술 속의 감각적인 것은 단순한 직관으로 고찰되어서는 안 된다. 1826년 강의에서 헤겔은 예술은 오로지 "정신이 그 속에서 현상하는 형식"임을 강조하며(Kebler 1826. 수고 5쪽), 예술작품 속에 도달된 직관적인 이념의 현재에 대한 규정을 이러한 방식으로 가상개념과 결합시킨다. 예술작품은 직관적이며, "순전히 감각적인 가상작품"이다. 하지만 동시에 예술작품은 "더 자세한 형식에서는 형태"이다(*Hotho 1823*. 수고 18쪽). 그러므로 예술의 감각적 직관성은 목표된 생산적인 행동에서 발원된다. 예술의 가상은 따라서 단순한 감각적 가상이 아니라 이것에 의해 수요자에게 직접 매개되는 행동의도, 생산의도를 직관화하기 위한 수단이다. 그래서 "예술은 가상을 통해 이념을 표현하는 것이 된다"(*von der Pfordten 1826*. 수고 7쪽).[21] 헤겔은 이 자리에서 가상을 동시에 기만으로 치부하는 오해에 반대한다. 왜냐하면 형태, 형태화된 예술작품은 "우리가 실재라고 부르곤 하는 것보다 예술의 가상이 더 높고 진정한 실재적 형식이라는 것과 어떻게 우리가 감각적인 것을 보는 데 익숙해져 있는지를 보여주기" 때문이다(같은 곳). 이것은 1835년 『미학』의 표현방식과 헤겔의 표현방식들의 근접함뿐 아니라 극복될 수 없는 차이도 확증해준다. 예술에서 중요한 것은 단순히 감각적인 것이 아니라, "예술 속에서 가상으로 고양되는" 감각적인 것이다(*Hotho 1823*. Ms. 17쪽). 예술은 이러한 "정신화된 감각적인 것"(*Hotho 1823*. 수고 18쪽)에 의해 감각적인 것 그 자체와 순수한 사유에서 자신의 중간 위치와 중계자 위치를 발견한다. 헤겔은 이러한 생각을 계속해서 상술하면서, 이념상에서 "정신은 감각적인 것 속으로 발을 내디뎠다"(*Hotho 1823*. 수고 74쪽)고 한다. 이념상, 구체적으로 말하면 예술작품은 "이념의 감각적 현현"이 아니다. 오히려 이념은 감각적인 현현을 통해서, 직관을 통해서 구체적이고 역사적으로 매개되며, 헤겔이 「독일 관념론의 최초의 체계구상」에서 촉구했듯이 "미감적으로", 그리고 "신화적으로" 된다.

    이념상에 대한 종교비판적 청년기 저작에서의 최초의 규정 이래, 헤겔에게서 중요한 것은 이념, 즉 구체적인 역사적 작용 속에 있는 이념의 "현존재, 현존 내지는 생동성"이 역사적으로 구체화된 것을 파악하는 것이다. 반면 호토의 정의는 예술을 단순한 감각성과 가상적인 성격의 의미에서 낮추어 규정하여 헤겔 미학에 대한 비판을 초래한다. 헤겔에게 중요한 것은 예술의 감각성 때문에 예술을 가치폄하하는 것이 아니라 상이한 시기와 문화들에서 예술의 문화적 기능을 논증하는 것, 즉 예술의 역사적 작용의 차이뿐만 아니라 동일한 구조를 파악해내는 철학적인 규정이다. 예술에서 "감각적인 것 속으로 발을 내딛는" 정신으로서의 이념상에 관한 헤겔 규정에서 결과로 나오는 것은, 말하자면 국가 내에서 윤리적인 힘이 현존 속으로 진입했던 것과 같은 방식으로, 이념이 "현존 속으로" 진입했다는 보다 주목할 만한 시사이다(*Hotho 1823*. 수고 77쪽). 이러한 설명에서 추출될 수 있듯이 "현존재" 혹은 "현존함"이라는 방식은 자기 내에서 성찰된 현재의 형식만이 아니라 동시에 활동적인 현재이다. 그러므로 헤겔은 예술형식의 규정에서와 마찬가지로 여러 예술들의 특성묘사에서도 이념상에 대한 그의 구상을 인식론적 관점에서 감각적인 직관의 차별되는 수행능력의 표현이라는 의미에서 발전시킨다. 그렇기 때문에 헤겔은 이념상에 대한 이런 구상을 통해 먼저 그의 미학의 중심 개념, 즉 예술작품이라는 개념을 기초짓고, 그런 후 또한 개별 예술작품에 대한 "미학적 판단들"을 인류문화와 역사 속에서의 예술의 기능에서 나온 예술 판정으로 확증한다.

헤겔은 미 이념은 우리가 그것을 곧 "이념상"으로서 파악할 때만 그것의 더 자세한 규정들에서 서술될 수 있음을 강조한다. "자신에 대해 있는 이념은 자신의 보편성에서는 진리 그 자체이다. 그러나 이념상은 이러한 진리, 즉 자신의 현실성·개별성·주관성을 동시에 갖춘 이념이다. 우리는 이로써 1) 이념 일반, 2) 그것의 형태라는 두 가지 규정을 구분하는데, 이 두 가지 모두 동시에 이념상, 즉 형태화된 이념을 만들어낸다".[22] 자신의 형태에 대한 이념의 구체적인 관계에서 결과되는 것은 이들 상호간의 "구상(Einbildung)"의 상이한 표현체들, 즉 예술형식들이다.

헤겔이 구조적으로 "상징적 예술형식"에서 종합하고 있는 예술들은 단순한 자연 형태를 추상적으로 무한화하므로 이념을 아직 미감적으로 불충분하게 매개한 것이다. [이념을 표현하기에] 가능한 형태들이 많다 함은 역사적 의식 자체에서 이성 이념이 아직 간명하게 파악되어 있지 않다는 사실을 가리킨다. 인간이라는 "정신적인" 자연형태와 더불어 "고전적 예술형식"은 "이념의 적합한 구상"에 도달하며, "이상은 여기서[고전적 예술형식에서] 자신의 현실성 속에서 현상한다"(Aachen 1826. 수고 28쪽). 이상의 이러한 실재화는 물론, 인간이 예술 속에서 자신을 단지 정신적인 자연형태로서만이 아니라 역사적·의식적인 현존으로서 만나게 될 때 또 다시 와해된다. "그러므로 이 세 번째 단계에서는 정신적인 것이 정신적인 것으로서, 이념이 자립적인 것으로서 등장한다. 정신적인 것이 대자적인 것에 이르면서, 즉 감각적인 표현으로부터 해방되어 있게 되면서 감각적인 것은 정신적인 것에 대해 하나의 하찮은 것, 일시적인 것이 된다. 표현은 이러한 방식으로 다시 '상징'이 된다"(Aachen 1826. 수고 31쪽).

헤겔은 상이한 예술형식들에서 동등한 정도로 "이상"이 실현되어 있음을 보기 때문에 이 세 번째 단계, "낭만적 예술형식"에 대해서도 이상의 고유한 표현법을 전개했음이 틀림없으며, 그리스 예술의 아름다운 형태, 즉 '이념과 구체적인 형태화'가 하나로 구상된 형식의 지양(Aufheben)을 허용해야만 했다. 그러므로 개별 예술의 특성에서 숭고한 예술은 상징적 예술형식에, 아름다운 예술은 고전적 예술형식에, 매우 정신적인 예술은 낭만적 예술형식에 대응하는데, 낭만적 예술형식은 미에서부터 특성적인 것을 넘어 추한 것에 이르기까지 모든 형태화 가능성들을 통합하는 예술형식이 된다. 상징적 예술형식의 예술들이 불충분한 "전예술(Vorkunst)"로 치부되지 않으며, 고전적 예술형식이 이념과 형태 통합의 유일한 가능성으로 특별히 평가되지도 않는다. 이와 반대로 헤겔에게서는 낭만적 예술형식의 형태변이들이 흥미를 끄는데, 이를 통해 헤겔은 근대 문화에서 예술의 역할은 직관을 통해서 고유한 역사적 상황에 대한 성찰을 매개하는 것이라고 규정한다.

그러므로 미학 강의들에서 보이는 개별 예술작품과 이것들의 판정을 살펴본다면 헤겔이 역사적 현상을 절대지의 경직된 체계를 통해 전혀 한정하지 않는다는 것을 즉시 알 수 있다. 헤겔의 베를린 강의의 원자료들에 대한 충분한 가치평가가 낳는 결과는, 『미학』에 나오는 많은 예술판단들이 표현된 그대로의 형식으로 헤겔에게 귀속되어서는 안 된다는 사실과, 더욱이 몇몇 예술판단은 오로지 호토에게 되돌아가게 되며 헤겔 자신의 숙고와는 반대라는 사실이다. 미학 체계는 1817년의 『엔치클로페디』와 이것의 1827년, 1830년의 개작과 더불어 확립되어 있다. 그러나 예술 판정들은 예술철학의 맥락에서는 현재 알려진 문헌들이 전해주고 있듯이 예술을 철학적으로, 따라서 체계적으로 기초짓고 구조화하는 방식에 대한 예증이라는 자리값과, 예술의 이론적 특성을 비판적으로 검증하는 기능을 획득한다. 『미학』에서 일반적으로 중요한 것은 "이상적인(ideal)" — 호토의 견해에 따르면 근대 세계에서는 우선적으로 기독교적인 — 내용을 갖춘 위대한 예술을 아름다운 예술로서, 더 이상 아름답지 않은 퇴폐형식보다 특별하게 평가하는 것이다. 이에 반해 헤겔 자신은 체계적으로 기초된 추론과 연관지어 논의할 수 있도록 전개하지만 현상을 미리 규정하지는 않는다. 예술철학 강의들에 대한 서지학적 연구는 확실히 이렇게 하나의 새로운, 체계와 역사적 현상의 헤겔적 결합을 논의거리로 제시할 것이다.[23]

## 4. "필기록들은 확실히 불투명한 원자료들이다"[24]

　　하이데거는 필기록에 대한 이러한 회의와 함께 이런 필기록과 표현들을 천재의 작품, 완성된 전체로 평가한다는 의견에 반대한다. 헤겔 사후에 호토가 출간했던, 완성된 것으로 보이는 『미학』을 쉽게 거부하지 못하는 것이 이러한 진술로부터 잘 설명된다. 위대한 철학자의 텍스트와 단어들에 대한 외경은 필기록들과 연관된 묻혀 있는 희망으로 추동하기도 하며, 역사적이자 비판적인 재구성 가능성들에 대한 오해를 유발한다. "대가" 자신의 목소리로 구술된, 적혀진 단어를 그 자체만을 위해 다시 획득하는 것이 중요한 것은 아니다.
　　강의 원자료들의 역사적이자 비판적인 편찬작업은 사실에 봉사해야 하며, 예술의 철학적 규정에 관한 헤겔의 숙고들을 파악하고 읽을 수 있게 현시해야 하며 사실과 동떨어진 중첩으로부터 벗어남으로써 그것들 본래의 논리정연함에서 서술해야만 한다. 매우 명료한 형식으로 전개된 헤겔의 생각들에 대한 비판적 토론과 이를 계속 이끌어나가는 일은 독자들에게 달려 있다. 역사적·비판적 편찬작업을 통해서 헤겔 미학은 말하자면 예술철학의 완성된 체계적 표현의 성직자적 표석이 되는 것이 아니라, 인류 문화 일반을 위해 포기될 수 없는 현상에 대한 철학적 이해에 기여한다. 이러한 논의에서 우리는 헤겔 미학의 관심사와 사실을 올바로 평가하게 될 것이다.
　　마지막 강의에서조차 거대한 층이 변위하는 사실이 증명하는 것처럼, 미학은 헤겔 자신의 평가에서도 발전 가능한, 발전이 필수적인 프로젝트로 남아 있다. 또한 그의 철학 체계의 이 부분(미학)은 호토가 완성시켰는데 그 완성이 여러 측면에서 의심스럽기 때문에, 앞으로 필수적인 것은 철학적 미학의 문제에 대해 학문적으로 세밀하게 토론할 때는 헤겔의 미학 혹은 예술철학 강의에 대한 필기록들로 되돌아와서 다시 출발하는 일이다. 예술철학의 긴밀한 서술 관점에서 본다면 각 강의의 필기록, 특히 직접 강의에서 생겨난 직필 노트들은 『미학』을 능가한다. 네 번의 베를린 강의에서 전해진 필기록들에는 미학이 매 강의마다 수정되면서 이뤄진 것으로 나타나지만, 각 강의는 할 때마다 매번 자체적으로 완성된 기획으로 보이기 때문이다. 반복이 많고 중복이 많은 『미학』에서와는 달리 필기록에는 헤겔의 구성이 분명하고 그의 추론의 중요점들을 인식할 수 있으며, 모든 문서들을 개괄한다면 최종적으로 [헤겔이 행한] 수정들의 의미도 추체험할 수 있을 것이다.

사람들은 강의록에서 "제2의 [즉 청강생의] 손에서 나온", 그러나 진정한(authentisch) 기록을 위한 노고가 보이는 헤겔 미학을 얻게 된다. 원자료들을 역사적·비판적으로 연구함으로써 헤겔의 예술철학 "강의"에 대해 계속하여 정보를 얻을 것이라는 희망과, 진정한 헤겔 강의를 재구성할 수 있다고 보는 희망은 물론 확신적이다. 또한 우리는 최초의, 생동적인, 종종 놀랍도록 명확한 수용[즉, 강의필기록]에 반영된 헤겔 미학을 알게 될 것이다.

호토의 직필 노트가 갖는 의미는 그것이 최소한 헤겔 자신에 의해 철저히 생각된 미학 혹은 예술철학에 대한 문서라는 점인데, 이를 통해 우리는 『미학』과는 반대로 헤겔의 사유흐름과 추론전개를 일람할 수 있다. 헤겔의 강의를 직필하여 후일 자신의 학문적 활동의 기초를 닦으려는 당시의 일반적 경향에서 놀랄 만큼 정확한 재생산이 나왔는데, 호토의 필기록은 이러한 의미에서 신뢰할 수 있는 원자료이다. 헤겔 강의에 대한 이러한 필기록은 호토 자신의 강의와 학문적 연구를 위해 사용되기도 했다. 그러나 이 필기록들은 무엇보다 사실 자체를 둘러싼 일부 격렬한 논의의 기초로 간주되었다. 또한 여기서도 헤겔 미학의 동시대적 수용은 현재의 토론을 위한 모범상일 것이다. 전래된 필기록들과 『미학』 간의 상위로 말미암아 현재 독자들은 핵심, 즉 철학적 예술규정에 더 근접하기 위해, 그리고 헤겔에 의해 고무된 논의를 계속하기 위해 꾸준히 문헌연구를 해나가야 한다.

## 5. 1823년 예술철학 강의 필기록 형태와 편집작업에 관하여

여기에 번역된 1823년 여름학기 헤겔의 베를린 예술철학 강의 필기록의 수고(手稿)는 보쿰의 루르 대학 헤겔문서연구소(Hegel-Archiv an der Ruhr-Universität Buchom)의 소유물이다.

이 필기록은 지금까지 보존된 유일하게 완전한 헤겔 강의의 증거물이다. 이 외에도 크로마이어(Kromyer)의 정서작업(Ausarbeitung)이 있는데, 이것은 1823년과 1826년 강의를 다른 학생들이 직접 받아쓴 직필 노트(Mitschrift)를 보고 쓴 데다 강의의 첫 부분만 문서로 남기고 있다. 크로마이어가 쓴 간접적인 소스는 우리의 텍스트에 포함시키지 않았다. 크로마이어의 필기록은 헤겔이 이미 본질적으로 수정했던 1826년 강의에서 다루었던 더 많은 정보에 의존하면서도 호토의 필기록을 넘어서는 정보를 포함하고 있지 않기 때문이다.

필기록은 표제지를 제외하고 289쪽인데, 백황색이고 단단하며 때로는 가장자리가 약간 너덜거리며, 누렇게 색이 바랬고 약간 손상된 것도 있다. 수고의 쪽수는 다른 사람이 추후에 연필로 첨기한 것이지만, 참조를 위해 이 번역본에 표시해두었다. 텍스트의 첫 부분은 짙은 흑갈색 잉크로 쓰여 있는데, 펜의 강도에 따라 더 밝기도 하다. 수고의 절반 정도 이후에는 밝은 갈색 잉크로 교체되며, 이 잉크가 마지막까지 주류를 이룬다. 난외주석들은 갈색 잉크로 쓰였으며, 여기에는 매우 파격적인 검정 잉크로 쓰여진 여백의 메모가 덧붙여진다.

후에 수고는 적갈색의 두꺼운 판지(뒷면은 짙은 갈색 리넨)로 제본되었으며, 다음의 제목을 담고 있다:

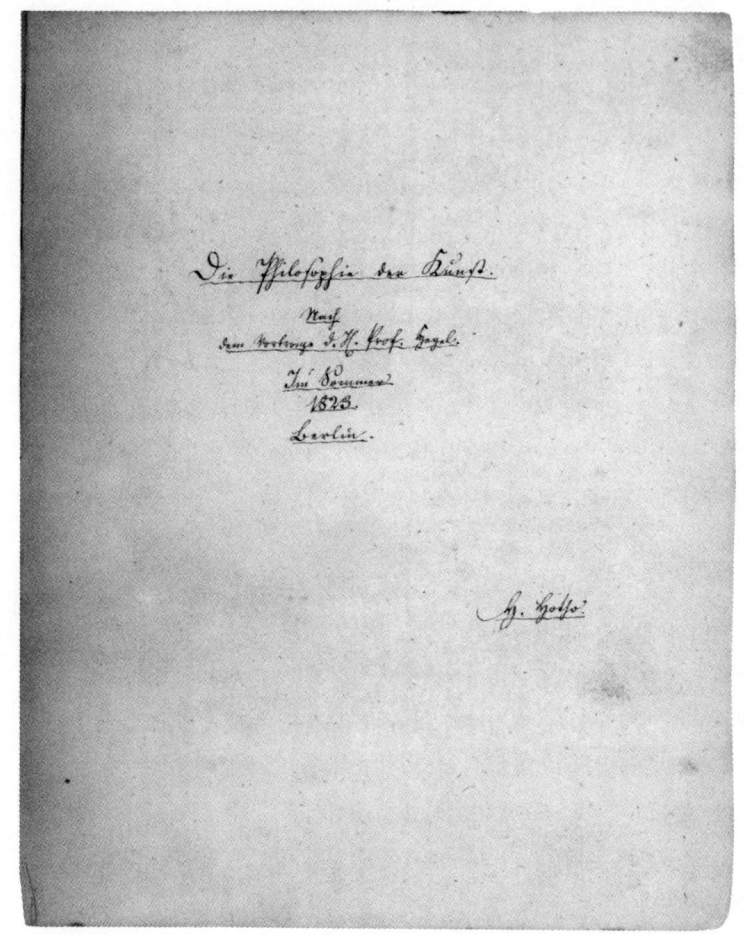

수고 표제지

Hegel
Die Philosophie der Kunst

겉표지 다음에는 이에 속하는 속지(內紙)가 있고 그 후에 필기록 자체를 보호하는 속지가 필기록보다 약간 더 두꺼운 종이로 되어 있으며, 그런 다음 필기록의 첫 쪽에는 다음의 제목이 있는 표제지가 있다:

Die Philosophie der Kunst.
Nach
dem Vortrage d. H. Prof. Hegel.
Im Sommer
1823.
Berlin
H. Hotho

예술철학/
헤겔 교수의 강의에 / 의해 / 1823년 / 여름에 / 베를린/H. 호토

표제지 바로 뒷면은 비워두고 오른쪽 면에서부터 1823년 강의 텍스트가 시작된다.
모든 장은 양쪽 바깥으로 면의 약 1/4 정도가 접혀 있다. 다른 필기록도 이런 접은 부분이 있음을 볼 때 아마도 종이가 이런 형식으로 판매된 것으로 보인다. 접은 부분에 의해 생긴 여백은 상세한 난외주석에 이용된다.
필기록의 텍스트는 명확한 글씨로 확실히 급하지만 충분히 숙고되어 쓰여졌다. 이 텍스트는 수많은 약식부호와 약어들을 보이며, 종종 약식부호

수고 34, 35쪽

수고 39쪽

수고 43쪽

와 약어들의 조합, 그리고 여러 약식부호로 이루어진 더 긴 낱말들의 합성을 보여주기도 한다. 거의 대부분 텍스트에서는 모음이 없거나 두 개의 자음 사이에서 암시되기만 한다. 집중된 받아쓰기 과정에서 생긴 이러한 생략들 가운데 습관적이며 오해의 여지가 없는 생략들은 암묵적으로 풀어서 적었다(예로: Aegpter - Ägypter; u/u./ud - und). 그 외 텍스트에서 특별한 전거없이 해독된 약식부호와 약어들은 표시해두었다. 지움, 겹쳐쓰기, 지시표시로 삽입된 여백 메모는 놀랍게도 텍스트에는 드물며, 난외주석에도 거의 없는 거나 마찬가지이다.

호토의 1823년 필기록은 확실히 직필(直筆)노트라는 점이 중요하다. 분명 강의 자체에서는 아니지만 직접적으로 강의에 연이어 호토는 자신이 받아쓴 필기록에 엄청난 수의 교정과 고침들을 삽입하고, 양쪽 여백에는 텍스트를 나누는, 때로는 내용을 짧게 요약하는 상세한 난외주석을 덧붙이는 형식으로 개작에 착수했다.

난외주석을 쓴 대체로 더 짙은 갈색 잉크가 원칙적으로 텍스트와 구별된다. 난외주석의 잉크색은 텍스트에 사용된 갈색 잉크와 어느 정도는 비슷하다. 그러므로 구별은 무조건 다른 잉크의 사용에서가 아니라, ─또한 일정한 색채와 글씨의 강도를 근거로 하여 ─오히려 쓰기 속도에서 추론할 수 있다. 때로는 난외주석과 텍스트의 잉크색이 같다(수고 39, 146, 147쪽이 그러하며, 혼합형식으로는 수고 43쪽이 그러하다). 하지만 그것이 '강의를 받아 쓰는 도중에 난외주석을 썼을 것'이라는 가정을 입증할 수는 없다. 텍스트와 난외주석은 약어들의 형상과 빈도에서 차이가 난다. 난외주석은 좁은 공간임에도 불구하고 명백하게 텍스트보다 약어를 더 적게 포함하고 있다. 물론 호토는 여기에도 같은 약어원칙을 따르고 있다.

다른 필기록들에서는 직필 노트와 난외주석이 동시에 성립했으리라는 가정이 신빙성이 있으나, 이 필기록에서는 그렇지 않다는 것을 다음의 경우에서도 볼 수 있다. 즉 난외주석 속에는 문헌인용 등의 교정 외에도 때때로

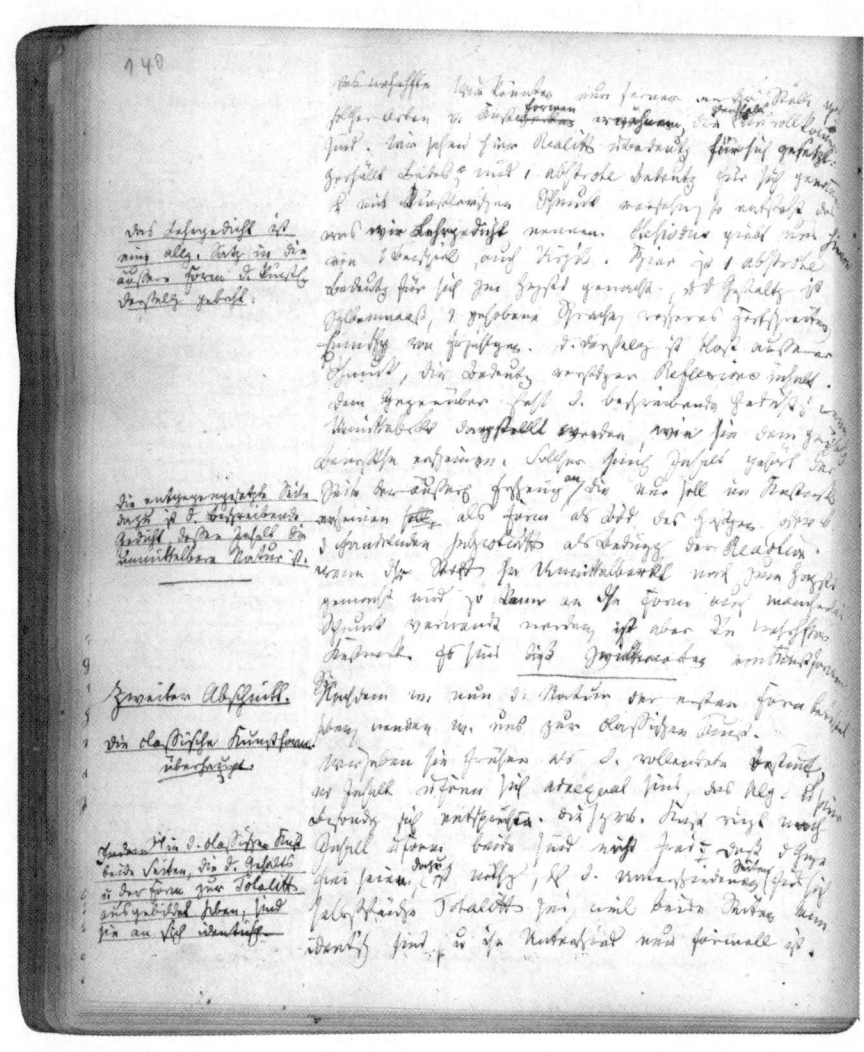

수고 140쪽

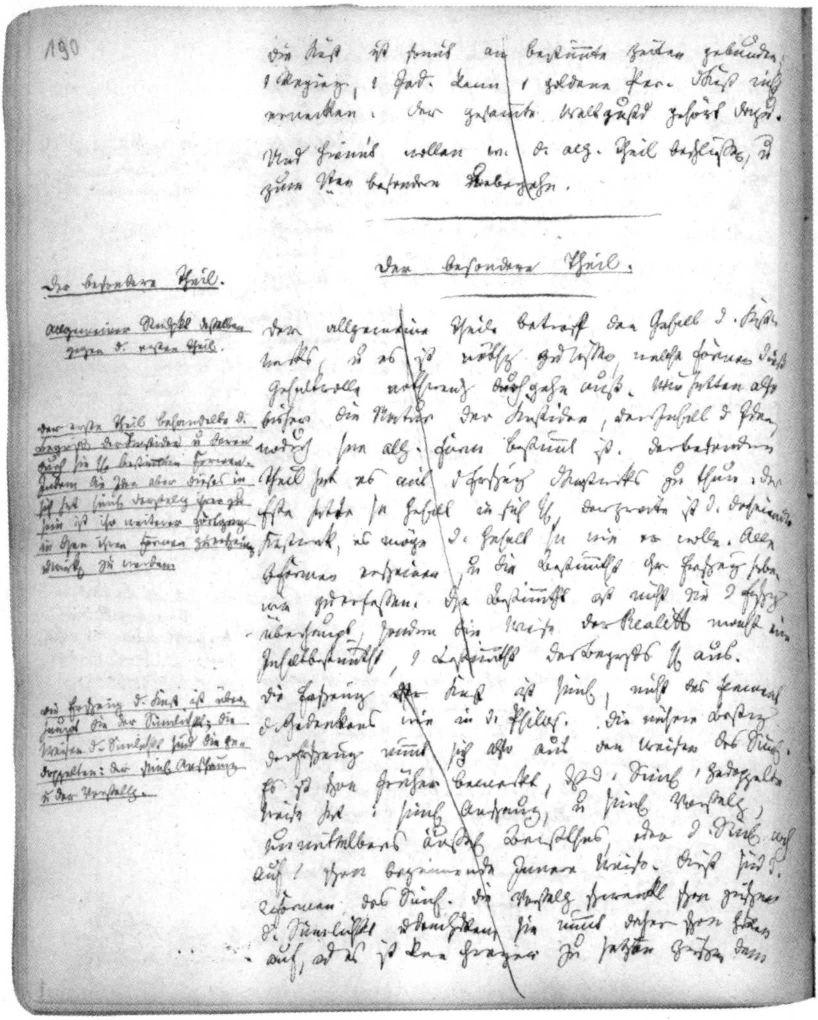
190

Der besondere Theil.

수고 190쪽

정확한 인용 전거가 보인다는 것(예로 수고 140쪽), 그리고 난외주석들은 거의 철두철미하게 (몇몇 인용을 예외로 하면) 세심하게 밑줄이 그어져 있다. 단지 몇몇 경우에만 난외주석이 확실하게 강의를 받아쓰는 동안에 삽입된 것이 있다(수고 43쪽이 그러하다). 그러면 이런 경우에 중요시되는 것은 헤겔이 강의 진행을 위한 개괄과정에서 손수 언급한 분류항목들이다. 때로는 제목들이 난외주석들을 작성할 때 텍스트 속에 끼워지기도 했다(예로 수고 190쪽). 이럴 때는 난외주석의 제목이 반복된다. 이런 경우들은 [이 편집본에서] 특별히 밝히지 않았다.

규칙상 난외주석들에는 상세한 분류항과 텍스트 문단의 가장 중요한 생각이 명제적으로 가끔은 순차적으로 이어진 다수의 메모를 넘어서는 완전한 문장들로 정리되어 있는 것이 보인다. 이렇게 함으로써 난외주석은, 예외가 있긴 하나 호토가 텍스트를 벗어나지 않으면서 강의를 자기 것으로 만들고 다시 한번 성찰한 것에 대한 증거를 제공한다. 이런 예는 수고 189쪽에서 보인다. 강의를 받아쓴 필기록에는 낭만적 예술의 내용, 즉 "보편적 인간성, 자신의 충만, 자신의 참됨 속에 있는 인간적 심정"에 대해 시사되는 반면, 여백주석은 개념에 따른 예술의 규정을 "절대적 정신과 그것의 감각적 실재성의 [⋯] 통일"로서 정의한다. 이 부분은 호토가 『미학』에서 끼워넣은 "이념의 감각적 현현"으로서의 이념상 정의를 앞서 입증하고 있다. 그 외의 예에 관해서는 수고 17, 189쪽 참조.

필기록의 텍스트와 난외주석의 상당한 근접성도 난외주석이 강의에 대한 복습의 결과라는 사실을 밝혀준다.

필기록의 텍스트와 난외주석 내지는 이 텍스트의 추가적인 교정 이외에도 호토의 필기록에는 계속된 수정작업 단계들이 보인다. 이와 마찬가지로 여백에 써넣은 메모들은 더 이상 텍스트의 갈색 잉크로 쓰여 있지 않다. 이러한 삽입들을 할 때 호토는 명백하게 더 짙은 색(흑색의) 잉크를 사용하며, 글씨체는 더 특성이 뚜렷하다. 더욱이 호토의 나중의 필기록들과 비교하면

이 메모들은 호토 자신의 생각을 반영하는 것이며, 텍스트와 난외주석보다 더 나중에 생겼다는 것이 분명해진다.

이런 개작작업 단계들에는 우선 여백의 몇몇 계속된 난외주석과 메모들이 보인다. 이런 수정작업은 예외없이 계속된 분류항 초안들을 제시하는데, 이 초안들은 호토가 두 번째 개작작업 단계에서 여백에 기입했던 분류항과는 원칙적으로 다르다. 새로운 분류항들은 내용적으로 1823년의 필기록을 넘어서며, 아마도 헤겔 강의들의 그 외의 원전들과 비교한 것으로, 즉 호토가 『미학』 편찬작업을 할 때 가지고 있던 헤겔 자신의 원고와 그 외의 강의필기록들을 인용한 것으로 여겨진다. 『미학』과 분류 초안들이 상당히 근접할 뿐만 아니라 필기록의 많은 면들이 검정 잉크로 줄 그어진 채 지워져 있다는 점은 이런 마지막 개작작업 단계가 『미학』을 출판하는 과정에서 생겨났다는 것을 말해준다.

검정 잉크로 면 전체를 지운 것은 필기록 100-104쪽에서 보이며, 이후 대체로 146-237쪽에서 보인다. 덧붙이면 다음의 면들은 산발적으로 줄로 그

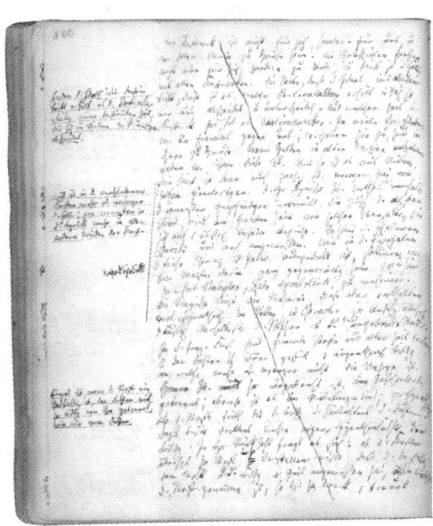

수고 100쪽

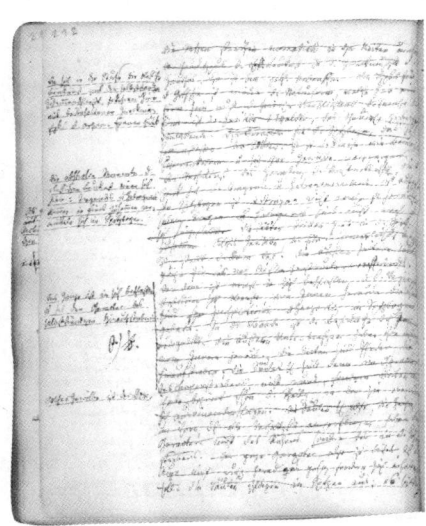

수고 212쪽

어 지워져 있는데, 240쪽은 하단의 1/3이, 241-243쪽은 또 다시 전체가, 244쪽은 첫 반쪽이, 248쪽은 텍스트의 가운데만 줄 그어져 지워져 있다. 호토는 자신의 필기록의 텍스트를 몇몇 군데에서는 또한 한 행, 한 행 줄을 그어 지우기도 한다(수고 212와 213쪽은 하단의 1/3이, 수고 220쪽은 하단의 반이, 수고 225쪽은 하단 면의 반이 시작되는 부분까지 그러하다).

줄을 그어 지운 것에서 볼 수 있는 중요한 점은 맹백히 호토가 『미학』을 준비할 때 앞서 행했던, 여러 가지 원자료들을 편찬하기 위해 가졌던 기억에 힘 입었다는 것이다. 1832~34년 사이에 세 번째 개작작업 단계가 생겨났다는 것은 필기록의 마지막 부분쯤에 새로운 분류항들이 여백에 몰려 있다는 점에서 확증된다. 이런 관여들은 아마도 호토가 『미학』을 편집할 때 자신의 필기록과는 달리, 1828/29년의 마지막 미학 강의에서 헤겔이 세 부분(일반부분·특수부분·개별부분)으로 나눈 삼분항을 기초로 했다는 사실을 통해서도 알 수 있다.

글씨형상과 잉크에 의하면 이러한 여백 메모들에서는 세 번째 단계가 있었음이 명백하기 때문에, 우리가 1823년 필기록을 편집할 때는 호토의 이

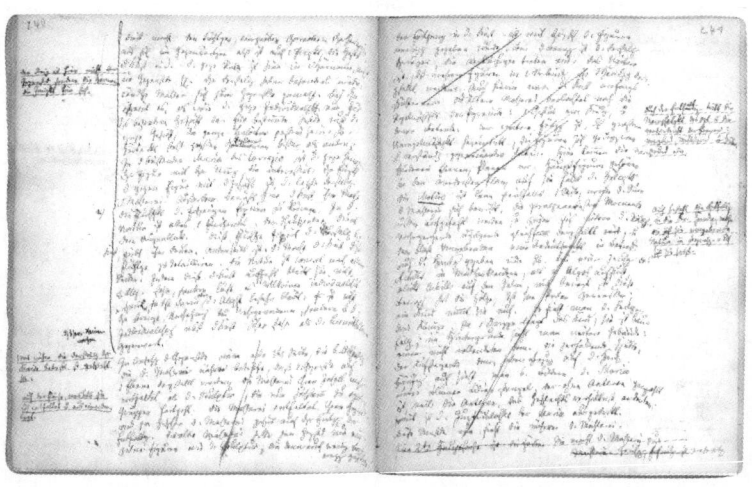

수고 240, 241쪽

런 관여를 텍스트 내에서는 고려하지 않고 단지 하단의 주석란(Apparat, 번역본에는 넣지 않음)에만 '나중에 검정 잉크로 삽입됨'이란 참조표시를 했다. 그런 줄그어 지우기도 같은 이유에서 고려하지 않았으며 밝히지도 않았다.

그러므로 우리가 출간한 이 판본은 직접적인 직필 노트를 제공하고 있다. 마지막 개작작업 단계에서의 난외주석과 교정들도 하단 주석란에 메모들로 기록해두었다. 난외주석은 텍스트와 구분하기 위해 고딕체로 썼으며, 또한 난외주석과 관계된 교정들도 주석란에 고딕체로 기입했다. 호토가 자신의 필기록의 난외주석을 쓸 당시 시행했던 교정들은 우리가 출간하는 텍스트에는 원칙적으로 수용하지 않았다. 그 교정들은 필기록의 표현형식을 매끄럽게 하지만, 부분적으로는 뜻을 왜곡시켜 더 이해할 수 없게 보이기 때문이다. 그래서 교정들은 하단 주석란에, 'Hotho:' 라는 참조하에 공지해두었다. 다만 강의를 직접 받아쓸 때 실시되었거나 혹은 내용적으로 적확한 문법적인 교정인 경우에는 그러한 텍스트 관여를 묵시적으로 수용했고, 여타의 교정들과 같이 '… (Hotho)' 라는 참조로써 해당 지면의 주석란에 명시했다.

이와 같이 편집된 이 필기록의 원래 수고는 1972년에 프리츠 마르티(Fritz Marti) 교수가 헤겔문서연구소에 넘겨주었고, 오토 푀겔러(Otto Pöggeler) 교수(당시 헤겔문서연구소 소장)가 필자에게 이 필기록 편집을 위임했다. 필자는 헤겔이 언급한 사항들에 대한 주석을 포함한 방대한 편집작업을 완료하여 출간하기까지 주석 작업에 도움을 준 공동연구자 베르나데테 콜렌베르크-플로트니코프(Bernadette Collenberg-Plotnikov) 박사, 권정임 씨, 베른트 페터 아우스트(Bernd Peter Aust) 씨에게 감사를 표한다. 또한 그동안 헤겔문서연구소 사서로서 오랜 기간동안 자료수집을 지원해준 안야 엑스너(Anya Exner) 씨와, 많은 인내와 우호적 비판으로써 이 책의 출간을 돌봐준 아돌프 벨란트(Adolf Beland) 씨께도 특별히 감사드린다.*

* 역주: 이 해제는 편집자(게트만-지페르트)가 자신의 방대한 "들어가는 말 Einleitung"을 한국의 독자를 위해 간략하게 요약한 내용을 옮긴 것이다. 또한 이 해제의 5항은 원 텍스트의 부록에 실린 필기록 설명부분을 발췌하여 넣은 것이다.

# 편집자 해제 주

1) 역주: 인쇄본『미학』, 인쇄된『미학』혹은『미학』인쇄본은 호토가 1835년에 출간한 헤겔 미학을 가리킨다. 오늘날 우리에게는 이 판본이나 이를 기초로 재편집한 판본들이 헤겔 미학 원전으로 널리 알려져 있다.
2) Th. M. Knox, "The Puzzle of Hegel's Aesthetics", in: *Art and Logic Hegel's Philosophy*, hrsg. von W. E. Steinkraus und K. I. Schmitz, New Jersey 1980, p.1 ff, 특히 p.1 f.
3) G.W.F. Hegel, *Die Idee und das Ideal*, nach den erhaltenen Qeullen neu hrsg. von G. Lasson, Leipzig 1931 (G.W.F. Hegel, *Sämtliche Werke*, hrsg. von G. Lasson, Bd. Xa).
4) D. Henrich, "Zur Aktualiät von Hegels Ästhetik. Überlegungen am Schluß des Kolloquiums über Hegels Kunstphilosophie", in: *Stuttgarter Hegel-Tage 1970*, hrsg. von H.-G. Gadamer, Bonn 1974 (*Hegel-Studien. Beiheft* 11), S.295 ff; 동일저자, "Kunst und Kunstphilosophie der Gegenwart. Überlegungen mit Rücksicht auf Hegel", in: *Immanente Ästhetik. Ästhetische Reflexion*, hrsg. von W. Iser, München 1966 (*Poesie und Hermeneutik*. 2), S. 11 ff; 이에 다음의 논편을 비교: M. Donougho, "Remarks on: 'Humanus heißt der Heilige …'", in: *Hegel-Studien*. 17(1982), S. 214 ff.
5) K. Harries, "Hegel on the Future of Art", in: *Review of Metaphysics*. 27(1973/1974), p.677 ff; 이하의 내용은 다음 논편을 참조함: A. Gethmann-Siefert, "Hegels These vom Ende der Kunst und der Klassizismus der Ästhetik", in: *Hegel-Studien*. 19(1984), S. 205 ff. — 부분적으로 해리스에 의존하는 새로운 연구들은 비록 이러한 내용적인 귀결을 무조건 고집하지는 않지만 그럼에도 체계적인 미학을 옹호한다. 이에 대해서는 특히 다음의 논서 참조: J. McCumber, *Poetic Interaction. Language, Freedom, Reason*, Chicago/London 1989. J. 맥컴버는『미학』은 헤겔의 국가 이해에서 벗어나 있다고 본다. 그러나 미적 경험은 개인의 완성이라는, 호토에 의해『미학』에 삽입된 의미에서 이해한다. 맥컴버의 연구는 인쇄본『미학』에 근거하는데, 미학을 예술들의 철학적 역사로 특성지우는 G. 브라의 시도도 이와 마찬가지이다: G. Bras, *Hegel et l'art*, Paris 1989 (*Philosophies*. 19). 이에 대해서는 P. 단젤로의 서평 참조: P. D'Angelo, "Hegels Ästhetik zwischen System und Emanzipation",

in: *Hegel-Studien*. 26(1991), S. 275 ff, 특히 280 f.
6) G.W.F. Hegel, *Philosophie der Kunst oder Ästhetik. Nach Hegel. Im Sommer 1826*, Mitschrift Kehler, Ms. im Besitz der Universitätsbibliothek Jena(zit.: *Kehler 1826*); 이 강의는 하겐의 원격대학(FernUniversität) 교재로 (Studienbrief 3358) 나와 있으며, *Jena Sophia* 시리즈에 다음 제목으로 출간되었다: G.W.F. Hegel, *Philosophie der Kunst oder Ästhetik. Berlin 1826. Nachgeschriben von F.C.H.V. von Kehler*, hrsg. von A. Gethmann-Siefert und B. Collenberg-Plotnikov unter Mitarbeit von F. Iannelli und K. Berr, München 2003. 또한 G.W.F. Hegel, *Philosophie der Kunst. Vorlesung von 1826*, hrsg. von A. Gethmann-Siefert, Jeong-Im Kwon und Karsten Berr, Frankfurt am Main 2004도 출간되었다.
7) G.W.F. Hegel, *Vorlesungen über die Ästhetik*. G.W.F. Hegel, *Werke*. vollständige Ausgabe durch einen Verein von Freunden des Verewigten, 18 Bde, Berlin 1832 ff, Bd. 10. 3. Abt., hrsg. von H.G. Hotho, Berlin $^1$1835-37, $^2$1842(이하 다음과 같이 인용을 표시함: *Ästh.I, Ästh.II*와 분권수 및 쪽수 표기; 호토의 서문은 다음과 같이 인용표시: Vorrede).
8) 미학의 체계는 헤겔 자신이 1817년에 『철학적 학문의 엔치클로페디 *Enzyklopädie der philosophischen Wissenschaften*』에서 처음으로 마련했었고, 1827년, 1830년에는 『엔치클로페디』를 미학 강의들의 통찰을 기초로 하여 정교하게 만들었다. 호토가 만든 미학의 체계는 『엔치클로페디』 판과는 이미 근본경향에서 일치하지 않는다. 왜냐하면 헤겔은 종교와 국가에 대한 예술의 관계를 예술철학적으로 차별화함으로써 예술의 과거성 논제를 첨예화하기 때문이다. 호토는 이에 반해 『미학』에서 이 논제를 완화시키며, 헤겔이 『엔치클로페디』에서도, 미학 강의에서도 필요로 하지 않았던 것인, 여러 예술형식과 예술이행들의 변증법적 장치를 구축한다. 이에 대해서는 다음의 논편들 참조: A. Gethmann-Siefert, "Hegel über Kunst und Alltäglichkeit", in: *Hegel-Studien*. 28(1993), S. 215 ff 및 동일 저자, *Ist die Kunst tot und zu Ende? Überlegungen zu Hegel Ästhetik*, Jena/Erlangen 1993(*Jenaer philosophische Vorträge und Studien*, hrsg. von W. Hogrebe, Bd. 7). 『엔치클로페디』의 해석에 관해서는 A. Gethmann-Siefert, "Die Kunst(§§ 556-563). Hegels systematische Begründung der Geschichtlichkeit in der Kunst", in: *Hegels 'Enzyklopädie der philosophischen Wissenschaft' (1830). Ein Kommentar zum System-*

*grundriß*, hrsg. von A. Drüe/A. Gethmann-Siefert/C. Hackenesch/W. Jaeschke/W. Neuser und H. Schnädelbach, Frankfurt am Main 2000, S. 317-374 참조.

9) 혼돈스럽게 하는 것은 특히 근래에 출간된 헤겔『미학』텍스트들 중의 하나가 아직 이런 "진정성에 대한 추측(Authentitätsvermutung)"에서 출발한다는 사실과, 더구나 텍스트를 읽기 용이하게 만들기 위해 하필 흥미로운 부분인 상징적 예술 형식의 규정과 개별 예술에 대한 토론을 제외시켜서 헤겔 미학이 현재의 독자들에게 받아들여지도록 시도한 점이다. 호토의 편집업적에 대한 평가에 관해서는 다음을 참조: "편집업적의 놀라운 것은 궁극적인 텍스트의 조화로움과 읽기 용이함뿐만 아니라, 천박하지 않게 보유된 사유흐름과 명료하게 드러나는 헤겔 사변의 실체이다. 그러므로 이 텍스트는 비록 원본이 아니라 할지라도 철저하게 신뢰를 얻을 수 있다"(G.W.F. Hegel, *Vorlesungen über die Ästhetik*, 1. und 2. Teil, mit einer Einführung hrsg. von Rüdiger Bubner, Stuttgart 1971; *Reclams Universal-Bibliothek*. Nr. 7976, S. 31).

10) 이 텍스트들은 다음의 저작 속에 들어 있다: *Hegels theologische Jugendschriften*, nach den Handschriften der Königlichen Bibliothek in Berlin, hrsg. von H. Nohl, Tübingen 1907(Nachdruck Frankfurt am Main 1966), S. 142, 143; 이에 관해서는 다음 논편 속의 서술을 참조: A. Gethmann-Siefert, *Die Funktion der Kunst in der Geschichte. Unter-suchungen zu Hegels Ästhetik*, Bonn 1984(*Hegel-Studien. Beiheft* 25), S. 87 ff.

11) 이 텍스트는 다음 저작들 속에 들어 있다: *Dokumente zu Hegels Entwicklung*, hrsg. von Hoffmeister, Stuttgart 1936, S. 219-221; F. Rosenzweig, "Das älteste Systemprogramm des Deutschen Idealismus. Ein handschriftlicher Fund", in: *Mythologie der Vernunft. Hegels 'ältestes Systemprogramm des Deutschen Idealismus'*, hrsg. von Chr. Jamme und H. Schneider, Frankfurt am Main 1984, S. 79 ff. 이 책의 기고들은 전체적으로 "체계구상 Systemprogramm"의 관점에 연관된다; 헤겔 자신의 텍스트는 위 책의 S. 11-17에 들어 있다.

12) G.W.F. Hegel, "Systemprogramm von 1800", in: *Hegels theologische Jugend-schriften*(각주 10), S. 345-351, 여기서는 S. 347.

13) 이 텍스트들에 관해서는 다음을 참조하라: G.W.F. Hegel, "Differenz des Fichte'schen und Schelling'schen Systems der Philosophie", in: G.W.F.

Hegel, *Jenaer Kritische Schriften*, hrsg. von H. Buchner und O. Pöggeler, Hamburg 1968(*Gesammelte Werke*, in Verbindung mit der Deutschen Forschungsgemeinschaft hrsg. von der Reinisch-Westfälischen Akademie der Wissenschaften [이하 *GW*로 표시], Bd. 4); "Ueber Wallenstein", in: G.W.F. Hegel, *Vermischte Schriften*, hrsg. von F. Förster und L. Boumann, Berlin 1835(*G.W.F. Hegel's Werke*, Bd. 17); "Introduction in philosophiam", in: *GW* 5: *Schriften und Entwürfe 1799-1808*, hrsg. von M. Baum und K. R. Meist, Düsseldorf 1998, S. 257 ff; "Realphilosophie", in: *GW* 8: *Jenaer Systementwürfe III*, hrsg. von R.P. Horstmann unter Mitarbeit von J.H. Trede, Düsseldorf 1976, 특히 S. 277 ff; *Phänomenologie des Geistes*(*GW* 9), hrsg. von W. Bonsiepen und R. Heede, Hamburg 1980, 특히 S. 376 ff; "Ueber die wissenschaftlichen Behandlungsarten des Naturrechts, seine Stelle in der praktischen Philosophie, und sein Verhältnis zu den positiven Rechtswissenschaften", in: *GW* 4, 특히 S. 484 f; "Vorlesungen über Naturrecht und Staatswissenschaft. Heidelberg 1817/18 mit Nachträgen aus der Vorlesung 1818/19. Nachgeschrieben von P. Wannenmann", hrsg. von C. Becker et al, Hamburg 1983(G.W.F. Hegel, *Vorlesungen. Ausgewählte Nachschriften und Manuskripte*, Bd 1), 특히 § 135; "Nürnberger Schriften. Texte, Reden, Berichte und Gutachten zum Nürnberger Gymnasialunterricht, 1808-1816", in: G.W.F. Hegel, *Sämtliche Werke*, Bd 21, hrsg. von J. Hoffmeister, Leipzig 1938.

14) 역주: 열두 편의 필기록 가운데 일부만 전래되거나 불완전한 전체를 갖춘 필기록을 제외하면 다음의 여덟 편이 있다.

· *Vorlesung über Ästhetik. Berlin 1820/21. Wilhelm von Ascheberg*(Ms. Hegel-Archiv, Bochum); 간행본: *Vorlesung über Ästhetik. Berlin 1820/21. Eine Nachschrift I. Textband*, hrsg. von Helmut Schneider, Frankfurt am Main 1995.

· *Die Philosophie der Kunst. Nach dem Vortrage des H. Prof. Hegel. Im Sommer 1823. Berlin. H. Hotho*(Ms. Hegel-Archiv, Bochum); 간행본: *Ästhetik oder Philosophie der Kunst nach dem Vortrage des Herrn Professor Hegel. Sommer 1823. Nachgeschrieben durch Heinrich Gustav Hotho*, hrsg. von Annemarie Gethmann-Siefert, Hamburg 1998 [본 번역서].

 · *Philosophie der Kunst oder Aesthetik. Nach Hegel im Sommer 1826. Kehler*(Ms. Universitätsbibliothek, Jena); 간행본: *Philosophie der Kunst oder Ästhetik. Nach Hegel. Im Sommer 1826*, hrsg. von A. Gethmann-Siefert und Bernadette Collenberg-Plotnikov München: Fink 2004.
 · *Philosophie der Kunst. 1826. Von der Pfordten*(Ms. Staatsbibliothek Preußischer Kulturbesitz, Berlin); 간행본: *Philosophie der Kunst. Vorlesung von 1826*, hrsg. von A. Gethmann-Siefert, Jeong-Im Kwon, Kasten Berr, Frankfurt am Main: Suhrkamp 2005.
 · *Ästhetik nach Prof. Hegel. 1826. Anonym*(Ms. Stadtbibliothek, Aachen).
 · *Philosophie der Kunst. Von Prof. Hegel. Sommer 1826. Nachgeschrieben durch Griesheim*(Ms. Staatsbibliothek Preußischer Kulturbesitz, Berlin).
 · *Aesthetik nach Hegel. 1826. Löwe*(Ms. Staatsbibliothek Preußischer Kulturbesitz, Berlin).
 · *Aesthetik nach Prof. Hegel im Winter Semester 1818/29. Libelt*(Ms. Biblioteka Jagellonska, Krakau).

15) 이에 관해 특히 흥미로운 것은 1808/09년의 『엔치클로페디』(헤겔-유고〔Hegel-Nachlaß〕K. 16 Fasz. III)와 E. 치쉐(Eva Ziesche)의 "Unbekannte Manuskripte aus der Jenaer und Nürnberger Zeit im Berliner Hegel-Nachlaß" (in: *Zeitschrift für philosophische Forschung*. 29〔1975〕, S. 430 ff, 여기서는 S. 439 f.), 역시 E. 치쉐에 의해 서술된 것으로, 「특수학문들의 체계 System der besonderen Wissenschaften」라는 제목을 가지는 Fasz. IV인데(같은 책, S. 443 ff), 이것은 마지막 제3장으로서 "자신의 순수한 표현 속에 있는 정신 Geist in seiner reinen Darstellung"이라는 제목 하에(같은 책, S. 444) 예술, 종교, 학문(§§ 160-163)을 포함하고 있다.

16) 베를린 미학 강의에 이르기까지 헤겔의 성찰들과 출간된 저작들 속에 들어 있는 미학구상의 발전은 다음의 논서에서 서술된다: A. Gethmann-Siefert, *Die Rolle der Kunst in Geschichte und Kultur. Eine Einführung in Hegels Ästhetik*, München 2004.

17) G.W.F. Hegel, *Vorlesung über Ästhetik. Berlin 1820/21. Eine Nachschrift. I. Textband*, hrsg. von H. Schneider, Frankfurt a.M. 1995(이하 *Ascheberg 1820/21*로 표시); 또한 H. Schneider, "Eine Nachschrift der Vorlesung Hegels über Ästhetik im WS 1820/21", in: *Hegel-Studien*. 26(1991), 89 ff. 모

든 다른 필기노트들은 다음의 논편에서 자세히 특성지워진다: A. Gethmann-Siefert, "Ästhetik oder Philosophie der Kunst. Die Nachschriften und Zeugnisse zu Hegels Berliner Vorlesungen", in: 같은 책, S. 92–110.

18) 크리스티안 헤르만 바이쎄(Christian Hermann Weisse)는 『미학』에 대한 서평에서, 헤겔이 변증법에 대한 매우 융통성없는 생각을 자신의 강의 속에 넣음으로 인해 헤겔의 미학 체계가 비체계적으로 되었다고 주장한다. 물론 바이쎄는 이로써 그가 헤겔이 아니라 호토를 비판하고 있음을 이후에도 결코 알지 못했다 (*Hallische Jahrbücher für deutsche Wissenschaft und Kunst. Kritiken, Charakteristiken, Correspondenzen, Übersichten*. Nr. 210–215 [1838년 9월]).

19) 이에 관해서는 A. Gethmann-Siefert, "Vergessene Dimensionen des Utopiebegriffs. Der 'Klassizismus' der idealistischen Ästhetik und die gesellschaftliche Funktion des 'schönen Scheins'", in: *Hegel-Studien*. 17 (1982), S. 119 ff. 참조.

20) 헤겔은 이것을 1805/06년의 예나 시대 정신철학과의 연관에서 전개시킨다: "옛날에는 아름다운 공적 생활이 모든 사람들의 관습이었고—미는 보편자와 개별자의 직접적인 통일이었으며—그 속에서는 어떠한 부분도 전체와 분리되지 않고 자기를 아는 자신과 그것의 표현의 천재적인 통일이 들어 있는 예술작품이었다"(*GW* 8, S. 263). 헤겔과 셸링 간의 공동작업과 더불어 시작된 예나 시대 동안의 미학구상의 발전은 O. 푀겔러가 개괄적으로 서술한다. O. Pöggeler, "Die Entstehung von Hegels Ästhetik in Jena", in: *Hegel in Jena. Die Entwicklung des Systems und die Zusammenarbeit mit Schelling*, hrsg. von D. Henrich und K. Düsing. Bonn 1980(*Hegel-Studien. Beiheft* 20), S. 249 ff 참조.

21) G.W.F. Hegel, *Philosophie der Kunst. 1826*. P. von der Pfordten이 필기. 베를린 프로이센 문화보유국 소장 수고(이하 *von der Pfordten 1826*로 표시).

22) G.W.F. Hegel, *Ästhetik nach Prof. Hegel. 1826*. 익명의 직필노트. 아헨 국립도서관 소장 수고(이하 *Aachen 1826*로 표시), Ms. 27.

23) 이러한 관계에 대해서는 다음 예를 참조: A. Gethmann-Siefert, "Hegel über das Häßliche in der Kunst", in: *Hegels Ästhetik. Die Kunst der Politik – die Politik der Kunst*, hrsg. von A. Arndt, K. Bal, H. Ottmann, Berlin 2000, S. 21 ff; 동일 저자의 "Hegel über Kunst und Alltäglichkeit"와 이러한 연관에서의 헤겔 미학에 관한 서술인 "Die Rolle der Kunst in Geschichte und Kultur", 제3장.

24) M. Heidegger, "Aus einem Gespräch von der Sprache", in: 동일 저자, *Unterwegs zur Sprache*, Pfullingen ³1965.

Georg Wilhelm Friedrich Hegel
# Vorlesungen über die Philosophie der Kunst
Berlin 1823

Nachgeschrieben von Heinrich Gustav Hotho
Hrsg. von Annemarie Gethmann-Siefert

# 헤겔 예술철학

게오르크 빌헬름 프리드리히 헤겔
베를린 1823년 강의. H. G. 호토의 필기록
안네마리 게트만-지페르트 편집

한동원·권정임 옮김

# 들어가는 말 Einleitung

우리의 고찰대상은 미의 왕국, 더 자세히 말하면 예술의 영역으로 정해진다. 어떤 사람이 광범위한 표상의 영역에서 대상 하나를 채택하여 관찰한다면, 처음에 그 대상은 모호하게 있을 것이다. 그 대상을 더 잘 알기 위해서는 우선 그것을 다른 영역들로부터 분리해야 한다. 먼저 여기서 만나게 될 몇 가지 통념들을 주목하면서 시작해보자. 이러한 통념에는 두 가지가 있다. [첫 번째] 예술은 자연의 모든 풍요로움이 열려 있는, 더욱이 자신의 임의적인 구성물을 만들 수 있는 힘을 지니고 있는 자유로운 상상의 대상이어서 학문적 고찰에 부적당한 것처럼 보일 수 있다는 것이다. 물론 학문은 우연적인 것이 아니라 필연적인 것과 관계한다. [두 번째] 나아가 사람들은 예술은 철학적으로 고찰할 가치가 없다고 생각한다. 예술은 생활태도의 진지함을 완화시키고 우리를 즐겁게 하며 언제나 호감적인 형태를 가져다주는, 어디든 관여하는 친절한 정령이어서 삶의 진정한 궁극목적과는 다른 것이라고 한다. 삶의 진지함이 예술의 한계를 넘어서 있다면 예술을 진지하게 고찰하고자 하는 것은 마땅하지 않을 것이다. 또한 예술은 가상(假像, der Schein)에 관계되며 기만 속에서 생존한다는

> 우리의 고찰대상은 예술이다.

> 예술은 a) 자유로운 상상에 속하는 것으로서, b) 단순히 호감적인 것으로서, c) 가상 속에서만 그 현실성을 갖는 것으로서 학문적 고찰의 대상이 될 수 없다는 통념.

것, 그래서 미는 가상에 의한 것으로 불린다는 통념도 있을 수 있다. 그래서 참다운 목적은 기만과 가상에 의해 장려되어서는 안 되며, 가상은 참다운 목적을 위한 참다운 수단이 아니라고 생각할 수 있다. 그러므로 예술이 실로 다른 매개방식들과 목적을 공유할지라도 예술의 수단인 가상은 이 목적들에 적합하지 않다고 한다.|¹

예술이 가상을 산출하고 가상이 예술의 실존방식이라는 정황에서 보면 이것은 맞다. 그리고 우리가 가상을 존재하지 않아야 되는 것으로 설정한다면 예술의 현존은 확실히 기만이다. 〔물론〕 가상은 예술의 외면성의 방식이다. 그러나 가상이라는 것, 그 가상이 본질에 대해 어떤 관계를 가질 것인가에 대해서는 모든 본질, 모든 진리는 공허한 추상이지 않으려면 현상해야만 한다고 말해야 한다. 신적인 것은 '일자를 위한 존재(Sein-für-Eines)', 즉 현존재를 가져야만 하는데 그 현존재는 그 자체인 것(an sich)과는 구별된 것으로, 가상이다. 그리고 가상은 비본질적인 것이 아니라 존재 자체의 본질적인 계기이다. 진리는 정신 속에서는 대자적(für sich)으로 있으며, 그 자체에서 현현하고(scheinen), 타자에 대해서는 현존한다. 그러므로 〔진리는〕 단지 현현의 방식에서만 차이가 있을 수 있다. 이렇게 현존의 재료는 단지 차이를 만들 뿐이다. 그리고 예술은 그 고유성을 가상 일반이 아니라 가상의 〔특정한〕 종류와 방식에서만 갖는다.¹⁾ 우리는 예술에 속하는 이 가상이 하나의 기만으로 보여질 수 있다고 말했다. 그것은 그 물질성에서 우리를 둘러싸고 있는 외부세계와 비교하면 그러하며, 또한 우리의 내면, 감성적 세계와 비교해도 그러하다. 우리는 외부세계를 기만이라고 부르지 않으며, 또한 우리의 내면, 의식 속

---

이 범주들에 대한 더 자세한 고찰:
a) 가상이라는 범주

α) 가상 일반

β) 예술에서의 가상

에 있는 것도 기만이라고 부르지 않는다. 우리는 그러한 모든 것을 현실이라고 부른다. 이러한 현실에 반해 예술의 가상을 기만이라고 규정할 수도 있을 것이다. 그러나 우리는 보통 현실로 타당하게 여기는 것이 예술의 가상보다 더 강한 기만, 더 참되지 않은 기만이라는 것을 더욱 정당하게 주장할 수 있을 것이다. 우리는 사실 외적인 사물 및 내적 감각(Empfindung)의 구역을 경험적인 삶에서, 즉 우리의 현상의 삶 자체에서 현실적인 것이라고 부르며 그것을 타당하게 여길 것이지만, 이러한 전체 구역은 진실의 세계이기보다는 오히려|² 기만의 세계이기 때문이다. 우리가 아는 것처럼 감각, 외적 대상들의 이러한 직접성의 피안에서야 비로소 참다운 현실이 있다. 그렇다면 이러한 외적인 것은 더 고차적 의미에서 예술의 가상보다 더 심한 기만이라고 말할 수 있다. 〔그러나〕 사유와 비교하면 예술의 현존재는 가상이라 불릴 수 있다. 이 점에 관해서는 나중에 다룰 것이다. 가상 속에 있는 예술은 사실 사유형식에 뒤진다. 하지만 우리는 사유에서처럼 예술에서 진리를 발견하므로 예술이 외적인 실존의 방식보다 장점을 갖는다. 예술은 그 가상에서 자기 자신을 통해서 더 지고한 것, 즉 사유를 시사한다. 그러나 직접적 감각성 그 자체는 사유를 시사하지 않고 오히려 사유를 더럽히고 은폐시키며 스스로는 존재자로 행세하며 분에 넘치는 행동을 하고, 자신의 형식을 통해 내적인 것, 더 지고한 것을 은폐시킨다. 예술은 이와 반대로 그 표현 속에 이러한 것, 즉 지고한 것을 지시하는 것을 가지고 있다. 우리가 자연, 외부세계라고 부르는 것은 정신으로 하여금 자기를 인식하기 어렵게 한다. 가상의 성질에 대한 이러한 고찰에 따르면, 예술이 가상에 의해서 진리의 다른 방식과 구별되는 것이 아

> 예술의 가상은 직접적이며 외적인, 그리고 내적인 세계의 소위 말하는 현실성보다 더 참다운 것이다.

> 예술의 가상은 사실 순수한 사유의 현존재방식에 뒤진다.

니라 오직 진리의 가상방식에 의해서 그러하다는 결과가 나온다. 만일 누가 예술은 철학적으로 반성할 수는 있어도 학문적인 고찰에는 적당하지 못하다고 말한다면 우리는 곧 바로, 철학은 학문성과 분리될 수 없다는 소견을 진술할 수 있을 것이다. 철학은 사물들을 그 내적 필연성을 통해, 그것들 자체에서 인식하기 때문이다. 그리고 이것은 학문 일반의 특성이다. 철학은 대상의 내적 필연성을 서술해야만 하며, 바로 그렇기 때문에 학문인 것이다. 물론 예술에서 항상 완전히 논리정연하게 학문적인 고찰을 요구할 수는 없을 것이다. 예술은 표현의 질료와 형식에서 많은 전제들을 고차의 영역으로 갖기 때문이다. 예술은 전체|³ 자연의 내용을 사용하는데, 이 자연은 이미 다른 학문들의 대상이며 그래서 이미 그 이전에 논술된 것이다. 그렇다면 이러한 전제들은 학문적으로 이미 논술된 것으로 받아들여져야 한다. 이제 학문적으로 다루는 것과 관련하여 예술의 가치에 대해 계속 말하면, 예술은 확실히 덧없는 유희로, 삶의 상황의 외적인 장식으로 다른 대상들을 두드러지게 하는 것으로 보일 수 있다.²⁾ 이러한 방식에서는 예술이 자유로운 것, 독립적인 것이 아니다. 그러므로 우리가 고찰할 수 있는 것은 단지 자유로운 예술뿐이다. 예술은 다른 목적에 쓰여질 수 있으며 한갓된 부수적인 유희일 수 있다.³⁾ 하지만 예술은 이런 점을 사유와도 공유하고 있다. 즉 사유는 한편으로는 자기 자신에 의해 충족될 수 있으나 다른 한편으로는 무사유적인 것을 위한 수단으로, 즉 우연적인 것과 소멸되는 것을 위한 봉사로 이용될 수 있다. 그리고 우리는 사유를 고찰할 때 이를 그 독자성에서 구분할 수 있는데 예술 또한 그렇게 그 독자성에서 구분할 수 있다. 예술은 사유를 진술할 수 있기 위해 종교와

---

그러므로 예술은 그것의 현현에 의해 학문적, 그리고 이와 동일한 것인 철학적 고찰의 대상이 되기에 부적합하지 않다.

b) 학문적으로 다룰 만한 예술의 가치

철학과 함께 최고의 규정을 공유한다. 예술은 이 양자와 마찬가지로 신적인 것, 정신의 최고의 요구들을 나타내고 의식하게 하는 방식이다. 여러 민족들은 예술에서 그들의 최고의 표상들을 기록으로 남겼다. 그래서 예술은 흔히 민족종교를 인식하는 유일한 열쇠가 된다. 예술은 순수한 사유, 초감각적인 세계와 직접적인 것, 즉 현재적 감각 사이의 중간자이다. 사유는 — 자신의 감각적 일부분인 — 현재적 감각의 영역을 일종의 피안으로 여긴다. 예술은 양 극단을 화해시키며, 개념과 자연을 결부시키는 중간자이다. 따라서 예술은 이러한 규정을 한편으로는 종교와 철학과 함께 공유한다. 하지만 예술은 고유한 방식을 가지고 있는데, 그것은 예술이 보다 높은 것 자체를 감각적인 방식으로 표현하며, 감각하는 자연[인간]에게 아주 가까이 가져다주는 것을 말한다. 예술의 이러한 일반적인 규정에 이어서 주목해야 할 것은, 우리가 예술은 그 원천이 자유로운 상상이어서|⁴ 한정되지 않은 것이라고 말할 때도 결과적으로 상상은 거친 자의성에서 배회해서는 안 되며 오히려 그 참된 규정상 정신의 최고의 욕구들을 의식하게 해야 하고, 이로부터 자신의 확고한 규정을 가져야 한다는 점이다. 또한 예술형식들은 우연한 다양성이어서는 안 된다. 예술의 내용에서 예술형식이 규정되기 때문이다.⁴⁾ 가치있는 내용은 적합한 형식이 필요하다. — 나아가 예술이 정신에게 자신의 관심을 의식하게 해주는 하나의 방식이라고 할 때, 우리는 예술이 진리를 나타내는 최고의 방식은 아니라는 사실을 주목해야 한다. 예술을 절대적인 방식으로 간주하는 혼란에 대해서는 나중에 언급할 것이다.⁵⁾ 또한 예술은 그 내용이 제한되어 있고, 감각적인 질료를 가진다. 그래서 역시 진리의 어떤 단계만이 예술의 내

---

예술의 최고 내용은 정신의 최고의 관심을 의식하게 하는 것이다.
예술은 순수한 사유와 직접적인 것 사이의 중간자이다.

예술은 사유 자체를 직접적인 방식으로 표현한다.

이와 함께 예술은 비록 상상에 속하더라도 자신의 분명한 한계를 가진다.

그러므로 예술은 진리를 나타내는 최고의 방식이 아니다.

용일 수 있다. 감각적인 것이 더 이상 표현할 수 없는 이념의 보다 심오한 현존이 있기 때문이다. 그리고 그러한 것은 우리의 종교와 교양의 내용이다. 여기서 예술은 이전의 단계들에서와는 다른 형태를 받아들인다. 그리고 이러한 보다 심오한 이념, 더 높은 단계에서 기독교적인 이념은 예술을 통해 감각적으로 표상될 수 없다. 보다 심오한 이념은 감각적인 것과 충분히 동질적이지 않고 친밀하지도 않기 때문이다. 우리의 세계, 종교 그리고 이성의 도야는 절대자를 표현하는 최고의 단계로서의 예술을 한 단계 넘어 있다. 그래서 예술작품은 우리의 최종적인 절대적 욕구를 충족시켜줄 수 없다. 우리는 더 이상 어떠한 예술작품도 숭배하지 않으며, 예술작품에 대한 우리의 관계도 보다 냉철한 방식이다. 바로 이 때문에 예술작품에 관해 성찰해보는 것 또한 우리에게 시급하게 필요하다. 우리는 예술작품이 이념의 최고의 표현이었던 이전보다 더 자유롭게 예술작품을 대한다. 예술작품이 우리의 판정을 받기에까지 이른 것이다. 우리는 예술작품의 내용과 표현의 적합성을 우리가 고찰하는 시험 하에 던져넣는다. 이러한 견지에서 예술에 대한 학문은 예전보다 더 필요하게 되었다. 우리는 예술을 경외하고 소유하지만 예술을 최후의 것으로 간주하지는 않고, 오히려 그것에 대해 사유한다.[5] 이 사유에는 예술을 다시 불러일으키려는 의도가 있는 것이 아니라, 다만 예술의 성과를 인식하려는 의도만 있다. 여기서 우리는 이러한 고찰들로 만족하자. 이 고찰들은 예술이 가상과 관계있으며 학문의 대상일 수 있다는 측면과, 하지만 예술은 절대자의 최고의 표현은 아니라는 측면에 관한 것이었다. 이제 우리는 우리의 원래 대상을 고찰하는 데 다가가야 한다. 예술철학은 전체 철학의 영역에서 필

그렇기 때문에 우리는 예술에 대해 성찰하며 학문적으로 다루려는 관심이 생겨난다.

미학은 철학적인 학문으로서 전체의 한 지체이다. 그러나 여기서 우리는 미학을 직접적으로만 이해해야지 연역된 결과로서 이해해서는 안 된다.

수적인 지체(Glied, 肢體)를 이룬다. 그렇게 간주함으로써 예술철학은 그러한 전체에서 필수적인 지체를 이루는 것으로 파악되지만 단지 전체를 서술함에서만 그렇게 파악될 수 있다. 예술철학이 그렇게 파악된다면 예술철학은 그렇게 증명될 것이다. 증명은 단지 필연성을 제시하는 것이기 때문이다. 이 증명을 해나가는 것, 즉 개념 속에서의 성립을 구성하는 것은 우리의 의도가 아니다. 개념 속에서의 성립은 철학의 더 이전의 부분에 속하기 때문이다.[6] [예술철학이라는] 이 학문을 끄집어내고 있는 여기에서 우리는 이제 막 시작하는 것이지 이 학문을 결과로서 갖는 것은 아니다. 우리는 선행하는 것을 [여기서] 고찰하지 않기 때문이다. 그렇기 때문에 우리는 이제 막 시작하며, 우선 예술작품이 있다는 표상만을 가지고 있다. 우리는 이러한 일반적인 표상에서부터 보다 자세히 시작할 수 있으며 우리 내에서 표상으로서 발견하는 것에 의거할 수 있다. 이런 표상에서 사람들이 이전에 이러한 측면들에서 인용했던 관점들이 제시되어야 하며, 인증되어야 한다. 동시에 우리는 장점을 얻고 일반적 생각을 바로잡기 위해, 그리고 그 일반적인 표상을 예술의 내용과 재료에 따라 가져야만 하는 바 대로 계속 규정하기 위해, 이러한 측면들에 대한 기초적인 고찰을 동시에 간략하게 덧붙일 것이다.

    우리는 우리의 표상에서 세 가지 사실을 발견할 수 있다. 첫째는 예술이 자연산물이 아니라 인간에 의해 만들어진 것이라는 것, 둘째는 인간을 위해 생산된 것이며, 셋째는 먼저 감관(Sinn)을 위해 감각적인 것으로부터 취해진 것이라는 것이다. 그 너비에서 볼 때 예술은 감각적인 것과 접하며, 경계가 지어질 수 없다. 세 번째 것은 예술작품은 특별한 목적을 자체 내에 |[6] 가지고 있다는

그러므로 우리는 우선 예술에 대한 일반적인 표상만 가지고 있다.

다음의 통념에 들어 있는 일반적 표상에 대한 더 자세한 분석.

1) 예술작품은 자연산물이 아니라 인간에 의해 생산된 것이라는 통념.

이러한 표상 속에 들어 있는 견해들.

것이다. 이 세 측면은 외적인 반성에 의해 파악되는 측면들이다. 이전에 첫 번째 것, 즉 예술작품은 인간의 산물이라는 것에 관해 사람들은 예술작품의 산출을 위해서는 규칙을 정해야 한다고 말했다.[7] 왜냐하면 인간이 무엇을 하고 있고, 그것이 어떻게 만들어지는지가 의식될 수 있는 것처럼 보일 수 있기 때문이다. 그리고 그 절차를 안다면 그렇게 절차를 밟아서 누구나 예술작품을 생산할 수 있으리라고 제멋대로 생각한 것이다. 이전에는 예술이 이렇게 고찰되었다. 우리는 이러한 고찰을 예술비판이라 불렀으며 무엇이 예술작품에서 나타나는지, 그리고 예술작품이 성질상 어떻게 되어야 하며(sollen) 또한 어떻게 되어 있어야만 하는지(müssen)에 대한 고찰, 즉 아름다운 학문의 이론이라고 불렀다.[8] 그러면서 우리는 예술작품을 만들기 위한 규칙들, 즉 생산을 위한 규정들을 부여하려는 의도를 가졌었다. 이러한 의도, 즉 규칙 부여라는 의도에 관해서 본다면 이 의도는, 이제 우리가 예술작품은 규칙에 의해 이루어질 수 없다는 사실을 수긍함으로써 폐기된다. 사실 단지 외적인 것, 기계적인 것만이 규칙에 의해 생산될 수 있기 때문이다. 이러한 방식으로 [규칙에 의해] 이루어져야 하는 것 전체는 규칙에 의해 규정될 수 있다. 내가 규칙을 안다면 나는 단지 형식적인 활동만 필요하게 된다. 왜냐하면 전체의 구체적인 규정성은 규칙을 포괄하며, 이 규칙은 단지 나의 형식적인 활동만 실현시킬 뿐이기 때문이다. 그러나 정신의 작품에서 정신은 받아들여진 어떤 규정성에 따른 단순히 공허한 활동이 아니다. 정신은 자신으로부터 스스로를 규정하며, 자신으로부터 나와 일한다. 그러므로 어떤 기계적인 것도 아닌 예술작품은 하나의 규칙 아래로 포괄될 수 없다. 그러나 우리는 또한 호라티우스

a) 그러므로 우리는 그것에 따라 각자가 예술작품을 생산할 수 있는 규칙을 확정해야만 한다는 통념.

이러한 의도에 대한 비판: 순전히 기계적인 것만이 규칙에 의해 생산될 수 있다.

(Horatius)의 「작시법」(ars poetica)처럼 오로지 기계적인 것과만 관계하는 것이 아닌 규칙들을 제시하기도 한다.9) 어떻게 하나의 각운(Reim)이 만들어졌는지는 각자가 배우고 해낼 수 있다. 그것은 단지 기계적이기 때문이다. 그러나 지침들은 더 나아가 호라티우스의 서간에서 나타나듯 시의 주제는 흥미로운 것이어야 한다는 비규정적인 일반성을 갖는다.10) |7 이러한 것은 확실히 고려되어야 할 관점들이다. 그러나 이런 관점들에 대한 지침과 실제로 생산하기에 충분한 지침은 다르다. 저러한 일반성들은 상론(詳論)에 속할 개별적인 것을 보유하지 않기 때문이다. 약제사의 처방은 모든 것을 정확하게 규정한다. 그리고 그것은 시행될 수 있다. 그러나 전적으로 일반적인 지침은 상론에 충분하지 않다. 그렇기 때문에 그것에 따라 누구나 예술작품을 생산할 수 있을 그런 규칙을 부여하는 것은 잘못된 것이다. 그래서 사람들은 이런 견해는 버렸지만 반대편으로 빠지게 되어 이제는 예술작품을 더 이상 보편적·형식적·추상적·기계적인 활동의 산물로 여기지 않고 전적으로 본래 재주를 타고난 정신의 산물로 보게 되었다. 더욱이 그런 정신을 가진 사람은 단지 자신의 특수한 특별성을 보장받도록 하기만 하면 된다고 보았고, 그래서 그 사람은 '즉자대자적 존재자인 보편자를 고수하는 것'이 그의 산물을 엉망으로 만들 것이므로 이 보편자를 고수하지 않아도 된다고 보았다. 그러므로 사람들은 이러한 측면에 따라 예술작품을 특수한 재능의, 정신의 작품으로 간주했던 것이다. 그것은 한편으로는 맞다. 재능은 천재에 속하고 정신의 특수한 능력이며, 따라서 타고난 소질의 제한된 양식이지만 천재는 더 보편적이다. 천재와 재능이 어느 정도 동시에 본질적으로 자연적인 것인지에 대해서는 나중

오로지 기계적인 것과만 관계하는 것이 아닌 일반적인 관점들은 각 예술작품의 구체적인 경우에 충분히 적용되지 못한다.

b) 따라서 우리는 산물이 순수하게 어떤 특수한 소질 — 어떠한 객관적인 것에도 의존하지 않는 — 에 속한다는 그 반대의 신념에 빠진다.

에 언급될 것이다. 여기서는 다음의 사실만 고찰하자. 제작할 때는 행위에 대한 모든 의식이 불리한 것으로 간주되어 있어서 사람들은 제작함을 어떤 상태, 즉 그들이 영감이라고 불렀던 상태로 간주했다는 것이다. 천재는 자의로나 또는 대상에 자극되어 이러한 상태로 몰입된다. 독일에서 이런 의견이 유효했던 시대가 있었다. 그것은 천재 시대였는데, 이 시대는 괴테와 실러의 초기 작품에 의해 도래되었다.[11] 이 시인들은 그들의 제작에서 처음부터 그 당시에 만들어져 있던 모든 규칙들을 경시하면서 출발하였다. 그들은 자신들의 첫 작품에서|⁸ 완전히 고의적으로 그 규칙들에 반하여 행하였던 것이다.[12] 우리는 영감이라는 혼돈된 개념에 관여하지 말자. 천재에 관해서는 이제 천재와 재능은 하나의 자연적 계기라는 것이 이미 주시되었다. 그러나 여기서 알아야 하는 것은, 그런 천재는 제작할 때 사고의 형성과 훈련을 필요로 한다는 것이다. 예술작품은 숙련되어야만 하는 순수하게 기술적인 측면을 지니기 때문인데, 이것은 시인에게도 마찬가지이다. 운율적인 것, 각운이 그런 것에 속한다. 여기서의 숙련에는 영감이 도움이 되지 않는다. 그리고 예술가가 이런 [기술적인] 측면의 거장이기 위해서, 그리고 소재 가공의 난이성에 의해 방해받지 않기 위해서는 숙련이 필요하다. 나아가 예술가는 그가 높이 위치할수록 더욱 정신과 심정(Gemüt)의 깊이를 알아야만 한다. 그리고 그는 이러한 것을 직접적이 아니라 외적·내적 세계에 대한 연구를 통해서만 알게 된다. 이 연구를 통해서 그는 자신의 표현을 위한 소재를 얻는다. 지금 이것은 예술이 다른 것들보다 연구를 더 많이 필요로 하는 경우이다. 예를 들면 음악은 내면의 전혀 규정되지 않은 감각, 단지 심정의 무사고적(無思考的)인 음색에만

그렇기 때문에 제작함은 순전히 영감의 주관적인 상태에 속한다는 통념.

이러한 두 번째 견해에 대한 비판: 제작은 자연적인 것으로 재능과 천재를 필요로 하지만 또한 사고형성과 기술적인 훈련도 필요로 한다.

나아가 내적 및 외적인 세계에 대한 심도 깊은 연구가 필요하다.

관계하며 의식 내에서 정신적인 소재를 가질 필요가 없다. 따라서 음악적인 재능은 최소한 머리와 심정이 아직 비어 있을 때, 정신과 삶이 아직 스스로를 경험하지 않았을 때 이미 나타난다. 그렇기 때문에 성격과 정신이 결여된 거장이 있을 수 있다. 시에서는 다르다. 시에서는 인간정신과 이를 움직이는 힘을 풍부한 사상으로 묘사하는 것이 중요하다. 그렇기 때문에 실러와 괴테의 초기 작품들은 종종 거칠고 야만적이다.[13] 통상적인 생각 — 즉 영감은 청춘의 불과 결합되어 있다는 — 에 반대되는 것은 이 작품들의 대부분이 차갑고 평이하게 산문적인 것이라는 것이다. 실러와 괴테는 사고의 형성을 통해서 비로소 아름다운, 심오한 작품들을 낳았다. 호메로스는 백발의 노인이 되어 비로소 그의 불멸의 시가들을 내놓았다.[14]|9 그러므로 특수하게 규정된 정신은 깊은 연구를 통해서 자신을 형성해야 한다. 세 번째로 주목할 것은, 인간의 작품인 예술산물이 자연산물에 뒤진다는 관점에서 자연산물과 비교된다는 것이다. 확실히 예술작품은 그 자체 내에 감정을 가지고 있지 않으며, 완전히 생명이 있는 것이 아니라 단지 표면적으로 [살아 있는 것처럼] 보일 뿐이다. 그러나 자연작품은 그 자체로 살아 있는 것이다. 이렇게 우리가 자연작품은 신에게, 예술작품은 오직 인간에게 귀속시킴으로써 자연산물을 인간의 산물보다 더 높게 책정하는 통상적인 반성이 이루어진다. 이러한 대립, 즉 작품의 이러한 자리매김에 관해 덧붙여야 할 것은, 사물로서는 예술작품이 확실히 어떤 활기를 띤 것이 아니라는 것이다. 그리고 예술작품은 그렇게 외적으로 살아 있는 것이 아니며 살아 있는 것이 죽은 것보다 더 지고하다. 그러나 예술작품은 사물존재의 이러한 측면에 따라서 되는 것이 아니라 오로지 정신

c) 인간의 작품인 예술작품은 자연산물에 뒤진다는 통념.

이러한 견해에 대한 비판.

적인 것으로서, 정신의 세례를 보유한 것으로서 예술작품이 되는 것이다. 예술작품은 정신적인 것, 즉 정신의 첫울림에 의해 형성된 어떤 것을 묘사한다. 그러므로 예술산물은 정신에서 나온 것, 정신을 위한 것이다. 자연산물이 생명 있는 것이라면 그것은 소멸하는 것인데, 예술산물은 존속하는 것, 지속하는 것이라는 이점을 이미 가지고 있다. 더구나 지속은 이미 더 높은 관심이다. 사건들은 생기자마자 이미 지나가 버린다. 예술작품은 그것들에다 지속을 부여한다. 여하간 정신은 자연보다 더 높고, 신은 자연산물보다 정신이 만든 것으로부터 더 많은 영광을 얻는다. 사람들이 인간적인 것과 신적인 것을 대립시키는 것에는 한편으로, 인간이 행한 것은 신적인 것이 아니라는 것, 신은 인간에게 자연에서와 같이 작용하지 않는다는 오해가 들어 있다. 정신 속에서 신적인 것은 의식인, 그리고 의식에 의해 산출되는 형식을 갖는다. 이러한 측면에 따르면 신적인 것은 의식이라는 매체를 거쳐 나아간다. 자연에서도 신적인 것은 역시 하나의 매체를 통해 나타나는데, 그것은 외면성이라는 매체이다. 이런 매체는 감각적인 것으로서 이미 의식에 상당히 뒤진다. 그러므로 예술작품 속의 신적인 것은 더욱 고차의 매체를 통해 산출된 것이다.|¹⁰ 자연 속에 있는 외적인 현존재는 신적인 것에 훨씬 더 적합하지 않은 표현방식이다. 그러므로 예술작품은 단지 인간의 작품에 불과하다는 오해를 우리는 더 올바른 규정을 통해 없애야만 한다. 인간에게서 신은 단순한 자연성을 토대로 하는 것보다 더 참된 방식으로 작용한다. 네 번째 규정은 일반적으로 본질적이라고 생각되는 것과 한층 밀접하게 관계된다. 즉 인간은 왜 예술작품을 제작하는가라는 물음이다. 그때 우리에게 떠오를 수 있는 것은 그런 제

정신의 산물로서의 예술산물은 자기 자신에 대해 의식적이지 않은 자연 위에 위치한다.

d) 인간은 도대체, 왜 예술작품을 제작하는가라는 물음

작들이 우연한 유희라는 것일 거다. 나중에 우리는 더 구체적인 의미에서 예술에 대한 욕구(Bedürfnis)에 관해 얘기하게 될 것이다. 예술은 특정한 보편적인 직관과 종교에 결부되어 있다. 그래서 물음은 여기서 가능한 답변보다 더 구체적이다. 여기서 말할 수 있는 것은 예술욕구의 일반성은 다름 아니라 인간이 사유하는, 의식적인 자라는 사실 속에 있다는 것이다. 인간은 의식이므로 그의 본질(das, was er ist, was überhaupt ist)을 자신 앞에 내세워야 하며 대자적인 대상으로 가져야만 한다. 자연물들은 단지 있으며, 단순하기만 하며 일회적일 뿐이다. 하지만 의식으로서의 인간은 자신을 이중화한다. 인간은 일회적이지만 대자적이며, 그의 본질(was er ist)을 자신 앞에 내세우고 스스로를 직관하고 표상하며, 자신에 대한 의식이다. 그리고 인간은 자기 앞에 그의 본질(was er ist)만을 가져온다. 이렇게 예술작품은 인간에게 그의 본질을 그의 앞에 가져다 주는 하나의 방식이므로, 예술작품에 대한 일반적인 욕구는 인간의 사유 속에서 찾을 수 있다. 인간은 이런 것을 학문 등에서도 행하지만 예술에서도 마찬가지로 행한다. 두 번째로 인간을 외부세계와의 관계 속에 있는 의식으로서 본다면, 그는 또한 이미 발견된 외부세계와 자연물로서의 자기 자신을 변화시키고자 하며 그것들에다 자신의 인장(印章)을 표시하려는 더 구체적인 욕구를 가지고 있다. 그는 사물들의 형태에서 자기 자신을 재인식하기 위해 이러한 것을 행한다. 아이의 최초의 충동은 이런 것을 이미 자체 내에 가지고 있다. 아이는 그에 의해 정해지는 무엇인가를 보고자 한다. 그리고 이러한 일은 여러 가지 형태들을 거쳐|¹¹ 자신의 생산이 하나의 예술작품이 되는 방식에 이르기까지 관철해나간다. 인간은 단순히 외적인 사물들에 대해서만 그렇

> 예술제작의 욕구는 다음의 사실에서 생겨난다. 인간은 사유하는 자, 의식하는 자라는 것, 즉 즉자로서의 자신을 대상적으로 하는 것이다.

> 예술제작의 욕구는 나아가 인간이 사유하는 자로서 직접성을 매개하는 것에서 생겨난다.

게 행동하는 것이 아니라 자기 자신에 대해서도 그렇게 행동한다. 인간은 스스로를 즉자(an sich) 그대로 두지 않는다. 그는 자신을 치장한다. 야만인은 입술과 귀를 절개하며 문신을 새긴다. 모든 이런 빗나감은 사람이 자신을 자연 그대로 두지 않음에서 비롯된다. 교육 받은 사람들의 경우에 이런 것은 인간이 그것을 통해서 자기 자신을 산출하는 정신적인 교육이 된다. 따라서 의식으로서의 인간이 자신을 드러내보이며 자신을 이중화하고, 자기와 타자에 대해 자신을 직관하게 하는 일반적인 욕구는 이성적인 것이다. 이에 따르면 예술작품은 의식 자신이 스스로 대상이 되기 위해서 인간에 의해 만들어진 것이 된다. 그리고 이것은 인간의 이성적인 본성(Vernünftigkeit)의 위대한 필연성이다.

이 규정에 대해서는 이것으로 충분할 것이다.

우리가 예술작품에서 보았던 두 번째 규정은, 예술작품은 인간을 위해서, 더구나 그의 감각을 위해 규정된 것이며, 따라서 감각적인 소재를 가져야만 한다는 것이다.

이 반성은 첫째로, 예술은 쾌적한 감각들, 즉 본성에 적합한 감각들을 자극하도록 규정되어 있다는 주장으로 이끈다. 이러한 것을 고려해서 사람들은 예술에 대한 연구를 감각에 대한 연구로 만들었고, 어떤 감각들이 환기될 수 있을지를 물었다. 예를 들면 공포, 연민. 그러나 이러한 것들은 쾌적한 것이 아니다. 불행을 고찰하는 것이 어떻게 만족을 보장할 수 있을 것인가? 예술작품을 고찰하는 이런 방법은 멘델스존(M. Mendelssohn) 시대에서부터 유래한다.[15] 그리고 멘델스존의 저서들에서 이와 동일한 많은 고찰들을 발견할 수 있다. 에스테틱(미학, Ästhetik)이라는 명칭[16] 또한 여기에서 유래한다. 그래서 이 명칭은 원래 적합치 않지만 상

2) 예술작품은 인간, 더 자세히는 인간의 감각(Sinn)을 위해 만들어진 것이라는 통념.

이전의 견해들:

a)

α) 예술작품은 쾌적한 감각, 즉 감각 일체의 본성에 쾌적한 감각을 불러일으키기 위해 제작되어 있다는 통념.

관없다. 사람들은 또한 칼리스틱(아름다운 학문, Kallistik)이란 명칭을 사용했다.[17] 그러나 이 강의에서는 미 일반이 아니라 예술미가 중요하다. 어떤 감각들이 환기되어야|[12] 하는지에 대한 조사는 계속하지 않을 것이다. 감각은 정신의 희미한, 비규정적인 영역 또는 그러한 영역의 형식이다. 감각된 것은 희미해져 있으며 뒤덮혀 있고 주관적이다. 그러므로 감각에서의 차이는 전적으로 추상적이며 사태(Sache)의 차이가 아니다. 예컨대 공포가 그러하다. 공포에서 놀람과 불안은 단지 양적인 증가와 변형일 뿐이다. 공포의 경우에는 파괴하려고 위협하는 어떤 것이 존재에 접근한다. 그것은 부정적인 것이 결부된 관심이다. 존재와 부정적인 것의 접근, 이 두 가지가 함께 공포의 감각을 만든다. 그러나 그 관계는 전적으로 추상적이며 무규정적이다. 감각으로서의 감각의 내용은 전적으로 추상적이다. 우리는 이런 모든 감각들을 아주 여러 가지 소재에서 가질 수 있다. 따라서 이러한 형식들은 매우 추상적인 어떤 것이다. 그 외 분노, 연민과 같은 감정들도 내용에 따라 차이가 있지만 그 차이는 추상적인 것에 머문다. 자신을 최고의 내용으로부터 고양된 것으로 느끼는 예수와 마찬가지로 흑인도 종교적인 감정을 가진다. 그러므로 종교의 내용은 아직 전적으로 무규정적이다. 예술을 고려함에서 이러한 감정[18]들에 관여한다면 내용이 없는 일반적인 것에 처하게 될 것이다. 예술작품의 고유한 가치내용은 그러한 고찰 외부에 머물러 있거나, 혹은 그렇게 주장된 바의 것은 아니다. 감정은 주관적이지만 예술작품은 보편적인 것, 객관적인 것을 내용으로 가져야 한다는 것이 중요하다. 예술작품을 직관하면서 그 작품에 몰두하여 자신을 망각해야 한다. 그런데 감정 속에는 언제나 오직 나의 특수성만

이러한 견해에 대한 비판:

비규정성의 추상적인 형식으로서의 감정(Gefühl)의 형식은 예술의 목표와 규준일 수 없다.

이 보유되어 있다. 그렇기 때문에 사람은 기꺼이 느낀다. 〔그러나〕 예술작품과 종교적 고찰은 특수성이 망각되게 해야 한다. 감각(Empfindung)으로써 고찰할 때는 사실 자체가 고찰되지 않고 특수성 속에 있는 주체가 고찰 속에 보유되어 있다. 그래서 감각에 의한 고찰은 주체의 사소한 특수성에 주목함으로써 지루해진다. 그런 직관은 불쾌해진다.|[13]

> 즉자 대자적으로 존재하는 객관적인 것으로서의 예술작품은 감정이 그 지반인 주관적인 특수성을 지양할 것을 요구한다.

여기에 연결될 수 있는 두 번째 고찰은 예술작품은 감각(der Sinn)을 위한 것이라는 것과 예술작품은 감각들을 자유롭게 자극해야 하지만 이를 다른 많은 것들과 공유한다는 것이다. 사람들이 '감각을 자유롭게 자극해야 한다'는 것을 더 세밀하게 규정하고자 했다면 그들은 예술작품은 아름다움의 감정을 자극해야 한다고 말했을 것이다.[19] 그리하여 사람들은 아름다움에 대한 감각으로서의 감정의 한 측면에 대해 말했다.[20] 인간은 어쨌든 이러한 감각을 가져야 하지만 본능으로서는 아니며, (예를 들면 눈과 같이) 생득적으로 확정된 것으로서도 아니라고 한다. 이것이 의미하는 바는 그러한 감각은 도야되어야 하며 그러한 도야가 취미라는 것이다. 그렇다면 취미는 아름다움의 감각, 즉 어떤 포착함(Auffassen)인데 이것은 감각으로 머물면서도, 아름다움이 어디에 있으며 어떠한지, 곧바로 미를 발견하도록 도야에 의해 형성된 포착함이다.[21] 아름다운 예술과 학문들에 관한 이론은 취미를 도야하는 목적을 가졌다. 이러한 도야가 특별히 촉구되던 시대가 있었다. 따라서 취미는 아름다움을 수용하는 방식이나, 아름다움에 대해 감각적으로 태도를 취하는 감각의 방식이다. 이제 사람들은 취미에 대해 얘기하는 것을 잘 듣지 못한다. 취미는 근본적으로 사물에 관여할 능력이 없는 것, 직접적으로 파악하며 판단

> β) 더 자세히는 예술작품은 아름다움의 감정을 불러일으켜야 한다는 통념.

> 생득적으로 주어지지 않은 것으로서의 이러한 미감은 도야를 통해 성취될 수 있으며 그 도야가 취미라고들 한다.

> 이러한 견해에 대한 비판

> 도야를 통해 도달된, 아름다움의 직접적인 포착으로서의 취미는 깊이 들어가는 대신 피상적인 것만을 접한다.

하는 것으로서 깊게 정통할 수 없기 때문이다. 사태(die Sache)는 그 심층에서 이성을 요구한다. 감각은 단지 예술작품의 표면적인 것에만, 그리고 전적으로 추상적인 반성에만 회부된다. 그렇기 때문에 취미는 개별성에서만 유지되며 이 개별성이 감각과 합일된다는 것을 확증한다. 그리고 취미는 하나의 전체에 대한 인상의 심오함을 두려워하는데, 저와 같은 〔취미라는〕 감각은 사태에 대해서는 단지 부차적인 외면성에만 관계하기 때문이다. 그러므로 시인들이 위대한 성격, 위대한 열정을 진술한다면 취미는 위태로워질 것이며, 취미의 소일거리는 어떠한 지반도, 관심도 더 이상 발견하지 못하게 될 것이다. 뛰어난 정신이 등장하는 곳에서는 취미가 뒤로 물러난다.22) 이렇듯 취미를 도야한다는 그런 의도에서 벗어나 사람들은 사태와 그 측면들에 대해 교양있는 판단을 하려는 방향으로 나아갔고,|14 이와 함께 그 다음의 단계, 즉 전문가의 단계에 들어서게 되었다. 전문가는 취미를 가진 사람을 와해시켜 버렸다. 하지만 전문성은 더 심오한 자연에 대해 뭔가를 예감하지 못한 채 순전히 외면성들, 즉 기술적인 것, 역사적인 것에서 멈춰질 수 있다. 더욱이 전문성은 자신의 역사적인 것을 저 자연의 심오함보다 우위에 둘 수도 있다. 하지만 전문성은 특정한 전문지식, 예술작품의 모든 측면들을 규명하며 예술작품 자체에 대한 반성을 완결한다.23) 반면 취미는 오로지 전적으로 외적인 성찰로만 나아간다. 예술작품은 이렇게 전문성을 몰입시키는 측면들을 필수적으로 가진다. 예술작품은 역사적인 측면, 질료의 측면 그리고 작품을 산출하는 데 필요한 많은 조건들을 가진다. 예술작품은 기술적인 훈련의 단계와 결부되어 있다. 예술가의 개별성도 드러나는 하나의 측면이다. 전문성은 이러한 특정

b) 예술작품은 피상적으로나 감정에 의해서가 아니라 특정한 측면에 의해 판정될 수 있다는 통념 : 전문성(Kennerschaft)

한 측면들, 즉 기술, 역사적 상황 그리고 많은 외적인 사정들을 대상으로 한다. 이들 모두는 본질적으로 하나의 예술작품을 철저히 알고 그것을 향유하기 위한 것이다. 전문성은 이렇게 많은 것을 행한다. 비록 전문성은 최고의 계기는 아니지만 하나의 필연적인 계기이다. 이러한 것이 예술작품이 감각적인 측면을 가진다는 사실과 관련되는 고찰방식이다.

이제 세 번째로 감각적인 것이 한편으로는 객관적인 예술작품과, 다른 한편으로는 주관적으로 예술가, 즉 천재와 어떠한 본질적인 관계에 있는지를 상세히 고찰해보자. 감각적인 것은 이렇듯 하나의 본질적인 측면이다. 그러나 우리는 감각적인 것에 대해 그것이 어떻게 예술작품의 개념에서부터 스스로 규정되는지 아직 말할 수 없고 여전히 외적인 반성의 지반 위에 있다. 감각적인 것이 예술작품 그 자체에 대해 갖는 관계에 관해 말하자면, 첫 번째로 예술작품이 외적인 자연이나 우리의 내적인 본성처럼 외적이거나 또는 내적인 감성적인 직관 또는 표상을 위한 것이라는 점에 주목할 수 있다. 말(言) 역시 감각적인 표상을 위한 것이기 때문이다. 그러나 이런 감각적인 것은 본질적으로는 정신을 위한 것이다. 정신은 이 감각적인 질료를 통해 만족을 찾아야 한다. 이러한 규정은 이제, 예술작품은 자연산물이어서도, 자연적으로 살아 있는 것이어서도 안 된다는 것을 해명해준다. 비록 자연산물이 더 고차의 것이라 할지라도 예술작품은 자연산물이어서는 안 된다. 예술산물은 자연적으로 살아 있으려는 목적을|[15] 전혀 가지지 않는다. 왜냐하면 예술작품의 감각적인 것은 오직 정신을 위한 것이며, 오직 정신만을 위한 것이어야 하기 때문이다. 감각적인 것이 어떻게 인간을 위한 것인지, 감각적인 것을 더 자세히

c) 예술에서 나타나는 그대로의 감각적인 것의 관계들.

α) 객관적인 것으로서의 예술작품에 관하여:

예술작품은 감성적 직관을 위한 것이지만 본질적으로는 정신을 위한 것이다.

따라서 예술작품은 자연으로 살아 있는 것이어서는 안 된다.

감각적인 것 자체는 이중적인 방식으로 인간을 위한 것이다: 감성적 직관 그 자체로서

고찰해보자. 그러면 감각적인 것은 두 가지 측면의 상태를 가질 것이다: 〔먼저〕 감각적인 것은 직관된다. 이 측면에 의하면 감각적인 것은 정신을 위한 것이 아니고 감각적인 것을 위한 것이다. 이토록 순전한 직관의 이러한 측면은 한편에 밀어두자. 예술작품의 감각적인 것은 더 자세히는 인간의 내면적인 것, 우리가 정신이라고도 부를 수 있는 어떤 것을 위한 것이다. 〔이렇게 보면〕 예술작품은 감각적인 것이며, 욕망을 위한 것이다. 우리는 외적인 사물들을 필요로 하며 그것을 일그러뜨리고 그 사물들과 부정적으로 관계한다. 욕망이라는 이런 상태에서 우리는 개체로서 개체들에 관계하는 것이지 사유자로서가 아니며, 보편적 규정에 의해서 그렇게 하는 것이 아니다. 개체는 개체에 대립적으로 관계하며, 오로지 다른 개체의 희생을 통해서만 이 개체 속에서 자신을 보존한다. 욕망은 이렇게 대상들을 소모하는데 그럴 때 현전하는 것은 개별적 관심이다.

    이러한 상태에서 개체들이 관계하는 사물들은 그 자체 개별적이고 구체적이다. 욕망은 단지 표면적인 것, 단지 만들어진 것으로써만 충족되지 않을 것이다. 개별적이며 구체적인 자연존재로서 욕망은 또한 자연적인 구체자와 관계한다. 욕망은 구체적으로 물질적인 것을 원한다. 예술에서 인간은 욕망에 따르지 않으므로 자연적인 구체자와 관계하지 않는다. 자연산물이 유기적으로 생동하는 것이기 때문에 예술보다 더 높다고 말하려 한다면, 반대로 예술작품은 정신을 위해 봉사하며 정신을 만족시키는 것으로서 그러한 토대에 전혀 속하지 않는다는 점을 말할 수 있을 것이다. 그러므로 예술작품들은 자연산물이어서는 안 된다. 욕망은 확실히 자연산물을 더 우위에 둔다. 욕망은 예술산물을 사용

*욕망을 위하여*

*욕망은 구체적으로 자연적인 것과 관계하는데, 더구나 파괴적으로 관계한다.*

할 수 없기 때문이다.[24] 예술의 관심은 욕망이 없는 것이며, 따라서 감각적인 구체자와 무관하다.[25] — 한편 이제 예술작품은 또한 지성을 위한 것, 정신적인 고찰을 위한 것이지 단순히 감각적인 고찰을 위한 것이 아니다. 감각적 사물에 대한 이론적 고찰은 그 사물에 대한 앎을 얻고자 하는, 그 사물의 본질과 내적인 것을 알고자 하는 욕구(Bedürfnis)를 가진다. 따라서 이론적|16 고찰은 감각적 사물의 보편성을 중요시하는 것이지 개별성과 사물의 직접적인 현존재를 중요시하지 않는다. 그리하여 이론적 관심은 사물을 자유롭게 두며, 이에 따라 사물에 대해 자유롭게 태도를 취한다. 욕망은 얽매이고 파괴적이며 개체 그 자체에 속하나, 지성은 동시에 보편적인 것으로서의 개체에 속한다. 예술의 관심은 지성의 관심의 측면과 맞닿는다. 예술 또한 대상을 자유롭게 두며, 자신에 대면하여 사물을 현존하게 한다는 의미에서 자유로운 고찰이다.[26] 그러나 지성의 관심은 사물의 본질, 보편적인 것, 즉 대상의 개념을 포착하는 것이다. 예술은 이러한 관심을 갖지 않으며, 그러한 한 학문과 구분된다. 학문은 사고, 즉 추상적으로 보편적인 것을 그 목적으로 가지며, 사물들 속에서 직접적으로 학문에 주어진 것과는 다른 것을 대상으로 가진다. 그리하여 학문은 직접적인 것을 넘어선다. 예술은 이러한 것을 행하지 않는다. 즉 예술은 자신에 제공되는 감각적인 것을 넘어서지 않고, 직접적인 그대로의 감각적인 것을 대상으로 가진다. 이렇게 감각적인 것이 한편으로는 예술고찰의 대상이다. 그렇지만 감각적인 것은 고찰에 의해 자유롭게 되지, — 욕망에 의해서처럼 — 파괴되지는 않는다. 이에 따르면 감각적인 것은 정신을 위한 것이다. 그러나 감각적인 것에 대한 사유는 정신의 본질이나 정신의 내적인

이에 반해 이론적 고찰은 개체의, 자연적인 것의 추상적인 보편성을 중요시한다.

지성은 욕구에 반해 대상성을 그 자체대로 자유롭게 둔다.

예술도 이와 동일한 것을 행하는데, 개체로서의 개체를 수용한다는 차이는 있다.

이에 따르면 예술은 감각적인 것을 구체적인 생명체로서가 아니라 단지 감각적인 것의 가상으로서, 감각적인 표면으로서 자기 속에 갖고 있다.

것이 아니며 예술의 대상도 아니다.

아직 우리에게 남아 있는 것은, 구체적인 질료성을 외적으로 경험적으로 확장하는 것이 욕망을 위한 것이라면, 반대로 감각적인 표면, 즉 감각적인 것 그 자체가 현상하는 것이 예술의 대상임을 말하는 것이다. 하지만 다른 한편으로 정신은 사고, 보편적인 것, 감각적인 것의 형태화를 원하는 것이 아니라 질료성의 토대에서 추상되어진 감각적인 개체를 원한다. 정신은 단지 감각적인 것의 표면만 원하는 것이다. 이로써 감각적인 것은 예술에서 가상으로 고양되며, 따라서 예술은 감각적인 것 자체와 순수한 사고의 중간에 위치한다. 예술에서 감각적인 것은 돌, 식물, 그리고 유기적인 생명처럼 직접적인 것, 즉 그 자체로 독립적인 질료체가 아니라 오히려 이념적인 것을 위한 것이다. 하지만 사고의 '추상적으로 이념적인 것'을 위한 것은 아니다.|¹⁷

> 이로써 예술은 감각적인 것 자체와 순수한 사고 사이에 위치한다.

예술에서 감각적인 것은 순수하게 감각적인 가상이며 더 구체적인 형식으로는 형태(Gestalt)이다. 이 형태는 한편으로는 외적으로 시각에, 다른 한편으로는 청각에 관계된다. 즉 그것은 사물의 순전한 외양과 울림이다. 사물의 이러한 외양과 울림은 감각적인 것이 예술에 등장하는 방식이다. 예술은 이렇게 아름다움의 그림자 왕국과 관계 있다. 이러한 감각적인 그림자들이 예술작품이다.²⁷⁾ 감각적인 것이 예술의 목적이 되는 더 자세한 필연성이 바로 여기에 들어 있다. 그렇기 때문에 감각적인 것은 단지 두 가지 이념적인 감각들에 의해서만 예술작품 속으로 들어설 수 있다. 냄새, 맛, 촉감은 질료적인 감각적 사물과 관계한다. 촉감은 따뜻함과 차가움 등과 관계 있으며, 냄새는 질료적인 발산, 맛은 질료적인 융해와 관계 있다. 이러한 감각들은 예술과는 상관

> 예술에서 감각적인 것은 이념적인 것이므로 오로지 관념성의 감각들(Sinne), 즉 시각과 청각을 위한 것이기도 하다.

97

없다. 〔이러한〕 감각의 쾌적함은 미에 속하지 않으며, 사물의 질료성, 직접적인 감각성과 관계하지 감각적인 것이 정신적인 것을 위해 있는 바와 같은 것에는 관계하지 않는다.[28] 따라서 예술은 정신화된 감각물 및 감각화된 정신물을 질료로 가진다. 감각적인 것이 예술에서는 이념적인 감각물로서, '추상적으로 감각적인 것(abstraktiv Sinnliches)'으로 등장한다.

  우리가 여기서 고찰해야 할 다른 측면은, 생산적인 활동의 주관적 측면, 혹은 이로부터 예술가의 활동에 대해 무엇이 확정되어야 하는가 하는 물음이다. 예술가의 생산 종류와 방식은 예술작품의 규정이 요구하는 것과 동일한 성질로 되어 있어야 한다. 즉 그 종류와 방식은 정신적 활동이어야 하지만, 동시에 감성과 직접성의 계기를 자신 속에 가진 정신적 활동이어야 한다. 따라서 이 활동은 기계적이지도 학문적이지도 않으며 순수한 사유 또는 추상적인 사유와도 관계가 없고, 정신적이고도 감각적인 제작의 방식과 형식 속에 담겨 있어야 한다. 그래서 미리 이해된 산문적 사유를 형상적인 것으로 형식화하는 것, 추상적 반성의 가장자리에 장식과 겉치레로서 붙이는 것은 좋지 못한 시(詩)일 것이다. 생산성은 오히려 정신적인 것과 감각적인 것이 분리되지 않은 것이다. 이러한 생산을 우리는 상상(Phantasie)의 생산이라고 부른다. 상상은|[18] 정신이며 이성적인 것, 추동하는 정신적인 것이며, 자신이 보유하고 있는 것을 감각적인 기본요소에서 의식하는 그런 추동작용이다. 그러므로 이 활동성은 정신적인 내용, 즉 자신이 감각적으로 표현하는 내용을 갖는다. 정신적인 가치내용은 상상에 의해 감각적으로 형태화되는 것이다. 이런 생산방식은, 삶의 연관들에서 중요한 것이 무엇인지는 알지만 내용을 보

β) 예술가의 주관적 활동에 관하여

예술가의 활동은 정신적인 것과 감각적인 것의 통일이어야 한다.

이 통일은 상상 속에 있다.

편적인 규칙으로 포착할 줄은 모르며, 언제나 그에게 일어나는 개별 경우들만 생각하는 경험자의 생산과 비교될 수 있다. 이 경험자는 보편적 반성들을 제시할 숙련성이 없으며 언제나 구체적인 방식으로만 설명할 수 있는 자이다. 이렇게 정신이 자신 속에 지니고 있는 것을 개개의 예들에서 의식하게 되는 것은 기억과 관련된 것이다. 정신이 형상적인 것으로서만 설명할 수 있는 내용을 고안할 때의 경우가 이와 동일할 수 있다. 이러한 것이 생산적 상상의 방식이다. 생산적 상상의 내용에는 모든 것이 등장할 수 있다. 그러나 그 내용을 의식하게 하는 종류와 방식은 특정한 감각적 표현이다. 이로부터 곧바로 추론되는 사실은 예술재능이 본질적으로 자연적(natürlich)이라는 것이다. 사람들은 또한 학문적 재능이라는 것에 관해서도 얘기한다. 그러나 학문은 단지 사유의 보편적인 자질만을 전제할 뿐이다. 그래서 우리는 학문적 재능이라는 것은 없다고 말할 수 있다. 이에 반해 예술작품이라는 산물에서는 감각적인 것 혹은 자연적인 것의 생산이 하나의 계기가 된다. 즉 직접적인 자연성이라는 계기가 예술작품 속에 들어 있는 것이다. 반면 자유로운 사유는 모든 자연적인 것으로부터 추상되며, 자연적인 방식으로 움직이지 않는다. 그러나 생산적 상상은 생래적인 측면을 지니고 있기 때문에 자연성을 보유한다. 그렇기 때문에 상상의 재능은 자연소질이다. 또는 재능 일반은 본능적인 산출방식이다. ─ 하지만 그저 본능적이지만은 않다. 오히려 자연적인 것이 본능적 산출 내의 한 계기일 뿐이다.|19 정신성은 자연성과의 통일 속에 있다. 예술재능의 특유함이 이 통일을 만든다. 어느 정도까지는 누구나 그 통일을 이루지만, 예술재능은 특별함이라는 계기를 자체 속에 지니며, 더 높은 재능

> 상상의 내용은 보편적인 정신물이며, 상상의 표현형식은 감각적 개별체이다.

> 이에 의하면 상상은 그 한 계기에 따라서는 자연소질, 즉 자연적인 재능이다.

없이는 누구도 어느 정도를 넘어서 그러한 통일을 이루지 못한다. 예컨대 프리드리히 폰 슐레겔은 예나에 있을 때 운문도 지으려고 시도했었다.[29] 그것은 성공적으로 이루어졌다. 그러나 그것은 누구에게나 성공적일 것이다. 이미 알려진 특정한 방법으로는 누구나 시를 지을 수 있거나 혹은 그 외의 다른 것도 산출할 수 있기 때문이다. 그러나 더 높은 단계로 오르기 위해서는 재능이 필요하다. 그렇기 때문에 예술재능은 부분적으로 생래적인 것으로서 일찍 나타나며, 곧바로 형성적이고 그 자체로 추동적이며 자신을 외화하는 것이며, 자신을 드러내는 꿈틀거림을 지니고 있다. 이러한 꿈틀거림은 초기의 형상화와 형태화에서 드러난다. 한 조각가에게는 초기에 모든 것이 형태지움으로 되며, 시인에게는 모든 것이 초기에 운문화된다. 특히 기술적인 것에서의 용이함이 특별한 자질에 대한 초기의 표시이다. 모든 것이 형태·시·멜로디가 된다. 그러한 자는 자연적인 것으로서의 기술적인 것에 가장 쉽게 능숙해진다. 이런 것은 예술작품이 자연적인 것의 한 측면을 지니는 정신적인 감각을 위한 것이라는 사실과 관련되는 두 측면이다.

  나아가 우리는 예술작품의 내용, 또한 내용이 형태화된 주요측면을 보면 감각적인 것, 직접적으로 주어진 것, 즉 자연 혹은 인간관계로부터 취해진 것처럼 보인다고 말했다. 만일 우리가 내용은 감각적인 것 일반으로부터 취했다는 것에 머물고 만다면, 그래서 이 사실을 추상적으로 확고히 해버린다면, 예술작품은 자연의 모방이어야 한다는 생각을 쉽게 갖게 될 것이다. 그리고 마치 이것을 예술작품의 유일한 규정처럼 여길 수도 있을 것이다. 예술이 자신의 형상들을 자연으로부터 취한다는 것은 인정되어

γ) 예술 일반과 관련하여

야 한다. 그 이유는 나중에 보게 될 것이다.|²⁰ 내용은 그 자체로, 정신적인 것을 자연적인 것의 형태로 표현하도록 만들어져 있다. 그러나 사람들이 예술작품은 자연의 모방이라고 추상적으로 말한다면 그러한 활동과 숙련성이 — 자연사적인 대상이나 혹은 초상화에서의 주된 작업처럼 — 모방에만 한정되어 규정된 내용을 엄격하게 자연에 따라 모사할 수도 있을 것이다. 초상화도 이미 단순한 모방으로는 충분하지 않지만, 거기에는 소여된 것이 있다. 그러므로 예술작품은 자연의 모방에 제한될 수 있으나, 물론 이것이 예술작품의 본질적인 규정은 아니다. 오히려 인간은 예술작품에서 특유한 흥미를 얻게 되며, 자신이 표현하는 특유한 내용을 예술작품 속에서 갖게 된다. — 이러한 관점들에 이어 세 번째 관점으로 이행하자. 그 관점은 요컨대 사람들이 또한 예술의 궁극목적에 관해 얘기한다는 것이다. 이 궁극목적은 예술이 작용하기 위해 자체에 전제하는 것이라고들 한다. 여기서 우리에게 떠오르는 첫 번째 것은 자연의 모방, 즉 예술이 이미 현전하는 여타의 것에 대한 충실한 표상을 주어야 한다는 통념이다.³⁰⁾ 그러면 목적은 상기(想起)일 것이다. 그러나 이 목적에서는 예술이 자유로운, 아름다운 예술일 수 없다.

모방의 목적은 인간 역시 자연이 산출하는 것을 산출하는 기량을 나타내고자 하는 것으로 보일 수 있을 것이다. 유명한 일화가 있는데, 그것은 사람들이 제욱시스의 가치를 그려진 포도의 유사성³¹⁾에 두었다는 것이다. 진짜 비둘기들이 그 포도를 향해 날아갔을 정도였다.

괴팅엔의 유명인사 뷔트너(Christian Wilhelm Büttner, 1716–1801)는³²⁾ 어떻게 그의 원숭이가 뢰젤(Rösel)의³³⁾ 『곤충오락 *Insekten-*

예술은 추상적이며 자연의 모방만은 아니다.

3) 예술작품은 그 작용에 목적이 있다는 통념.

이에 대한 여러 견해들:

a) 인간 기량의 표시인 자연의 모방이 목적이라는 통념.

이 견해에 대한 비판:
이런 목적은 단순히 주관적일 뿐이다. 예술가치는 내용의

*belustigungen*』에 그려져 있는 쌍무늬 바구미(Maikäfer)를 먹어치우려고 했는지를 언제나 큰 기쁨으로 얘기했었다. 자연형태와 같은 하나의 가상을 산출하려는 것도 확실히 인간의 관심일 수 있다. 그러나 그것은 표현될 수 있는 것의 객관적인 세계에 대한 반성 없이 인간이 단지 그의 기량만 나타내고자 하는, 전적으로 주관적인 관심일 뿐일 것이다. 하지만 가치는 산물의 내용(Gehalt) 속에 들어 있어야 하며, 그것은 내용상 정신적인 것이어야 한다.|[21] 자연적인 것을 모방할 때 인간은 자연적인 것에 머물러 있으나 내용은 정신적인 것이어야 한다. 궁극목적과 관련하여 생각할 수 있는 두 번째 통념은, 예술작품은 향유되어야 하며 장식에 이용되어야 한다는 것이다.[34] 세 번째의, 우리에게 더 근접한 예술에 대한 관심은 다음과 같이 표상된다. 즉 예술은 어쨌든 인간적인 것, 정신에서 나온 것을 표현해야 한다는 것, 따라서 예술의 내용은 마음과 정신의 전체 내용이어야 한다는 것이다.[35] 일반적으로 예술은 인간 정신의 일체 속에 있는 것과 인간이 자신의 정신 속에서 참된 것으로 가지고 있는 것, 인간 가슴을 그 심연에서 격앙시키는 것, 그리고 인간 정신 속에 자리하고 있는 것을 직관적으로 만든다는 목적을 가진다. 예술은 물론 이러한 것을 표현하되, 가상을 통해 표현한다. 이 가상이 더 지고한 것을 위한 환기가 목적이라면 아무래도 괜찮다. 그러한 한 예술은 인간적인 것에 대해 인간을 가르치며, 눈뜨지 못한 감정을 일깨우고 정신의 진정한 관심에 관한 표상을 부여한다. 그러나 이런 인간적인 것, 이런 감정, 경향, 그리고 열정들에는 저급한 것 및 지고한 것, 선한 것과 악한 것이 구분없이 들어 있다. 그리고 이러한 것들과 관련하여 예술은 최고의 것을 열망하게 하고 감각적인 것은 싫어하게

객관적인 가치(Gehalt)에 있다.

이러한 내용은 자연적인 것이 아니라 정신적인 것이어야 한다.

b) 인간 가슴 속에 존재하는 모든 것을 표현하는 것이 목적이라는 통념.

하고 약화시킬 수 있는 능력이 있다. 사람들은 이렇게 더 고차의 목적을 찾는데, 이 목적은 즉자-대자적으로 존재하는 것(ein An-und-für-sich-Seiendes), 즉 본질적인 것을 포함해야 한다. 마음을 움직이는 것은 매우 다양한 내용의 것이며, 예술은 마음을 흥분시키는 것과는 달라야 하기 때문이다. 이렇게 하여 사람들은 세 번째로 예술을 더 고차의 목적과 관련시키며, 그 목적을 규정하고자 한다. 그 목적은 어느 예술작품에서나 도달될 수 있는 형식적인 목적으로 규정될 수 있다.

이 형식적 목적은 야만 일반을 유화시키는 것이다. 그리고 한 민족의 도야가 시작될 때는 유화가 주된 목적인데, 이 목적은 예술에 귀속된다. 더 고차의 목적은 도덕적인 목적인데 사람들은 오랫동안 이것을 최종 목적으로 여겨왔다.[36] |22

이제 문제는 거칠음(das Rohe)을 지양하는 이러한 역량이 어떻게 예술의 고유성 속에 들어 있는가, 예술이 어떻게 충동과 경향, 열정들을 교화하는 가능성을 보유하고 있는가이다. 중요한 것, 즉 풍속의 유화를 간략하게 논해 보자. 거침은 충동의 직접적인 자기추구 속에, 그리고 그 충동의 충족을 향해 나아가는 — 더욱이 그것을 위해, 그리고 오로지 유일하게 그것만을 향하는 욕망 속에 있다. 이 충족은 대상의 사용, 즉 대상이 하나의 수단으로 화함을 포함하고 있다. 그리고 욕망이 개별적, 즉 한정된 욕망으로서 전체 인류를 마비시킬수록, 인간이 일반인으로서 이 규정성으로부터 분리되지 않았을수록 그 욕망은 더욱 거칠다. 만일 내가 "나의 열정은 나보다 더 위력적이다"고 말한다면, 나는 비록 나의 추상적인 '자아'를 열정과 구분하고 있지만 이 구분은 단지 일반적인 구분일 뿐이다. 물론 이 구분은 열정에 반대되는 '자아'

c) 예술은 본질적으로 최고의 궁극목적을 가져야 하는데, 그 궁극목적은 야만의 유화 및 요컨대 도덕적인 것의 확산이라는 통념.

예술은 야만의 유화에 기여하는 데 어느 정도 역량이 있는가 하는 물음.

거칠음은 전체 인류를 마비시키는 충동들의 한정된, 그리고 직접적인 자기추구 속에 있다.

를 전혀 고려하지 않는다.

따라서 열정의 야성은 나의 보편성이 한정성에 일치되어 있을 때 생기며 발생한다. 그래서 나는 이 특수한 의지 외에는 어떠한 의지도 가질 수 없다. '고집쟁이(Un homme entier)'는 자신의 전체 의지를 이 특수자 속에 두는 제멋대로인 사람을 가리킨다. 이러한 것이 열정의 거침·야성·강력함이다. 예술은 열정 자체, 충동, 그리고 대체로 인간 그대로인 것을 인간에게 표상적으로 만드는 한에서 이러한 것들을 유화시킨다. 그리고 열정에 아첨하는 그림만 그릴 때에도 예술은 역시 충동을 표현할 수 있으며, 그저 존재하는 그대로의 인간을 그에게 대상으로 만들어 의식되게 할 역량이 있다. 그 그림 속에 이미 유화력이 들어 있는 것이다. 이제 인간은 자신의 충동들, 즉 지금 그에 대해 있으며, 그의 외부에 있으며 그가 마주 서 있는 자신의 충동들을 고찰하기 때문이며, 이미 그는 자유롭게 그 충동들을 거슬러 가기 시작하고 있기 때문이다. 그렇기 때문에 예술가는 자신이 불운에 처했을 때 그것을 표현함으로써 자신의 감각의 강도를 완화하고 약화시키는 경우가 매우 흔하다. 눈물 속에는 이미[23] 위안이 들어 있다. 인간이 완전히 고통에 빠져 있거나 그 고통에 집중되어 머물러 있는 대신, 순전히 내적인 이러한 고뇌를 나타낼 수 있는 능력이 있을 때 그러하다. 낱말·형상·소리·형태로 진술하는 것은 고통을 더욱 완화시킨다. 그래서 죽음의 경우에 모든 측면에서 조의가 표해지는 것은 좋은 관습이었다. 이 많은 말하기를 통해 인간에게 자신의 고뇌가 외적인 것이 되고, 고통은 그의 눈앞에 놓이며, 그는 이에 대해 반성하고 이로써 스스로 완화될 것이 틀림없기 때문이다. 자신의 열정에 관해 시를 지을 수 있는 사람, 그

---

그러므로 보편자로서 인간은 그의 개별성과 곧바로 분리된 자가 아니라, 직접적으로 개별성 속에 침잠된 자로 현상한다.

예술이 인간적인 모든 것의 이러한 통일을 인간에게 표현하며, 따라서 단순히 내적인 것을 의식하게 하는 데 예술에 의한 유화가 있다.

이를 통해 인간은 정말 자기 자신에 대한 자유로운 직관을 얻는다.

런 사람에게는 그의 열정이 그다지 위험하지 않다. 왜냐하면 내적인 것이 대상화됨으로써 표출되며, 그 사람에게 외적으로 마주서게 되기 때문이다. 그리고 이런 것이 예술이 열정과 야성을 유화시키는 방식이다. 다른 측면에 대해서 우리는 인간은 자연과의 통일 속에 머물러 있어야 한다는 식의 이야기를 듣는다. 그러나 이 통일은 곧 거친 성향과 야성이다. 예술이 바로 자연과의 통일을 표현하고, 그럼으로써 인간으로 하여금 자연을 극복하게 하는 것이다. 이것이 여기서 중요한 점이다.

    마지막으로 언급된 관점, 즉 예술은 도덕적 도야를 궁극목적으로 가진다는 관점을 이제 간략하게 고찰하자.[37] 근대에는 이에 대해 많은 논쟁을 하게 되었고, 이 궁극목적은 예술에 합당하지 않은 것이라고 말했다. 예술에서 궁극목적이 문제가 된다면, 그것은 즉자-대자적으로 존재하는 것으로서 규정되어야만 한다. 마음에 드는 것은 우연적인 것에 속하며, 예술의 목적일 수 없다. 종교적인 것, 인륜적인 것, 도덕적인 것이 실로 즉자-대자적으로 존재하는 대상들이다. 그리고 예술은 이런 규정들을 자체 내에 많이 가지면 가질수록 더욱 지고하게 될 것이다. 종교적인 것, 인륜적인 것, 도덕적인 것은 예술의 내용이 그런 대상들에 어느 정도 적합한가를 보여주는 절대적인 척도들이다.|[24] 그리고 이런 내용의 표현으로서의 예술은 민중들의 교사였다.[38] 그러나 사람들은 이제 그러한 내용을 예술을 위한 것으로 허용하지만 예술이 그런 대상을 궁극목적으로 가진다는 것에 대해서는 다른 의견을 제기해왔다. 그러한 이의제기는 주로 표현의 방식에 관계된 것이었다. 왜냐하면 도덕의 가르침들이 예술에 의해 추상적 명제로, 즉 반성으로 제시되고 진술되거나, 혹은 이런 방식이 지배적인

---

이제 예술의 궁극목적은 '즉자대자적으로 존재하는 어떤 것'일 것이다.

즉자대자적으로 존재하는 어떤 것은 도덕, 인륜성, 종교이다.

하지만 예술은 이러한 내용을

것이 되어 감각적인 것이 부수적인 것으로만 그 가르침들에 부착 된다면, 그리고 추상적인 것이 순전히 껍데기로 현상하도록 만들 어진 하나의 껍데기로서의 형태만을 가진다면 틀림없이 예술작 품의 본성은 왜곡되어 있을 것이기 때문이다. 예술작품은 그 내 용상으로는 개별적이어야 하며, 형상적일 수 있기 위해서는 구체 적이어야 한다. 예술의 내용이 이미 그 본성상 형상적이지 않다 면 형상적인 것은 단지 부수적인 것이 되며, 예술내용은 그 자체 로 파괴되어 한편으로는 추상적으로, 다른 한편으로는 순전히 가 상인 외적이며 형상적인 장식에 매여 있을 것이다. 추상적인 명 제는, 내용과 형식이 상호 내적으로 성장되어 있지 않아 단지 지 루함만 불러일으키는 저런 장식 없이도 그 자체로 파악될 수 있 다. 우리는 하나의 참된 예술작품으로부터도 모든 현실적이며 구 체적인 삶의 돌발적 사건에서와 마찬가지로 추론들을 만들어낼 수 있으며, 그 추론들로부터 교훈들을 이끌어낼 수 있다. 알레고 리, 즉 모든 노래의 일반적인 교훈이 들어 있는 단테〔작품들〕의 서언들이 보여주듯,[39)] 사람들은 더구나 그런 것을 오래 전에 행 했었다. 말할 것도 없이 여기에는 하나의 교훈이 그런 예술작품 들로부터 추출되어 있다. 물론 교훈은 추출될 수 있다. 하지만 차 이는 추상적 교훈이 형태를 지배하며 예술형식을 — 사람들이 예 술가의 졸렬한 작품으로 여기는 — 장식 자체로서만 지니는지, 혹은 내용이 형상적인 형식과 전적으로 통일되어 있으며 그 통일 속에서 자신의 본질을 가지는지 아닌지의 차이이다.|[25] 이와 같 이 이의제기는 특히 감각적인 것이 추상적이며 도덕적인 명제에 단지 부수적인 것으로서만 이용되었다는 것에 관계된다. 이제 예 술작품의 하나의 궁극목적을 제시해 보자면 그 목적은 진리를 드

> 추상적인 것으로서 내세워서 감각적인 것이 거기서 장식이 나 부수물로 현상하게 해서는 안 된다.

> 감각적인 개별성의 형식과 직 접적인 동일성을 이루기 위해 예술은 그 본성상 이미 개별 적이고 구체적이어야 한다.

러내는 것, 인간의 마음속에서 움직이는 것을 무엇보다 형상적이며 구체적인 방식으로 표상하는 것이다. 이러한 궁극목적을 예술은 역사, 종교, 그리고 다른 것과 공동으로 가진다. 이와 관련하여 대체로 말할 수 있는 것은 목적에 관한 물음은 빈번히 목적이 자체적으로 거기에 있고, 그런 후 예술 등은 그 목적이 실현되기 위한 수단의 자리를 갖는다는 잘못된 생각을 함유하고 있다는 것이다. 이러한 의미에서의 목적에 관한 물음은 유용함에 대한 물음이라는 부차적인 의미를 가진다. 그러니까 이 물음에는 예술작품이라는 하나의 대상이, 타당한 것 그리고 마땅히 존재해야 하는 것으로서 전제되어 있는 다른 어떤 것과 관계한다는 입장이 들어 있다. 목적은 타당성, 본질성이라는 규정을 가지고 있어야 하는데, 이 규정이 사태 자체의 외부에 놓이게 된다. 그러므로 이 물음은 자체 내에 그릇된 것을 안고 있다. 일종의 절대자이기를 원하는 각 대상들은 이 규정을 자기 자신 속에 갖고 있어야 하기 때문이다. 만일 각 대상이 다른 어떤 것을 자신의 본질적인 성질로서 관계한다면, 이 대상은 그 다른 어떤 것의 본질적인 것에 적합하다는 속성을 갖고 있어야 할 것이다. 그래서 우리는 늘 다시 대상을 참조하도록 지시받을 것이며, 예술작품(도덕적인 궁극목적에 봉사하는 것으로서) 자체는 도덕적인 내용을 가져야만 할 것이다. 예술작품 밖에 있는 본질적인 것으로서의 다른 어떤 것을 궁극목적으로 설정하는 우회는 불필요하다. 단순히 수단이며 그 목적을 자신의 외부에 갖고 있는 사물이 확실히 있기는 있다. 그리고 예술작품도 어떤 의미에서는 부·명예·명성을 얻기 위한 것으로서 그러한 사물에 속하기도 한다. 그러나 그런 목적은 예술작품 자체와는 아무 상관이 없다.[26]

예술의 궁극목적은 본질을 형상적으로 의식하게 만드는 것인데 이것은 예술이 역사와 종교와 공동으로 가지는 궁극목적이다.

그러할 때, 그것을 실현하기 위해 자신(예술)이 단순한 수단이 되는 하나의 즉자-대자적으로 존재하는 목적을 예술이 마치 그 외부에 가지고 있는 것처럼 보는 그릇된 생각이 제거될 수 있다.

따라서 절대적인 것으로서의 예술작품은 자신의 궁극목적을 자체 내에 가지고 있다.

이제 하나의 대상을 그것의 본질적인 본성에 따라 고찰하고 자 한다면 우리는 그 대상의 외부에 속하며 다른 관계들에서야 비로소 눈에 띄는 관심들에 관해서는 반성하지 말아야 한다. 또한 우리가 여기서 고찰하는 대상은 다른 것을 위해 자신의 궁극 목적을 찾을 수 있을 그런 것을 자신 속에 포함하고 있는 대상이 아니다. 궁극목적을 외적인 것이 아니라 대상 자체 속에 들어 있는 즉자-대자적인 규정으로 간주해 보면, 결과적으로 우리는 즉자-대자적인 예술작품과 그것의 본성, 개념에 관해 고찰하게 될 것이다. 지금까지 우리는 예술작품에 관해 단지 외적으로만 반성했고, 여타의 외적인 관계들을 이에 결부시켰다. 그런 것은 대상에 대한 관습적인 고찰방식이다. 그러나 그 반성 자체는 대상 그 자체 내로 들어가야만 한다는 결론을 우리에게 주었다. 전체 계획을 미리 살펴본 후 우리는 그러한 내적인 것, 즉 그러한 개념으로 넘어가야 한다.

> 이러한 규정은 예술개념에 이르게 된다.

이와 같은 개괄에서 우리는 적어도, 어떻게 부분들이 전체의 개념에서 나온 것으로 서술되는지를 명백하게 처리해나가야 한다. 그러므로 이런 개괄 역시 우연히 현상해서는 안 되고 필연성에 기인해야 한다. 그렇기 때문에 사실 우리는 개괄에 앞서 개념을 먼저 살펴보아야 한다.

서술되는 것, 내용이 예술의 형식에 적합해야 한다는 것은 이미 언급했다. 내용은 사상이며, 형식은 감각적인 것, 형상적인 형태이다. 추상적인 것은 스스로 형상적으로 표현되어야 한다. 그러니까 내용 그 자체가 자신의 본래적 규정에 따라 그러한 표현에 적합할 수 있어야 한다. 그렇지 않으면 대자적으로 설정되어 있는 산문적인 내용이 형상적으로 파악되어야 할 것이므로 나

> 예술개념 일반:
> 내용은 사상이며, 형식은 감각적인 것이다.

뿐 혼합물만 얻게 된다. 그러한 결합이 일어난다면 부분들은 서로 이종(異種)적이며 어떠한 좋은 결합도 성립될 수 없다. 그러므로 내용이 형식에 적합하다는 것이 예술의 첫 번째 규정이다.|[27]

    두 번째 규정은 내용이 결코 추상체이지 않아야 한다는 것이다. 예술의 내용이 아니라도 오히려 참된 것인 모든 내용은 결코 추상체가 아니다. 사유된 것으로서의 사유물 역시 그 자체로 구체적이어야 하며 주관적인 것, 개별적인 것이어야 한다. 그러므로 내용이 참되기 위해서는 구체적이어야 한다. 예컨대 신에 대해 말해보자. 신은 단순한 일자(一者)라고 한다. 그렇다면 신은 한갓된 추상체로 생각되며 예술에 부적합하다. 이에 따라 유대인과 터키인들은 어떤 미술도 가질 수 없다. 그러나 신 역시 공허한 본성이 낳은 추상체도, 비이성적인 오성이 낳은 추상체도 아니다. 자신의 진실 속에 있는 신은 그 자체로 구체자이다. 신은 인격이고 주체이며, 자신의 규정성에서 파악된 인격으로서 정신이며, 그 자체로 삼위일체자이고 자체적으로 규정된 자이며, 이러한 규정성의 통일이다. 이것이 구체자를 만들어내는 것이다. 따라서 신은 구체자이며, 참된 자이다. 참된 것을 파악하는 사유 내에서도 역시 구체적인 것을 향해 진전되어야 한다. 그러므로 내용은 예술에 적합하기 위해서만이 아니라 여하튼 참다운 내용이기 위해서는 그 자체로 구체적이야 한다. 세 번째 규정은 감각적인 것도 본질적으로 구체적인 것이며, 그 자체로 개별적이라는 것이다. 그 자체로 참된 것은 구체적인 것이다. 예술의 감각적 요소 역시 그 자체로 구체적이라는 것 ― 이 규정은 내용과 표현이라는 두 측면에서 같은 것에 대한 규정인데 ―, 이것은 내용과 형식이 그 속에서 합치되는 지점이다. 구체적인 내용은 이런 형상

---

형식은 내용에, 내용은 형식에 상응해야 한다.

내용은 진리의 각 내용들처럼, 그 자체로 구체적이어야 한다.

그 자체로 구체적인 이러한 내용은 마찬가지로 구체적인 자신의 형식과의 통일성 속에 있어야 한다.

적인 것에 실제로 적합할 수 있으며, 그것의 형식이 구체적이듯, 구체적이라는 것을 자신의 고유한 규정 속에 가지고 있다. 참된 것은 더구나 유일한 구체자도, 최고의 구체자도 아닌 감각적인 것의 구체적인 형태에서 본질적으로 한층 더 잘 파악될 수 있다. 구체적인 것의 더 높은 방식은 사유인데, 사유는 비록 추상이라는 요소이지만 참된 사유로서 타당하기 위해서는 구체적인 사유여야 한다. 그 차이는 그리스 신과 기독교 신의 비교에서 즉시 보여진다. 그리스 신은|[28] 추상적이지 않고 개별적이다. 기독교 신역시 구체적인 신이다. 이 신은 단순히 주체 일반이 아니라 본질적으로 정신이며, 의당 정신 속에서 정신으로 인지된다. 기독교에서 내용은 구체적인 것이며, 이 구체적인 것의 기본요소는 예술의 경우 감각적인 것, 형상적인 것이듯 지(知)이다. 이와 같이 기독교 신은 사유 속에서 정신에게 정신으로 표현된다. 이에 따라 그리스 신과 기독교 신의 존재방식은 상이하다. 그리스 신은 형상을 지니고 기독교 신은 사유를 자신의 실존방식으로 가진다. — 이러한 내용이 구체적 형식에 적절하게 나타나기 위해서는 그 자체로 구체적이어야 한다는 것이 예술개념의 추상적 규정이다. — 이제 우리는 첫 번째로 일반부분(Allgemeiner Teil)을, 두 번째로 특수부분(Besonderer Teil)을 다루게 될 것이다. 일반부분은 미 이념 일반에 대한 고찰을 포함한다. 언급했듯이 미는 내용과 이 내용의 현존재방식의 통일이며, 개념에 대한 실재의 '적절함(das Angemessen-Sein)'과 '적절하게 만듦(das Angemessen-Machen)'일 거다. 예술의 방식은 실재성 내로 형상화해 들어가게 되는 개념의 관계에만 기초할 수 있다. 그 관계는 세 가지이다: 첫 번째는 그런 참다운 통일성의 추구, 절대적 통일성을 향한 노력이며, 아

우리가 고찰할 학문의 분류:
1) 일반부분
(Allgemeiner Teil)
예술의 내용과 형식의 관계

직 그러한 완전한 관통에 이르지 못한, 올바른 내용을 아직 발견하지 못해서 올바른 형식도 찾지 못한 예술이다. 그러므로 이러한 추구는 참다운 내용과 참다운 형식이 아직 발견되지 않고 하나가 되지 않은 채 서로 분리되고, 아직 상호 외면성을 보이는 데 기인한다. 내용이 다소 추상적이며 혼탁하고, 자기 자체에서 참되게 규정되어 있지 않다. 아직 외적이고 아무래도 괜찮은 것으로서 있는 형태는 여전히 직접적이며, 자연적인 형태이다. 요컨대 이러한 것이 첫 번째의, 일반적인 규정이다. 즉 내용은 모호하고 추상적이며, 형상성의 측면은 아직도 직접적인 자연으로부터 취해져 있다.|29

이러한 첫 번째 것은 그러니까 예술이 노력하고 추구하고 있음인데, 더 자세하게는 다음과 같이 나타나게 된다. 즉 여전히 자신에 대해서만 있는, 아직 참되게 자체적으로 규정되지 않은 사유는 외적이고 자연적인 소재를 사용하나 이 소재와 아직 조화롭지 못하며, 자연형상 자체를 자연스럽지 않게 만들고 파괴하며, 자연형상에다 척도가 없는 것을 덧붙인다. 이런 형태들에서 우리는 의욕된 것(das Gewollte)으로서의 보편자를 보게 된다. 사실 내용은 자체 내에서 비규정적이 되기 때문에 자신의 표현 역시 자신의 규정성을 넘어 추동해 나간다. 사실 이러한 예술에 속하는 것은 숭고지 미가 아니다. 그럼에도 불구하고 내용과 형태의 관계에서 보면, 이 예술에는 상응함이 들어 있을 것이 틀림없다. 그 형태는 비록 강압을 받으며 일그러지지만 그럼에도 형태화에 역시 하나의 규정이 들어 있을 것인데, 그것은 어떤 거대한 내용에 [형태화가] 일반적인 방식으로 적합할 수 있어야 하는 규정이다. 내용은 자연적 소재에 참으로 적절하지 않다. 내용 자체

a) 절대적 통일성을 향한 노력 또는 상징적 예술

사실 이러한 노력의 원인은 내용 그 자체에서의 아직 불완전한 규정성이다.

그렇기 때문에 그런 내용의 형식은 직접적인 자연성의 직접적인 형식이다.

이러한 것은 실로 숭고의 예술이지 미의 예술이 아니다.

가 그와 같은 적합성에 가능하지 못하기 때문이다. 상응함은 추상적인 규정성 내에서만 가능할 수 있다. 이러한 첫 번째 영역은 상징적 혹은 오리엔트 예술이 제공한다. 이 예술은 숭고에 속하는데, 숭고의 특성은 무한자가 표현되어야 한다는 것이다. 그러나 여기서는 그 무한자가 추상적인 것이어서 어떠한 형태도 그것에 적절하지 않다. 그래서 감각적인 형태는 자신의 척도를 넘어 추동된다. 오직 표현하려는 시도만 거기에 있다. 백 개의 팔과 백 개의 젖가슴이 달린 그런 거대한 것과 거상들이 그처럼 척도가 없는 자연형상물들이다. 다른 한편 물론 그와 같은 자연형상물은 자신의 내용에 대해 적절성의 한 계기를 가져야 하지만 이 추상적인 보편성은 단지 일종의 내적인 보편성일 뿐이다. 예컨대 사자에게서 강함이 의미된다면, 이 보편성은 그 자체 단지 내적·추상적·상징적인 것이다. '강함'이라는 보편적인 특질을 지닌 동물형태는 이 형태가 의당 그 규정의 표현이어야 하는, 하나의 추상적이며 적절한 규정을 가지고 있다.|³⁰

> 아직 그 예술의 내용이 진정으로 구체적인 내용이 아니므로, 내용의 형식이 그 내용에 상응함 또한 단지 추상적인 상응일 뿐이다: 상징.

그러므로 이 예술은 노력하고 있는 것이며, 이런 노력함이 상징적인 것이다. 그래서 이 예술의 개념과 실재성에 따라 이 단계는 아직 불완전하다.

두 번째 영역은 고전적 예술이다. 고전적 예술은 형태화가 개념 속으로 자유롭고 적합하게 이루어진 상상(Einbildung)이다. 그 내용은 자신에 적절한 형태를 가지고 있는 내용, 참다운 내용으로서 참다운 형식을 결여하지 않은 내용이다. 여기에 예술의 이상(das Ideal)이 주어진다. 감각적인 것, 형상적인 것은 여기서 더 이상 감각적인 것으로 간주되지 않으며, 어떠한 자연물도 아니다. 비록 자연형태이기는 하나 유한자의 궁핍을 벗어난, 자신

> b) 내용과 형식의 절대적 통일성 혹은 고전적 예술

> 고전적 예술은 예술-이상(理想)을 포함한다.

의 개념에 완전히 적합한 자연형태이다. 참다운 내용은 구체적으로 정신적인 것으로, 이것의 형태는 인간 형태이다. 왜냐하면 오로지 이 형태만이 정신적인 것의 형태이며, 정신적인 것이 시간적 현존 속에서 형상화되어 나오는 방식이기 때문이다.

> 그 자체로 구체적인 내용은 그 자체로 구체적인 형태, 즉 인간 형태로 본떠진다.

　세 번째 영역은 내용과 형태화의 와해이다. 이 와해는 상징적인 것의 대립으로 되돌아가는 것이지만, 동시에 자기 자신을 넘어서는 예술의 전진이기도 하다. 고전적 예술은 예술로서는 최고의 것에 도달했다. 이 예술의 결함은 단지 〔내용과 형식의 관계에서 규정된〕 예술 일반이라는 것이다. 세 번째 영역은 더 고차의 입장에서 예술로 나타나는 예술이다. 이 예술은 낭만적 혹은 기독교 예술로 명명될 수 있다. 기독교에서 참된 것은 감각적인 표상으로부터 물러나 있다. 그리스 신은 직관에 결부되어 있다. 이 신 속에는 인간적 본성과 신적인 본성의 통일이 직관되며, 이 통일의 유일하게 참다운 방식이 직관된다. 그러나 이 통일은 그 자체가 감각적이다. 기독교에서는 그 통일이 정신과 진리 속에 포착되어 있다. 구체적인 것, 즉 통일이 감각적인 것으로부터 물러난 정신적인 방식으로 파악되어 있는 것이다. 이념은 자신에 대해 스스로를 자유롭게 만들었다.|31

> c) 이 절대적 통일성의 와해 혹은 낭만적 예술

> 자기 자신을 넘어선 예술의 전진

> 정신적인 내용은 감각적인 형식을 넘어선다.

　이로써 감각적인 것은 감각적인 주관적 이념에 대해 부수물이며, 더 이상 어떠한 필연성도 아니다. 오히려 감각적인 것 또한 자신의 영역에서 자유로워진다. 따라서 이 예술의 특성은 정신적인 대자적 존재자, 주관적인 것, 심정적인 것이다. 외적인 것을 볼 때도 여기에는 어떠해도 상관없음, 자의 그리고 모험이 들어 있다. 외적인 현존재는 더 이상 내용과의 추상적인 통일 속에 있지 않으며, 감각적인 것, 즉 소재 일반은 다분히 심정(Gemüt)을 통

> 이를 통해 감각적인 것은 그 자체 단지 부수물이 되며, 자기의 측면에서도 자신에 대해 자유로워진다.

해서야 비로소 의미를 보유하는 외적인 것이 된다.

    예술 자체 내에서의 분류를 위해 앞서 보았던 일반적인 개념에 이어 이제 예술의 특수부분에 관해 살펴보면, 이 부분은 언급된 각 예술형식들을 전제한다. 하지만 예술형식이라는 그런 일반적 개념은 실재화되고 규정되어야 하며, 자신의 구분을 설정하고 현존재 속으로 들어가야 한다. 이 현존재 속에서 그 개념은 외면에 따라 구분되면서 자신의 고유한, 즉 자신에 내재된 구분들을 그 자신에게서 나타나는 것으로서 내보인다. 그러나 이제 이 구분들은 예술형식들이 나타내는 개념 자체의 구분들 이외 다른 것일 수 없다. 혹은 우리가 유(Gattungen, 類)에서 고찰했을 때 예술의 종(種)들은 그 유들에서 동일한 규정성을 가진다. 그러면 예술의 종들을 그렇게 언급된 차이들에 따라 먼저 추상적으로 알아본 후, 그 종류들을 보다 구체적인 형태에서 살펴보자. 즉 기계적인 측면과 추상적으로 감각적인 측면에 따라, 공간과 시간에 따라 살펴보자.

    예술의 일반적인 구분들의 이러한 '자체 내에서의 자기 규정'이 우리에게 등장하는 첫 번째 방식, 혹은 그 구분들의 가장 직접적인 실재화방식은 이미 상술된 첫 번째 예술형식에 관계된다. 이 형식은 우리가 상징적 예술형식이라고 불렀던 것인데, 표현형식이 단지 외적으로만 자신의 내용에 이르며, 신이 그 자체 자신 속에 구체적인 규정성을 결여하고 있기 때문에 아직 자신의 형태에 들어가 거주하지 않고, 형태는 외적인 형태로서|³² 신을 그 규정성에 따라 표현하지 않은 채 담고 있어서 외면성이 그 토대를 형성하고 있는 예술형식이다. 예술의 이러한 첫 번째 실재

---

2) 특수부분
(Besonderer Teil)

예술의 이 세 가지 형식 각각은 예술개념의 규정성에 따라 자체 내에서 개별적으로 특수화된다.

a) 이 규정성들에 대한 추상적 방식의 고찰

α) 건축

화는 건축이다. 건축에서는 내용의 의미가 재료 또는 그 의미의 표현형식을 더 많거나 더 적게 투과할 수 있는데 내용 자체가 더 의미가 있거나 더 의미가 없을수록, 더 구체적이거나 더 추상적일수록, 자기 자신 속에 더 깊이 침투되어 있거나 더 모호하고 더 표면적일수록 투과가 더 많이 되거나 더 적게 된다. 물론 이 예술형식은 자신의 내용을 그 형식에 전적으로 적합하게 만들기까지 그 자체로 계속 나아가고자 할 수 있을 것이다. 하지만 그렇게 되면 이 예술형식은 자신의 고유한 영토를 넘어서게 되고, 자신의 보다 높은 단계, 즉 조각으로 요동해 넘어갈 것이다. 이렇듯 상징적 예술형식의 경계는 이 예술형식의 본성에 따를 때 정신적인 것을 외적으로 담고 있으며 그래서 영혼으로 충만한 것(das Seelenvolle)을 타자로서 지시하는 그러한 경계로서 나타난다.

그러나 이제 이러한 영혼으로 충만한 것, 즉 정신적 내용 혹은 신이 예술형식에 더 이상 어떤 외적인 것이 아니라 이 예술형식에 들어가 거주하게 되면서, 그러니까 소재와 형태가 자신의 재료와 자신의 형식과 더불어 절대적 동일성 속에 있으면서 현존재 내로 들어섬으로써 — 혹은 두 번째 일반적 예술형식, 즉 고전적 예술형식이 실재화되고 규정됨으로써 — 우리는 조각을 그러한 예술형식의 규정성으로서 가지게 된다. 조각은 신적인 형태 자체를 제시한다. 신은 고요하며 축복스럽고 정지된 고요 속에서 그의 외면성에 들어가 거주한다. 형식과 내용은 절대적으로 하나이고 동일한 것이며 어느 측면도 우세하거나 압도적이지 않다. 내용은 형식을, 형식은 내용을 규정하고 있다. 즉 순수한 보편성 속에 있는 통일인 것이다. β)조각

우리는 세 번째 일반적 예술형식, 요컨대 낭만적 예술형식 γ)낭만적 예술

에서 내면성 혹은 가치내용(Gehalt), 소재, 예술작품의 내용이 어떻게 고요한 휴식에서, 즉 그 내용의 형식과 재료, 외면성과의 절대적인 통일성으로부터 벗어나는지,|³³ 그리고 — 자기 속으로 귀환하면서 — 내용과의 통일로부터 분리되어 내용과 상관없이 외적으로 되는 외면성을 자유롭게 두는지를 보았다. 바로 이 예술형식이 실재화된 것이 시(Poesie)이다. 시에서는 소재와 형식이 자신 속으로 들어가며 개별적으로 특수화된다.

이러한 세 가지 측면에 따라 이제 세 예술형식의 각각이 자체 내에서 구분되고 규정된다. 즉 각 예술형식은 이 세 가지 측면에 따라 실재화되는데, 이 세 가지 측면이 각 예술형식의 현존재 방식들이다.

이제 그 현존재를 더 구체적으로 고찰해보면 우리에게 예술 개념은 자체 내 분류된 예술계로 현실화된다. 즉 형태의 세계가 우리 앞에 솟아오르는 것이다. 사원은 우리를 둘러싸고 우리 위로 그 궁륭을 펼치고 있으며 [상징적 건축물들], 신들은 — 응고된 대리석에 결박된 채 혹은 화려하며 다채로운 그림자 세계로서 — 지복한 휴식 속에서 우리를 바라보고 있다 [고전적 신상조각들]. 혹은 신은 우리가 예감하면서 느끼는 그의 근접을 우리 가슴 속에 울린다. 또 그는 우리에게로 하강하고, 자기 자신을 말씀으로 고지하면서 자신을 계시한다 [낭만적 시]. 예술형식들의 현존재의 시작은 이러한 신의 세계가 외적이며 거친 재료들에서 시작하여 정신적이 되고, 계속해서 보다 정신적인 현존재로 스스로 형상화해나가기 때문이다. 그런 다음 우리는 내용과 재료의 정신화 단계를 가지게 된다. 그리고 소재의 표현으로서의 소재의 정신적인 형식이 마지막을 장식한다. — 우리는 추상적으로[이론적

b) 보다 구체적인 고찰:

으로] 고찰할 때 예술의 현존재의 첫 번째 형식으로서 건축을 보았다. 건축은 비유기적인 자연에서 시작하며 자연 속에서 자신을 실재화하는데 이 자연은 건축 자체가 아직 추상적인 내용을 띠기 때문에 건축에 외적으로 머물고 있으며, 스스로 신을 현상하기보다는 단지 신을 지시하고 있을 뿐이다 [상징적 사원건축]. 건축은 |34 신에게 길을 열어주고 사원을 축성해준다. 건축은 신에게 공간을 만들어주며 바닥을 깨끗이 해주고, 신에 대한 예배를 위해 외면성을 가공하여 그 외면성이 신에게 더 이상 외적인 것으로 머물지 않고 신을 현상하게 하고 표출하며 수용할 수 있도록 한다 [고전적 신전건축]. 건축은 내적인 모임을 위한 공간을 제공하며 모인 자들이 집합하기 위한 울타리를 제공하고, 위협적인 우레와 비, 폭풍우와 동물로부터의 은신처를 제공한다. 건축은 모이려는 의욕을 표면화하며 계시한다. 이러한 것이 건축의 규정이며, 건축은 이런 내용을 실재화시켜야 한다 [낭만적 교회건축]. 건축의 재료는 역학적인 양감과 중량인, 건축의 거친 외면성 속에 있는 물질이다. 이 재료의 표현은 좌우대칭적인 것의 외적 혹은 추상적인 오성적 비례로서 현현된다. 이렇게 해서 신에게 사원이 축성되어 있고, 그의 집이 완성되어 있다. 비유기적인 자연은 가공되어 있고, 개별성이라는 광채가 홀연히 자연을 뚫고 들어간다. 신은 바로 자연 속에 있고 자연은 신을 나타내며, 조각기둥은 사원 속에서 돌출해 오른다. 이제 정신적인 것은 재료를 완전히 제 것으로 만들었으며 무한한 형식은 신체성에 집중되었고, 무한한 형식을 위한 것이었던 완만한 부피감은 위쪽으로 형상화되었다.

내면적인 신은 외면성 속으로 침잠해 있고, 외면성은 신을

α) 건축에 대한 고찰

β) 조각에 대한 고찰

상기하며 개별화된다. 즉 외면성은 전적으로 내면성이며, 내면성은 전적으로 외화되어 있다. 그렇기 때문에 여기서 재료는 〔건축에서와는 달리〕 더 이상 아무래도 상관 없는 것이 아니다. 감각적이기는 하지만 순수하고 단색적이며, 내용과 더불은 자신의 단일성이라는 보편성을 거슬러 자체 내에서 개별적으로 특수화되어 있지 않다.|35

사실 그 속에서 일반적 예술형식들의 현존재를 마주하게 되었던 세 번째 형식은 낭만적 예술의 실현이다. 건축은 낭만적 예술에 사원을 축성해주었고, 조각의 손에서는 신이 생성되어 나와 있다. 그리고 이제 신의 집의 넓은 공간에는 공동체가 신과 마주하여 서 있으며, 내용과 형식의 보편적인 통일에 반하여 양 측면의 개별화, 주관성, 개별적 특수성(Partikularität)이 등장한다. 공동체는 외면성 속으로의 자신의 직접적인 침잠성에서 벗어나 자신 속으로 귀환한 신이다. 신은 더 이상 조각기둥에서처럼 그런 일자가 아니다. 오히려 통일성은 파괴되고 주관성의 비규정적 다수성으로 분쇄된다. 이렇게 하여 일자라는 내용 대신 소재가 되는 것은 이제 심정의, 행동들의 주관적 특수성과 자신의 행위 그리고 의욕, 단념과 더불은 개별성의 생동적인 운동의 다양성이다. 다른 한편 재료도 마찬가지로 분산되며 같은 방식으로 특수화되고 개별적이 된다. 여기서 재료는 더 이상 건축에서처럼 대량적인 것이 아니며, 조각이 그것에 부피감을 가공한, 감각적인 것의 추상적이며 단순한 가상도 더 이상 아니다. 오히려 재료는 자체 내에 특수화되고 주관적이 된, 여기서는 자신의 주관성에서 고찰되는 소재이며, 단지 주관적 의미를 가지는 것으로만 보유되어 있다. 따라서 여기서는 개별적으로 특수화된 소재가 자체 내에

γ) 낭만적 예술에 대한 고찰

주관화된 내용을 표현하기 위해 이용되기 때문에 내용과 형식이 훨씬 더 고차의 통일을 이루게 된다. 즉 특수자가 특수자 속에서 자신을 표현하는 것이다.|³⁶ 가치내용은 재료의 방식을 받아들이며, 재료는 가치내용의 방식을 받아들인다. 하지만 이러한 내밀한 통일성 자체는 주관적 측면에서 나타나며, 형식과 내용이 특수화됨으로써 객관적 보편성을 대가(代價)로 치루고서야만 이루어진다.

이제 더 자세한 것은 예술형식의 현존재의 이 세 번째 방식 자체가 자체 내에서 세 가지로 구분된 것으로 나타난다는 것이다. 이러한 현존재의 첫 번째 형태는 자신의 실현수단으로서 가시성 일반, 즉 가시성 자체를 사용한다. 조각과 건축의 재료도 마찬가지로 가시적인 것이지만 추상적인 가시성은 아니다. 추상적인 가시성은 이 첫 번째 형태에서 표현수단인데, 더욱이 추상적인 가시성으로 머물고 있으면서 그러한 것이 아니라 특수성의 현존재, 즉 주관적으로 이 특수성 자체에서 특수화된 가시성이 되고 있는 한에서 그러하다. 더 자세히 말하면 스스로를 색채로 규정하는 한, 그 자체로 어둠의 규정성을 가지며 어둠과 특수하게 합일되며 특수화하는 빛으로서 그러하다. 자체 내에서 규정되고 주관화된 이러한 가시성은 건축의 추상적으로 역학적인 양감구분을 더 이상 필요로 하지 않고 또한 삼차원이라는 규정성 속에 있는 — 조각이 재료로 갖는 것과 같은 — 공간적으로 질료적인 것으로서의 형상도 필요로 하지 않는다. 오히려 이 가시성은 그 자체에서 자신의 이념적인 구분을 색채들의 특수성으로서 갖는다. 그러므로 예술은 여기서 '완전히 질료적인 것'에서 벗어나며, 시각이라는 추상적으로 이념적인 감각을 위한 것이 된다. 다른

> 이러한 예술형식의 종류와 방식은 또 다시 세 가지이다.
>
> i) 회화

한편으로 내용 역시 가장 넓게 연장된 개별적 특수화를 보인다. 즉 인간의 가슴 속에 여지를 갖는 것, 인간의 가슴을 행동으로 형태화하는 것, 이러한 다양은 모두 이 첫 번째 형태에서 다채로운 소재가 된다. 특수성이라는 전체 왕국을 갖는 모든 종류의 시각은|37 여기서 자신의 자리를 갖는다. 물론 자연형식들 역시 정신적인 것에 대한 어떤 하나의 암시를 사유에 더 가까이 결부시키는 한에서 여기에 등장할 수 있다. 예술형식의 이러한 현존재의 전체 형태는 물론 회화이다.

 이제 낭만적인 형식을 현실화하는 두 번째 재료는 감각적이기는 하지만 그럼에도 더욱 깊은 주관성으로 계속 나아간다. 우리는 색채를 이미 주관화의 일종이라고 불렀다. 그러나 지금 우리 앞에 갖고 있는 이러한 더 깊은 주관성은 색채를 존립시켰던 바인 아무렇게나 갈라졌던 공간의 분리도 마찬가지로 지양하며, 이 분리를 점(Punkt)이라는 것 속으로 이념화하는 데 있다. 그러나 이러한 지양으로서의 점은 구체적인 것이며, 자체 내에서의 이런 규정성은 공간성의 시초의 관념성으로서 운동 속에, 자체 내에 있는 질료의 전율 속에, 자기 자신에 대한 질료와의 관계 속에 있으며, 또한 두 번째 이념적인 감각, 즉 청각을 위한 음(晉) 속에 있다. 추상적인 가시성은 추상적인 가청성으로 변환하고, 공간의 고유한 변증법은 시간, 즉 이 '부정적으로 감각적인 것' 속으로 추동되는데, 이 시간은 있으면서도 없으며 자신의 비존재에서 이미 자신의 존재를 다시 산출하고, 이렇게 하여 휴지 없는 자기 지양이며 자신의 지양 속에서 스스로 생겨남이다. 추상적인 내면성이라는 이 재료는 그 자체 내에서도 마찬가지로 규정되지 않은 감각의,40) 즉 아직 자신의 확고한 자체 내 규정성으로 계속 나아

ii) 음악

갈 능력이 없는 감각의 직접적인 수단이다. 음악은 오로지 감각의 울림과 멎음만을 표현하며, 주관적 예술의 중심점, 즉 추상적 감각성이 추상적 정신으로 넘어가는 통과점을 이룬다. 음악은 그 재료에 따르면 그 자체 내에 건축과 같은 오성적 비례를 갖는데, 추상적으로 표현한다면 일반적으로 추상적인 정신적|[38] 내면성, 즉 감각의 예술이다.

이제 낭만적 예술형식의 마지막 표현인 정신적 표현에 관해서 보면, 이 예술형식의 특성은 다음의 사실 속에 있다. 즉 음(音) iii)시 속에서 이미 그 해방이 시작되었던 감각적 기본요소[말]가 이 형식에서는 전적으로 정신화되었으며, 음은 더 이상 감각 자체가 울려나옴이 아니라 그 자체로는 가치 내용이 없는 단순한 기호로서, 더구나 비규정적인 감각의 기호가 아니라 그 자체로 구체적이 된 표상의 기호로 하락한다는 데 있다. 이전에 추상적으로 무규정적이었던 하나의 음은 낱말(Word), 즉 음절화되고 자체 내에서 규정된 음이 된다. 음절화되고 자체 내에서 규정된 이 음은 표상, 생각을 표출하고, 정신적인 내면의 기호가 되는 것을 자신의 의미로 가진다. 정신적인 것이 자신에 대해, 그리고 자신 속에서 표상을 위해 스스로를 규정하고 이 표상의 표현이 그 자체로는 무가치하며 무의미한 기호여야 하는 가운데, 음악에서 여전히 감각과 합일되어 있는 감각적 기초요소는 시에서 가치내용 그 자체와 분리된다. 이에 따라 음은 철자와 마찬가지일 수 있는데, 가시적인 것과 가청적인 것이 여기에서는 정신의 단순한 기호로 함께 격하되어 있기 때문이다. 예술의 이러한 현존재는 더 구체적으로는 우리가 좁은 의미에서의 시에서 보는 그러한 것이다. 시는 최고의 정신화로 상승하는 예술, 보편적이며 모든 것을 포괄하는 예술이다. 시에서 정신은 그 자체로 자유롭기 때문에 단순히 감각적인 재료와는 분리되었으며, 이 재료를 자신의 기호로 격하시켰다. 기호는 시에서 어떠한 상징이 아니라 — 정신이 그것을 규정하는 위력이 되는 것으로 — 전적으로 하찮은 것이다.

그러나 이 최고의 단계에서 예술은 자기 자신을 넘어서며, 산문이 되고 사유가 된다.

이제 이러한 것이 건축으로서, 조각으로서, 그리고 주관적 예술들에서 현실화되는 예술형식들의 현존재에 대한 일반적인 서술일 것이다.|³⁹

우리는 이러한 현존재의 기계적인 방식에 관해 아직도 더 설명을 해야만 할 것이다. 추상적으로 감각적인 측면에 관해 보면 이 측면은 공간과 시간의 관계, 즉 감각적인 것의 추상이다. 공간과 시간은 감각적인 모든 것을 감각적이게 하는 것으로, 감각적인 것의 일반적 형식들이며 감각적인 것 일반의 보편적인 추상이다.

이러한 측면에 따르면 건축은 자신의 삼차원에 있어 공간을 표현 재료로 갖는다. 그래서 공간의 한계규정들 — 각도, 평면, 선들 — 은 오성에 속하며 규칙적이다. 건축에서 단순한 정황들은 정신의 형식들이며 영혼 자체는 이러한 형식들 속에 아직 거주하지 않는다. 피라미드는 단지 사별한 정신만 자체 내에 가지고 있다. — 조각에 관해서 보면 조각은 유기적인 모습을 만들 때 전체적 공간을 내부에서부터 규정했다. — 세 번째는 낭만적 예술이었다. 낭만적 예술에서는 추상적 공간, 즉 외면성이 주관화되기 시작한다. 회화는 오로지 평면과 평면의 형상화(Figuration)에만 관계한다. 이러한 추상적인 공간은 그런 후 온전히 점, 시점(時

c) 추상적으로 감각적인 공간과 시간이라는 측면에 따른 고찰

α) 건축은 그 현존재의 삼차원에 따라 공간을 질료로 취한다.

β) 조각은 이를 규정하는 영혼이 거주하는 유기적인 형태를 만들 때 3차원을 필요로 한다.

γ) 낭만적 예술
ⅰ) 회화는 추상적 공간과 평면, 평면의 형상화를 사용한다.

點)으로, 부정적인 감각성으로, 그리고 마찬가지로 분리의 부정인 그런 분리로 되돌아간다. 이 감각적인 기본요소, 즉 시간은 음악에 귀속된다. 세 번째 것은 동시에 점이기도 한 시간인데, 사실 이 점은 형식적인 부정성으로 나타나지 않고 완전히 구체적인 점, 정신적인 점, 자체 내에서 표상의 무한한 공간을 음(音)의 시간과 결부시키는 사유하는 주체로서 나타난다는 측면에서 시간이다. ― 이렇게 추상적인 외면성의 특수한 규정성들 또한 특수한 예술들에 속한다. 그리고 이러한 것이 우리가 지금 그것의 특수부분을 고찰하게 될 전체에 대한 개괄일 것이다. 일반적 예술형식에 대한 특수예술의 관계에서 다음을 주목해야 한다. 즉 상징적 예술은 건축에서 최대로 적용되는데,|⁴⁰ 건축에서 상징적 예술형식은 완전하게 되며 타자인 비유기적인 자연으로 아직 하락하지 않는다는 것이다. 고전적 예술에서는 조각이 무조건적이다. 그리고 건축은 여기서는 단지 둘러싸는 것으로만 등장한다. 낭만적 예술에는 특별히 회화와 음악이 속하게 되는데, 이들은 여기서 독립적이고 무조건적이 된다. 낭만적인 것의 세 번째 예술은 그 자체로 객관성으로 완성되는 예술이다. 이 예술은 모든 것에 속하며, 세 가지 예술형식 모두를 거쳐 나오며, 이러한 무한한 연장을 자신에게 부여하는 예술이다. 이 예술은 각 예술형식에 결부되어 있으며 각 예술형식에서 스스로 만들어지고, 더욱이 자체로 독립적으로 형성되어 나온다.

─────

이제 우리가 넘어갈 부분은 일반부분이다.

ii) 공간의 추상적 부정, 즉 시간의 음(音)예술
iii) 공간과 시간의 절대적 부정성인 시

일반예술형식과 특수예술의 관계
a) 상징적 예술은 건축에서 최대로 적용된다.

b) 고전적 예술은 조각에서 최대로 적용된다.

c) 낭만적 예술에는 회화와 음악이 속한다.

d) 시는 모든 예술형식들을 거쳐 나아간다.

# DER ALLGEMEINE TEIL

일반부분

첫 번째 단원은 미 이념(die Idee des Schönen)을 다룬다.

미라는 이념은 자체 내에서 다음의 세 가지로 나눠진다:

1) 미 일반

2) 이러한 보편적 미의 특수화(Besonderung). 이 특수화는 미가 예술미로 개별화되면서(partikularisieren) 생겨난다 — 예술미야말로 비로소 본래적인 미이며, 보편적으로 이념상(理念像, das Ideal)[1)] 일반이다.

3) 이상(理想, das Ideal)의 현존재 혹은 표현, 또는 이상의 개별화, 현실화

## 미 일반

우리는 미를 미 이념이라고 불렀다. 이에 대해 말할 수 있는 것은 미는 그 자체 이념이며, 더구나 어떤 특정한 형식으로 있는 이념이라는 것이다. 이념 일반에는 개념과 개념의 실재성, 그리고 개념과 이 개념의 실재성의 통일이 속한다. 그러니까 이념은 개념도 아니고, 어떤 단순한 비실재적인 사유(der Gedanke)도 아니다.|[41]

이제 그 본성상 자연적으로 살아 있는 것 일반이라고 할 수 있는 이념, 혹은 미 일반에 관해서 보면 미는 생명체와 합치한다. 이념은 개념과 실재성의 통일, 즉 양 측면의 구체적인 일치이다. 이 양 측면에서 보면 이 이념은 하나의 전체이며, 이러한 총체성들의 통일, 즉 그 자체로의 이념은 스스로를 이중화하는 것이다. 그러나 이는 결코 단순히 형식적인 것이 아니다. 개념 그 자체의

---

제1부:

I. 미 이념

1) 미 일반

미는 그 자체 이념이며, 더구나 직접적으로 실존하는 이념이다.

이념의 직접적 실존은 생명체 일반이며, 따라서 생명이 있는 것이 미이다.

이념 일반은 스스로 완성된 총체성 속에 있는 두 가지 것으로 개념과 그 실재성의 구체적인 통일성이다.

본성에 관해 본다면 개념은 단순한 사유, 단순한 반성들과 확연하게 구별된다. 사유는 자기 자신과의 단순한 관계이며, 대자적이며, 따라서 빛의 추상적인 자기동등성이 아니라 구체적인 것으로서의 대자 존재이고, 자기 밖으로 나아가는 것을 거둬들이는 것이며, 무한히 공간적인 것이 아니라 점과 같은 것이다. 다시 말해 자신의 자기 외적인 존재(sein Außer-sich-Sein)가 곧 자신에 머물러 있는 점(點)과 같은 것이다. 개념은 이와 동일한 절대적 통일이지만 다양한 규정들의 통일이다. 이러한 개념은 추상적인 것이어서 통일 속에 자신의 구분을 보유하고 있으며, 이 구분들은 관념적(ideal)이고 서로에 반해 독자적인 존립을 갖지 않는다. 금을 예로 든다면 금은 여타의 금속들과 구별되는 특유한 비중과 특정한 색채를 가지며, 산(酸)과 특수한 관계를 맺는다. 이는 상이한 규정들이긴 하지만 순전히 금(金) 속에 들어 있는 규정들이다. 모든 금 조각들은 이 규정들을 통일성 속에서 불가분적으로 가지고 있다. 극히 미세한 조각도 이 규정들을 하나의 통일성 속에 갖고 있다. 이 규정들이 독자적으로 존재하지 않는다는 것이 이념적인(ideell) 통일성이다. 우리에게는 이러한 구분들이 따로 분리되어 보이지만, 이 구분들 자체는 이념적이고 분리되지 않은, 불가분의 통일성 속에 있다. 개념의 구분은 바로 이러한 통일성에 의한 것이다. 또 다른 예로 우리의 정신을 들어보자. 우리의 정신은 |42 즉자대자적으로 있는 순수한 개념이다. 정신이 표상적이라는 사실을 견지한다면, 나는 표상작용을 할 것이고 수천 가지의 다양한 표상들은 모두 자아라는 이 단순한 점으로 응축되어 있을 것이다. 그러므로 표상들은 그 자체로는 어떠한 독자적인 존립을 가지지 않으며 순수하게 이념적이다. 이것이 바로 구별성이 분리

a) 개념 그 자체는 자신 속에서 구분되는 존재의 이념적 통일성이다.

구분들의 이러한 이념적인 통일성의 몇 가지 예들

되지 않은 통일이라는 개념 일반의 본성인데, 이 구별성은 그 자체로는 현존하지 않으며 이러한 독자성에 도달해 있지도 않다.

그러나 다른 한편 개념의 실재성의 측면을 고찰한다면, 첫째로 그 속에는 개념이 직접적으로 현존하고 있다. 예로 금(金) 속에서 개념은 직접적으로 되어 있으며, 실재성은 직접적으로 개념이다. 그래서 다양성은 단순히 형식적인 다수성이다. 개개의 실재성은 전체 개념의 현존이기 때문이다. 그러므로 개개의 실재성이 여기서 다수성에 이르기도 하지만 이 다수성은 추상적인 다수성으로 동일한 본성이 다수인 것처럼 보이며, 추상적으로만 구분될 수 있는 것이다. 그러나 더 고차적인 자연에서는 구분들이 자립적으로 실존하며, 각 구분은 다른 것의 외부에 있다. 그리고 개념 구분의 상호분리(das Auseinander)가 실재성의 본성이다. 금(金) 속에서는 구분들이 따로 분리되지 않는다. 즉 각 부분들은 전체이다. 더 고차의 자연에서야 비로소 구분이 특수한 실존으로서 등장한다. 따라서 이러한 더 고차적인 자연은 예를 들면 태양계와 같은 하나의 체계가 된다. 태양·위성·행성들은 태양계라는 개념 속에서는 이념적 통일성 속에 있는 반면, 태양계에서는 독자적이며 상이하다.

이제 둘째로 개념의 구분은 실재성에서 현존을 획득할 뿐만 아니라 실재성 자체의 상호분리는 개념 자체와 구별된다.|[43] 나아가 구분은 개념의 이념적인 총체성에 반대되는 실재성의 구분으로서 (외면성의 현존하는 구분으로서) 등장한다. 예를 들어 태양계에서는 태양이 개념인데 우리는 이 개념에 지속적으로 실재성, 즉 여타의 행성들을 대립시킨다. 그리하여 자신의 외면성에 반(反)하는 개념의 내면성의 구분이 생겨난다. — 이제 셋째로 개념과 실

b) 실재성은 개념 속에 있는 이념적인 계기들의 직접적인 현존이다.

현존의 낮은 단계에서는 개념의 계기들이 상호 독자적인 현존을 갖지 못한다.

그러나 더 높은 단계에서는 계기들이 독자적으로 현존한다.

이로써 개념의 이러한 현존들은 예컨대 태양계와 같은 하나의 체계가 된다.

개념 구분의 계기만 현존하게 되는 것이 아니라, 개념 역시 자신의 구별성과 대립하게 된다.

이렇듯 태양계에서는 태양이 개념 그 자체의 현존이다. 이러한 (개념 자체의) 현존에 대립하는 것은 개념의 구분 그 자체의 현존이다.

재성에는, 이렇게 실제로 구별된 것들(그러니까 실재성 자체 및 개념과 실재성의 구분)은 그 자체 다시 통일을 이룬다는 사실, 상호분리로 현존하는 그와 같은 전체는 통일로 회수되며 태양은 자신의 행성과 다시 통일을 이룬다는 사실이 속한다. 저렇게 구별된 것들은 그 자체로는 현존하지 않는 법칙에 의해 결합된다. 그러나 실재하는 다양한 물체들은 물리적으로 결합해 있으며, 이로 인해 실재성의 현존이 개별적인 것으로 된다. 이런 점에서 개념의 개별적인 독자성들은 부분들이 아니라 지체들(Glieder)이라고 칭해야 한다. 다시 말해 그것들은 고립된 채 현존하는 것이 아니라 오로지 통일성 속에 있는 것으로서의 현존만을 갖는 것이다. 그것들은 하나의 유기적인 전체의 지체들로서, 이 전체 안에 있을 때만 진리를 갖는다. 지체들 속에는 개념의 통일성이 깃들어 있는데 이러한 통일성이 바로 그 지체들의 실체이자 담지자이고 영혼이며 내재적인 것이다.

이것이 바로 생명체에 대한 규정이며 이러한 생명체가 이념이다. 모든 생은 이념이다. 철학은 태양계도 이념으로서 고찰한다. 하지만 이념의 이러한 통일성은 행성들에서 외적으로 현존하는 것이 아니라 이 행성들의 내면인 것이다. 자연물체 속에 들어 있는 이념은 사유 속에서만 현존하게 된다. 즉 자연 속에서는 이념의 상호분리만|44 현존하게 된다. 그러므로 이러한 생동하는 자연에서 이념은 개체성, 주체, 일자로서 실현되며 하나의 개체로서 현존한다. 이것이야말로 생명체 일반의 추상적인 규정성이다.

우리는 지금, 생의 개념은 부분들이 상호분리되어 있는 것이자 지속하는 것으로 보일 뿐인 이 상호분리의 부정적 통일, 관

c) 개념의 계기들의 이러한 현존들은 또한 그 실재성에서도 개념의 통일성 속으로 함께 수용되어 하나의 전체의 지체들로서 현존한다.

이러한 통일성이 생명체의 이념이다.

그러나 자연적인 것에서 이념 그 자체는 외적인 현존으로 나아가지 않고, 내적이고 내재적인 영혼으로 머문다.
이념은 자신의 참다운 현존을 사유 속에서 가진다.
생명체에서 이념은 단지 자연적인 개체로서의 직접적인 현존만 갖는다.

이 개체 속에서는 이념적 통일성이 실체적인 것이고, 구분들의 자립성은 단지 가상일

념성(Idealität)이라고 규정했다. 이제 고찰할 것은 하나의 개체 속에 들어 있는 이러한 관념성의 현존재를 우리는 어디에서 인식하는가, 혹은 무엇을 통해서 주관적인 통일성으로서의 개체가 지체로 되어 있는 것으로 알려지는가이다. 아니면 우리는 현존하는 듯이 보이는 차이의 관념성이 어디에서 인식되는가를 물어야 한다. 이러한 관념성을 우리에게 보여주는 것이 바로 생명체이다. 생명체는 육체성, 현존재를 지니고 있는 하나의 개념, 하나의 영혼을 갖고 있다. 그러나 지속적인 것, 고정적인 것, 외부에 의해 변화된 것으로서가 아니다. 이 육체성은 오히려 언제나 이념적이며, 언제나 가상으로 정립된다. 늘 이렇게 이념적인 것으로 정립되는 육체성은 생명성의 관념론, 곧 객관적인 관념론으로 나타난다. 이 관념론이 현상하는 방식은, 하나의 생명체는 개체이고 지체를 가지며, ─ 지속적인 과정, 즉 부단한 소멸과 생성 가운데 있는 ─ 물질성을 지닌다는 것이다. 유기체는 한편으로는 죽어 있는 것, 휴지하고 있는 것으로서의 뼈로도 자신을 정립하지만 전체로 보면 언제나 과정이다. 생명체에서는 뼈 외에는 어떤 지체에서도 실체적인 것이 동일하게 유지되지 않고, 오히려 항상 스스로를 파괴하면서 산출되고 자기 자신 내에서 변해간다. 각 부분들은 배타적이며 다른 부분의 희생을 치르고서 보존된다. 이것이 지속적인 생성이며 그런 생성이 이러한 존재자의 관념성이다. 공간, 공간적인 것은 결코 구체적 존재가 아니라 단순히 추상적인 존재이다. 이념적인 것은 특수화되지 않고, 오히려 절대적인 부정성이다. 즉 관념성인데, 이것은 이러한 주관적 통일성 속에서 자신의 근거를 지니고 자신의 육체적인 존립이 아무 것도 아님(Nichtigkeit)을 항시 내세우며, 늘 현상으로 나타난다.|⁴⁵

뿐이다.

이 존재하는 관념성은 생명체에서 나타나는데, 이는 생명체가 자체에서 자신에 의해 변모하며, 자신의 지체들의 자립성을 가상으로 정립하기 때문이다.

이에 따라 생명체는 객관적 관념론이라 불릴 수 있다.

그리고 이 과정은 생명체가 고차적일수록 상승한다. 따라서 유기적인 통일성은 외적으로 존립하는 구분들의 관념성으로 존재하며, 이로써 하찮은 물질적 존립의 주관적이고 부정적인 통일성이다. 즉 실재적인 것, 물질적인 것의 부정적 통일성이며, 다시 말해 이러한 것들을 이념적인 것으로 정립함이다. 이는 관념성이 현전하게 되는 주요한 측면인데, 생동하는 주체는 자신의 부분들의 자연적인 존립을 가상으로 감등시키는 것이다. 본질적으로 여기에 속하는 것은 자기운동, 공간운동(Locomotion)이다. 일자(das Eins, 하나의 것), 감각적인 것은 공간 속에 있으며 어떤 규정된 공간을 갖는다. 그러나 그 일자는 특정한 공간에 매여 있는 그렇게 단순히 외적이고 감각적인 일자가 아니라 오히려 외적인 일자 존재의 부정적인 정립이며, 일자의 외면성을 부정함으로써 자신의 내면성을 확립한다. 자기운동은 장소로부터의, 감각적인 일자존재로부터의 끊임없는 해방이다. 그리하여 감각적인 일자는 항상 가상으로 감등된다. 이 일자는 그 자체로 보면 어떤 공간적인 일자, 즉 형태를 가지므로 자신의 지체들 속에서 운동하고, 이 지체들이 변화해갈수록 더욱 더 생동하게 된다. 이것이 바로 이념적인 것이 자신의 구체적이고 물질적인 현존재를 가상으로 격하시키는 방식이다. 우리는 이제 이러한 관념론은 일종의 객관적 관념론이라고 말할 수 있을 것이다. 이념적인 것은 스스로 현현하며 (sich scheinen) 자신의 물질적인 현존을 항상 [가상으로] 나타나게 만들어, 이로써 그것의 자유, 관념성이 현상한다(erschein). 따라서 이러한 객관적 관념론은 물질적인 현존을 [가상으로] 나타나게 만든다. 혹은 그러한 관념론은 일종의 실천적인 관념론, 합목적적인 행위이자, 이 일자를 산출하는 부분들의 작용이라고 말할

독자적인 구분들이 가상으로 하락되는 것은 생명성의 단계가 높을수록 더 심하다.

이러한 관념성은 나아가 자기운동 속에서 나타난다.

독자적인 구분들을 가상으로 감등시키는 것에서 관념론 자체가 현상하게 된다.

수도 있을 것이다. ― 이 일자는 물질적인 일자를 끊임없이 현상으로 감등시키는 것으로만 일자이다. 이리하여 이념적인 것은 스스로를 보존하지만, 그 부분들을 존속시키지는 못한다. 이념적인 것은 물질적인 것의 정지상태가 지양된 것으로만 있기 때문이다. 그리하여 이러한 생명성의 관념론은 **이제 우리에 대한 것**(*für uns*)이며, 우리에 대해서 현상한다. 우리가 이러한 관념론을 고찰하고 그것의 합목적성, 즉 규정된 개념을|⁴⁶ 좀 더 자세히 주목할 때 이러한 고찰은 **우리에 대해서** 있는 것이다. 만일 생명체를 실천적인 생식과 보존 속에서 고찰한다면, 이러한 고찰은 아직 우리에게 중요한 문제가 아니라고 말할 수도 있을 것이다. 우리가 생명성을 바라볼 때 눈에 들어오는 것은 자의적인 운동, 즉 우연적인 것으로 현상하는 운동이다. 이 자의적인 운동을 한편으로 충동에 의해 야기된 것으로 간주한다면 이 충동은 어떤 제한적인 목적이다. 다른 한편 그것을 여하튼 운동으로 간주한다면 이는 한 지점에서 다른 지점으로 운동해가는 추상적인 자유이다. 음악 역시 그 자체로 운동이다. 그러나 이것은 자의적이지 않다. 춤 또한 자의가 아니라 그 자체 내에서 합법칙적으로 규정된 것, 즉 구체적인 운동이다. 하지만 자의적인 운동은 추상적이며, 내적으로 규정되지 않은 것이다. 마찬가지로 동물이 자기 자신을 보존하고 소모시키고 소화한다는 사실을 보면, 이는 한편으로 또 다시 추상적인 자의(恣意), 욕구일 뿐이고, 다른 한편으로는 내적인 활동이다. 합목적성이 그 안에서 나타나는 [이 내적인] 유기 조직은 전혀 직관되지 않거나 혹은 오성의 고찰대상이 되지 않는다. 사유가 이 합목적성을 파악하거나, 아니면 우리는 한갓 외적인 직관에만 의지한다. 따라서 객관적인 관념론을 형성하는 것은 이렇

> 그러므로 이러한 객관적 혹은 실천적 관념론은 우리에 대해서, 즉자적으로(*an sich*)만 관념론이다.

> 그러나 지금 감각적 직관에는 유기체의 이러한 운동, 즉 유기체의 이러한 관념성 일반이 자의적이며 우연적인 것으로 현상한다.

> 혹은 오성은 유기체의 운동을 그 자체로 합목적적인 것으로 간주한다.

게 생명체를 현존하게 하는, 생명체가 현현하도록 만드는 어떤 것이다. — 그러나 마땅히 우리에 대한 것이어야 할 측면에서의 현현은 아니다. 오히려 우리는 생명체를 내적으로 합목적적인 것으로, 즉 이러한 합목적성이 현상하는 것으로 본다. 따라서 '우리에 대해 현현함(das Scheinen-für-uns)'은 이 합목적성과 관계되지 않고, 정지해 있거나 혹은 운동하는 형태의 현상과 관계된다. 이러한 형태는 직관하는 자, 감각적으로 고찰하는 자로서의 우리에 대해 존재하며, 이 형태에서 객관적으로 이념적인 것은 우리에 대한 것이어야 한다. — 그저 우리에 대한 것이 아니라 이러한 형태로 우리에게 현상하는 것이어야 한다. 즉 이 형태는 우리에 대하여 존재하는 것인 동시에 현현하는 것으로서 있어야 한다. 형태의 다양성은 우리에 대해 가상으로 정립되어 있어야 하는 것이다. |47

추상적인 규정을 좀더 자세히 살펴보자. 형태는 공간적인 경계짓기, 형체화(Figuration), 색채 혹은 여타 것과의 차이·운동·색조들이다. 이러한 다양성은 이제 현현하는 것, 영혼이 불어넣어진 것으로서, 즉 다양성에서는 '자신의 참된 현존을 갖지 않는 어떤 것으로 우리에게 알려져야 한다. 이제 이러한 것은 (앞의 내용을 적용하면) 우리에 대해 감각적인 것으로 존재하는 다양한 부분, 형식들이 하나의 전체로 종합되고 무의도적으로 일치되도록, 따라서 이러한 부분들이 일자이고 차이를 갖는 그 자체이며 비록 통일적이지도 조화롭지도 않지만 서로 화합하는 부분들이 되도록 그렇게 생겨난다. 구별된 것으로서의 부분들은 서로에 대해 우연적인 것으로 현상한다. 일자에서는 타자가 갖고 있고, 타자가 갖고 있기 때문에 일자가 갖는 규정은 정립되지 않는다. 합

이제 예술고찰은 우연적인 것으로서의 생명체와도, 합목적적인 것으로서의 생명체와도 관계하지 않는다.

오히려 예술고찰이 관계하는 것은 어떤 특정한 형태로 현상하며 이 형태의 독자적인 상호분리 존재를 가상으로 강등시키는 객관적인 관념론이다.

자세히 말하면, 구분들이 서로 상이할지라도 하나의 통일성 속에서, 또 통일성으로서 현상해야 한다는 것이 이로부터 주어진다.

부분들 그 자체인 유기체의 지체들은 우연적이고 서로 구별되는 것으로 현상한다.

규칙성의 경우에는 각 부분들이 동일하다. 각각은 시간상으로는 지속이라는 규정을, 공간상으로는 크기라는 규정을 갖는다. 한 건물에 있는 창문들은 동일한 크기를 갖는다. 한 연대에 있는 병사 모두는 똑같은 옷을 입는다. 이러한 한에서 부분들은 우연적인 듯 보이지 않고, 어느 하나가 다른 하나로 인해 규정을 갖게 된다. 이제 부분들은 서로에 대해 우연적인 듯 보이지 않고, 서로 구별되지도 않는다. 유기체의 경우에는 상황이 완전히 다르다. 거기서는 각 부분들이 상이하다. 눈은 이마나 코와 구별된다. 이러한 상이함에서 보면 부분들은 서로에 대해 우연적이다. 혹은 우연성은 우리에 대한 것이다. 물질적인 연관이 그 부분들의 형식에는 작용하지 않는다. 이와 함께 부분들은 서로 자유로운 듯하고 그 각각은 자신에 대해 내적으로 규정되며 다른 것들에 의존하지 않는다. 그러나 이와 동시에 즉자적으로 존재하는 통일성은 합규칙성에서와 같이 외적으로는 정립될 수 없는 어떤 내적인 연관(Zusammenhang)이어야 한다. 통일성은 감각적으로 현전해 있는 것이 아니라 내적인 것, 즉 직관에 대해 비밀스러운 것이다.|48 그러나 부분들의 이러한 연관은 본질적이다. 부분들은 하나의 영혼에 속해 있기 때문이다. 이것이 바로 부분들의 필연성이다. 이 내적인 필연성은 우리에 대해 내적인 것인 바, 이는 다름이 아니라 부분들의 필연성이 사유됨, 즉 우리가 그러한 형태를 파악함을 의미한다. 그러나 이러한 연관은 우리에 대해 내적인 것으로만 있지 않고, 그 자체 현상하는 것이어야 한다. 이렇듯 서로에 대해 개의치 않는 부분들 사이에 어떤 내적인 연관이 있다면 이것은 그 부분들을 존속하게 하는 그것들의 관념성이다. 부분들은 오직 이러한 통일성으로서만 존속하기 때문이다. 부분들은 이러

추상적 합규칙성의 경우에는 그렇지 않다.

그러나 부분들로서 우연적으로 현상하는 유기체의 이러한 지체들은 마찬가지로 유기체의 통일성 속에 있는 것으로도 현현해야 하는데, 이 통일성은 내면적인 것이며 감각적인 직관에는 비밀이다.

이 내적인 통일성은 사유하는 자, 파악하는 자인 우리에 대해서만 있다.

하지만 이 내적 통일성은 또한 현상해야 한다.

한 자신들의 기체(Subjektum), 즉 자신들을 담지하고 유지하는 어떤 토대를 통해서 서로 개의치 않으면서 존속하게 된다.

　　이러한 연관은 우리에게 현상해야 한다. 그것도 한갓 외적이고 공간적인 것으로서가 아니라 본질적이고 필연적이며 영혼이 깃들어 있는 것으로서 말이다. 예술에서는 이 내적 필연성이 사유되어서도, 개념적으로 파악되어서도 안 된다. 이 주관적인 통일성이 유기적인 생명체 속에서는 감각으로 나타난다. 생명체는 자신의 모든 부분들에서 감각하기 때문이다. 이때 영(靈)적인 것은 공간적으로 되지 않으면서도 육체 전체의 각 지점들에서 펴져나온다. 사유에서와 마찬가지로 영혼의 경우에도 공간성에는, 즉 그저 병존함에는 어떠한 통일성도 들어 있지 않다. 통일성은 오직 관념성으로만 존재한다. 비록 영혼 자체는 이러한 관념성에 관해 전혀 알지 못한다 해도 말이다. 영혼은 육체 어디에나 편재해 있다. 즉 공간성의 다수성은 이 주관적 통일성인 영혼에 대해 현전해 있지 않은 것이다. 영혼은 본질적으로 일자이며, 존립의 상호분리가 영혼에는 해당되지 않는다. 감각은 우리가 금(金)과 같은 비유기체에서 발견했던 것과 똑같은 통일성이다. 그러나 금은 한낱 죽어 있는 것이다. 금의 개념은 결코 주관적인 개별적 통일성이 아니며, 지체로서 있는 자신의 부분들의 다양한 형성(Bildung) 속에 통일성이 없기 때문이다. 주관적 통일성은 다양한 부분형성들을 전제하며 부분들을 지체로서 가진다. 그런데 이러한 주관적 통일성이 금에는 없다.|⁴⁹ 하지만 감각에서는 대개 지체들의 연관이 필연적이지 않다. 다양한 지체화 자체와 주관적인 통일 자체의 관계는 아직 필연적이지 않은 것이다. 그럼에도 형태의 직관은 우리에 대한 것이어야 한다. 즉 지체화는 필연적인

내적 통일은 지체들이 현존하도록 만드는 영혼이다.

그리고 이러한 연관은 영혼이 깃들어 있는 연관으로서 우리에게 현상해야 한다.

유기적 생(명)은 감각으로서의 주관적 통일성을 지닌다.

하지만 감각에서는 통일성이 아직 필연성으로 있지 않다.

내적 연관 속에 있어야 하는 것이다. 이러한 연관은 먼저 지체들의 병존에 익숙함으로써 우리에게 주어질 수 있다. 익숙함은 주관적인 필연성이다. 이러한 익숙함에 따라 우리는 동물이 흉하다고 생각할 수도 있는데, 동물들은 우리가 평소 익숙해 있는 것과 다른 유기조직을 가지고 있기 때문이다. 그리하여 우리는 동물 유기체들이 우리에게 익숙한 모습에서 벗어나 있다는 이유로 그것들을 기괴하다고 부른다. 예컨대 물고기는 괴상한 머리에 작은 꼬리를 하고, 눈이 나란히 달려 있다. 식물의 경우에 우리는 이미 더 많은 다양성에 익숙해 있다. 그러나 가시 박힌 선인장이 직선으로 서 있다면 우리를 놀라게 할 수도 있을 것이다. 교양 있는 사람, 자연사 지식이 풍부한 사람은 함께 귀속되는 것에 관한 유형들을 자기 내에 갖고 있으며, 부분별로 정확하게 알고 있는 그런 형태들에 관해 확고한 관례를 지니고 있다. 비록 그가 어떤 내적인 연관은 제시할 수 없고 단지 그러한 유형을 자신 속에 확고하게 가지고만 있다해도 말이다. 예컨대 퀴비에(Cuvier)는 더 이상 현존하지 않는 어떤 동물의 화석을 보고 그 동물이 어떤 형태였겠는가를 밝힘으로써 유명해졌다.[2] 게다가 이러한 관찰에는 순전히 습관만이 아니라 어떤 개별적인 사유규정, 즉 주도적인 역할을 하는 고유한 속성이 있다. 이제 두 번째 사실은 연관이 그어떤 특수한 속성 속에 있다는 것이다. 쿠비에는 자신의 관찰에서 내용이 충만한 어떤 규정, 즉 나머지 부분들에서 틀림없이 효력을 발휘할 어떤 고유한 속성을 기초로 삼았다. 예컨대 어떤 동물을 육식동물이라고 규정한다면 그 규정은 나머지 부분들의 조직을 위한 법칙을 만들 것이다.[3] |50 육식동물은 전혀 다른 이빨을 가지고 있다. 만일 그런 이빨이 보인다면 이로써 알 수 있는

α) 첫 번째 필연적인 통일성은 우리에게는 지체들이 서로 나란히 있는 **익숙함** 속에 있다.

β) 익숙함에서 계속 나아가게 되는 바는 특정한 속성이 지체들의 필연적 연관에 주도적인 역할을 하게 된다는 것이다.

것은 그 동물은 육식동물이며, 턱뼈는 이러저러하며, 척추 등이 어떻게 형성되어 있을 것이라는 점, 그 동물은 노획물을 움켜잡기 위해 발굽을 갖지 않고 [발톱을 가졌을] 것이라는 점이다. 이렇듯 어떤 규정은 동물의 형상화에서 주도적인 역할을 한다. 우리는 사자나 독수리의 경우에서도 이러한 보편적인 규정들을 발견하게 된다. 여기에서 보편적인 속성은 넓적다리나 부리에서 드러나는 강건함이다. 동물을 보편적인 규정과 관련시켜 부분별로 관찰한다면 우리는 그 관찰을 훌륭하고 현명하다고 할 것이다. 왜냐하면 그러한 관찰은 단조롭게 반복되지 않고, 지체들을 구별하면서도 합일시키는 형성의 통일성을 우리에게 가르쳐주기 때문이다. 이제 사람들은 저런 직관은 관찰하는 것이며, 직관은 우세한 것이라기보다는 주도적인 역할을 하는 보편적인 사유라고 말할 수 있을 것이다. 이런 측면에 따르면 우리는 아름다운 것으로서의 대상과 관계한다고 하기보다는 그러한 관찰이 아름답다고 말하게 될 것이다. 주도적인 역할을 하는 보편적인 표상은 여기서 하나의 개별적인 제한된 표상일 뿐이다. 예컨대 육식이라거나 강하다거나 초식이라는 등의 표상과 같이 말이다. 그러나 이러한 규정들은 부분들의 결합을 형성하고, 서로의 외부에 독자적으로 존재하는 것을 통일시킨다. 그럼에도 그런 성질은 제한되어 있으며 개념 전체, 영혼 전체는 아직 우리 앞에 나타나 있지 않다. 내적 연관이 전체이며 영혼 자체이다. 따라서 저런 관찰의 경우에는 영혼 전체가 우리에게 의식된 것이 아니라 단지 우리가 지배적인 것, 즉 영혼으로 확정하는 개별적인 한 측면만이 의식된 것이다. 그러므로 영혼 그 자체는 우리에게 여전히 명확하지 않다. 만일 이 전체가 우리에게 표상되어야 한다면 그것은 개념

> 그러나 규정된 것으로서의 이러한 속성은 제한적이며, 영혼의 개념 전체를 보여주지 못한다.

으로서만, 즉 이러한 영역에서 사유된 것으로만 우리에게 의식될 수 있을 것이다. 자연적인 것에서는 영혼 그 자체가 아직 대자적으로(für sich) 있지 않기 때문에 인식될 수 없다. |⁵¹ 영혼이 우리에 대한(für uns) 것이 되어야 한다면 이는 오직 개념을 통해서만 가능하다. 만일 그럴 수 있다면 우리는 직관과 사유라는 두 가지를 가질 것이다. 그러나 미(美)에서는 이런 이중적인 것이 일어나지 않는다. 이제 주관적인 통일 전체가 우리에게 의식되어야 한다면, 그것도 사유의 방식이 아니어야 한다면, 남아 있는 두 번째는 우리가 자연형상물에 대해 의미가 풍부한(sinnvoll) 직관을 유지한다는 사실이다. 진(Sinn)은 묘한 말로서, 대립되는 두 가지 뜻을 가진다. Sinn〔감관/의미〕은 한편으로는 감각적인 파악의 직접적인 기관이면서, 다른 한편으로는 의미, 즉 감각적인 것과는 다른 것, 내적인 것, 사상, 사태의 보편적인 것을 가리키기 때문이다. 전자는 직접적인 것으로서의 사태이며, 후자는 사태에 대한 사유이다. 우리는 양자 모두를 Sinn〔감관/의미〕이라 부른다. 따라서 이제 Sinn〔감각/의미〕으로 가득한 자연관찰이란 한편으로는 감각적인 것을, 다른 한편으로는 사태에 대한 사유를 가지는 것이 된다. Sinn〔감각/의미〕으로 가득한 관찰은 개념을 예감하면서 직관하는데, 이 개념은 그 자체로서가 아니라 예감으로 의식된다. 요컨대 자연에는 얼마나 많은 영역들이 있는가에 관해서만 논한다면 광물계, 식물계, 동물계 세 가지가 있다고 말할 것이다. 이러한 단계들에서 우리는 어떤 내적인 연관을 예감하는데, 이는 한갓 외적인 합목적성이 아니라 그 연관이야말로 개념에 합당한 것, 즉 본질적인 것임을 예감케 하는 연관이다. 괴테가 말했듯이 다양한 식물들의 경우에도 우리는 어떤 정신적인 주도자, 즉 내

---

전체 영혼은 그 진리에 따르면 오직 개념을 통해서만 우리에 대한 것이 될 수 있다.

이러한 것이 예술에는 있으면 안 된다. 따라서 세 번째로는 다만 다음 것만 남는다:
γ) 감각 혹은 의미로 가득 찬 직관
이 직관에 대한 더 상세한 설명

개념에 대한 예감을 가진 감각에 의한 직관으로서

미 일반 139

적인 필연성을 갖는 외적인 구별성이 있음을 예감할 것이다.[4] 형상물들을 그 개념의 질서 속에서 포착하고 예감하는 일은 의미가 풍부하다. 괴테는 개념, 즉 외적인 것으로서의 좀더 고차적인 질서를 예감하면서 그러한 관찰을 다양하게 수행했다. 이것이 바로 괴테의 위대한 감각(Sinn)인데, 이로써 괴테는 개념에 합당한 어떤 연관을 예감하면서 소박하게 감각적으로 자연관찰에 착수했다.[5] 역사에도 어떤 내적인 연관이 은밀하게 관통하고 있다고 말할 수 있다. 인간의 |52 육체 또한 개념에 합당한 유기체이다. 이에 관해서는 모호하게나마 예감할 수 있으며, 각각의 유기적인 육체는 자세히 보면 세 부분에서 개념에 합당해야 함을 알 수 있다. Sinn〔감각/의미〕은 처음에는 물론 외적이고 우연적인 다수성으로 나타난다. 그러나 우리는 또한 Sinn〔감각/의미〕으로 가득한 직관을 마치 필연성의 영역인 것처럼 가질 수 있다. 뿐만 아니라 우리가 자연적인 형상물에서 그러한 개념의 필연성을 예감하는 한, 자연적인 것은 아름다운 것으로 현상한다. 하지만 자연적인 형상물을 예술적으로 고찰할 때 그러한 예감 이상은 나아가지 못한다. 따라서 그 연관은 단지 비규정적인 방식으로 된 단순히 내적인 통일성이므로, 우리는 그 연관을 규정적으로 사유하면서 인식하지는 못한 채 예감만 할 뿐이다. 이러한 연관이야말로 부분들의 본성 자체이며 생명성을 구성하는 것이지만, 단지 예감에만 그치는 것이다. 이것은 본질적인 규정이다. 이제 우리의 진행과정에서 이러한 비규정적인 연관은 고유의 내용을 얻어서 내적으로 규정된다. 여기서 영혼은 아직 내용적으로 충만히 규정된 것이 아니라 우선은 비규정적인 것이지만, 계속 나아가면 내적으로 어떤 구체적인 내용을 얻게 된다. 이제 영혼이 생명성으로서, 지

> 이러한 고찰에 따르면 자연물은 그것에서 개념이 예감되는 한에서 아름답다.

> 그러므로 연관은 개념에 대한 비규정적인 예감이다.

체들의 통일로서 현상한다는 규정에 따라 우리는 자연적인 것을 아름답다고 한다. 그 지체들은 영혼이 불어넣어진 연관을 가지며 질료는 이 연관과 동일하고, 형식은 질료에 내재해 있으며 질료적인 것의 본래적인 본성이다. 이것이 바로 미 일반에 대한 규정이다. 실로 천연수정은 기계적인 어떤 것에 의해 외적으로 만들어진 것이 아닌, 그 합규칙적인 형태로 인해 우리를 경탄케 한다. 다시 말해 천연수정은 그 형식이 질료에 속해 있는 방식으로 형성되어 있다. 이렇게 스스로를 형성하는 것이야말로 질료의 자유로운 힘이다. 질료는 스스로 활동하고 능동적인 것이지, 우리가 그것에 비로소 형식을 부여해야 하는 수동적인 것이 아니다. 오히려 질료는 자신의 형식 속에서 자기 자신에 머문다. 유기적인 생명체, 요컨대 자유로운 내적 활발함을 보여주는 모든 것은 한층 더 아름답다. 그러나 이러한 아름다움은 여전히 비규정적이다. 사실 우리는 여기서 즉시 생명성 내에 |[53] 차이를 두게 된다. 우리는 어떤 생명체는 아름답지 않다고 생각하는 어떤 통념을 갖고 있다. 예컨대 나무늘보는 이미 그 형태에서 활발하지 못함을 보여줌으로써 그 게으름이 우리 마음에 들지 않는다. 마찬가지로 두꺼비·양서류·곤충들과 같은 다른 동물들도 아름답게 보이지 않는다. 조류와 네 발 동물의 혼합물인 오리너구리처럼 규정된 하나의 형식에서 다른 형식으로 이행하는 동물들도 그러하다. 이는 우선 관습의 문제지만 이러한 유형[오리너구리]에서도 조류의 형성은 필연적인 방식으로 전체에 속해야 하며, 저러한 혼합은 단지 잡종에 불과하다는 예감이 작용할 것이다. 우리는 어떤 내적인 합목적성이 조류의 형식들 가운데서 생겨남을 예감할 것이며, 그리하여 저러한 혼합들은 우리의 감각(Sinn)에 낯설게 여

> 따라서 생명성으로서의 미는 질료와 이 질료의 영혼인 형식과의 통일성이다.

> 여기서 미와 추의 구별은 개념에 대한 예감에 기초한다.

겨지고 아름답지 않은 것으로 나타난다. 자연에서 개념에 합당한 연관이 어떻게 그 형식 속에 있는가를 우리에게 알려주는 것은 바로 감각(Sinn)이다. 또 다른 의미에서 미로서의 자연에 관해 논한다면 그것은 우리 앞에 어떤 유기적인 형상물도 없을 경우이다. 예컨대 풍경이나 달밤의 아름다움에 대해 이야기한다고 하자. 여기에는 어떠한 유기적인 전체도 없으며, 한데 모여 있는 다양성이 있을 뿐이다. 그 일치는 외면상으로 인상적이거나 우연적인 것이다. 그러나 유기적인 형상물뿐만 아니라 — 달밤의 고요함이나 바다의 숭고함과 같은 — 이러한 비유기적인 자연 현상들에서도 우리의 흥미를 끄는 어떤 다른 것, 즉 전적으로 대상들이 심정(心情)과 맺는 연관성에 관계하는 규정들이 나타난다. 이 모두는 환기된 기분에서 그 의미를 갖는다. 그러나 이와 같은 기분은 더 이상 자연 형상물 자체에 속하지 않는다. 그것은 오히려 어떤 다른 것에서 구해져야 한다. 우리는 어떤 동물이 강건함을 지닌다고, 교활하다고 말할 뿐만 아니라 아름답다고도 말한다. 이러한 표현도 마찬가지로 규정들인데, 일부는 우리의 표상 속에 있고, 일부는 |54 그 동물의 삶의 일면을 보여주는 것이다. 각 동물의 삶은 제한된 것이며, 구속된 성질을 지닌다. 그러나 중요한 것은 제한된 어떤 것이 아닌, 완전히 영(靈)적인 것이 현상한다는 점인데, 나중에 예술미에서 고찰할 것이다. 따라서 여기에서 중요한 것은 자연적인 것, 곧 생명체가 물론 영혼을 예감하게는 하지만 그 자체에서 계시하지 않는다는 사실이다. 자연적인 것의 경우에 그 영혼은 순전히 내면적인 것이기 때문이다. 동물의 영혼은 동물 자체에서 영혼으로 계시되지 않고, 대자적인 것이 아니기 때문에 타자에 대한 것도 아니다. 의식이어야 비로소 대자적

인 자아가 된다. 즉 자신과 마주하여 대자적이고, 그리하여 타자에 대해서도 자신을 표명하는 개념이 되는 것이다. 이러한 표명을 동물은 갖고 있지 않다. 오히려 동물의 영혼은 전체에 생명을 불어넣는 입김일 뿐이며, 습성(habitus)에서, 부분들을 관념화하는 데서 나타난다. 그러나 이 관념성은 아직 그 자체로 자유롭게 현상하지 않는다. 동물은 특별한 특성 속에서만 영혼의 흐릿한 가상을 우리에게 보여 준다. 즉 영혼 그 자체의 표명은 예술미에 소속되어 있다. 바로 여기에 이념상(理念像, das Ideal)이라고 부를 수 있는 것으로의 이행이 놓여 있다. 순전한 자연미가 지닌 결함은 이미 암시되었다. 더 고차적인 것, 참된 표명이 이념상에 속한다. 이 이념상을 다루기 전에 두 가지 다른 규정들을 먼저 살펴야 한다. 이 두 가지 규정들은 이행이라는 규정에 속하는데, 이는 우리가 영혼의 연관은 단지 흐릿한 채로만, 즉 자체 내의 내용적으로 충만한 통일점으로서가 아니라 단지 추상적이고 비규정적인 영혼성으로만 현상한다고 말했기 때문이다. 의식된 영혼이어야 비로소 구체적이고 대자적이며, 자신의 존재와 표명의 통일이다. 그러나 자연미에서 영혼은 단지 추상적일 뿐이다. 자신에 대해 추상적으로 현상한다는 이러한 규정을 간략하게 고찰해보자. 그것은 구체적인 영혼이 현전해 있지 않은 현상이다. 다시 말해 그것은 규정된 것이기는 하나 그 통일 자체가 비규정적인 것에 불과하며 단지 외적인 통일일 뿐인 추상적인 현존재, 곧 현상인 것이다. |55 이런 추상적인 통일에는 구체적인 것이 속해 있지 않기 때문에 여기에서 구체적인 통일은 단지 분석적으로만, 즉 추상적으로만 드러날 수 있다. 따라서 우리는 한편으로는 형식의 측면 ― 한갓 추상적인 것으로서의 개념 ― 을, 다른 한편으로는 감

생명성으로서의 미의 결함 일반은 영혼을 그 자체로 현존시키지 못하고, 단지 영혼의 규정된 속성에서만, 혹은 비규정적인 추상적 통일성으로서만 현존케 한다는 것이다.

이러한 결함의 결과들:

생명체로서의 미에서 영혼은 어떤 규정된 현존재의 추상적 통일성으로서만 현상하므로 여기서 구체적인 영혼 자체는 분석된 통일성, 즉 추상적인,

각적인 소재(Stoff)의 측면을 가진다. 양 측면은 구별되고 서로 분리되어 있다. 요컨대 우리가 여기서 고찰해야 할 두 가지 관점이 있는데 하나는 합규칙성 자체이며, 다른 하나는 추상적으로 통일되어 있는 감각적인 소재이다. 두 경우 모두에서 우리는 미에 대해 말할 수 있다. 하지만 이때 미라는 표현은 본래 바르게 사용된 것이 아니다. 추상적인 질료란 예컨대 순수한 하늘색이나 순수한 햇빛이다. 이는 그 자체에 있어 추상적으로 통일되어 있는 감각적 소재이다. — 따라서 첫 번째는 추상적인 형식인데, 이 형식은 그 속에 하나의 통일이 정립되어 있긴 하지만 추상적이고 외적인 통일로 이해된다. 이는 합규칙성 일반, 더 정확히 말하면 균제(Symmetrie)이다. 단순한 합규칙성은 동일성, 즉 똑같은 형태의 반복이다. 직선은 가장 합규칙적인 선이며, 추상적인 동일한 방향을 갖는다. 입방체 역시 추상적이며 합규칙적이다. 그것은 똑같은 평면들과 하나의 각, 즉 직각이라는 고정된 추상적인 규정성을 갖기 때문이다. 시(詩)에서도 합규칙성, 즉 동일한 형식의 어조가 요구된다. 균제는 더 계속된 규정성에서는 합규칙성을 포함한다. 〔하지만〕 균제는 동시에 이질적이기도 한, 그러한 것들의 반복이다. 예를 들면 집에는 중앙에 세 개의 창문과 하나의 계단이 있고, 양 측면에 두 개의 창문이 있다. 드라마의 경우에도 예컨대 각각의 막의 길이가 같다는 합규칙성이 있다. 추상적인 통일성, 외적인 통일성, 외적인 통일성으로서의 균제와 합규칙성은 크기라는 규정성에 속한다. 즉 그 자체 외적으로 정립되어 있고 단순히 양적이며, 아직 척도에 속하지 않은 규정성인 것이다. 크기는 사태의 질에 대해서는 전혀 개의치 않는 규정성이다.|⁵⁶ 이제 크기는 그 자체 외적인 규정성이기에, 추상적이고 외적인 통일성은

단지 자신과 관계된 외적인 통일성 속에 있는 형식으로서만 현상한다. 즉 이와 똑같이 구체적인 소재는 〔여기서〕 추상적인 통일성, 자기 자신과 동등한 통일성으로만 있다.

A. 추상적 형식

a) 같은 형태의 추상적 반복으로서의 합규칙성

b) 같지 않은 형태들의 추상적인 반복으로서의 균제

단순히 추상적인 형식으로서의 합규칙성과 균제는 양의 규정성에 해당된다.

합규칙성과 균제에서 가시화된다. — 둘째로 언급할 것은 예술작품의 경우 균제과 합규칙성이 어느 정도까지 요구되는가이다. 이러한 것들은 유기체에서 나타난다. 이는 우리들 자신에서 볼 수 있다. 우리는 팔 두 개, 눈 두 개, 다리 두 개를 갖고 있다. 그러나 다른 것들은 합규칙적이지 않음을 알고 있다. 우리는 심장 하나, 폐 하나, 간 하나를 갖고 있는 것이다. 여기에서 중요한 것은 이러한 차이가 어디에서 생겨나는가이다. 합규칙성이 나타나는 이러한 측면은 바로 외면성 그 자체의 측면으로서, 여기에서 유기체는 그 자체 외적이거나 아니면 외부를 향해 관계를 맺고 외면성과 관련되어 있다. 따라서 추상적인 통일로서의 합규칙성은 객관적인 것이 일반적으로 자신의 규정에 준하여 그 자체 외적인 것일 때, 대상들이 외면성의 측면 자체를 형성할 때 나타난다. 태양계에서 합규칙성은 근본규정이다. 정신적인 것에서, 유기적인 생에서 합규칙성은 주체의 생동적인 통일성에 부딪혀 물러선다. 그러므로 자기 외적인 존재인 자연에서의 규정은 대체로 다음과 같다. 즉 자연에서 합규칙성은 외면성 그 자체가 가장 순수할 때 나타난다는 것이다. 따라서 이미 언급한 바와 같이 합규칙성은 감각적인 체계에서 제 자리를 차지하고 있으며, 법칙은 합규칙적인 것으로서 지배한다. 더 자세히 말해, 주요 단계들을 살펴보면 영혼이 깃들지 않은 생동하지 않은 광물들은 그것들 자체에 합규칙성을 갖고 있다. 그것들은 형식을 그것들 자체에서 내재적인 것으로 가지고 있다. 그리고 외적인 것의 통일로서의 이 형식이 바로 합규칙성인데, 이것은 그 내부의 장인(匠人, Werkmeister)이지만 추상적인 것이다. 즉 생동하는 영혼으로서가 아니라 자신이 통일을 정립하는 자임을 보여주는 그런 관계들을 외면성에 즉하

> 그렇기 때문에 합규칙성과 균제는 객관적인 것이 그 자체 외적인 것인 데서 적용될 수 있다.

> 그러므로 합규칙성은 주로 자연물에 적용된다.

> 즉 그 주된 적용이 광물적인 것이나 지질학적 유기물에서 보인다.

여 정립하는 오성으로서만 있는 것이다. 이러한 추상적인 통일은 단순히 오성적일 뿐 독자성의 존립을 부정적인 것으로 정립하는, 관념화하는 개념이 아니다. 나아가 식물은 수정보다 한층 더 고차적이다. 식물은 이미 질료를 다 흡수하고 마디를 이루는 것으로 발전한다. 그러나 식물은 그 자체로는 아직 본래적인 생명이 아니다. 식물은 마디를 이루고 유기체를 갖지만 그 활동의 측면에서 보면 항상 외적인 것으로|⁵⁷ 뻗어나가는 활동이다. 식물은 지속적으로 성장하고 외적인 것과 동화된다. 그러나 이 동화는 결코 식물이 있는 그대로를 안정적으로 보존하는 것이 아니라 외부를 향해 언제나 새롭게 산출하는 것이다. 동물 역시 성장하지만 동물은 크기에 있어 특정한 지점에서 머무른다. 식물은 계속 성장한다. 증식이 멈추면 그 식물은 죽은 것이다. 식물의 삶의 과정은 외면성에 얽매여 있고, 그것의 자기보존은 끊임없이 외화된다. 자신을 넘어 나아가는 끊임없이 추동되는 성격 때문에 합규칙성, 즉 외면성에서의 통일은 식물에서 주요계기가 된다. 이러한 통일을 산출하는 것은 항상 그 자신의 개체이다. 각각의 가지는 하나의 온전한 식물이며, 결코 ― 동물 유기체가 지체를 갖는 것과 같은 식의 ― 지체는 아니다. 오히려 식물의 각 부분들은 개체, 하나의 전체인 것이다. 따라서 식물은 구별되는 개체로서 스스로를 보존하는 개별성을 갖는다. 그리하여 식물의 통일은 외면성에 얽매여 있고, 이런 성격은 합규칙성으로 나타난다. 이 합규칙성은 더 이상 광물계에서처럼 그렇게 엄정한 것은 아니지만, 여전히 유효한 것이다. 줄기는 직선적이고, 나이테는 원형이며, 대부분의 선(線)들은 같은 크기이고 잎들은 결정(結晶) 모양에 가까우며, 합규칙성의 우세를 보인다. 그러나 동물 생명체의 경우

> 혹은 그 주된 적용이 식물적 유기체에서 보이기도 한다.

에는 차이가 이중화된 유기조직으로 나타난다. 즉 한편으로는 마치 구(球)가 자신에게로 되돌아가 단지 자신과만 관계하듯이 자기 안에서 결정되는 내적인 유기조직으로서, 다른 한편으로는 외적인 유기조직, 즉 외적인 과정으로서, 그리고 외면성에 반(反)하는 과정으로서 나타난다. 이는 동물의 본질적인 차이이다. 생명이 달려 있는 간·심장·뇌와 같은 으뜸 내장기관들은 내적인 유기조직들이다. 외면성에 속하는 지체들에는 합규칙성이 있다. 여기에는 두 개의 열(列)이 속한다. 하나는 이론적인 과정이며, 다른 하나는 실천적인 과정이다. 이론적인 과정은 |[58] 감각적 수단들이 수행한다. 우리는 느끼고 듣는 것과 마찬가지로 있는 그대로를 본다. 그러함에서 태도는 순수하게 이론적이다. [반면] 후각과 미각은 이미 실천적인 것의 시작이다. 우리는 잘게 씹음으로써만 맛을 볼 수 있는데, 미각은 실천적인 것에서는 이론적인 것이다. 우리가 냄새맡는 것은 마찬가지로 자기 자신을 소모시킨 것이다. 냄새는 사물이 추상적으로 소모되는 과정이다. 우리는 하나의 코를 가지고 있지만 이것은 두 부분으로 나뉘어 있다. 촉각은 이중의 지체를 갖는 완전히 보편적인 감관이다. 그러나 무엇보다도 철저히 이념적인 감관은 전적으로 이론적이며, 이렇게 눈과 귀를 위한 감각적인 것이 바로 예술의 재료이다. 여기에는 합규칙성이 나타나며, 기관(器官)들은 당연히 이중적인 것이다. 실천적인 과정의 지체들은 팔과 다리인데, 즉 위치를 바꾸고 외적인 사물들을 바꾸기 위한 지체들이다. 이 지체들 역시 합규칙적이다. 따라서 유기조직에서도 합규칙성은 자신의 위치를 갖는데, 아무데서나 자신의 자리를 갖는 것은 아니다. 이제 예술작품에 관해 보면 여기에도 합규칙성이 있다. 만일 합규칙성이 살아 있는 영혼을

그 주된 적용은 동물 유기체에서도 보인다. 동물 유기체는 내적인 것과 외적인 것으로 이중적이다.

합규칙성은 오로지 외적인 유기체에서만 제자리를 갖는다.

미 일반 147

대신하려 한다면 예술작품은 죽은 것이 될 것이다. 하지만 합규칙성은 자신의 특정한 위치를 갖는다. 예컨대 합규칙성은 건축에서 특히 두드러지는데, 건축은 외면성의 예술이며 직접적인 외면성, 즉 비유기적인 자연이 영혼으로 충만한 것 주변을 에워싸고 있기 때문이다. 비유기적인 것에서는 합규칙성이 통일성이다. 합규칙성은 음악과 시에서도 제 위치를 갖는다. 음조는 음악의 감각적인 요소이다. 음조는 시간 속에 있으며, 시간은 다시 추상적인 감성이다. 시간과 관련될 수 있는 통일성이 바로 합규칙성이며, 이와 똑같은 것을 어조에서도 찾아볼 수 있는데 어조 역시 시간 속에 있기 때문이다. 운율 또한 대체로 합규칙적 통일인 박자를 갖는다.|⁵⁹ 말은 시간에서 생겨나며 운에서, 즉 동일한 방식의 어조에서 드러나는 합규칙성을 가져야 한다. — 이렇게 하여 이제 예술작품이나 생명체에서 대체로 합규칙성이 어느 정도까지 개입하는지가 밝혀졌다. 나아가 우리는 균제와 합규칙성이 구별될 수 있음을 언급했다. 우리가 말했듯이 균제에는 동일성 속의 비동일성이 속한다. 한 쌍은 자체로는(in sich) 같아야 하지만, 다른 쌍과는 같지 않을 수 있으며 동일한 방식으로 이 다른 쌍과 교체될 수 있다. 이제 더 자세히 보면 균제 및 합규칙성과 구별되어야 할 것으로 합법칙성이 있다. 이 합법칙성은 더 고차적인 것이며, 육체적인 것이든 정신적인 것이든 생명성 일반이 자유를 향해 이행하는 것을 보여주기 때문에 그것들과 구별된다. 이렇게 자기 자신에 대해 있는 합법칙성 자체는 아직은 주관의 자유가 아니며, 주관적이고 정신적인 통일성도 아니고 여전히 오성적이지만 어떤 숨겨진 연관처럼 은닉해 있는 방식으로 이루어지는, 구별된 것의 통일성이다. 따라서 이러한 합법칙성은 우리에 대

> 예술이 외면성의 측면을 가지는 한 또한 예술에도 합규칙성이 등장한다.

> c) 추상적으로 내적인 연관으로서의 합법칙성

해 — 습관의 일(die Sache)로, 또 더러는 예감의 일로 — 현전해 있다. 이미 앞에서 우리는 개념을 예감한다고 말했지만 부분적으로는 개념의 직관을 습관으로 가진다. 이 차이를 분명하게 하기 위해서 우리는 노랑·파랑·빨강·초록 같은 절대적인 색채들이 어떻게 하나의 총체성을 이루고 색채의 법칙이 되는지를 인용할 수 있다. 우리는 이러한 색채들에 익숙하다. 이 색채들이 함께 있을 때 우리는 만족한다. 이 네 가지 색은 서로 어떠하든 전혀 개의치 않는 듯이 보일 수 있다. 그러나 통상적인 감각은 이러한 총체성에서 만족을 얻는 이성적인 것을 내포한다. 우리는 색채들이 뒤섞여 미세한 차이를 이루는 것들이 많이 있음을 알고 있다. 따라서 이제 합법칙성은 어떻게 보면 우연성이기도 한 자유로운 주관성과 구별되어야 한다. 가령 어떤 역사화에서 만족을 얻는다면, 이는 그러한 기본색채 중 어느 것도 빠지지 않고 이 색들이 차이 속에 현전해|60 있을 때 발생한다. 또 총체적인 이미지를 산출하는 배열은 우리가 색채의 조화라고 일컫는 것의 토대, 즉 색채의 총체성과 일정한 배치의 토대이다. 예컨대 종교화에서 마리아는 푸른 색 옷을, 요셉은 붉은 색 옷을 입도록 그리는 것은 오랜 전통의 하나이다. 이 네 가지 색채는 색채의 법칙을 창출한다. 그렇다면 음조에서는 1도음, 3도음, 5도음이 음조의 법칙이며, 더 나아가 이 법칙을 실행하는 것은 통주저음(Generalbass)의 일로 바로 이것이 합법칙성을 결정한다.

 이렇듯 합법칙성은 일종의 통일성이다. 그러므로 여기에서 부분들은 상이한 규정성을 드러내지만 이 구별성은 자신의 근거를 법칙이라는 하나의 규정성에서 갖는데, 이는 결코 그 하나의 규정성을 단순히 합규칙적으로 반복하는 것이 아니다. 이 통일성, 곧 합법칙성은 감춰져 있지만 본질적인 통일성이다. 눈은 네 가지 색을 함께 볼 때 만족을 얻는데, 괴테가 말한대로 우리는 나아가 하나의 색을 보면서 다른 색도 볼 때 만족을 얻을 수 있다.[6] 따라서 이러한 합법칙성은 모든 것의 기초로 놓여 있어야 하며 실체적인 것이다. 그러나 여기에는 여전히 주관성의 보다 고차적인 자유가 결여되어 있다.

나아가 합규칙성이 합법칙성으로 이행하는 것에 관해 한 가지 예로써 이를 명백히 밝혀보자. | 합규칙성이 합법칙성으로 이행하는 예들.

즉 선에서 합규칙성과 합법칙성은 곧잘 구별된다. 예컨대 똑같은 크기의 선들은 모든 경우에서 반복되는 크기라는 규정 하에 단순히 합규칙적으로 규정된 것이다. 마찬가지로 입방체도 합규칙적인 물체이다. 두 번째는 형태의 유사성이다. 이는 닮은 삼각형들의 경우처럼 수치는 동일하지 않고 단지 관계(한 선과 다른 선의 관계, 각의 기울기)만이 동일할 때 나타난다. 비슷한 관계가 곡선이나 원에도 있다. 원은 직선의 합규칙성은 갖고 있지 않으며, 직선과 비교하면 오히려 비규칙적이다. 하지만 원은 여전히 동등성의 법칙 하에 있으며, 더욱이 그 반지름들이 같은 까닭에 동등성의 법칙 속에 있는 일종의 — 직선의 합규칙성에 비할 때는 — 비합규칙성을 갖는다. |[61]

| 합규칙성의 연속단계

| 크기가 동등한 직선

| 비슷한 삼각형

| 원

더욱이 원은 추상적인 곡선이기 때문에 그다지 흥미롭지 않다. 타원과 포물선은 이미 합규칙성이 훨씬 덜하며 법칙을 통해서만 인식이 가능하다. 그것들의 동일성은 더 이상 정립되지 않는다. 만일 초점을 가정한다면 그 벡터[방향량]의 반지름들은 동일하지는 않아도 합법칙적인 선들이 된다. 이러한 비동일성 속에서 그것들은 하나의 동일성, 곧 동일한 법칙을 가지고 있지만 이

| 합규칙성의 연속단계

| 타원과 포물선

는 외적인 동일성이 아니다. 우리가 타원을 장축과 단축에 따라 나눈다면 동일한 네 개의 조각을 갖게 될 것이다. 따라서 전체적으로는 여기에도 여전히 동일성이 있다. 난형(卵形)선에는 보다 고차적인 내적인 합법칙성의 비동일성이 발견된다. 이에 관해 이제까지는 법칙을 제시할 수 없었지만 그래도 그것은 합법칙적이다. 그것은 타원이 아니며, 윗편과 아래편이 다르게 굽어 있다. 난형선은 그 법칙이 수학적으로 제시될 수 없는 선이며, 자연의 자유로운 선이다. 그러나 이 선을 장축에 따라 나누면 역시 동일한 두 쪽이 나온다. 만일 축에 따라 나눈 반쪽들이 동일하지 않은 그런 선을 그린다면 더 큰 비동일성이 생길 것인데 바로 이러한 선이 파상선(波狀線)일 것이다. 호가스(Hogarth)는 파상선을 아름다움의 선이라 표현했다.7) 이것은 특히 유기체 일반에 들어 있다. 말하자면 타원형선은 다른 쪽에서는 반복되지 않고 오히려 다르게 굽어 있다. 그와 같은 방식으로 예를 들면 심장은 한편이 다른 한편과는 다른 식으로 둥글게 되어 있다. 팔 또한 양 측면이 동일하지 않고 단지 유사하기만 하다. 즉 팔은 중심을 갖지만 이 중심은 자기 주변에 불균등한 원주를 지니며 어디에도 같은 방식으로 스스로를 규정하지 않는다. 이것은 이제 합규칙성이 없는 합법칙성이다. 이것이야말로 생명체에서 무한히 다양하게 나타나는 형식이며, 생명체를 아름답게 보이도록 하는 것은 이 파상선에 달려 있다. 즉 직선과 원 사이에서 부유하지만 하나의 법칙 아래에 있는 이러한 진동에 달려 있는 것이다.|62

지금 이러한 것이 추상적인 측면에서 본 형식일 것이다. 형식은 법칙에서 자신의 한계를 발견하고 이미 자유로운 주관성에 다가간다. ─ 추상적인 통일의 두 번째 측면은 질료, 즉 감각적인

> 난형선

> 아름다움의 선인 파상선. 이 선은 특히 살아 있는 유기체에서 나타난다.

것 그 자체에 해당한다. 질료적인 것은 그 자신에 대해 있으며 자신 속에서 추상적으로 일치하는 한에서 순수한 감각적인 것인바, 이것은 자신이 감각적인 것으로 느끼기 쉬운 그런 통일성을 드러낸다. 이 감각적인 것은 완전히 순수하게 뻗은 직선이나 파상선이다. 이런 선들의 진행이 뚜렷하지 않고 분명하게 끊기지 않을 때 그 순수함, 균일함, 즉 자기 자신과의 통일이 우리를 즐겁게 한다. 영국인들은 직선을 완전히 균일하게 그려내는 기계를 고안해냈다.8) 거울처럼 맑은 호수, 바다의 반짝임 또한 추상적인 통일성이 우리를 즐겁게 한다. 이는 소리의 순수한 울림이 무한한 쾌적함과 감동을 주는 반면, 순수하지 않은 소리는 기관(器官)을 공명시키는 것과 마찬가지이다. 순수한 노래는 질료를 청취하게 하는 것이 아니라, 전적으로 울림(Klang)일 뿐이다. 즉 그 자신에 대해 있는 울림의 관계, 울림의 자기동일성인 것이다. 이와 마찬가지로 순색 역시 우리를 즐겁게 한다. 순수한 파랑, 순수한 빨강 등 — 이는 지극히 보기 힘든데 왜냐하면 일상적으로 파랑은 빨강·초록·노랑 쪽으로 옮겨가기 때문이다. 순수한 빨강은 그 자체에서부터 단일한 것(das Einfache)이다. 반면 보라색도 순수할 수는 있으나 단지 외적으로만 순수하고 오염되지 않은 것일 뿐인데, 그것은 그 자체로는 전혀 단일한 것이 아니기 때문이다. 이에 반해 단일색들은 법칙, 즉 개념에 의해 규정된 색으로서, 감관은 이 색들을 아주 잘 인식한다. 이러한 색들은 서로 뚜렷한 대조를 이루며, 조화를 이루기는 다소 힘들다. 이런 까닭에 우리는 30~40년 전에 그려진 그림들에서는 늘 혼합된, 약화된 색들을 보는데, 그것들은 그렇게 단호하게 분리되지 않기에 조화를 이루기가 좀더 쉽기 때문이다. 물론 이전에는 청금석에서 나온 것 같

**B.** 추상적 내용 혹은 자기 자신과 동등한 통일성으로서의 질료

은 순수한 파랑이 사용되었다. 그 단일함은 전혀 오염되어 있지 않았다는 데 있는 것이 아니라 색채의 법칙에 속해 있는 것으로, 본성상 전혀 혼합되어 있지 않다는 데 있다.|⁶³ 초록은 노랑과 파랑이 혼합된 색이지만 그 현상은 단일하며, 흐릿한 색보다는, 즉 대립을 단순한 현상 속에 통일시킨 것보다는 눈을 덜 피로하게 만든다. 이렇듯 색채의 단일함은 법칙 내에서의 그것의 위치에 달려 있다. 마찬가지로 언어에서 모음 ㅏ(a), ㅔ(e), ㅣ(i), ㅗ(o), ㅜ(u) 같은 음운은 순수하며, ㅐ(ä), ㅚ(ö), ㅟ(ü) 등은 혼합된 것이다. 민간 방언에는 중간음 ㅘ(oa)같이 순수하지 않은 음운이 상당량 들어 있다. 음운의 순수성에 속해 있는 또 한 가지 사실은, 모음은 그 순수성을 약화시키지 않는 자음으로 둘러싸여 있어야 한다는 것이다. 이탈리아어에서는 그러한 반면 북방어들은 모음의 순수한 음색을 위축시킨다.

추상적인 통일성을 그 자체에 담지하고 있는 감각적인 것은 순수한 것인데, 예술 또한 이 순수한 것을 관찰해야만 한다.

이 순수한 것은 실로 두 가지의 추상적 통일성이었다. 두 가지 다 생동적이지 않고 비현실적이며 단지 추상적일 뿐이다. 이제 이 통일성이 어떻게 생명체의 본성을 이루는지가 보다 상세히 규정되면서 우리는 본래적인 미, 즉 자연미와 구별되는 이상적인 (ideal) 미로 넘어간다. 우리의 대상은 예술미이며, 이것이 어떻게 자연미와 구분되는가를 정확하게 보아야 한다. 이를 통해 이상(das Ideal)의 본성이 보다 상세하게 전개될 것이다. 이상은 완전함이라고 추상적으로 말할 수도 있겠으나, 이런 추상적인 술어로는 어떤 확실한 것도 표현하지 못한다.⁹⁾ 왜냐하면 중요한 것은 바로 완전함이 무엇인가 하는 규정성이며, 자연은 왜 필연적으로 불완

> 다음 단계로의 이행

> 생명이 있다는 것만으로서의 미의 결함

전한가를 물어야 하는 것이기 때문이다. — 이로부터 비로소 예술미의 필연성이 등장한다. 이러한 고찰에서 우선적인 것은 우리는 주관성을, 즉 개별성·생명성의 계기를 강조한다는 사실이다. 사람들은 선이나 진을 실체적인 것이라고 말하듯, 미에 관해서도 미는 이념(die Idee)이라고 말한다. 선, 진, 미와 같은 이념들은 |64 그 자체 개념과 실재성의 통일이며 개별성이다. 이것이 바로 이념의 개념이다. 그러나 이 이념들은 그 자체 여전히 하나의 보편자이며, 이념상은 여전히 이념과는 다르다. 플라톤은 이념을 참된 것, 실체적인 것, 즉 구체적인 보편자로 내세웠던 사람이다.[10] 그러나 그의 이념은 아직 이상적(ideal)이지도 현실적이지도 대자적이지도 않으며, 여전히 즉자적으로만 있다. 하지만 참된 것은 현실성으로 나아가야 한다. 유(Gattung)는 오직 자유로운 개체로서 존재할 뿐이며, 유 그 자체로는 단순히 외적인 것이거나 단순히 내적인 것에 지나지 않는다. 참된 것은 이를 알고 있는 개별자에게서 참된 것으로 있으며, 선은 인간에 의해 현실화되고, 이러한 개별성이 선에 속해 있다. 참된 모든 것은 오직 개별적인 것으로만, 그 자신에 대해 있는 통일성으로만 존재한다. 이 대자존재, 이 주관성이야말로 견지되어야 할 본질적인 핵심점이다. 이것은 부정적인 통일 속에, 존립하는 것의 관념성(Idealität) 속에, 개념과 실재성의 통일 속에 있다. 그러나 이 통일은 양자의 부정적인 통일로 사유되어야 한다. 따라서 그것들의 통일은 정립된 차이가 지양된 것, 그 자신에 대해 있는 무한한 통일이다. 이것이 바로 영혼으로 불릴 만한 것이며, 우리는 이 영혼이 자연적인 것 속에 어떻게 현전해 있는가를 고찰해야 한다. 주관성으로 인해 이념은 현존재에서 나타난다. 주관성은 자기 자신과의 부정적인 통일이

며 일자인데, 이것의 더 계속된 규정이 바로 개별성이다. 주체는 자신을 부정적인 통일로 정립하기 때문에 단순한 직접자, 개별자가 된다. 개별성은 배타적이며, 타자에 대해 부정적인 이 직접성으로 인해 이념은 현존재 속으로, 외적인 것 및 타자와의 무한히 다양한 연관 속으로 들어서게 된다. 이제 정신적인 것 또한 주관적이며, 개별성의 양상을 띤다. 여기에는 우리가 자연미라고 부를 수 있는 것이 예술미와 구별된다는 사실이 결부되어 있다. 실체적인 내용은 동일하다. 자연적인 것은 자체적으로 생이다. 직접적인 것으로서의 정신도 마찬가지이다. 양자에서 실체적인 것은 영원한 것, 신적인 것이다.|65

이렇듯 자연미와 이념상은 동일한 내용을 가지며, 차이의 규정은 개별성으로서의 형식의 측면에 있다. 이제 이러한 규정의 보다 상세한 내용, 즉 자연적인 것의 결함을 이루는 것이 무엇인지가 고찰되어야 한다. 이 불완전성의 첫 번째 측면은 유기체로서의 생명체 일반의 측면과 관련된다. 유기적인 생명체는 자신 속에 있는 것이자 자신에 대해서 있는 것이며, 스스로를 보존하는 것이고, 내적인 과정이다. 이것은 또한 자기 자신과의 부정적인 관계이며, 외부의 것을 자신에게 동화시키고 내면적인 어떤 것으로 변화시키는 부단한 과정이다. 살아 있는 유기체의 이러한 과정은 활동성 및 이것이 활동하고 있는 특수한 현존들로 이루어진 하나의 체계, 즉 내장기관들의 체계이다. 생명성은 이렇게 자기 안에서 결정되어 있는 체계에서 성립하며, 우리는 이 체계야말로 생명체를 그 자신에 대해 있도록 만든다는 사실을 앞에서 언급했다. 이러한 방식의 생명체는 합목적성에 따라 저절로 나눠진다. 모든 지체들은 생명성, 자기보존이라는 목적을 위한 수단

a) 유기체로서의 생명체에 관하여

미 일반 155

들이다. 생은 이 지체들에 내재되어 있다. 지체들은 생에, 생은 지체들에 결부되어 있다. 이러한 사실을 우리는 생에서는 알아채지 못한다. 우리는 유기체의 다양성만 보고 그 생의 통일성은 보지 못하는 것이다. 동물에게 주요한 일은 다른 것을 먹어삼키는 일과 자기보존 혹은 욕구이다. 동물의 영혼은 탐욕적일 뿐이며, 바로 욕구의 진행과정이 유기체를 지체로 나누는 체계이다. 식물과 동물을 비교해보면 식물은 자기 자신을 개체로서 끊임없이 생산하는 반면, 동물은 단지 하나의 개체일 뿐임을 알 수 있다. 식물은 어느 부분이나 하나의 개체이며, 각 잎은 온전한 식물이고, 줄기·가지·중간 부분은 죽어 있는 것으로서 항상 자신의 밖을 향해, 빛을 향해 뻗어올라갈 뿐이다. 따라서 식물은 개체로서 유지되지 않는다. 반대로 동물은 하나의 개체이다. 이런 측면에서 동물에 관해 논할 때 우리는 동물을 그 자체 하나의 개체로 간주한다.|[66] 동물은 식물과 달리 자신의 육체성을 어느 부분에서나 개별적으로 갖지 않는다. 그렇기 때문에 우리가 동물에서 관찰했던 것은 깃털이나 비늘, 혹은 털·가죽·조개 껍데기 등으로 덮여 있는 몸 전체이다. 이와 동일한 뒤덮임은 동물성에 속한다. 하지만 식물성장의 방식으로 된 동물 생식들이 있다. 이렇듯 우리는 동물에서 어떤 식물적인 특성을 본다. 요컨대 동물은 오직 자기 내적인 존재(das Insichsein)인 까닭에 그 생명성을 〔겉에서는〕 어디에서도 찾아볼 수가 없다. 이것이 바로 — 우리에 대해 있는 한에서 — 동물적인 유기조직의 결함인데, 동물의 유기조직은 어느 부분에서나 생명성으로, 개별적인 것으로 현상하지 않는다. 오히려 동물에서 외부를 향해 있는 것은 동물적인 생명성보다 더 낮은 단계이다. 이에 비해 인간은 살갗 전체에서 피가 박동하며

> 생명체에서 우리는 생의 통일성이 아니라 생의 결함, 유기체의 결함만을 본다.

> 지체들이 서로 분리되어 있는 동물적 유기체는 그뿐 아니라 아직 낮은 생명성의 단계에서 유래하는 덮개로 덮여 있다.

마치 심장이나 뇌가 편재해 있는 것과 같기 때문에, 어느 부분에서나 감지하는 하나의 것(das fühlende Eins)임을 생생하게 드러낸다는 점에서 인간의 생명성이 더 고차적이다. 인간의 몸은 현상할 때 이미 생명성으로 나타난다. 어느 부분에서나 피가 투명하게 비치며, 피부도 어느 부분에서나 감각을 느낀다. 반면 동물의 표면은 식물적인 성질을 지닌다. 동물의 경우, 살아 있는 유기조직의 뼈대는 더 낮은 단계의 유기체에 의해 감춰져 있다. 반면 인간의 경우에는 박동하는 심장이 어디에나 현상하고 있으며 신경계 또한 마찬가지이다. 바로 이런 점에서 동물의 육체에 비해 인간의 육체가 무한히 완전하게 된다. 이렇듯 피부에서는 피가 투명하게 비치기도 하고 감수성, 신경의 색, 그리고 화가에게 가장 묘사하기 힘든, 즉 예술가에게 십자가와 같은 안색이 나타나기도 한다. 그래서 현상하고 있는 인간의 육체는 감각하는 것으로서 보인다. 그러나 인간의 육체는 땀구멍이나 솜털에서 자연적 필요성(Bedürftigkeit)을 드러내기도 한다. 피부는 자연적 필요성을 보여주는 덮개이자 자기보존이라는 필연성을 위한 덮개이다.|⁶⁷ 거기에는 감각이 들어 있다. 그러나 이 감각은 여전히 서로 분리되어 있는 것이지, 자체 내에 응축되어 있는 것이 아니다. 인간의 육체에도 자연적 필요성이 나타나기는 하지만 인간의 육체는 더 고차적인 장점을 가지고 있다. 더 고차적인 장점이란, 인간의 육체에는 영혼, 곧 정신이 들어 있다는 사실이다. 자연형태 자체에서는 현상하는 것이 특히 필연성이지만, 인간적인 것에는 개별성의 점, 즉 감각도 현상한다. — 이것이 첫 번째 측면이다.

　　개별성의 두 번째 측면은 그것이 배타적인 것으로 있음으로 인해 외부 세계에 연루되어 있고, 자신이 그 수단이 되는 외적인

---

인간 유기체는 첫째, 어디서나 비치는 피와 신경색, 팽창감에서 그 생명성을 드러낸다.

그러나 피부에는 여전히 자연의 필요성이 땀구멍과 솜털로 드러난다.

b) 직접적으로 개별적인 것으로서의 생명성에 관하여. 이 개별성에 의해 생명성은 외적

미 일반 157

목적들에 의존하고 있다는 사실, 혹은 개별성이 외적인 것 자체를 수단으로서 필요로 한다는 사실이다. 따라서 그 관계는 다양한 방식을 띠며, 생명체가 부자유한 것으로 보이는 측면을 형성한다. 예들 들면 동물은 당장 공기·땅·물과 같은 특정한 자연요소들에 매여 있다. 이 점이 바로 동물들 간에 큰 차이를 낳는다. 물론 또다른 중간 종들도 있다. 헤엄치는 조류, 물에서 사는 포유류 등. 그러나 이는 단지 혼합물일 뿐이다. 그러나 그 외에도 — 인간을 생각해보면 — 그 의존성은 심정과 소질, 필요성·국가·법 등에 의해 다양해진다. 더구나 개체는 그 자신으로부터 활동하고 파악되는 것이 아니라 타자로부터 파악되어야 한다. 즉 개체는 미의 개념에서 기초가 되는 독자적인 생명성으로서 파악되지 않는다는 것이다. 따라서 개체는 그 자신에 대해 자유로운 것이 아니라 의존성으로서 현상한다. 우리가 산문적인 [무미건조한] 삶과 의식으로 간주하는 모든 것, 즉 자신으로부터 규정되지 않고 타자에 의해 정립되고 규정된 모든 것이 여기에 속한다. 목적의 유한성 전체가 여기에 속한다. 이러한 개별적인 활동성에 의하면 파편들로서 현상하는 많은 개별자들은 사건과 행위로 이루어진 어떤 하나의 전체에 기여한다. 활동성의 체계인 한 사건은 하나의 전체, 즉 다량의 개별성들인 것이다. |⁶⁸

으로는 자연에 의존하게 되며, 내적으로나 정신적으로는 다른 개체들에게, 혹은 더 높은 단계의 정신에 의존하게 된다.

이러한 개별성들은 물론 그 자체 목적이기도 하며, 그것의 기여는 자신의 고유한 관심에 의해 매개되지만 어느 정도는 정황들과 자연성이 규정하는 어떤 형식적인 의지를 가진다. 따라서 이는 상대적인 것 속에 뒤엉켜 있는 영역, 즉 의식에 현상하는 한에서의 산문적 인간세계이다. 일상적인 반성적 의식에게는 세계가 이런 다량의 유한성들로 현상한다. 따라서 이 두 번째 측면은 정신적인 세계에도 해당되며, 이 측면이 어떤 불완전한 측면이라는 사실은 이러한 의존성을 정신의 자유와 비교하는 데서 규정된다. 이와 같이 생명성은 자신 — 일자 — 으로 있으면서 타자에 의존한다는 모순 속에 있으며, 이 모순을 지양하려는 끊임없는 투쟁이다. 이것이 바로 유한성, 즉 끊임없는 교전의 이미지이며 현상하는 세계이다.

여기서 나오게 되는 세 번째 규정은, 생명체는 의존성 속에서 제한된 것으로 현상할 뿐 아니라 또한 자기 자신 속에서 개별적으로 특수화된다(partikularisiert)는 사실, 생명체는 자기 자신 속에서 어떤 확고한 한정성을 가지며 하나의 종(種, Art)이라는 사실이다. 살아 있는 자연형태들에 관해서 본다면 우리는 그 물리적 측면 및 여타의 측면들에서 그것들 모두가 종임을 알고 있다. 자연은 본질적으로 늘 어떤 특정한 종으로 있다. 정신에는 일반적인 생명성의 상, 즉 진화된 유기조직의 상이 현전한다. 인간은 이미 가장 생동하는 유기조직을 갖고 있으며, 그러므로 동물 종들을 불완전하게 볼 수밖에 없다. 왜냐하면 열등한 생명성들도 있는데, 그 생명성이 어떠하든 그것을 생명성으로 여기는 일은 옳지 않기 때문이다. 또한 인간의 유기조직은 성장이 정지되기도 하는데, 이는 단순히 일시적인 것이 아니라 지속적이다. 아이들이 가장 아름다운데, 아이들 속에는 아직 모든 개별적 특수성이 눈뜨지 않고 있으며, 열정들이 사납게 날뛰지 않았기 때문이다. 그러나 규정성은 일종의 고정된 것, 유전적인 것이 되기도 한다. 마찬가지로 성격 역시 여러 가지로 제한되어 있다. 이제 직접적으로 이에 반하여 언급할 수 있는 것은 생명성, 특히 정신적인 생명성의 현상을 외적으로도 그것의 자유 속에서 표현하는 것, 감각적

c) 개별 생명체는 개별적인 것으로서 자신 속에서 특수화되고 한정되어 있다는 것에 관하여

인 현상을 개념에 부합하게 만드는 것,|[69] 자연의 필요성, 곧 현상을 진리, 개념으로 되돌리는 것이 예술의 일이라는 것이다. 그리고 이는 더 자세히는 예술미의 과제일 것이다.

## 예술미 혹은 이념상

물론 자연적인 것 전체는 개념에 상응하지만, 개별성은 그렇지 않다. 또 개념은 단지 내적인 것에 머물러 있으므로 이 전체는 우리에 대해서만, 우리의 인식에 대해서만 있고 전체로서 현상하지는 않는다. 이제 다양성을 하나의 표현으로 종합하는 일 (이로써 각 부분은 여전히 상호분리적인 것이기는 해도 그 표현에서 하나의 것으로 파악되는 전체를 드러내거나 또는 전체가 영혼이 깃든 것으로 표현된다), 이것이 바로 이념상(das Ideal)의 더 상세한 규정, 즉 예술미로 있어야 하는 바로서의 미이다. 이러한 것을 해명하기 위해 여기서 인간 형태를 들어보자. 인간 형태는 여전히 하나의 외면성, 즉 개념이 분기되어 있는 다량의 기관들이고, 각 부분들은 국부적인 움직임만 보여준다. 그러나 우리가 그 자체로서의 영혼이 현상하는 어떤 기관에 대해 묻는다면, 정신이 가시적인 것으로 응축되어 있는 눈을 즉각 떠올릴 것이다. 우리는 이미 앞에서 동물과는 대조적으로 인간의 육체에는 어디에든 박동하는 심장이 나타난다고 말했다. 예술에 대해서도 이와 동일한 방식으로 말할 수 있는데, 예술은 표면의 모든 지점들에서 현상하는 것을, 영혼의 장소로서 정신을 현상하게 하는 눈으로 고양시켜야 한다는 것이다. 플라톤은 자신의 별에 바치는 이 행시에서 그가 수천 개의 눈으로 보는 하늘이었으면 하고 말한

---

제2부
예술미 혹은 이념상 일반

예술미는 각 부분들에서의 감각적 현상의 상호분리 속에서 통일성 혹은 영혼 자체가 현상하도록 한다.

다.[11] 역으로 우리는, 예술은 어디서나 대상이 보일 수 있도록 그 대상에게 수천 개의 눈을 부여한다고 말할 수 있을 것이다. 영혼은 눈을 통해 볼 뿐만 아니라, 바로 눈에서 보이기도 하기 때문이다. 현상(Erscheinung)은 다양하다. 예술은 현상을 어디서나 영혼의 기관으로, 영혼의 표명으로 있게끔 만든다. 현상에는 온갖 외적인 것, 말, 형태 등이 포함된다. 예술은 이제 산문적인 의식에 대해 유한한 것으로만 현전하는 것을 어디에서나 투시되게 만들어야 한다. 그리하여 그것이 모든 기관들에서 영혼의 색조, 정신적인 것을 계시하도록 해야 한다. |70 예술이 영혼을 가시적으로 만들어야 한다고 했을 때, 그 본성상 표명될 수 있는 영혼이란 어떤 것인가를 물을 수 있다. 왜냐하면 우리는 금속·암석·천체의 영혼에 관해, 나아가 특정한 인간 성격의 개별적 특수화로서의 영혼에 대해 말하기 때문이다. 그러나 자연물에게 영혼을 적용하는 것은 본래적이 아닌 표현이다. 그것은 기껏해야 그저 살아 있을 뿐인 영혼이기 때문이다. 즉 자연물의 규정된, 특수한 개별성은 단지 유한한 현상으로만 표명된다. 이것은 어떤 제한된 것만을 보여준다. 그렇다면 〔자연물이〕 무한성으로 고양〔된 것처럼 보이는 것〕은 하나의 가상이다. 물론 이 가상은 그 제한된 것에 빌려줄 수 있지만 단지 외부로부터 온 것일 뿐이다. 왜냐하면 자연적인 것은 그 자체로는 무한하지 않기 때문이다. 한편으로 저렇게 그저 살아 있을 뿐인 것의 표명은 형식적인 생명성에 불과하고, 다른 한편 이러한 형식의 내용은 한갓 유한한 내면성이다. 오직 정신의 영혼, 현존재의 의식만이 영혼의 무한성이다. 현존재 그 자체는 언제나 한정되어 있다. 오직 유한자의 자기지(自己知), 즉 정신만이 자유로운 것이며 현존재 속에서 즉자적으로 존

---

그러므로 예술은 이제 유한한 것의 즉자적으로 존재하는 무한성이 유한한 것 그 자체에서 현상되도록 하라는 요구를 충족시켜야 하며, 예술은 육체적인 것에 내재하는 영혼의 표명이다.

따라서 단지 유한한 현존재인 자연적인 것은 영혼이 예술 속에 있는 것과 같이 현상하도록 할 수 없다.

예술 속에서 자신의 자리를 갖는 영혼은 정신의 영혼이어야만 한다.

재하는 자(das im Dasein An-sich-Seiende)이다. 따라서 정신의 현존재는 비록 이념적으로 정립되어 있을지라도 현존재에 머문다. 정신이 의식인 한에서 정신의 외화는 비록 제한성으로 들어서는 것이기는 해도 동시에 이미 무한성의 각인, 자신에게로의 회귀의 각인을 지닌다. 정신은 자신의 자유로 인해 기형화될 수도 있고, 기형화된 것으로 실존할 수도 있다. 정신이 이러한 내용을 자신의 현존재 안에 둔다면 정신의 표명은 단순히 형식적인데 무한성의 자유를 표현하되 그 내용에 상응하지 않는, 의식의 공허한 형식으로서 표현하는 것이다. 현존재는 가치 있는 내용을 통해서만 실체성을 갖는다. 현존재는 진정한 내용을 통해서만 자신의 제한성 속에 어떤 참된 내용을 포함한다. 그리하여 더 규정적이고 실체적인 내용이 하나의 현존재 속에 있게 된다. 예술은 현존재가 즉자대자적인 것으로 있어야 하는 개념에 적합한 한에서 이 현존재의 진리를 나타내는 것을 목표로 삼는다.|⁷¹ 따라서 진리는 단순한 정확성이어서는 안 된다. 오히려 외적인 것은 그 자체로 참된 어떤 내적인 것과 일치해야 하는 것이다. 이상적인 것 일반의 본성은 다음의 사실, 즉 외적인 현존재가 내적인 것에 적합한 것으로 있으며 내적인 것에로 회귀하였지만 사상(思想) 그 자체로 나아가게 된 것은 아니고, 단지 개별적인 주관성의 중심까지만 나아가게 된다는 사실에 있다. 사상, 즉 실체적인 것은 여전히 개별성 속에 포함되어 있어야지 추상적으로 나타나서는 안 된다. 요컨대 실체적인 것은, 자신의 제약성에서 벗어나 내면적인 것으로 고양된 현존재의 규정성과 일치한다. 바로 이러한 주관성에서 단순한 외면성과 내면성이라는 양극단이 서로 합치되어 있다. 실러는 《그림자의 왕국》이라는 시를 지었으며, 후에 이를 '미의 왕국'

이러한 영혼은 형식적 자유인 의식 그 자체 속에 이미 현전하고 있다. 이 형식적 자유의 내용은 기형화된 내용일 수도 있다.

예술의 영혼 혹은 정신의 자유는 마찬가지로 형식에 적합한 내용을 요구해야만 한다. 이 내용은 그 규정성상 동시에 하나의 실체적인 것이어야 한다.

그러므로 이상은 개념, 즉 영혼과 그 육체의 통일의 표명이다. 그래서 이러한 영혼의 내용은 즉자 대자적으로 존재하는 참된 내용이며, 이 내용의 현상은 내용의 본질에 적합할 것이다.

이라고 불렀다.[12] 미는 일종의 그림자, 즉 외적인 우연성의 유한성, 즉 개념의 현존재의 기형화에서 벗어나 있는 정신이다. 이러한 [기형화의] 영향의 흔적들은 지워졌고, 자연이 사용하는 장치는 — 외면성과 유리되었지만 참된 내용의 운동 속에서 그 자체 생동하면서 — 이 장치가 거기서 정신적인 자유의 표명이 될 수 있는 그런 한계로까지 소급되어 있다. 이것이 바로 이상적인 것 일반의 본성이다. 이상은 일종의 정신적인 것이다. 또 이상은 자연적인 것의 이상이기도 하다. 그러므로 자연적인 것은 직접적인 것으로서 예술의 대상이 아니라 오직 정신적인 것이 불어넣어진 한에서만, 정신이 자신의 그 어떤 규정들을 거기에서 발견하여 고무되고 스스로를 인식하는 한에서만 예술의 대상이다.

따라서 이상적인 것에는 다음의 사실이 속해 있다. 즉 이상적인 것은 감각적인 세계에 있지만 동시에 내적으로 완결되어 있고, 정신은 감각적인 것에 발을 들여놓지만 그것을 자신에게로 다시 끌어오며, 자신에 의거하면서 외적인 것에서 스스로를 지닌 채 그것을 향유하면서 행복의 울림을 온갖 것을 통해 퍼져나가게 하고, 외적인 것이 아무리 확산된다고 해도 결코 자신을 상실하지 않고 항상 자신에게서 |72 머문다는 것이다. 이것이 바로 미적인 것으로서의 자연적인 것에 대비되는 이상의 가장 보편적인 규정이다. — 그 자체로서 있는 이상은 쉽게 파악될 수 있다. 반면 가장 어려운 점은 이상이 단순한 이념이 아니라 현실성도 갖기 때문에 현존재와 더불어 외면성으로 들어서지만, 이렇게 유한성 속에서 나타나면서도 여전히 관념성(die Idealität)을 유지한다는 데 있다.

> 그렇기 때문에 자연적인 것 그 자체는 정신이 자신의 규정성들 중 어느 하나라도 자연 속에서 재발견하는 한에서만 예술의 대상일 수 있다.

미 일반 163

## 이념상의 현실성

이 세 번째 측면은 미의 개념에 준하여, 또한 예술미를 이상적인 것(das Ideale)으로 고찰한 것에 준하여 더 자세히 검토해야 한다. 지금 문제는 유한성으로서의 현존재가 어느 정도까지 자신 속에 관념성을 받아들일 수 있는가이다. 조각에 국한한다면 이러한 측면을 쉽게 넘어갈 수도 있을 것인데, 조각은 단순한 이상을 표현하기 때문이다. 조각에는 물론 움직이는 신들도 있지만 조각의 주된 규정은 신들을 정지해 있는 것, 즉 자신 안에서 결정되어 있기 때문에 유한성으로 방출되지 않는 것으로서 갖는다는 점에 있다. 그러나 예술은 정지해 있는 현상에만 머물러 있는 것이 아니라 정신적인 것의 움직임도 표현해야 한다. 왜냐하면 예술의 대상은 주로 정신적인 것이며, 오직 유한성에서만 나타나는 것으로서의, 활동성으로서의 정신이며, 뭔가 이질적인 것이 되어 범죄행위로까지 나아가는 그런 활동으로서의 정신일 뿐이기 때문이다. 그러므로 이념상을 주로 자신의 신들에서 찾았던 그리스인들은 신들이 열정을 갖고 파별을 이루고 있는 것으로 표상했다. 기독교 신의 주된 규정도, 유한성의 혹독한 고통으로 이행한다는 데 있다. 따라서 우리는 이제 현존재의 관계를 그것이 이념상을 표현할 수 있는 한에서 논해야 한다. 이에는 다양한 논점들이 있다. 우선은 외부 세계를 상태(Zustand)로서 고찰하는 것인데, 이 상태 속에서 개별적인 이상이 표현된다. 둘째는 특수한 상황(Situation)의 고찰이다. 셋째는 상황에 대응하는 반작용(Reaktion)이다. 넷째는 전적으로 외적인 규정성(äußerliche Bestimmung)의 측면인데, 이 규정성 속에 비로소 이상이 있게 된다. 요컨대 ― 이 외

제3부:
이념상의 현존재 혹은 예술미의 현실성

적인 규정성이 독보적이기 때문에 — 예술은 우리를 마주하여 걸어오며, 우리와 관계 맺고, 이에 따라 자신의 세계와만 관계하는 것이 아니라|73 어떤 특정한 주관적 세계와도 관계한다는 것이다. 이것이 바로 고찰해야 할 논점이다.

  규정성은 유한성이 시작되는 곳이다. 이상은 주관성이므로, 문제는 유한성이 이상의 표현이려면 어떤 성질의 것이어야 하는가, 즉 어떤 상태에서 이상이 등장할 수 있는가이다. 개별성으로서의 이상은 주위 환경을 전제하며, 움직이고 행위해야만 한다. 주변 세계는 주관에 맞서 있는 객관적인 것이다. 이상이 자유로운 주관성이기 때문에 주변 세계는 결코 '본질적으로, 대자적으로 객관적인 것'이거나 '대자적으로 권리가 있는 참된 상태'일 수가 없다. 오히려 자유로운 개별성은 자신 안에서 결정되어야 하며, 상태의 객관성은 아직은 그 상태 밖으로 나와 있어서는 안 되고, 주체는 아직 스스로를 객관적인 것으로부터 분리시키지 않아야 한다. 그렇지 않으면 이러한 세계에 반(反)하는 주관성은 단지 하위적인 것에 불과할 것이다. 따라서 위력은 아직 대자적으로 존속해서는 안 되고 여전히 개별성 내부에 들어 있어야 하며, 마땅히 타당해야 하는 것은 대자적으로 현전하지 않고 오히려 주관성에 의해 정립되어 있어야 한다. 그러므로 상태는 현존재의, 더욱이 정신적인 세계의 보편적인 방식이다. 정신의 다양한 측면들은 단지 동일한 정신의 측면들일 뿐이다. 자유로운 주관성과 관련지워서 보면 상태는 의지와 연관되는 한에서만 의미를 갖는데, 정신은 의지를 통해 현실화되기 때문이다. 의지의 객관적 상태는 인륜적 개념이 하나의 질서, 즉 개인이나 지체화된 전체와 관련된 정의로 현실화되어 나타나는 상태이다. 우리는 그러한 상

1) 보편적 상태로서의 외부 세계. 이 속에서 개별 이상이 실현된다.

자유롭고 자기 속에 닫혀 있는 주관성으로서의 이상은 자신의 현실성을 위해 자신에 대해 이미 객관적인 상태를 갖지 않아도 된다. 본질적 것인 이 객관적인 상태에 대하여 주관은 하나의 부속적인 것일 거다.

자유로운 주관성과 관련하여 상태는 이제 의지와 관계된다.

태를 국가 일반의 상태라 부른다. 여기에는 법이 지배하며, 따라서 현존은 그 자체로 권리를 갖게 된다. 왜냐하면 현존은 일종의 법적인 것이기 때문이다. 국가에서의 개인은 중요하지 않다. 즉 개인은 보편자, 곧 인륜적인 개념을|[74] 현전하는 세계로 만난다. 한편으로는 질서가 있고, 다른 한편으로는 자유로운 방식으로 법을 자기의 것으로 인정하거나, 혹은 이 법이 유효하며 위력적이기 때문에 노예로서 그 질서에 따르는 주체가 있다. 따라서 이제 인륜적인 힘이 현존하게 되고 개인은 단지 자신이 발견하는 이 인륜적인 것의 한 예일 뿐이며, 자신의 자의로써 그것에 따르거나 거역할 수 있다. 질서 있는 공동체, 즉 법적인 상태에서 개인들은 국가 이전의 상태에서와는 전혀 다른 관계를 갖는다. 개인은 국가에서 사소한 존재이며, 국가 바깥에서는 어떠한 실체성도 자체 내에 갖지 못한다. 이 실체성이란 개별성의 특수한 의욕으로서가 아니라 자신에 대해 현전해 있는 것이기 때문이다. 반면 대립적인 상태에서는 실체적인 것이 여전히 개인들 속에 포함되어 있다. 이런저런 정의들이 있다고들 하는데, 이는 개인의 주관적 자의에 의해 발생하는 것이다. 이런 상태에서 개인은 자신의 외적인 현존 속에서 스스로에 의거하는 것으로 나타난다. 개인의 외적인 현존재는 국가에서 확보되고 그 자신에 대해 현전해 있다. 국가가 없는 상태에서는 소유권이 개인의 자의에 달려 있게 된다. 따라서 실현된 정의는 외적인 현존재 속에서도 자유롭고 독립적인 개인들에 의거한다. 국가에서 인간은 자신의 성향, 견해를 통해 자유로울 뿐이다. 그 현존에서 볼 때 인간은 그가 자신의 것으로 간주할 수도 그렇지 않을 수도 있는 타자에 의해 보호된다. 국가가 전무한 곳에서는 외적 현존재도 개인에 의존한다.

---

의지의 객관적 상태는 국가이다.

이 객관적 상태에 주관 그 자체는 ― 원하든 원치 않든 ― 자신을 적합하게 맞춘다.

그러므로 국가의 실체성은 주체로서의 주관의 특수한 의지 바깥에 현전해 있다.

이와 반대로 국가 이전의 상태에서는 실체성이 아직 개인 속에 포함되어 있으며, 그 바깥에서는 어떠한 현존도 갖지 못한다.

그런 상태가 영웅의 상태다.

이러한 상태가 영웅의 상태이다. 오직 이러한 시대에만 앞에서 말한 독자성, 즉 구속되지 않은 현존이 자신에 의거하는 일이 가능하다. 영웅이라는 이름에서 즉각 떠오르는 한 예는 몇몇의 그리스 영웅들이다. 로마인들은 곧바로 자신들의 조국이나 도시가 있었으며, 이미 그 자체로서 존립하는 보편자를 갖고 있었던 반면,|75 그리스 영웅들의 일부는 법 이전의 상태에 있거나, 국가를 세운 자들이다. 중요한 영웅으로는 헤라클레스가 있으며, 그의 덕은 유명했다.13) 그의 덕이란 한 개인의 자의, 즉 개별자 안에 있는 독자적인 능력과 정의로운 자가 지닌 강한 힘이었다. 이러한 상태는 또 다소간 호메로스의 작품에 등장하는 주인공들의 상태이기도 하다. 그들은 한 명의 왕 아래에서 하나가 되어 있다.14) 그러나 그들이 스스로를 결속시킨 것은 결코 법적인 것도, 그 자체로서 이미 현전하던 것도 아니다. 오히려 그것은 개인의 자의이다. 연맹의 참가자는 누구나 자신의 의견을 제시한다. 즉 아킬레우스는 그가 원할 때 독자적으로 행동하며, 마음이 내키면 언제라도 갈 수 있고 자신의 뜻대로 논쟁에 참가한다. 그러나 영웅들은 의존성이라는 특징도 갖고 있다. 헤라클레스는 왕을 모시며 왕의 명령에 따라 자신의 임무를 수행한다. 하지만 이러한 의존성은 지극히 추상적인 구속일 뿐이다. 구체적이고 완전히 법적인 관계, 확립된 관계가 아니다. 바로 이러한 징후가 기사도의 봉건적인 주종관계의 징후이다. 시드(Cid)15)는 왕을 모시고 있고 동맹의 동지면서 봉신의 의무를 지닌다. 그러나 이 의무에 대립하여 독자성이 싹트는데, 이는 형식적이든 보다 구체적인 내용의 것이든 간에 명예의 법칙이라는 형식을 취한다. 봉신들은 다수에 복종하는 것이 아니라 다들 자기 자신을 위해서 있다.16) 카를 대제

> 나아가 호메로스의 영웅들의 상태이다.

> 나아가 중세 기사도의 봉건적 주종관계의 상태이다.

는 마치 아가멤논처럼 자신의 봉신들에 둘러싸여 올림푸스의 제우스처럼 호통친다. 그러나 별 의욕이 없는 봉신들은 왕이 계획한 일을 그냥 내버려둔다.17) 사라센의 영웅들도 비슷한 형태를 띠는데,18) 이들은 좀더 점잖은 모습을 하고 있다. 가장 빛나는 독립적인 독자성은 이 영웅들에서 보여지며, 이 독자성이야말로 영웅이 등장해서 자신의 위업을 실행하는 지반이다. 이러한 지반이 이상에서 본질적인 규정을 이룬다. 반면 우리의 국가에서는 이상이 매우 제한된 영역 속에 있는데, 이 영역은 인간이 자신의 현존과 관련해서 아직 주관적인 자유에서 활동할 수 있는 곳이다.|76 이 영역은 결정된 것이다. 여기에는 선한 아버지, 성실한 어머니의 이상들이 있는데, 이들의 행위방식은 자의를 위해 아직 자유롭게 있는 영역과 관련된다. 우연성의 이러한 영역은 항상 남아 있다. 재판관이나 군주의 이상은, 이들이 자신의 의무를 이행하고 규정된 질서에 부합되는 것을 실행하지만 이것은 이미 그 자체로 타당한 것으로서 자의가 관여할 바가 아니기 때문에, 어떠한 올바른 분별력도 갖지 않은 것일 수 있다. 우리 국가에서 군주는 가장 중요한 통치를 포기했고 몸소 심판하지 못하며 재정을 직접 관리하지 못하고 형식적으로만 결정하는데, 그 내용은 존립하는 질서나 대외관계에 의해서 규정된다. 따라서 군주가 행하는 것은 대개 형식적이며, 내용은 의지의 개별성에서 나오는 것이 아니다. 이로부터 곧바로 드러나는 사실은 고대 예술에서나 근대 예술에서나 이상들이 옮겨져 설정되는 세계는 이전 시대라는 것이다. 고대의 소재들은 항상 지나간 과거의 상태이다. 기억은 이런 시대를 그 시대의 유한성에서 파악하지 않고 오직 보편적인 상만을 보유한다. 기억에서는 지역적인 정황이 직접적으로 규정

사라센 영웅들의 상태이기도 하다.

그러한 상태는 이상의 현실성을 위한 본질적인 규정이다.

그렇기 때문에 근대 세계의 이상은 매우 한정된 영역을 가진다.

따라서 이상의 실현 상태 일반은 옛날로, 과거 시대로 옮겨진다.

되어 있지 않고 대체로 지워져 있다. 기억은 이미 외적인 주변상황 전체를 보편화한다. 그렇기에 고대는 내용상 영웅들의 지반인데, 여기에는 궁핍이나 결핍이 아직 현전해 있지 않고 법적인 질서나 국가조직도 아직 현존하지 않는다.

나아가 이상인 영웅들이 어떻게 하나의 특수한 입장, 즉 군주의 입장에서 다루어지는지도 고찰되어야 한다.|[7] 우리는 고대 비극에서 코러스를 상태, 즉 개별성이 없는 지반으로 간주했다. 이러한 지반을 다스리는 개별성들은 이것을 넘어서 있다. 군주다움이라는 표상에는 의욕과 제작의 완전한 자유가 놓여 있다. 만약 우리의 상태처럼 다른 어떤 상태가 제시되고 거기에서 다시금 인물형태들이 나타나면 이것들은 어디에서나 억눌려 있음을 알 수 있다. 이 인물들은 ─ 언제나 법적으로 정당하고 그 배후에는 시민사회적 질서라는 무적의 힘을 갖고 있는 ─ 열정이나 자의에 둘러싸여 이에 의존하고 있는 것이다. 낭만적 예술에서는 확실히 이것이 변용되어 있음을 보게 될 것이다. 그러나 셰익스피어 작품에 나오는 인물들은 법의 구속이 여전히 느슨하고 주관성에 더 많은 자의가 허락되는 그런 상태 속에 있다.[19] 인물들은 물론 독자적이지만 전혀 구체적이지 않고, 오히려 그것을 연기할 때나 이 연기를 함에 있어 몰락할 때 보면 형식적으로만 독자적이다. 영웅의 상태는 특히 청년기에 상응하는 상태인데, 청년기는 일찍이 저런 영웅의 상태를 형성하고자 추구한 시기이다. 괴테와 실러의 청년기의 초기 작품들은 그런 상태를 가지고 있지 않고, 오히려 국가적 통일 속에서의 자립성과 의존성의 대립을 다룬다.[20] 개인이 이러한 대립 속에 있으면서 자신의 규정을 법들로부터 취해야 하고, 오직 이 법들로 인해 보호되면서도 이 법들과 대립해 있다면

> 마찬가지로 이상인 영웅들도 자립적인 지위에서, 즉 군주의 지위에서 취해진다.

이는 좀더 진전된 단계의 상황이다. 『베를리힝엔의 괴츠 *Götz von Berlichingen*』는 기사도가 몰락하는 시대를 배경으로 상연되는데, 이때는 또한 시민사회의 객관적 질서가 시작되어 기사도적인 영웅 시대와 시민사회적 객관성이 접한 시대이다.[21] 이는 최고의 소재 중 하나이다. 실러의 『군도 *Räuber*』는 개인 — 질서라는 것에 의해,|[78] 질서를 오용하는 이들에 의해 상처받은 개인 — 이 사회질서의 적으로 등장하여 자신의 힘으로 이러한 질서와 싸우고 정의를 내세우며 이 질서의 환상을 깨뜨린다는 내용이다.[22] 모어(Moor)는 도적이 되고 자신을 영웅적인 상태로 만들어낸다. 그러나 양자[사회와 개인]는 대립하고 있으며 이러한 대립 자체가 표현의 지반을 형성하고 있으므로 이러한 것은 이미 상황에 속한다.

이제 넘어가야 할 두 번째 논점은 상황(Situation)이다. 상태(Zustand)는 정신적인 자기의식의, 인륜적인 것의 보편적 양상, 즉 인간이 자신에 대해 갖는 내적인 개념이자 인간이 자신의 상태들을 의식하게 되는 방식이다. 이러한 총괄에는 물론 개별성의 운동이나 복잡한 사정도 들어 있다. 그러나 그것은 예술이 거기서 머물 수 없고 성격의 특수성으로 나아가야 하는 그러한 반성과 추상적인 표상에 의한 총괄이다. 상태에 관해 말하자면, 우리는 또한 실체적인 것의 외면성으로부터 그 측면을 끄집어낸다. 이 실체적인 내용은 바로 상태의 내면적인 것이자 이 상태를 지배하는 보편적인 힘이다. 이 힘들은 우선 조화로서 제시된다. 그러나 실체적인 힘이 본질적으로 자기의식에 속하는 한, 관습은 결코 실체적인 힘에 어울리는 방식이 아니다. 따라서 내적인 힘은 단순한 상태에서보다 더 어울리는 형태로 나타나야 한다. 이런 힘은 그 자체 힘으로 현상하므로 형태를 띠고 현존재를 포함하며

2) 상황

상태는 관습인 실체적인 것이다.

이러한 실체적인 것은 조화 속에 표현된 힘인 인륜적인 힘들이다.

인륜적 힘들은 그러나 힘들로서 현상되어야 하므로 상호 특수한 현존재를 보유하며,

서로 대립적인 규정성 속에서 나타날 수밖에 없다. — 또 이로써 서로 대립에 빠지게 된다. 이렇게 현상하는 가운데 상황이 시작된다.|79

    상황은 한편으로는 정황들(Umstände)을 포함하고, 다른 한편으로는 이 정황들과 인간의 관계를 포함한다. 인간은 저렇게 처음에는 단순히 내적인 힘들을 활동시키고 현상시킨다. 정황은 그 자체로는 아무런 관심도 갖고 있지 않으며 정신에 대해 있을 때에야, 그리고 정황의 실체적인 것이지만 이 정황에 반대되는 위력의 관계 속에 있을 때에야 비로소 흥미롭다. 우리는 이러한 관계를 욕구라고 부를 수 있다. 상황 일반은 거대한 고찰영역을 제공하며, 언제나 중요한 사실은 예술작품에서는 흥미로운 상황이 발견된다는 점이다. 여러 예술들에서 상황들은 다양하다. 상황과 관련지워 본다면 조각은 제한적이며, 시나 회화는 보다 자유롭다. 여기서 우리는 단지 일반적인 관점만을 제시할 수 있을 것이다. 철저히 무상황적인 조형물들은 꼼짝하지 않는 부동의 자세로 있는 신들, 즉 고대의 신전 조각상들이다. 〔하지만〕 예로, 화살에 맞은 피톤(Python)을 넌지시 바라보고 있는 것으로 이해되는 〈벨베데레의 아폴로〉(도판 1)는 이미 하나의 상황이며, 그것은 나중에도 이렇게 〔넌지시 바라보며〕 정지해 있는 형태로 제작된다.[23)] 기독교의 성부도 이처럼 무과정적인 것이다. 초상화 역시 무상황적이다. 그러나 예술은 이로부터 계속해서 구체적인 〔표현〕으로 나아가야 한다. 단순한 것은 스스로 활동해야 한다. 그렇게 해서 우리는 두 번째로 특정한 상황을 갖는다. 첫 번째 상황은 단지 정지 상태에서 흥분 — 때로는 욕구, 때로는 역학적 움직임 — 의 표현인 운동으로의 이행이다. 고대 이집트의 형태에서 그리스적

그래서 대립하게 된다.

상황은 상태를 자신의 기초로 가지며, 상태 일반과 그 상태의 힘들을 활동시키는 자인 인간과의 관계이다.

이 관계는 욕구 일반이다.

a) 정지해 있는, 과정이 없는 상황: 고대의 신전 조각상

b) 움직임으로서의 상황: 역학적 상황 또는 욕구의 외화

미 일반 171

인 형태로의 이행을 이렇게 나타낼 수 있다. 이집트인들은 다리를 딱 붙이고 있는 신들을 표현했다. 그리스인들이 처음으로 팔과 다리를 몸에서 떼고, 형태에다 걷는 자세를 부여했다. 휴식이나 수면은 단순한 상황들이며, 이러한 것들은 특히 조각에 해당된다.|[80] 이렇게 사소한 행위를 통해 그리스인들은 바로 그들의 이상의 고귀함을 한층 더 부각시켰다. 사실 운동은 전혀 무해하며, 신들의 고요한 위대함은 바로 하찮은 행위에서 더 잘 보이고, 이렇게 무해한 행위가 어떤 특정한 구체적인 행위보다 표현에 있어 더 합목적적이다. 예를 들면 포츠담에는 샌들에 자신의 날개를 달고 있는 헤르메스(도판 2)가 있다.[24] 이러한 행위는 쓸데없는 일인데, 왜냐하면 신은 날개가 필요없기 때문이다. 반면에 토르발센(Thorvaldsen)은 앉아 있는 헤르메스(도판 3)를 만들었는데, 헤르메스가 하는 행위는 조각치고는 벌써 너무 극적이다.[25] 즉 그는 마르시아스[26]의 동정을 살피고 교활하게 그를 주시하며 숨겨둔 비수를 향해 손을 뻗으면서 마르시아스를 해칠 수 있는 기회를 노리며 잠복해 있는 것이다.

이것은 더 이상 고요한 단순함이 아닌 풍부한 표상이다. 그래서 단순한 행위에서 더 잘 나타나는 신들의 위대함은 이미 사라진 듯 보인다. 빌헬름 샤도의 〈샌들 묶는 소녀〉(도판 4)[27] 또한 헤르메스처럼 단순한 행위를 하고 있지만 여기에서는 더 이상 어떤 위대한 관심이 보이지 않는데, 거기에는 헤르메스가 천진하게 그런 것을 행할 때 우리가 갖는 관심이 빠져 있기 때문이다. 소녀가 행할 때 이런 행위에는 이 소녀가 하는 행위 자체 외에 아무 것도 없다. 고대인들은 그다지 얽매이지 않은 상황 속에서 풍요로우며, 연극적인 표현을 고안해냈다. 특히 이런 점이 그리스 미

술의 특성에 해당된다. 즉 그와 같은 하찮은 행위로 신들의 고요함과 천진함을 알려주는 것이다. 이러한 상황들은 엄밀하게는 아직 행위가 아니다. 왜냐하면 행위에는 어떤 인륜적인 목적이 속해 있기 때문이다. 본래적인 행위여야 비로소 참된 관심을 형성하며, 여기에서 정신의 실체적인 측면이 외화된다. 이러한 행위들은 이와 관련된 외적인 정황들을 갖는다.|⁸¹ 행위는 행위하도록 추동하는 어떤 본질적인 욕구를 지녀야 한다. 정황들은 이 본질적인 욕구와 대립해 있는 일종의 전제여야 한다. 그러므로 이것들은 정황 일반이 아니라, 오직 본질적인 욕구와 관계하고 있는 정황이다. 이러한 반목(Widerstreit)은 『알케스티스 Alcestis』에서 아드메토스(Admetos)²⁸⁾가 걸린 병처럼 물리적인 재앙일 수 있다.²⁹⁾ 이 재앙이 바로 그 부부와 관련된 정황이다. 〔『일리아스』에서 트로이 전쟁 중〕 그리스 진영에 퍼진 페스트 또한 마찬가지이다. 이것은 이미 그 자체로서 뭔가를 위반한 결과, 즉 형벌로 마련된 것이다.³⁰⁾

그러나 반목은 이와 마찬가지로 물리적이기는 해도 다른 방식으로 있을 수 있다. 예를 들면 한 왕국에 두 왕자가 있는데 누구에게 왕위를 계승할지 정해지지 않아서 각자 똑같은 권리를 갖고 있는 경우이다. 이렇듯 다툼은 가족에 기인할 수 있다. 이는 가인과 아벨에게서 시작되어 테베 전쟁 내내 계속되고, 페르시아의 영웅전설에 나오는 페르두시(Ferdusi)에서도 나타나는데,³¹⁾ 여기에서 그런 상황은 주된 규정이자 여러 국가들 간의 일련의 전투장면을 유발하는 동기이다. 『메시나의 신부 Braut von Mssina』에도 바로 이와 같은 대립이 있다.³²⁾ 나아가 상황은 사랑과 같은 우연적인 열정에 의해서도 유발될 수 있으며, 또 지배욕에 의해서

c) 행위(Handlung)로서의 상황

행위는 정신의 실체적 측면이 현상함, 즉 외적으로 되는 것에서 존립하며 하나의 본질적인 욕구를 필요로 하는데, 이 욕구는 실체적인 것을 활동시키는 개인과, 상태로서의 실체적인 것의 관계에서 초래된 것이다.

이 관계는 물리적인 원인의 결과로 생길 수 있다.

이 관계는 나아가 열정의 결과로 생길 수 있다.

도, 말하자면 의무나 어떤 다른 열정과 관계하는 그런 열정에 의해서도 유발될 수 있다. 그러나 어떤 상황과의 연관 속에 있는 주요정황들은 저러한 열정에 의해 인륜적 혹은 종교적으로 위배되는 일이 발생한다는 점, 여하튼 반작용을 유발하는 정황들이 있다는 점이다. 위반이 인륜적인 종류의 것이라면 이에 대응하는 반작용이 있을 수밖에 없는데, 필연적인 것은 스스로 다시 일으켜 세워져야 하기 때문이다. 거기에서 정황은 우연성으로가 아니라 본질적으로 파악되며, 반작용은 필연적이다. 그리고 이것이야말로 참된 상황이다. 따라서 기독교에서는 인류를 죄로 끌어들임으로써 동기를 유발한다. 그리고 반작용, 즉 구원은 신의 본성에서 정초된다. 이 밖에 더 언급할 수 있는 점은 여기에서는 어떤 규정된 시작도|[82] 정해질 수 없다는 사실이다. 정황이 단순히 자연적이라면 이것이 최초의 시작이다. 그러나 상대적인 시작은 이전의 복잡한 일이나 행위들의 결과물일 수 있다. 만약 최초의 위배가 발생했다고 하자. 이것은 지양되기는 하지만 그럼에도 이 지양 자체가 다시금 하나의 위반일 수 있으며 이에 대응하여 다시 반작용이 일어날 수밖에 없다. 이런 까닭에 우리는 많은 영역에서 3부작들(Trilogy)과 같은 연속극[33]을 본다. 타우리스의 이피게네이아는 아가멤논(Agamemnon) 가문의 불행을 화해시킨다. 타우리스에 체류해 있는 데서 마지막 편이 시작된다. 그러나 이러한 시작은 이전의 복잡한 일, 즉 오레스테스(Orestes)가 한 일의 결과물이다. 그는 아버지의 원한을 어머니에게 보복하며 그리하여 자신은 벌받을 수밖에 없었다. 왜냐하면 그는 아들로서 어머니의 죄를 벌했기 때문이다.[34] 최초의 시작은 아울리스에서 아가멤논의 딸 이피게네이아를 제물로 바친 일이며, 이는 다시 파리스가

---

그러한 열정들에 의해 인륜적이며 실체적인 한 상태가 손상되므로 이 상태는 이에 반응하여 자신의 필연성을 재건함으로써 힘으로 나타난다.

3) 상태(Zustand)에 반하는 행위와 이 행위의 반작용, 즉 자신의 특수한 상황(Situation)에 대한 실체적인 상태의 반작용.

반작용의 시초는 규정될 수 없다. 왜냐하면 각각의 행동은 다시금 결과였던 그 이전의 것의 결과로서 나타나기 때문이다.

그렇게 이것은 아가멤논의 가문 이야기를 소재로 하는 드라마들에서 보여진다.

행한 유괴를 조건으로 삼는 등 행위에서 행위로 계속 꼬리를 물고 이어진다. 테베에서도 마찬가지이다. 여기에서 『안티고네 Antigone』가 끝을 맺는데, 이는 이전의 복잡한 일들의 결과이다.35) 따라서 한편으로 시작인 것은 그 이전의 것에 기인했다고 할 수 있다. 단지 이 연쇄적인 일들을 표현하고자 한다면 이에는 주로 시가 탁월할 것이다. 그러나 주지하다시피 이런 일은 다소 지루한 것이 되었으며, 오래 전부터 요구되는 바는 시인은 독자를 현존하는 것으로(in rem praesentem) 이끌어야 한다는 것이다. 시작부터 전부 상술하는 것은 산문이 할 일이다. 처음부터 시작하는 것은 예술의 관심사가 아니라는 사실은, 그러한 시작은 한갓 자연적인 경과일 뿐이며 차라리 외견상의 통일이지 결코 내용에 필연적인 것은 아니라는 점에서 근거를 가진다. 개인은 그 내용적 측면에서 보면 서로 연관되지 않는 사건들의 실마리이다. 물론 정황들이 그런 개인을 형성하는 것이기는 |83 하지만 그의 생긴 그대로의 천성은 그런 형성자 없이도 위대한 행위나 상황에서 나타난다. 일례로 호메로스는 『일리아스 Ilias』에서 곧바로 단호하게 아킬레우스의 분노36)라는 사태에서 시작하며, 아킬레우스의 전기를 쭉 말하는 것이 아니라 곧바로 하나의 특정한 행위를 제시한다.37) 그것도 어떤 위대한 관심이 그의 그림의 배경을 이루는 식으로 말이다. 그러므로 상황을 유발하는 동기는 일종의 상대적인 시작이며, 그 다음으로는 자신 속에 본질적인 정당화를 지녀야 한다. 소포클레스의 『안티고네』에서 처음의 동기는 왕[크레온]이 그녀의 오빠는 땅에 묻힐 명예를 가져서는 안 된다고 명령한 데 있다.38) 가족의 의무를 이행하지 못하는 것은 안티고네의 외경심에 어긋나는 일이기에 그녀는 국가의 명령을 거역한다. 그

> 마찬가지로 그것은 오이디푸스 이야기에도 들어 있다.

> 이러한 과정이 단순히 자연적인 과정인 한, 이 과정은 산문에 속하며 예술에서는 지루하게 된다.

> 비록 상황을 유발하는 동기가 일종의 상대적인 시작을 가질지라도, 무엇에 의해 개인이 형성되는지는 이미 어떤 위대한 상황 속에서 나타난다.

> 행위는 그 자체에 즉자 대자적으로 타당한 것을 지녀야 하며, 한편으로는 정당한 것이어야 한다.

러므로 그녀는 행위에서 존엄한 동기를 가지며, 이에 못지 않게 크레온의 명령도 정당화된다. 왜냐하면 그녀의 오빠는 조국의 적이 되어 조국을 멸망시키려 했기 때문이다. 정반대의 예로는 인도의 것을 들 수 있다. 『마하바라타 Mahabarata』에 나오는 한 일화이다. 주인공은 왕의 딸과 결혼함으로써 그녀와 결혼하고 싶어 했던 이들의 적이 되었다. 이들은 주인공이 부정한 일을 저지를 때까지 감시한다. 두 정령들은 오랫동안 기회를 엿보면서 기다린다. 이제 주인공이 범한 죄는 단지 자신이 본 소변을 발로 밟는다는 데 있게 된다.[39] 이는 다소 황당한 일로서 오직 인도인들에게만 정당화될 수 있다. 하르트만 폰 데어 아우에(Hartmann von der Aue)의 한 오래된 독일 시에 나오는 복잡한 갈등 역시 반감을 일으킨다. 주인공은 병들어서 살레르노의 수도사들을 찾아간다. 이들은 주인공 하르트만을 도우려는 마음에 누군가 자율적으로 그를 위해 희생할 것을 요구하자, 주인공을 사랑하는 한 처녀가 그렇게 하기로 결심한다.[40] |84 이는 우리가 보기에는 매우 야만적이며, 그 처녀의 감동적인 희생은 아무런 효력도 발휘하지 못한다. 물론 상황들이 다양하게 야기될 수는 있겠지만 반응의 필연성은 뭔가 기괴한 것이나 불쾌한 것을 통해서가 아니라 내적으로 정당화된 것을 통해서 유발되어야 한다. — 이제 정황들은 대체로 심정에서 이해되는 한에서 반응을 낳는다는 것을 알았다. 이런 식의 이해는 정황의 또 다른 측면이며, 이런 측면으로 인해 비로소 행위가 산출된다. 행위는 개인을 있는 그대로 나타나게 하는 것으로서, 정신적인 개별성의 참된 현실성이다. 일련의 행위들은 개인의 본성을 보여준다. 이런 행위를 표현하는 것은 주로 언어에 해당된다. 왜냐하면 다른 예술들은 단지 개별적인 순간만

행위와 반작용의 표현은 주로 음조 예술들, 즉 음악과 시에만 속한다.

부각시킬 수 있고, 형태 전체, 즉 몸짓과 육체 전체의 표현을 수단으로 삼기 때문이다. 그러나 이런 식의 외화는 말로 할 때의 명확성에 뒤진다. 행위는 개인을 가장 분명하게 드러낸다. 개인의 근본적인 본질은 행위를 통해서야 비로소 나타난다. 행위는 이제 정황에 대응하는 반작용을 낳는다. 행위 일반에 관해 말할 때 우리는 그것을 최고로 다양한 것으로서 표상하지만 행위의 범위는 필연적인 이념에 의해 제한되어 있다. 여기에서 우리는 오직 보편적인 것에만 관여해야 한다. 보편적인 행위는 예술과 관련해서는 두 측면이 있다. 하나는 행위를 야기하는 본질적인 욕구이며, 다른 하나는 행위하는 자의 특수한 개별성이다. 왜냐하면 오직 구체적인 개인만이 행위를 할 수 있기 때문이다. 이 개인에게서 고찰되어야 하는 것은 먼저 실체적인 것, 즉 행위가 실행시키는 것이며, 그 다음은 개별성이라는 특수한 것이다. 실체적인 것에 관해 보면, 실체적인 것이란 정신 및 그 형식들의 본성에 정초되어 있는 어떤 보편적인 힘이다.|85 이 내용을 그 자체로서 강조한다면 내용은 주로 그리스인들이 신들의 본성이라고 여기던 것을 소재로 삼는다. 행위가 갖는 주관적인 내용은 그 자체 이상적인 것(der an sich ideale)이다. 이러한 내용에서 유한성이 어떻게 탈피되는가를 살펴볼 필요는 없다. 왜냐하면 그 내용은 즉자 대자적으로 이상적이기 때문이다. 이 영원한 계기들, 절대적 관계들이야말로 신들의 기초에 놓여 있는 것이다. 여기에서 내용의 일부는 자연적 계기이기도 하다. 그러나 그리스 신들의 경우 주요 토대를 이루고 있는 것은 인륜적 계기이다. 이미 어떤 고대인은 다음과 같이 말했다. "인간은 자신의 것에 비추어 신들을 이해했다. 그 자신의 것이란 파토스, 즉 실체적인 개별성을 형성하는 위력

---

행위의 영역은 이념의 계기들에 의해 결정되어 있다.

행위의 계기는 다음의 것들이다:

a) 행위에 의해 실행되는 실체적인 것

이 실체적인 것은 정신과 그 형식들의 어떤 하나의 계기이다.

그러한 계기들이 그리스 신들을 위한 소재이다.

있는 것이다."⁴¹⁾ 예를 들자면 가족·외경심·국가권력·권위·명예·우정·종족애와 조국애·부와 같은 위력 등이다. 이런 위력들이야말로 행위의 실체적인 것이며, 고대 신들을 위한 소재이다. 이 정당화된 계기들 일반이 바로 즉자 대자적으로 이념적인 것이자, 의욕하는 정신의 본질적 측면, 즉 긍정적인 것 일반이다. 그런데 정신에는 부정적인 것도 있다. 이것이 하나의 독자적인 힘의 형태로 고양되면 그것은 자신 속에 아무런 관심도 갖고 있지 않다. 따라서 근대에 와서 단지 부정적인 것에 불과한 형태들이 신들과 나란히 놓여 있을 때, 이는 예컨대 질투나 증오처럼 불쾌함을 낳는다. 저런 형태들은 즉자 대자적으로 무가치한 것이며, 이것들을 내세우는 것이 바로 공허한 산문이다. 악마는 지극히 산문적인 인물이다. 이제 본질적인 계기들이 보편자로 간주되어서는 안 된다. 그렇지 않으면 그 계기들은 순수한 상상이거나 추상적인 표상이 될텐데 이런 것은 보편자를 개별적이고 직접적인 존재자로 표현하는 예술의 형식이 아니기 때문이다. 그러므로 보편적인 위력은 독자적인 형태, 즉 고대인들에게서 존재하던 그대로의 신들이 되어야 한다. 그 위력은 자의적인 환상이 아닌 본질적인 계기를 표상해야 한다. 이러한 개별성은 |⁸⁶ 신이라는 형태에 속해 있다. 그리고 이 개별성은 주관성의 규정에서 보다 더 나아가지 않는다. 주관성은 외적인 것으로 나타나며 그리하여 온갖 분규들에 빠져든다. 그러나 신들은 분명 개별성, 즉 특정한 의미에서의 보편적인 규정이며, 그 개별성은 그다지 진지하지 않다. 왜냐하면 신들은 그 자체로 행복하기 때문이다. 물론 특정한 신들은 싸우기도 하지만, 여기에는 어떠한 진지함도 있을 수 없다. 오히려 신들은 영원히 유쾌해야 하며, 그들의 모든 개별성들

> 이러한 계기들은 자체적으로 정당한 권리가 있는 것, 참으로 긍정적인 것이어야 하지, 단순히 정신의 부정적인 측면이어서는 안 된다.

> 나아가 예술 속에 있는 이러한 계기들은 자립적인 형태들이 되어야만 한다

> 이제 신들은 지복한 신들, 즉 실체적인 것이 개별화된 것이다. 그래서 실체성은 유한자 속으로 나온다고 해서 결코 상실되지 않는다.

은 어떤 특정한 관심 속에 있는 것이 아니라 항상 그 자체로 유쾌하게 있다. 이것이 바로 호메로스의 신들에 만연해 있는 아이러니이다. 그 신들은 여기저기에 참견하지만 이에 못지 않게 다시 임무를 띠고 올림푸스로 올라가 지낸다. 하나의 목적에서 어떤 특정한 결과를 얻고 거기로 빠져드는 일이 신들에게선 일어날 수 없다. 그러나 이 신들에게서는 그 밖의 개별적 특수성(Partikularität)도 나타나는데, 이에 관해 우리는 어떻게 그 개별적 특수성 — 즉 제우스의 연애사건과 같은 것들 — 을 신들이 가진 개념에 속하게 해야 할지 알지 못한다. 이런 개별적 특수성은 우선 신들의 본질에 관계되지 않으며, 첨가물이다. 그런 것들이 어디서 계속 나오는지에 관해서는 더 이야기해야 할 것이나, 이는 훨씬 이전에 다뤄진 것의 잔여물이다. 이런 이상들(die Ideale)에서 예술은 어렵지 않게 관념성(Idealität)을 보유할 수 있다.

그러나 이제 두 번째로 신들의 개별성에서 특유의 어려움이 발생하는데, 이는 신들이 개별적이고 배타적이면서 인간과 외적인 관계에 있기 때문이다. 신들은 가치내용에서 보면 대체로 보편적이다. — 이 보편자, 이 이념은 행위에서 현실화된다. 이런 현실화는 인간 활동, 즉 주관적인 개별성의 몫이다. 이것은 신의 요소, 즉 파토스를 자신의 실체적인 내용으로 삼는다. 이것이 바로 행위하는 인간 속에 들어 있는 관심이며, 추동하는 위력이다. 이 위력들은 한편으로는 인간의 주관성을 가리키고,|[87] 다른 한편으로는 자유롭게 즉자 대자적으로 존재하는 규정들이다. 이것들이 이제 인간에 속해 있고 인간 자신의 것이면서 인간을 추동하는 한, 이와 동일한 규정들은 독자적인 개별성에서는 인간에 대립적으로 표상되며 그래서 인간의 자유와 충돌한다는 모순이

---

이제 신들은 인간의 주관성에 의해 현실화되는 모든 행동의 실체적인 것이므로 인간에게 외적인 것으로서 맞서 있으며, 인간의 자유와 충돌하게 된다.

생긴다. 바로 이것이 또한 기독교가 갖고 있는 것과 동일한 문제들에서 나타나는 관계이다. 예컨대 신의 정신이 신으로 이끈다는 것이다. 이것이 참이라면, 인간은 이러한 정신이 활동하는 한갓 수동적인 지반으로 나타나며, 인간의 자유나 인간의 의지는 아무런 지위도 갖지 않는 듯 보이고, 정신이 한 개인에게서 활동하는 것은 신의 자의적인 결정인 듯, 즉 인간이 직접 관여할 수 없는 일종의 운명인 듯 보인다. 이와 동일한 충돌은 신들에게도 있다. 이제 인간은 실체적인 것으로서의 신에 대해 외적으로 대립해 있다는 식으로 관계가 제시된다면, 이는 완전히 산문적인 관계이다. 왜냐하면 신은 명령하고 인간은 단지 복종해야 할 뿐이기 때문이다. 이러한 관계를 예컨대 『필록테테스 Philoktetes』와 같은 수많은 그리스 비극들에서 볼 수 있다.[42] 필록테테스는 자신의 성격을 고수한다. 오디세우스의 속임수가 수포로 돌아간 후, 필록테테스가 그리스 진영으로 함께 가려하지 않자 헤라클레스가 다가와 필록테테스에게 가라고 명령한다. 우리는 한 명의 신에 의한 이런 식의 해결에서 뭔가 썰렁함을 느낀다. 이러한 외적인 관계는 상이한 방식들로 다양하게 나타나서 어떤 영웅에게는 덕이 단순한 존재로 표상되기도 한다. 예컨대 아킬레우스에 관해서는 "그는 거의 불사신이었으며 단지 발꿈치만 약했다"[43]고 말한다. 만일 우리가 이를 표상한다면 용감함에 대한 모든 표상은 사라지게 될 것이다. 왜냐하면 그는 결코 다치지 않는 불사신으로서 그의 영웅적 본질은 정신적 활동이 아닌 한갓 육체적 성질이기 때문이다. 시인에게는 이러한 충돌이 어려움을 가져오며, 그리스의 시인들은 흔히 신들과 영웅들이 그렇게 단순히|⁸⁸ 외적인 관계에만 머물러 있다고 산문적으로 표현했다. 이러한 난점을 시인은

신들이 외적으로 명령하는 힘으로서 등장하게 될 정도로 이 관계가 지속된다면 그 관계는 차갑고 산문적이다.

그렇기 때문에 신들은 인간에

한편으로는 이상을 개별화하지만 이에 못지 않게 외적인 것을 내재적인 것으로, 인간 성격에 속해 있는 정신적인 것으로 나타내야만 해결할 수 있다. 외적인 현상은 동시에 인간의 내면적인 것임이 드러나야 한다.

> 게 내적인 것과 꼭 같이 외적인 것으로도 표현되어야 한다. 즉 신들은 인간의 실체적인 것, 고유한 내면성이어야만 하는 것이다.

고대인들이 에로스에 관해 독자적인 신으로 말하는 것을 들으면 즉각 에로스란 단순히 외적인 것이 아니라, 물론 일종의 파토스이긴 해도 주체에 내재해 있는 충동이라는 표상을 갖게 된다. 소포클레스의 『오이디푸스』에서는 아버지가 아들들을 저주할 때 에우메니데스(Eumenides)가 종종 등장한다. 우리는 에우메니데스를 우선은 외면상 범죄자를 따라 다니는 푸리아(Furia, 복수의 여신)로 표상한다. 그러나 동시에 그 시인에게서 그녀들은 에우메니데스 톤 파트로스(Eumenides ton patros), 즉 아버지의 저주, 상처입은 그의 심정이 아들들에게 가하는 폭력을 의미한다.44) 이렇듯 복수의 여신들은 심정의 위력들인 것이다. 그리하여 사람들은 신들은 단순히 내면적인 것이라고 말하면서 신들을 산문적으로 설명하는 매우 부당한 일을 저지르기도 한다. 그러나 동시에 이는 정당한 일이기도 하다. 왜냐하면 신들은 한편으로는 외면적이지만 그럼에도 또한 심정 속에 들어 있기 때문이다. 호메로스에게서는 이런 것이 지속적으로 넘나든다. 신들은 한편으로는 인간의 심정에 대해 외적인 일을 수행하지만 동시에 내면적인 것일 수 있는 일도 수행한다.

> 소포클레스에게서의 예들:

외적인 것으로 존립하는 것의 내면성을 파악하기란 종종 어렵다. 예컨대 다투다가 아킬레우스가 아가멤논을 향해 칼을 뽑아 들려 할 때 아테나는 그를 잡아당긴다.45) 이는 동시에 내면적인 것이기도 하며, 자신 안에서 분노를 삭히는 것이자 마음을 억제

> 호메로스에서의 예들:

미 일반 181

하는 것임을 쉽게 생각할 수 있다. 이러한 억제는 분노와는 또 다른 것이며, 시인은 그렇게 억제를 외적인 것으로 표현할 수 있다. 그러나 이와 동시에 우리는 이러한 아테나, 곧 이런 신중함은 내면적인 것이라고 생각한다.46) | 89 『오디세이아』에서 우리는 텔레마코스(Telemachus)47)에게 나타나는 아테나를 멘토르(Mentor)48)로 여긴다. 멘토르를 동시에 내면적인 것으로 파악하기란 쉽지 않다. 그러나 여기서도 우리는 외적인 현상과 내면적인 것의 관계를 본다. 신들이 단지 바깥에서 명령하면서 작용하는 기계장치49)에 불과하다면 이는 아무런 관심도 갖고 있지 않으며 비예술적인 관심만 지닌다. 이런 점에서 괴테의 표현은 매우 흥미롭다. 즉 괴테는 에우리피데스에게서 단순히 외적인 것으로 나타나던 것을 심정에 대한 심정의 관계로 바꿈으로써『이피게네이아 *Iphigeneia*』를 개작했던 것이다. 이는 괴테의 가장 아름다운 형상물 중 하나이다. 에우리피데스의 경우에는 오레스테스가 이피게네이아와 함께 여신상을 훔치는데, 그 상태는 단지 도둑질일 뿐이다. 토아스(Thoas)는 도적들을 추적하라는 명령을 내린다. 그런 후에 아테나가 와서 토아스에게 이미 도망간 자들이니 그냥 놔두라고 명령한다. 토아스는 신의 그 무미건조한 명령을 따른다. 괴테에게서는 완전히 달라진다. 이피게네이아는 정신의 위력을 믿으면서 토아스에게 말을 거는 여신이 되고, 그녀가 그에게 훈계한 내용에 의해 토아스의 내면에서 반전이 일어난다. 에우리피데스에게서는 순전히 외적이던 것이 이제 내면적인 것으로 변형되었다. ― 근대의 환영적인 존재 또한 이런 신들에 해당한다. 환영적인 존재도 종종 외적이고 터무니없는 관계로 출현한다. 이러한 관계들이 자유로운 관계가 아니라면 그것은 위험한 일이다. 예컨대

이피게니아에서의 에우리피데스와 반대되는 괴테에게서의 예들:

『맥베스』에 나오는 마녀들이나 『햄릿』에서의 유령에 관해서 보면, 이러한 표상들은 어느 정도 내면의 객관적인 형식일 뿐이다.[50] 만일 이것들이 규정하는 자로 출현해서 단지 외적으로만 명령한다면 그것은 뭔가 결함이 있는 것이리라. 『맥베스』에서 마녀들은 맥베스의 운명을 예고하지만 그들이 말하는 것은 단지 |90 이런 식으로 드러나는 그의 내면임을 알 수 있다. 우리는 햄릿이 섬뜩함이라는 어떤 막연한 감정을 갖고 등장하는 것을 본다. 이제 그에게 아버지의 유령이 나타나서 [자신이 당한] 예전의 범죄를 폭로한다. 이러한 폭로에 이어 우리는 햄릿이 그 범죄행위를 강력하게 벌할 것을 기대할 수 있으나 그는 침울한 성격 탓에 민첩한 행동으로 나아가지 못한다. 이에 대해 괴테는 엄청난 요구가 너무 연약한 그릇에 담겨 있어서 결국 이 그릇이 깨지고 만다는 생각을 견지했다.[51] 햄릿은 기품이 있지만 나약한 성질을 지녔다. 물론 우리는 햄릿이 망설이지 말기를 기대했을 수도 있다.[52] 그러나 햄릿이 그 유령은 악마였을지 모르니까 연극을 꾸미고 싶다고 말하고는 그렇게 해서 사태를 확인한 점은 참으로 훌륭하다. 여기서 우리는 햄릿이 하나의 현상을 통해 믿음을 갖게 되는 것이 아니라 다른 식의 확증을 요구함을 알 수 있다. ― 이미 언급한대로 대체로 외적인 것으로서의 신들과 인간의 관계는 시인이 다루기에 극히 어려운 일이다. 왜냐하면 신들은 결코 단순히 명령하는 자여서도, 단순한 기계여서도 안 되기 때문이다. 객관적인 것은 또한 주관적으로 심정 속에 들어 있어야 하며, 이 심정에 내재적인 것이어야 한다. ― 그럼 이제 우리는 행위와 관련하여 두 번째 논점으로 옮겨가야 할 것이다. 이는 구체적인 인간의 개별성 그 자체이다. 정황들은 파악되며, 인간은

> 셰익스피어에게서는 『맥베스』나 『햄릿』에서 이와 마찬가지의 관계가 보인다.

이에 대해 반응한다. 참된 것으로서의 이러한 관심이야말로 외적인 현상에서 표현되는 것의 토대를 이룬다. 인간 특성은 파토스와 대립한다. 이제 문제는 이상(das Ideal)이 어디에 있는가이다. 여기에서 인간은 본질상 주체로 등장한다. 그러면 지금 중요한 점은 어느 것인가? 중요한 것은 주관성의 자유이다. 하나의 신은 오히려 단지 하나의 고유한 속성, 즉 하나의 실체적인 측면일 뿐이다.|⁹¹ 인간은 주관적인 총체성이며 온갖 신들이 한 인간에 속해 있다. 인간은 신들의 영역에서는 서로 분리되어 투사되는 위력 모두를 자신의 가슴속에 담고 있으며, 인간이야말로 올림푸스 전체의 풍부함이다. 이로써 주체가 어떤 지위를 가지는지 규정된다. 즉 주체는 이런 다양한 관계들의 풍부함으로 나타나는 것이다. 열정에 사로잡힌 인간은 신이 장악하고 있는 파토스 속에 있으며 그는 더 이상 자유로운 주체 그 자체가 아니고 자신의 바깥에 있다. 반면 자신에 머물고 있음이야말로 자유이다. 의식 전체가 열정으로 넘어가 있는 단순한 열정 상태는 무력함, 일면성이다. 물론 이때에도 시인이 주관성을 계속 지킬 수 있는 방법이 있다. 대자적인[의식적인] 주관성과 이것의 풍부함은 하나의 위대한 주체를 표현하는 고유한 속성을 형성한다. 나약한 주체에게서는 아무 것도 규정적으로 나타나지 않으며 어떤 강력한 관심도 등장하지 않는다. 이것은 일종의 무관심적 성격이다. 그러나 주체는 다양한 측면에서 하나의 전체일 수 있음을 보여주어야 한다. 그리하여 이 모든 다양한 점들이 생명성으로 모인다. 이러한 성격들이 호메로스의 영웅들이다.⁵³⁾ 아킬레우스는 매우 다양한 상황들 속에 있다. 그는 자신의 어머니 테티스(Tethys, 바다의 여신)와 고향에 계신 늙은 아버지 펠레우스를 사랑하며, 자신의 오랜

b) 행위의 실체성을 현실화한 것으로서의 구체적인 인간의 개별성

주체는 전체 신 세계의 총체성이다.

주관성이 그로 인해 상실될 정도로 주체가 유독 일면적으로만 하나의 파토스에 의해 지배되어 있어서는 안 된다.

오히려 주체는 모든 파토스들의 실제적 가능성으로서 나타나야 한다.

호메로스에서 영웅들의 예:

하인과 친밀한 관계에 있다. 그는 브리세이스를 사랑하고 그녀에 대한 사랑과 훼손된 명예가 그를 아가멤논과 싸우게끔 몰고 간다. 아킬레우스는 또한 파트로클로스와 안틸로코스를 매우 아끼는 벗으로서 사랑하고, 파트로클로스의 장례식 때 네스토르에게 존경을 표한다. 이에 못지 않게 아킬레우스는 흥분을 잘하고 대담하며 걸음이 빠르고, 적에 대한 증오로 인해 극도로 잔인하게 되기도 한다. 그는 냉혹하면서도 프리아모스가 자신의 아들[헥토르]을 죽인 그 손을 꼭 잡을 정도로 또 연약하다.|92 이러한 개인 속에는 인간 본성의 다양한 측면이 모두 들어 있다. 이런 인물의 고귀함은 그의 다면성에 있다. 또한 호메로스에게서는 여타의 성격들이 구별되기도 하는데, 그 각각은 하나의 전체, 즉 하나의 세계이다. 한 개인에게서 나타나는 이러한 풍부함이 모든 양식의 예술에서 표현될 수는 없다. 비극의 인물은 더욱 단순하며, 관심에 의해 영혼이 충만해진다. 사실 이 인물들이 오히려 조각상의 단순함에 더 가깝다. 하지만 인물들은 단지 프랑스 비극에서 곧잘 나타나는 것과 같은 열정의 추상체이지만은 않다. 프랑스 비극에서는 항상 각각의 인물이 한 측면만을 보여준다. 반면 소포클레스 비극의 인물들은 비록 조형적이기는 하나, 오직 정신의 현재 속에서, 신중함 속에서, 그 인물들을 정당화하고 결정하는 풍부한 언어에서만 그렇다 할지라도 이러한 다면성을 보여준다. 『로미오와 줄리엣』에서 로미오 역시 친구들·수도사·급사·약제사·줄리엣 등과 다양한 관계 속에 있다.54) 그는 항상 고상하고 품위 있지만 어떤 특수한 관심 속에 있다. 그런데 예술이 풍부한 전체를 한 주체에게서 보여주는 일을 허용하지 않을지라도 예술은 미 자체에 들어 있는 어떤 수단을 가질 것이다. 고요 속에

> 그러나 이러한 풍부함은 예술의 상이한 방식들에서 다소간 한정되어 있다.

> 비극은 그 형태상 조각과 친화적이다.

있는 [그리스 조각의] 조형적인 형상은 저러한 [다양한 관계 속에 있는] 인물의 자유, 즉 극히 다양한 관계 속으로 들어갈 가능성을 보여주는데, 우리는 모든 힘들의 가능성을 내포하고 있는 고요한 깊이를 보게 된다. 조각의 고요함이 모든 힘들을 조용히 자신 속에 품고 있는 강인한 자연성을 표현하고 있는 반면, 또 다른 측면은 미쳐 날뛰는 열정으로서, 여기에서는 성격이 오직 한 점으로만 돌진한다. 이런 것이 바로 주관성을 지배하는 보편적인 것이다. — 이 주관성에 관해서는 완전히 외적인 규정성의 측면에서 더 설명해야 한다. 개인으로서의 주체에게서는 또한 매우 범속한 현실, 즉 온갖 측면에서 |93 제약된 것이 나타난다. 개인은 유한한 세계로, 특정한 장소와 행위의 시간으로, 주거와 용구와 육체적 욕구의 특정한 방식이나 관계로, 무기 및 기타 편의 시설, 더 자세히는 명령과 복종·가족·재산·풍속의 관계 및 우연적인 관계들의 양상 등 다양하게 구별되는 모든 것으로 들어선다. 이러한 측면은 이상적인 것이 범속한 삶의 산문과 접촉하는 측면이다. 이상적인 것에 대해 애매한 표상을 가지고 있다면 앞에서 말한 모든 것이 차단되어야 한다고 생각할 수도 있다. 만일 그렇다면 이상적인 것은 모든 결핍의 영역으로부터 사라져야 할 것이다. 이렇게 보이는 것은 특히 근대의 조형물들에서 그러한데 여기에는 심정의 동경, 곧 내면성이 궁극적인 것이며, 자신이 고귀하다고 알고 있는 자들은 오직 하늘만 바라보고 지상의 모든 것을 경멸하며, 이런 것 너머로 스스로를 고양시킨다. 그러나 이는 이상적인 것을 잘못 이해한 것, 즉 병든 관념성이다. 왜냐하면 인간은 주관적인 총체성이며, 이런 한에서 오로지 비유기적인 자연, 곧 외적인 것과 마주하고 관계하기 때문이다. 신에게 신전이

---

조각은 지복한 고요 속에 있는 자신의 형태들을 모든 관계들의 가능성으로서 나타낸다.

4) 이상이 현실화될 때의 완전히 외적인 규정성

개인이 이념상을 실현시키는 것이므로 여기에는 또한 외적인 규정성 일반의 측면이 들어온다.

속해 있듯이 인간에게는 그를 에워싸고 있는 세계가 있다. 이 세계는 결코 우연적인 것이 아니라 내적으로 일관되게 연관되어 있는 총체성이다. 인간은 이 세계와 관계되어 있기 때문에 그 관계 속에서 표현되어야 한다.

  그러나 이 관계는 단순히 부정적인 것이어서는 안 된다. 왜냐하면 그러한 자유는 단지 병든, 체념하는 자유일 뿐이기 때문이다. 즉 동경의 병, 자신이 세계라고 너무 쉽게 자처하는 허영의 병인 것이다. 인간은 세계 속에서 집에 있는 듯 편히 있어야 하며 그 안에서 자유롭게 생활하고 편안하게 지내야 한다. 인간이 이 세계 속에서 편안하게 지내고 자유롭게 움직인다는 것은 |94 관념성에 속한다. 이러한 측면은 다양한 관계들을 지니며 그 계기들이 부각되어야 한다. 예술은 많든 적든 이러한 관계들을 표현한다. 이 점에서 가장 상세한 것으로는 시가 있으며 그 중에서도 서사시가 그러하고 또 회화도 그러하다. 조각은 단지 개별적인 윤곽만을 가질 수 있지만 그 형태들을 좀더 자세하게 규정하는 데는 저러한 외면성들을 필요로 한다. 따라서 관계들은 대체로 다양하며 더러는 본질적이고 필연적이며, 그 표현은 규정적이어야 한다. 여기에 충실한 것이 바로 위대한 대가의 특성인 반면, 엉터리 시인은 이 점이 부족하다. 호메로스의 경우 외부 세계가 극도로 정밀하게 기술된 것을 볼 수 있다.[55] 스카만드로스 강, 시모이스 강, 바다의 만들과 오디세우스의 집, 모든 영웅의 무기들이 매우 정확하게 묘사되어 있다. 이에 반해 『영웅서사집 *Das Heldenbuch*』이나 『니벨룽의 노래 *Das Nibelungenlied*』에서는 지역의 특색이 매우 비규정적이다 — 특히 『영웅서사집』이 그러하다.[56] 그러나 위대한 시인들에게서는 주변의 자연 세계가 규정적으로

> 외면성과의 관계는 자유롭고 유쾌한 관계이다.

> 예술의 방식들은 다소간 외면성을 수용해야 한다.

> 시예술과 회화는 외면성을 최대한 표현해야 한다.

표상된다. 그렇다고 이 규정성이 산문으로까지 내려가지는 않는다. 여기에서 주된 규정은 바로 다음의 것이다. 즉 주관성과 이를 에워싸고 있는 세계 사이에는 어떤 본질적인 일치가 지배하며, 이 일치는 다소 내면적이고 비밀스러운 것일 수 있고, 여기에는 여전히 많은 우연적인 것들이 속해 있지만 양자의 토대는 동일하다는 것이다. 개인이 존재한다는 사실에는 두 측면이 속해 있는데, 이는 직접성 속에 있는 개별자와 외적인 세계와의 관계이다. 이러한 측면에서 우선 주목할 수 있는 것은 역사적 소재는 그 속에 이미 주관적 측면과 객관적 측면의 일치가 들어 있으며 세밀하게 상술된다는 큰 장점을 갖는다는 사실이다. 이 일치는 경험독립적으로(a priori) 상상에서 잘 얻어지는 것이 아니며, 대부분의 소재에서는 이러한 일치가 좀처럼 개념에 맞게 전개되지 않는다. |95 그래도 우리는 그 일치를 예감한다. 거기에는 항상 일치의 톤이 있으며, 이는 역사적인 소재를 통해 주어진다. 이런 까닭에 역사적인 소재는 매우 유리하다. 사람들은 상상력(Einbildungskraft)의 자유로운 생산활동을 높이 평가하며, 이는 동화 등에서 행해진다. 하지만 더 고차적인 방식의 예술작품, 즉 조각·회화·시 등에서는 역사적 소재가 직접 제공하는 규정된 일치가 요구된다. 상상력은 규정된 것을 그렇게 확고하고 정확하게 제공하는 데까지 분출될 수는 없다. 이것이야말로 이러한 측면의 보편적인 원리이다. 이제 주체와 이를 둘러싸고 있는 보편적인 자연의 견지에서의 일치가 그 속에서 특수한 측면으로 나타난다. 주인공의 존재 양식에는 조화, 즉 주변 자연과 동등성을 띠는 기품이 있다. 우리는 단지 하늘·사막·천막·기후·생활방식 등에 관한 지식만 가지고도 아랍인을 이해할 수 있을 것이다. 아랍인은 자신

주된 규정은, 주관성이 내적인 주관성으로서 자신의 주변적이며 외적인 세계와의 조화속에 있다는 것이다.

이러한 일치는 역사적 소재속에 들어 있으므로 역사적 소재는 큰 이점을 갖는다.

a) 이 일치는 우선 주체와 이를 둘러싸고 있는 비유기적 자연 간의 조화에 있다.

아랍 시인들의 예

의 주변 환경 속에 정주하고 오직 그러한 주변 환경 속에서만 편안함을 느낀다. 오시안(Ossian)의 주인공들은 매우 주관적인 기질을 지녔으며 극히 내면적이고 애상적이지만 또한 마찬가지로 그들의 황야·구름·동굴·언덕 등에 결부되어 있다.57) 이렇게 주변 지대를 특정하게 기술함으로써 다름 아닌 주체 자체가 명확하게 된다. 주체들은 자신의 주변 환경과 조화를 이루고 있기 때문이다. 이러한 일치를 통해 개인들은 자신의 현존재 속에서 편히 거주하는 것으로 나타난다. 따라서 첫 번째 일치는 기본적인 자연과의 일치이다. 두 번째는 인간에 의해 산출되는 한에서의 일치이다. 여기에서 규정적인 것은 인간의 개별적 특수성과 욕구이다. 따라서 이 측면은 인간이 자연을 어떻게 인간화하여 사용하는지, 어떻게 자연에 대해 힘을 행사하는지, 자연은 인간을 어떻게 만족시킬 수 있는지의 측면이다. 충동에 관해 말하자면 인간의 최초의 충동은 이론적인 것으로서 이는 외부 사물들로|96 치장하려는 충동이며, 자연이 준 근사한 것, 즉 자연물들 중에서 시선을 끄는 것은 그 자체로 흥미롭지 않으며, 그 자체로서 자연적인 것으로 남아 있지 않고 오히려 인간에 속해 있는 것으로 인간에게서 나타난다는 사실을 통해 인간 자신을 내보이려는 충동이다. 이로써 인간은 자연물들은 그 자체가 아니라 인간을 보여주어야 한다고 말한다. 이러한 방식으로 인간은 자연물이 아니라 인간 자신을 보여준다. 마찬가지로 인간은 자신들이 존경하는 자, 즉 신들이나 군주들을 치장한다. 그래서 예술가들은 자신의 형태들에다 귀중한 자연산물을 쏟아붓는 일을 여러 가지 소재별로 빠짐없이 했다. 이러한 외적인 사물들은 인간이 자신을 치장하는 데 사용된다는 점에서 최고의 규정을 얻는다. 어떤 사물이

오시안:

b) 두 번째 일치는 인간이 자연 속에서 자기 자신에 만족함으로써 낳는 일치이다.

α) 이론적 만족: 장식

다른 것보다 더 고귀한가에 대해 우리는 상관할 필요가 없다. 그 외에도 인간은 개별적으로 특수화된 자연물을 자신의 요구와 관련시키고 일종의 실천적인 연관을 산출하며, 현존재를 단지 치장만 하는 것이 아니라 보존하기도 해야 한다. 노동과 궁핍 및 유한성에 대한 인간의 종속이 여기서 시작되며, 여기에 산문, 곧 오성이 자리한다. 예술이 이러한 욕구의 측면을 제거하는 가장 비근한 방식은, 주지하다시피 인간이 황금 시대라는 표상 혹은 목가적인 상태로 옮겨가는 것이다. 이러한 상태를 흔히 이상적인 것으로 간주하는데, 여기서 인간은 자연이 그에게 제공해준 것에 직접적으로 만족하며 이로 인해 공명심, 탐욕 등 온갖 열정들, 즉 인간 본성의 보다 높은 고귀함에 위배되어 나타나는 경향들이 잠잠해진다. 이는 이상적인 상태로 보이기 쉽고 어떤 영역은 이런 상태로 한정될 수도 있다. 그러나 이러한 삶은 곧 지루해진다. 이제 게스너(Gessner)는 거의 읽혀지지 않거나 읽혀진다 하더라도 편안함을 주지 않는다. 왜냐하면 그렇게 제한된 삶의 방식 또한 정신의 발전이 없음을 전제하기 때문이다.[58] | [97] 인간은 자연에 만족하는 것 이상의 더 고차적인 충동을 지니는 속성이 있다. 저러한 목가적인 삶은 정신의 빈곤을 가져온다. 인간은 노동해야 한다. 육체적인 욕구는 활동성을 자극하고 내면적인 힘을 느끼게 하므로 뒤이어 더 심도 있는 힘들도 전개될 수 있을 것이다. 누구도 일하지 않고 즐기려 해서는 안 된다. 인간의 향유는 어떤 무행위적인 것이어서는 안 된다. 그 향유는 관계들에서 보여져야 하며, 이 관계들은 저러한 목가적인 상태에는 더 이상 속하지 않는다. 그러나 이와 동시에 외부와 내면의 일치는 계속 근본규정으로 남아 있어야 한다. 따라서 육체적 궁핍이 극단적으로 표상된

β) 만족의 실천적 관계

이로 인해 궁핍과 노동이 유한자 주변으로 들어오게 되면서, 그리고 이러한 것들이 예술에 부적합하기 때문에 이 최초의 관계이자 전체적인 관계는 황금기 전원 상태에 대한 시작품에 의해 제거될 수 있었다. 이 상태에서 인간은 자연이 선사한 것에 만족했던 것이다.

그러나 정신이 빈곤한 그런 상태는 예술의 고차적 단계가 아니다.

인간은 본질적으로 활동적이므로 그런 전원 상태는 인간에게 충분할 수 없다.

또한 내적인 것과 외적인 것의 조화가 보유되는 것과, 극단적인 물리적 결핍이 표현되

다면 이는 불쾌감을 준다. 단테는 우골리노[59]의 아사를 간략한 특징만으로도 감동적으로 그려냈다.[60] 그러나 게르스텐베르크(Heinrich Wilhelm von Gerstenberg)가 이로부터 하나의 비극을 만들어서, 우골리노의 세 아들이 그를 위해 죽고 마지막에는 그 자신도 어떻게 죽는지를 보여줄 때는 이와 또 다르다.[61] 육체적 궁핍이 이러한 극단으로 치닫는다면 예술에서 근본규정이라고 할 내면과 외부의 일치가 상실된다. 예술에서 매우 유리한 중간상태가 있는데, 이는 자연상태와 시민 사회적 삶의 완전한 분규 사이에 있다. 인간이 육체적 욕구를 위해 필요로 하는 것을 노동을 통해 얻는다는 것은 이성적이다. 그러나 노동은 가벼운 종류여야 하며 주된 관심사가 되어서는 안 된다. 오히려 인간은 흡족하게 노동하고 예술 속에서의 관계를 위해 유복함을 보여주어야 한다. 여기에는 많은 예들이 있다. 포도주를 즐기는 것은 커피와 차를 즐기는 것보다 더 시적이며, 마찬가지로 우유와 꿀보다 더 시적이다. 브랜디나 커피는 한결같이 이것들이 수반하는 수많은 종속성들을 상기시킨다. 중간상태가 최선이다. 물론 신분의 차이로 인해 보통은 우리에게 |98 궁핍한 모습을 보여주는 것이 부차적으로 될 수도 있다. 보다 높은 신분에서 전제가 되는 것은 물리적 현존을 획득하는 일이 그다지 힘들지 않다는 사실, 인간이 움직이는 영역은 외적인 것에 대한 근심과 궁핍에 의해 방해받지 않는다는 사실이다. 이 높은 신분보다도 더 유리한 것은 영웅적인 상태이다. 여기서는 만족의 수단이 아직 단순히 외적인 일로 격하되어 있지 않다. 오히려 우리는 이러한 수단 자체의 발생과 인간이 거기에 두는 가치를 볼 수 있다. 그 수단은 가치가 의식됨으로써 여전히 생명이 부여되어 있다. 즉 그 수단들은 아직 죽지 않았다.

> 지 않아야 하는 것이 필수적이다.

> 예술을 위해 가장 유리한 상태는, 전원적 상태와 근세 시민적 삶의 얽힘 사이의 중간상태이다.

> 제한된 상태는 더 높은 신분을 묘사함으로써 제거될 수 있다.

> 이런 견지에서 예술을 위해 가장 유리한 상태는 영웅상태이다. 이 상태에서는 외적인 것에서의 만족과 만족의 수단이 아직 직접적으로 가치를 가지기 때문이다.

우리는 오디세우스가 몸소 목공일을 하는 것을 본다 — 영웅들은 직접 도살하고 고기를 굽는다.⁶²⁾ 이런 일이나 용구들은 단순히 외적인, 죽어 있는 일상사물이 아니다. 인간은 오히려 거기에서 편안함을 느낀다. 주변환경 전체는 인간을 위해 마련되고 사용되는 것으로 나타난다. — 이것이 주된 계기이다. 욕구의 이러한 특수성에는 다양한 방식의 관습이 결부되어 있다. 인간의 욕구는 단순히 물리적인 것이 아니라 보다 고차적이고 정신적인 것이다. 그러나 이러한 실체적인 욕구의 실현과 관련하여 일종의 개별화된 특수적인 것, 관례적인 것 또한 드러났다. 이것은 우연성의 측면이다. 우연적인 것은 습관이 되었으며 이 습관은 사태의 본성을 대신한다. 결국 이 모든 측면에서 토대는 인간의 내면적인 것과 외적인 것의 일치이다. — 더 논해야 할 점은 인간이 자연성과 일치되어 산다면 이제 세 번째 측면이 남아 있다는 것이다. 즉 각 시대는 이후에는 생소하게 될 그 시대만의 특정한 습관과 관습이 있음에도, 사람들이 존재하는 방식에서는 우리와 일치할 것이라는 것이다.|⁹⁹ 예술작품은 그 자체를 위해서가 아니라 우리를 위해 있다. 우리는 거기에서 마땅히 편안함을 느껴야 한다. 배우들은 자신들끼리만 이야기하는 것이 아니라 우리에게 이야기한다. 이는 모든 예술작품에서 마찬가지이다. 이상이 현존재로 들어선다는 것은 개별적 특수성을 보유하고 그리하여 우리와 구별되는 측면을 가리킨다. 예술작품은 〔첫째로〕 그것이 어느 시대에 나온 것인가에 따라 개별적 특수성을 지닌다. 이것들 중 많은 것에서 우리는 어떠한 낯설음도 발견하지 못한다. 우리는 그것들을 인정하고 그 속에 안주한다. 영웅이 옛날 무기를 들고 나타날 때 우리는 그것을 인정한다. 그리고 많은 경우에서 그러하다. 어떤 예술

호모의 영웅들에서의 예

c) 관습과 관련된 일치

관찰하는 주관과 예술작품 일반의 합치

이상은 현존재로 들어서면서 여타의 시대와는 많은 것에서 구별되는 특정한 한 시대의 개별적 특수성을 보유하게 된다.

은 그렇게 낯선 것에서 다소 벗어나 있다. 예컨대 가장 내밀하면서도 동시에 가장 보편적이기도 한 감각들 안에 머물러 있는 서정시라면 어떤 외적인 현존재와 관계되는 저러한 상황들에서 벗어나 매우 자유롭게 있을 것이다. 따라서 다윗의 『시편』은 아직도 우리에게 잘 맞는다.[63] 개인의 깊은 고뇌가 예언자들에게서 표현될 때 우리는 대부분 거기에 동참할 수 있을 것이다. 우리는 바빌론, 시온 등을 상징적으로 이해하는 데 익숙하다. 그러나 〔둘째로〕 비극이나 회화는 풍속·성격 등에서, 즉 인간과 주변 자연의 외적인 관계를 통틀어 볼 때 많은 고유성을 갖고 있다. 비극에서는 고대로부터 비롯된 낯선 소재들이 다루어지며, 시인 자신도 다소간 우리의 것이 아닌 어떤 고유하게 형성된 교양(Bildung)에 늘 속해 있다.[64] 예컨대 호메로스는 자신이 이야기하는 사건으로부터 수백 년 떨어져 있으며, 『니벨룽의 노래』도 마찬가지이다. 이렇듯 시인 당대에 형성된 교양의 고유성이 소재의 고유성과 만난다. 셋째로 우리 자신의 교양의 고유성이 있다. 이러한 견지에서 다음의 질문이 제기된다. 즉 예술가는 자신이 소재를 취한 그 시대의 교양과 민중에 맞추어 소재를 표현하여 자신의 작품이 그 시대의 충실한 | 100 그림이 되도록 해야 하는가, 아니면 우리의 관점, 즉 우리 시대의 개별적 특수성과 결부되어 있는 관점에 따라 소재를 다루어야 하는가라는 문제이다. 후자의 측면에서 보면 시인은 저러한 소재에서 우리의 현재를 담을 수 있도록 해야 한다. 이러한 이중적 요구는 다음과 같이 표현할 수 있다. 즉 소재는 객관적으로 다루어지거나 아니면 우리의 문화나 관습과 관련하여 주관적으로 다루어져야 한다는 것이다. 이에 관해 더 확실하게 예술에 대한 프랑스인들의 요구와 대비되는 독일인들의 요구가

---

이러한 것은 여러 예술들에 많든 적든 들어 있는 경우이다. 서정시에는 가장 적고, 다른 예술 영역들에는 많다.

소재가 역사적인 것일 때, 우리가 시인과 동떨어져 있듯이 시인은 때로 자신의 교양 정도에서 그 소재와 동떨어져 있기도 한다.

이제 여기서 물음은 시인이 소재를 객관적으로 다루어야 하는가, 즉 일어난 사실을 자신의 시대의 주관성을 고려하지 않고 충실하게 다루어야 하는가, 아니면 서술상에서 이 주관성을 따라야 하는가이다.

머리에 떠오를 수 있다. 프랑스인들의 표현에서는 모든 것이 프랑스화되어야 하는 반면, 독일인은 모든 사건을 객관적으로 있던 그대로 표현하고자 하며 생경한 세계에 적응하고자 무척 애를 쓴다. 우리는 이해와 관련된 모든 측면의 것을 우리 몫으로 돌린다. 프랑스인들은 프랑스적이지 않은 것은 모두 불쾌하게 여긴다. 주지하다시피 그들은 어떠한 셰익스피어 작품도 무대에 오르는 것을 좋아하지 않는다. 우리가 가장 애호하는 것을 그들은 모두 삭제해 버린다. 볼테르(Voltaire)는 "물이 최고의 것이다(ariston to hodos)"라고 말한 핀다로스를 끊임없이 조롱한다.[65] 이에 반해 우리는 한편으로 매우 관대해서 생경한 것도 받아들여 거기에 우리를 맞추며, 다른 한편 모든 것이 충실하고 객관적으로 표현되기를 요구한다. 이러한 견지에서 [실러의] 『오를레앙의 처녀 *Jungfrau von Orlean*』에서 영국왕의 대관식 행렬은 많은 연구가 필요했다.[66] 프랑스인의 경우에는 정반대의 것이 요구된다. 즉 모두가 프랑스 황태자처럼 행동해야 하는 것이다. 만일 아킬레우스라는 이름이 없었다면 우리는 그 영웅을 어디에서도 알아보지 못했을 것이다. 아킬레우스는 가발을 쓰고 색깔이 있는 띠를 두르고 나타난다. 외적인 거동이나 연기 등을 볼 때 완전히 외면적인 것은 [프랑스의] 토속적인 풍으로 상연되었다. 이러한 주관화는 독일에서도 |101 행해졌다. 예컨대 정신적인 소재를 다루었던 한스 작스(Hans Sachs)가 하나님과 아담, 이브를 그리는데, 하나님은 가인에게 주기도문을 가르치면서 마치 학교 선생님처럼 행동한다.[67] 또 얼마 전 남부 독일에서 《그리스도의 수난 *Die Leiden Christi*》이 상연되었다. 이 소극을 보면서도 민중들은 신실하고 경건하다. 이러한 표현들에서 우리는 주관성이 우세함을 보며 대상

프랑스인들은 절대적으로 주관적인 취급을 요구한다.

이에 반해 독일인들은 객관적인 취급을 촉구한다.

한스 작스와 그 외 사람들의 서술들에서와 같이 개별 서술들에서는 물론 소재 취급이 전적으로 주관적이며 시대의 풍속에 따르기도 한다.

에 대한 예전의 표상이 우리의 문화가 결정하는 방식으로 뒤바뀐다는 사실에서 주관성을 인식할 수 있다. 여기에는 객관적인 것이 빠져 있을 것이며 이로써 대상은 자신에 적합한 형태를 갖지 못하고, 객관적인 소재가 주안점이 되는 대신에 우리와 반대되는 대상의 입장이 주도적이 될 것이다. 그러나 이러한 태도에 반해 사람들은 또한 대상을 묘사하면서 주관적인 것을 놓칠 수도 있을 것이다. 《빌헬름 텔 Wilhelm Tell》이 바이마르에서 처음 상연되었을 때 스위스 사람은 누구도 만족하지 못했다.[68] 어떻게 보면 이는 예컨대 시인이 사랑을 묘사하는데 독자가 거기에서 자신의 감각을 깨닫지 못하는 경우일 수 있다. 아니면 역으로 그 묘사로부터 독자가 스스로 표상을 만들어서 이를 표본으로 삼고는 저런 표현대로 그러저러하게 느끼기 전에는 차라리 사랑을 하지 않겠다고 마음먹을 수도 있다. 이렇듯 주관적인 측면이 빠져 있는 객관성에서는 주체가 자신의 주관성을 발견할 수 없다. 양자가 합쳐질 수도 있지만 예술작품은 그것의 객관성과 주관성에도 불구하고 불충분하며 비예술적이고 산문적일 수 있다. 주관성이 자신을 재발견했고 객관적인 것도 자신을 발견하는 위대한 효과를 발했던 괴테의 초기 작품 중 많은 것들이 여기에 속한다. |[102] 이러한 예들은 바로 『베를리힝엔의 괴츠』의 시작부분에서 발견된다.[69] 그것은 "헨젤, 브랜디 한 잔 더" 등으로 시작한다. 이는 충실하고 객관적인 묘사지만 이 속에서 주관성 역시 재발견된다. 제3막의 게르게와 레르제 간의 장면에서도 마찬가지이다.[70] 게르게는 납을 녹이려고 홈통을 들고 온다. 여기에서 모든 것은 성격에서도, 상황과 기사들에서도 생생하고 객관적으로 묘사된다. 그럼에도 이러한 서술들은 극도로 산문적이며 매우 진부하고 지루하다. 특

> 다른 한편으로 서술이 객관적이라 할지라도, 주관이 이 객관성 속에서 자신의 주관성을 발견할 수 없는 일이 발생할 수 있다.
>
> 그러나 주관성과 객관성이라는 양 측면은 서술이 예술적이지 않고도 통합될 수 있다.
>
> 『베를리힝엔의 괴츠』에서의 예

히 프리드리히 슐레겔(Friedrich Schlegel) 시대에는 객관적인 표현을 모방의 충실함으로 이해했다.71) 무엇보다 예술작품에서는 이러한 충실함이 만족스러워야 하며 주안점이 되어야 하고, 주관적 관심은 이러한 측면들을 인식하는 데 제한되어야 한다는 것이다. 이러한 요구가 주어진다면 이 요구가 진술하는 바는, 우리는 더 고차적인 관심사나 개체화된 특수적인 것을 끌어들여서는 안 된다는 것이다. 그리고 내용에서도 내용이 그 자체로 중요한 것이자 실체적인 것이어야 한다는 요구는 제기되지 않는다. 오직 충실한 표현만이 근본원리로 내세워진다. 이러한 견해는 예술작품은 단지 그 어떤 내용의 표현일 뿐이라는 지극히 형식적인 측면에 머물러 있으며, 내적으로 충만한 가치내용이나 주관적인 심의의 내용은 모두 도외시된다. 그러나 전자도 후자도 도외시될 수 없으며, 예술작품의 진정한 객관성은 이미 앞서 언급한 것에서 정립되어야 한다. 예술작품은 정신과 의지의 보다 고차적인 관심들을 내용으로 삼아야 하며, 그것들은 외적인 현존을 통해 드러나야 하고 그 톤은 온갖 시끌벅적함을 두루 거쳐서 울려퍼져야 한다. 이렇게 실체적인 관심이 그 기초로 놓이게 되면 예술작품은 그 자체에서 객관적이면서도 또 우리의 주관성에게도 말을 건다. 왜냐하면 우리는 참된 관심들에 친근하기 때문이다. 이것이 바로 예술작품과 우리의 일치이다. 이 점에서 예술작품은 위대하며 감동을 준다. |103 표현이란 단지 내용이 파악되는 하나의 틀일 뿐이다. 이 틀은 비본질적인 것으로서 단지 〔내용을〕 드러내기 위해서만 필연적이므로 수단으로 하락한다. 이 정신적인 것이야 말로 참으로 위력 있는 것이며, 지속적인 것이다. 이러한 소재는 오래 전에 흘러간 시대들에서 취해지지만 그래도 그 근거는 거기에

---

특히 근대에서 예술작품의 가치는 순전히 모방이라는 형식적인 충실로 이입되어 있고, 주관적 관심은 이 모방을 재발견하는 데 있게 되어 모든 내용, 즉 주관적인 내용뿐 아니라 객관적인 내용으로부터도 추상화되어 있다.

그러나 예술작품의 참다운 객관성은 예술작품이 정신의 실체적인 측면을 내용으로 갖는다는 데서 존립하는데, 정신의 이 실체적 측면은 곧 참다운 주관성이다.

우리의 주관성은 이러한 참다운 객관성과 합치해야 한다. 그리고 객관적인 것이 그 속에 표현되는 외면성과 관련해서 우리는 그 외면성을 우리에게 편하도록 맞추어야 하며, 그 외면성 속에서 우리를 발견해야 한다.

서 진술된 정신의 인간적 요소라는 것이며, 그 결과는 이러한 객관성 역시 우리의 주관성이라는 것이다. 우리는 이러한 표현 속의 외면성과 화해할 수밖에 없다. 왜냐하면 우리가 공감하는 가치내용이 이 외면성을 능가했기 때문이다. 이제 우리에게는 이 내용과 화합해야 한다는 요구가 제기된다. 참된 것을 결정하는 측면, 즉 예술작품의 진정한 측면을 이루는 그러한 측면이 예술작품의 객관적인 것이다. 이러한 측면은 우리에게 객관적인 것에 동참하기를 요구한다. 왜냐하면 우리가 보통 아쉬워하는 주관성은 일상의 통속적인 산문일 수 있으며, 도외시되어야 하기 때문이다. 코체부(Kotzebue)는 온갖 것을 담고 있는 일상성을 표현했기 때문에 큰 성공을 거두었다.[72] 이러한 관계들이 제시되면 각자는 자기 자신을 보지만 예술에서 우리는 바로 이러한 주관성으로부터 자유롭게 벗어나야 한다. 만일 주관성이 객관적인 것을 느낄 수 없다면, 주관성은 예술작품에서 자신을 발견하고자 하는 요구를 해서는 안 된다. 물론 우리에게 예술작품을 낯설게 만드는 어떤 측면이 여전히 남아 있다. 왜냐하면 우리는 많은 관계들을 인정하고 전제해야 하기 때문이다. 이 낯선 것은 계속될 수 있다. 그러나 바로 이러한 측면이 진리를 가장 참된 방식으로 표현할 능력이 없는 예술작품을 사멸적인 것으로 만든다. 진리를 표현하기 위해 우리는 보다 고차적인 형식이 필요하다. 우리의 최고의 척도에서 보면 단지 상황들만 불충분한 것이 아니라 예술 일반이 불충분한 것이다. ― 이제 하나 더 언급할 것은 소재는 예술가의 주관성과 관계한다는 사실이다. 기법, 독창성 등이 여기에 속한다. 예술가는 |[104] 소재와 관계한다. 그는 소재를 능숙하게 다루어야 하고 심도있게 체험했어야 하며, 그것을 느끼고 표상하

> 우리는 예술작품에서 일상성의 주관성을 재발견하고자 해서는 안 된다.

> 예술가의 주관성과 예술작품의 합치

> 예술가는 자신의 소재를 철저히 장악해야 한다.

미 일반 197

면서 터득해야 한다. 그렇지 않으면 예술가는 단지 외적인 측면에 머물고말며, 물론 그 소재를 시로 지을 수 있지만 단지 평범한 작품만 산출할 뿐이다. 예술가가 소재와 참된 관계에 있다 하더라도 그 표현에서는 여전히 예술가의 측면에서 나오는 어떤 특색이 드러난다. 이러한 특색을 우리는 일반적으로 기법(Manier)이라고 부른다. 만일 예술가가 참되다면 이 기법은 단지 특수한 시행 방식, 즉 외면성에만 제한될 것이다. 기법은 더 자세히는 양식이기도 한데, 이에 관해 프랑스인들은 "양식은 그 사람 자신이다"라고 말한다.[73] 이러한 개별적 특수성은 다소 우연적이며 관습에 기인하고, 마침내는 예술을 통째로 몰아내고 소재를 망칠 수 있다. 대부분의 기법은 외적인 측면이 여러 우연성을 허용하는 그런 예술들에서 지배적이다. 기법은 독창성 만큼 중요하지는 않다. 독창성은 예술가의 특색 일반이며, 단순히 외적인 것이 아닌 예술작품 전체의 특색과 관련되어 있다. 참된 독창성은 예술가가 오직 사태만 보여주고 자신의 개별적 특수성에 의한 것은 전혀 보여주지 않는다는 데 있다. 위대한 기법은 시인의 특색에 관해서는 아무 것도 알려주지 않는다. 그래서 시인은 단지 내용이 그를 통해 표현되는 수동적인 통과점으로만 나타난다. 모든 행위에는 일반적으로 실체적인 것을 위력적인 것이 되게 하고, 개인은 단지 형식적인 생산활동만 하게 하는 그런 것이 들어 있다. 마찬가지로 호메로스나 소포클레스에게서는 — 셰익스피어에게서도 — 오직 사태 자체만이 표현되는 반면, 에우리피데스는 벌써 독특하고 개별적으로 특수하다. 참된 독창성은 사태를 내적으로 일치해 있는 것으로, 하나의 전체로 표현한다. 마찬가지로 외적으로 한데 모여 있는 것은 독창적이지 않다. |[105] 괴테의 여러 초기

> 표현의 특색은 기법이다. 그런데 기법에는 예술작품에서의 외면성의 측면, 우연성만이 열려 있다.

> 독창성은 표현 일반의 전체와 관계되며, 그것이 참다운 독창성이어야 한다면 예술작품의 객관성과 동일화되어야만 한다.

작품에서 우리는 그가 소재가 빈곤하여 소재를 외부로부터 어떻게 끼워맞췄는지를 알 수 있다. 『베를리힝엔의 괴츠』에는 다양하게 끼워 맞춰진 것이 들어 있다. 예컨대 당시에는 수도사들을 동정하는 내용이 화제가 되었는데, 『괴츠』에도 수도사 마르틴[루터]이 등장한다.[74] 그는 괴츠를 행복하다고 말하며 찬양한다. 또 『괴츠』에는 바제도(Basedow)[75]가 주도한 당시의 교육학[76]도 등장한다.[77] 간단히 말하면, 소재를 손상시키는 많은 외적 관점들을 끌어온 것이다. 『친화력 Wahlverwandtschaften』에도 당대의 관심사들이 한데 모여 있다.[78] 예컨대 살아 있는 인물들의 그림으로[활인화] 설명했던 것, 나아가 물과 금속에 대한 느낌 묘사도 들어 있다. 이러한 측면은 시대의 관심이나 동시대인들의 관심사라는 더 많은 여타의 소재들과 함께 그 소설에 받아들여졌다. 저러한 상황들은 [인물들을] 형상화하는 데서 자유롭게 등장한 것이 아니다. ― 참된 독창성은 이제 참된 객관성과 만난다. 비록 종종 이것이 정반대로 이해되어서 잘못 취해진 독창성에 의해 터무니없이 많은 것들이 산출되었다 하더라도 말이다. 왜냐하면 나쁜 것은 개별화된 특수한 것에만 속하기 때문이다.

## 일반적 예술형식

지금까지 우리가 고찰했던 것은 예술작품의 미가 이념상적인 미(ideale Schönheit)여야 하는 한에서, 그리고 이 미가 일상적인 것 속으로 들어서는 한에서 예술작품과 관계되는 관점들에 관한 것이었다. 우리는 이념상으로서의 예술작품의 이러한 일반적인 성질에서 출발하여 일반적 예술형식으로 넘어간다.

일반적 예술형식들은:

    상징적 예술형식,

    고전적 예술형식,

    낭만적 예술형식이다.|[106]

> II. 일반적 예술형식들

미는 처음에 추구 중에 있으며, 〔다음에는〕 완성되어 있고, 〔마침내〕 완성을 넘어서게 된다. 상징적인 것에서는 소재가 우세하며 내적인 것을 위해 형식이 탐색되는데, 내적인 것이 아직 완성되어 있지 않기에 그 형식도 아직 완성적이지 않다. 그 완성은 고전적인 것에서 비로소 가능하게 된다. 낭만적인 것에서는 가치내용(Gehalt)이 형식을 넘어서며, 예술작품의 표현이 부여할 수 있는 것보다 훨씬 더 많은 것을 요구한다. 예술작품에서 개념은 실체적 주관성이며, 이것의 표현은 감각적 표상을 위한 것이다. 예술형식의 구분은 이 두 가지 측면에 관계된다.

## 상징적 예술형식

첫 번째 형식은 상징적 형식이다.

> 제1부
>
> 상징적 예술형식

상징은 하나의 기호이며, 의미와 그 표현방식을 함유하고 있다. 기호 자체는 자신과 무관하며 오직 부여된 의미(Bedeutung)로서의 뜻(Sinn)만 가진다. 그래서 기호는 음, 언어 기호, 개인의 이름과 많은 다른 것들과 관계된다. 표상을 표현하는 감각적인 것은 그 속성상 이러한 표상과 어떤 본래적 관계도 갖고 있지 않다. 하지만 상징은 표현해야 하는 가치내용을 자신의 외면성에서 동시에 보유하는 기호이다. 그러므로 상징은 동시에 자신을 떠올

> 제1장
>
> 상징 일반에 대하여

린다. 예컨대 사자는 강함의 상징이다. 사자는 — 그 자체 사자로서 — 강하다. 사자는 자신이 그 의미를 현상하게 만드는 그러한 것을 자기 자신 속에 보유하고 있다. 상징은 표상을 표현해야 하지만 자신이 표현해야 할 표상을 자신 속에 이미 포함하고 있는 하나의 현존이다. 상징에서 두 번째 것은 상징이 아직 그 의미에 완전히 일치하지 않다는 것이다. 상(像)은 그것이 그 의미를 표상해야 하는 것보다 더 많은 것을 자신 속에 포함하고 있다. 예컨대 황소는 강함, 풍요의 오래된 상징이며 [그 외에] 많은 성질을 가지고 있다.|107 그런 까닭에 상징은 본질적으로 중의적이다. 이제 우리가 그런 형태들을 앞에 두고 본다면 그 형태가 상징인지, 혹은 상징으로 명백히 정립되어 있는지 의심이 동시에 생긴다. 그것은 어느 정도는 상징일 수 있다. 그러나 상징으로 정립되어 있지 않을 수도 있다. 후자라면 우리에게 보편적 표상과 그 상, 두 가지 모두 머리에 떠오르게 될 것이 틀림없다. 만약 반성이 아직 독자적으로 보편적인 표상을 자신 속에 보유할 정도가 아니라면, 아직 사유를 대자적으로 확립할 수 있는 정도가 아니라면, 내면적 사유는 아직 대자적으로 산출되어 있지 않으며, 따라서 감각적인 형태도 아직 자신의 의미로부터 분리되어 생각되어 있지 않고 이 두 가지가 하나로 있다. 그러므로 만일 구분이 뚜렷하게 주어져 있다면 그것은 다른 것이 된다. 이것은 비유(Vergleichung)의 경우이다. 칼 모어(Karl Moor)는 태양이 저무는 것을 볼 때 "영웅은 저렇게 죽는다"라고 말한다.79) 여기서 의미와 그것의 감각적인 표상, 이 두 가지는 모두 뚜렷하게 분리되어 있다. 이에 반해 — 삼각형을 보면 — 삼각형은 삼위일체의 상징으로 있을 수 있으며, 그렇지 않을 수도 있다. 직유(Gleichnis)에서는 감각적 현존 그

자체에 타당성이 있다고 봐서는 안됨이 매우 분명하다. 예컨대 루터가 '우리의 주님은 굳건한 성이시다' 라고 노래할 때처럼 비록 연관이 직접적일 수 있을지라도[80] 우리는 여기서 성이 단지 상징으로만 타당함을 즉시 알게 된다. 성서에서 '하나님은 입 속에 있는 그들의 이를 부숴버린다' 라고 할 때 이것은 위와 마찬가지의 의미이다.[81] 우리는 여기에서 실제의 이가 의미된 것이 아니라는 것, 오히려 표현이 상징적이라는 것을 보게 된다. 교회 앞에 있는 삼각형을 본다면 마찬가지로 우리는 그것이 삼각형으로 서 있는 것이 아니라 상징으로 여겨짐을 알 것이다. 많은 시적인 표현들에는 상징적인 것들이 많이 나타난다. 물론 이 외에도 다른 표현들이 있는데, 거기서 우리는 상징적인 것을 즉시 알아보지 못한다. 이럴 때 그런 표현이 상징적이라고 해야 할지 아닌지 도무지 의심스러울 수가 있다. 우리가 상징적인 것을 보게 되는 그런 종류의 표현이 있는 곳에는 다음과 같은 경우가 있을 수 있다. 즉 정신 속에서 대자적인 추상적인 사유가 아직 밖으로 나와 있지 않으며, 여전히 형상적인 표현방식이 정신이 자신의 가치내용을 스스로에게 표상적으로 만들 수 있는 유일한 방식인 경우가 있을 수 있다. 그런 관계들의 견지에서는 개별적인 경우들이 중요한 것이 아니다. 우리는 오히려 이러한 것을 광범위한 예술영역들, 즉 동양 예술의 전 범위에서 만나게 된다. 이 영역에서 우리는 형태(Gestalt)와 형상(Bild)을 우리 앞에 가지지만, 그럴 때 곧바로 그 영역은 우리에게 무시무시한 것이 된다. 우리는 숙제를 얻게 되고, 이런 형태가 있는 그대로는 우리를 만족시켜주지 않으며 오히려 우리는 그것을 넘어서 형상들의 의미로 나아가야 한다는 것을 곧장 알게 된다. 그 의미는 이런 형상들 자체인 것과

는 다른 것이다. 특히 인도 예술에서의 경우가 그러하다. 그러나 이런 것은 또한 고전적 예술영역에서도 보인다. 고전적 예술영역은 그 자체로 상징적이지 않으며, 자체적으로 명료하고 분명하다. 표현이 이렇게 [분명한 것은] 의미의 뜻이 형태 자체 속에 들어 있으며, 형태가 개념에 일치하기 때문이다. 본래 상징적인 것에는 언제나 의미가 그에 일치하지 않은 어떤 측면이 있다. [반면] 고전적 예술 전체는 명료한 예술이다. 상징에서는 형상이 아직 표상과는 다른 것을 떠올린다. 물론 고전적 예술도 이런 중의적인 측면을 지니는데, 이는 우리가 형상들에서 머물러 있어야 할지 혹은 내용이 더 광의적인 것인지 의심스러울 때 그러하다. 이런 경우라면 형상이 자신에 대해 보증하는 내용이 관건이 된다. 우리가 신화론을 우화들(Fabeln)로 받아들이듯 그 형상은 단순하고 여유로운 유희로서 받아들여질 수 있다. 그러나 그런 내용에서 우리는 이 내용의 형태가 표현하는 것보다 더 많은 것이 의미되어 있지 않을까라고 생각할 수도 있다. 내용은 신적인 것으로 나타나는데 표현이 존엄하지 못한 것으로 경박하게 현상할 때 특히 그러하다.|¹⁰⁹ 예컨대 우리가 제우스가 램노스의 헤파이스토스를 아래로 내던져서 헤파이스토스가 절름발이가 되었다는 것을 읽을 때 이런 것은 동화로 받아들일 수 있을 것이다. 그러나 이 이야기가 최고 신에 관해 진술된 것이므로 우리는 동시에 거기에는 다른 것이 더 의미되어 있을 것이라고 생각할 수 있다. 이로써 이 이야기에 대해서는 두 가지 생각이 생겨난다. 즉 그런 형상은 순전히 산문적으로 받아들여질 수 있다는 생각과, 더 많은 뜻이 배후에 있을 것이라는 생각이다. 이런 이중적인 견지는 고전적 예술에서도 발견된다. 많은 것이 외적인 역사로 받아들여져

야 하는지 혹은 상징으로 받아들여져야 하는지, 근대의 오랜 논쟁은 이 견해를 두고 맴돌고 있다. 크로이처(Creuzer)는 그의 신화론에서 고대의 모든 표상들을 일상적인 의미에서 섭렵했던 것이 아니라 그것들에서 한층 심오한 의미를 추구했으며, 그 의미를 이성적인 것으로 받아들였다.[82] 왜냐하면 그런 이야기는, 유희할 능력이 있긴 하지만 이성의 내면적인 것을 적합하게 밝히기에는 아직 미숙하면서도 종교의 관심에서 더 지고한 것 ― 형태발견자로서의 이성 ― 을 갖는 인간에게서 나온 것이기 때문이다. 정말 이성은 언제나 형상가(die Bilderin)이며, 이성적인 성질을 인식하고자 하는 욕구가 항상 생겨난다. 그리고 이런 인식은 인간에게 가치가 있다. 우리는 표상들을 아는 것에 머물러 있을 수도 있으며 그 표상들을 우화로서 산문적으로 취할 수도 있다. 그렇게 한다면 우리는 공허한 지식을 가지게 된다. 더 가치 있는 것은 이성적 인간이 그런 형상들을 생산하여 그들이 이성을 표현하게 된다는 전제이다. 우리는 이성을 캐내야 한다. 이성을 제시하는 것이 신화를 정당화한다. 그리고 인간을 정당화하는 것은 가장 고귀한 사업이다. 사람들은 크로이처를 흠보며, 그가 의미들을 단순히 집어넣었다거나, 혹은 신플라톤주의자들을 추종한다고들 말한다.[83] |110 표상이 그런 의미를 갖는다는 것은 역사적인 것이 아니라는 것이다. 즉 저러한 민족들은 신적인 형상을 만들었을 때 아무 것도 원하지 않았고 그저 그렇게 유희했으며, 사람들이 지금 그들에게 무리하게 요구하는 바를 그들은 생각하지 않았다고 주장하는 것이다. 그것이 역사적이지 않다는 것은 확실히 맞다. 그리고 그들에게 형상이 아직 상징으로 여겨지지 않았다는 것도 맞다. 그러나 어떤 것이 그 자체로 상징인지 혹은 상징으로서 정해

졌는지는 분명하지 않다. 그러한 한에서, 고대인들이 그들의 형상에서 후세인들이 그 속에서 보는 그런 것을 생각하지 않았다는 것은 역사적으로 완전히 사실이다. 그러나 이로부터 결과되는 것은 그런 형상이 그 자체 상징이 아니며, 그렇게 이해되어야 한다는 것이 아니다. 상징은 보편적 표상, 내면적인 것을 형상적으로 표현한 것이다. 민중들이 상징적 내용에 대해 알고 있었을 것임이 역사적으로 사실이어야 한다고 지금 우리가 요구한다면, 그 요구는 민중들이 이미 그들의 내용에 대한 사유를 갖고 있었을 것을 요구하는 것이다. 그러나 사실 그렇지 않았다. 왜냐하면 그들은 아직 시(詩)의 상태에 있었고 사유가 아니라 상상(Phantasie)의 방식으로 내면적인 것에 대해 알게 되는 관습(Manier)의 단계에 있었으므로 그런 형상을 단순히 사용하였을 뿐이기 때문이다. 그러나 이런 것은 하나의 필연적 단계이다. 민중들이 한편으로는 감각적 형상성의 방식을, 다른 한편으로는 추상적 표상들을 가졌다는 것은 물론 역사적으로 사실이 아니다. 그들은 추상적 표상을 아직 감각적 형상성에서 이해하지 못했다. 그러나 이는 형상 속에 추상적 표상이 여하간 가려진 채 들어 있지 않다는 것과는 전혀 다르다. 그러므로 크로이처가 말한 것, 그것은 허위가 아니다. 오히려 추상적 표상은 형상 속에 들어 있으며, 표상을 형상적인 것으로부터 분리시켜 의식하도록 제시할 능력이 없었던 민중들 속에 들어 있었다.[84] 이것은 상징적인 것에 대한 다른 견해이다. 여기서 우리는 그 자체로 상징적인 표현방식의 역사를 상술해야 한다. 역사적으로 사실적인 것은 우리와 관계없다. 우리는 신화론을 설명하는 데 관심이 있는 것이 아니라, 상징적인 것 자체의 형태들을 고찰해야 한다.

우리는 상징에서 이중적인 방식을 가진다. 하나는 본래적인 상징의 방식이다. 여기서는 의미가 표현으로부터 뚜렷하게 분리되지 않은 채 진술되어 있다. 그 다음은 한편으로 표현, 즉 감각적인 것이 있고, 다른 한편으로는 — 뚜렷하게 진술되어 있는 — 의미가 들어 있는 상징이다. 첫 번째 종류의 상징적인 것이 더 고차적 관심을 사는 것이며, 두 번째 방식은 중요하지 않다. 지금 본래의 상징을 고찰하려 할 때 우리의 관심은 예술이 어떻게 생성되었는지를 보는 것이다. 상징은 예술의 첫 번째 방식이며, 그 자체 다시 자체적으로 더 많은 방식들을 포함하고 있다. 우리는 그런 방식들을 다루지 않을 것이며, 민중들의 신화를 설명하지 않을 것이다. 오히려 우리는 이 신화의 보편적 규정성 속에 들어 있는 단계들 자체를 고찰해야 한다. 무엇이 여기에 속하는지를 자세히 알기 위해서 우리는 예술의 목표를 상기해야 한다. 예술의 내용은 정신적인 내용이며 실체적인 것인데, 이 실체적인 것은 외적으로 현상하며 직접적인 자연형태에는 주어져 있지 않고 정신에 의해 산출된 것이다. 이것이 예술의 주된 규정이다. 최초의 출발점은 아직 자체적으로 다음의 사실을 지닐 수 없다. 즉 정신적 내용 자체와 더 자세히는 실체적 주관성이 대자적인 것으로 자신을 파악했고, 자신을 형상적으로 만들었다는 사실이다. 예술의 첫 번째 단계에는 그런 자유로운 내용이 들어 있지 않다. 자유로운 정신성은 첫 번째의 것이 아니라 결과이다. 의식이 처음에는 자유로운 내용으로 파악되지 않기 때문에 선행하는 것은 내용상으로는 더 미약하고, 형태상으로는 불완전하다. 왜냐하면 자기의식이라는 더 고차적 개념과 표현, 이 두 가지가 본질적으로 연관되기 때문이다. 더 고차적 개념은 실체적인 정신성이다. 이 정

> 상징적인 것은 예술의 출발점을 이룬다.

> 자유로운, 정신적인 내용은 직접성이 아니라 결과이므로 예술은 자기 자체에서부터 스스로를 규정하는 실체적 주관성을 시초에는 현상시킬 수 없다.

신성은 현상하기 위해 인간의 형태를 가지는데,|¹¹²여기에서는 형태화의 자의성이 지양되어 있다. 오로지 인간 형태만 개념에 걸맞는 것이며 예술은 이 형태를 수용해야 한다. 만일 형태가 인간 형태와 다른 종류의 형태라면 내용은 아직 실체적이며 정신적인 주관성이 아니다. 왜냐하면 개념은 자신의 형태화에 상응하며 역으로도 그러하기 때문이다. 참다운 개념은 대개 자기 자신으로부터 자기를 자유롭게 규정한다. 이런 자기규정에는 거대한 범위가 부속되어 있는데, 개념의 현존재 방식을 정립하는 것이 이에 속한다. 이 정립은 개념 자체에 의해 규정되어 있으며, 이로써 더 이상 자의적인 것이 아니다. 개념에 적합한 현존재 방식만이 참다운 방식이다. 만일 현상이 참답지 않다면 그것은 개념이 아직 스스로를 파악하지 않았기 때문이다. ― 예술의 시초에 대한 고찰은 종교와 매우 일치한다. 첫 번째 예술작품은 신화이야기들이다. 시초에는 실체적인 것을 위해 있는 해설만이 유일하게 예술이다. 산문이 들어오면서 고찰방식도 달라지게 된다. 세계를 관찰하는 산문은 오성적이고 외적인 관찰이며, 인간은 대자적으로 이미 자유롭다는 사실을 전제한다. 이러한 분리가 아직 일어나지 않은 때에는 인간이 자연의 방식과 정신의 자유로운 방식 사이의 중간에 속해 있다. 절대적 자유와 절대종교와 더불어 비로소 본래적인 산문이 나오게 된다. 왜냐하면 산문에는 개체의 자유로운 주관성이 속하기 때문이다. 이제 시작방식을 약술한다면, 우리는 아리스토텔레스가 말하듯 예술·종교·학문은 경이와 더불어 시작했다고 말할 수 있을 것이다.⁸⁵⁾ 인간은 ― 자연과 관계하면서 ― 자연을 단순히 외적인 것으로만 가지는 것이 아니라 자연대상물 속에서 이성·보편적인 것·사상을 예감해낸다. 즉 인간은

개념과 현상은 하나의 관계 속에 자리한다. 왜냐하면 개념은 자신의 내면적인 것을 표명하는 그러한 것이기 때문이다.

개념이 아직 자신의 무한성에서 스스로를 파악하지 않았다면 개념의 형상 역시 결함이 있다.

예술은 먼저 절대적인 것을 의식하게 하는 유일한 방식이므로 예술의 시작은 종교와 일치한다.

예술의 최초의 시작은 경이, 요컨대 직접적인 것 속에 있는 절대자에 대한 예감, 즉 자연적인 것과 이러한 예감의 단순한 통일이다.

〔자연에〕 한편으로는 거부되어 있으며, 다른 한편으로는 연루되어 있는데, 더 고차의 것에 대한 예감과 외적인 것에 대한 의식, 이 양자 모두 아직 분리되어 있지 않다. 분리하는 성질을 가진 산문은 더 이후에 비로소 생겨난 것이다. |113 직접적인 자연은 먼저, 인간이 그 속에서 정신의 욕구를 예감하고 만족을 구하는 그러한 것이다.

최초의 산물은 자연물 자체에 대한 숭배인 종교이지 아직 어떠한 상징적인 예술이 아니다. 이 최초의 산물은 발아이며 쟁투이다. 왜냐하면 더 고차적인 것이 자연적인 것 속에서 추구되기 때문이다. 유한한 자연에 대한 직관과 보편적인 것에 대한 지(知)의 통일은 그 다음의 것이며, 최초의 것은 직접적인 것이다. 이와 같은 종교는 신화적일 수는 있으나 아직 상징적이지는 않다. 신은 여기서 아직 참다운 내용을 갖지 않고 전체의 보편적인 실체라는 무규정적 의미를 지니는데, 이 실체는 모든 유한적인 것 속에서 직접적으로 현재적이어서 유한자가 동시에 그 자체로 무한자가 되는 그런 실체이다. 그렇다면 단순히 위력이라는 것은 (자신의 현존과 분리된) 신의 개념을 위해서는 빈약하다. 개념의 충족은 자연사물들, 이들의 생성과 소멸, 그리고 이러한 것들의 관계인 것 속에 들어 있다. 신적인 것의 내용은 직접적으로 현재하고 있다. 그러므로 바로 앞에 있는 것은 자연으로부터 아직 독립적이지 않은 사유이다. 그리고 이 사유의 표현은 산출된 것이 아니며, 자연산물들이 사유의 표현이 된다. 고대 페르시아인〔조로아스터교도〕의 종교는 이러한 관점에 입각하고 있다.86) 이 종교는 다양성을 물리적인 통일성, 즉 빛인 하나의 통일성으로 소급시키는 범신론이다. 이 빛은 직접적으로 신적인 것이며, 선이

자연산물들 자체에 대한 그런 숭배는 아직 상징적 예술이 아니다.

왜냐하면 절대자가 자연 속에서 직접적으로 현재하고 있으므로 사상 그 자체는 아직 자유로워지지 않았으며, 정신에 의해 산출된 것이 아니기 때문이다.

다. 이런 규정은 빛 속에 들어 있으며 감각적으로, 자연적으로 현존한다. 보편적 본질은 오르무츠(Ormuz)라고 불리지만, 오르무츠는 빛이다.[87] 별들과 모든 빛은 오르무츠의 현상방식이다. 그래서 오르무츠는 이러한 것들 속에 현재하는 것이 된다. 이런 표상은 상징적인 것을 아무 것도 포함하지 않는다. 선은 직접적으로 빛 존재이며, 사유와 실재성은 아직 분리되어 있지 않다. 그래서 현존하는 모든 다른 것은 빛의 일부이며 빛에서 그 몫을 갖는다. 즉 생명을 가지는 모든 것은 오르무츠의 왕국에 속한다. 빛은 도처에 있으며, 모든 존재들에게 광휘를 부여한다.|[114] 모든 힘은 빛이다. 즉 선, 모든 동물과 인간의 진실은 오르무츠의 빛 광휘이다. 그렇기 때문에 배화교도는 모든 생명체를 오르무츠의 창조로 존중한다. 이런 통일성은 아직 상징적이지 않다. 상징적 표상들이 잘 이어지고 있지만 근본규정으로서 그런 것은 아니다. 예컨대 사람들은 오르무츠가 대지 위의 빛 왕국의 왕인 셈시드(Schemschid)에게 단검 하나를 주었다고 표상한다. 셈시드는 이로써 대지의 300 부분을 입수하여 지상왕국을 분할하고서는 "대지의 수호신이 기뻐한다"고 말했다.[88] 그렇게 하여 그의 구획은 대지를 위한 축복이 되었다. 이러한 것은 상징적이다. 의미는 '농경'이며, 형상은 단도에 의한 대지의 분할이다. 농경은 아직 정신적인 것이 아니며 그렇다고 자연적인 것도 아니다. 왜냐하면 농경은 인간에게 속하며 정신적인 것의 작용성이고, 더욱이 가장 널리 미치는 연속적인 제도이기 때문이다.

그러므로 지금 이런 최초의 방식은 예술에 귀속될 것을 아직 요구받지 않아도 된다. 보편적인 것에 대한 표상이 현존재의 특수한 방식으로부터 벗어날 때야 비로소 상징적인 것이 등장한

예컨대 고대 페르시아인들의 종교가 이런 관점에 입각해 있다.

상징은 보편자에 대한 표상이 자연사물의 특수적인 것으로부터 벗어날 때, 그리고 이 보편성이 그런 후 스스로 감각

다. 이런 보편적인 것은 더 높이 상승하면서 정신적인 것을 참된 가치내용으로 가진다. 만일 이런 내용이 직접적인 현존재에 확고하게 반정립된다면, 이 내용이 감각을 위해서도 현상할 필요성이 생긴다. 이 단계에는 주로 인도적인 것과 이집트적인 것의 거대한 범위가 속한다. 이들 나라의 신화와 섬세한 예술작품들은 상징적인 것에 속한다. 왜냐하면 여기에는 어떠한 예술작품도 자유로운 작품이 아니며, 각 예술작품은 상징적이고 아직 현존하지 않는 예술을 향한 발아를 표현하고 있기 때문이다. 어디에나 일개 원하는 바의 것(ein Gewoltes)만 있는데, 이것은 아직 자유로운 개념, 즉 실체적인 주관성으로서의 개념이 아니며 아직 자연적이거나 혹은 정신적인 것으로 단지 의도만 되어 있다. 그리고 의미가 아직 절대적 가치내용을 갖지 않기 때문에 표현이 완전하지 않다. 이제 여기서 표상되는 내용에 관해 더 자세히 살펴보면, 그 내용은|115 부분적으로 표상, 즉 보편적인 것 속에 종합되어 있는 더욱 거대한 자연대상이다. 현존으로서의 그런 대상은 다양하며, 보편적인 표상으로서는 단일하다. 강, 즉 나일 강, 갠지스 강이 그런 자연대상일 수 있으며, 더 추상적으로는 해(年)와 계절들이 그러한 자연대상일 수 있다. 이러한 것이 보편적인 대상들인데, 보편적인 대상들은 표상되기 때문에 이제 그러한 보편적인 대상으로서 현상해야 할 필요성이 생겨남으로써 보편적인 것이 된다. 나아가 생명을 부여하는 자로서의 태양, 농경, 금속 가공이 이러한 보편성들이기도 하다. 우리는 또한 그런 보편성과 그 보편성들의 표현에 속하는 것이 예컨대 조로아스터교도들의 이상적인 원형들(Feruers), 즉 인간의 주관성, 그것의 보편적 현실성이라고 생각할 수 있을 것이다.[89)] 그러나 그러한 보편적인 표상들은 어

---

적으로 표현될 때 비로소 등장한다.

이러한 것에서부터 이집트적인 것, 인도적인 것이 나온다.

여기서는 가치내용이 단순히 자연적인 것의 보편적인 표상이거나 혹은 사상으로서는 단지 뜻한 것(ein Gewolltes)일 뿐이므로 표현 자체가 결함이 있게 된다.

1) 자연대상에 대한 일반적인 표상이 내용일 수 있다.

떤 상징의 대상이 될 수 있는 것은 아니라고 말할 수 있다. 왜냐하면 이러한 수호신, 즉 이러한 천사들은 개별성 자체와 동일한 내용이며, 그런 수호신들이 현존하는 방식인 주관성은 이미 인간 자신 속에 존재하기 때문이다. 따라서 자연조차도 보편적 대상이며, 더 추상적으로는 상징적으로 표현되는 권력·재산·사랑 같은 것이 그러한 대상들이다. 그러나 상징적인 표현의 주된 영역은 과정, 변화로서의 보편적인 것이지, 추상적 표상으로서의 보편자는 아니다. 변화, 생동적인 것의 변증법, 즉 생성·성장·소멸, 그리고 죽음과 파괴, 생식에서 생겨남과 같은 그런 내용이 상징적 형식을 위한 것이다. 보편적인 변화는 현존재의 특수한 영역들에서는 다량의 표현을 갖는다. 여기서는 특수한 지역성들이 나타난다. 이런 변화를 보이는 것은 나일 강과, 겨울에는 낮게 떠있고 봄에는 — 여름에 자신의 절정에 이를 때까지 — 높이 떠올라서 최대의 축복을 내려주거나 또는 부패에 영향을 미친 후 다시 저무는 태양이다.|[116] 이렇게 해서 식물은 그 씨앗에서부터 성장하며, 꽃을 피우고 과일을 맺으며 시들면서 새로운 씨앗을 낳는다. 삶의 연륜들, 그리고 대체로 삶이 이와 동일한 보편적 과정을 보여준다. 밝음과 어둠 사이의 과정, 질료와 정신 사이의 과정은 이미 더 추상적인 과정이다. 정신적인 것과 자연적인 것의 분리, 빛 속에서의 재생, 선에서의 화해 등이 그러한 과정들이다. 이런 과정은 또한 변화의 일반적 규정에 속하며, 더 자세히는 대립 속으로, 통일을 향한 충동을 가진 차별적인 것들의 적대성 속으로 이행해가는 것과 동일한 규정을 자체 내에 가지고 있다. 이러한 이행은 보편성 자체에서, 정신과 자연이라는 거대한 기본적인 대상들 속에서 나타난다. 그리고 이렇게 하여 그와 같은 대립

---

상징적 표현의 대상이기 위해서는 전체 내용이 이미 그 내용의 형상 속에, 형상이 내용의 현존이 될 정도로 완전하게 표현되어 있어야 하는 것은 아니다.

상징적 표현의 주된 내용은 자연적인 과정이든, 정신적인 과정이든 과정 일반이다.

에 대한 표상은 우주론으로, 신통기로, 세계와 정신의 일반적인 것의 생성에 대한 표상으로 확장된다. 이러한 것이 상징적인 표현을 위한 의미들이기에 적합한 주된 표상의 영역들이다. 이러한 것들에 대한 두 번째 것은 이런 보편적인 표상이 형태화된다는 점이다. 형태는 여기서 우선 상징적인 것으로서, 불완전하다. 그 이유는 이런 사유와 이런 표상들 자체가 아직 부속되어 있으며 자유로운 정신성이 아니기 때문이다. 내용은 아직 자유로운, 참다운 내용이 아니다. 형태화에 대한 욕구의 견지에서는 두 가지 형태화가 결과로 나오는데, 그 중 하나는 의미가 그 속에 들어 있는 자연적인 현존이다. 예컨대 태양은 한편으로는 현존하고 있는 것으로 생각되며, 다른 한편으로는 그것의 의미에서 이해된다. 나일 강도 이와 마찬가지다. 다른 한편으로 태양은 정신에 의해 고안된 형태이다. 이 두 번째 형태에서는 직접적인 것의 나머지들이 사용될 수 있다. 케레스(Ceres)[90]의 주요 장식품은 곡식의 이삭이며 디오니소스는 포도덩굴, 강의 신은 갈대와 물방울이 뚝뚝 떨어지는 머리카락이 주요 장식품이다. 따라서 상징적인 것에서는 두 번째 형태가 만들어지는데,|[117] 이 형태는 아직 자유롭거나 독립적이지 않다. 오히려 어떤 하나의 실존하는 개별 형태나 이와 동일한 것의 한 측면이 수용되고, 이러한 형태에 보편적 의미가 부여된다. 자연적인 현존재는 의미의 규정을 한정된 범위에서만 보유한다. 상징적인 것은 이러한 개별적 현존재가 보편성을 가지는 한에서 의미의 현존재이다. 예를 들면 알은 새를 함유하고 있다. 그렇다고 그것이 상징은 아니다. 그러나 알이 개별적 새의 감싸여진 생명보다는 보편적 생명을 감싼다는 것을 의미한다면 알은 세계 알로서 신적인 개념의, 모든 존재의 시작에 대한 상

이런 내용은 우주론, 신통기 속에서 보인다.

2) 상징적인 것에서 이런 내용의 형태화는 불완전하다. 왜냐하면 내용 자체가 아직 자유로운 정신성이 아니기 때문이다.

형태화는 내용의 직접적인 현존이 아니라 내용을 위해 정신에 의해 산출된 현존이다.

그러나 상징의 형태화는 그와 마찬가지로 내용 자체의 자유로운 형태화가 아니라, 보편적 내용을 표현해야 하는 자연적으로 직접적인 형태화이다.

징이 된다. 인도인들에게도 이와 마찬가지로 성기가 보편적 생식력으로 표상된다. 그러한 직접적인 현존물들이 보편적인 표상을 위해 상징적인 것으로 사용될 수 있다. 이 관계를 다음과 같이 표현해 보자. 즉 보편적인 표상이 첫 번째이고, 하나의 표현을 찾고자 둘러보는 것이 두 번째일 것이라고 말이다. 하지만 이것은 〔상징화의〕 도정이 아니다. 상징으로 있는 자연 형상이 사용되는 것이 아니라, 형상화하는 환상이 자연 형상에서부터 시작되며, 이 형상을 보편적인 의미로 확장시킨다. 보편적인 표상을 향해 추동해 나가는 정신은 개별화된 특수한 현존에 의해 지지되는데, 이를 통해 그 현존은 보편적 의미라는 규정을 얻게 된다. 이제 자연적 형태와 보편적인 것으로서의 의미 간의 연관은 다양할 수 있고 부분적으로는 외적이며, 부분적으로는 더 근본적일 수도 있다. 그래서 상징으로서의 알에서 보듯이 보편적인 표상 역시 자연형태의 본질적인 것이다. 상징적 신화가 여기에 속하며, 철저한 연관성은 상징의 파악을 매우 손쉽게 해준다. 가장 다양한 현존들, 인간 자체가 상징으로[118] 사용되기도 한다. 앞에 놓인 형상물을 설명하는 것은 신화사의 일부다. 그 형상물에 대해 많은 규정적인 것이 제공될 수도 있겠지만 많은 것들이 규정되지 않은 채 남아 있다. 예컨대 연꽃은 최고의 보편적 상징이다. 연꽃은 어둠 속에서는 꽃잎을 오므리며 해가 뜰 때 꽃잎을 피운다. 그러므로 연꽃에 관해 일반적으로 말하기를, 연꽃은 태양을 숭배하며, 이제 기도의 기호로 사용된다고 한다. 하지만 다른 한편으로 연꽃은 또다시 다른 상징이며, 일반적인 자연적 생식이라는 의미를 지닌다. 의미 자체가 수(數) 규정을 자체 내에 지니고 있다면 상징적인 것을 가장 쉽게 표현하는 것은 수이다. 예컨대 숫자 12와 7

---

그러나 〔상징화의〕 도정은 보편적인 표상이 먼저 있고 하나의 표현이 필요하게 되는 것이 아니라, 상징화하는 환상이 자연적인 것에서부터 시작하며, 이러한 실존물을 보편적인 표상으로 확장하는 것이다.

내용과 그 표출의 연관은 지금 다소간 피상적이거나 혹은 본질적이며 근본적일 수도 있다.

만일 의미 자체가 이미 하나의 수(數) 규정을 자신에게서

은 흔히 이집트의 건축예술에서 나타나는데, 12는 개월 수이며, 나일 강이 넘어서는 수위의 수이기 때문이다. 숫자 7은 행성들의 수이다. 위대한 기초적인 비례에서 규정된 수라는 점에서 7은 지복한 수로 불린다. 12개의 계단, 7개의 기둥은 이런 점에서 상징적인 것이다. 헤라클레스의 열두 가지 일은 한 해의 열두 달에서 유래된 것으로 보이는데 그는 한편으로는 영웅이지만, 다른 한편으로는 태양의 경로에 대한 의인화로 나타나기 때문이다.[91] 공간적인 것의 견지에서도 그런 상징이 생겨난다. 행성들의 공전 경로에 대한 상징일 미로들이 그것이다. 또한 이집트인들의 비비꼬는 춤은 비밀스러운 뜻, 즉 위대한 원초적인 육체의 움직임에 대한 상징을 지닌다. 상징을 위한 가장 뛰어난 형태는 이제 인간 형태이다. 이미 언급한 대로 헤라클레스가 태양 경로의 상징인 것처럼 인간 형태는 자연 대상들의 움직임에 대한 기호가 될 수 있다. 그래서 나일 강도 인간 형태로 표현되어 있다. | [119] 오시리스(Osiris)가 나일 강의 상징이며, 이시스(Isis)는 대지의 상징이듯 말이다.[92] 인간 형태의 사용은 대개 인격화(Personifikation)이며, 고전적 예술로의 이행을 마련하는 것이다. 왜냐하면 인간 형태는 대자적으로만 의미있기 때문이며, 자유로운 정신으로서는 다른 어떤 것이 아닌 정신 자체만을 표출하며, 단순한 자연 대상을 나타내는 것에는 어울리지 않기 때문이다. 만일 인간 형태가 여전히 상징으로 사용된다면 이 상징은 참으로 인간의 존엄 이하이며, 바로 여기에서 처음으로 혼란이 나타난다. 왜냐하면 인간 형태는 다음과 같은 정신, 즉 인간 형태에서 자신에게 현존을 부여하며 그 형태 속에서도 자신에게 머물러 있는 정신의 표출 그 자체이기 때문이다. 인간 형태라는 존재는 어떤 특수한 의미를 갖지 않

가지고 있다면 가장 쉬운 상징은 수이다.

이렇듯 헤라클레스의 열두 가지 일은 한편으로는 해(年) 속의 각 월(月)들의 상징이다.

인간 형태를 상징으로 사용하는 것은 이미 고전적 예술로의 이행을 마련하는 것이다.

왜냐하면 인간 정신은 자기

으며 모든 특정한 상징적 의미로부터 자유로운 것이다. 정신적 주관성은 상징의 내적인 것을 형성하는 단 하나의 규정만 표현한 것이라는 사실을 넘어서 있다. 그렇기 때문에 인격화함에는 상징적인 것으로 취해질 수 있는 표현과 행위가 더 많이 있다. 왜냐하면 행위는 자신을 규정하는 데서, 특수자이기를 원하는 데서 있게 되기 때문이다. 행위는 관심을 가진다. 더구나 어떤 특별한 관심을 가진다. 그리고 이 관심은 상징의 의미가 될 수 있다. 그렇기 때문에 헤라클레스의 일들처럼 상징적으로 생각될 수 있는 주체의 행동들이 있다. 오시리스는 나일 강과 태양의 상징이다. 하지만 주체로서 오시리스는 자유로운 신으로 거기 서 있으며, 다만 여러 가지 행위들만이 상징적으로 해석된다. 사실 그렇다면 여기에는 주체 그 자체는 상징적일 수 없고 오로지 그의 행위만이 상징적일 수 있다는 혼란이 생긴다. 그렇다면 이와 더불어 주관적 자의라는 성격은 일련의 상징적 행위들에서 설명되어 있어야 하는 논리정연성에 모순된다. 예컨대 태양은 겨울에는 약하게 비추며, 봄에는 새로 태어나 깨어나고,|¹²⁰ 그런 후 매번 여름에는 강렬하게, 실로 파괴적으로 작용하며 겨울에는 다시 약해지는데 이러한 것은 하나의 논리정연한 경과이다. 이에 반해 상징이 어떤 주체라면 그 속에는 자의와 우연성이 포함되어 있을 것이며, 먼저 상징적인 것의 측면이 아닌 많은 측면들로 나갈 수 있는 가능성이 포함되어 있을 것이다. 자의의 이러한 측면은 상징의 의미에 속하지 않는 행위를 낳는다. 예컨대 우리는 그들의 행동(Tate)과 상황들 속에 있는 신들에 대한 서술들을 본다. 다량의 이러한 서술들은 상징적이며, 다량의 자의가 산출되어 있다. 케레스에게는 생성과 소멸의 보편적 과정의 관계가 들어 있다. 여신

스스로를 표현하는 주관성이지, 하나의 규정성만 표현하는 것일 수는 없기 때문이다.

그렇기 때문에 인격화에는 주체의 행위들이 오히려 상징의 보편적 의미를 위한 표현이 된다.

그러함에는 혼란이 생기며, 과정이라는 의미를 가지는 일련의 상징에는 행위하는 주체의 자의와 논리귀결 간의 모순이 생겨난다.

이야기의 일부는 그렇게 설명될 수 있다. 그러나 그 여신이 계속해서 행동하는 모든 것은 주관적인 자의로서 여신에게 속하며 더 이상 상징에 속하지 않는다. 그러므로 우리는 상징적인 것과 상징적이 아닌 것의 넘나듦을 보게 된다. 이러한 인격화에서 세 번째 측면은 직접 신적인 것으로서의 자연적 형태 — 인간의 형태든 동물의 형태든 — 의 숭배가 상징적인 것에 직접적으로 결부되어서 인간 혹은 동물의 행동이 상징으로서가 아니라 그것의 현존에서 직접 신적인 것으로 생각된다는 것이다. 상징적인 인격화 속에는 직접적인 형태와 주관성이 합일되어 있으며, 라마 제의와 브라마(Brahma) 제의에서처럼 자연적으로 존재하는 것 역시 보편자로 받아들여진다는 사실이 이제 근접해 있다. 모든 생명체를 신적인 것으로 파악하는 인도의 범신론은 동물과 인간이 주관성이며 사유하는 자로서 생동성에 속하기 때문에 이들을 고차적인 보편적 힘으로 숭배하기에 특별히 적합하다. 따라서 상징적인 것에는 세 번째 것으로|121 형태의 직접성이 신적인 것으로 숭배된다는 것이 속한다. 첫 번째는 인격화이며, 두 번째는 표현의 우연적 측면이며, 셋째는 직접적인 숭배이다. 특히 인도의 상징적인 것에서 우리는 인간적 상징과 함께 다른 자연 형태들이 이용된다는 점 외에도 이러한 거친 혼합을 발견하게 된다. 외적인 추상적 자연 형태들은 그 직접적인 것을 넘어 확장되는데, 이제 이 자연 형태들에서 발생하는 것은 이 형태들이 기괴한 것, 척도가 없는 것으로 내몰리게 된다는 것이다. 여기서 크기는 대체로 형태와 수량에 의해 나타난다. 그 외에도 상징의 근거가 되는 인격이 있다. 그러나 그 인격은 동시에 자신의 의미를 넘어 계속 나아간다. 인도적인 상징에는 태양 제의가 기초가 된다. 그렇기 때문에 태

> 인격화를 통해서, 실로 상징 일반을 통해서 다음의 사실이 매우 쉽게 유도된다. 그것은 의미의 표현이 아닌, 직접적 형태로서의 형태가 신적인 것으로 숭배된다는 것이다.

> 추상적 자연형태들은 보편적 표상의 표현이어야 하므로 척도가 없는 것으로 내몰리게 된다.

양과 그 작용에 대한 많은 상징이 인도의 시에서 보인다. 왜냐하면 변화와 감각적인 것이 정신적인 것인 추상으로 진행하는 과정은 — 이것은 의미들인데 — 많은 인도인들의 표현에 기초되어 있기 때문이다. 여기서 의미는 혼돈적이며, 자기 자신을 나타내지 않는 인간 형태는 왜곡되고 확장되어 있으며 척도가 없는 것으로 강요되어 있다. 인도인들의 표현이 담고 있는 의미는 인간 형태를 기괴한 것으로 만드는데, 형태 그 자체는 자기 스스로를 표현하기에 충분하지 않다. 그렇기 때문에 형태는 자신의 보편적 의미를 자기 외부에서 가지면서 자기 자신을 넘어서 그 보편적 의미에 이르고자 애쓴다. 머리가 세 개 달린 어떤 형태는 삼위일체를 시사한다. 브라마는 추상적 본질이며, 시바(Schiva)는 부정적인 것이고, 비슈누(Vishnu)는 보존하는 자이다.[93] 그러나 의미들은 고정되어 있지 않다. 시바는 그런 후 다시 산과 강이며, 그리고 다른 많은 것들이 된다. |122 그럴 때 그 사이에 등장하는 것은 직접적인 것의 숭배이며, 즉자대자적인 신, 중복 탄생자로 진술된 바라문(Brahman)들의 숭배이다. 다른 인도인들은 가장 위대한 속죄를 통해 바라문이 되고자 추구한다. 티베트인들은 이에 반해 오로지 하나의 라마만을 가지는데, 인도인들은 무한히 많은 신들을 현재적인 신들로 가진다. 또한 동물도 숭배하는데, 원숭이와 소가 그러하다. 그런 경우 여기에는 어떠한 상징적인 것도 없으며, 오히려 형태 자체가 신적인 것이다. 그러면 결국 상징적인 것들 간에는 전적으로 인간적인 것이 여전히 통용된다. 그래서 이러한 시는 혼돈의 총괄개념이다. 예컨대 『라마야나 *Ramayana*』의 도입부는 깊은 사색에 잠겨 있는 주인공이 브라마가 되었다는 것으로 시작된다.[94] 그런 후 브라마는 그가 직접 현자들을 관찰하

> 인간 형태가 상징의 표현으로 사용된다면 이 인간 형태도 이와 마찬가지이다.

기 위해 왔노라고 말한다. 주인공이 브라마를 알아보고 그에게 의자를 내주며 물을 가져다 준다. 신은 앉으며, 그런 후 그의 접대인도 착석하기를 요구한다. 브라마가 시인에게 시를 쓰도록 할 때까지 그들은 오랫동안 앉아 있다. 그러나 시인은 새가 죽어서 마음이 울적해 있으므로 그렇게 할 수 없다고 말한다. 그렇게 모든 것은 엉망진창이다. 하나의 주된 대상은 언제나 바라문들의 위대한 권력과 깊은 사색과 속죄이다. 『사콘탈라 Sakontala』에서도 완전히 산문적인 것이 가장 아름다운 것과 교체되는 그런 특성이 있다.[95] 나아가 우리는 왕에 대해서 알게 되는데, 왕은 그저 평범한 사람이라고 한다. 그러나 그런 후 그는 다시 하나의 화신(Inkarnation)이기도 하다. 때로는 사콘탈라와의 관계가 순전히 산문적이며, 때로는 그 속에서 우리는 다시 상징적인 어떤 것을 볼 수 있다. 그것은 완전히 환상적인 것과 가장 사랑스러운 것의 지속적인 교체이다. 모든 규정성은 닦여 없어졌으며, 모든 것은 사라져 있다. 한편으로는 |[123] 가장 위대한 숭고가 있고, 다른 한편으로는 가장 위대한 범속함이 있다. 숭고한 것은 아름다운 것과 잘 구분될 수 있다. 숭고한 것에서는 형태가 보편적인 표상을 재현한다. 그러나 이러한 형태는 그것의 척도를 넘어가 있으며, 내용에 이르지 못하도록 정해져 있다. 숭고함은 현상하기에는 부적절함을 늘 보유하고 있으므로, 표현이 내용에 이르지 못한다는 사실이 주목된다. 이렇게 숭고함은 예를 들어 합일성과 관계된다. 시간이 그 합일성을 표현해야 하는데, 시간의 규정성이 내용에 도달할 능력이 없는 것으로 진술되어야 할 때 이 합일성의 표상은 숭고하게 된다. 그래서 신에 대해 다음과 같이 진술된다: "천년은 그대에게 하루이오."[96] 그러므로 상징적인 표현들은 숭고

상징적 형식 일반은 숭고인데, 숭고는 형태가 전체 의미를 표현할 능력이 없음이 표현되어 있는 데서 존속한다.

숭고함은 물론 아름다움이 아니다.

하지 아름답지는 않다. 왜냐하면 이 표현들에는 숭고한 것과 범속한 것이 교체되기 때문이다. 이집트 상징은 이미 인도적인 것보다 훨씬 멀리 나아간다. 이집트 상징을 상징적인 것에서 아름다운 것으로의 이행과 관련하여 고찰해보자. 이러한 견지에는 두 가지 규정이 중요하다. 고전적인 것에 의미로 기초되어 있는 것은 정신성 일반인데, 이 정신성의 특성은 이념적인 것으로서의 정신성이 포함하고 있는 모든 특수한 규정성들이 귀속되어 있는 주관적 총체성이다. 이제 이러한 개념과 관련하여 이집트적인 것에서는 그 자체에 이행을 포함하고 있는 두 개의 규정이 있다. 그 하나의 규정은 이집트인들에게서는 결합과 상징적인 것의 혼합이 발생된다는 것이다. 다시 말해 하나의 상징은 상징들 전체이며, 그래서 언젠가 의미로 나타난 것이 다시 〔유사한〕 의미의 형태가 된다. 비록 우리에게는 많은 것들이 아직 매우 불확실하나, 이집트인들에게서는 특히 우상, 괴신 같은 신성들이 나타난다. 그러나 그들에게서 한 측면이 특기되면 그것은 언급한 것처럼 여러 의미를 가진 상징이 되며,|[124] 이 상징적인 것은 매우 많은 방향으로 향할 능력이 있는 주관성에 이미 접근한 것과 다양한 방식으로 결합된다. 이집트 상징에는 의미와 형태가 엉망진창으로 얽혀 있다. 이러함은 형상물의 설명을 어렵게 한다. 그러나 많은 것을 행위 속에서 나타내거나 많은 것을 암시하는 것이 형상물의 탁월한 점이다. 그래서 오시리스는 자신 속에 어쨌든 태양 경로라는 의미를 합일시킨다. 그의 이야기는 태양이 탄생되는 것, 상승하는 것, 사라지는 것의 상징이며 태양에 의해 비쳐진 모든 것의 상징이다. 이러한 것이 오시리스의 의미이다. 그러나 이와 나란히 그는 다시금 변화의 동일한 순환 속에 있는 나일 강이기도

아름다운 것 혹은 고전적 예술로의 이행을 이루는 것은 이집트 상징인데, 더구나 이집트 상징이 상징으로서
1) 전체 상징을 만들어내며, 그래서 언젠가 의미였던 것이 표현되기도 하고 그 역이 되기도 함으로써 그러하다.

오시리스의 예:
태양, 나일 강 그리고 모든 생명체의 보편적 과정의 상징으

하다. 이제 그렇게 태양과 나일 강의 과정이 의미라면, 그것은 그저 그 자체로 다시 모든 유한적인 것 일반의 보편적인 과정의 상징이 된다. 더 보편적인 것은 그 자체 내에서 보면 동일한 과정이다. 이 과정은 오시리스 자체의 이런 여러 가지 의미들로부터 추출되는데, 그렇다면 이 의미들은 상징, 즉 보편적인 것의 형태로 격하된 것들이다. 게다가 오시리스는 지하계의 심판자로서도 현상한다. 이로써 그는 자연적 왕국과는 다른 왕국 속으로 넘어가게 된다. 그럴 때 우리는 이집트의 형상물들에서 인간적인 것과 동물적인 것의 이상한 혼합을 보게 된다. 동물은 한편으로 그들 자체로 유효하다. 아피스(신성한 소), 개, 고양이 그리고 많은 다른 동물들이 그러하다. 그러나 사람들은 이러한 동물예배에 머무르지 않는다. 원래의 동물예배에서는 동물의 현실적 생동성이 신으로 여겨진다. 직접적인 것과 어떤 보편적인 더 고차의 의미의 분리가 있게 되는 것이 아니라 현존이 직접적으로 신적인 것이다. 그러나 이집트인들에게는 동물형태가 상징으로 격하되어 있기도 하다. 동물 가면은 그 자체로 유효하지 않고 표현하기 위한 단순한 형상들로서 인간적 형태들에 부착되어 있다. 동물들은 다시금 인간 두상을 지니고, 동물 몸체에는 인간의 사지가 달렸으며, 그 반대이기도 하다.|¹²⁵ 다양한 형상과 형태들의 이러한 결합은 주관성에 속하는 첫 번째 측면인데 그 주관성은 풍성하며, 그 자체 내에서 다양하고 다양성 속에서도 단일한 주관성이다. 여기서 언급해야 하는 두 번째 측면은 죽은 자들의 왕국 일반에 대한 관점이다. 이집트의 환상에는 태양의 왕국과 땅의 왕국, 국가의 왕국이 있다. 물론 이런 지상의 왕국 외에도 죽음의 왕국, 지하왕국도 있다. 이집트인들은 죽은 자에게 지속성을 부여했고, 영구적인

로서의 오시리스

나아가 다양한 형태들의 혼합에는 고전적 예술의 아름다움으로의 이행이 나타난다.

2) 혹은 — 그래서 다른 하나로는 — 생명성의 왕국 외에도 죽은 자의 왕국에 대한 표상이 등장한다.

지속을 위해 배려해주었다. 죽음은 이집트인들에게 독립적인 것으로 형성되었다. 더욱이 오시리스는 거기에서 더 이상 직접적인 현존재가 아니라 이 현존재의 부정적인 것, 지하왕국의 주인인 하나의 법정을 가지고 있다. 이집트인들은 지상과 지하에 이중의 건축을 가진다. 이집트의 피라미드는 유명하며, 죽은 자를 위한 성골상자라는 것이 피라미드의 규정이다. 피라미드가 그러한 목적을 가진다는 것, 즉 왕의 무덤이라는 것은 잘 알려져 있다. 헤로도토스(Herodotos)는 이집트인이 영혼의 불멸성을 가르쳐준 최초의 사람들이라고 말한다.[97] 독자성을 보유했던 정신적인 것으로부터 자연적인 것의 분리가 그들에게서 생겼다. 자아가 대자적으로 안정하면서 스스로를 자연성을 탈피한 것으로 여김으로써 영혼의 불멸성은 정신의 자유에 매우 근접해 있다. 자유의 원칙은 자기를 아는 것(das Sich-Wissen)이다. 이러한 직관은 이집트적 표상방식에서 확립되는 직관이다. 이집트인들이 정신의 자유에 도달했다고는 말할 수 없다. 그러나 그들은 이미 정신적인 것에 대한 직관을 가지고 있었다. 즉 정신의 왕국이 가정되었다. 그러나 그것은 우선 자연적인 것의 공허한 추상의 왕국, 죽음의 왕국이다. 아직 주목해야 할 것은 이 왕국이 |[126] 추상적으로 부정적인 직관이 아니었다는 것이다. 오히려 그 왕국은 영혼의 구체적인 것이다. 인도인들은 오로지 공허한 부정의 추상으로만 고양된다. 인도인들의 브라마가 이집트인들에게는 나타나지 않는다. 오히려 비가시적인 것이 구체적인 의미를 가지며, 영혼에는 지속성이 귀속된다. 즉 사별한 정신들의 왕국이 있는 것이다. 직접적인 외면성에 반한 구체적으로 비가시적인 것의 이러한 고착화로 인해 의식은 자신의 해방으로 이행하게 된다. 이집트인들은 자유의 왕

말하자면 여기에는 정신적인 것과 자연적인 것의 상호 분리가 들어 있다.

그러나 정신적인 것의 현존은 여기에서 추상적인 부정으로서, 죽음으로서의 자연적인 것의 부정 속에만 있다.

그러나 이 정신의 왕국 자체는 그 자체로 구체적인 것이다. 즉 구체적인 것은 사실 자유롭고 생동적인 정신성의 형식으로가 아니라 죽음의 형식으로 있다.

국의 문턱까지 이르렀다. 인도인들도 역시 자연성을 넘어서지만 부정적인 것의 추상적인 극단에만 이를 뿐이다. 이집트인들에게서 우리는 사별한 정신의 규정에서 주관성이 확립됨을 보는데, 이 정신은 자유로운 정신으로서 자신의 형태를 획득하는 정신이 아니라 자신이 관통하지 못하며 움직이지 못하는 피라미드라는 성골상자 속에서 휴식하는 정신이다. 우리는 상징적인 측면에서 거대하고 다양한 결합을 본다. 고전적 세계로의 이행은 상징적인 것 자체의 상징, 즉 그리스 신화 속에 묘사되어 있다. 상징은 하나의 의미를 가지는 형태물(das Gestaltete) 일반이다. 상징은 자신에 대해 있으면서 자기의 형태에서 이미 만족할 수 있다. 하지만 상징은 또한 마땅히 의미를 가져야만 할 수도 있다. 그렇다면, 우리가 하나의 보편적인 표상으로 나아가야 함을 주지하기 위해서는 이러한 것이 형태에서 더 자세히 표시되어 있어야 한다. 이러한 것은 특히 아직 과제로 남아 있는 이집트적 표현들 속에 들어 있다. 직접적인 형태는 그 자체로 유효하지 않고 생소한 것과 결합되어 있다. 의미인 것은 상징을 가졌던 이들에게서와 마찬가지로 우리에게서도 단지 일부만 분명할 수 있다. 물론 의미 속에서 스스로 명료하게 되는 것 역시 단지 해설을 위한 하나의 시도일 수 있다. 이집트 작업들은 함축적인 것을 전개하는 것이지 명시적인 것이 아니다.|[127] 우리는 이집트 작업들에서 즉자 대자적으로 명료한 것을 향해 노력하는 것을 보게 된다. 한편으로는 우리를 위해서, 다른 한편으로는 그 민족 자체를 위해서 수수께끼를 푸는 것을 우리는 이집트 예술작품에서 살펴보게 된다. 계시적인 것은 오로지 자유로운 정신뿐이다. 이집트인들이 이러한 정신, 자기의식의 포착에는 아직 도달하지 못하고 있다. 그들은 사별한

---

인도인들에게는 구체적인 것이 더 이상 추상적 부정 속에 있지 않고 그 속에서 몰락한다.

이집트 예술은 그 자체 하나의 상징이며, 그 자체로 수수께끼, 즉 객관적인 수수께끼이다.

정신 속에서 그것에 대한 표상만 가졌다. 그렇기 때문에 이집트 작품들은 수수께끼이며, 객관적인 수수께끼 자체로 현상한다. 그리스인들에게 스핑크스가 이런 수수께끼를 낸 자로 현상하는 것은 이런 의미에서이다. 이집트인들은 더 고차적인 말을 진술하지는 않았고, 그저 참된 것을 향한 욕구만 가지고 있다. 제이스(Säis)의 나이드(Neith)는 스스로 말한다: "나는 태양신(Helios)의 혈통이며, 나의 베일은 누구도 날려보내지 못했다. 나는 빛을 잉태하리라."98) 나이드 자신은 베일에 감싸여 있었다. 그리스 신화가 말해주듯 스핑크스는 다음의 수수께끼를 냈다: "아침에는 네 발로 걸으며, 낮에는 두 발, 저녁에는 세 발로 걷는 것은 누구인가?"99) 오이디푸스가 이 수수께끼를 풀고 스핑크스를 격파했다. 이 신화는 최고의 상징이며 자명한 것으로의 이행, 자유로서의 정신으로의 이행을 이룬다. 자유로서의 정신이 그리스 세계의, 고전 예술의 원리이다. 고전 예술에서는 상징적인 것이 중요하지 않게 된다. 인간적인 것, 정신적인 것이 인간 형태로 표상되어 있으며, 정신적인 것이 현존으로 지닐 수 있는 그런 형태로 표상되어 있다.

상징적인 것에서는 형태화(die Gestaltung)가 주된 것인데, 이 형태화는 의미를 완전하게 표현할 능력이 없는 채 의미를 지녀야 하는 것이다. 형태화가 주된 것인 상징적인 것에는 의미, 즉 표상 자체가 대립해 있다. 여기서의 예술작품은 '순수하게 의미함'의, 본질의 주조물(Erguß)이다. 여기에는 대자적인 보편적 표상, 즉 순수한 사상 일반,|128 최고의 본질에 관한 사상이 있다. 본질의 진술은 이제 특별히 말만이 할 수 있다. 그러므로 이러한 측면에는 우선적으로 시가 속한다. 그것은 신성한 시이다. 상징적 예술은 또한 신성한 예술 일반이라고 말할 수 있다. 즉 이 예술은 종교적

제2장
상징적인 것의 직접적인 통일성의 분리: 숭고의 시 혹은 성스러운 시

분야에 의존하고 있다. 이러한 시는 의미의 가장 보편적인 것, 다음과 같은 본질, 즉 존재자와의 관계에서는 그 존재자의 주인이며, 외적인 것에 구현되어 있지 않고 사유로서 자신에 대해 자유로우며, 타자가 그것에 봉사하는 것으로 나타나는 본질의 의미를 그 내용으로 한다. 동시에 주목해야 할 것은 직관이 그 자체로 매우 순수하여서 이에 따라 의미가 추상적인 것의 측면과 ― 원래의 상징적인 것에서는 아직 하나로 결합되어 있는 ― 구체적인 현존재의 측면이라는 두 측면으로 분리된다는 것이다. 원래의 상징적인 것에 있던 통일은 여기서 두 측면으로 나눠진다. 한편으로는 가장 숭고한 시가 있고, 다른 한편으로는 유한한 시가 있다. 상징적인 것과 관련하여 우리가 말할 수 있는 것은 자연이 여기서는 탈신화되며 세계, 자연대상, 세속적인 관계들이 유한한 것으로 본질에 대립된다는 것이다. 그리스인들은 아르고(Argo) 호의 원정대에 관해서 말하면서, 보통 때는 가위처럼 열렸다 닫혔다 하는 헬레스폰트 해협의 바위들이 고정되었다고 한다.[100] 여기서는 이럴 정도로 유한한 것을 고정시키는 것이 중요하다. 반면 상징적인 직관에는 아무 것도 고정되지 않는다. 유한자가 신적인 것으로 전도되고, 신적인 것이 현존재 속으로 등장한다. 이제 신성한 시에 관해서 본다면, 이 형식은 성서를 통해 우리에게 충분히 알려져 있다. 신의 영광에 대한 칭송이 성서의 주요 내용인데, 그런 내용에 비해 외적인 것은 신에게 단지 봉헌되어야 하는 장식일 뿐이다. 모든 생은 그 생명력을 오로지 신의 은총 덕분에 가지며 그 위력 앞에서 소멸한다. 이러한 숭고에 관해서는 구약성서에 많은 예들이 포함되어 있는데, 이러한 묘사들 속에 들어 있는 것은 위대함과 숭고이다. 가장 아름다운 예들은 『시편』에서 보

---

자신에 대해 자유로워진 정신적인 것은 본질로서 자연적인 것에 대립하며, 주인으로서 자연적인 것을 지배한다.

이와 함께 원래의 상징적인 것에서는 직접적인 통일성 속에 있는 두 측면이 분리된다.

외적인 것은 본질의 실체성에 반해 지양되어야 하는 우연으로서만 현상한다.

이는데, 제104편이 그 예가 된다.|[129] 하나님은 모든 것을 지배하는 주인이며, 자연물은 일자의 현재가 아니라 무기력한 우연적 사실들일 뿐이다. 이것은 이미, 주인에 반(反)해 가상이기만 한 것, 주인을 단지 현현하게만 하는 것인 자연 사물과 본질 간의 분리라는 산문적인 관계이다. 신에 대한 이러한 표현과 더불어 다른 한편에는 유한성이 존립하고 있다. 사실 그래서 내적인 개별성이 시작된다. 인도인들은 인격으로서는 아무 것도 아니다. 숭고한 시에서 개체는 실로 신에게 종속적인 것으로서 스스로를 느끼지만, 다른 한편으로는 또한 자립적으로 느낀다. 이런 것은 아랍인들의 자유로운 용맹성에서 나타난다. 주된 특성은 현존재의 이러한 성립, 신의 선물로서의 환희와 향유와 소멸이다. 여기에 상징적인 것 일반의 동일한, 한정된 영역이 있다. 특히 『시편』 90편에 들어 있는 그런 내용은 『욥기 Hiob』에서 표현하는 것과 같은 무상함이다.[101] 동시에 격변은 신의 경외에 결부되어 있다. 여기서 내용은 정신적인 것을 향한 노력인 본래적 상징에서 보다 전체적으로 훨씬 더 제한되어 있다. 성시(聖詩)의 영역에서는 완벽하게 분리되어 한편에 정신적인 것이 있고, 다른 한편에는 유한자가 자신의 확고부동성 속에 있다. 신에 대한 인간의 이러한 관계는 공포 중에서 순수한 공포이며, 인간의 고양은 순종이라는 특정한 의미만을 지닌다. 이 관계는 정신적인 것이 물질적인 것으로 변모하는 무한한 연장(延長)을 더 이상 갖지 않는다.

지금 이야기할 것은 의미와 외적인 형태의 결합인데, 이제 의미가 정립되어 있고 이 의미에 다소 적합한 감각적 형태가 있다. 이 영역은 비본래적으로만 상징적이다. 이것은 물론 처음의 두 영역에 대해 세 번째로 상징적인 것이다. 그래서 이 결합은 실

---

개체로서의 유한자는 이 시에서 실로 신에 종속적이다. 그러나 유한자는 비록 본질의 힘에 의해 창조된 것, 그 힘 앞에 굽히고 그 앞에서 사라지는 것일지라도 자신을 위한 존립을 갖는다.

신은 순전히 자신에 대해서 있으며 순수하게 자신에게서 머무름(Bei-sich-Bleiben)인데, 이것에 반해 신에게서 나와서 유한하게 정립된 것은 그에게로 귀환하지 않고 소멸한다.

제3장
의미와 형태의 분리로부터 통일성으로의 복귀: 직유 (Gleichnis)

로 총체성이다. 하지만 그 양 측면은 아직 서로 스며들어 있지 않으며, 오히려 자체적으로 정립되어 있다. |130 이 관계는 보다 산문적이며, 비본래적인 예술형식만 제공한다. 내용은 한정되어 있을 수만 있다. 성시에는 한편으로 무한한 측면이 있고, 다른 한편으로는 유한한 측면이 있다. 그리고 유한한 측면은 무상한 것으로서 진술되어 있다. 그러나 정신적 측면이 유한적인 것으로서 정립된 타자적 측면에서 자신의 직유를 가져야 한다면, 의미 역시 한정된 방식의 것일 수만 있다. 왜냐하면 무한자는 형상적인 것에서는 아직 자신의 적합한 형태를 갖지 않기 때문이다. 이러한 전체 영역은 직유의 영역이라 부를 수 있다. 의미는 자체적으로 진술되어 있으며, 이 의미의 표출의 측면도 마찬가지이다. 여기서 형식은 단지 부속된 것이며, 더 위대한 예술작품에서는 단지 세세한 것들을 위해서만 이용될 수 있다. 따라서 부속적인 예술형식들이 여기에 해당된다. 가끔은 예술형식들을 분류하기가 어렵다. 예컨대 이솝 우화, 교훈시 등을 어디에 넣어야 할 것인가? 그것들은 혼합된 종류들이다. 이것들은 예술의 필수적 측면을 표출하지 않는다. 이런 것은 미감적인 것 및 자연과학적인 것에서도 가능하다. 즉 우리는 미감적인 것과 자연과학적인 것을 눈앞에 있는 것에 따라 분류해서는 안 된다. 개념이 확립되어 있어야 하며 특수성들은 개념에 따라 정돈되어야만 한다. 그러함에서 나타나는 것은 많은 것들이 개념에 적합하지 않으며, 이러한 것이 개념의 잘못은 아니라는 것이다. 개념은 이 혼종체에 의해서는 규정될 수 없다. 이솝 우화는 그와 같은 혼종 형식이다. 나아가 비유담(Parabel)·비유(Vergleichung)·심상들(Bilder)이 여기에 해당되는데 이 자리에서 이와 같은 것에 관해 말해야 한다. ― 우리는

그러나 양 측면들이 아직 서로를 완전하게 관통하지 않고 의미가 자신에 대해서 정립되어 있으므로, 그리고 표현이 상징적인 것, 즉 의미에 부적합한 것으로서 인식되어 있기 때문에 이 관계는 보다 산문적이며, 이러한 예술형식은 부속적이다.

첫 번째로 이런 형식들에 관해 말해야 할 것이다. 우화들은 우리에게 잘 알려져 있다. 그러나 무엇이 우화인지는 대부분 잘못 규정되어 있다. 우리가 근대의 우화들에서 보는 바와 같이 레싱(Lessing) 역시 진정한 개념을 거의 파악하지 못했다.[102] 요컨대 이솝 우화에는 도덕적 명제가 동물들의 예에 설정되어 있는 경우가 없다.[103] | 131 원래의 우화는 어떤 하나의 자연적 사건이 동물의 본능에 관계하는 한에서 도덕적인 보편적 의미가 부여되면서 수용된다. 그래서 동물생활의 현상이 도덕적인 의미 속으로 들어오게 된다. 다음과 같은 근대 우화를 예로 들어보자. 햄스터 두 마리가 있었는데 그 중 한 마리는 먹이를 모아두었고, 다른 한 마리는 그렇지 않아서 구걸을 하다가 죽었다는 것이다.[104] 이 우화의 잘못된 점은 먹이를 모으지 않을 햄스터는 없다는 것이다. 그러니까 그것은 우화의 오랜 의미를 거스르는 것이다. 정말 오로지 동물의 현실 속에 현전하는 것만 묘사해야 한다. 이솝 우화에서는 현실적인 자연현상이 해석되어 있으며, 그렇기 때문에 흥미로운 것을 담고 있다. 예를 들면, 겨울에는 대마로 꼰 새끼로 새를 잡는데 제비는 대마가 완숙해지는 가을에 이동한다는 우화이다.[105] 영리한 제비는 날아가고, 다른 새들만 잡히게 된다. 그러므로 여기에는 자연현상이 기초가 된다. 자연현상은 또한 동물의 왕국에서만 취해질 필요는 없다. 자연적 관계들은 예컨대 우화《여우와 까마귀》에서처럼 나타나지 않아도 된다.[106] 그러나 까마귀가 동물을 그리워하든, 사람을 그리워하든 까옥까옥 울기 시작하는 것은 까마귀의 잘 알려진 본능이다. 무엇이 본래의 이솝 우화인지 우리는 알지 못한다. 특정한 이야기들은 이솝에게 속한 것이 아닌데도 그의 것으로 빈번히 언급된다. 단지《말똥풍뎅이와 독수리》우화

1) 이솝 우화

이솝 우화에서는 어떤 하나의 자연현상이 보편적 의미의 표출로 설정된다.

만 확실하게 이솝의 것이다.[107] 매우 많은 것들을 발견하고 상술할 필요가 있다. 보편적인 반성이 자연적으로 현전하는 것 속에서 표현되는 일련의 형식이 필요하다. 이러한 형식은 자유롭지 않으며, 이 형식의 창립자인 노예〔이솝〕에게 귀속된다.[108] | 132 소재는 주어져 있고, 보편적 명제는 단지 물리적으로만 이해될 수 있게 주어지거나 또는 사용하기 위해 적용할 때 명백하게 첨부된다. 현상이 자연에 적합할 때 우화는 성과가 있다. 만일 우화가 보편적 반성의 단순한 가장(假裝)이라면, 형태는 단순한 수단이 된다. 그리고 동물이나 형태는 자신의 고유성에 따르지 않고 단순한 수단으로만 행동한다. 이런 것은 예술에 반하는 것이다. 《라이네케 여우》에 관해서 본다면, 이는 우화가 아니라 다분히 동화이다.[109] 즉 수사가 풍부한 의미를 띠는 것이다. 나약한 왕이 있는 궁정이 우리에게 현시되면서 익살스러운 악함이 묘사되어 있다. 여기에는 동물적 형태가 매우 적합하다. 뿐만 아니라 동물들은 그들의 고유한 속성을 살린 채 형상화되어 등장한다. 그래서 여기에는 동물의 행동과 그 속에 담겨 있는 인간적인 것이 혼합되어 하나의 흥겨운 표현, 즉 참다운 방식의 조롱이 생겨난다. 우화 내에서 우리는 수수께끼에 관해 말할 수 있다. 수수께끼는 조각과 회화, 연설의 대상일 수 있다. 동양에서는 수수께끼가 초기 형식이었는데, 이 형식은 매우 애호되었다. 공공수수께끼는 여전히 일반적이다. 동양에서와 같이 수수께끼에는 특징과 고유한 속성이 조합되어 있다. 그래서 이 특징과 속성들은 이들 속에 의미심장한 것이 놓여 있을 것이라는 암시와 함께 근본적으로 다른 고유한 것을 나타내게 된다. 그러한 표현은 그것의 진리가 오로지 그것의 의미이기 때문에 자기 스스로에 의해 파괴된다. — 직

그러함에서 필연적인 것은 자연현상이 실제로 자연 속에 현전하며, 추상적 명제의 단순하고 공허한 가식이 아니라는 것이다.

《라이네케 여우》의 예:

a) 수수께끼(Rätsel)

근본적으로 다른 특성과 고유한 속성들이 직접적으로 표현되었을 때보다 더 깊은 의미를 보유해야 한다는 암시와 더불어 이 특징들과 고유한 속성들의 조합 속에 수수께끼가 있게 된다.

접적으로 우화와 친족적인 것은 비유담이다. 왜냐하면 비유담은 다음과 같은 다른 점만 지니기 때문이다. 즉 비유담의 표현은 관습적인 삶에서 취해져 있어서 이 표현이 하나의 보편적인 의미를 표상적으로 만들어야 한다는 점이다. 이솝 우화에는 많은 비유담이 있다. 실제적인 비유담은 키루스(Cyrus)의 비유담이다.[110] 키루스는 그의 페르시아인을 섬광석과 괭이를 가지고 오도록 소집시켜서 한 발 분량의 가시를 뽑아내게 하고, 다른 날에는 그들에게 노예신분의 날은 뿌리뽑는 일과 같고 자유의 날은 축제날과 같다는 비유와 함께 풍성한 성찬을 베풀었다.|[133] 신약성서에도 많은 비유담이 있다.[111] 또한 괴테도 많은 비유담을 가지고 있다. 교훈담은 이야기 자체가 교훈을 이끈다는 차이는 있지만 마찬가지로 우화와 친족적이다. 그러한 교훈담은 기독교의 막달레나로 간주될 수 있는 [괴테의 시] 《신과 무희 *Gott und die Bajadere*》이다.[112] 또한 『보물발굴가 *Schatzgräber*』도 다분히 교훈담이다.[113] 한 민족의 속담도 간략한 우화, 비유담으로 간주할 수 있다. 즉 특수한 특징과 교훈들이 보편적 의미 속에 진술되어 있다는 것이다. 예컨대, "한 손이 다른 손을 씻어준다"; "네가 나에게 소시지를 구워 준다면, 나는 너에게 갈증을 해소시켜 주겠다."[114] 또한 괴테도 무한한 사랑스러움으로, 가끔은 대단한 심오함으로 이와 동일한 것을 많이 만들었다. — 그러므로 이런 모든 형식들에는 자연적인 것 속에 들어 있는 보편적 의미가 표현되어 있으며, 그러한 표현은 대자적인 하나의 전체를 형성한다. 이 표현들은 대부분 언어예술에 속한다. 이에는 다분히 조형예술에 고유한 하나의 형식이 연결되는데, 그것은 알레고리이다. 알레고리는 의미를 가진 감각적 소재를 갖는다. 그런데 그 의미는 여기서 하나의 추

b) 비유담(Parabel):
비유담에서는 유한적이며 관습적인 삶에서 취해진 형태가 보편적인 의미를 표현해야 한다.

c) 교훈담(Apolog):
교훈담은 이야기 자체를 통해 보편적 의미가 진술되는 특정한 방식으로 보편적인 의미를 감성적으로 표현한다.

2) 알레고리(Allegorie):
자신의 내용은 추상적이며 보

일반적 예술형식 **229**

상체, 즉 여기서 감각적으로 표현되는 보편적인 표상이다. 여기서 개별 형태는 일개 주관의 표현이다. 하지만 의미는 전쟁·평화·희망·종교·신앙과 같이 그 자체로는 하나의 추상체이지 대자적으로 있는 어떤 개별성이 아니다. 조각은 빈번히 알레고리에 호소해야 한다. 그러나 알레고리는 대체로 냉담하다. 왜냐하면 알레고리의 내용은 단지 오성적일 뿐이며, 추상체이고, 완전한 주관성이 아니기 때문이다. 사실 조각은 알레고리를 다분히 부수물로 사용하지, 주된 것으로 취하지는 않는다. 시인들은 알레고리에 호소하는 부당함을 저지른다.|¹³⁴ 알레고리에 이어 은유와 비유에 관해 계속 얘기해보자. 은유는 심상(Bild) 속으로 집중되어 있는 매우 간략한 상징이다. 언어 일반은 은유적이다. 예컨대 "파악한다(Begreifen)", "잡는다(Fassen)"는 단어가 그러하다. 정신적인 것은 감각적 의미에서부터 자신을 끌어내어 감각적인 것과 유비적인 것으로 만든다. 은유에는 그 은유가 마땅히 의미해야 할 것이 연관에 의해 주어져 있어야 한다. 특히 근대 양식과 고대 양식이 은유의 사용에 의해 구분된다는 것을 주목할 수 있다. 고대 양식, 특히 산문적 양식이 본래적인 표현을 촉구했던 반면, 근대 문필가들은 은유로 가득 차 있는데 특히 시작품에서 그러하다. 로마 시대 작품에는 이미 은유적인 것이 더 흔하다. 비유는 상술된 은유, 즉 심상과 그 의미의 통일이다. 의미는 그 자체로서 첨부될 필요가 없고, 오히려 홀로 밝혀질 수 있다. 예컨대 괴테의 《마호메트 찬가 *Mahomets Gesang*》는 저절로 설명이 된다.¹¹⁵⁾ 시 전체가 비유이다. 즉 제목이 의미를 나타내는 것이다. 단순한 방식으로 의미가 제공되는 그런 비유는 대단히 많다. 더 자세하며 완전한 비유는 의미가 심상과 구분된 것으로서 제공되

편적인 표상이지만, 표현하는 형태는 주관성이라는 모순이 알레고리 속에 있다.

3) 은유(Metapher) : 은유는 표현 속에 보편적 의미가 집중된 것이다.

4) 비유(Vergleichung) : 비유는 상술된 은유, 즉 심상(Bild)과 그 의미의 통일이다.

이런 통일은 직접적이거나 또는 정립되어 있을 수 있다.

는 것이다. 우리는 이제 다음과 같이 물을 수 있다. 즉 비유의 필요성은 무엇인가? 의미가 그 자체로 이미 명료하다면 비유는 지루해질 수 있다. 그리고 비유는 너무 흔하게 되면 김빠진다. 즉 대체로 중용적인 시인의 잉여물은 사치가 되는 것이다. 우리는 오비디우스(Ovidius)에서 그와 같은 비유의 과잉을 보게 된다.[116] 비유가 가끔은 아름답고 위트가 있다. 비유의 주요관심사는 그 자체로 진행되는 대상의 관심에 정신, 정서가 부착되어 머무르지 않는다는 점이다. 비유에 의해 대상의 진행이 |135 중단되는 것이다. 이러한 중단은 빈번히 목적이 되어야 하는데, 정신을 실제적인 관심에서 끄집어내어 이론적인 관심으로, 하나의 관조적인 관심으로 가져가기 위한 것이다. 이 관조적인 관심에 의해 〔실천적〕 관심 속에 빠져 있지 않게 되고 내용이 대상적으로 된다. 그래서 열정 속에서는 비유가 어떤 의미를 갖는다. 비유에 관해서는 단지 우리의 사태만은 아닌 것, 많은 형식적인 것과 외적인 것들이 말해질 수 있다. 주된 것은 비유가 시인에 의해 몰입되었던 실천적 관심으로부터 우리를 벗어나게 하여 우리가 우리의 것과 함께 그 관심에 참여하게 된다는 것이다. 우리 자신은 사태에 얽매여 있다. 비유는 이러한 진행을 중단시킨다. 비유는 우리에게 불만스럽게 여겨질 수 있는데, 무관심적인 이론적 고찰의[117] 원래 예술적인 분위기로 우리를 바꿔놓으며, 방해하기 때문이다. 비유는 우리를 내면에서 벗어나 형태로 향하게 이끈다. 즉 그 내용을 밖으로 드러내 머물게 하는 것이다. 그러므로 비유는 예술의 의미를 형성하는 작용, 요컨대 무관심적인 관조, 이론적인 관조가 생겨나게 한다. 비유 — 이론적인 것으로 넘어가게 이끄는 것으로서 — 그것은 또한 지루할 수도 있는데, 이는 비유가 대상을 떠날

비유에서 주된 목적은 실제적 관심을 대상화하고 직관되게 하여서 이 실제적인 관심에 빠져 있는 정서를 그 실제적 관심에 대해 이론적으로 관계하게 만드는 것이다.

이와 함께 비유는 실제적 관심을 이론적 관심으로 변환시키므로 진정한 예술적인 관심을 불러 일으킨다.

일반적 예술형식 231

수 있고, 다른 내용으로 나아갈 수 있기 때문이다. 우리는 오시안 (Ossian)에게서 이런 것을 무수히 보게 된다.[118] 오시안은 더 이상 존재하지 않는 시대들을 노래한다. 과거에 대한 이러한 슬픔에 의해 전체 묘사가 영혼을 얻고 있다. 거기에는 되돌아오는 석양의 비유가 아주 빈번히 있다. 그것은 대상으로부터 길을 돌림, 즉 대상으로부터의 해방이다. 비유는 극(劇)예술과 관련하여 가장 흥미롭게 주목될 수 있다. 극예술은 싸움, 열정을 대상으로 하며, 활동성과 성취함의 지(知)·행동·파토스·요구된 것의 성취를 담고 있다. 인물들 자신이 직접적으로 나타난다. 즉 제삼자 ― 시인 ― 가 그 인물들을 묘사하지 않는다. 이야기가 아니라 인물들 자신이 스스로를 표현한다.|[136] 여기에는 이제 더 많은 자연성이 요구되는 것처럼 보인다. 그리고 독일에서는 프랑스 취미에 넌더리가 난 이후에 자연성을 부르짖게 되었다. 이러한 견지에서 사람들은 격렬한 열정이 지배하는 인물과 상황을 통해 그들의 주관적 상상력과 기지를 말하게 했던 단순한 예술가로 스페인인과 이탈리아인을 생각했다. 우리는 셰익스피어에게서도 이러한 측면, 즉 그가 인물들로 하여금 최고의 격정 속에서 비유를 말하게 한다고 나무랐다. 이것은 반드스벡크(Wandsbeck) 시(市) 사자(使者, M. Claudis)의 한 비문에 표현되어 있다.[119] 이 비문은 볼테르와 셰익스피어를 비교하고 있다.

> 한 사람〔셰익스피어〕은 다른 자〔볼테르〕가 그렇게 보이기만 하는 것을 행하는 자이다.
> 거장 아루에〔볼테르〕가 '나는 운다' 고 말하면, 다른 자〔셰익스피어〕는 운다.

극에서의 비유에 관하여

극에서는 인물들이 직접적으로 나타난다.

한 사람은 단지 감각의 수사학만을 만들고, 다른 사람은 감각을 표현한다. 그러나 다른 한편 사람들은 셰익스피어를 또한 그의 비유들과, 감각의 직접적인 언어라고 부를 수 없을 그의 언어 때문에 나무랐다. 이러한 견지에서 특히 비유의 의미가 고찰된다. 그러함에서 언급될 수 있는 것은 스페인인들 중에서는 특히 칼데론이, 영국인들 중에서는 특히 셰익스피어가 심상들을 사용한다는 것, 실로 그것이 바로 우리가 흥미에 사로잡혀서 보게 되는, 행위자의 귀족적인 성품에 관한 표상을 일으키는 방식이라는 것이다.120) 물론 그 행위자들이 자신의 관심을 넘어서 있으며, 그 관심을 객관적인 것으로 여기면서 그것과 관계한다는 것은 지고한 언어를 통해서 묘사된다. 그리고 그들의 태도에서 자신을 드러내지 않고 견딘다는 것이 고귀한 성품을 가진 성격이다. 인물들은 그 자신이 시인으로, 소재의 형상가로 표현되어 있다. 특히 셰익스피어가 그러한 측면이 풍부하다. 『로미오와 줄리엣』이 그 일례이다.121) |137 줄리엣은 "오너라, 사랑스런 밤아" 등을 밤에게 말한다. 이것은 단순히 그리움 자체를 진술하지 않고 이 그리움에 객관적으로 몰두하는 사랑의 묘안이다. 더 자세히는 세 가지 규정이 언급될 수 있다. 첫 번째로, 우리는 깊은 감각에 의해 포착된 어떤 심정을 우리 앞에 가질 때 그 심정을 자신의 고통 속에서 소리치는 것으로 표상할 수 있을 것이다. 이것은 비속한 것으로 현상할 수 있다. 만일 그러한 심정이 자신의 불행을 의식한다면 그 심정은 곧장 그와 동일한 것, 즉 불행의 고통을 자신에게 진술하고 싶어하지 않고 오히려 자신 속에 사로잡혀 정지된 채로 남아 있을 수 있다. 심정이 이렇게 행하는 한, 주체와 감각은 여전히 이원적이다. 즉 심정이 소리지른다면 주체는 곧바로

비유를 통해서 인물들은 그들의 관심들을 넘어선 것으로 묘사되고, 그 관심들을 객관적인 것으로 여기며 그것과 관계하는 것으로 묘사된다.

α) 동요하는 정서가 그 내용을 직접적으로 진술하지 않고 자신에게 만들어진 다른 형태로 진술함으로써, 요컨대 내용을 여전히 자신으로부터 억제하며 그 내용을 아직 다른 것으로서 가지고 있을 때 비유가 생겨날 수 있다.

가라앉아 있게 된다. 심정이 고통을 억누른다면 주체는 고통을 넘어서게 되고 감각과 관계하며 이 감각의 한 형태인 다른 것에서 잠시 머물러 있게 될 수 있을 것이다. 예컨대 『헨리 4세 Henry IV』에서 퍼시가 헨리〔웨일즈의 공작, 헨리 4세의 첫째 왕자〕에게 맞선다. 헨리는 그를 쓰러뜨린다. 이것을 전투의 전령사〔모어턴〕가 〔헨리 퍼시의〕 아버지 노섬버랜드(Northumberland) 백작에게 보고한다. 이 노인은 다음과 같이 말한다. "너 떨고 있구나. 네 뺨의 창백함이 그 표시야".[122] 그는 전령사가 말하게 하지 않고도 자신의 불행을 알아채며, 그 불행을 진언하지 않고 오히려 프리아모스에 대한 직유로 그것이 표현되게 만든다. 영혼은 불행으로부터 여전히 스스로를 억제하는데, 이것은 그런 성격의 지고한 성품에 대한 표상을 보여준다. 또 하나의 예는 『리처드 2세』에서[123] 리처드 2세가 헨리 4세와 함께 왕국의 주력들 앞에 나올 때이다. 헨리는 "리처드 왕! 나에게 그대의 왕관을 주시오"라고 말한다. 리처드는 다음과 같이 답한다. "왕관을 받으시오. 그쪽 손으로 잡는다면, 나는 이쪽 손으로 잡겠소. 이제 왕관은 아래에 물이 가득 찬 양동이와 〔비어서〕 공중에 춤추는 양동이가 교체하며 물을 긷는 깊은 우물과 같소." [138] 자신의 고통 속에서도 리처드는 역시 저렇게 고귀한 성품으로 표현된다. 영국의 예술판정가는 바로 셰익스피어의 재능의 위대함인 이 특징에 대해 셰익스피어를 탓한다. 이렇게, 심정이 고통과 아직 하나가 되지 않고자 하는 자

셰익스피어에서의 예들:
노섬벌랜드(Northumberland) 백작이 전령사에게 말하다:
너 떨고 있구나. 그리고 네 뺨의 창백함이 너의 말보다 네 전갈을 더 잘 말하고 있구나:
이리도 늘어지고, 이리도 숨가쁘게,
이리도 슬프고, 이리도 사색(死色)의 시선으로, 이리도 비탄에 압도되어 힘없이 된,
완전히 그런 자가 한밤중에 프리아모스의 장막을 열고,
그에게 그의 트로이 성이 불타고 있다고 말하려 했겠지.
그러나 프리아모스는 그가 혀를 놀리기도 전에 그 불을 알아차렸던 것처럼,
나도 네가 죽음을 알리기 전에 나의 퍼시(Percy)의 죽음을 짐작하고 있다.

리처드 2세가 볼링브로크(Bolingbroke)에게 말하다:
"나에게 왕관을 주시오 — 여기서
사촌이 왕관을 움켜 잡는다.
이쪽에는 내 손이, 저쪽에는 네 손이.
이제 금관은 깊은 우물이오,
차례로 채워지는 두 양동이를 가진.
비어서 언제나 공중에서 춤추고 있는 양동이,
보이지 않지만 눈물로 가득 찬 아래의 다른 양동이.
아래의, 눈물로 가득 찬 양동이는 나요.
난 나의 슬픔을 마시며 그대를 높힌다오."

β) 이에 대한 다른 측면은 심정이 — 자신의 내용을 직유로서 진술하면서 — 그 내용을 다른 것으로 여기면서 그것에 관계함으로써 그

리에 비유가 있기도 한 반면, 마음이 자신의 고통 속에 있으면서 비유를 통해 해방되는 다른 측면도 있다. 셰익스피어가 정신의 위대한 자유를 타고난 자로 서술하는 것은 보통 범죄자의 경우이다. 예를 들면 맥베스가 그렇다. 공포의 전율로 가득 찬 일련의 행위들을 한 맥베스는 자신의 종말을 마침내 알기라도 하듯 소리지른다. "짧은 불빛[촛불]이여, 나와 함께 꺼져라! 불빛은 단지 가여운 그림자이며, 한 시간 이상 발 구르고 그런 후 더 이상 들리지 않는 연기자다."124) 이것은 최고의 것을 갖춘 『헨리 8세 *Henry VIII*』에서도 마찬가지이다. 헨리 8세는 그의 지고함에서 전복되며, 자신의 종국에서 이렇게 말한다. "나의 모든 존엄이여, 나는 그대에게 만수무강을 말하노라. 오늘 인간은 발아하고 개화하며, 세 번째 날에는 서리가 뿌리에 가까워지나, 그 서리는 나처럼 저버릴 것이다."125) 저러한 고찰을 통해 시인은 악한 인물이 동시에 자신의 열정을 넘어서도록 한다. 동일한 작품 속의 캐서린 왕비도 이렇게 말한다. "나는 가장 불행한 자다. 들의 여왕으로 피어났던 수선화와 같이 나는 내 머리를 떨어뜨리고 죽고 싶다."126) ― 영국의 예술판정가들은 이것을 부자연스러운 것으로 여긴다. 하지만 시인은 바로 저러한 비유를 통해 우리에게 인물들을, 그들의 상황을 그들 자신에게 대상으로 만드는 자들로서 표현한다. 마찬가지로 훌륭하게 브루투스가 카시우스에게 말한다. "오 카시우스, 당신은 양을 상대하고 있소, 부싯돌에 다름 없는 불을 유지하고 있구려."127)

비유를 만들 수 있는 바로 그 이행이 브루투스를 이처럼 자신의 상황을 스스로에게 대상으로 만드는 자로 나타낸다.|139

우리는 이제 여기에서 더 나아가 아직도 저러한 종류의 불

내용으로부터 해방되는 측면이다.

예들:

『맥베스』:
"꺼져라, 꺼져라, 너 작은 촛불이여

인생은 지나가는 그림자!
제 시간이 오면 무대 위에서 활개치며, 안달하지만
얼마 안가서 영영 잊혀버리는 가련한 배우.
백치들이 지껄이는 무의미한 광란의 이야기다.

브루투스:
"오 카시우스! 당신은 순한 양을 상대하고 있소.
성을 내도 부싯돌 불처럼 오래 못가오. 격렬하게 부딪히면 한 순간만 불꽃을 튀기다가 이내 스러지고 마니까."

완전한 예술작품에 관해 언급할 수 있을 것이다. 우리는 여기서 실재와 의미가 대자적으로 정립되어 있음을 본다. 양자가 분리되어 하나의 추상적 의미가 대자적으로 취해지고, 예술적인 장식으로 꾸며진다면, 우리가 교훈시(das Lehrgedicht)라고 부르는 것이 생겨난다. 헤시오도스는 이에 대한 일례를 보여주며,[128] 베르길리우스 역시 일례를 보여준다.[129] 여기서는 대자적인 추상적 의미가 대상이다. 그리고 형태는 운율, 고양된 언어, 재빠른 전진, 이야기의 혼합이다. 표현은 단순히 외적인 장식이며, 의미는 상식적인 반성내용이다. 이에 기술적(記述的) 시(das beschreibende Gedicht)가 대립한다. 직접성이 일상적인 의식에 현상하듯이 표현되어야 할 때 그러하다. 그러한 감각적인 내용은 외적인 현상의 측면에 속하는데, 이 외적인 현상은 단지 예술작품 속에서 정신적인 것의 형식, 심상으로서 나타나거나 혹은 행동하는 주관성에서는 반작용의 조건으로서 나타나야 한다. 이런 소재가 그 직접성에 따라 대상이 될 때 이 형식에는 장식이 많이 사용될 수 있다. 그러나 이 형식은 참다운 예술작품은 아니다. 그것은 예술형식의 혼종이다.

> 교훈시는 예술적인 표현의 외적인 형식으로 나타난 보편적인 글이다.

> 그것에 대립된 측면은 기술적 시인데, 이 시의 내용은 직접적인 자연이다.

---

## 고전적 예술형식

첫 번째 〔예술〕형식의 본성을 고찰해보았으므로 이제 고전적 예술로 방향을 돌리자.

우리는 이전에 고전적 예술을 완성된 예술로 규정했다. 완성된 예술인 고전적 예술에서는 내용과 형식이 서로 적합하며, 보편자와 그 특수자가 서로 상응한다. 상징적 예술은 내용과 형식을 얻기 위해 애쓰며, 이 양자는 자유롭지 못하다. 전체가 자유롭기 위해서는 구분된 측면들이 그 자체로 자립적인 총체성이어야 한다. 왜냐하면 그래야 그 양 측면은 동일하며, 그들의 차이는 단지 형식적일 뿐이기 때문이다. |140

그리고 전체 역시 그 부분들이 서로 적합하기 때문에 자유롭다. 실재성이 자신의 개념에 적당한데, 이 개념은 실재성 속에서 단지 하나의 다른 형식으로 넘어갈 뿐이다. 상징적 예술에서는 내용이 자유롭지 못하며, 형태 역시 자유롭지 못하고 함축적일 뿐이며, 개념에 따른 측면들을 갖고 있기는 하나 개념에 상응하지 않는 다른 측면들을 지니고 있다. 의미가 함축적이기 위해서는 형태가 왜곡되어야만 한다. 즉 소재가 의미있는 것임을 사람들에게 보여주기 위해서는 소재에 강압이 가해져야 한다. 성스러운 시에서 형태는 단지 우연일 뿐이다. 최고의 본질은 위력이며, 이 위력의 형태는 단지 외적인 장식일 뿐이고, 어떠해도 상관없으며 소멸적이다. 절대적 내용이 그 자체로 현상하지 못하는 실재성의 방식이 늘 있기 마련이다. 상징적인 것의 상대적인 형식들에서는 관계가 단지 외적일 뿐이다. 고전적 예술은 양 측면의 절대적 합일이다. 이 통일은 원래적인 통일도, 자연적 현존재

---

제2부

고전적 예술형식 일반

고전적 예술형식에서는 양 측면, 즉 가치내용과 형식의 측면들이 총체성을 형성해냈으므로 이 두 측면은 그 자체에서 (an sich) 동일하다.

이러한 전체는 자유로운 전체인데, 형식이 자신에 반(反)하는 어떤 다른 것으로서 자신의 가치내용을 가지지 않는 것처럼, 가치내용이 자신의 실재성 혹은 자신의 형식 속에서도 자신에게서(bei sich) 있는 한에서 그러하다.

상징적 예술형식과 고전적 예술형식의 차이

고전적 예술에서 내용과 형식의 통일성은 직접적인 것이 아니고 정신에서 산출된 통일성이다.

로서의 이념도 아니고 정신에서부터 만들어져나온 것이다. 즉 예술작품은 신중하게 제작된 것이다. 고전적 예술은 자유를 내용으로 한다. 고전적 예술의 내용은 자신의 자유 속에 있는 정신이다. 이 정신은 자유로서만, 자신에 적당한 형태 속에만 있다. 이 형태에서는 다른 어떤 것이 아니라 정신 그 자체가 현상한다. 그래서 형태 역시, 개념에 있어서 다른 어떤 것을 갖지 않으므로 자유롭다. 이런 자유로운 예술의 예술가는 마찬가지로 자유로운 예술가이다. 그는 자신이 원하는 것을 알고 있으며, 자신이 원하는 것을 할 수 있다. 그는 자신이 원하는 것을 알고 실체적인 내용에서 더 이상 불분명하지 않으며, 절대적인 내용을 얻고자 애쓰지 않는다. 그는 의미를 처음으로 산출해야 하는 발아자가 아닌 것이다. 자유로운 예술가는 형상적(bildend)이며, 상징적 예술가는 상상적(einbildend)이다. 내용이 완결적이므로, |[141] 〔자유로운 예술가는〕 이를 얻고자 애쓰지 않는다. 상징적 예술의 예술가는 모든 형식들을 두루 거쳐가며, 자신을 한정짓지 못한다. 자유로운 예술가는 자기 속에 결정되어 있다. 즉 그는 기술적인 것에서도 완결적이어야 한다. 그는 언제나 즉자대자적으로 존재하는 내용을 자신의 대상으로 가진다. 왜냐하면 그것이 개념에 알맞은 하나의 이상(ein Ideal)이기 때문이다. 개념은 즉자대자적으로 규정되어 있으며, 형태 또한 그러하다. 예술가의 자의는 배제되어 있으며 그렇기 때문에 내용은 예술가를 위해 현전해 있고, 예술가는 그 내용을 곁에서 발견하게 된다. 그리고 예술가는 표현한다는 주관적 활동성일 뿐이며 형상하는 자일 뿐이다. 이런 형상화에서 예술가는 물론 알아채지 못하게, 드러나지 않게 꾸준히 형상화한다. 예술가는 이미 그 자체로 완결적인 것을 그냥 집행하는 것처

> 고전적 예술의 전제들

> 고전적 예술이 자유로운 내용과 자유로운 형식을 지니기 때문에 예술가 자신은 내용에 관해서 뿐아니라 기술에 관해서도 자유로워야 한다.

> 상징적 예술가는 내용에서 불분명한 채 - 그 내용을 표현하기 위해 - 모든 형식들을 두루 거쳐가게 된다.

럼 보인다. 고전적 예술가는 자신의 소재를 민중종교에서 택한다. 피디아스는 그의 제우스[형상](도판 5)를 호메로스에게서 가져왔다.¹³⁰⁾ 마찬가지로 라파엘로, 단테 같은 기독교 예술가는 교회에 현전했던 것을 표상했을 뿐이다.¹³¹⁾ 소재는 그 자체로 완결적인 것이다. 예술가는 그것을 작용시키며, 감각적으로 표현한다. 또 다른 측면은 고전적 예술가들에 있어서 기술적 측면 역시 완결적이어야 한다는 것이다. 자유로운 예술에 속하는 것은, 예술가가 작업하는 감각적 소재가 표상에 순응해야 한다는 것이다. 즉 작용성이 표상에 예속적이어야지 자체적으로 가공하기 어려움을 포함하고 있어서는 안 되며, 구상(Konzeption)에 종속되어야 한다는 것이다. 이런 순응적인 작용성, 숙련성은 연습을 통해서만 도달된다. [예술]종사자가 되려면 개인이 연습하는 기술적인 완결성이 높은 정도에 이르러야만 한다. 이 종사자들은 요구되는 것을 실현시키기만 하면 된다. 이러한 기술의 완성은|¹⁴² 수공예에 합당한 것에 의해 도달되며, 한갓 수공예에 합당한 훈련은 정체적인 예술에서 일어난다. 이집트 예술이 그러하다. 그림, 조각 기둥들은 이집트 예술에서 특정한, 지속적으로 반복된 유형을 가진다. 수공예에 합당한 예술의 이런 시기는 자유로운 예술에 선행해야 하는, 단지 이전의 시기에만 가능한 측면을 지닌다. 정체적인 것이 회화에 앞서 지나갔기 때문에 근세에는 사람들이 회화에서 매우 진보하였다. 내용과 실재성의 측면이 자체 내에서 완성적이라는 것이 자유로운 예술의 전제들이다. 사실 그렇다면 [이 예술의] 실행은 동시에 양 측면의 계속된 형상화이다. 이러한 설명에 대해 이제 우리는 더 자세하게 물어봐야 한다. 여기서 그것의 실체적인 것에만 한정할 수밖에 없는 고전적 예술의 성격은

> 고전적 예술가는 즉자 대자적으로 완결적인 것만을 표현한다.

> 고전적 예술은 개념과 실재적인 것의 통일이기 때문에 실재성 역시 완결적이어야 한다.

> 고전적 예술의 성격 일반에 관하여

대체 무엇인가? 그 실체적인 것은 신들이다. 자신의 최고의 자유 속에 있는 이 신적인 것은 그러면 특수한 예술형식들에서도 반영되어야만 한다 — 우리는 이런 종류들을 나중에야 고찰할 것이다. 우리는 여기서 비로소 실체적인 아름다움을 가지게 된다. 우리는 이 아름다움의 본성을 앞에서 이미 고찰한 바 있다. 이 아름다움이 자신의 절대적인 내용으로 지니는 것은 정신적인 것인데, 이 정신적인 것은 사유라는 자신의 추상적인 정신성 속에 있는 것이 아니라 정신적인 주관성으로서 있는 것이다. 이런 것은 이미 오이디푸스 신화에 진술되어 있다.[132)] 정신은 스스로 계시하는 자이며, 스스로를 계시적인 방식으로 표명하며 자기 자신을 규정하는 자유로운 보편자이다. 물론 이런 규정에는 현존재의 측면, 대타적인 존재의 측면이 속한다. 정신은 자신의 규정, 자신의 현존재 속에서도 자기 자신에게서 존재하는 자, 즉 여하간 자신의 실재성 속에 있는 개념인데, 이 실재성은 그 의미를 자기 자신에서(an sich) 갖는다. 정신은 또한 외면성으로 나타나면서도 이 외면성 속에서 스스로 독자적으로(bei sich selbst) 존재하는 내면적인 것이다. |143

> 고전적 예술은 실체적인 아름다움의 예술 혹은 정신적인 주관성의 예술이다.

> 정신적인 주관성으로서의 정신은 스스로 자신에게 현존재를 부여하는 자이자 이 현존재 속에서도 자신에게 머물러 있는 자이다.

주관적 정신성은 우리가 이제까지 의미라고 불렀던 것인데, 그 의미가 여기서는 자신의 출현 속에서 자기 스스로를 나타내는 힘을 갖게 된 것이다. 이 출현은 형태가 오직 인간적인 것일 수밖에 없다. 왜냐하면 인간 형태에서만 정신적인 것이 계시될 수 있기 때문이다. 이 인간 형태는 여기서 더 이상 상징적이지 않고 정신의 출현이며 정신의 규정이고, 정신이 현존재 속으로 걸어나온 것이다. 인간이라는 감각형태만이 정신이 출현할 수 있는 형태이다. 이 형태는 그 자체로 의미심장하다. 이 형태가 의미하는

> 정신은 자기 자신의 출현이다.

> 정신의 현시는 인간 형태이다.

바는 이 형태 속에서 나오는 정신이다. 이 형태는 육체적인 것, 질료적인 것이며, 이런 측면에서는 정신과 구분된다 — 하지만 질료의 이런 형식이 정신적인 것의 출현이다. 인간 형태는 동물처럼 살아 있을 뿐 아니라 정신의 거울이 되기도 한다. 눈은 보는 것일 뿐 아니라, 사람들은 이 눈을 통해 순전한 영혼 속을 들여다보기도 한다. 이 배아[순전한 영혼]의 성장은 형태가 생동적인 형식을 갖추게 하는 것이다. 따라서 신체가 정신의 상징일 뿐 아니라, 정신도 신체 속에서 직립적으로 대타적으로 현전한다. 또 다른 측면은 내용이 완결적이며, 그 자체로는 인간 형태에서만 나타날 수 있다는 것이다. 이런 것을 증명하는 것은 심리학의 임무일 것이다. 인간 형태는 감각적 현존재로 나타나는 정신의 필연적인 형태이다. 이러한 관점에서, 예술은 자신이 발견했던 인간 형태를 모방했는데 결과적으로 이 모방함이 하나의 우연으로 보인다는 통념을 고찰할 수 있다. 하지만 인간 형태는 유일하게 필연적이며 가능한 형태이다. 이 형태에서만 정신적인 것이 표현된다. 왜냐하면 정신의 감각적인 방식으로서의 인간 형태에서는 신체가 더 이상 상징이 아니며 어떤 다른 것을 표출하지 않고, 신체의 의미가 표면 그 자체에 나타나기 때문이다. 상징에서는 단지 |144 일부만 의미에 상응한다. 이런 것이 인간 신체에서는 해당되지 않는다. 비록 정신의 표출을 위해서는 육체 전체가 얼굴보다 중요하지 않다고 하더라도 말이다. 사람들은 그리스인들에게 신화론이 신인동형적이라고 매우 질타한다 — 크세노파네스(Xenophanes)는 사자가 형상을 부여하는 자라면 그들의 신들에게 사자형태를 부여했을 것이라고 말하면서 이미 이에 반대하였다.¹³³⁾ 하지만 사람들은 곧바로 다음과 같이 말한다. 즉 그리스

이 출현은 그 형식에 의해서 정신이 출현한 것이지, 그 질료적 측면에 의해서 그런 것은 아니다.

인간 형태는 우연한 형태가 아니라 정신의 필연적인 출현이며, 의미로서의 정신의 상징적인 표출이 아니라 정신 자체의 현현이다.

그렇기 때문에 그리스 종교의 신인동형설에 대한 질타는 근거가 없으며, 반대로 이 종교에 대해 질타해야 할 것은 충분히 신인동형적이지 않다는 점일 것이다.

종교는 종교로서는 충분히 인간중심적이지 않다는 것이다. 왜냐하면 기독교에서 신은 현존재의 모든 조건들 속에서도 전적으로 직접적인 개별자이지 단순한 이상이 아니기 때문이다. 사람들이 절대적인 것에 관해 이를 단지 일자로서만 규정하는 추상적인 표상만 갖고 있다면 형태는 마땅히 폐지될 것이다. 그러나 정신으로서의 신은 인간으로서 출현해야 한다. 그렇지 않다면 신은 정신이 아니다. 신인동형적인 것은 신적인 본성의 참다운 개념 속에 들어 있는 본질적인 계기이다. 종교적인 면에서 그리스 신은 충분히 인간적이지 않다 — 그리스 종교는 단지 첫 번째 정신성까지만 나아갈 뿐이지, 무한한 정신성까지는 나아가지 못한다. 왜냐하면 무한한 정신성에는 정신적인 것 자체가 자신의 정신성을 순화하고 매개했다는 것이 속하기 때문이다. 반면 그리스적인 것은 직접적인 정신성이며, 그래서 절대적으로 자유로운 것과 단지 자연적인 것 사이에 있는 중간이다. 절대적인 정신성에는 아주 완벽한 반대가 속한다. 이 반대에 필요한 것은, 신이 인간으로 존재하는 것으로 표상될 정도로 주관성의 개별성이라는 측면이 현존재의 시대적, 전체적인 외면성으로까지 진전했다는 점이다. 이러함에서 인간존재는 물론 한갓 관념적인 인간존재가 아니라 대립의 이러한 극단으로부터 나와 자신으로 되돌아가기 위하여 주관성의 측면이 직접적으로 자연적인 현존이 되어야만 한다. 그리스인들에게 감각성은 사멸하거나 살상되지 않고 남아 있다. 왜냐하면 감각성은 자유로운 정신성으로까지 나아가지 못했으며 대립을 깊숙이 몰고 나가 조정하지 못했기 때문이다.|[145] 그러므로 신인동형설은 우연한 것이 아니다. 하지만 이에 반대하는 반론은 항시 있다. 이런 시각을 지닌 프랑스인들은 '신은 자신의 형

그리스 종교의 신은 직접적으로 인간이 아니라 다만 현실화된 예술이상(Kunstideal)일 뿐이며, 이러한 직접적인 작용성 속에 머물러 있다.

기독교 신은 인간으로서의 현존재 속으로 들어간 신이며, 죽음이라는 부정성 속에서 이러한 외면성이 지양된 것이다.

상에 따라 인간을 창조했으며, 인간은 같은 유희를 하여 인간의 형상에 따라 신을 만들어냈다'고 위트 있게 말한다.[134]

그러므로 이제 고전적 예술 일반이 중심점이다. 우리는 그 계기들에서의 고전적 예술의 내용을 더 자세히 전개해야 한다. 우리는 지금까지 이 내용의 전제들에 관해 이야기했다. 이 전제들을 내용 자체가 지니고 있다. 이 전제들은 부분적으로는 이행을 알리며, 부분적으로는 그 자체 내용의 일부다. 이 전제들이 필수적인 이유는 정신적인 것에는 대자존재의 추상적인 형태, 즉 주관성, 자기 내에서의 무한성이 포함된다는 점이다. 그리고 거기에는 정신적인 것은 시간 속에 있는 것, 따라서 과거적인 것인 다른 존재를 지양함으로써 있게 된다는 점이 속한다. 계기들이 시간 속에서 발전한다면 이 계기들은 따로따로 분리된다. 대자존재의 객체인 것, 그것을 지양함으로써 이 대자존재가 처음으로 주관성이 되는 것인 이 최초의 것은 이제 자연 일반이 아니라 이미 정신적 내용의 현존재인 어떤 최초의 것이다 — 우리가 부분적으로 범신론, 즉 상징적 예술로서 고찰했던 것인데, 이는 예술의 이 첫 번째 형식, 아직도 절대적으로 규정되지 않은 불안정한 통일성의 발아이다. 그러므로 최초의 것은 여기서 그 자체로서의 자연이 아니라 우리가 접했던 예술형식들이다. 이 예술형식들은 정신적인 것과 자연적인 것의 통일을 그 내용으로 가진다. 모든 객체들은 직접적인 신들이었으며 이 신들을 현재적으로 지니고 있었다. 혹은 상징적인 것으로서, 애씀으로서, 숙제로서의 통일이 있었다. 이 첫 번째 통일은 정신에 충분하지 않다. 여기서 정신의 현존재는 자연적인 사물들이며, 아직 익지 않고 날 것인 거친 형태이다. 왜냐하면 정신은 여기서 아직 그 자체로 무한하지

자기 내에서 완전히 정신적인 것인, 정신적인 주관성을 그 내용으로 가지는 것인 고전적 예술은 대자존재(das Für-sich-Sein)이다. 대자존재는 타자존재로서의 정신적인 것의 부정인 고전적 예술이다. 그리고 이 타자존재는 상징적 예술형식이다.

하지만 이 타자는 예술의 영역에서는 그 자체로서의 자연이 아니라 추상적으로 정신적인 것의 현존재로서의 자연이다.

않기 때문이다. 하지만 주관적인 것은 자기 속에 있으며, 확고하게 자신에 대해 규정적이다. 상징적 종교가 고전적 예술에 선행한다는 것은 일반적인 것이다.|[146] — 종교는 고전적 예술의 내용이다. 이로부터, 그리스인들이 그들의 종교를 이방 민족들에게서 가져온 것인지 아닌지의 의문에 대한 답이 주어진다. 이전의 관점들이 거기에 있었다는 것과, 이 관점들로부터 고전적 예술이 나와서 이 관점들을 개조하고 이에 대응했다는 것은 필연적이다. 이런 것은 또한 역사적으로 실증되어 있다. 그러므로 이전 사람들에 대항적인 그리스 정신의 태도는 변형(Umbilden)의 태도이다 — 만약 그게 그렇지 않았다면 형상들은 동일하게 남아 있어야 했을 것이다. 하지만 이건 그런 경우가 아니다. 오히려 이전의 형태들에서부터 어떤 다른 것이 생성되어 나와야만 했던 것이다. 헤로도토스는 '호메로스와 헤시오도스는 그리스인들에게 그들의 신을 부여했다'고 말한다.[135] 하지만 이것은 그리스인들이 다른 것으로부터 받아들이지 않았다는 것이 아니라, 그들이 만드는 것은 이전의 것을 변형한 것임을 말하는 것이다. 왜냐하면 헤로도토스는 마찬가지로 개별적 신들에 관해서도, 어떻게 이들은 이집트적이고, 저들은 아프리카적인지를 진술하고 있기 때문이다.[136] 이러한 것은 이제 그리스 예술로의 이행을 살펴볼 때 일반적인 것이다. 물론 지금 이 이행은 동시에 그리스 형상물들의 내용의 계기들이다. 왜냐하면 결과는 그것이 결과로 나온 것의 흔적들을 본질적으로 지닌다는 사실이 각 이행들에 들어 있기 때문이다. 내용에 관한 첫 번째 것은 변형에 관계되는, 이전의 것의 부정에 관계되는 내용이다. 선행하는 것의 주된 부분은 동물형태와 관계되며, 신적인 것은 자연적인 것 속에서 직관되거나 혹은 자연적

그렇기 때문에, 고전적 예술형식을 발전시킨 그리스인들이 그들의 내용을 이방 민족에게서 취했다는 것, 하지만 타자에서 그 내용을 받아들여서 자신들의 원칙에 따라 변형했다는 것은 필연적이다.

그러므로 이전의 것은 지금의 고전적 예술의 한 계기이다.

인 것이 신적인 것으로 직관된다. 자연적인 것은 한편으로 유기적인 생명성이며, 뿐만 아니라 기초요소를 이루는 위대한 자연이기도 하다. 동물적인 것에 관한 한 자연적인 것은 다음과 같이 진술되어 있다. 특히 이집트인·인도인·아시아인들 대개는 생명 있는 것이 무생명적인 것보다 더 지고한 것이라고 보았기 때문에 동물을 숭상했다는 것이다. 동물적인 것에 대한 이러한 숭배를 격하시키는 것, 그것은 정신적인 것의 자기의식에 의해 생겨난다. 이 이행 속에는 그런 격하가 있게 되며, 고전적인 환상의 내용 일부를 형성한다. 동물적인 것에 대한 이런 숭배는|147 유대교에도 아직 부분적으로 들어 있다. 유대교는 어떤 류의 동물을 먹는 것은 불순한 것으로 금하고 있다. 물론 인간에게 적합한 것은 먹을 수 있다. 모세는 동물의 피를 먹는 것을 금했는데, 피 속에는 생명이 들어 있다고 믿었기 때문이다.[137] 우리는 지금 동물의 격하를 무엇보다 희생물을 바치는 데서, 희생물을 먹는 데서 보게 된다. 인도인들은 신성한 동물의 살점을 전혀 먹지 않는다. [반면] 그리스인들은 황소를 희생물로 바쳐서 먹어 없앤다.

　　이외의 격하를 우리는 그리스인들의 거대한 사냥에서 보게 되는데, 이 사냥은 영웅들에게 귀속되는 것이다.[138] 이러한 사냥, 동물의 이런 죽임은 지고한 것으로 여겨진다. 반면 인도인들은 이것을 범죄로 보아 사형에 처했다. 헤라클레스의 영웅행위에도 물론 여전히 다른 상징적인 것이 들어 있을 수 있다.[139] 하지만 그것도 마찬가지로 동물의 격하이다. 그외의 격하는 이솝 우화 속에, 예컨대 말똥풍뎅이의 우화 속에 언급되어 있는데,[140] 이 말똥풍뎅이는 이집트인들에게는 신성한 상징이다. 아리스토파네스는 이 풍뎅이를 매우 우습게 만들었다.[141] 그러므로 희생양을 바

그런 내용은 동물적이며 자연적인 것 일반인데, 이것은 그 자체로서는 이제 더 이상 신적인 것의 표출이 아니고 오히려 한갓 부속적 계기인 것으로 격하되어 있다.

이런 격하는 무엇보다 동물을 희생물로 바치는 데서 나타난다.

그 격하는 영웅들에게 수공작업으로서 귀속되는 사냥에서도 나타난다.

일반적 예술형식　245

치는 것이 격하의 첫 번째 측면이며, 사냥은 또 다른 측면이다. 세 번째 것은 많은 변신 이야기이다. 이런 이야기가 내용의 주된 측면으로 가지는 것은, 범죄에 대한 처벌로 정신적인 것이 동물 형태로 변함으로써 동물들이 유래를 갖게 된다는 것이다. 그러므로 여기서는 동물이 지위가 낮아지게 된 것으로 — 동등하지 않은 것으로서, 그러니까 바로 신적인 것에 대립적인 것으로서 — 설정되어 있다. 그리고 이것이 〔동물의〕 참다운 지위이다. 이 지위는 『변신 이야기 *Metamorphosen*』 속에 명확하게 표상되어 있다. 오비디우스는 변신들을 자신의 방식으로 일부는 우아하게, 일부는 수다스럽게 나란히 늘어놓았다.[142] 오비디우스에서 나오는 첫 번째 이야기 가운데 하나는 예컨대 리카온(Lycaon)의 이야기이다.[143] 그는 왕으로 나오는데, 이것에는 태양과의 연관이 있다. 늑대가 태양의 형상이었던 것이다. 거인족을 극복한 후 땅이 신들을 |148 경멸하는 자인 인간이란 종족을 낳았다는 이야기가 있다. 거기서 제우스는 신들을 소집하여 몸소 인간들을 방문했으며, 일부 인간들로부터, 또한 리카온으로부터 사모받게 되었다고 한다. 리카온은 제우스에게 인육을 음식물로 가져다주면서 그가 신인지 시험해보려고 했다. 그때 제우스는 리카온을 늑대로 만들고, 그의 집을 불태웠다. 그러므로 여기서 동물 형상은 범죄로 인한 지위 하락이다. 필로멜라(Philomela)와 프로크네(Procne)가 제비로 변신한 것도 이와 마찬가지이다.[144] 그런 후 또 다른 관계에서는 다른 지위에 있는 동물들도 보게 된다. 이집트인들에게 동물 중 일부는 신적인 것으로 숭배되었고, 일부는 정신적인 형태들이 동물 가면을 쓰고 있기도 했다. 그러나 지금은 동물들이 단지 정신적인 형태의 부가적 상징물이 되었으며, 직접적으로도, 상징으

격하는 범죄에 대한 벌로 정신적인 것이 동물형태로 변신하는 데서 나타난다.

오비디우스의 『변신 이야기』에서의 예들

로도 여겨지지 않고 기호라는 의미를 얻고 있다. 우리는 제우스 곁에 있는 독수리, 헤라 곁에 있는 공작, 아프로디테 곁에 있는 비둘기를 그렇게 본다. 그리스 신화에는 또 다른 종류의 변신들이 나타난다는 것도 증거로 들 수 있다. 즉 제우스는 황소, 백조로 변신한다는 것이다.[145] 물론 이것은 단지 악한 목적을 위한 것이며, 속임의 수단, 명예롭지 못한 목적을 위한 것이다. 그러므로 동물형태의 위상이 전적으로 달라져 있다. 이것이 그러한 전도(轉倒), 즉 동물적인 것의 격하의 첫 번째 계기이다.

> 동물형태는 여하간 직접 신적인 것으로도, 나아가 신적 의미의 상징적 표출로도 여겨지지 않고 지금은 개별적인 정신성의 부가적 상징물로만 여겨진다. 상징은 기호로 격하되어 있다.

두 번째로 고찰할 수 있는 것은 자연적인 것이 정신적인 것의 방식으로 전도됨이다. 이 전도는 우리에게 그리스인들에게서의 옛 신과 새로운 신들의 싸움, 새로운 신들에 의한 거인족의 전복으로 소개된 바 있다. 우리는 먼저 신적인 것으로서의, 생명성의 정점인 동물들을 보았다. 자연 속에 있는 타자는 보편적인 자연위력인데, 이 위력은 범신론에서도, 상징적인 것 일반에서도 신으로 고양되어 있었다. |149

> 자연적인 것은 그렇게 한편으로는 정신적인 것의 현시가 아닌 것으로 격하되어 있으면서 다른 한편으로는 노력하여 정신적인 개별성으로 진보되어 있다.
> 그리스 신화는 이것을 신들의 싸움으로 묘사한다.

그것은 산문적인 자연위력이 아니었고, 오히려 보편자, 자기 내에서 정신적인 것으로서, 자연적인 것과 정신적인 것의 통일로서 현상했다 — 그런데 그 통일은 그 자체 직접적인 것으로서 자연적인 것을 자신의 주된 규정으로 가졌던 통일이다. 그래서 땅·태양·바다가 숭배되었으며, 생성과 소멸의 일반적인 자연과정, 자연의 생성 일반이 숭배되었다. 우리는 이러한 옛 신들에게 또한 다음의 것을 부가할 수 있다. 즉 인륜적인 것의 견지에서는 그들에게 어떠한 표상도 속하지 않고, 그들은 오직 복수로서의 정의(正義)만을 갖는다는 것이다. 네메시스(복수의 여신)는 너무 지고한 것은 낮추고, 너무 복된 것은 격하시키며, 동등함을 생

> 옛 신들은 자연위력들, 요컨대 직접적인 자연위력으로서의 정신적인 것, 보편자이다.

> 인륜적인 것이 옛 신들에게서는 아직 복수, 즉 네메시스(복수의 여신)로, 추상적 동등성으로서 있다.

산하는 위력이다. 하지만 네메시스는 전적으로 외적인 정의이다. 공동체에 대립하는 것으로서의 가족상태는 옛것에 속한다. 이런 것은 보편적인 위력들이다. 이러한 옛 위력들은 이제 일부는 이미 인격화를 통해 정신적인 것에 맞서 높아져 있었다. 하지만 인격화는 정신적인 것이 그 자체로 현존하도록 만들지는 못한다. 왜냐하면 의미가 아직 전적으로 일반적인 것, 즉 일반적인 자연위력 혹은 일반적인 권력일 때 인격은 단지 형식적인 것일 뿐이기 때문이다. 주관성이 주요규정이 된다는 것이 고전적 예술로의 변환에 속한다. 하지만 이와 동시에 신은 보편적 위력이라는 규정을 자신 속에 지니는 것을 중단하지 않아야 한다. 왜냐하면 신은 여기서 아직 자유로운 정신성이 아니기 때문이다. 정신적인 것이 완전히 자유롭게 자신의 보편적인 기초요소 내로 고양되어 있을 때야 비로소 자연은 피조물이라는 의미를 얻게 되며, 그런 후에야 비로소 정신은 자연의 주인으로서 설정될 수 있다. 하지만 여기서 신은 비록 추상적 일자일지라도 자연의 주인이 아닌데, 이는 신이 자유로운 정신성으로서 있을 때 비로소 자연의 주인이기 때문이다. 신 속에는 자연적인 것과 정신적인 것, 이 두 가지가 모두 들어 있어야 한다 — 우리의 표상으로는 신은 자연과 정신의 주인이다. |150 신은 대자적으로 무한적인 채, 무제한적이며 정관적(靜觀的, theoretisch)이다. 이 신에게는 자연에 대한 지배가 속한다. 신은 정신적인 것과 자연 간의 조화를 낳는 것이다. 이 두 측면은 신에 속하며, 이런 조화가 산출되는 방식과 종류가 예술과 종교의 여러 가지 방식들을 만들어낸다. 고전적 예술에서 신은 특수한 자연위력이다. 다른 한편 이 특수성에는 신이 아직 자연 위에 있지 않고 자연을 여전히 자신 내의 계기로서 지니고

---

이제 이러한 측면에서 변형은, 내용 – 그 형식이 이미 인격으로서 있었던 자연위력 – 이 지금은 자기 내에서 자유로운 정신적인 내용이 되어서 이제 인간 형태에서 적합하게 출현하게 됨으로써 생긴다.

하지만 자연위력으로서의 신은 이러한 정신적인 개별성 속에 보유되어 있다.

왜냐하면 신 개념 일반에는 정신적인 것과 자연적인 것의 조화가 들어 있기 때문이다.

있다는 사실이 속한다. 우리는 예컨대 '헬리오스(Helios)는 태양신이며, 넵튠(Neptun)은 바다의 신이다'라고 말하곤 했다. 그리스인들은 이런 표현을 필요로 하지 않았다. 예컨대 디아나(Diana)[146]가 달의 여신이었다는 것은 사실이 아니다 — 오히려 저러한 자연요소는 이런 개별성과 동일하다. 오케아노스(Okeanos)[147]도 그 자체는 신인데, 신적인 것과 자연적인 것이 아직 구분되어 있지 않다. 이러한 위력들, 지금까지 실체적인 것을 만들어냈던 자연 위력들이 그 의미상 정신적인 주관성으로 변환되었다는 것, 이것은 필연적인 진보이다. 그리스 신화에서 이런 변환은 개념에 의해 필연적이며, 단순하고 명료하게 나타나 있다. 이러한 변환에는 옛것이 남아 있다. 그리스 신화에서처럼 말이다. 유일신은 자신 곁의 어떠한 다른 형식[의 신]도 참아내지 못하지만, 고전적 신은 특수자이다. 이 특수자는 한편으로는 자신의 주위에 특수자의 영역(Kreis)을 가지며, 다른 한편으로는 자신이 결과로 나오게 된 그의 타자를 자신의 맞은 편에 세운다. 비록 동물이 식물왕국의 진리라고 할지라도 이 식물왕국은 역시 동물의 피안으로서 존립하며 남아 있다. 옛것은 여전히 남아 있으며, 이런 남아 있음의 한 특수한 방식은 밀의(密儀) 속에 보존되어 있다. 밀의는 비밀이 아니었다. 근세에는 사람들이 밀의의 내용에 관해 연구하고자 했다.|[151] 그러나 밀의는 특별한 지혜도, 인식의 어떤 심오함도 아니다. 밀의는 옛 것, 즉 변형된 것의 토대를 함유하고 있다. 그리스인들은 옛 신들의 새로운 신들로의 이행을 거인족들의 싸움과 그들의 전복에서 진술했다. 우리는 거인족들 가운데 우라노스(Uranos), 크로노스(Kronos), 가이아(Gaia), 디케(Dike) 등의 옛 신들을 보게 된다. 추상적 시간인 크로노스, 우라노스, 하늘, 바다, 땅,

> 그리스 예술 속에 들어 있는 변형에는 옛 신 종족이 보유된 채 남아 있다.

> 이러한 보유의 특수한 방식은 밀의(密儀)이다.

자연물 일반이 거인족들이며, 이것들은 전복되어 있다. 새로운 신들은 저러한 자연물이 아니고 전혀 다른 종류의 것이다. 그들은 개체들인데, 이 개체들에서 두드러지는 것은 정신적인 계기이다. 아테나는 아름다운 기술·예술의 여신이다. 다른 한편으로는 아테나의 정신, 이 대자적 정신의 실체적인 것으로서의 민족정신이 표상되어 있다. 요컨대 아테나는 하나의 정신적인 것이며, 자연위력의 희미한 여운만 지니고 있는 것이다. 물론 아폴로도 한편으로는 비록 저렇듯 태양이고, 이 태양이 그의 속에 보유되어 있지만, 그는 지(知)의 위력이며 지의 표명이다. 여기서는 지, 즉 예지적인 정신이 주된 규정이며, 태양, 즉 자연적인 것은 후퇴한다. 그렇게 하여 제우스는 으뜸신이 되며, 비록 하늘, 번개와 천둥과 연관될지라도 탁월하게 국가의 위력, 정신적인 위력 일반인 것이다. 이런 견지에서 플라톤의 한 구절이 흥미롭다.[148] 플라톤은 프로메테우스에 관해 얘기한다. 프로메테우스는 거인족이지만 자신을 인간이라고 믿는 거인족이다. 플라톤은 프로메테우스가 신들에게서 불은 훔쳤지만 국가설립을 훔쳐 내려갈 능력은 없었다고 명확하게 말한다. 왜냐하면 국가설립은 제우스에게 있었고, 프로메테우스는 제우스를 쳐들어갈 수 없었기 때문이다. |152

> 새로운 신들은 아테나, 제우스, 아폴로와 같은 정신적 개별성들이다.

이제 이런 이행의 더 자세한 것에 관해서는 이에 대한 예들을 인용해보자. 우리는 일례로 딱따구리로 변한 피에리데스[149]들의 변신을 들 수 있다. 오비디우스는 이들이 다음의 방식으로 신들의 싸움을 노래했다고 말한다.[150] 즉 그들은 거인족의 명성을 치하하고, 위대한 신들에 관해서는 이 신들이 이집트까지 도망해서 거기서 이상한 형태로 — 제우스는 숫양으로, 아폴로는 까마귀로, 디아나는 고양이, 헤라는 흰 소, 아프로디테는 물고기, 헤

> 이전의 것의 변환의 예들: 오비디우스에서 새로운 신의 세계 대신 거인족의 명예를 칭송했기 때문에 딱따구리가 된 피에리데스(Pierides)의 예.

르메스는 따오기의 깃털로 변신하여 ― 몸을 숨겼다고 하면서 위대한 신들을 모욕했다고 한다. 이 피에리데스들은 그러니까 옛 신들의 영광과 새로운 신들의 수모를 노래한 것이다. 이에 반해 뮤즈들은, 평야를 주고 부드러운 양식과 법률, 즉 경작일과 비옥함, 법률을 부여했던 케레스[151]의 좋은 행위를 노래했다. 두 번째 예는 피티아(Pythia)[152]가 아폴로에게 기도하는 것으로 시작하는 아이스킬로스의 『에우메니데스(자비의 여신들) Eumenides』 속에 들어 있다.[153] 피티아는 대지에 말을 거는 것으로 시작한다. 대지가 신탁을 주재하기 때문이었다. 어머니 가이아 다음은 테미스(Themis)[154]였다. 세 번째로는 신성물(神聖物, das Heiligtum)이 헤베(청춘의 여신)를 신들리게 했고, 그런 후 포에부스(Phoebus, 아폴로)를 그렇게 만들었다. ― 확실히 『에우메니데스』에서도 역시 옛 신들은 새로운 신들에 대립해 있다.

> 아이스킬로스의 『에우메니데스』의 예

이런 전체적 배열은 특이하다. 복수의 여신들은 어머니를 살해한 오레스테스[155]를 뒤쫓고 있다.[156] 이에 반해 아폴로는 오레스테스에게 그런 행위를 하도록 명령했다. 아폴로는 새로운 신이며, 오레스테스에게 아버지를 위해 복수하도록 신탁을 내렸던 것이다. 이것은 옛 신과 새로운 신의 불화 일반이다 ― 아테나 신은 결단을 내려야 했다. 에우메니데스[157]들은 가족관계를 보호하고, 훼손을 벌했다. 그러므로 그들은 부모와 자식의 관계인 가족의 실체적인 것이 된다. 아폴로는 아내에 대한 남편의 관계를 대변한다. 차이는 우선 외적으로 나타난다. 사실 부모에 대한 자식의 관계는 순전히 자연적이나, 부부의 결속은 의지에 소속되고 한갓 사랑이 아니라 |[153] 반드시 혼인으로서 취해져야만 한다. 깨우친 의지는 새로운 신들에 소속되며, 한갓 자연적인 상태는 옛

> 에우메니데스들은 자연적인 가족유대를 보호했고, 아폴로는 부부의 의식적인 유대를 보호했다.

신들에게 소속된다. 혼인은 국가의 출발이며 의식적인 의욕의 영역에, 지적인 인륜성에, 그래서 아폴로에게 속한다. 아폴로는 만일 클리타임네스트라(Clytaimnestra)의 범죄가 응징되지 않았더라면 헤라와 제우스의 결속은 파멸되었을 것이라고 말한다.[158) 바로 여기에 옛 신들과 새로운 신들의 차이가 있다. 이 극(劇)의 종결은 에우메니데스들이 오레스테스에게 노여움을 풀지만 [그 대가로 아테나 여신이] 이 여신들에게 아테네(Athens) 시(市)에 제단을 설립해준다는 것이다. 그러자 이 에우메니데스들은 아테네인들에게 축복을 내리는데, 이 축복은 자연적인 축복이다. 즉 자연적 요소들의 해악에 대한 보호, 곡식 종자의 부패 방지와 불모의 방지 등을 위한 축복이다. 팔라스(Pallas)[159)는 자체적으로 전쟁의 싸움들, 의식적이고 인간적인 것 일반을 떠맡는다.

　이와 동일한 대립이 소포클레스의 『안티고네』[160)에서도 지배적이다.[161) 거기서 인륜적인 두 위력은 가족과 국가, 즉 공동체, 국가의 관심과 가족의지이다. 이 극에서 모든 것은 논리정연하다. 가족에 대한 관심은 여성인 안티고네가 가지며, 국가에 대한 관심은 남자가 갖는다. 안티고네는 특히, 자신이 옛 신들을 존경했노라고 진술한다. 그녀의 편에 있는 것은 내면적인 것, 주관적인 것, 자연적인 것으로서 표현된다. 이런 견지에서 말할 수 있는 것은, 신들의 최고의 맹세는 명부의 내(川), 즉 가장 내면적인 것, 양심이라는 것이다. 깨우친 자는 새로운 신들의 편에 선다. ― 프로메테우스의 신화는 왜 그가 그런 행위로 인해 거인족에 속하는지를 처음에는 밝히지 못한다.[162) 프로메테우스는 그의 동생인 에피메테우스와 함께 먼저 새로운 신들과 친한 것으로도 보인다. 이 신들은 새 종족[인간]에게 여러 가지 능력을 제공하도록

이와 동일한 것은 소포클레스의 『안티고네』에서 보이는데, 여기서 안티고네는 일면적으로 가족유대의 자연적인 측면에만 고착함으로써 옛 신들을 모시면서 몰락해간다.

프로메테우스는 인류에게 보편적으로 인륜적인 어떤 것이 아니라, 단지 자연적인 것을 가져다주었기 때문에 그렇게 거

프로메테우스 형제에게 위임했던 것이다. 전해지는 바로는 프로메테우스는 동물들에게 모든 것을 줘버려서 인간들이 출현했을 때에는 아무 것도 가진 것이 없었다고 한다. |[154] 그래서 그는 헤파이스토스(Hephaistos)의 신성물, 즉 불을 가져왔다고 한다. 그가 인간에게 준 것은 정치가 아니고, 단순히 인위적·기술적인 숙련성, 이득들, 어떠한 보편적 관심도 지니지 않은 사적인 편익의 자기추구였다. 즉 인륜적인 것의 측면에서는 하등 상관없는, 그리고 사적인 편익으로서 자연적인 것 일반의 측면에 있는 것이었다. 그래서 프로메테우스는 제물을 바치는 새롭고 유익한 방식을 인간에게 가르쳐주었다는 얘기도 있다. 옛 사람들은 제물을 태우는 불꽃에 희생양이 고스란히 삼켜지게 두었다고 한다. 프로메테우스는 제우스에게 간청해서 희생양의 일부만 제물로 바쳐도 된다는 승낙을 얻어냈다. 그리고 나서 그는 손수 제물을 바치면서 한쪽에는 간과 살코기를 넣어두고, 다른 쪽에는 뼈들을 두었다. 제우스는 후자를 골랐다. 프로메테우스가 한 이런 것은 또 다시 자연적인 것인데, 이것은 자체 내에 어떤 인륜적인 것도 함유하지 않고 자연적인 욕구에 이용되기 때문이다. 그런 후 프로메테우스는 처벌받은 거인족으로 남아 있다. 그의 벌은 〔간을〕 독수리에게 쪼아 먹히는 것으로 알려져 있다. 탄탈로스(Tantalos)[163]도 마찬가지로 영원한 갈증을 가지고 있었다.[164] 이 두 가지 처벌은 당위(Sollen)의 동경, 한도가 없는 것, 나쁜 의미의 무한이다. 〔그리스인들의〕 올바른 신적인 것은 더 나아감, 즉 동경을 저주로 여겼으며, 〔낭만주의와는 달리〕 이런 것에서는 인간에게서의 어떤 지고한 것도 감지하지 않았다.

이런 것이 자유롭고 인륜적인 자기의식이 속하는 새로운 신

> 인족과 옛 신들에 속하는 것이다.

> 옛 신들에게 귀속되는 거인족의 처벌은 부질없는 무한성에 대한 갈망이다.

일반적 예술형식 **253**

들에게 옛 신들이 대립하는 주요계기들이다. 사람들은 주어진 예들에서 다음과 같은 논리정연함을 발견할 수 있다. 즉 케레스가 농경일을 가져다주었던 것처럼, 프로메테우스는 인간을 이롭게 해준 신이어서 이 둘 사이에는 어떠한 차이도 없다는 것이다. 그러나 농경일에는 전혀 다른 원칙이 들어 있다. 왜냐하면 케레스가 이와 동시에 소유의 기초자이며 이와 더불어 법의 기초자이기 때문이다. 〔양자의〕 차이는 매우 본질적이다. 인륜적인 것을 포함하는 하나의 방식은 새로운 신들에게 귀속되며,|155 다른 방식은 거인족에게 귀속된다.

> 케레스는 경작일을 가져다준 것과 더불어 또한 입법자였으므로 이미 새로운 신들에 속한다.

그러므로 고전적 예술내용의 주요측면은 인륜적 실체성, 정신적 개별성인데, 이 정신적 개별성은 동시에 자연위력의 계기를 가지고 있기도 하다. 아폴로는 한편으로는 태양위력이며, 다른 한편으로는 지자(知者)이다. 디아나도 마찬가지로 루나(Luna, 달의 여신)이다. 하지만 거인족들은 각자(für sich) 일부는 심연으로 떨어져 있거나 혹은 세계의 변두리에서 몰락되어 있다. 현재의 세계는 지의 세계이다. 이제 정신적인 개별성의 형태는 자연적인 것으로서가 아닌, 이상적인 것(das Idealische)으로서의 인간 형태이다. 이런 이상들(die Idealen)에 관해 우리는 이제 더 자세한 것을 고찰해야 한다. 내용은 지금까지의 것, 정신적인 개별성들, 새로운 신들이다. 이제 이 신들의 표현은 더 많은 형식을 갖는다. 가장 엄격한 방식은 그 신들이 자신들에게 의거하는 방식이다. 물론 이런 형태는 특수성으로, 외적인 발전으로 넘어간다.

> 새로운 신들의 주요내용은 깨우친 인륜성 일반이며, 그 형태는 이상적 형태인 인간 형태이다.

자신의 가장 단순하며 가장 숭고한 형식으로 있는 이상은 외면성과 우연성 없이 자신에게서 존재하는 자(das Bei-sich-Seiende, 움직이지 않는 자)이다. 그러므로 최고의 형식은 자신에의 단순한 의

> 이상의 가장 순수한 형식은 유한적인 것과 외적인 것과 접촉하지 않고 정신이 자신을, 자신의 형태를 고집하는 것이다.

거이며, 그래서 최고의 표출은 고대의 본래적 조각에 속하게 된다. 이념상은 자체 내에 침잠해 있다. 그런 후 나중의 조각은 또한 극적으로 되고, 외면성과 유한성이 등장한다. 하지만 엄격한 표현의 근본특징은 자신에 의거함이며, 경직된 부동보다는 정신적·명상적인 휴식에 의거함이다. 즉 아름다움 속으로 용해된 숭고함에 의거함이다. 이런 영원한 휴식은 고전적 이상의 최고의 방식이다. 이 엄격한 휴식에는 또한 부정(否定)이 들어 있다. 즉 휴식은 특수성으로 고양된, 추상적이며 어떠해도 상관없는 휴식이며, 하나의 체념, 지양이다. 우리는 이런 것을 실로 그러한 예술작품을 주시할 때 느끼게 된다. 이 엄격함은 모든 외적인 것을 멀리함에 대한 어떤 비애로 보여질 수 있다.— 유쾌함은 외화의 시작이다. |156 이제 정신적인 것과 자연적인 것의 이런 통일은 동시에 직접적인 방식으로 있으므로 정신적인 것은 그런 보편적인 신성에서 머물 수 없으며, 오히려 신의 형태가 특수한 신들의 형태가 되어야만 한다. 아름다운 고전 예술에는 다신론이 본질적이며, 정신인 유일신을 조형적으로 표현하는 것은 어리석을 것이다. 신은 특수성으로 나타나야 하며, 개념의 통일은 신들 영역으로 분산된다. 고전적 예술의 이상은 특수한 신적인 성격(Charakter)으로서 있다. 이런 신들 영역은 먼저 총체성, 전체이다. 하지만 이 영역에서는 어떠한 체계적인 총체성도 추구되어서는 안 된다. 이 영역은 남성과 여성으로 구분되며, 차이들은 개념을 충분히 논구하지 않고도 개념의 차이들을 암시한다. 왜냐하면 특수성으로서의 신은 우연성을 포함하는 규정성 내로 들어가기 때문이다. 비록 이런 특수성에는 근본규정이 보편적인 신성으로, 즉 자신의 엄격함에서 다분히 유쾌함으로 전환하는 그런 진지함으로 남아

사실 고전적 예술은 정신적인 것과 자연적인 것의 통일 그 자체를 직접적으로 표현하므로, 보편적 신성이 특수한 신들 형태의 영역 속으로 자신을 펼친다.

물론 이 영역은 체계적인 총체성이 아니다. 왜냐하면 이 신들은 알레고리가 아니라 정신적인 주관성들이며, 이로써 우연성과 자의의 측면을 가지기 때문이다.

있어야만 하지만, 그 근본규정의 본성에 따른 차이들은 엄격히 체계화될 수 없다. 그렇지 않으면 이런 형태들은 성격이기보다는 다분히 알레고리일 것이며, 우연성이 그 속에 나타났던 주관적인 규정성일 것이기 때문이다. 더욱이 다음과 같은 주요규정들이 눈에 띈다. 즉 제우스는 국가권력이며, 아폴로와 뮤즈들은 의식이라는 것, 그리고 여신들은 각자 특수한 성격들을 지니는데, 헤라는 혼인을 돕는 자이고, 디아나는 밖으로 나다니는 자, 아테나는 명상적이며 전투적인 처녀라는 규정들이다. 에페소스 출신의 디아나는 자연의 보편적인 모성을 다분히 가지고 있으며, 아프로디테는 사랑이다.[165] 이 성격들은 서로 구분되는데, 이는 어떤 체계적인 전체가 있으리라는 것을 말하지 않았을지라도 그러하다. 신들의 성격이 신성의 특수성을 만들어낸다. 엄격하고 진지한 조각은 부분적으로는 이러한 특수성을 표출하기 위해 애쓴다. 고대의 여러 시대에는|[157] 사람들이 신의 특수성을 발견해내고자 애썼다. 개별성과 그 표현은 이제 성격의 추상적인 특수성에서만 머물러 있을 수 없다. 암석은 그것의 단순한 법칙에서 다 드러난다.

몇 가지로 규정된 성격들이 광물계를 모두 나타낸다. 그렇지만 유기적인 것은 가지가지의 상호작용 속에 있으며, 더욱이 그것은 무한하게 다양한 방식으로 나타날 수 있는 정신적인 자연이다. 스스로를 드러내는 이러한 특수성은 고전적 형태의 개별성이다. 여기에는 우연성과 외적인 것의 자의가 등장하며, 성격의 현상방식은 다양하다. 여기에 다음과 같은 의문이 생긴다. 신적인 형태를 위한 소재는 어디에서 나오는가? 그 형태들이 어떻게 계속 스스로를 규정하는가? 인간적인 성격, 인간적인 현실적 개별성에서는 행위의 소재, 출현의 소재가 손앞에 있는 정황과 형

자신의 특수성에서 스스로를 파악하는 보편적인 신성이 개별 신인데, 이 개별 신은 외면성의 측면을 자기 속에 지니고 있기 때문에 그 현시방식이 다양하다.

세들에 의해 주어져 있다. 즉 손앞에 있는 세계가 그런 소재를 보유하고 있는 것이다. 인간의 삶에 관한 서술들은 언제나 매우 다양하다. 사람들은 그리스 신들의 형태를 위한 소재를 시를 짓는 자의 주관성에 달린 것으로 생각할 수 있다. 다만 우리는 대체로 다음의 것을 살펴본 바가 있다. 즉 고전적 예술은 다른 것에 대항하여 반응하는 것이며, 전제를 가지는 것이라는 것, 그리고 이에 따라 이런 형태들의 더 자세한 이야기(Geschichte)를 위한 재료가 어떤 본질적으로 전제된 것이라 함이다. 이런 전제들의 주요계기들은 제공되어 있다. 그것은 부분적으로는 이전의 상징적인 것 자체이다. 이전의 상징적인 것은 여기서 상징적인 것이라는 자신의 지위를 상실하며, 형태 자체와는 상이할 어떤 것도 더 이상 의미하지 않을 것이다. 이렇게 상징적인 것의 내용이 정신적인 주체의 내용이 되면서 그 내용은 주관성의 자의에 귀속되는 외면적인 이야기로 하락한다. 이렇게 여기에는|[158] 이전의 성스러운 이야기들의 상징적인 전통들이 모두 들어오며, 그 이야기들이 주관적인 개별성의 행동이 되면서 외면적인, 인간적인 이야기 방식을 얻게 된다. 그렇게 해서 우리는 신들에 관한 많은 이야기를 듣는데, 이 이야기들은 시인의 자의에 귀속될 수 없는 것들이다. 그것은 상징적 표현의 잔여물이다. 그래서 우리는 신들이 축제를 위해 12일간 에티오피아로 여행을 했다는 것을 호메로스에서 볼 수 있다.[166] 이것은 시인이 고안하지 않은 것이다. 이러한 것은 옛 전통의 여운, 잔여물들인데, 거기서는 상징적인 것이 외면적인 이야기로 변한다. 그때 그런 것 뒤에 감춰져 있는 것, 즉 상상의 역사적인 것은 극소수의 경우에서나 볼 수 있다. 마찬가지로 제우스 이야기를 든다면, 우리는 상징적인 것이 외면적인 이야기로

> 개별성의 이러한 출현을 위한 재료를 조달하는 것:
> 1) 고전적 예술의 전제인 상징적 예술
>
> 상징적인 것으로서의 그러한 내용은 여기서 지양되어 있으며, 개별적 신들 형태의 외적인 이야기로 격하되어 있다.
>
> 제우스 이야기에서의 예

격하되어 나타나는 것을 볼 수 있다. 크로노스는 자녀 셋을 낳았는데 이들을 먹어치워버렸다고 이야기한다.[167] 옛 신들에게서는 시간이 지배자이다. 크로노스의 먹어치움은 상징적이다. 레아(Rhea)는 막내 아이를 잉태한 채 크레타로 가서 거기서 제우스를 낳고, 크로노스에게 아이 대신 돌 하나를 준다. 나중에 크로노스는 구토제를 먹고 모든 자식들을 다시 토해냈다. 이런 이야기 속에서 사람들은 옛 상징적인 것이 나타나는 것을 보게 된다. ― 특히 헤라클레스 또한 상징적인 유래의 많은 특징을 가진 인간 형태이다.[168] 예컨대 열두 가지 일은[169] 태양의 경로와, 나아가서는 헤스페리엔(Hesperien)으로의 그의 여행과 관계된다. 하지만 이런 상징적인 것은 개인의 행위들로 개작되어 있다. 케레스와 페르세포네(Persephone)의 이야기도 이와 마찬가지다.[170] 여기에는 곡식종자의 소멸과 싹틈이라는 상징적인 것이 들어 있다. 페르세포네는 어떤 계곡에서 꽃과 유희하다가 납치당하며 행방불명된다. 약술하면, 어떤 상징적인 것이 사건들(Begebenheiten)로 개작되어 있다는 것이다. ― 제우스의 많은 불성실함도 |159 이와 마찬가지이다.[171] 생식의 보편적인 것이 기초되어 있으며, 특수한 이야기들은 여러 곳으로부터 수집된 지방적 상징들(Lokal-Symbole)이다. 그러므로 이런 옛 상징적인 것 일반이, 다양하게 자신을 표현할 수 있는 개별 신들의 사건들을 위한 주요소재가 되는 것이다. 이런 신들 이야기의 또 다른 특징은 옛 왕들, 옛 영웅들의 전통과 같이 명백히 역사적이기도 하다.[172] 이러한 특징들은 무엇보다 종교들이 지방적이었기 때문에 서로 혼합되었는데, 예술적 상상의 일반적인 것으로 수렴될 때까지 혼합되었다. 옛 왕들이 신으로 되었다고 해서 그리스 신화를 역사적으로 설명하고자 하는 것

---

헤라클레스에서의 예

케레스에서의 예

2) 그 외의 소재는 옛 왕과 영웅들의 역사적인 전통이 제공한다.

은 일면적이다.[173] 모든 표상들을 역사적으로 발전시키고자 한다면 고전적 종교적인 것의 뜻을 이해하지 못할 것이다. 물론 역사적인 계기 또한 전적으로 배척될 수 없다. 가족은 국가의 첫 번째 계기이다. 가족에는 가신(家神)과 지방신들이 포함된다. 이런 모든 것은 지방적 색채를 지닌다. 지방성들의 다양성이 하나의 판테온, 즉 신들 영역으로 결합되면 지방색채들은 언제나 끝까지 작용한다. 또한 각 도시가 주로 숭배하는 자신의 지방신을 가짐으로써 지방성들이 남아 있게 된다. 신들의 개별성을 위한 세 번째 원천은 물론 시인 자신의 상상이다. 왜냐하면 예술적인 것은 바로 사건들의 개별적인 것을 보편적인 신성으로 종합하는 데 있기 때문이다. ― 예를 든다면 이런저런 운명은 신으로부터 나온다는 것이다. 우리는 이와 유사한 것을 호메로스의 작품에서 보게 된다. ― 세 번째 원천으로는 다음의 것을 상기할 수 있다. 즉 인간은 자신의 욕구, 사건들에서 신들에게로 도피한다는 것이다. 그리고 성직자들은 우연히 |160 발생한 사건을 징조, 즉 그 사건이 어떤 고차적 의미를 가진다는 알림으로써 설명해야만 한다. 위급·결핍·불운이 앞에 있다면 성직자는 어떻게 해서 불운을 만나는지 알려주어야 한다. 시인은 해석자이며, 성직자 자체이다. 그는 신들 영역에 관한 견지에서는 어떤 신이 이런저런 사건에서 자신을 드러내는지를 설명해야 한다. 이러한 것을 통해 신들에 관해 이야기되는 것, 신들이 원했고 행했던 것의 범위가 증대한다. 소재는 시인과 성직자들이 그들의 방식으로 설명하는 관습적인 정황들로부터 취해진다. 우리는 이러한 것을 호메로스에게서 보았다. 바로 『일리아스』의 시작에서, 병이 발생하자 칼카스(Calchas)[174]는 이것을 아폴로가 그의 사제들이 다쳐서 노여워하

이러한 전통은 지방적인 전통들인데, 그 색채는 나중에도 지속된다.

3) 세 번째 원천은 시인의 상상이다. 이 상상은 특히 직접적인 현실의 사건들이 신들에 의해 작용된 것으로 설명한다.

호메로스에서의 예들:

는 것이라고 설명한다.[175] 그러면 이것이 신화에서는 아폴로의 행위로 설명될 수 있다. 그래서 파트로클로스(Patroklos)[176]가 헥토르에 의해 살해될 때 호메로스는 아폴로로 하여금 파트로클로스의 투구와 방패를 벗겨내게 했다.[177] 파트로클로스는 말한다.

"아폴로가 나를 첫 번째로 죽이고, 에우포르보스(Euphorbos)[178]가 두 번째로, 너 헥토르는 세 번째로 나를 죽이는 것이다."

결전에서는 먼저 그리스인과 트로이인들이 싸우고, 영웅들이 개별적으로 개인들에 맞서 싸운다. 하지만 일반적인 군에서는 보편성들이 서로 싸운다. 호메로스는 이것을[179], 아레스(Ares)[180]가 몸소 등장하자 모든 신들이 등장하고, 신들은 신들과 더불어 싸운다고 기록하고 있다. 그리고 보편자가 마지막으로 자기 자신과 싸우는 것은 아름다운 점층법이다. 곧바로 신적인 것의 개념 자체가 그런 특징들 속에 언급되어 있는 것이다. 이런 것은 신들의 행위를 위한 여타의 소재를 내주는 것이다. 『오디세우스』의 마지막 노래에서 아가멤논의 망령(亡靈)은 바다가 일으키는 격랑의 표효를 테티스가 아킬레우스의 제사에 온다는 것으로 설명한다.[181] 그러므로 인간적 사건들은 더 자세한 소재를 위한 것, 신들의 외면적인 현존재를 위한 것으로 간주될 수 있다. 신적인 형태가 나타나게 되는 이러한 외면적인 것에는 이제 다른 분야로의 이행이 결부된다. 왜냐하면 내적인 이념, 즉 사상에 대립하며 이 사상이 자신의 실재성에 대한 불쾌감을|[161] 갖도록 일깨우는 것인 유한화의 다양성이 이 외면성에 들어 있기 때문이다.

일반적인 예술양성(Kunstausbildung)은 이상의 고요함(Stille)에

서부터 이 이상의 출현의 다양함으로, 점점 더 인간적이 되는 행위와 발생의 세부적 묘사로 나아간다. 따라서 예술은 내용상으로는 개별화로, 형식상으로는 쾌적한 것으로 나아간다. 쾌적함은 모든 점에서 외면적인 것의 양성(養成)이다. 그래서 어디서나 관객과의 관계에서 어떤 연관을 가진다. 예술은 외적인 것으로 향한 관계 속으로, 그래서 호감(Gefallen)과의 연관 속으로 이행한다. 현존재의 이러한 유한화에는 지금 — 그것 그대로 — 예술분야에서 보이는 주관과의 더 밀접한 관계가 놓여 있다. 아름다운 예술이 시작된다면 이 예술은 종교를 부패시킨다. 경건성은 어떤 그림에서나 충분하다. 가장 나쁜 그림도 충분히 경건하다. 그림이 아름다운 형상이 되고, 환상이 해방되자마자 기도의 진지함은 사라지기 시작하고, 감각적인 존재의 관심과 내적인 것의 관심이 등장하며 양성의 대상이 된다. 의미, 실체적인 것은 남아 있다. 즉 신들의 개념, 그들의 보편적인 것은 전진하지 않고, 유한한 관계와 연관하여 단지 그들의 외면적인 측면만 발전하는 것이다. 기독교 예술에서는 신자들이 추구하는 아름다운 그림은 없고 낡고 경직된 그림이 있다. 아름다운 것에서는 표현된 현존재에 매혹되어 보편적 사상, 심오한 기도가 만족시켜 주는 것으로부터 소원해진다. 보편적인 것에서의 이러한 대립은 여기에도 등장하며, 아름다운 신들의 세계를 몰락시킨다. 고전적 예술의 자리에 낭만적인 기독교 예술이 등장해야만 하는 것이다. |162

그러나 신들 형상의 개별성은 점차 더 다양하게 출현하면서, 자신의 보편적 개념이 그 실재성에 더 이상 상응하지 않을 때까지 점차 더 스스로 유한해진다.

---

이행의 내용상 이 이행과 관계되는 것에 관해서는 나중에 더 자세히 얘기할 것이다. 이에 앞서 우선 말할 것은, 어떤 예술 형식이 이 이행 자체 내에 설정될 수 있는지이다. 고전적 예술로 이행할 때 우리는 우화, 비유담 등과 같이 형태와 의미가 분리되는 것을 고찰했다. 이제 여기에도 그러한 형식들이 들어오지만 물론 매우 근소하다. 이 이행에서는 대체로 형태와 사상의 차이가 나타난다. 이념상이 이렇게 갈갈이 찢어짐은 이미 이전의 것에서부터 확증되어 있다. 크세노파네스, 플라톤은 신들의 이야기에 대해 노하게 되었다.[182] 플라톤은 시가 신들을 유한화하는 데로 가장 많이 경도되어 있다는 이유로 시를 [이상국가에서] 추방했다.[183] 이런 외면성은 사유에, 보편적인 것에 모순된다. 그래서 존재해야 하는 것과 현존으로 나타나 있는 것 간의 대립이 생기는 것이다. 그러나 여기서 분리는 — 이전에 유지되었던 것과는 달리 — 적대적으로 현상할 것이 틀림없다. 요컨대 이전의 것에는 사유와 형태가 적대감 속에 있지 않고 우호적인 관계 속에 있었다. 이 우호적 관계에는 자연적 형상물이 그 자체 내에 더 높은 의미를 가진다는 것과 이 양자가 분리되어 있었다는 — 그것은 단지 산문적인 것이었다 — 전제가 기초되어 있다. 하지만 이제는 더 고차적 종류의 대립이 생긴다. [이 사이에] 하나의 중간형식이 밀고 들어오는데, 이 형식은 아직 스스로 화해되지 않은 대립을 위한 형식이다. 우선 요구되는 것, 즉 실체적인 것은 [최고의] 이념상에 도달했던 정신적인 것이 자립적[인 것]으로 뚜렷해지는 것이다. 그리스 예술의 의미는 정신적인 것이 주된 사실이라는 것이다. 하지만 그 정신적인 것의 실재성은 여전히 직접적인 현존재로서 현상한다. 이제 [낭만적 예술에서는] 형태에 대해

신성의 개념과 그 표현의 후퇴는 세 번째 보편적 예술로의 이행을 이룬다.

그러한 후퇴는 상징적인 것에서와 같이 우호적인 관계가 아니고 적대적인 관계이다.

지배자인 주관성을 표현하는 것이 타당하다. 그리스 예술에서는 단지 감각적인 형태에서만 신이 자신의 형태를 가진다. 그렇기 때문에 이상적인 것(das Ideale)의 이러한 통일은 더욱이 다음과 같이 될 정도로 와해되어야만 한다. 우선 정신적인 것이 |163 하나의 대자적인 세계가 되며, 감각적인 것에서 벗어난 채 절대적으로 평화롭게 되도록 말이다. 신이 정신적인 것에 스스로 현존재를 부여하기 때문에, 단순한 자연적인 형태, 즉 신의 형태는 죽은 것으로서 놓여진 채 이제 〔정신적인 것으로부터〕 분리된다. 이로써 외면적이며 유한한 현실은 그 자체 자유롭게 된다. 하지만 바로 이와 더불어 신들이 부재한 현실, 즉 부패한 현존재도 그러하게 된다. 이제 우선 양 측면이 이러한 규정 속에 있으며 아직 화해가 생겨나지 않는 동안 이 대립에 하나의 예술형식이 소속될 수 있다. 화해는 아직 거기에 있지 않다. 즉 정신적인 측면은 아직도 총체성, 즉 자기 자신 속에 스스로 현존재를 부여하는 정신성이 아니라, 한갓 주관적인 정신성, 만족되지 못한 추상적인 정신성인 것이다. 사유하는 정신, 대자적이며 귀품있는 정서, 주체로서의 주체, 아직 이념을 포착하지 않으면서 자신 내에서 주관적으로 의거하는 것은 부패함에 대립해 있다. 이런 것은 먼저 산문적인 관계이다. 귀품있는 정신은 선, 덕이라는 자신의 추상적인 이념에 불충분한 것인 현존재자에 대해 노여워한다. 즉 어떤 가치 내용이 현전하는데, 이 내용은 앞에 놓여 있는 부패한 세계에 대해 대립적으로 관계한다는 것이다. 심정은 이렇게 그러한 현재에 대한 노여움 속에 있는데, 더 자세히는 이런 것이 이행의 관점이다. 그래서 우리는 그리스인들 자체에서 한편으로는 굉장히 경박하게 그리스 신들을 헐뜯는 아리스토파네스를 보게 된다.[184] 이

> 보편적 개념은 형태의 외면성을 지양하며, – 형태를 그 자체로 있게 두면서 – 자신 속에서 스스로 완성된다.

> 물론 이를 통해 외면적인 것은 부패한, 신들이 부재한 현존재가 된다.

> 그렇게 한편으로는 추상적이고 자신 속에서 아직 완성되지 못한 정신성이, 다른 한편으로는 부패한 형태가 있다.

> 그리스 세계에서는 아리스토파네스가 그런 시기에 등장하지만, 그리스의 성격에 따라 여전히 유쾌함을 지니고 있다.

것은 노여움이 아니라 오히려 다분히 우스움이라는 유쾌한 태도이다. 여기에 보다 적합한 것은 낭만적 세계의 고유한 입장이다. 우리는 이 세계에서 아름다운 인륜성에 반하여 죽은 법칙이 지배하는 것을 보게 된다. 개별적 감정은 법칙에 굴복해야만 한다. 이것은 이상적인 것을 자신 속에 간직하며, 이 이상적인 것을 아름다운 것으로 만드는 정신의 태도가 아니다. 그렇기 때문에 로마인들은 모든 것을 그리스인들로부터 넘겨받았으며, 단지 형식들의 본질만 그들에게 토착적이다. 그러니까 풍자시(Satire)만 로마인들에게 원래 있는 것이다.|164 여기에서는 미의 통일성을 붕괴시키는 것이 주된 것이다. 그래서 우리는 한편으로는 추상적 사유·추상적 의지·덕을, 다른 한편으로는 나쁜·무사유적인 현실을 가진다. 이러한 대립이 예술형식으로서 나타날 수 있는 한, 그 형식은 풍자시의 형식이다. 이 풍자시는 로마인들에게서 고유하며 진정하다. 그것은 미덕이 있는 체하는 짜증이며, 부분적으로는 공허한 장광설이다. 마찬가지로 타키투스(Tacitus)는 불만에 찬 자이며, 이 시대에는 불만이 정당하다.185) 이런 추상적인 것에는 정신이 자기 자신 내에서 마지막의 참다운 화해 없이 과거의 세계상태를 상기하는 것이 도움이 된다. 인위적으로 표현된 이런 대립은 언제나 산문적이다. 이 대립은 부패한 인물들이 자신 속에서 스스로 파괴되고 쇠퇴하는 것으로서 표현되는 한에서만 시로 여겨질 수 있다. 다른 한편 또한 옳은 것, 덕의 표상이 패륜들에 대립될 수 있다. 호라티우스의 풍자시는 우리에게 그 시대 관습의 생생한 일례를 제공한다.186) 즉 그는 수단들이 세련되지 못하여 스스로 자신을 파괴하는 우둔함으로 그 관습을 표현한다. 나중에는 루시안의 풍자시들이 알려지게 되었는데,187) 이 시들은

> 여기에 등장하는 예술형식은 풍자시다.

모든 것을 포함하며 특히, 아리스토파네스가 이미 유쾌하게 행한, 옛 신들과 그들 행동의 모순들을 드러냈다.¹⁸⁸⁾ 루시안은 가끔 형태들의 한갓된 외면성에서 수다스럽게 머물러 있어서 이로 인해 지루해진다. 우리는 한편으로는 루시안이 표현하고자 했던 것은 이미 끝났으며, 다른 한편으로는 신들의 이런 특징들이 — 아름다움의 관점에서 고찰할 때 — 그 타당성을 가진다는 것을 알고 있다. 우리 시대에는 더 이상 어떠한 풍자시도 없다는 것이 주목할 만하다.

풍자시는 부적합한 형태들을 스스로 자신을 파괴하는 것으로 나타내 보이는 한에서만 시적인 흥미를 가진다.

---

## 낭만적 예술형식

우리는 이제 일반적 형식의 세 번째 것으로 넘어간다.

    형식은 여기서도 마찬가지로 내용에 의해 스스로 규정된다. 첫 번째 형식, 즉 상징적 형식에서는 자연이 우세자인데, 정신은 이 자연 속에다 스스로를 형상화하고자(sich einbilden) 한다. ¹⁶⁵

    이러한 구상(構想, Einbildung)은 고전적인 것에서 완성되어 있다. 세번째 것에서는 정신적인 것이 자기 안에서 자유롭고, 첫 번째 형식에서 아직 외면적이던 자신의 실재성을 자기 안에 가진다. 고전적 예술에는 아름다움의 개념이 실현된다 — 어떤 것도 더 아름답게 될 수 없다. 하지만 아름다움의 왕국 자체는 대자적으로는 여전히 불완전하다. 왜냐하면 자유로운 개념이 단지 감각적으로만 그 속에 현전하며 어떤 정신적인 실재성도 자기 자신 안에 가지고 있지 않기 때문이다. 정신은 이러한 부적합성을 지양할 것과 자신의 타자 속에서가 아니라 자기 자신 안에서 살기

제3부

낭만적 예술형식

정신은 고전적 예술에서 여전히 직접적인 현존재를 가지므로, 이를 지양하여 낭만적 예술에서는 최고의, 자기 자신 속에 있는 정신적 현존재에 도달한다.

를 요구받는다. 정신은 자신을 자신의 현존재의 지반으로 가져야 하며, 노력하여 예지계를 얻어야만 한다. 그리고 정신의 이러한 자유는 지금 원리를 이루는 것이 된다. 이를 통해 현상 역시 미를 넘어서는 다른 상태를 얻게 된다. 우리는 이러한 내용과 형식을 먼저 일반적으로 규정해야 할 것이다. 이 원리는 절대적 내면성의 원리이다. 이 내면성은 먼저 추상적으로는 자신을 무한한 것으로 아는 주관성이다. 여기서 주관은 더 이상 특수한 것이 아니고, 오히려 주관성이 스스로를 자기 자신 안에서 무한한 것으로 파악하며, 자신과의 이러한 무한한 동일성이다 — 이 동일성에는 모든 다양성[즉 그리스 신들]이 한낱 상상적인(ideell) 것으로 격하되어 있다. 이 판테온에는 [이제] 모든 신들이 삼켜버려져 있다. 즉 주관성의 화염은 특수자로서의 신들을 파괴했고, 단지 하나의 신, 하나의 정신, 하나의 절대적인 자립성이 있으며, 신성은 특수한 성격과 기능들을 상실했다. 이 절대적 주관성은 예술로부터 도망치며, 단지 사유(der Gedanke)의 대상이 된다. 하지만 이 주관성은 내면성으로만 남아 있지 않고 현상하며, 모든 차이가 그 속에서 소실되는 하나의 질투 많은 신이 아니라 스스로를 계시하는 신이다. 그러나 이 현존재는 외적인 형태로 현상하는 주체 자체 내에, 현존재로서 현상하는 정신 속에, |¹⁶⁶ 인간적 본성(Natur) 속에 있다. 신성, 절대적 주관성은 주관성 자체 내에서 직접성으로서 현상한다. 또한 이 측면에서 볼 수 있는 것은 여기에 예술이 등장한다는 것이다. 현실적인 주체는 이제 — 자기 자신을 의식하는 주체로서 — 신적인 것의 현존재이다. 우리는 이러한 것과 신들 형태의 조각을 비교할 수 있다. 신들 형태의 조각은 자신의 형태에서 지와 의욕을 표현하지 못한다. 즉 옛 신들의 형상에는

> 이에 따른 낭만적 예술형식의 원리는 절대적 내면성이다.

> 이를 통해 현상의 모든 다양성은 상상적인(ideell) 것으로서 정립되어 있으며, 신들의 다양성은 대자적인 하나의 신이라는 통일성 내로 격하되어 있다.

> 주관성은 인간적 주관성으로서, 자신의 현존재에서 스스로를 신적으로 아는 것으로서, 자기 자신의 현상이다.

눈빛이 빠져 있다. 신은 자신을 알지 못하는 것이다. 준엄한 [신들의] 형태에는 영혼이 이를 통해 보기도 하고 보여지기도 하는 눈이 광채가 없다. 이 형태들은 흉금을 털어놓고 있지 않으며 외부로 향해 있지 않은 것이다. 이제 신은 보면서, 즉 자신을 알면서 인간 형태로 현상한다. 이런 인간 형태는 전체 세계와 연관된다. 즉 인간 형태에 모든 다양성이 결부되는 것이다. 인간 형태는 현전하며 알려지는 세 가지 방식을 가진다.

인간 형태는 이런 자기지(自己知)로서 세 가지 현상형식을 가진다.

그 첫 번째 방식은 이러한 인간성이 신성의 추상적인 주관성 자체로부터 나오며, 인간의 형태가 신성을 자신 속에 지니는 것으로 직접적으로 알려지게 되는 것이다. 이러한 것은 그리스도의 역사, 즉 인간 형태 속에 전체 신성이 현전하는 방식으로 인간 형태를 표현한 것이다. 인간 현실은 신 자체에 소속되기 때문에 보편적 인간성이라는 의미를 지닌다. 인간 현실 속에서 신은 자기 자신과 화해했으며, 이것은 처음부터 그러하다. 왜냐하면 인간 형태의 시작은 신 자체 속에 들어 있기 때문이다.

1) 정신적인 것의 직접적 현시로서의 인간 형태: 그리스도의 역사

두 번째 방식은 인간이 유한한 자연적 정신으로서의 자신으로부터, 즉 신이 아니라 유한성에서부터 시초를 이루면서 시작하는 것이다. 이러한 인간은 신 바깥에서 시작하기 때문에, 스스로를 이 신으로 고양한다는 규정과, 신으로부터 시작하는 것으로 정립되어 있는 저러한 첫 번째 방식의 인간의 본래적인 것이 [이제는 신 밖에서 시작하는 인간 자신이] 스스로 되어야 한다는 규정을 갖게 된다.|167 두 번째 인간은 이제 고양의 가능성을 갖고 있다. 이러함에 필수적인 것은 그 인간이 자기 자신과 분리되며, 자신과 갈라진다는 것이다. 이로써 자연성이 지양되어 있게 된다. 이러한 희생은 무한한 고통이며, 하나의 유한자로서의 자신

2) 신성에 반(反)해 스스로를 지양하는, 직접적 외면성으로서의 인간 형태

의 무성(無性)이라는 무한한 감정이다. 고통과 죽음은 그 속에서 정신적인 것이 자연적인 것과 스스로 합일하므로 고전적 예술에는 배제되어 있는데, 이 고통과 죽음이 여기서는 심오한 의미를 얻으며, 하나의 본질적인 계기가 된다. 앞에서는 단지 추상적 부정인 죽음이 여기서는 영혼의 죽음, 영원한 추방이 될 수 있다는 의미를, 영혼이 절대적으로 불행하게 된다는 의미를 가진다. 이전에는 단지 상상의 그림이었던 불멸성이 여기서는 전혀 다른 의미를 얻는다.

이를 통해 설정되어 있는 것은 스스로 자신으로부터 분리됨, 즉 여기서 절대적 의미를 얻게 되는 고통이다.

세 번째는, 여기에서도 신 바깥에서 시작하지만 스스로를 신으로 고양하지 않고 유한성 내에 머물러 있는 인간이다. 이런 자연적인 것은 여기서 한갓 우연적인 것으로 격하되어 있는데 이 우연적인 것은 즉자 대자적으로 유효하지 않으며, 그것이 어떤 악한 것, 유한한 것이기 때문에 신이 자신의 현존재를 그 속에서 찾지 않는 그런 것이다.

3) 이로써 인간 형상은 직접적인 것으로, 아무 것도 아닌 것으로 설정되고 지양되어 있다.

여기서 이런 세 가지 형태들에는 외면성이 현상한다. 우리는 자신과 함께 하는 영혼의 내밀성(Innigkeit)을 여기서 갖게 되는데, 이 영혼은 예지계에 있으며 이 예지계 속에서 현존하고, 이런 내밀성 속에서 자신의 아름다움을 갖는다. 영혼의 아름다움은 여기서 직접적인 세계의 형태에 개의치 않는다. 왜냐하면 직접적인 세계는 자신 내에 있는 영혼의 지복함에 걸맞지 않기 때문이다. 이를 통해 소재는 떨어져 나갔으며, 대자적으로 자유롭다. 이제 이념상에서는 정신이 소재를 지배한다. 이제 소재는 내면성(Innerlichkeit)을 표현하지 않는다. 오히려 소재에서 내면성이 현상해야 한다. 말하자면 소재는 [내면성에] 외면적인 것이 만족스럽지 않은 것임을 함께 표현해야 하는 것이다. 내면성은 |168 외면적인 현존재

따라서, 주관적 정신성이 현상되도록 하는 한에서만 인간 형태는 주관적 정신성의 현시일 수 있는데, 이 정신성은 [이제] 인간 형태에서가 아니라 자기 자신 속에서 자신의 참다운 현존재를 가질 것이다.

에 대한 대립을 자신 안에 지니고 있다. 낭만적 예술은 세계 — 이 세계는 영혼의 자기-내-존재(das Insichsein)에 대응하는 가상(Gegenschein)만을 수용하며, 참다운 것에 대해서는 언제나 이종적 질료인데 — 를 넘어서 음악적인 기초와 부유(浮遊)함, 음향들을 가진다. 이런 이종적인 질료는 개별적으로 특수하게 (partikulär) 나타날 정도로 자유롭다. 이 질료는 이제 아름답지 않게 현상해도 되는 것이다. 이러한 것이 낭만적 예술의 추상적인 근본개념이다. 이로부터 결과되는 것은, 현존하는 인류만이 오로지 이 예술의 지반이라는 것이다.

> 낭만적 예술의 지반은 현존하는 인류이다.

이러함으로써 낭만적 예술의 내용이 협소해진 것처럼 보인다. 즉 자연은 탈신격화되고, 바다·산·계곡·폭풍·우물들이 더 이상 그 자체로 신적인 것으로 이해될 수 없다는 것이다. 또한 자연 생성의 위대한 상태들, 자연의 보편성 내에서의 소멸과 생성, 모든 사물들의 과정은 여기서 그들의 자리를 잃게 되었다. 어디에서, 어디로, 세계와 인류의 무엇을 위해서인가에 관한 물음들은 침묵하고 있으며, 수수께끼는 대답되어 있다. 이제 모든 것은 저 하나의 구원사에 집중된다. 그리고 그 모든 것은 단지 그 구원사와 관계되는 것으로서만, 그 구원사를 표현하는 것으로서만 의지를 흥미롭게 하는 것일 수 있다. 신들 범위의 특수한 성격들은 하나의 통일성 속에서 일치되어 있고, 알록달록한 채색의 세계는 저 하나의 광점(光點) 속으로 모여 있다. 그래서 이제 이 범위는 지극히 협소해진 것처럼 보인다. 하지만 전체 내용이 주관적·인간적인 심정의 미세한 것들과 결합되어 있고, 모든 과정이 미세한 것들과 전치(轉置)됨으로써, 그 범위도 다른 한편 다시 무한하게 확장되어 최대로 경계없는 다양성을 포괄하게 된다. 왜냐

> 이로써 낭만적인 것의 범위가 협소해진 것처럼 보이다.

하면 비록 [그리스도의] 저 객관적인 역사가 심정의 실체적인 것을 형성할지라도 이 실체적인 것은 모든 측면에서 그 역사를 두루 거쳐가며 이 역사에서 나온 개개의 미세한 것들을 표현하거나 혹은 그 역사가 — 항상 그대로 머물러 있는 자연과는 달리 — 지속적으로 자신을 새로이 형태지으며 지속적으로 변화하는 다양성 속에서, 언제나 새로운 특징들에서 자신을 나타내기 때문이다. 그리고 이외에도|[169] 심정은 전체 자연 소재를 저런 위대한 내용과 관련하여 다룰 수 있고, 이를 자신의 목적을 위해 사용할 수 있다.

그러나 정신적인 내밀함이 형식의 가장 다채로운 다양성에 적합할 수 있음으로 해서 낭만적인 것의 범위는 확장되어 있다.

이제 더 자세한 규정들, 즉 낭만적인 것의 이러한 근본개념의 더 계속되는 내적 분지(分枝)에 관해서 살펴보면, 그 근본개념은 다음의 세 계기들, 즉

1) 실체적인 것 자체를 객관적 구원사로서 표현하는 것, 즉 하나의 종교적 영역으로,
2) 이 종교적 영역이 자신의 내면성을 단념하면서 자신의 주관적 정신성에 대한 세속적인 표현방식을 얻게 되고, 이로써
3) 자신의 표면화 일반으로 한계를 넘어가는 것으로 전개된다.

### 1) 종교적 영역

이 종교적 영역은 이 단계를 형성했던 그대로의 신적인 것을 표현하므로, 이상은 참으로 본래 제 집에 있는 것으로 보인다. 왜냐하면 그 신적인 것은 여기에서 외면성으로 등장하는 실체적인 것 그 자체이기 때문이다. 그러나 여기에 등장할 수 있었던 바의 이상은 우리가 고전적 예술에서 알게 되었던 이상과는 분명 전혀 다른 종류일 것이 틀림없다. 정신 자체 속에서 스스로 자신

1) 종교적 영역
이 범위의 보편적인 것 속에 있는 이상에 관하여

이상은 이 종교적 영역에서는 다음의 방식으로 한계를 넘어서 있다. 즉 영혼이 자신의 총체성에 따라서는 신체적인 것

의 현존재를 애써 얻었던 정신적인 주관성의 원리로서의 내밀성에는 본질적으로 다음의 것이 속한다. 즉 영혼이 그리스 신처럼 직접적으로 자신의 신체적인 형태로 흘러들어가 있지 않으며, 이 형태를 통해 전적으로 스스로를 표출하도록 하지 않고 자신 속에서 지복하게 살지도 않으며, 자신의 총체성에 따라 스스로를 드러내보이지 않는다는 것이다. 여기서는 오히려 그 반대로, 영혼이 신체에서 현상하면서 동시에 이 신체로부터 나와 자신 속으로 후퇴해 있는 것으로서, 자신의 신체에서가 아니라 자기 자신 속에서 사는 것으로서 스스로를 나타내는 것이 본질적이며 필연적이다. 이와 함께 영혼은 자기 자신 속에 있으며, 자기 속에서 자신의 실재성을 지닌다. 그리고 영혼이 신체 속에 있지 않고 자기 자신 속에서 그 실재성을 가진다는 것이 현상되도록 하는 한에서만 신체는 영혼을 표출할 수 있다.|170 이와 함께 고전적 예술에 반해 완전히 다른 상태가 보인다. 왜냐하면 여기 낭만적인 것에서는 영혼이 이제 더 이상 신체에다 스스로를 형상화하지(sich einbilden) 않으며, 자기 자신 속에서 자신의 참다운 현존재를 가지므로 신체를 이상화하지 않고 직접적으로 있는 그대로 두기 때문이다. 이와 함께 영혼은 이상화하는 대신 초상화에 근접한다. 왜냐하면 고전적 예술의 관심, 즉 완전히 신체성으로 현상하는 것은 상실되어 있으며, 그와 함께 외면성은 다분히 어떠해도 상관없는 외면적인 것이기 때문인데, 이 외면적인 것은 영혼이 그것을 더 이상 이상화할 필요가 없으며 따라서 우연한 방식으로 직접 앞에서 보게 되는, 그대로 놔두는 그런 것이다. 따라서 시간성의, 자연의 필요성의 흔적들, 현존재의 외면성은 그 자체로 더 많이 수용될 수 있게 된다. 왜냐하면 자기-내-존재는 이 외면성

에서 현상할 수 없고, 오히려 이와 반대로, 즉 자신의 신체가 자신의 참다운 현존이 아니라 이 참다운 현존을 영혼이 자기 자신 속에 가지는 것으로 현상하도록 하는 방식이다.

이로써 영혼은 더 이상 자신의 신체성에서 스스로를 형상화하지 않고, 이 신체성을 관념화하지 않은 채 직접적으로 수용한다.

대해 다분히 어떠해도 상관이 없으며, 궁색함과 위축됨을 용인하고, 자기를 형태화하는 것을 형태에다 넘겨주기 때문이다. 이로써 자기를 형태화하는 것은 — 외면적인 것으로서 — 체념되어 있으며, 외면적인 것은 제 삼자, 관객을 위해 자신을 제공한다. 즉 그것은 어떤 알림이, 제 삼자와의 공동성이 그 속에 놓여 있는 그런 것이다. 현존재는 일종의 포기된 것이다. 고전적 이상은 차갑고, 자신에 대해 있으며, 자신 속에 완결되어 있다. 이 이상의 형태는 자신의 고유한 형태이며, 이 형태 가운데는 어떤 것도 자유로운 것이 없다. 특수한 성격이 모든 특징들을 지배하고 있는 것이다. 이 이상은 닫혀 있으며, 수용적이지 않고, 그 자체로 완결적인 하나이며, 그래서 타자를 거부한다. 그러나 이제 낭만적 예술에서 외면성은 이상을 위한 것이 아니라 타자들을 위한 것이며, 모든 타자들에게 자신을 넘겨주는 계기를 자신에게서 갖고 있다. 관객은 이상이 포기되었다고 믿으면서 관습적인 것에 다가간다. 이에 따라 형태는 더욱 더 관습적인 인간성을 띠게 된다. 이념상이라는 감각성의 엄중함은 더 이상 요구되지 않고 지고의 내밀성이 요구된다. 이런 방식으로 형태가 고착되어 있지 않기 때문에 |[171] 내밀한(innig) 주관은 자신 속에서 전적으로 완성되어 있는, 자신의 완결성의 지복함 속에서 사는 그리스 신처럼 자신 속에서 외롭지 않다. 오히려 낭만적인 이상의 표현은 다른 정신적인 것과의 관계를 표현하는데, 이 다른 정신적인 것은 내밀성과 결부되어 있어서 영혼은 바로 이러한 타자 속에서만 자기 자신과의 내밀성 속에서 살게 된다. 이러한 타자 속에서의 자기 안의 삶은 사랑의 상태이다. — 비록 우리가 형태에서 출발할지라도 형태 속에는 신성의 보편적 이념, 즉 신은 사랑이라는 이념이

여기에 진술되어 있는 바는, 낭만적 예술에서 주관성은 외롭게 자신과 더불어 추상적으로 홀로 자신의 신체 속에 있는 것이 아니라, 타자와의, 즉 신체의 원리인 정신적인 것과의 통일성 속에 있다는 것이다.

들어 있다.

    이상의 형태 가운데 그와 같이 신성의 보편적 이념이 들어 있는 것, 더 자세한 내용은 먼저 신적 화해의 역사 자체, 그의 형태와 그의 역사 속에서의 그리스도에 대한 표현이다. 이 표현에는 어떤 특수한 성격도 진술되어서는 안되며, 이 표현은 어떤 특수한 의미심장함도 갖지 않아야 한다. 그러니까 그리스도의 두상들은 어떤 고전적 이념상도 아니다. 아폴로의 미를 그리스도의 두상에 형상화해 넣는 것들은 지극히 어울리지 않는 일로 나타날 것이다. 인간적인 진지함이 그리스도 속에서 스스로 표출되어야 하며, 이상의 아름다움과 자연적인 형태의 중간을 나타내 보이는 사랑도 그러해야 한다. 추(醜)가 이 형태에 혼합되어서는 안 되지만 추는 이상적인 아름다움과 숭고를 멸시한다. 그래서 이 형태에는 예술가의 숙련성이 두각을 나타낼 수 있다. 왜냐하면 이 형태에 제격인 중간을 나타내 보이는 것이 어렵기 때문이다. 이 형태는 속된 것으로 침강해서도 안 되며, 고전적 미에 도달해도 안 된다. 내용에 대한 그 외의 것에 관해서 본다면 내용은 신적인 현상의 절대적 역사 속에 존립한다. 이 현상에는 회심이 표현되며, 이 현상 속에서 신은 수난과 고통, 죽음을 참고 견디어 매개를 통해서, 즉 직접성을 재건하는 부정성을 통해서 죽음의 부정성에서 살아나와 부활하며,|172 하나님의 오른편에 오른다. 이러한 역사는 정신의 개념에서부터 스스로 증명되며, 이러한 현상 방식으로 종교적 의식에 표상된다. 이 역사의 내용은 신적 사랑 혹은 사랑의 이념이다. 실재적인, 현존하는 인간적 사랑은 어떤 다른 모습으로 펼쳐진다. 이 [신적] 사랑은 지복한 내밀성을 단순히 감각적으로만 표현하지 않고, 현재적인 것으로 표현한다. 이런 것은 모

더 자세한 내용:

a) 자기 자신과의 신적 화해의 과정

이런 과정은 그 현상에서 신적인 것의 현상 자체로서 표현된다.

성애, 즉 낭만적 예술의 가장 성공적인 대상인 마리아의 사랑이다. 이 사랑은 비록 수난과 고통이 있을지라도 고뇌와 죽음은 없으며, 직접적인 부당함이 없다. 물론 어떤 순교자도, 속죄도 등장하지 않는다. — 마침내 이제 그리스도에게, 그리고 마리아에게 계속되는 정황으로서 그리스도의 친구들과 신봉자들이 스스로 결속한다. 그들 또한 아직은 외적인 끔찍함 없이 회심의 역사를 자신 안에서 겪었다. — 이러한 것이 첫 번째 영역을 이룬다.

    그 외의 것은 이와 동일한 역사가 다른 개인들에게서도 나타나고 반복된다는 것이다. 그것은 다른 개인들 속에 그대로 비춰지는 신적 과정의 반사이다. 이를 통해 이 개인들 자체는 신적인 것의 공동체 내로 수용된다. 왜냐하면 이 개인들 자체가 스스로를 자연성으로부터 구해내고, 자연성을 무(無)적인 것으로서 자신과 구분하며, 스스로 자기 자신에게 굴복하면서 이러한 분리의 고통을 두루 거쳐나가 화해로, 정신으로, 그리고 정신 속에서 자신과의 평화로 다가가기 때문이다. 그러나 이제 여기서, 자신의 고유한 영역 내부에서 이루어지는 신적인 역사의 외화의 이러한 영역에는 표현을 통해 부분적으로는 우리의 개념이, 부분적으로는 또 다른 측면, 즉 미에 대한 우리의 감각이 훼손된다. 훼손이 회피되어야 하는 경우에는 전도(顚倒)〔즉, 우리 감각의 훼손이 아니라 개념과 미의 훼손이 일어남〕와 이 전도의 과정이 내적인 것에서 추상적으로 일어나서 예술의 대상이 전혀 아니든가, 아니면 매우 비근한 부분에서만 예술의 대상이 된다. — 요컨대 자연적인 것의 분리의 이러한 수난, 유한적인 것으로부터 자신을 뿌리침이|[173] 외적인 역사가 된다면, 이 역사는 외부로부터 타자들에 의해서나 혹은 자체적으로 주체에게 엄습하는 잔혹함과 부당함

---

b) 자기 자신에 의해서나 혹은 타자들에 의해 부과된 고통으로 인한 자연성의 부정적 설정을 통해 다른 개인들에게서의 이러한 과정을 서술; 순교자, 속죄자들.

여기서 개념과 미 감각은 훼손될 수 있다.

을 견뎌내는 것으로서 서술된다. 이러한 견뎌냄을 통해 정신은 변용(變容)되며 평화와 자신과의 화해에 이르게 되거나, 혹은 그런 후 이러한 지복한 통일성 속에 살리라는 것을 알게 된다. 그래서 순교자들은 종교적인 것의 이러한 분야에서 낭만적인 예술의 대상이 된다. 여기서 그들은 자신을 괴롭히는 자들로 등장하며, 자발적으로 고통과 고뇌를 자신에게 부과하면서 이를 통해 자신들의 자연적 의지를 부정적으로 설정하는 것을 보여준다. 이 자연적 의지가 꺾어지기 때문에 정신의 변용이 눈에 띄게 빛나는 것이다. 신성의 위대함은 이 분야에서는 수난당한 자의 잔혹성에 의해 측정된다. 하지만 바로 이러한 잔혹성에 의해 우리의 개념뿐 아니라 미 감각도 동일한 방식으로 훼손된다. 저렇듯 특히 예전 시대의 낭만적 서술들은 그러한 속죄자, 순교자들로 가득하며, 옛 전설들은 근세에서도 여전히 이러한 영역에서 나오는 서술을 위한 보고(寶庫)를 넘겨준다. 인륜성과 의무는 비록 절대적인 실체적인 계기를 함유하고 있을지라도 흔히 어떤 부정적인 것, 그리고 부정되어야 하는 것으로서 간주되며, 그래서 파괴되고 붕괴되며 유린된다. 왜냐하면 인륜성과 의무는 이미 그 뿌리를 신 자체 속에 가진다고 해도 세계 내에 존립하는 것으로서는 이러한 [신적] 영역 바깥에 속하기 때문이다. 하지만 이러한 것은 심정의 야만적인 폭력일 뿐이다. 그러므로 이런 것은 한편으로 개념에 모순되며, 다른 한편으로 이 영역의 표현은 미 감각을 모욕한다. 수난은 다른 자들의 잔혹함이며, 심정은 자기 자신 속에서 자연적 의지를 꺾는 것을 해내지 못한다. 사람들은 여기서 사형 집행인, 모든 종류의 고뇌, 신체적 비틀림을 보게 된다. 그래서 표현에 관하여 보면, 동일한 대상들의 건전한 예술 가운데서

선발될 수 있어야 할 정도로 미로부터의 소원해짐이 너무나 크다. 그러면 다른 한편으로 예술가의 〔소재〕 다루기가 실로 주요한 것일 수 있다. 하지만 그렇다면 관심은 언제나 주관적으로 남을 뿐이며, 〔소재〕 다루기는 소재와 통일성을 이루고자 부질없이 애쓰게 된다.

아직 이런 영역에 속하는 세 번째 것은 내적인 것이 자기 자신 속에서 실행하는 전도(轉倒)이다. | 174

인간은 죄와 범죄를 이기며, 그럼으로써 정신 또한 그러한 것들을 아무 것도 아닌 것으로 설정할 힘이 있다는 믿음을 보여준다. 세 번째는 그러니까 죄인의 내부에서의 회개이다. 여기서 영원한 역사는 개별 역사들에 의해 반복되어 있으며, 개별 역사들 자체에서 이 역사들에 의해 관철된다. 여기서 영원한 역사는 마음속에서만 경험되며, 죄의 각하와 구원은 내면적으로 진행되고, 고통은 화해처럼 내적인 것에서 스스로 마련된다. 〔바로〕 저러한 소재가 이 분야에 속한다. 이런 소재가 상술된다면, 외면적인 행동은 쉽게 아름답지 않은 것(das Unschöne)이 된다. 왜냐하면 죄와 범죄, 악이 표현되어야만 하기 때문이다. 예를 들어 탕자 이야기가 그런 것이다.[189)] 가장 유리한 것은 마리아 막달레나에서와 같이 여기서 이야기가 하나의 그림으로 표현될 때이다.[190)] 그러한 회개는 천사의 현시에 의한 것과는 다른 방법으로 그리스도 자신을 나타낼 수 있는 것이다. 신적인 것은 우연한 현실 속에서 현시된다. 여기서는 전체 상황이 아름답지 않거나 혹은 개념에 알맞지 않을 수 있다. 여기에는 또한 하나의 주제(Sujet)가 속하는데, 이는 마치 칼데론이 그의 『십자가에서의 기도』에서 서술하는 것과 같다.[191)] 이 『십자가에서의 기도』에는 죄, 열정이 그

c) 심정의 내면성에서 이루어지는 신적인 과정의 서술

여기서 개념과 미 감각은 다시 훼손될 수 있다.

출발과 마지막 구원을 찾게 되며, 심정은 그 곳에서 상실되지 않고 신앙의 무한한 위력 내에서 구제된다. — 이런 것이 낭만적 영역의 주요계기들이다. 모든 것에서 이런 것은 형태가 의미에 적합하지 않았던 다분히 상징적인 상태이다. 여기서 의미는 신앙적인, 스스로를 동경하는 심정이며, 그 자체 대자적으로 자신 속에서의 무한한 총체성이다. 하지만 그러함에는 현상하는 것이 다소간 외적인 것이며, 내적인 것에서 그렇게 조화롭지 않고, 어떠해도 상관없는, 가끔은 역겨운 소재라는 상태가 남아 있다. 그러한 주제에서는 여기서 나타나는 관심이 주로 예술에 대한 관심, 즉 예술가의 숙련성으로서의 예술에 대한 관심이다. 고전적 예술에서는 어떤 수단, 자신의 어떠한 특징들을 사용했는지, 자신의 목적, 신성의 표상을 나타내기 위하여 어떠한 수정들을 가했는지, 즉 예술가가 일반적인 유형을 어떻게 변경했는지가 관심이다.|175 여기에는 그런 관심이 없으며, 오히려 이제는 형태가 관습적이어도 되며, 관심은 다음과 같은 것으로, 예술가는 이러한 외적인 형태를 신적으로 만들지 않고 우리에게 생동적으로 만들기 위해 무엇을 행했으며, 어떻게 형태를 눈에 두드러지도록 하였는지이다. 형식들은 개별적으로 특수하며(partikulrär), 여기에는 〔곧〕 관찰하게 될 예술가의 개별적 특수성(Partikularität)이 있다.

이로써 현상이 의미에 적합하지 않은 상징적 상태가 다시 등장한다.

## 2) 세속적 영역

여기서 심정의 내밀성(Innigkeit)은 이 내밀성의 천상(天上)으로부터, 그것의 실체적인 영역으로부터 하강하여 나타나서 세속적이 된다. 자체에서 무한한 주관성의 원리는 우선 객관적인 것,

2) 세속적 영역
주관적 내밀성은 우선 세속적인 것 일반에 대해 부정적으로 있다.

즉 신앙, 객관적 역사를 자신의 대상으로 가진다. 이러한 내밀성은 세속적인 것으로부터 분리되어 있으며 이것 위에 군림한다. 사람들은 [서로] 아무런 직접적인 관계도 갖지 못하고 신앙·공동체·어떤 제3의 것에서 서로 하나가 된다. 그 속에 사람의 형상이 비치고, 사람들이 자신을 보게 되는 맑은 샘은 인간들 자신이 아니며, 그들의 눈이 아니라 어떤 제3의 것이다. 세속의 현실과 관련해서 보면 인간은 신앙 속에 있는 것이지 현재 실존의 확실성 속에 있는 것이 아니다. 그러나 만약 신의 왕국이 세속에서 자리를 차지했다면 현실이 등장하게 될 것이다. 그리스도는 다음과 같이 말했다.[192] "나를 따르는 것은 너희 아비와 어미를 떠나는 것이리라." 만약 이것이 관철되어 있다면 현실, 세속성에 반(反)한 부정적인 처신은 중지될 것이다. 인간은 세속적인 심정을 갖고 있으며 그 속에서 긍정적인 것을 가진다. 그래서 이제 기사도 영역이 이어진다. 이 기사도는 더 규정적으로는 다음의 세 가지 형식으로 나타난다:

> 명예,
> 사랑,
> 충성.

하지만 그 주관성의 원리는 현실 속에 스스로를 형상화하고 이 현실을 자신의 적합한 현상으로 가지면서 그 속에서 긍정적으로 현상한다.

이 영역의 더 특정한 형식들:

이 계기들은 그다지 인륜적이지 않고 덕성도 아니다. [여기서] 명예는 공동체를 위한 용맹성이 아니며, 사랑은 열정이지|[176] 명예로운 인륜적인 사랑이 아니다. 이와 마찬가지로 충성은 공동적인 것을 그 내용으로 하지 않고 사적인 대상만 내용으로 한다. 즉 충성은 자기추구의 단념이며, 지배적인 자일 다른 자에 반(反)하는 자신의 특수한 의지의 포기이다.

이 계기들을 더 자세히 살펴보고 이를 고전적 예술과 비교해보면 명예는 고대인들에게는 미지의 것〔임을 알게 된다〕. 아킬레우스의 분노는 『일리아스』의 대상이다.193) 아킬레우스는 명예를 상실한 것이 아니라 — 티마스사이(timasthai, 존경하다)는 우리가 의미하는 명예가 아니다 — 그에게서는 현실적 소유를 빼앗긴 것이다. 그는 소유의 단순한 반환을 통해 누그러지게 된다. 〔반면 기사도의〕 주인공들은 모욕에 의해 분노에 빠진다. 낭만적 원리는 주관성의 무한성을 가진다. 이 무한성을 통해 명예는 주체가 자신의 무한한 인격성을 주입하는 지위를 얻는데, 이 지위에서의 훼손은 주체 자체를 무한히 훼손시키는 것이다. 훼손은 그 자체 무의미할 수 있으나, 반성이 전체 인격성을 이 특수한 것 속에 투여하기 때문에 확장된다. 명예에서의 내용은 주체의 표상을 통해 투여될 수 있기 때문에 우연적일 수 있으며 삭제될 수 있다. 그런 명예는 부 · 가문 · 신분 같은 것들이다. 절대적 내용, 곧 즉자대자적으로 존재하는 내용은 나의 자의가 아니다. 즉 나의 반성을 통해 저러한 내용 속에 내가 설정된 것이 아니며, 그 절대적 내용은 나에 의해 만들어진 것이 아니다. 하지만 명예에서는 내가 주체성으로서, 내용에다 타당함을 부여하는 제 일인자이다. 이를 통해 그 내용은 내 명예의 내용이 된다. 그렇기 때문에 명예로운 사람은 사태에서 우선 그 사태가 자신에게 알맞은지를 눈여겨본다. 우리는 이런 명예가 낭만적인 것에서 주요동인으로 나타나는 것을 보게 된다. 이 명예는 참다운 내용 및 자의적인 내용을 가질 수 있다. — 내용은 옹골차고 실체적일 수 있으나, 또한 그 자체로서의 사태인 것과 주체가 자신과 관련하여 그 사태에 관해 갖는 믿음간의 대조를 포함할 수도 있다. 후자의 경우라면 동인(動因)은 차고 딱딱하며 죽은 것이 된다. 명예는 나쁜 열정들을 자기

a) 명예
명예는 절대적 주관성이 어떤 하나의 내용 속에 스스로를 주입함(Hineinlegen)이다.

것으로 만들 수 있다. 이런 종류의 유명한 작품이 슐레겔의 『알라르코스 *Alarkos*』이다.194) |177 알라르코스는 왕의 딸과 결혼해야 얻게 되는 명예를 위해 그의 기품있는 부인을 살해한다. 상류인이 그의 동인이며, 명예의 법칙이 그를 지배하는 것이다.

두 번째 동인으로서 우리는 사랑을 말했다. 사랑은 근세 예술에서 뛰어난 역할을 한다. 사랑은 개인들이 타자 의식에 헌신함을 포함하고 있어 이 헌신 속에서 비로소 개인은 자신의 고유한 자기의식을 가지게 된다. 명예와 사랑은 요컨대 어떤 신분, 어떤 가문이 명예에 속할 때 즉시 충돌(Kollision) 속에 있게 된다. 이런 명예는 마음(Herz)에 반(反)하여 모순 속에 빠질 수 있으며, 나아가 몇 겹의 다른 관계들이 사랑에 대립할 수 있다. 이런 충돌들이 이러한 서술의 주된 관심을 만들어낸다. 이 충돌들은 부분적으로는 타자의 견지들로서 외적이며, 부분적으로는 그 자체 내적이다. 즉 의무와 사랑의 갈등이다. 사랑은 한편으로 명예라는 자기추구에 대립적이다. 왜냐하면 사랑에서는 자신의 인격성이 중요한 것이 아니라 대자적 존재의 공동성이 주된 관심을 만들어내기 때문이다. 하지만 그러함에 사랑은 동시에 사적인 것이며, 이러한 특수한 개인의 관심이다. 그렇기 때문에 충돌들은 개인이 바로 이런 특수한 개인을 사랑한다는 것에 좌우된다. 그러므로 관심은 주관적 특수성에 결부되어 있다. 그래서 소재 속에는 하찮음(Gleichgültigkeit)의 계기가 들어 있다. 즉 소재는 정당한 권리를 가지지만 절대적으로 그러한 것은 아니다. 왜냐하면 소재는 있을 수도 있고 그렇지 않을 수도 있는 어떤 감각에 기초하기 때문이다. 그렇기 때문에 고대인들의 지고한 비극 속에는 사랑이 들어 있지 않다. 아이스킬로스와 소포클레스는 사랑을 서술할 때

b) 사랑
사랑은 다른 인격성에다 (자신의) 인격성을 포기함, 즉 자신 속에서가 아니라 오직 타자 속에서만 인격적으로 존재함이다.

하지만 이러한 포기는 개인의 자의이므로 여기에는 우연성이 속한다.

처음에는 부수적으로 서술한다. 『안티고네』에도 하이몬[195])에 대한 사랑이 나오지만 단지 얽힘의 |178 부수적인 부분으로서만 나온다.[196]) [여기에는] 여전히 전혀 다른 파토스들, 즉 경건과 국가의 관심이 대립해 있다. 이런 것들이 여기서 충돌하는 주된 위력들이다. 고대인들은 실로 사랑이라는 관심을 알고 있었다. 하지만 비극은 최상의 소재를 그 최고의 대상으로 가진다. 그렇기 때문에 우연성을 포함하는 사랑은 뒤로 물러난다.

세 번째로 충성에 관해 본다면 이 충성은 테세우스와 페이리토스, 오레스테스와 필라데스, 피타고라스 학파 철학자들 등의 고전적 우정과는 다르다.[197]) 각 개인은 스스로 자체적으로 삶의 여정을 만들어야 한다. 그렇기 때문에 청년기는 우정의 시대이며, 장년들은 서로 분리되어 — 특수한 행동, 활동과 더불어 — 그들 자신의 특수한 노정을 걸어가지 공동으로 걸어가지 않는다. 낭만적인 것에서 충성은 더 높은 자에 대한 충성이다. 이 원리는 기사도에서 우선 공동체의, 실체적인 인륜성의 정지이다. 충성은 애국주의가 아니라 특수한 주체와 결부되어 있으며, 자신의 명예에 의해 제약되어 있다. 주체의 자유로운 자의는 스스로를 이 관계 속에 설정하며, 자신 속에서 계속된 규정들을 가진다.

이러한 세 단계 모두에서 지반은 아름다운, 귀품있는, 자기 스스로 화해하는 것으로서의 특수한 심정이다. 이러한 것에는 종교 외부에 있는 심정의 가장 아름다운 부분이 속하는데, 종교 외부에서 심정은 전적으로 인간적이며 우리의 개념들과 전혀 충돌하지 않는다. 이 영역은 대자적으로 있으며, 소재들은 종교와 관계될 수 있지만 물론 또한 자립적으로 대자적으로 남아 있을 수도 있다. 여기서는 모든 것이, 자기 자신 속으로 움직이는 특수한

c) 충성
충성은 개인이 자신의 주인이라고 여기는 타자에게 스스로를 희생하는 데서 자신의 명예를 찾음으로써 이루어지는 명예와 사랑의 통일성이다.

심정에 소속되어 있다. 이 단계는 고전적 예술의 단계에 비교될 수 있다. |179

### 3) 주관성의 형식주의

여기서 주관성은 자신의 우연성 속에 있다. 그것은 소재의 형식주의, 형식적 주관성으로서의 성격들이다. 사랑·명예·충성이 속하는 이전의 성격은 여전히 아름다우며, 아직 그 자체로는 추상적이지 않다. 이제 우리는 있는 그대로이고자 하는 개별적으로 특수한 성격을 고찰하게 된다. 동물들이 상이하듯 여기서도 성격이 상이한데, 이 성격은 더 지고한 것, 인륜적인 것을 자체 내에 가지거나 서술하고자 하지 않고 굽힘없이 자신을 고착적으로 관철하거나, 혹은 멸망하는 것이다. 그런 성격은 특히 셰익스피어 인물들의 성격이다. 셰익스피어 인물들의 성격은 개별적으로 특수하며, 그들 의지의 추상적인 고착성을 통해 두드러진다. 그러한 성격이 맥베스인데, 그는 왕위에 오르기 위해 온갖 나쁜 짓을 하며 사납게 날뛰는 자이다.[198] 이런 고착성은 우리를 흥미롭게 한다. 이런 것은 이탈리아 가면극의 반대인데, [여기서] 성격은 개별성이 없음을 말하는 것이다.[199] 셰익스피어의 성격들은 그들 그대로인 것이며, 그들과 조우하는 것에서 자신의 규정성을 찾고자 방황한다. 있는 그대로의 성격과, 그들이 조우하는 것의 연관은 비규정적이다. 어디에서 와서 어디로 가는지가 불분명하다. 추상적 필연성으로서의 운명이 되돌아온 것이다. 물론 형식적 성격은 더욱 다르게 나타날 수 있다. 처음에 언급했던 것은 실체성이 없는, 추상적으로 고착적인 의지였다. 또 다른 형식은 아름다운 심정인데, 이 심정은 자신 속에 깊숙이 있으며 정말

3) 형식적 주관성

주관성은 자의이면서, 스스로를 어떤 소재 속에 주입하고자 함으로써 대개 우연성의 재량에 맡겨져 있다. 그래서 주관성은 우선 형식적인, 확고하게 자신에 의거하는 주관성이다.

셰익스피어에서의 예들

이러한 추상적인 무실체적인 주관성에 대립하는 것은, 매우 실체적인, 그러나 자기 자신 속에서 폐쇄된, 추상적으로 내적으로 움직이는 주관성이다.

단지 내적으로만 움직이는 것으로서, 단지 여기저기 광택을 발하면서 자신을 알리는 값진 보석과 같다. 여기서 형식적인 것은 형상화되지 않고, 말없이 겨우 자신을 알리기만 하는 심연, 폐쇄성 속에 들어 있다. 이것은 첫 번째 성격의 반대이다. 두 번째 종류의 이러한 형식적인 성격들은 다분히 그들이 원하지 않는 것을 통해서, 즉 그들은 스스로를 드러낼 수|¹⁸⁰ 없다는 것을 통해서, 그리고 가장 깊은 심연에서 침묵하는 바다와 같이 나타난다. 성격들은 오직 고요하고 순박하게 자신을 외화한다. 이 외화는 속되어서는 안 되고 전체 깊이를 나타내야만 하나, 심정이 특수한 관심들과 이 관심들의 충족을 모르며 분산되지 않은 듯이 서술해야 한다. ― 그리고 그런 심정에 불티가 튈 때 그 불티가 심정을 장악하여 심정이 이 불티로 인해 폭발하게 되는 위험 속에 있게 된다 ― 천진난만하게 세상을 모르는 그런 심정이 줄리엣이다.²⁰⁰⁾ 그 하나의 열정이 심정에 불을 붙였고, 심정은 이 열정에 모든 것을 희생하는 힘을 얻는다. 심정은 다른 굴레들을 알지 못하고 그 하나의 것에 모든 것을 맡겨버린다. 미란다(Miranda)와 많은 사람들도 이와 마찬가지다.²⁰¹⁾ 또한 독일적 서술들에도 심오한 영혼에서 나오는 이와 동일한 폐쇄적 심정들이 보이는데, 자신에게 확실해짐과 행동하는 데서의 아둔함이 이 영혼의 폐쇄성과 결부되어 있으며, 이 깊은 영혼으로 인해 최대의 오해들이 생겨나기도 한다. 또한 괴테의 『산 위의 양치기 *Schäfer auf dem Berge*』가 저러한 서술에 속한다.²⁰²⁾ 이 양치기는 자신의 열정을 설명할 줄 모르며 이를 단지 외적인 정황들과의 관련에서 알아볼 수 있도록만 한다. 이것은 죽으면서 자신의 사랑을 알리는 툴레의 왕과 마찬가지이다.²⁰³⁾ 이런 것은 자신의 열정을 진술하는

셰익스피어에서의 예들:

괴테에서의 예들:

말없는 방식으로, 아름다운 낭만적인 것과 고전적인 것의 공개적인 노출에 반대된다. 저러한 심정은 스스로를 형태화할 수 없으며, 자신의 심정과 자신의 현존재를 매개할 수 없어서 관계들이 압도적이 되어 심정을 파괴하게 된다. 여기에 속하는 또 다른 것은, 여기서 모험의 형태를 얻는 행위들과 관련된 우연성이다. 폐쇄된 심정에게는 어떤 소재에 자신이 제공되든 아무 상관이 없으며, 이 심정은 우연에 자신을 맡긴다. 이런 우연성은 모든 성격들에게 공통적이다. 낭만적 성격에게는 작품을 제작하는 것이 중요하지 않고, 주체는 오히려 |181 오직 행위하기만을 원한다. 낭만적 세계는 단지 하나의 절대적 작품, 즉 기독교의 확산만 가졌다. 전설들은 이로부터 취해진 것이다. 세계성을 띠는 일은 장벽의 추방, 십자가운동이다. 하지만 또한 이런 일의 행위들도 다분히 모험이며, 여타의 소재들은 정서 일반의 모험 나부랭이인데 이 사람 저 사람에게 자신을 바치는 것, 순박한 사람을 해방시키는 것, 단지 주관적인 관심만 가지는 행위를 하는 것, 스스로를 나타내 보이는 것이 그런 모험나부랭이들이다. 이와 함께 자의, 기만이 계략들과 연관되어 설정되어 있다. 행위의 무목적은 저러한 모험 나부랭이가 행위 자체에서 와해되며 코믹한 취급을 받도록 하는 그런 것이다. 아리오스토와[204] 세르반테스가[205] 기사도의 이러한 와해를 서술한다. 『돈 키호테』 속에는 귀품있는 천성이 있는데, 이 천성에서 기사도는 광기에 이르기까지 완수된다. 돈 키호테는 우리에게 독창적인 천성을 보여준다. 비록 우리가 그 천성의 어리석음을 보게 될지라도 말이다. 돈 키호테는 낭만적인 것의 종결을 이룬다. 기사도는 한편으로 조롱되나, 다른 한편으로 기사도 이야기는 일련의 진정한 낭만적인 소설(Novellen)이다. 조

---

여기에 속하는 두 번째 우연성은 모험으로서 나타나는 소재의 우연성이다.

왜냐하면 낭만적 예술이 그 절대적 작품, 즉 종교적 영역을 충분히 형상화한 이후 이제 이 예술에는 우연적인 것, 자의적인 것이 되는 행동 일반이 중요하기 때문이다.

하지만 이를 통해서 아름다운 기사도적 성정(Ritterlichkeit)은 그 자체에서 스스로 와해되며, 아리오스트와 세르반테스가 이러한 와해를 다룬다.

롱되는 것은 동시에 가장 아름답게 표상되어 있다. 소설(Roman) 은 여기서 대열에 포함되는, 특수한 예술형식으로 알려져 있다. 낭만주의는 여기서 우리 시대와 상태 속에 설정되어 있다. 소설의 지반은 더 이상, 국가의 더 높은 질서로 변환하는 외면적인 현존재의 우연성이 아니다. [소설에서는] 기사도에 결여되어 있는 모든 관계들이 확고하다. 소설은 인류성의 주요계기들이 거기서는 확고한 지반, 인륜적 삶이 더 이상 자의에 의거하지 않는 지반을 가지는데, 이제 이 지반의 범위는 작다. 이러한 자잘한 범위는 개인 일반의 개별적으로 특수한 관심이며 개인들이 세계 내에서 취하는 입장인데, 여기에는 개인의 심정의 관심이 얘기된다. 자유로운 주체로서 객관적인 세계 속에서 자신을 알고 있는 개인은 |182 그가 실현시키고자 계획하는 자신의 이상들인, 자신을 향해서나 혹은 세계 내에서의 자신의 활동을 향해 만드는 자신의 계략들과 자신의 망상의 대조 속에서 나타난다. 그 이상들은 부분적으로는 일반적인 종류의 것이며, 부분적으로는 특수한 내용의 것이다. 개인은 기사답게 출발하며, 세계를 위해 선을 실행하고, 자신의 이상과 사랑을 충족시키기를 원한다. 그는 확고한 현실과의 투쟁 속에 빠져들어 다음과 같은 종국만이 있을 수 있는데, 그것은 개인이 세계를 다르게 만드는 것이 아니라 오히려 개인이 따끔히 맛보고야 정신차리며 객관적인 것에 따른다는 것이다. 종국은, 개인이 세계의 연쇄 속으로 등장하여 가족과 어떤 지위를 애써 획득하고 그토록 높이 이상화되었지만 대부분의 다른 여자들과 별반 다르지 않은 여자인 한 아내를 가진다는 것이 될 것이다. 성격과 정황들 이후에 아직 언급될 수 있을 것은 소재의 완전한 우연성이다. 모든 산문적인 소재가 여기에 속한다. 속된, 우연

이와 함께 등장하는 예술형식은 소설이다.

소설은 자신의 관심, 경향, 의견들을 가진 단독적인 개인을 그 소재로 가진다.

그렇게 실체적인 모든 것이 종교적·기사도적인 영역의 중재로 현실을 획득했으므로, 직접적인 것은 그 자체로서 타당

한 객관성과 자신의 우연성 속에서 나타나기를 원하는 주관성이 그런 것이다. 이에 따라 낭만적인 것의 종국은 유머(Humor)이다. 낭만적인 것에는 모든 대상들이 자리를 가지고 있다. 그리고 심정이 자신에게서부터 나오고, 외면성에서 자신을 형태화해야 한다면 이 외면성은 최고의 영역도 저토록 가장 저급한 자리를 갖게 될 정도로 지리멸렬해진다. 우리는 셰익스피어 속에서 기사, 영웅과 숙녀, 그리고 아래로는 시종들과 광대들에 이르기까지의 서술들을 본다. 『햄릿』에서는 보초들에게까지 내려간다.[206] 기독교적인 것에서 황소와 당나귀에 이르기까지 내려가듯이 말이다. 어떻게 이런 소재들이 다뤄지기만 하면 수용될 수 있는지에 관해서는 아직 더 얘기해야 할 것이다. 우리는 낭만적 예술에서 소재가 마음의 내밀성에 적합하지 않음을 즉시 알았다. 소재와 주관성은 분리되어 있으며, 주관성의 망상으로 발전되어 이 망상이 다시 붕괴될 때까지 [분리가] 계속된다. 소재와 주관성의 절대적 통일은 예술 속에서 실현되지 않는다.|[183] 내밀성은 순수한 사유로 스스로 고양되는데, 이 사유에서야 비로소 참다운 통일이 생겨날 수 있다. 우리는 지금까지 붕괴의 실재적 측면을 살펴보았다. 이러한 와해에는 스스로 분리되면서 자립적이 되는 여러 계기들이 있다는 규정이 들어 있다. 자기 자신 속에서 스스로 와해되지 않고 오히려 와해될 수 없는 형상물 속에서 안주하는 고전적 예술이 [낭만적 예술로] 이행한 것처럼 참되이 실체적인 것은 여기서 사라진다. 알맞은 것 속으로 전진되며, 이에 따라 예술의 기량만 변할 뿐, 소재는 동일하게 남아 있는 것이 과도기이다. 이런 것은 또한 낭만적 예술의 관념적 영역에도 들어 있었다. 와해는 아직도 동일한 대상을 보존하고 있지만, 예술은 단순한 기량

하다. 그리고 그 자신의 와해로서의 예술은 한편으로는 주관적 숙련성의 한갓된 형식 쪽으로, 다른 한편으로는 실체적인 것의 개별적·단독적인 견해로의 전도 쪽으로 침강한다.

쪽으로 침강해 있는 것이다. 이에 반해 일반적으로 나아가는 바는 소재가 자신의 기초요소들로 와해되어서 부분들이 자유롭게 되는 것이다. 주관적 숙련성은 자체적으로(für sich) 스스로 완성된다. 우리는 이런 분리에 관해 공식적으로 이미 언급한 바 있다. 형식적인 성격이 두드러지며 행동은 모험이 되고, 소재는 마침내 속된 자연적인 현존의 영역으로 떨어지는 것이 이에 속한다. 여전히 실체적인 영역 속에서 스스로를 지탱하는 낭만적 예술에서 이미 외면성이 등장하며, 내밀성이 외면성에 대해 하등 상관없는 것으로 나타나면서 이 외면성은 의당 내적인 것에 적합하지 않게 된다. 속된 외면성은 와해 속에서 자체적으로 자유롭게 된다. 예술은 대상성의 측면에 따르면, 있는 그대로의 대상들의 서술 쪽으로 나아가며, 다른 한편으로는 유머 쪽으로, 주관적 견해에 의한 모든 실체적인 것의 치환 쪽으로 이행한다. 첫 번째 것에 관해서 보면, 자연을 모방할 때 대상은 이념의 대상이 아니라 직접성의 대상이다. ─ 정신은 이 직접성과 스스로 화해했으며, 이를 통해 실체적인 것을 피안에 그대로 두었다. 속된 현재가 감수(甘受)되는 것이다. |184 여기서 필연적인 것은 초상화가 일반화(혹 대중화)된다는 것이다. 시예술은 여기서 중하층 신분들의 일상적 상태에 대한 장면들을 수용하게 된다. 프랑스인들에서는 예로 디드로가 이런 분위기를 소개하고자 했다.207) 괴테와 실러는 이런 분위기를 우리에게서 타당하게 만들었으며208) 코체부와 이플란트에게 길을 열어 주었다.209) 그런 후 괴테와 실러는 확실히 스스로 이런 시작들(Anfänge)을 넘어 고양되었으나 이런 분위기를 되풀이했다. 독일 예술은 특히 이런 방식에 빠져 있는데, 다른 민족들은 이를 다분히 무시했고 이런 분위기를 예술분야에 속하는 것으로

> 주관적이기만 한 숙련성은 추상적 가상화의 예술이다.

> 여기서 모든 예술형식들에서 필연적으로 초상화가 등장한다.

> 이런 방향은 독일의 특유한 방향이며 예술 일반의 종결이다.

일반적 예술형식 287

여기지 않는다. 하지만 독일 예술은 직접적인 현실의 영역에 몰두되어 있다. 이런 전환에는 예술을 위한 소재는 내재적인 것이어야 한다는 요구가 들어 있다. 예술은 우리에게 낯선 것 이상의 것으로 전래되어 왔다. 일반적인 노력은 자신의 것, 내재적인 것을 쟁취하려는 것이었다. 추동력은 토착화 지점을 향해 갔으며, 그런 것을 생산했다. 이 점에는 도달했지만 아름다움의 희생이 따랐다. 이것은 낭만적 예술의 종결이고, 다른 것의 시작이다. 기독교 예술은 자신의 가치내용을 상상, 즉 형태와 내용의 통일에서 맞아들이지 않는다. 예전의 예술은 세속적인 고유성, 현실적 주관성이 처음부터 예술의 기초요소이며, 내용은 그 속에서 긍정적이었다. 기독교 예술에서 이런 본래적 상태(Zu-Haus-Sein)는 먼저 피안으로, 인간은 즉자로만 화해되어 있는 상태이다. 다시 말해 직접적 현재성은 희생되어야 한다. 이 직접적 현재성이 긍정적인 것이 되는 것은 나중에야 비로소 이루어지며, 차안이 긍정적인 것으로 된다는 점에서 확언할 수 있는 것은 이것이 [기독교 예술의] 마지막에 이루어진다는 것이다. 예술 분야에서 '토속적임(das Einheimischsein)'은 비로소 예술이라는 건물의 결정석이 된다. 시, 조각, 그리고 특히 회화는 이러한 방향을 취했다. 회화는 특히 현재성을 표현한다. |185

왜냐하면 낭만적 예술은, 종교적 영역 내에서 직접적인 현재는 희생되어야 하는 것으로서 규정하고 있으며, 기사도적 성정이 비로소 직접성을 예술에 대해 긍정적인 것으로서 재점령하는 그런 종류의 예술이기 때문이다.

네덜란드 화파는 이러함에서 뛰어난다. 네덜란드 도시들은 세속적인 지배[스페인의 압정]와 정신적인 지배[구교]로부터 스스로 자유롭게 되었다. 이 도시들은 정치적 자유, 호구지책, 모든 것을 자체적으로 시민적 덕과 청교도적 경건성을 통해 획득하였다. 여기에는 속된 현실성 속에서 스스로 만족할 줄 아는 원칙이 있다. 저런 대상들은 [우리의] 더 지고한 감각을 만족시킬 수 없

이런 직접적인 현재를 특히 회화가 표현하며, 회화에서는 네덜란드 화파가 이를 표현한다.

다. 하지만 자세히 고찰하면 우리는 이와 화해하게 된다. 대상 자체가 우리를 만족시키는 것이 아니라, 사실 화가의 무한한 기술(Kunst)이 우리를 만족시키는 것이다. 우리는 이 화가들이 그린다는 것을 이해하고 있음을 인정해야 한다. [여기에] 나타나고 증명되는 예술은 현현의 예술(Kunst des Scheinens)이다. 대상이 우리에게 알려지게끔 만들어져야 하는 것은 아니며, 신적인 것이 우리에게 명료하게 되어야 하는 것도 아니다. 즉 표현되는 대상들은 주지된 것으로, 우리가 이미 이전에 보았던 꽃, 사슴들이다. 여기서 관심을 일으키는 현현은 스스로 자신 속으로 심화되는 현현이다. 아름다운 것에는 현현의 측면이 두드러져 있다. 그리고 네덜란드인들은 이러함에서 명인다움에 도달했다. 대상이 일상적인 현실에서부터 나온 것이지만, 표현되는 모든 이런 직접적인 현상들은 가상의 최고의 정도에 도달했다. 그것은 부분적으로는 정물이고, 부분적으로는 불빛 곁에서 바느질하고 있는 늙은 여인(도판 6)과 같은 어떤 하나의 생명성이다.[210] 완전히 순간적인 것이 고정되고 정체적으로 만들어진다. 사람들이 마실 때 만드는 어떤 특징, 그리고 이와 동일한 순간적인 표현들, 전적으로 순간적인 스쳐지남에서 변화하는 것이 직관될 수 있게 되어 있다. 이것은 일시성에 대한 예술의 승리이다. 실체적인 것은 일시적인 것에 대한 자신의 위력을 위해 어느 정도 [가상으로서] 기만되어 있다. 가상은 가장 감각이 풍부하게 재현되어 있다. 마찬가지로 위대한 것은 색채의 가상과 관련되는 네덜란드의 예술이다. 조명의 개개의 빛나는 섬광들이 파악되고 포착된다.|[186] 그것은 가장 깊이 연구된 현현이다. 풍경들에도 언제나 정서의 분위기, 말을 거는 정조가 있다. 여기서 대상들은 흥미롭지 않은 것이며, 실체적인 것

> 소재를 상관없이 여기는 데 있어서 네덜란드 화파의 흥미로운 점은 바로 일시적인 것을 포착하는 현현의 예술이다.

은 사라져버렸고 현현이 확고히 되어 있다.

유머에서 예술가의 인격, 고유한 주관성은 스스로 만들어지는 것이다. 더 이상 객관적 내용이 중요하지 않고 예술가 자신이 등장한다. 그리고 그는, 그가 제작하는 것은 단지 자기 자신의 아이러니가 되며 객관적으로 되기 시작하는 것의 와해가 되는 것으로 등장한다. 이것은 그가 사용하는 모든 소재와 자신을 포기하는 주체에 대한 묘사이다. 우리는 우리 가운데서 유명한 유머작가를 가진 적이 있다. 우리의 유머작가는 장 파울(Jean Paul)이다.[211] 그에게 이야기는 가장 흥미롭지 않은 것이다. 주된 것은, 몇 배의 소재가 취합되며 시인은 이 소재를 보증하지 않고 단지 기지가 발견되는 측면에 의해서만 그 소재를 사용하는 방식으로 자신의 유머를 표현하는 것이다. 그래서 유머스러운 것은 어느 정도 상징적인 것으로 되돌아간다. 한 측면은 강조되지만, 의미는 소재와 동떨어져 있을 수 있는 것이다. 장 파울의 표현들에서는 가장 이종(異種)적인 것의 연쇄가 놀랄 만하다. 하지만 모든 분야에서의 소재의 이러한 방종은 동시에 상상력을 피곤하게 하여 이런 착상들은 곧 지루해진다. 예술가는 자신의 고유한 속성을 산출하며, 그가 무질서하게 긁어모은 소재를 지배하고 상징적인 것에서처럼 그 소재에 낯선 질서를 부여한다. 장 파울에게서도 소재가 종종 매우 외적으로 제시되어 있다. 그는 수집물과 갖가지 모든 것을 노트 전체에 가득 담고 있다.

유머스러운 것의 이 마지막 항목은 모든 소재를 단지 자신의 착상들에 예속시켜서 소재에는 어떤 가치내용도 더 이상 고려되지 않고,|[187] 이 소재가 주체의 자의에 의해 사용되어 실제로 갈피를 못 잡게 되는 점이다. 그래서 그것은 관심이 내용 그 자체에

> 모든 실체적인 내용이 주관적 견해 속으로 전도: 유머

> 유머에는 소재의 객관성에 반하는 단독적인 예술가가 등장하며, 소재의 객관성에 반해 자신의 주관성을 타당하게 만든다.

> 장 파울에게서의 예:

빠지지 않으면서 나타나는 현현의 예술일 뿐이다. 유머는 소재의 형태가 되고자 하는 모든 것의 와해를 통해 예술가의 주관성을 표현한다는 규정을 가지기 때문이다. 우리는 이 지점에서 우리 시대 예술 일반의 상태를 더 자세히 보게 된다. 요컨대 우리가 지금까지 고찰했던 것, 그것은 개념과 실재성 간의 통일을 그 기초로 가졌다. 이 통일은 예술개념 자체이다. 예술의 관심은 한 민족의식의 실체적인 방식을 표현하는 것이다. 그래서 오리엔트 세계관이 첫 번째 것이었다. 이 세계관에서 자연적인 것은 자체 그대로 신적인 것이다. 사상은 자신 속에서 자유롭지 못하며, 자연적인 현존 속에 있다. 그리스 신은 자연적인 것을 긍정적인 계기로 갖는, 얽매이지 않은 주관적 정신성이다. 낭만적인 것은 정신적인 자기-내-존재(das In-sich-Sein)인데, 이에 반해 세상사는 아무 것도 아닌 것으로 정립되어 있다 — 반면 그리스적인 것에서는 이 세상사가 여전히 긍정적이다. 이런 것은 한 민족의 세계관, 종교들이며, 이 세계관과 종교는 민족정신들이다. 예술가는 한 민족에 소속된다. 그래서 그 민족은 표현된 내용에 대해 절대적으로 엄숙하다. 하지만 예를 들어 신교도인이 마리아를 표현한다면 그것은 어떠한 진정한 진지함도 아니다. 자신, 예술가의 가장 내적인 주관성, 그리고 그와 같은 내용, 이런 것들은 동일하지 않다. 근세의 개인이 그런 대상들을 표현한다면 그것은 개인이 자신을 의식하게 되는 참다운 방식이 아니다. 그리스인, 인도인, 유럽인은 예컨대 사랑에 대해 서로 다르게 의식하게 된다. 그 외의 파토스에 있어서도 역시 그러하다. 그런 대상들을 표현하는 예술가는 그런 대상에 열광되고, 그 대상과 통일되어 있을 것이 틀림없다. 그래서 예술가의 활동성은 다만 그런 실체적인 것을 예술을 통해

자기 스스로 와해되는 예술이라는 이런 입장이 우리 시대의 입장이다.

상징적·고전적·낭만적 예술의 첫 번째 영역에서는 예술가가 자신의 소재와의 통일성 속에 있으며, 곧 그의 실체적인 것인 이 실체적인 것을 예술의 방식으로 — 마침내는 그런 절대적인 것으로서 — 표현한다는 형식의 활동성만이 그의 의무이다.

의식할 수 있도록 해주는 것일 뿐이다. 그렇다면 제작은 예술가의 자의가 아니며, |¹⁸⁸ 실체적인 것은 그의 신념, 즉 그가 참된 것에 관해 아는 실체적인 방식이다. 그리고 그의 활동성은 '표상적으로 만들기'라는 형식적인 활동성일 뿐이다. 자신의 작품이 그 자신에게서 나온다는 것이 예술가에게 참으로 중대하다고 하는데, 그러함에는 〔예술가와〕 소재와의 동일성이 필수적이다. 예술가의 재능이 자연성의 계기에 의거할 때는 더욱 그러하다. 예술가는 자신의 소재를 믿어야 한다. 그의 자연적인 자아는 소재와의 통일성 속에 있으며, 예술작품은 분리되지 않은 내면성에서 나온다. 이런 것은 예술이 그 전체성에서 현전하기 위한 기본상태이다. 위대한 예술 시대는 저런 내밀성을 요구한다. 반면 우리가 향해 왔던 지점에서는 상태가 다르다. 소재는 자신으로부터 벗어나 있으며, 이성적 판단(Räsonenment)은 자유롭게 되었다. 소재가 외적으로 되어 결과적으로 예술은 소재가 그것에는 하등 상관없는 자유로운 주관적인 숙련성이 된다. 〔그래서〕 예술가는 자신의 소재에서 백지(tabula rasa)라는 것, 즉 흥미로운 것으로 남아 있는 것은 인간, 보편적인 인간성, 자신의 충만과 자신의 진실성 속에 있는 인간적인 심정이라는 비판이 나왔다. 하지만 이런 관심은 우선 어떤 형태와도 결부되어 있지 않다. 이런 경우에 예술은 소재에 대해 하등 상관없으며, 어떤 대상이 다루어질지라도 현현의 예술이다. 단지 표현이 아름답다는 형식적인 법칙만이 현전한다. 이 표현은 다분히 일반적이다. 말하자면 예술가는, 낯선 형태들을 등장시키고 이 형태들에 자신의 재능을 쏟으며 이것들을 도구로 삼지만 결과적으로 이 형태들이 그에게 다시 낯선 것이 되고 마는 극작가가 된다. 요컨대 이것이 근대적 상태 일반이

그러나 낭만적인 예술의 마지막 단계에는 예술제작의 형식적인 활동성이 자체적으로 자유롭게, 그리고 소재에 반해 절대적으로 하등 상관없는 것으로서 스스로 설정된다.

며, 소재와의 관련에서는 속박되어 있지 않은 추상적인 숙련성이다. 예를 들면 근세의 극적인 시예술은 모든 시대와 민족들을 두루 거쳐간다. 이로써 예술은 완성되어 있다. 예술은 더 이상 소재와의 내밀성 속에 있지 않다. 즉 소재는 예술에 하등 상관없는 것이다. 소재는 어떤(ein) 목적에 의해 인도되어 있다. 그렇기 때문에 초상화 역시 높은 지위에 올라가 있다.|[189] 이로써 예술은 특정한 시대들에 결부되어 있으며 하나의 정부, 한 개인이 예술의 황금 시대를 일깨울 수는 없다. 전체적 세계 상태가 이에 속하는 것이다. 그러면 이로써 일반부분을 마치고 두 번째의, 특수부분으로 넘어가자.

# DER BESONDERE TEIL

특수부분

일반부분은 예술작품의 내용(Gehalt)에 관한 것이었는데, [이제] 알아야 할 것은 이런 풍부한 내용이 필연적으로 어떤 형식들을 거쳐가야 하는가이다. 우리는 지금까지 예술이념의 본성과 이념의 내용, 무엇에 의해 이 내용의 일반 형식이 규정되는지를 살펴보았다. 특수부분은 예술작품의 현상(Erscheinung)과 관계된다. 첫 번째 부분이 그 자체 내에 예술작품의 내용을 포함한다면, 두 번째 부분은 현존하는 예술작품이다. 그것이 어떤 내용이든 간에 말이다. 세 가지 예술형식들이 모두 현상하는데, 우리는 이 현상의 규정성을 파악해야 한다. 이 규정성은 현상 일반의 규정성이 아니다. 오히려 실재성(Realität)의 방식이 하나의 내용 규정성, 개념 자체의 규정성을 만들어낸다.

예술의 현상은 감각적이지, 철학에서와 같이 사상의 기본요소가 아니다. 그래서 현상의 더 자세한 규정은 감각적인 것의 방식들에서 얻어진다. 이미 우리는 감각적인 것은 감각적 직관(Anschauung)과 감각적 표상(Vorstellung)이라는 이중적 방식을 가진다는 것을 알고 있다. ― [이들은] 직접적인 외적 의식이거나 이미 내적인 방식으로 시작되었지만 아직 감각적인 것이다. 이런 것은 감각적인 것의 두 가지 형식이기도 하다. 표상은 이미 감성과 사상 사이에서 부유하기 때문에 사상을 이미 수용하고 있다. 혹은 감각적인 것이 표상 속에서 사상과 동행하듯이 사상과 |190 감각적인 것 사이에 어떠한 한계도 정해질 수 없다. 감각적인 것은 우리가 대상들을 수용하는 방식과 종류로부터, [즉] 감관들로부터 더 자세하게 규정된다.

여기서는 단지 이론적 감관들만 고찰한다. 후각 · 미각 · 촉각은 여기에 속하지 않는다. 이런 감관들은 실천적 감관이라 할

---

일반부분에 반(反)하는 특수부분의 일반적인 입장

일반부분은 예술이념의 개념과 이 이념 자체에 의해 규정된 형식들을 다루었다. 사실 이념이 자신의 감각적 표현인 것을 자신 속에 가지고 있기 때문에, 이러한 자신의 형식들 속에서 현상하고 현실적으로 되는 것이 이념에게는 계속된 전진이다.

예술의 현상은 대개 감성의 현상이다. 감성의 방식들은 이중적인데, 감각적 직관의 방식과 표상의 방식이다.

수 있다. 이런 감관들은, 주체가 그 또한 개별자이며 개별자들을 없애는 방식으로 그들과 관계하는 한에서 개별적인, 저항하는 것으로서 있는 사물들과 관계한다. 물론 예술에서 정신은 대상들, 아름다움, 현상하는 것과 관계한다. 대상들은 여기에서 자유로운 상태 속에 있으며, 단지 고찰되기만 한다. 이러한 고찰에는 이론적 감관, 즉 시각과 청각이 속한다. 그러므로 예술의 감각적인 것은 가시적이고 가청적이다. 우리는 이로써 예술의 종류를 세 가지로 구분한다: 가시성의 예술, 소리나는 예술, 표상을 위한 예술 혹은 언어예술. 첫 번째 것은 조형예술(bildende Künste)이며, 두 번째 것은 음향예술(Tonkunst), 세 번째는 시(Poesie)이다. 첫 번째 부분은 다시 세 가지〔건축, 조각, 회화〕로 나눠진다. 가시적인 것은 내용이 따로 분리되는 종류의 것이다 — 음향은 주관적으로 응집하는 것이지만 눈을 위한 것은 상호분리적이다. 이러한 상호분리는 그것의 더 자세한 규정에서 가시적인 것의 내용을 형성한다. 그 자세한 규정은 개별 형태가 중심점을 형성한다는 것이다. 한편으로 이 개별 형태는 비유기적인 자연에 둘러싸여 있으며, 다른 한편으로는 주관적으로 내면적인 측면, 즉 자기 안으로 들어가면서 자기 자신 속에서 개별적으로 특수화되는 심정이다. 그래서 우리는 세 가지 예술을 가진다: 〔첫 번째는〕 건축이다. 건축은 중심점의 외적인 주변(äußerliche Umgebung)을 건립하는 것으로, 정신이 거기에서 자신을 성찰하는 그 외적인 주변과는 단지 외적으로 결합될 뿐이다.|191 여기서 형식은 자기-자신-내에-존재하는-것(das In-sich-selbst-Seiende)이 아니라 오히려 외적인 질서, 외적인 합치이다. 이런 예술은 여타의 것에 속하는 단 하나의 측면만 가진다. 이 예술은 또한 원초적으로(elementarisch) 자립적이 될 수

---

감각적 직관은 예술에 대해서는 가시성과 가청성이라는 두 가지 방식을 가진다.

I) 조형예술
II) 음향예술
III) 언어예술

I) 조형예술

A) 건축

있다. 그렇게 건축은 우선 자기 자신에 대해 있으면서 자립적이며, 그래서 예컨대 조각과 혼합되어 있고 본질적으로 이런 의미에서 상징적이다. 〔건축의〕 형태는 정신적이지 않은데, 정신적인 형태는 자기 자신을 의미하기 때문이다. 건축에서는 의미와 형태가 분리되어 있다.

두 번째 예술은 그 자신의 이상적(ideal) 방식으로 있는 정신적인 주관성의 예술, 즉 조각이다. 조각은 이상적인 신을 주된 대상으로 갖는다. | B) 조각

세 번째 것은 스스로를 정서적인 것, 주관적인 것으로 규정한다. 이 주관적인 것은 더 이상 중심이라는 관념성을 가지지 않고, 오히려 자신 속에서 스스로 개별적으로 특수화되어 어두워지고 채색되는 빛이다. 이 예술은 낭만적 예술에 소속되는 회화이다. 신적 형상은 그 자체 공동체에 속하며, 이 공동체 편에 서 있고, 그 자체 인간이다. | C) 회화

우리는 이제 조형예술을 고찰하면서 시작할 것이다. 단지 어떤 다른 목적의 측면들이며 자립적인 것도 아닌 특수한 예술들이 여전히 있다. 그런 예술들은 과도기들로서 등장하는 것으로 안내되어야 할 것이다. 〔하지만〕 우리는 개념에 의해 규정된 참다운 예술과 관계할 것이다. 그 첫 번째 것은 건축이다:

## 건축 Die Architektur

제1부

제1장 조형예술

A. 건축

건축은 현존하는 예술의 시작 일반을 이룬다. 시작은 존재의 가장 단순한 방식이다. 서서히 스스로 계속 형상화되는 예술

건축 299

개념에서 건축을 단순한 형태로 된 예술이라고 이해할 것이다.|[192] 그러나 그런 한갓된 양(量)적인 자기-상승은 하찮은 차이만 제공하지, 참다운 차이는 제공하지 않는다.[1] 인간은 실로 사태를 가장 단순한 형태에서 보려는 충동을 지녔고, 나아가 그 형태는 우연적이며 손쉽게 이해될 수 있다고 생각한다. 그래서 사람들은 사랑하는 남자가 잠자는 애인의 그림자를 모래에 윤곽선으로 그림으로써 회화가 발생하게 되었다고들 이야기한다. 그런 이야기는 그리스인들이 많이 가지고 있다. 사람들은 건축에 관해서도 건축이란 처음에는 하나의 구덩이(窩)였고, 하나의 그루터기(Klotz)였다고 한다. 〔그러나〕 저런 이해가지고는 나아가지 못한다. 그런 것은 성격적인 특징이 아니며, 저런 시작들은 또한 역사적인 것도 아니고 사람들이 개연성에 따라 스스로 시적으로 만들어낸 표상일 뿐이다. ― 우리가 말할 것은 건축은 개념에 의해 시초를 이루며, 역사적으로도 그러하다는 것이다. 건축은 실제로 아름다운 예술[2]의 시초로 등장하는 곳에서 고찰되어야 한다. 오두막, 동굴은 건축의 시초가 아니다. 언어예술도 확실히 어디서나 마찬가지로 거기〔아름다운 예술의 시초에〕 있다. 만일 우리가 건축에서 시작하고 건축에서도 곧 바로 사원(寺院)에 관해 생각해 보면, 사원(수단)이 목적(형상)보다 먼저 생긴 것으로 보는 것은 합목적적이지 않아 보인다. 가옥에는 이미 사람이 존재하며, 보호에 대한 그의 욕구가 이미 오두막에 앞서 있다. 하지만 오두막은 아직 아름다운 예술의 대상이 아니다. 건물이 아름다운 예술의 작품이라고 하더라도 건물은 동시에 하나의 수단이다. 이 수단에 관해 우리는, 수단은 목적을 전제하며 둘러싸는 형상을 이미 자신에 앞서 가지고 있다고 말한다. 건축에서 먼저 생각해야 할 것

〔예술의〕 개념에 따르면 건축은 현존하는 예술의 시원을 이룬다.

예술의 시원에 대한 잘못된 표상들

은 가옥이다. 왜냐하면 가옥은 욕구를 위한 수단이기 때문이다. 건축은 단지 무제한적인 공간을 제한하고 보편적 공간을 개체적으로 특수화할 뿐이다.|[193] 주변이 닫혀 있는 것은 건축의 개념이며, 유기적 자연에 경계를 정하는 것이다. 만일 우리가 규정을 이렇게 받아들인다면 우리는 주체와 이 주체를 둘러싸는 비유기적인 자연, 이 두 가지를 갖게 될 것이다. 그러나 직접적인 것으로서의 시초는 그런 이중적인 것이 아니다. 건축에서 첫 번째 것은 비유기적인 것과 이것의 형(型) 만들기(das Formen)인데, 이 형 만들기는 제 3의 것[신상]과 관계되지 않는다. 오히려 이 첫 번째 것은 비유기적인 것의 형 만들기이며, 더욱이 외면적인 형 만들기이다. 조각에서도 형 만들기는 외면적이며, 형식에 하등 상관없는 질료가 있다. 하지만 건축에서 외면적인 것은 규정적인데, 내용 자체가 아직 내면적인 것, 즉 정신적인 것이 아니라는 것, 오히려 내용은 자기 자신에게 외면적인 것(das sich selbst Äußerliche)이라는 것, 차이들은 제 3의 것, 즉 단순한 합규칙성 속에서 그들의 통일을 가진다는 의미에서 그러하다. 통일은 형식규정들 자체와는 아무 상관없는 것이다. 이 형식규정들은 다른 것에 의해서야 비로소 통일성을 이루지만, 자신들의 통일성 없이는 자체적으로 존립하지 못한다. 이로써 형식은 자기 자신에게 외면적인 형식이다. 인간의 형식은 자신에게 외면적이지 않고, 형식은 오히려 자신의 내용에 의해서만 존재한다. 건축에서 우리는 세 가지 형식을 가진다:

  상징적 형식,
  고전적 형식,
  낭만적 형식.

> 그 시초에서 건축은 비유기적인 것을 형태로 만드는데 제 3의 것, 즉 신의 형상과 관계없이 그러하다. 그래서 건축은:
>
> 1) 자립적 혹은 상징적인 건축이다.
> 자립적인 건축의 내용은 자기 자신에게 아직 외면적인 정신적인 것이다. 이 외면적인 정신적인 것은 자신의 형태와의 통일을 아직 자기 자신 속에서 갖지 못한다.

건축 301

왜냐하면 모든 특수한 예술은 이런 구분을 자체 내에 갖기 때문이다. 하지만 건축에서는 이런 구분들이 더 철저하다. 다른 예술들은 철저히 자기 자신 내에서 규정된 목적, 철저히 자기 자신 내에서 규정된 형태를 가진다. 하지만 건축은 어떠한 확고한 원칙도 그 자체에는 없다. — 우리는 먼저 건축에서 두 가지 방향을 구분해야 한다. 상징적|[194] 건축술, 즉 자립적인 건축술과 자신의 목적을 다른 것에서 갖는 건축술, 즉 고전적 건축술 간의 구분이다. 이 구분에 상응하는 그 외의 구분도 있다. 요컨대 건축 예술작품들이 목조건축에서 시작되었는지 혹은 석조건축에서 시작되었는지에 관한 논쟁이 최근에 다시 생겼다. 추밀 고문관인 히르트(Hirt)는 『고대인들의 기본원칙들에 따른 건축술』에 관한 저서를 썼고 최근에는 『건축술의 역사』를 썼다.[3)] 그는 석조건축에서 출발하며 비트루비우스(Vitruvius)를 모범으로 삼았는데, 비트루비우스는 모든 규정들을 다소간 오두막에서부터 발전시킨다. 히르트는 이에 대해 매우 강하게 공격받았다. 사람들은 이제는 목재로 지을 수 있는 것은 석재로 잘 만들 수 있으며, 사실 목재로 만들지 못할 것을 석재로 더 많이 만들 수 있다는 것을 잘 알고 있다. 목재가 가옥에만 제한되어 있는 반면, 석조건축은 더 거대한 장관을 열어준다. 〔목재냐 석재냐에 관한〕 전체적 대립은 제한되어 있으며, 일부는 또한 우리의 구분들에 속하기도 한다.

### 1) 자립적 혹은 상징적 건축

이 건축은 둘러싸는 작품들(umschließende Werke)과 주관적 형상물들이 아직 분리되지 않은 것이며, 건축작품 속에 전체 목적이 들어 있는 것이다. 저러한 작품은 일부는 상징적이며, 대개

는 조각과 건축의 혼합이다. 그것은 비유기적인 조각인 것이다. 조각과 건축 이 두 예술이 아직 하나로 있다. 물론 건축은 조각을 밀어넣고 자신을 조각 형상물의 외장(外裝, Gehäuse)으로 만들어야 한다. 왜냐하면 이러한 구분은 본질적이기 때문이다. 각각의 구분은 스스로 자체적으로 형성되어야 한다. — 우리가〔예술의〕출발점을 더 자세히 살펴본다면 사상을 표현적으로 만들고 설정하는 것이 예술의 첫번째 욕구(필요성)임을|[195] 알게 될 것이다. 언어에서는 단지 하나의 기호, 하나의 자의적인 외면성에 의해서 사상이 표현적으로 된다. 예술을 통해서는 표상이 기호에 의해서가 아니라 감각적인 방식으로 표현된다. 그래서 한편으로는 내용이 있어야 하지만 다른 한편으로 그 내용은 현실적인 것이 아니라 표상의 내용으로서 있음을 사람들이 인식하게끔 있어야 한다. 살아 있는 사자를 본다면 우리는 그려진 사자와 동일한 직관을 가질 것이다. 그러나 그려진 사자는 우리가 인간정신에서 산출된, 표상된 사자와 관계한다는 것을 보여준다. 그려진 사자는 우리에게 표상의 표상을 제공하는 것이다. 이런 작품은 인간의 통합점(Vereinigungspunkt)이다. 그 작품은 인간에게 소속되며, 제작물〔작품〕속에는 인간이 인간을 위해 있다. 그렇다면 세 번째로 내용은 물론 원래 저러한 것, 즉 객관적이며 보편적인 관심인 것이어야 한다. 원래 사자, 나무가 표현되어야 할 필요는 없다. 오히려 그 자체에서 인간을 통합시키는 것, 즉 신성한 것이 표현되어야 한다. 괴테는 '인간을 인간에게 결합시키는 것은 신성하다'고 말한다.[4] 그러므로 저런 신성한 것이 내용이다. — 이제 자체적으로 자립적인 건축작품은 자체적으로 사유할 것을 제공해야 하며 자신의 표현을 통해 보편적인 표상들을 환기시켜야 한다. 그런데

상징적 건축의 더 자세한 시작은 다음의 필연성 속에 있다. 즉 보편자가 스스로 자신을 표현하며, 자신이 직접적인 것이 아니라 정신에서 생산된 것으로 간주됨을 나타내보이는 필연성이다.

저러한 표현은 인간의 합일점이다.

그러므로 내용은 객관적인 관심, 즉 신성한 것이어야 한다.

69.
무엇이 신성한가? 그것은 많은 영혼을 함께 묶는 것이다. 골풀이 화환을 가볍게 묶듯이, 비록 그저 가볍게 묶을지라도.

70.
가장 신성한 것은 무엇인가? 그것은

건축 303

이 표상들은 보편적인 표상이라 할지라도 여기서는 아직 전적으로 무규정적인 표상일 수 있다. 그럼에도 이러한 건축적 표현들 속에는 내용상 어떤 하나의 보편적인 것이 들어 있어야 하는데, 이 보편적인 것은 형식에 의해서도 질료에서 나타나야만 한다. 여하간 형식은 한갓된 기호로 격하되어서는 안 된다. 기념물, 예로 죽은 이에게 세워진 십자가, 격전과 이와 다른 사건들에 대한 기념으로서 쌓여진 돌무더기들도 표상을 환기하기에 적합하다. 그러나 사람들은 이런 질료를 통해 이와 꼭 같이 많은 다른 것들을 상기하게 될 수도 있다. 그리고 돌무더기, 십자가 그 자체는 표상을 이끌어내는 것이 목적이지만 그 표상을 자기 자신을 통해서는 시사하지 못한다. 다른 한편 이제 형식이 의미를 표상적으로, 그리고 구체적으로 표출한다면 이 |196 형태는 오직 인간 형태일 수밖에 없으며, 건축 예술작품은 조각으로 진전되어 있을 것이다. 그러니까 자립적인 건축은 — 그것의 개념에 따라 — 순수한 건축적인 것과 조각 사이에서 이리저리로 흔들린다. 이러한 상징적 건축의 목적은 어떤 무형적인 것(ein Unförmliches)이다. 여기서는 이에 대해 이렇게 미완적으로, 하나의 특정한 원리로 이야기할 수 있다. 〔여기서〕 상기해야 하는 일련의 작품들이 있다.

    이 일련의 작품들에서 우리에게도 역사적으로 다가오는 첫 번째 형태는 바벨탑(도판 7)이다.[5)] 유프라테스 평원에서 인간은 어마어마한 조각작품을 세웠다. 인간은 그것을 공동으로 축성하는데, 축조에서의 공동성이 바로 국가를 향한 통합이 된다. 그리고 이 통합은 더 이상 애국적인 통합이 아니다. 왜냐하면 애국적인 것조차 스스로 지양되었기 때문이며, 이 지향의 객관화, 즉 공동성이 실현된 것이 구름을 향해 올라가는 이 건축물이기 때문이

---

오늘도 그리고 영원히 정신이 더 깊이깊이 느끼는 것, 언제나 몇몇 정신만이 만드는 것이다.    괴테

표현은 그 자체에서 내용을 표출해야 하며, 그렇기 때문에 한갓된 기호여서는 안 된다.

일련의 건축적 작품들:
바벨탑

다. 그 당시 민족들의 공동성은 이 건축물에서 발아되었다. 그리고 그 하나의 작품을 완성하기 위해 그들 모두가 서로 통합했듯이, 이 작품은 — 우리에게서는 법과 같이 — 그 민족들을 서로 결합시키는 끈이었다.

헤로도토스(Herodotos)는 벨(Bel) 사원이 성서에 나오는 탑과 어떻게 연관되는지는 언급하지 말자고 말한다. 헤로도토스는 사원의 전체 구역의 면적은 이 탑의 각 측면이 2스타디온[6]에 달하는 것에 비춰 추량되며, 탑은 이 구역 내부에서 정방형으로 긴밀하게, 속이 비어 있지 않고 육중하게 높이 치솟았다고 벨 사원을 기술한다.[7] 이 탑을 마치 집회소인 것처럼 여기는 의견은 이 사실을 통해 무효가 된다. 탑의 수평 폭에서는 1스타디온이 그 척도였고, 높이도 이와 동일한 척도를 지니고 있었다고 한다. 일곱 개의 정육면체는 차곡차곡 쌓아올려져 있으며, 마지막 정육면체 위에는 여덟 개의 건축물들이 설비되어 있다고 한다. 이중 금으로 된 한|197 탁자는 푹신한 좌석으로 둘러싸여 있으며, 탑 전체 주위에는 계단이 빙 둘러져 있다고 한다. 성상은 하나도 없다. 한 여인이 야심한 시각에 탑 위에서 머물렀다고 한다. 칼데아는 신이 방석 위에 길게 드러누워 쉬었다고 말한다.[8] — 그러므로 이제 탑 전체는 어떤 추상적인 통합점이 아니라 종교의 구체적인 통합점이다. 7이라는 숫자는 그 축조에서 상징적인 숫자로서 주목할 만하다. 이 숫자는 이집트에도 행성들과 그 행로의 명확한 관계를 지닌 채 나타난다. 많은 도시들도 축성 구조에서 보면 상징적인 건축작품들이다. 크로이처(Creuzer)는 이 도시들을 상징적인 도시들이라고 명명한다. 그래서 엑바타나(Ekbatana)[9]는 일곱 개의 벽으로 감싸여 있었고 일곱 색깔로 칠해져 있었다. 이러한 둘레

> 벨 사원에 관한 헤로도토스[의 진술]

들(Kreise)이 왕의 태양성곽을 둘러싸고 있었다.¹⁰⁾ ― 그래서 이런 축조들은 단순한 기호가 아니라 그 자체로 의미 있으며 그 자체로 목적이지, 단순한 수단으로 격하되어 있지 않다. ― 또한 정육면체적이라는 것도 여기서 주목할 만하다.

여기에 속하는 두 번째 형태는 다음과 관련된다. 인도에서는 이집트에서처럼 자연물들이 있는 그대로 신으로 숭배되었다. 자연의 생명력도 이와 동일한 방식이다. 그리고 이런 숭배는 위대한 여신, 즉 풍요의 어머니의 형상으로 또한 프리지아, 시리아에서까지 숭배되었다. 그리스도 이러한 표상을 수용했다. 그리고 이런 보편적 힘의 형상도 동물적인, 즉 수컷과 암컷의 생식기였으며, 이에 대한 숭배는 팔루스(Phallus)와 링감(Lingam) 제의라는 이름 하에 잘 알려져 있다. 이제 사원의 가장 안쪽은 저런 형상들을 수직으로 뻗은 어마어마한 원주(圓柱)들로 보유하고 있다. 이 원주들은 시초에는 자기목적이었고 즉자적으로 의미를 가지고 있었다. 나중에야 비로소 이 원주들은 공허하게 되었고 신들 형상의 치장으로 사용되었다. 그래서 아직도 그리스에서는 사람들이 주상(Hermen, 柱像: 원래 헤르메스의 주상을 만들어 제의에 봉헌했으나 이후 여러 신과 철학자들의 주상이 만들어져 주상 일반을 가리키는 용어가 됨. 도판 8) 형상들에 정통하고 있으며, 플라톤의 『향연』에서 알키비아데스(Alkibiades)는 |¹⁹⁸ 소크라테스를 어떤 주상과 비교한다.¹¹⁾ ― 또한 사람들은 주장하길, 그렇기 때문에 인도의 보탑들은 주상을 근원으로 받아들였다고 한다. 이 보탑들은 가늘며 높고, 피라미드와 같은 방식이며, 원주척도로부터 얻어진 것이다. 또한 메루(Meru) 산의 표상도 보편적 생식의 표상에서 출발하고 있다. 헤로도토스는 인도의 원주들에 관해서도 언급하며, 이를 세소스트로

원주(圓柱), 주상(柱像), 보탑들

(Sesostro)¹²⁾의 원정에 귀속시킨다.¹³⁾ 그는 소아시아에서도 부분적으로는 남성 생식기를, 부분적으로는 여성 생식기를 표상하는 그와 동일한 특징을 보았다고 주장한다.

형태들의 세 번째 종류는 이집트의 멤논(Memnon)¹⁴⁾과 오벨리스크(Obelisk)들이다. 멤논은 집을 둘러싸지 않은 형태이며 규모가 거대해서 비유기적이다. 오로라(Aurora)의 아들인 멤논은 오르만티아스(Ormantias)와 동일한 자인데,¹⁵⁾ 아침태양의 첫 광선이 솟아오르고 벽에서 소리가 울릴 때 이집트인과 에티오피아인들이 그에게 희생물을 바쳤다고 전해진다. 이로써 멤논은 첫 번째로는 태양과 관계되며, 두 번째로는 음향, 언어 일반과 관계된다. 일부 아직 남아 있는 이런 원주들은 비유기적인 것에 가까울 정도로 굉장한 자연이다. 그와 같은 모습의 거대한 발가락은 사람의 키를 넘어선다. 이런 것은 한편으로는 비록 조각형상이지만, 의미를 표현하는 것뿐만 아니라 그 자연적 존재에 의해 흥미로움을 지니고 있으며, 생동적인 의미를 가진다. ─ 멤논들은 태양빛을 받으면 소리를 울리기 시작한다. 비록 사람들이 지금까지 상징적인 이야기로 여기고 있지만, 영국인과 프랑스인들은 울림을 들은 적이 있다. 그러니까 울림은 우화가 아니며, 젖은 돌이 태양에 의해 데워져서 벌어지기 시작하고 그래서 큰소리가 들리게 된다는 사실에서 유래한다. ─ 그러므로 멤논 원주들은 비유기적인 것으로 향한 그것의 경향성에 의해 건축에 속한다. ─ 이 멤논 원주와 밀접하게 결부되는 것은 오벨리스크인데, 이는 인간 형태가 없는 완벽한 축조이다. | 199 플리니우스(Plinius)는 오벨리스크의 성립과 관련하여 다음을 이야기한다.¹⁶⁾ 페르시아인 혹은 메디아인인 미트라스(Mitras)가 이집트의 태양도시(헬리오폴리스 Heliopolis)에서 거

> 멤논과 오벨리스크

> 오벨리스크에 관한 플리니우스의 진술:

주하고 있었는데, 오벨리스크(태양광선)를 세우고 그 위에다 문자를 쓸 것을 꿈 속에서 독려받았다고 한다. 우리는 이미 멤논들 속에 즉자적으로 있던 태양과 언어를 오벨리스크에서 확실하게 정초하게 되었다. 오벨리스크는 태양광선을 감각화한 것이라고 한다. 이를 통해 동시에 문자를 위한 공간과 벽도 생겨났다. 상형문자 자체는 상징적인 글씨다. 그래서 사람들은 직접적인 대상의 자연적 의미에 머물러 있지 않고 그 대상을 통해 정신적인 것을 암시한다. 그래서 오벨리스크는 상형문자에 의해 의미를 명백하게 그것 자체에서 갖는다.

네 번째 자립적인 건축적 형태로는 이집트 사원이 우리를 향해 다가온다. 사원에 관하여 말한다면, 우리는 곧 자체에서 패쇄된, 지붕이 있는 건물의 표상과 마주치게 된다. 그럼에도 우리는 여기서는 그와 같은 표상을 멀리해야 하며, 그리스 사원에서 그런 표상을 가까스로 다시 수용할 수 있다. 이집트 사원들은 장벽으로 둘러싸인 구역인데, 보탑들과 집안에는 성직자와 거기서 양육되는 소녀들이 있다. 그리고서 우리는 대량의 황소와 코끼리들을 보게 된다. 시바[17])에게 신성한 황소는 링감(Lingam, 남성 생식기)과 연관된다. 스트라보(Strabo)는 사원 속에 때로는 동물형상이 있고, 때로는 아무 것도 없다고 말한다.[18]) 사원은 거주를 유일한 목적으로 갖지 않으며 집회장소로 이용하려는 목적도 갖지 않는다. 건축과 조각이 혼합되어 있다. 가장 큰 부분은 조각작업인데, 이것은 사실 다시 건축적인 것의 방식에 이르고 있다. 왜냐하면 우리는 스핑크스 · 보탑 · 신 · 멤논, 그리고 동물형상의 많은 것들이 그 자체 다시 비유기적인 것 속으로 되돌아가 단순한 원주배열이 되는 것을 보기 때문이다.|[200] 이로써 그것들은 그 자체 내

| 이집트 사원들

에 원주배열 외에는 더 이상 어떠한 규정도 갖고 있지 않다. 그리고 특이한 것은, 사람들이 (확실히 여기서는 원래처럼 그렇게 굉장히 크지 않은) 많은 멤논 및 아프로스(아프로디테), 이시스와 그 외의 형상을 엄청난 부조 축조물로 나타냈다는 것이다. — 그러므로 이러한 건축물들은 신들 형상을 둘러싸는 것이 아닌 것이다.

나아가 이제 주목할 것은 이러한 자립적인 건축은 대개 이 건축의 거대한 양식상 이집트가 본원이라는 것이다. 작품들은 실행(Ausführung)의 아름다움과 장대함을 지니고 있는데, 이 작품을 봤던 프랑스인들은 이 아름다움과 장대함에 반해 그리스적인 모든 것을 하찮고 중요하지 않은 것으로 여겼다. 주된 것은 사원들이다. 그 외에도 축조들이 있는데, 이 축조들은 하나의 신을 위해서나 혹은 집회장소를 위한 둘러싸기로서의 사원은 아니다. 사원의 이런 축조 가운데 주된 것은 한 쌍으로 된 것, 파손되거나 일직선으로 늘어선 것, 서로 마주보는 것 같은 일련의 스핑크스들이다. 20~40피트(feet)나 되는 이 연속은 사람 키의 6배, 8배에 이를 정도로 높다. 그러니까 이와 같은 스핑크스들은 개별적으로는 유효하지 않고 90개씩, 100개씩 함께 있다. 이 다음에 이어지는 것은 필론(Pylon)이라 불리는 성문 건물이다. 이 성문 건물은 양쪽에 장벽들이 있고 위쪽으로 좁아지는 화려한 벽면들이 있다. 이 화려한 벽면들은 대략 격전, 발생한 사건의 표현과 신화론에서 나온 표현들이 새겨진 장대한 부조들로 덮여 있다. 또한 멤논들과 그 밖의 거대한 형상들이 그 앞에 서 있으며, 상형문자도 이 벽면 위에 보인다. 성문 안쪽에는 덮개, 즉 지붕 없이 원주통로로 둘러싸인 자리가 하나 있다. 원주는 다시 멤논이나 혹은 다른 형

> 이 사원들에 대한 더 자세한 기술:

태들이다. 그와 같은 자리들은 다시 스핑크스 대열을 가질 수 있을 것이며 종단벽면들에 의해 차단되어 있을 수도 있다. 이 다음에 이어지는 것은 마름돌을 받치고 있는 원주로 가득 찬, 덮개로 덮인 자리이다. 그런 후 다시 상형문자로 덮인 열려진 통로들이 이어질 수도 있다. 이와 같은 위벽(圍壁)들은 서적들처럼 |201
교육용으로 이용되고 있다. 그런 후 마지막으로 나오는 것은 동물형상이 있는 원래의 건물이다. 하지만 이 건물은 그와 같은 축조의 전체에 비해서는 부수적인 것이다. 어떤 공동체도 거기에는 자리할 수 없으며, 실제로는 동물 형상도 없다. 또한 유일하게 돌하나로만 지어진 작은 집도 있다. 그러므로 이 사원에서는 목적이 둘러싸기가 아니라 정서의 함양·경이감 고양·표상 세계의 환기이다. 이와 같은 건축물들의 설계에서 많은 것은 또한 명백하게 상징적이다. 계단, 층계들에서 숫자는 어떤 하나의 중요한 수에 의해 규정되어 있는데, 이 수는 나일 강이 풍부하게 흘러내릴 때 강의 수면이 이르렀던 피트(feet) 수와 관계되거나, 혹은 행성들의 수 등과 관계된다. 또한 달의 행로, 태양의 행로와 관계되는 수들도 사용된다. 이러한 축조들은 동시에 천문학적 목적, 예를 들면 성체(星體)들의 행로를 가리키는 그런 목적을 가지고 있다. 특히 미궁들이 그런 목적을 가진 건물들이다. 이 미궁에는 수수께끼 하나가 부과되었는데, 이 수수께끼는 출구를 찾을 수 없다는 그런 평범한 것이 아니라, 꾸불꾸불한 선들이 행성들의 행로와 관계된다는 것이다. 이집트의 지상 작품들은 경이로운데, 지하의 작품들은 더욱 경이롭다. 구덩이들(Höhlen)은 한편 여기에서는 집이며, 필요에 이용되고 있다. 하지만 지하에 있는 이집트 축조들은 필요에서 나온 것이 아니다. 오히려 일반적 목적은 종

> 이러한 축조들 일반은 정서함양의 목적을 가지며, 보편적인 것의 상징적인 표현이다.

> 그 축조들은 땅 위에 높이 솟듯이, 땅 속으로도 깊이 들어가 있다.

교적 공간이라는 것이다. 동굴과 오두막 중 어느 것이 먼저였는지를 묻는다면, 확실히 동굴이 더 이전의 것이다. 왜냐하면 건축술은 비유기적인 것을 형(形)으로 만듦으로써, 그리고 이를 의미심장한 방식으로 함으로써 시작하기 때문이다. 사람들이 안전한 구조물을 마련하려고 구멍을 파고 들어가기 시작했다는 것은 여기서 확실히 자연스럽게 보인다.|202 왜냐하면 사람들은 지하 공사 때는 [땅의] 주요 부분을 있는 그대로 놔두면 되며, 땅 위 건물처럼 그 자체로 서 있는 제작물이 없기 때문이다. [그러나] 지금 이집트에 있는 이런 지하계 건축물은 지상계 건축물처럼 형성되어 있으며, 스핑크스들로 이루어진 원주들과, 글씨 쓰인 모든 다른 형태들, 즉 상형문자들로 가득 차 있다. 지상계에 있는 것은 다분히 지하계에 있는 것의 모방이었던 것처럼 보인다. 이 지하계에 있는 것은 주로 이집트인들에게 사자(死者)와 연관되는 더 자세한 규정을 갖는데, 그것은 사자의 왕국이라는 의미를 지닌다. 인도에서는 건축물이 이런 관계를 가지고 있지 않다. 왜냐하면 인도인은 죽은 자를 화장하며, 페르시아인은 죽은 자를 부패시키기 때문이다. 우리는 이집트 사자의 왕국에서 조각의 형태가 [이를] 둘러싸고 있는 비유기적인 건축물과 분리되는 것을 보게 된다. 지금 여기서 건축은 왕의 무덤으로 규정되어 있다. 그것은 국민의 작품이며 국민의 실제적 제의인데, 이것은 그들의 주된 본질이 본능적으로 작업하는 것인 꿀벌과 비교할 만하다.[19] 이집트인은 정신적인 것이 신체적인 것에 반(反)해 분리되는 그런 민족으로 간주될 수 있다. 이집트인들에게서 내적 부정성이 시작되는데, 신체적인 것에 반(反)한 정신의 구분이 확립된다. 이집트인들은 영혼이 불멸하며 육체로부터 분리된다는 것을 최초로 말했

> 이런 지하계 건축물들은 죽음의 왕국과 밀접한 관계가 있다.

> 이로써 고전적 건축술로의 이행이 정립되어 있다. 왜냐하면 작품들이 더 이상 자기 자신을 진술하지 않고, 오히려 그것들을 둘러싸고 있는 다른 것과의 관계 속에 있기 때문이다.

건축 311

다. 이 분리는 이제 저 불멸적인 영혼을 위한 신체가 되는 건축의 상태를 더 자세하게 규정하고 있다. 무덤은 이 분리를 자체 내에 포함하고 있으며, 건축적인 것은 대자, 즉 하나의 주관적인 것에 대해 합목적적인 것이 된다. 이러한 것에는 무덤과 피라미드가 속한다. 이런 것들은 사별한 정신을 자신 속에서 머무르게 하는 결정체이다. 이 무덤과 피라미드들은 작은 방과 통로들, 어떤 상징적인 것을 가지고 있는데, 이런 것들은 부분적으로 영혼을 통과시키는 도정(道程)에 대한 표상으로서 있다. 이제 그와 같은 무덤들은 우리가 사원으로서 떠올리는 것으로 여겨질 수 있다. 무덤들은 언제나 성전(聖殿)으로서 숭배되고 있다. |203

이런 것들이 상징적인 건축의 주된 형태인데, 이 건축 분야는 명확하게 구분될 수 있다. 이 분야에서부터 고전적 예술로의 이행이 생겨나는데, 이는 두 가지로 고찰될 수 있다. 하나의 출발점은 합목적성이 거기에서는 부수적인 것이 되며 건축이 어떤 다른 것에 이용되지 않는 그런 지점으로서 간주될 수 있다. 또 다른 하나는 필요성, 즉 가옥 일반이다. 이 가옥은 지붕을 받치는 벽면들이 있는 목조가옥으로 이해할 수 있다. 이와 같은 목조가옥은 우리가 자립적인 건축에 귀속시키는 축조로서는 극단이다. 만일 자립적인 건축이 본래적 건축으로 넘어가자면 이 극단에 근접해야만 한다. 요컨대 아름다운 건축에는 두 가지 규정이 속한다: 1) 오성적인 것, 즉 합목적적인 것이라는 규정. 예로는 평면들의 균등성, 직각성과 같은 모든 단순한 오성적인 형식들. 2) 이런 형식들이 아름다움으로 스스로 고양되려면 유기적인 것, 둥근 것으로 계속 나아가야 한다. 자립적인 건축은 거꾸로 유기적인 형식에서 시작하며, 본래적 건축에서 자리를 찾을 수 있기 위해서는 오성

상징적 건축술이 추상적으로 그 자체로 어떤 다른 것에 이용되지 않으면서 거기 서 있으므로, 이것에 대립되는 것은 추상적으로 한갓되이 합목적적인 것, 이용되는 것, 단지 둘러싸기만 하는 것, 즉 가옥이다.

자립적인 건축은 이러한 자신의 반대물과 스스로 화해하면서 고전적인 건축이 된다. 고전적 건축에서 자립적 건축은 그 자체로 자립적이면서도 어떤 다른 것, 즉 신, 둘러싸기에 이용되는 것으로서 있다.

적인 것으로 스스로 격하된다. 예컨대 들보(Balken)는 한편으로는 직선적이며, 다른 한편으로는 자신의 특정한 길이를 가지고 있으면서 상하로는 단절되어 있다. 유기적인 것을 이것과 비교해본다면, 유기적인 것은 단절되지는 않고 그저 양 끝을 성찰하게끔 한다. 아름다운 건축은 유기적인 것과 단순히 오성적인 필요 사이에서 발견되는 중간이다. 이 발견된 중간은 우리가 이전에 원주로 보았던 것의 — 나타나기 시작하는 — 개조에서 명확하게 인식할 수 있다. 자립적인 건축에서 원주는 단순한 유기적 형식, 즉 인간적·동물적 혹은 식물계에서 취해진 형식들을 가지고 있었다. 모든 이런 형태들은 이제 한낱 이용되는 것으로 격하되어 있으며 단순한 지탱자이다. 그래서 여기서도 여전히 인간 모습이 |204 나타나지만 자체적으로 중요하지 않고, 그 규정이 인간 모습 속에 들어 있지 않은 단순한 수단으로 변환되어 있다. 그러므로 인간 모습은 이제 점점 사라지게 된다. 하나의 합목적적인 지지대는 나무, 줄기이다. 왜냐하면 이들의 본성 속에는 지탱하기(das Tragen)가 들어 있기 때문이다. 이제 고전적 예술이 이와 동일한 형상물을 취한다면 고전적 예술은 이 형상물을 자연형태로서 가질 것인데, 이 자연형태는 아직도 지탱이라는 추상적인 규정성 외에 많은 것을 가지고 있다. 고전적 예술은 자연형태를 있는 그대로 두지 않고 이것에 고유한 예술규정을 부여하며, 자연형태를 자신의 목적에 따라 변화시킨다. 그래서 우리는 예를 들면 〔고전 예술로의 과도기에 있는〕 이집트 건축물에서 식물들의 형상이 원주로 전도된 것을 보게 된다. 식물들의 형상은 지반을 단단하게 굳히는 근생엽(根生葉)들로 이루어졌는데, 이 근생엽들에서 잎들이 갈대처럼 앞으로 휘고 — 휘감기면서 — 솟아나 원주가 된다.

여기서 자립적 건축의 추상적으로 유기적인 형식들은, 단지 합목적적이기만 한 건축술의 추상적으로 오성적인 형식들을 통해 스스로 중개된다.

이 이행은 원주의 개조에서 인식될 수 있다.

이 개조에는 유기적인 것이 합목적적인 것으로 전도되는 것이 나타난다.

건축 313

이렇게 모든 형태들은 예술목적으로 전도된다. 아라베스크라 부르는 것에서 이와 동일한 어떤 것을 발견하게 된다. 아라베스크는 자연형상물인데, 건축은 이 자연형상물을 어떤 오성적인, 형상 그 자체에 소속되지 않는 연관 속에 넣어서 자신의 목적을 위해 사용한다. 자연적 형태 일반은 일그러지고 이상한 것과 혼합되어 있으며 변해 있다. 그렇기 때문에 아라베스크의 사용은 가끔씩 질책받는다. 하지만 이행은 이런 개조를 분명히 요구하며, 예술형상물로서의 이러한 왜곡은 자신의 완전한 정당화를 갖는다. 왜냐하면 예술은 자연을 그 직접성 속에 그대로 두지 말아야 하기 때문이다. 그리고 바로 고전적 건축술이 그런, 즉 자연에서 유래하는 것을 떨쳐버리고 부수적인 것으로 설정하는 특성적인 것을 지닌다. 그래서 본래 유기적인 것은 사라지고 단지 오성적인 규정들로의 시작음(始作音, Anklang)으로만 보유되어 있다. 사실이로써 상징적 건축술은 사라지고 그 자리에 고전적 건축술이 들어와 있게 된다.|205

이와 동일한 것이 아라베스크 문양에 있다.

### 2) 고전적 건축술 Baukunst

고전적 건축의 일반적인 것은 매우 간략하다 — 우리는 세부사항에는 관여하지 않아도 된다. 그 일반적인 것은 공간적 규정들에 소속된다. 즉 그것은 공간적 비례의 음악인 것이다. 이 예술을 통치하는 것은 합목적성이다. 그래서 유기적인 것 대신 오성의 선, 즉 직선, 규칙적인 선, 그리고 가장 단순한 경향으로서는 직각으로 각진 선이 나타나기 시작한다. 여기[고전적 건축]서는 엄격한 합목적성에서 미가 존립한다. 그러면 먼저 이 예술의 목적에 대해 물어야 할 것이다. 왜냐하면 그 목적이 규정적인 기

2) 고전적 건축

자신의 내용을 아직 자기 자신 속에 갖고 있지 않고 단지 이 내용을 향해 애쓸 뿐인 상징적 건축술은 내용을 자신의 외부에 설정하며, 스스로를 이 내용을 둘러싸는 것으로 설정한다.

고전적 건축술은 어떤 다른 것 속에서만 자신을 가지는 것으로서, 합목적적인 것이다.

본 모델이기 때문이다. 이 기본 모델은 조각에서처럼 자연에서 차용된 것이 아니다. 조각에서는 인간 형태가 자기 자체에서 가장 합목적적인 형태이며 정신의 유일한 표출이다. 이 건축의 모델은 순수하게 오성적인 것에 소속되며, 자연으로부터 취해지지 않은 것으로서 다분히 자의에 위임한 것처럼 보인다. 예술이 그것을 위해 일하는 목적 자체에 의해 기본유형이 규정되어 있기 때문에 예술이 넘어서는 안 되는 한계들이 목적에 의해 정해져 있다. 공간 구획짓기, 공간 둘러싸기가 이 예술〔건축〕의 목적인 것이며, 이와 함께 가옥은 이 예술의 골격〔즉 기본구조〕이 된다.

　　사람들은 공간 한정짓기의 — 집 짓기 이외의 — 다른 목적들, 즉 예를 들어 다리, 목욕탕, 그리고 다른 축조들과 같은 목적이 있을 것이라고 생각할 수도 있다. 하지만 민간건축과 군사건축의 목적은 확실히 규정되어서 이 건축들에서 단지 외적인 장식으로서만, 단순히 부차적으로 역할하는 것으로서만 등장할 수 있다. 하지만 고전적 건축이 짓는 집은 정신적인 것, 신적인 것을 위한 공간 구획짓기인데, 고전적 건축은 이 신적인 것을 거주하도록 하면서 둘러싸고 보호하고자 한다. 이로써 건축의 고향(das Haus)은 신의 집, 즉 사원이다.

> 고전적 건축의 목적은 정신적인 것을 둘러싸는 것, 즉 신의 집, 사원이 되는 것이다.

　　그러므로 집이 일반적으로 사원의|206 기본유형을 형성하게 된다. 집은 공간을 입체적으로 완전히 둘러싸는 공간이다. 길이와 폭을 둘러싸는 데는 어떤 특별한 주석들을 필요로 하지 않는다. 다만 높이를 둘러싸는 데서〔즉 지붕에만〕수평적으로 둘러쌀 것인지 혹은 경사지게 둘러쌀 것인지의 가능성이 있다. 후자는 아름다운 건축술의 기초가 된다. 비가 적고, 폭풍이 그 나라의 지붕을 두들겨 소리내지 않는〔즉 폭풍이 없는〕남쪽 나라들은 태양

> 이로써 일반적으로 집이 고전적 건축의 기본유형이다.

> 집은 공간을 입체적으로 둘러싸는 것이다.

건축 315

에 대한 보호만 필요하며 — 가장 간단한 지붕인 — 수평 지붕만으로도 충분하다. 이에 반해 우리는 비로부터도 보호되기를 원한다. 하지만 필요만이 아름다운 건축술의 목적은 아니다. 오히려 아름다운 건축술은 예술로서, 호감이라는 규정을 지니고 있다. 이제 넓은 것, 질료적인 것을 살펴본다면, 우리는 이런 것을 받치는 것으로서 볼 필요가 있다. 그래서 우리는 각 집단에서 피라미드 형식을 요구하게 된다. 이 피라미드 형식은 우리를 만족시켜 주는데, 이 형식은 받치고 있으며, 받쳐진 것은 더 이상 받칠 수 없는 것으로, 이 [받칠 수 없는] 불능성을 정점(꼭지점)으로 치닫게 하기 때문이다.

｜ 길이와 폭은 그 자체가 단지 받치는 것으로서 있으며, 받쳐지는 것은 그 받치는 것에다 지탱자가 아님을 나타내야 하므로 길이와 폭은 정점으로 치닫는다.

이제 우리가 그 둘러싸기를 그것 자체에 대한 기계적인 관계에서 취해 본다면, 그 둘러싸기는 한편으로 높게 치닫는 것을 지탱하는 것이고, 다른 한편 그 자체 내에서는 결합된 것, 정지, 고정성을 지닌다는 것이 주요규정이 된다. 이제 결합된 것으로서의 어떤 구체적인 것인 축조는 이런 규정을 그 자체에서 나타내 보여야만 한다. 그러니까 이 축조가 오성적인 접합체로 현상함으로써 여러 가지 규정성들이 이 축조에서 생성되는 것이다. 받침을 그 자체로 취해보면, 원주라는 규정을 얻는다. 견고한 벽면은 비록 역시 받치고 있으나 받침의 추상적인 계기가 아니라 동시에 둘러싸며 결합하고 있다. 원주는 단지 무언가를 받치고만 있는데, 사실 원주가 더 많은 동일한 것을 받치고 있음으로써, 이 동일한 것은 원주가 받치는 것이며 동시에 원주와 공동적인 것, 원주가 결합하는 것이기도 하다. 들보가 그러한 것이다. 이제 이런 규정들은 즉시 목조건축으로의 이행을|[207] 이루며, 목조건축을 최초의 것으로서 시사한다. 집은 사람이 접합한 것이다. 접합에

｜ 이로써 둘러싸기의 기계적 관계는 다음과 같다:

｜ 받치면서 자체 내에서는 결합되어 있는 것

｜ 받침의 추상적 계기는 원주이다. 원주는 결합체, 견고한 벽이다.

｜ 원주와 벽은 들보에 의해 결합되어 있다.

는 목재가 맨 처음 제공되며, 석재는 먼저 깎아내어 형태를 다듬은 후에 비로소 접합해야 한다.

고전적 건축술은 집의 외적인 합목적성이 지배적인 것이다. 그러므로 여기에는 단지 부속적으로만 나타나는 유기적인 것은 하나도 없다. 집은 결코 자기목적이 아니다. 또한 척도 없는 것은 여기서 아무런 규정이 아니다. 강도(强度)가 지배적인 것이며 그 자체로서 현상해야 한다. 더욱이 강도는 지탱하고 있는 것으로서 현상해야 하며, 지탱되어 있기 위해서는 단지 몇 군데에서만 지지되어 있는 강인한 것으로서 현상해야 한다. 이에 반해 스스로-확장되는 것이 연약한 줄기에 의해 지탱된 것은 아라베스크 종류와 같은 것이다. 여기서 지탱자는 오성적이며 비례에 적합해야 하고, 지탱되는 것에 반해 너무 강해서도 너무 약해서도 안 된다. 기계적인 것의 우세함은 틀림없이 그 외의 규정들에서도 나타날 것이다. 직각은 주된 규정으로 남아 있다. 받치는 것은 그것이 받치는 것 아래에 직각으로 놓여진다. 직각은 오성적으로 규정된 각인데, 예각·둔각은 무규정적이다. 오로지 직각만 규정적인 것이다. 질료적인 것이 우세하다는 것은 폭과 길이의 비례에서도 나타난다. 사각은 너무 규칙적이면 찌그러져 [보인다]. 높이의 관계는 무게 일반의 관계에 의해 스스로 규정된다. 만일 사람들이 그 높이가 넓이보다 더 낮은 건물을 본다면, 이들은 연장하기가 더 쉽다는 것을 알게 될 것이다. 더 오래된 원주, 즉 도리아식 원주는 더 낮고 넓은데, 이오니아식 원주는 더 날씬하며, 코린트식 원주는 더욱 더 높아진다.

더 자세한 것에 관해 보자면, 그것은 일반적으로 이미 |208 언급된 것에서 그 결과로 생겨난다.

그러므로
가옥을 이루는 계기들:
a) 받치는 것: 원주, 벽, 들보
b) 받쳐진 것.

지탱하는 것이 우세하다는 것은 직각성의 확고한 규정성과, 지탱하는 것의 가늘고 긴 모양(Figur)에서 나타난다.

그렇기 때문에 가장 오래된 원주들은 낮고 넓으며, 이후의 양식들에서야 비로소 더 높고 가늘어진다.

그래서
사원의 계기들:
a) 받치는 것

사원은 받치는 것이면서 결합된 것이기도 한 원주가 포함된 | α) 연속과 그룹으로 있는 원주
건물이다. 모든 차이들은 구분된 채 자체적으로 드러나야 한다. | 들
열주에서는 받치는 것[원주]이 자체적으로 서 있어야 하는데, 받 | β) 고정된 장벽으로 둘러싸인
치는 것은 [이때] 홀을 만들거나 여기저기 떼지어 다시 세워지며, | 내부
벽면들[의 연속]을 중단시키며, 통로에는 열려 있다. 이 원주의 | γ) 원주들과의 결합
연속에 대립하는 것은 장벽으로 둘러싸인 내부, 즉 분산된 것들
을 하나로 결합하는 것이다. 고찰할 더 자세한 세부사항은 먼저
자체적으로(für sich) 있는 원주이다. 이 원주는 주초(柱初)와 주두
(柱頭)를 가지는 것으로서, 버팀목과는 다르다. 토스카니아식 원 | α) 원주들:
주는 주초가 없다. 하지만 그와 같은 형식은 다분히 건축술의 시
초일 뿐이며, 원주들은 나중에 특정한 주초와 특정한 주두를 가
진다. 가장 순수한 기둥양식 세 가지는 도리아식 양식, 이오니아
식 양식 그리고 코린트 양식(도판 9)이다.[20)] 사람들은 이 양식들을
넘어서 나아가지 못했다 — 이 양식들은 전통적인 것이다. 각 양
식은 다시 자신의 고유한 속성을 가지고 있다. 이와 동시에 사람
들은 변화는 마음에 들지 않은 것을 낳게 된다는 것을 인정해야
할 것이다. 이제 물음은, 왜 원주는 주초와 주두를 요구하는가이
다. — 사람들은 원주가 원래부터 식물계에서 유래하기 때문이라 | 원주는 성찰 — 시작하고 마치
고 말할 수 있을 것이다. 하지만 사람들은 이와 마찬가지로 원주 | 는 것 — 을 객관적으로 해야
는 그와 동일한 근원을 요구한다고 말할 수 있을 것이다. 기둥은 | 하므로 주초와 주두를 가진다.
위아래에서 끝난다. 책 한 권이 끝날 때 종지부는 필요하지 않다.
하지만 사람들은 책이 끝났다는 성찰을 객관적으로 하는 데 종지
부를 접목시킨다. 원주도 이와 같다. 원주에 대해서 사람들은 말
하길, 원주가 거기서 끝나는 것은 우연이 아니며 오히려 원주는
의당 거기서 끝나야 한다고 한다. 유기적인 것은 구체적인 방식

으로 자기 스스로를 종료하며, 내부에서 나온 외적 존재이다. 원주들은 자신의 확고한 결합을 위해 결합된 주초를 가지며, 그런 후 특정한 비례에 따라 손쉽게|209 훌쩍 상승하는 것이다. 높이와 폭의 비례도 이와 마찬가지로 규정되어 있다. 옛 도리아 양식은 높이로는 단지 지름의 네 배일 뿐이고, 이오니아 양식은 여섯 배에서 일곱 배이며, 코린트 양식은 더 높이 치솟는다. 도리아 양식은 간략한 주두만 지니며, 이오니아식은 받침북을, 코린트식은 아칸더스 잎들을 지닌다.[21] 그리스인들은 이에 대해 고상한 설화를 가지고 있다. 유별나게 아름다운 한 소녀가 죽었는데, 그때 유모가 작은 바구니에 장난감을 모아서 아칸더스 화초가 자라기 시작한 무덤 위에 올려두었다고 한다. 그런 후 잎들이 바구니 주변으로 뻗었다고 하는데, 이로부터 원주의 주두를 위한 아이디어가 얻어졌다는 것이다. 이집트 원주의 주두들은 무한하게 상이한데, 롬바르드식 주두는 퇴폐한 그리스식 주두들이다.

　　원주 다음의 것은 이 원주들을 함께 묶는 들보, 즉 아키트레이브(平枋) 또는 대들보이다. 이 위에 오는 것이 프리즈(Fries)이다. 요컨대 목조건물(도판 10)을 기본으로 한다면, [대]들보 위에 [가로로 놓이는 들보들의 머리를 이루는] 살대(ein Rost)가 온다. 즉 도리머리가 아키트레이브 위 사이공간에 놓이는 것이다. 도리머리가 [작은 홈으로] 채워지면 프리즈가 생기는데, 도리는 트리글리프(세 줄의 홈무늬)가 새겨질 때 삼각형 모양으로 파였다. [트리글리프들의] 사이공간은 메토프(Metope, 小間壁)라 하며 사각형이다. 이러한 것은 명확하게 목조건물을 시사한다. — 그렇다면 이 프리즈 위로 다시, 가로로 놓인 도리머리들을 결합하는 들보가 놓여 지붕과 추녀 돌림띠를 지지한다. 이오니아와 코린트 양식에서

받치는 것으로서의 여러 개의 원주들은 아키트레이브(平枋)에 의해 결합되어 있으며, 이 아키트레이브 다음에 오는 것은 프리즈이고, 프리즈 다음에 오는 것은 [새로운 들보이고, 그 위에 놓이는 것이] 추녀돌림띠이다.

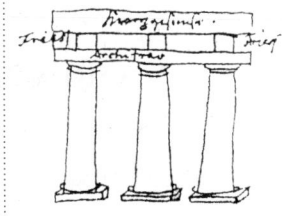

b) 받쳐진 것은 지붕이다.

건축 319

는 트리글리프와 메토프가 폐지된다. 석조건물은 이런 부분들의 더 많은 것이 없어도 되었을 것이다. 그렇기 때문에 코린트 양식에서는 많은 것이 폐지된다. 하지만 석조건물은 자신이 발견했던 원리들을 대부분 보존하고 있다. 석조건물은 부가된 많은 것, 인간에 의해 만들어진 것을 의당 표현해야 하기 때문이다. |210

이제 미는 합목적성, 길이와 폭의 비례, 장식들 속에 존립한다고들 한다. — 장식은 손쉽게 웅장하다는 인상을 일으키기 때문에 단순하다는 인상에 해를 끼쳐서는 안 된다. 큰 것을 크게 보이게 하기 위해서는 특별한 배려가 있어야 한다. 이러한 것은 중단에 의해서 생기는데, 동시에 이 중단이 여러 번이어서는 안 된다. 그렇지 않으면 큰 것에 대한 표상이 사라지기 때문이다. 옛 사람들은 이 두 가지를 일치시킬 줄 알았다. 근세인들은 어디에건 장식하고, 원주들을 돌아가며 작게 홈을 파서 크다는 인상을 [오히려] 불식시키게 되었다. [사실] 사람들은 원주에서 부분들이 나타나게 하여 원주가 크게 보이도록 하기 위해 홈을 판다. 하지만 이 부분들이 너무 자잘해서는 안 된다. 이탈리아에는 판 홈 속에 사람 하나가 들어가는 원주들이 보인다. — 그러므로 일반적으로 중요한 것은 상식적인 합목적성, 기계적인 분별성이다.

> 미는 차원들, 장식들의 상식적인 관계 속에 존립한다.

### 3) 고딕적 혹은 낭만적 건축술

사람들은 고딕적 혹은 낭만적 건축술에 무어적 건축술도 포함시킨다. 고딕 건축술에서는 뾰족하게 각진 것[첨두]이, 무어 건축술에서는 말의 편자 같은 것(U자형)이 널리 행해진다. 고딕 이전의 건축술은 원과 궁형과 관계된다. 고딕 건축술에서는 자립적인 건축이 고전적 건축과 통합된다. 자립성, 자체적으로 상승하려는

> 3) 낭만적 건축
> 건축은 고전적 영역에서 자신의 개념을 실현했으므로 [이제] 어떤 다른 것에 이용된다는 추상적인 것을 지양하며, 신을 둘러쌈에서도 그 자체적으로 자립적인 작품이 된다.

노력, 자체적으로 서 있음이 주된 특성이다. 고딕 건축에는 더 이상 단순히 상식적인 관계가 없다. 이 건축은, 인간으로 채워지기만 하며 — 외양간처럼 — 의자 외에는 아무 것도 없는 오늘날 교회와 같은 상자곽이 아니다. 고딕 교회는 자체적으로 있는 작품이며, 인간은 그 속에서 점들처럼 자신을 상실한다. 건물은 거기에, 대자적으로, 견고하게 그리고 영원히 서 있다. |²¹¹ 인간은 그 광활함 속에서 유랑인처럼 돌아다닌다. 고전적 건축술의 기본유형은 집의 합목적성인데, 이 합목적성이 고딕적인 것에서는 부수적이다. 고딕적인 것의 유형은 다시금 자연형태인데, 이 형태는 여기서 성대한 둘러싸기의 형식, 집합 형식이어야만 한다. 이 형식은 숲이 이루는 둥근 천장, 전율적인 것이며, 관람하러 오도록 초대하는 것이다. 뾰족 궁륭, 원주들의 교차가 이런 특성을 지닌다. 이것은 나뭇가지들이 함께 자라나와서 둥근 천장으로 가지를 치는 것과 같은 방식이다. 받침과 받쳐짐의 목적을 갖는 직각의 성향, 직선의 상태는 지양되어 있다. 뾰족 궁륭에서 받침은 더 이상 그렇게 두드러져 있지 않으며, 받침과 받쳐진 것은 더 이상 자체적으로 건립되어 있지 않다. 측면은 자유롭게 첨두 속으로 함께 나아간다. 돔(Dom, 원계)은 내면성을 위해 규정된 궁륭을 나타낸다. 밖으로 분산된 것을 위한 주랑의 외측면은 사라진다. 돔은 엄숙하고 자체 내에 완결되어 있으며, 이와 마찬가지로 장식들은 내부로부터 스스로 규정된다. 문들은 원근의 구별이 있으며 통로처럼 생긴 것으로 첨두 속에 만들어져 있다. 파사드(정면)에는 내적인 것에 의한 규정성이 표출되어 있고, 외적인 단절들은 내적인 것으로부터 자신의 규정을 갖는다. 즉 상승하려고 애쓰는 파일러(臺脚)들이며, 원주 자체는 치솟으려 애쓰는 특성상 둥글지

이 단계에는 고전적 건축술이 자립적 건축술과 합쳐지기 때문에 여기서는 보유된 합목적성과 더불어 유기적인 형식들이 다시 나타난다.

고전적 건축예술의 추상적 계기들은 여기서 하나로 된다. 즉 받치는 것과 받쳐진 것이 첨두에서 합치하며, 상호매개한다.

전체는 자체 내에 완결되어 있으며, 자립적으로 상승하려 노력하는 특성을 지닌다.

그러한 궁륭이 돔이다.

않다. 이 원주 아래에는 이미 분리가 시작되며, 이 분리에서 원주는 위쪽으로 따로따로 향하게 된다. 그러므로 원주 자체, 이 원주들에서 보이는 표시, 즉 모든 관계들이 솟아오른다는 표시는 안정이라는 특성이 아니라 높이 오르려 노력한다는 특성을 지닌다. 그러니까 전체 특성은 눈이 편안히 똑바로 향하지 않고 위로 올라간다는 것이다. 원주는 첨두에서 멈추는데, 스스로|212 자유롭게 되는 첨탑을 형성한다. 장식은 어디에서나 단절된 것의, 나뭇잎구조의 특성을 지닌다. 이러한 [단절되는] 이분성이 이목을 끌 것이다. 상승하려는 노력은 [우리를] 숭고로 초대한다. 직접적인 것은 붕괴되고 하찮게 만들어져 있으며, 전체는 최고로 어마어마한 대립 속에 있다. 어마어마한 나무[대성당]에는 장식들이 기생식물처럼 달라붙는다. 더 자세히 보면 전체는 옆에 회중석(會衆席)을 갖춘 본당으로 나뉜다. 네덜란드에서는 일곱 개의 본당이 나란히 있는 돔이 있기도 하다. 자신의 충동을 가진 인간은 이러한 장려함 속에서 자기를 상실하게 된다. 개개의 것의 순간적인 것, 일시적인 것은 그 장려함 속에서 감각적으로 표현된다. 가톨릭의 미사는 이런 건물의 일부가 된다. 어디에서나 다른 것이 있다. 여기에는 행렬이, 거기에는 기도가 있고, 저기에는 병자를 데려오고 있다. 아무 것도 전체를 채우지 못한다. 공동체는 목적 자체, 전체가 아니다. 본당 위의 중간 높이에는 성직자를 위한 합창대석이 있고, 그 다음에는 전실이 있다. 우중충함은 화려한 색유리창에 의해 고양되며, 모든 것이 대비를 이룬다. 즉 외관이 희면 창문이 화려하거나, 창유리가 희면 벽면은 어둡다.

    우리는 이러한 간략함에 만족해야 하며, 정원예술은 [우리의 고찰영역에서] 벗어나므로 넘어가고 조각으로 이행한다.

---

건축은 정신적인 것을 둘러싸기로서만 있으며 그러함에서도 대자적으로 자립적이기 때문에, 자기 자신의 부정적인 것이다. 다른 한편 정신적인 것은 둘러싸여진 것으로만 있으며 그럼에도 대자적인 존재자로 규정되어 있기 때문에 마찬가지로 자신에 모순된다.

# 조각 Skulptur

| | |
|---|---|
| | 제2장 |
| 본래적인 건축의 정신적 형태는 둘러싸기이다. 주관적이며 자유로운 정신성은 이러한 외면성에 대립적으로 나타난다. 자신의 대자–존재(Für-sich-Sein)에 있는 개념은 비유기적인 자연에 대립하여 나타나며, 건축작품의 중심점이다. 그렇다면 조각은 정신적인 개별성을 대상으로 가지며, 정신을 직접적인 질료성 속에서 나타나게 한다. 이에 반해 음(音)은 확실히 |213 질료성의 지양이다. 하지만 조각은 정신을 직접적인 질료성에서, 완전한 공간성에서 표현한다. 그러므로 사람들은 조각에서는 있는 그대로의 정신이 표현된다고들 말한다. 이로써 조각은 가장 자연적인 표현이다. 회화는 이미 평면이라는 추상을 가진다. 하지만 더 자세히 살펴본다면 우리는 틀림없이, 조각은 자연성과 관련해서 하나의 단점을 가진다고 말할 것이다. 왜냐하면 자연성은 외적인 질료성의 본성이지 정신으로서의 정신의 본성이 아니기 때문이다. 정신은 육중한 재료 속에서는 자신을 고유한 방식으로 외화시킬 수 없으며, 행동과 말에서만 그럴 수 있다. 행동하는 것, 말하는 것은 있는 그대로의 정신을 나타내며, 정신의 참다운 존재이다. 하지만 이러한 정신의 참된 존재를 표현하는 능력이 있는 것은 언어뿐이다. 회화도 물론 그것을 불완전하게만 표현할 수 있다. 만일 조각이 질료적으로 자연적이라면, 정신을 자신의 고유한 요소로 표현하지 못한다는 단점을 가질 것이다. 조각은 오직 한 순간만을 포착할 수 있으며, 그런 한 확실히 부동적이다. 사람들은 우선, 조각은 색채와 더 세밀한 정신적인 표현을 더 정확하게 할 수 있는 회화의 장점을 사용할 수 있을 것이라고 생각한다. 그리고 조각 | B. 조각<br>조각은 정신이 직접적인 질료성에서 나타나는 것이다.<br><br><br><br><br><br><br><br>회화와 조각의 비교 |

이 색채를 도외시해버린다는 것, 혹은 작품을 만들 때 단지 그림자와 빛만 사용할 필요가 있다는 것은 자의적이라고 생각할 수 있을 것이다. 실제로 조각은 구체적인 인간 신체성의 추상적인 측면만 표현한다. 조각의 형식은 색채와 운동이 다양하지 않고 공간성에 한정되어 있다. 하지만 이것은 결여가 아니라 개념에 의해 정립된 규정이다. 왜냐하면 예술은 사유하는 정신의 작품이기 때문이다. 예술은 보편적인 것, 추상적인 것을 생산한다. 그것은 학문이 그런 것과 같다. 예술은 구체적인 현실을 포괄하지 않고 단지 특수한 측면만을 포괄하며, |214 감각적 의식의 방식에 따른 구체적인 측면은 포괄하지 않는다. 예술은 개념 속에 분리되어 있는 것은 분리된 채 유지한다. 비록 그것이 이미 현실에서는 종합적일지라도 말이다. 각 예술단계는 개념의 차이 하나를 확고하게 보유한다. 감각적 현존의 신체성은 예술의 기초요소이다. 신체성의 첫 번째 방식은 육중한 공간성, 질료성이다. 최초의 예술은 개념의 이 첫 번째 단계에 의거한다. 조각은 기하학적 물체와 같은 질료적인 것을 색채와 아무런 상관없이 수용한다. 조각은 일반적인 질료적 현존재를 기본요소로 가지는데, 이와 함께 질료의 개별적 특수화(Partikularisation)는 배제되어 있다. 하지만 예술작품은 다른 것을 위한 것이어야 한다. 그래서 재료의 개별적 특수화가 시작된다. 그러나 조각은 빛과 더불은 일반적인 가시성으로까지만 진전할 수 있는데, 이 빛은 아직 색채로 나아가지 않고 일반적 특수성까지만 나아가는 빛이다. 빛은 어둠에서야 비로소 개별적으로 특수화된다. 그러므로 〔조각에서는〕 색채의 규정들이 배제되어 있다. 색이 없는 대리석이 가장 알맞은 소재이며 철재도 역시 그러한 것인데, 철재는 비록 색깔은 가지고 있

정신의 이러한 순수하게 질료적인 현시라는 것은 개념에 의한 규정이다.

왜냐하면 조각이 정신의 첫 번째 현존재이므로, 이 현존재의 형식 또한 자연적인 것의 최초의 형식이기 때문이다. 육중한 질료적 공간성은 아직 개별적으로 특수화되어 있지 않다.

그러므로 조각의 재료는 재료의 일반적인 가시성으로만 나아갈 수 있지, 자체 내에서 질료적인 것의 특수한 어둠에 반(反)하는 보편적인 빛의 단독화, 즉 색채인 가시성으로까지는 나아갈 수 없다.

지만 단지 추상적인 천연적 재료이며 단색이다. 이집트인들은 두 가지 색을 띠고서 어지럽히는 섬장암(Syenit)을 사용했다. 그리스인들의 정신의 위대함은 개념이 제시한대로 입장을 취했다는 것, 그리고 순진무구하게 이 개념에 맞게 그들의 작품을 형상화했다는 데 있다.

   조각은 정신이 자신을 재료 속에서 형상화(einbilden)하고, 그 재료 속에서 현재적으로 나타나는 놀라운 방법을 상세히 알려준다. 이제 고찰할 것은

1) 정신적인 것의 어떤 방식이 이런 질료성 속에다 자신을 구상하는 데 적합할 것인지,
2) 정신이 자신을 아름다운 것으로 인식시켜주기 위해서는 공간성의 이런 형식들이 어떻게 규정될 수 있을 것인지이다. |215

   여하간 살펴볼 것은 이념적인 것과 이런 질료적인 것의 비교, 그리고 어떤 감각적인 것, 외면적으로 규정된 어떤 것이 이 이념적인 것에 상응할 것인지이다. 그러면 어떤 것이 비유기적인 자연에서 나와 정신성에 대립하는, 정신의 최초의 형식인가? 우리는 아직 개별적으로 특수화되지 않은 순수한 질료(Materie)의 공간성을 재료(Material)로서 가진다. 이 질료에는 대체로 정신의 경직된 객관성이 상응하는데, 이 객관성에서 정신은 특수한 주관으로서의 자신에 반(反)해서나, 보편적 주관성에 반해 스스로를 아직 구분하지 않았다. 그런 후 정신은 물론 주관성이 되지만, 정신의 보편적인 즉자 존재와 스스로 구분되는 주관성은 아니다. 처음에 그냥 질료가 있고, 이 질료 속에 정신이 비로소 있게 된다. 즉 대자적으로 존재하는 주관성은 운동성과 우연성을 자신에 수

---

자체 내에서 개별적으로 특수화되지 않은 이러한 재료에는 객관적 정신성 그 자체, 다시 말해 실체적 주관성이 상응하는데, 이 실체적 주관성은 자신의 보편성 자체 내에서의 차이와 특수성으로까지 나아가 있지 않고 단지 자신의 실체성의 현존일뿐인 그런 주관성이다.

반하며, 자신을 특수한 것으로서, 특정한 행위와 행동으로 이행하는 자의적인 것으로서 설정한다. 우연성이 들어오는 한, 그 대자적으로 존재하는 주관성은 외부로 향한 채, 다른 것과 얽힌 채 현상한다. 여기에는 주관성의 특수성이 배제되어 있으며, 감각은 여기서 어떠한 자리도 찾지 못한다. 정신은 감각을 표출하지 않고 드러나야 하며, 형태는 표정없이 모습을 보인다. 왜냐하면 표정은 고유성, 특수성, 개별적 특수성의 표출이며 정신의 보편성에 대한 고유성의 관계이기 때문이다. 예를 들면 자기만족에서 나는 물론 아주 객관적으로 태도를 취하며 인류적인 행위 덕분에 나에 대해 만족할 수 있다. 하지만 나는 이와 동시에 나 개인을 보편성에서 끌어내어 나를 보편성과 비교한다. 이렇게 비교할 때의 동의가 자기만족이다. 객관적 정신은 역시 감각의 **'이것** (*Dieses*)'이라는 이런 특수성으로는 아직 나아가지 못한다. 오만, 망상과 같은 모든 것은 **이것**에 소속되는 감각들이다. 용맹성은 하나의 실체적인 태도이다. 이 용맹성과 더불어 얼굴표정이 현전한다면, 그 표정은 하나의 주관적인 감각, 개별적 특수성이며, 특수성에 대한 — 스스로 표출되는 — 의식일 것이다. 인간은 결코 감각 없이는 있지 못한다. 즉 인간은 자족적이며, 위협적이고 반항적이며, 어떤 하나의 실제적인 상태에 처해 있는 것이다. 하지만 우선 조각에는 개별적으로 특수한 주관성과 감각의 표출이 |216 배제되어 있다. 존재하는 개별성으로서 표현되는 것은 실체적인 개별성이다. 우리가 한 인간의 삶의 기록, 그의 우연들, 그의 행동들을 읽는다면 다양한 자의와 우연성의 그와 같은 경과는 개별적인 것을 보편적 술어들로 요약하는 특성서술로써 마무리될 것이다. 그렇다면 이러한 특성서술은 개인의 실체적인 위력이며,

> 이렇게 해서 조각에는 감각과 이 감각의 표출, 즉 얼굴표정이 배제되어 있다.

> 그렇기 때문에 조각은 정신적

개별적 특수성 자체는 이런 실체성의 우발적인 현상일 뿐이다. 존재만 표출하는 것으로서의 조각이 표현하는 것은 그와 같은 지속적인 것이다. 조각은 선(善), 정의(正義)와 같은 보편적인 속성을 우의적으로 표상하지 않고, 개별성으로서, 정신적 객관성으로서 표상한다. 이 정신적 객관성은 자신 속에서 종결되고 완성되어 있는 것으로서, 다른 것과의 관계에서 벗어난 채 자립적인 안정 속에서, 자신 속에서 안주하는 것, 자신 속에서 지복한 것으로서 조각의 대상이다. 객관적인 개별성의 이러한 자립적인 안정은 신성이며, [자신에게서 나와] 유한성으로 들어가지 않고 그냥 존재하며, 그렇기 때문에 영원하며 무상하지 않은 정신의 자신에서의 존재(Bei-sich-Sein)이다. 그렇기 때문에 조각은 모든 다른 예술들보다 이상적인 것(das Ideale)을 더 많이 참조하게 되어 있다. 대상 또한 내용에 따라 이상(das Ideal), 시간적인 것과 우발적인 것에 얽혀 있지 않은 영원한 것, 순수한 실체성이다. 그렇기 때문에 고대인의 조각상은 그들 예술의 위대한 중심점을 이룬다. 조형적인 것의 전체적 음조가 고대인의 모든 작품들에 작용하고 있으며, 기초가 되는 것은 항상 실체적이고, 상위층은 언제나 감각적으로 느끼지 않는 자이며, 사유하는 영원한 이념은 표상되고 우연과 같은 것, 자의는 회피된다. 조형적인 것에 대한 직관은 고대인들의 모든 예술작품의 모든 연구에서 응용될 수 있는 그런 것이다. 또한 행동하는 개인들도 이런 특성을 지닌다. 이들은 위대하고 자유로우며, 자립적으로 자신으로부터 스스로를 산출하며, 자신이었던 것으로 스스로 도야하는 자들이며, 그렇게 되기를 원했던 자들이다 — 페리클레스와 소포클레스가 이와 같은 성격의 인물들이다.

---

인 개별성, 다시 말해 현존하는 정신성과 영혼이 깃든 현존인 개별적으로 특수한 주관성의 보편적 실체성만 표현한다.

자신 속에서 종결된 자립적인, 현존하는 이러한 실체성은 신성(神性)이다.

더 자세한 것으로 방향을 돌리면 우리에게 먼저 다음에 고찰할 것으로 다가오는 것은|²¹⁷ 인간 형태가 객관적인 기초라는 것이다. 〔반면〕건축의 해부학, 즉 뼈대구조는 집이었다. 기본유형은 예술가가 발명하는 것이 아니다. 오히려 기본유형이 그에게 주어져 있다. 인간은 살아 있는 형태를 발명한 것이 아니라 발견했던 것이다. 비록 매우 비규정적으로 진술되어 있지만, 살아있는 형태는 자연에 소속된다. 자연에는 이성이 작용한다. 그래서 자연적 형태는 개념의 생식이며, 영혼은 현존하는 개념이고 동물적 육체를 낳는데, 이 동물적 육체의 유형은 다양하게 변화되어 (modifiziert) 있다. 하지만 이 유형은 개념에 의해 규정되어 있다. 신체적 형태와 개념이 서로 상응함을 파악하는 것이 철학의 일이다. 철학은 동물적인 육체의 체계 — 육체가 그 속으로 침전되는 특수한 기관(器官) — 들이 개념의 계기들에 상응한다는 것, 그리고 여기서 영혼의 규정들은 신체적이라는 것을 보여줄 수 있을 것이다. 이제 인간 형태는 오로지 영혼의 신체성일 뿐만 아니라 정신의 신체성이기도 하다. 영혼과 정신은 다르다. 정신은 살아 있기 때문에 스스로를 영혼으로 만든다. 단순하게 살아 있는 것을 넘어 높아지면 높아질수록 정신은 영혼을 자신의 신체로 만드는데, 이 신체는 개념에 의해서만 규정되어 있다. 대자적으로 존재하는 것으로서의 정신성은 사유이다. 스스로 자체적으로 실현되는 사유는 자신을 학문으로 만든다. 사유는 직접적인 것이 되고자 결의하며 자신을 하나의 살아 있는 신체로 만든다. 그러므로 살아 있는 육체는 개념에 의해 규정되어 있는 것이다. 이 육체가 정신으로 나아가면 정신 역시 육체가 되나 단지 변화되어 있을 뿐이다. 인간적 신체성은 예술가에게 부여되어 있다. 즉 그것

이런 실체적인 주관성의 표현을 위한 기본유형은 인간 형태이다.

개념의 생식으로서 존재하는 인간 형태는 어떤 발명이 아니다. 오히려 예술가는 이 형태를 앞에서 발견한다.

인간 육체는 현존하는 개념이다.

정신은 동시에 현존하고 있는 것, 영혼으로서 있는 한에서만 인간 육체를 자신의 현상으로 가진다.

은 개념 일반의 표출이며, 정신의 표출은 대자적으로 존재하는 개념의 표출보다 더 지고하다. 이제 인간 육체는 일반적일 뿐만 아니라 또한 특수자 속에서도 정신적인 것의 표출이다. 이것 역시 전제되어 있다. 정신이 자연적인 것 속으로 빠져들면서 신체성과 이루는 합치는 다분히 감관에 소속되지, 특정한 사유규정들로 소급될 수 없다. |218

사람들은 이런 합치를 학문적으로 서술하고자 시도하여 병리학(Pathognomik)과 관상학(Physiognomik)이라고 명명했다. 병리학은 여기에 속하지 않는다. 왜냐하면 병리학은 열정과 감각이 어떻게 표출되는지에 몰두하기 때문이다. 근본적으로 이에 대해서는 아직 아무 것도 효용이 나타난 바가 없다. 예컨대 사람들은 노여움은 담즙 속에, 용기는 혈액 속에 자리한다고 말한다. 노여움은 만족감과는 다르게 얼굴에 표출된다. 특별한 열정에는 어떤 특별한 기관의 활동성이 상응한다. 〔그렇다고 하더라도〕 노여움은 담즙 속에 자리하지 않는다. 오히려 노여움이 신체적으로 되면서, 자신의 작용이 나타나는 어떤 특정한 기관을 가지는 것이다. 물론 심정의 변화들도 일시적인 표출을 가진다. 노여움·기쁨·아픔 등은 동일한 기관들에서 표출된다. 이런 병리학적인 것 일반 ― 감동하거나, 느끼는 심정에 소속되는 것으로서의 신체 기관의 교감적인 동시진동 ― 은 조각의 대상이 아니다. 관상학은 이와 다르다. 관상학도 물론 한편으로는 일시적인 마음상태들에 관계한다. 〔하지만〕 조각에 적합한 관상학은 단지 머물러 있는 것과만 관계할 것이다. 인간 형태를 기초로 갖는 조각품이 그것이 어떻게 신적인 것 일반을 표출하는지를 나타내야 한다면, 사람들이 이를 고찰하고자 했고 완전하게 규정한다면, 그러면 사람

하지만 정신은 단지 개별적인 정신으로서만 있다. 그래서 정신의 현상은 인간적 신체성 일반이 아니라 특정한 신체성이다.

개별 정신성과 그 신체성의 통일에 관한 학문은 병리학과 관상학일 것이다.

전자〔병리학〕는 감각의 표출에 관한 학문으로서, 이 단계의 조각과 아무 관계도 없다. 그리고 관상학은 실체적인 신성이 어떻게 신체적으로 특정한 성격으로서 현존하면서도 이상적이 되는지를 제시하는 한에서만 여기〔조각〕에 속할 것이다.

조각 329

들은 조각품의 어떤 부분이, 어떤 특징과 형태들이 특정한 내면성에 상응하는지를 개진해야 할 것이다. 우리는 고대 작품들에 의해 그와 같은 연구에 동기를 부여받게 된다. 즉 우리는 이 작품들에다 신성의 표출과 그 외에도 이 신성의 특수한 성격적 특성의 표출을 인정해주어야만 한다. 이런 것을 제시하기 위해 우리는 특수한 기관들의 특징들을 진술해야만 하는데 이 기관들은 자의적인 것이 아니며, 오히려 조화가 즉자 대자적으로 존재할 것이다. 각각의 기관은 두 가지 관점에서 고찰되어야 한다. 그것은 물리학적 관점과 그리고 각 기관이 어떻게 정신적인 것을 표출할 능력이 있는지의 관점이다. 이것은 갈(Gall)이 ― 비록 세련되지는 않지만 ― 두개골을 가지고 했던 것과 같은 방식에 의해 고찰될 수 있을 것이다.[22)] |219 가령 특수한 몰딩(Formation)이 그것의 정신적인 표출에 따라 고찰되어 있을 것이라면, 그런 특징들이 어느 정도로 이상적인 것이 될 것인지, ― 정신적인 것이 실체적인 정신성에 소속되는 한 ― 정신적인 것을 어느 정도로 표출할 것인지를 규정하는 것 쪽으로 계속 개전되어야 할 것이다. 조각품의 이상적인 형식들을 고려할 때 특히 흥미로운 것은 이전의 양식을 고전적 예술의 이상적인 양식과 비교하는 것이다. 우리는 이런 비교에 대해 특별히 빙켈만(Winckelmann)에게 감사해야 한다.[23)] 빙켈만은 그리스인들이 이상적인 것을 위해 고유하게 규정했던 특징들을 세련된 감각으로써 추출해냈다. 이집트인의 조각품은 기술상 위대한 숙련성을 보여주며, 아름다운 부분을 지니고 있다. 하지만 이 조각품들에는 아직 이상적인 것이 현전하지 않는다. 본래 이상적인 양식으로의 이행과 관련하여 우리는, 예술은 표현을 어떤 직접적인 대상의 표상이 아닌, 정신이 자신으로부터

이상적이라고들 하는 것은 조각과의 비교에서 나타난다. 조각이 다만 자신의 첫 번째 규정상 응고된 작품들을 생산하는 한에서 말이다.

스스로 만든 표상으로 내놓음으로써 시작한다는 것을 상기해야 한다. 하나의 대상에 대해 매우 불완전할 수 있는 방식으로 표상이 주어질 수 있다. ─ 소묘하는 ─ 아이들은 대단히 미숙하게 표상을 나타낸다. 대상의 표상이 당연히 주어져야 한다는 첫 번째 규정은 매우 불완전한 생산들, 즉 여하튼 표현을 위해 애쓰고만 있는 상징적인 생산들이 만족시킬 수도 있다. 경건성은 나쁜 예술작품들에도 흡족해 하며, 여하간 대상이 상기되어지기만 바랄 뿐이다. 여타의 것은 심정이 부가하는데, 이때 이 내밀성은 규정된 것(das Bestimmte)이다. 외면적으로 서술된 것들은 활기를 주는 것만으로도 이미 족하다. 하지만 완전한 예술작품은 규정성에 이르기까지 철저히 형상화되어야 한다. 그래서 직관하는 주관은 수용적인 태도만 취하면 되는 것이다. 그러므로 대상의 표상을 객관적으로 만드는 것은 예술작품의 그 다음 필요사항이다.|²²⁰ 이런 표상은 예컨대 어떤 신적인 것의 표상이기 때문에 당연히 모든 사람들을 위한, 즉 민족 전체를 위한 인식이어야 한다. 어떤 변화가 그것에 가해지지 않음으로써가 아니라 오히려 표현이 언제나 동일한 것으로 남아 있음으로써 그러한 것이 가능하게 된다. 동일한 표현에는 많은 인습적인 것들이 들어 있다. 이를 통해 발생하는 사실은, 예술이 이 단계에서 조각적이 된다는 것이다. 그리고 이런 것은 주로 이집트 예술의, 옛날의 그리스 예술, 옛날의 기독교 예술의 포인트이다. 특정한 형식들에 대해 예술가는 자제해야만 했으므로 같은 유형이 계속된 것이다. 더욱이 이집트인들에게는 이런 것이 세습적 계급분류와 연관된다. 예술가는 세 번째 계급에 속했다. 아들은 아버지를 계승했고, 그의 예술을 배워야 했으며 아버지와 완전히 똑같이 이를 집행해야만 했다. 이

예술은 신적인 것을 한 민족의 의식 속에 살고 있는 바 그대로 전래된 전통에 따라 직접적으로 대상화하면서 조각적이 된다.

에 따라 예술은 자유롭지 못했고, 예술가는 단지 수공업인일 뿐인 것이다. 자유로운 예술의 성장을 향한 위대한 이행은 예술가들이 자신의 이념에 따라 자유롭게 형상을 만들고, 천재의 번뜩임이 전래된 것 속으로 들이치며 이것에다 표현의 신선함을 나눠주는 곳에 있게 된다. 그런 후에야 비로소 정신적 음조가 예술작품 위로 퍼져나간다. 여기서 주시할 것은, 예술은 처음에 표상의 욕구를 위해서만 작업하고 정신적인 음조가 아직 유효하지 않기 때문에 형식의 일반성과 표면성에 머물러 있으며, 다른 한편 이 일반성과 표면성이 이들의 더 자세한 규정상 속된 현실을 고수하여서 일반적인 생동성으로 완수되지 못하고 다시 속된 자연의 특징들이 된다는 점이다. 이런 것이 고대 이집트와 그리스, 에기나만의 예술작품의 특성인데, 에기나 예술작품들에 관해서 사람들은 그 양식이 그리스적인지, 아닌지 논쟁해 왔다.[24] 이 예술작품들은 가장 충실한 자연 모방으로 유명하다. 이 모방은 이상성(Idealität)을 향해 노력하지 않은 채 불필요한 표피를 표현하는 데까지 이른다. 표현은 세련되지 못하나, 근육에 대한 지식은 있어 보인다. |221 소스라칠 정도로 천연덕스럽다고 전문가는 말한다.[25] 얼굴들은 모든 행동들에서 같은 모양새를 띠며, 자연스러움이 모자란다. 이런 것은 전래된 것을 고수해야 하는 예술가의 필요에서 나온 것이다. 또한 자세도 죽어 있으며, 차갑고 경직적이다. 모든 부분들이 정신적인 것을 표출하기에 적합한 것은 아니라고 사람들이 느끼는 것은 주목할 만하다. 이런 표출은 한편으로는 얼굴에서 보이며, 다른 한편으로는 여타의 몸의 자세에서 보인다. 정신적인 것은 얼굴에서 개개의 부분들 속으로 구상된다. 그러나 발과 팔에는 구상되지 않는다. 이런 것들에는 자세

> 조각적인 예술은 자신의 원칙에 따라 형태의 직접적인 것과 자연적인 것을 고수한다.

에 의한 일반적인 규정만 만들어질 수 있을 뿐이다. 또한 머리의 자세도 독특하다. 나머지 사지들에서는 실로 연령과 성별이 표출될 수 있다. 내적인 것을 표출하는 데는 오직 자세만 적합하다. 에기나 작품들에 보이는 사지들은 매우 자연스럽게 모방되어 있으나, 그럼에도 자세의 정신적인 것과 얼굴의 표현이 빠져 있다. 이미 말한 바와 같이, 우리는 이상적인 것(das Ideale)을 자연적인 것과 구분하는 준거에 대해 빙켈만에게 감사한다.26) 우리는 이 준거를 위해 먼저 이집트적인 것의 일반적 특성을 상술하고, 다음으로 이상적인 것의 특징을 살펴보고자 한다. 빙켈만은 이집트 양식에 관해 다음과 같이 말한다. 일반적으로 형체에 관해서는 인물 전체를 윤곽선으로 두르는 것이 다분히 직선적이어서 우미가 결여되어 있다고 한다.27) 인물들의 직립은 뻣뻣하고 강제적이며, 발은 옆으로 밀착된 채 앞뒤로 나란히 놓여 있지만, 그럼에도 평행적이며 바깥으로 나와 있지 않은 채로 있다. 남성 인물에서 팔들은 측면에 곧게 늘어뜨려져 있으며, 이로써 인물들은 어떠한 행동도 없다. 이집트 인물의 소묘에는 움직이는 인물들이 보이는데, 물론 이런 것은 조각품보다 저부조와 회화에서 더 많이 나타난다. 다이달로스(Daidalos)가 최초로 팔을 몸통에서 떼어냈다고 그리스인들은 얘기한다.28) 이러한 분리를 소홀히 하지 않는 것이 중요하다는 것을 올바른 감각이 깨달았던 것이다. 빙켈만은 이집트인들에게는 손이 움직이지 않는 것이 용인된 규칙이었을 것이라고 말한다.29) 더 나아가 그는, 근육과 뼈는 거의 없으며 동맥과 신경은 전혀 표현되지 않으나 복사뼈 관절과 무릎은 그려져 있고, 몸들이 벽에 기대어 있기 때문에 등은 볼 수 없다고 주석을 단다. 인물에게 생명을 나눠주는 세부묘사에 정통하지 않은 것이

> 원칙에 따른 이집트 조각 양식
>
> 활동하는 영혼이 없으므로, 형상들은 뻣뻣하고 움직임이 없다.

> 얼굴의 형상화는 동물적인 유기체에 근접하는 것이지, 스스로 자유롭게 되는 정신의 표출이 아니다.

다. 눈은 평평하며 쳐진 채 깊이 들어가지 않고 거의 이마와 나란하다. 눈뼈 위는 더욱 날카롭게 함으로써 눈썹이 암시되어 있다. 이런 것은 출중하다. 부분적으로는 눈썹이 아직 편편한 선으로 그려져 있기도 한데, 이 선은 관자놀이에까지 이어지며 여기서 편편하게 중단된다. 코의 굴곡은 비천한 자연과 같으며, 광대뼈는 불거져나온다. 유럽인들에게서는 입이 아래로 쳐지는 반면, [이집트인의] 작은 턱에는 입술의 끝이 위로 올라가 있다. 입술들은 단지 가는 선으로만 분리되어 있고, 귀는 눈에 띄게 높이 위치해 있다. 발은 편편하고 넓게 퍼져있으며, 발가락은 길이가 같은데 작은 발가락은 안으로 굽어 있지 않다. 손가락과 달리 발가락은 관절이 없다. 남성 인물은 옷을 입고 있고, 여성 인물의 경우는 의복의 묘사가 단지 암시만 되어 있다.

이에 반해 그리스 조각상은 단순히 이상적인 조각상이다. 이 조각상들로부터 우리는 이상적인 것을 배울 것인데, 이 조각상들은 [이상적인 것(das Ideale)에 완전히] 도달되어 있지는 않다. 이 조각상들은 생동성과 자세의 자유로 인해 출중하다. 이 상들은 예술가의 자유로운 구상들이지 전래된 것의 표현이 아니다. 모든 것은 생동성에 이르기까지 규정되어 있으며, 생동성의 마술은 세부사항의 정확성에 있다.|²²³ 정성들인 것이 눈에 직접적으로 띄지 않고 여러 겹의 조명과 위치에서야 비로소 눈에 띌 정도로 매우 정련되어 있다. 하지만 일반적으로 인상적인 것은 또한, 영혼이 감도는 평면의 향기가 우리에게 와닿는다는 것, 그리고 모든 기관들이 조용한 규정성에서 서로의 속으로 넘쳐흐른다는 것이다. 모든 개개의 점들의 이런 철저한 형상화가 그런 생동성의 특성이다. 어떤 것도 납작하지 않고, 어떤 것도 다른 것과의 관계를

사실 정신이 스스로 자기 자신을 규정하는 개별성이 되며 그리고 그와 같은 것으로서 스스로 대상화되기 때문에 이러한, 이와 더불어서 이상적인 것(dieses somit Ideale)은 예술가의 자유로운 작품이다. 그 정신은 이 예술가 자신이거나 혹은 그를 통해 스스로 실현된다.

이상적인 형태의 생동성은 모든 부분들의 철저한 형상화에서 나타나는데, 이 부분들의 어떠한 것도 다른 부분들에 대해 자립적이지 않고 모든 부분들이 조화롭게 서로 섞인다.

이러한 부분들은 주요그룹으로, 즉 얼굴과 나머지 사지들의 그룹으로 나눠진다.

갖지 않은 채로 있는 것이 아니다. 이런 형식들을 더 자세하게 고찰한다면, 먼저 얼굴의 형식들을 주목할 수 있다. 우리는 여기서도 빙켈만을 따르자.[30] 이런 견지에서 우리가 만나게 되는 첫 번째는 그리스 측면상인데, 이것은 코와 이마의 특정한 결합이다. 코와 이마의 결합은 부드럽게 숙여진, 거의 곧은 선으로 된 연결이다. 이 선은 바닥을 향해 수직인 방향을 가지며, 다른 부위들에서 자신의 규정을 얻는 선인데, 다시 말해 코 뿌리의 끝에서부터 귀로 이끌려지는 선이다. 네덜란드 생리학자 캄페르(Camper)는 주로 이 선을 더 자세히 규정하였고, 동물에서 이 선은 예각을 이룬다는 것을 보여주었는데, 이 선은 하단에 이빨이 있는 위 턱뼈(상악골)에서부터 아래로 내려온 제 2의 뼈와 함께 코뼈(비골)가 만드는 선이다.[31] 이에 반해 그리스 측면상은 직각을 형성한다. 이 직각은 코카시아[흑해와 카스피해 사이에 있는 지방]에서는 종종 실제로도 발견된다. 우리가 생태를 더 자세히 고찰한다면 이와 같은 직각이 관념성을 지닌다는 것이 밝혀질 것이다. 동물에게서는 특히 삼키는 기관과 냄새맡는 기관이 두드러진다. 그래서 동물들은 대상들을 잘 추적한다. 동물의 입은 앞으로 굽어 있고, 눈은 먹이를 찾는 데만 이용되는 것으로 보인다. 이에 반해 사람에게서는 관상학에서의 중심점들이 나타난다. 우리는 입을 보고 동물의 |224 전체 형성구조를 이해한다. 이빨의 성질상태(Beschaffenheit)가 동물의 성질상태 전체를 나타내는 것이다. [종류가] 다른 이빨들은 다른 턱뼈와 다른 앞다리의 허벅지를, 다른 발톱, 다른 근육, 다른 척추를 필요로 한다. 우리는 이빨만 보아도 허벅지와 등뼈를 인식할 수 있다. 사람에게서는 — 입 외에 — 눈과 명상적인 이마가 특색이다. 눈은 사물에 대한 이론적 태도의

얼굴:
외부를 향한 실천적 방향 – 동물에서 더 주된 것이 되는 – 이 물러나고 이에 반해 실체적인 정신적 내면성의 표현이 전(前)면에 나오는 한, 얼굴은 대개 관념적이다.

기관이며, 입은 실천적 기관이다. 대상에 대한 두 번째의 이념적 태도, 즉 명상적 태도는 얼굴의 상부(즉 이마)에서 현저하게 나타난다. 이 상부 전체는 앞으로 나와 있고 주요부위이며, 사람의 관상학에 관념적 성격을 부여한다. 동물들에게는 등으로 가는 직선이 사람에게서는 중단되어 있다. 사람의 눈은 정면을 향하며, 몸의 방향과는 직각을 이룬다. 사람에게서 눈과 이마는 이론적 태도 가운데 우세한 것을 표현한다. 그러므로 입과 이마는 관상학의 중심점이며, 코는 이들을 결합하며 냄새맡는 기관이다. 코는 이마로의 이행을 이루며, 아직 동물적 욕구에 소속된다. 그럼에도 냄새맡음은 실천적인 태도와 이론적인 태도 사이의 중간이다. 이마와 코 사이의 이행이 단절되어 있다면 그것은 고집과 완고함을, 즉 외계와 연결되는 것에 반(反)한 명상적인 것의 대자 존재(das Für-sich-Sein)를 알리는 것이다. 각도가 크면 (이마와 코 사이의 이행이) 외양상 분리된 듯 보인다. 자기-내-명상(das In-sich-Sinnen)이 전달 기관과 이루는 아름다운 조화는 코를 향한 명상적 이마의 부드러운 이행 속에 놓여 있다. 그래서 이 선은 우리에게 이러한 아름다운 조화를 제공한다. 이러한 것을 그리스 측면상의 필연성에 관하여 말할 수 있다. 노인들은 튀어나온 이마를 갖지 않으며, 청년기에는 이마가 짧다.|225 머리카락이 없어 경사가 심한 이마는 혈기 가득한 청년기에게는 가능하지 않고 나이든 자에게만 가능하다. 눈 자체에 관해서 보면, 이와 관련하여 조각은 시선을 결여하고 있다. 우리는 사람을 볼 때 먼저 눈을 들여다 본다. 사람들은 악수하는 것처럼 시선에 의해서 통일이 된다. 즉 시선은 내밀성의, 감각하는 주관성이 집중된 것이다. 시선은 영혼이 가장 충만한 것이다. 조각에는 영혼이 가장 충만한 그런 것이

---

탁월한 것은 이마이다. 실천적으로 관계하는 기관인 입은 이마에 반해 부속적인 것이 된다.

이마에서 중단 없이 이어지는 코는 양 극단(입과 이마)을 연결한다. 왜냐하면 '관념적으로 생동적인 것'은 어떤 기관도 다른 기관에 반해 자립적이고 분리된 것으로서 나타나지 않는다는 데 있기 때문이다.

이런 결합이 그리스 측면상을 만들어낸다.

눈은 시선에서 개별적으로 특수한 정신성을 가지는데 관념적 조각에서는 — 이 조각은 단

없다. 이런 것은 불완전성으로 보일 수도 있다. 눈들은 종종 채색되었지만, 색채가 눈을 만드는 것이 아니라 집중된 영혼의 충만성이 눈을 만든다. 하지만 조각의 특성에 따르면 조각은 시선이 없어야 한다. 왜냐하면 조각은 스스로를 주관성으로 정립하는 그런 주관성에까지는 나아가지 않아야 하기 때문이다. 그렇기 때문에 조각이 시선을 포착하려고 애쓰지 않는 것은 전적으로 논리정연하다. 단지 전통적인 옛 사원의 신상들만 채색된 눈을 지니고 있다. 그런 후 조각은 실로, 깊이를 줌으로써 시선을 암시하는 것으로 나아간다. 하지만 조각은 공간에 한계를 지음으로써만 정신적인 것을 표현하며, 영혼의 충만은 정신적인 것이 공간성 속으로 넘쳐흐르는 것으로만 표현한다. 조각상은 앞을 보지 못하며, 스스로 개별적으로 특수화되는 주관성이 아니다. 사람들이 입상에서 발견하는 것은 실로, 예를 들면 판(Faun)이 어린 디오니소스에게 그렇게 하고 있듯이 그 입상들이 특정한 한 점을 향해 바라보는 것이다(도판 11).[32] 저 너머로 미소지음은, 사실 눈이 보고 있는 것이 아니면서도 영혼이 충만하게 표현되어 있다. 고대인들은 큰 눈을 미에 속하는 것으로 생각했다. 비너스는 아래 눈꺼풀이 위로 올라가 조금 감겨졌지만 큰 눈을 가지고 있다.[33] 그러면 눈의 형식을 더 자세히 보면, 눈의 안쪽 각도가 눈꺼풀의 상위 부분에 비해 더 높은 굴곡을 이루며 코 쪽으로 더 휘어져 있고, 반원으로 되어 있지도 추상적으로 규칙적이지도 않은 형식이다. 그 외에도 눈은 실제보다 더 깊이 들어가 있는데, 그래서 이마의 명상이 더욱 두드러진다. 눈썹은 섬세하게 암시만 되어 있다. 머리카락은 대개 식물적인 것이어서 강함이라기보다는 유기체의 약함인데, 여성은 더 강한 머리카락을 가지고 있다. 눈썹은 고대

지 실체적인 개별성만 표출하기 때문에 — 시선이 없으며 그저 눈으로서, 실체적인 개별성의 집중으로서만 나타난다.

이러한 표현으로서의 눈은 직선적 성질로 기울어짐도, 원이라는 추상적 관념성으로 기울어짐도 아니며, 파상선(波狀線)과는 다른 관념성으로 기울어짐을 자신의 형식으로 가진다.

조각상에 보이는 눈뼈의 칼날 같은 날카로움을 통해 암시되어 있다. 얼굴의 주요 부분인 입에는 다양한 뉘앙스가 나타난다. 입술은 동물에게서는 빈약하며, 이상적인 조각에서는 [발달하여] 말을 아주 잘 할 듯한데, 여기서 상냥함이 표시된다. 나아가 고대 입상들에서 입은 다물리지 않고 조금 열려 있다. 생각에 잠길 때는 입이 벌어진다. 자신 속에 침잠된 존재가 지배적인 것이다. ─ 턱뼈는 실제보다 아래로 더 깊이 당겨져 있고 통통하다. 동물들은 야윈 턱을 지니고 있다. 괴테는 동물의 야윈 아래턱이 외부를 향한 동물의 방향을 암시하는 반면, 더 큰 턱은 활동성을 표시한다고 말한다.[34] 메디치의 비너스(도판 12)는 얇은 턱을 가지고 있는데, 사실 그것은 복구된 것임이 밝혀졌다. ─ 귀는 섬세하게 완성되어 있고 머리카락 또한 그러한데, 머리카락은 눈에 띄는 것으로 종종 신성을 규정한다.[35]

　　머리와 달리 팔다리에 관해서 보면, 여기서는 다른 질서가 중요하다. 얼굴을 통해서는 정신성이 현상된다. 팔다리는 생동적이며 생동적으로 아름다울 수 있으나, 그럼에도 정신적인 것은 팔다리 자체가 아니라 서로서로의 움직임과 자세에 의해서만 현상된다. 거동 자체는 본래적 [즉 정적인 형태를 나타내는] 조각에 속하지 않는다. 오히려 [본래적 조각은] 자세가 다분히 안정적이고, 고요한 태도이다. |227 물론 안정은 강압적이지 않은 표현이어야 하며, 이집트 상들에서 보이는 것처럼 똑같은 모양의 팔과 다리를 초래해서는 안 된다. 팔다리 그 자체로는 감각적인 미에만 적합하다. 이 팔다리에서 앞으로 고찰할 것은 의복이다. 의복이 나온 첫번째 이유는 필요성이다. ─ 의복은 조각에 소속되지 않는다. 또 다른 이유는 수치스러움이다. 수치스러움은 인간이 [자

---

명상하는 자에 이용되는 입은 부드러우며, 실천적인 사용을 위해서는 열려 있지 않고 단지 말함이라는 정신적인 것의 실천적인 것으로서만 이용된다.

턱은 통통하며 앞으로 나와있으며, 동물들에서와 같이 입에 대해 부속적인 것이 아니다.

이렇게 정신적인 것이 대자적으로 정신 속에서만 표출되는 반면, 육체성 자체는 팔다리에서 보여진다.

팔다리는 그들 자신을 통해서가 아니라 그들의 자세를 통해서 정신성을 표현한다.

기가) 정신이라는 자신의 최고의 규정을 의식하고 있고, 이 규정을 자신의 본질적인 것으로 알며 그래서 단순히 물리적인 것은 적합치 않은 것으로 여긴다는 데 그 근거를 갖는다. 수치는 그렇지 않아야 하는 것에 대한 노여움의 시조이다. 반성(Reflexion)이 시작되는 모든 민족에게서는 수치가 등장한다. 이런 것은 아담과 이브에 관한 이야기에 의미심장하게 표현되어 있다.[36)] 이제 그리스인들은 옷을 입었으며, 일부는 그들의 팔다리도 옷으로 감쌌다. 하지만 그들은 처음에는 옷을 벗은 채 싸우는 것을 고상하게 여겼다. 이런 것은 부분적으로는 편의성에 귀속되며, 부분적으로는 그것을 맨 처음에 행했던 라케도니아인들(Lakedonier)에게서는 정신의 결핍에 귀속되었다. 예술의 견지에서 보면 다른 그리스인들에게서 [예술의] 주된 근거는 감각적인 미이다. 이 미를 위해 교양있는 자들이 옷을 입지 않았던 것이다. 하지만 그들은 옷을 입은 것과 벗은 것을 뒤섞어 사용하지는 않았다. 오히려 구분이 본질적이었고, 주된 것은 멋짐이었다. 아모르(에로스)는 옷을 입지 않고 있는데, 그는 현상하는 미의 공평무사함이기 때문이다. 나아가 젊은 신, 영웅들도 역시 옷을 벗은 채로 표현되었다. 여신들 중에는 주된 개념이 감각적인 신체매력인 비너스만 그러하다. 헤라·팔라스·케레스·베스타·디아나는 옷을 입은 채로 표상되어 있으며, 누구보다도 제우스가 그러하다. 아름다운 의복에 관한 더 자세한 원칙을 보면, 그 원칙은 의상이 팔다리를 감추지 않고 나타내보인다는 데 들어 있다. 그래서 고대 의상은 이상적인 것에 적합하다. 우리 옷도 물론 옷소매나 바지통이 있지만,|[228] 자세히 관찰하면 예술적인 면에서 우리 옷이 뒤짐을 발견하게 된다. 우리 의상이 비록 옷소매나 바지통이 있지만 윤곽의 생동성,

팔다리는 단순히 감각적인 것으로서 정신에 알맞지 않기 때문에 자신을 은폐하며, 그래서 수치가 옷을 만들게 한 것이다.

그렇기 때문에 감각적인 미 그 자체가 나타나야 하는 곳에는 의복이 없다.

조각 339

굴곡, 융기, 그리고 유기체를 유기적인 것으로 만드는 점을 감추기 때문에 뒤지는 것이다. 우리 의상은 이런 섬세한 것을 덮어버리는데, 이 의상이 주는 외관은 외적 및 기계적으로 설정된 것들 중의 하나일 뿐이다. 외적 및 기계적으로 정립된 것이란 기계적으로 만들어진 주름들에서 볼 수 있는 것으로 자유롭지 않게 이리저리로 당겨져 있는 것을 말한다. 의상은 비록 유기적인 형성의 일반적인 것을 나타내 보이지만, 본래 감각적으로 아름다운 것을 보이지 않게 하고 알지 못하도록 만든다. 감쌈(Umgebung)으로서의 의상은 건축적인 것과 같으며, 개인이 자신을 감싸면서 움직이도록 그렇게 만들어져 있다. 옷은 육체와 다른 것으로서 이와 상이하게 드러나야 한다. 천(옷감)은 건축에서처럼 걸쳐진 것이다. 하지만 자유롭게 움직일 수 있도록 걸쳐진 것이다. 즉 천은 몸에 걸려 있으면서 자유롭게 움직여야 한다. 그러면 적합한 의상은 자유롭게 펼쳐지는 외투일 것인데, 외투는 단지 팔다리에만 걸쳐지며 그 외에는 자신이 고유한 기계적 원리에 따라 움직이는 것이다. 이런 것이 고대 의상의 이상적인 것이 만들어내는 것이다. 이러함으로부터 나오는 그 외의 결과는, 의상은 자세를 볼 수 있도록 해야 한다는 것이다. 그리고 정신은 오로지 이 자세에서 표출된다. 고대 의상은 자세를 덮어버리지 않는다 — 중요하지 않은 세부사항은 감춘다. 여기서 주목할 것은, 사람들은 고대 의상을 근대의 초상 조각 입상에도 입힐 수 있으리라고는 생각하지 않을 것이라는 점이다. 만일 우리가 어떤 사람들이 이상적으로(idealisch) 옷 입은 것을 본다면, 그 즉시 부적합한 것이 눈에 띌 것이다. 곧바로 모순이 드러나는 것이다. 초상(肖像)은 그의 의상의 고유성에서 나타난다. 왜냐하면 초상은 그의 특수성에 속

---

감춤은 육체적인 것에 반하는 또 다른 것이면서, 동시에 이 육체적인 것에 의해 지탱되어 있다. 그렇게 자유롭게 자체적이며 그렇게 자유롭게 걸쳐져 있기 때문에 그 옷은 외투로 보인다.

옷은 정신적인 것에 적합하지 않은 것만 가려야 하기 때문에 자세는 나타내 보여야 하며, 중요하지 않은 세부사항만 감춰야 한다.

하기 때문이다. 고대 조각의 대상들은 본디 신화적 이야기에서 나온 것이다.|229 빙켈만은 트로이 전쟁 이전 시대에서는 어떠한 주제도 선택되지 않았다고 말한다.37) 그러므로 시대가 규정되어 있지 않으며 어떤 특수성도 토속적으로 보이지 않는다. 근대 캐릭터들은 이러한 자립성을 갖지 않는다. 내적으로는 자유롭고 외적으로는 무제한적인 자립적 캐릭터들은 — 공작들, 왕들 — 부차적인 것에서도 이미 더 자유롭게 다루어질 수 있다.

더욱이 이제 조각에는 다분히 경험적 자연에 속하는 더 많은 측면들이 있을 것이다. 다음으로 의복에 속하는 여전히 외적인 것은 상징물들(Attribute)이다. 무기들, 그리고 그 외 곧장 눈에 띄는 것들이 상징물인데, 이런 것들이 사용된 이유는 조각이 전적으로 보편적인 것에서 머물러 있어서 어떤 개별 신이 의미되었는지를 상징물을 통해 알리는 것이 필요했기 때문이다. 지금은 동물이 더 이상 즉자 대자적인 타당성을 보유하는 것으로서 유효하지 않고, 단지 신의 인격성을 보다 자세히 표시하는 데 이용되는 것으로서만 신 곁에 서 있다는 사실과 관련하여, 이런 것이 암시될 수 있다. 또 다른 하나의 핵심은 보편적으로 관념적인 것은 특수한 이념상들로 분산되어야 한다는 점이다. 왜냐하면 그 보편적으로 관념적인 것이 아직 감각적인 것인 것에 묶여 있어서 하나로 합치될 수 없으며, 신들 영역을 통해서만 자신을 드러낼 수 있기 때문이다. 여기에서 상술할 수 있는 것은, 특수성이 보편적 관념성에 융화되지 않은 채 어느 정도로 표출되어 있는지이다. 보편적 관념성이 특정한 특징들에서 스스로 표출되듯이 신성도 특정한 형식에 의해 다른 신성들과 구분되어 있다. 빙켈만은 특정한 특징들이 어떤 신성들에게는 초상의 특징처럼 고유했다고

조각상은 이제 객관적인 개별성으로서 있으면서 상징물들을 통해 이 개별성의 특수성을 표출한다.

이와 동시에 객관적 개별성은 신들 영역으로 분산된다. 왜냐하면 동시에 감각적인 것으로서의 그 개별성은 정신 속에서 자신의 현존재를 갖는 정신처럼 일자 속에 있는 차별성을 파악할 수 없기 때문이다.

그 차이를 서술하고 있다.[38] 헤라의 입은 사람들이 언제나 그녀의 옆모습에서 그녀임을 알아볼 수 있을 정도로 고유한 형태였다고 한다. 이와 마찬가지로 눈, 머리카락이 헝클어진 방식도 구분된다. — 이제 그 외의 정황은 조각이|230 처음에는 영웅의 형상물로, 그 다음으로는 동물과 사람의 혼합과 같은 형상물로 내려오는 그런 류이다. 미론(Myron)은 반인반수, 반인반양을 형상화한 것으로 유명했다.[39] 이러한 견지에서 볼 때 고대인들의 섬세한 감각은 주목받을 만하다.[40] 지고하고, 엄격한 상들은 자체 내에서 폐쇄되어 있다. 인간적 욕구에 속하는 것이 반인반양과 반인반수들의 영역에 전치되어 있다. 예를 들면 흥미로운 대상은 어미가 자신의 새끼에게 젖을 먹이는 것이다. 여신들은 언제나 자식 없이 묘사된다. 제우스에게는 염소가 유모로 주어지며, 로물루스(Romulus)와 레무스(Remus)는 늑대의 젖을 먹고 자란다.[41] 이에 반해 이집트와 인도의 형상들 가운데는 신이 여신의 젖을 먹고 자라는 것이 많이 있다. 나아가 생의 환희, 향수(享受)는 반인반양의 영역에 소속된다. 영웅의 교육 또한 여신이 아니라 다분히 반인반마의 괴물들에게 귀속된다. 이렇게 고대인들은 영역을 구분했던 것이다. 인간적으로 우연한 것은 지고한 신의 영역으로부터 배제되어 있다.

> 이러한 신들 영역은 자체 내에서 폐쇄적이므로 외부, 즉 그 영역 밖으로 향한 방향이 쇠퇴하여 반인반수(Satyr), 반인반양(Faun) 등의 새로운 영역을 형성한다.

이제 개별 조각상에서 나아가 군상으로, 저부조로 이행할 수 있을 것이다. 건축작품은 신을 위한 둘러싸기라는 규정을 가진다. 하지만 거기에 있는 벽면들은 [조각으로] 덮이고 가득 채워질 수 있다. 여기서 조각은 다분히 이용되는 것이다. 군상들은 대부분 박공에 자리하고 있다. 저부조는 평면을 채운다는 규정을 지니며, 회화로의 그 다음 이행을 이룬다.

> 이렇게 다양한 우연성이 들어오게 되면서 이 우연성은 그룹 짓기로 나타나는데, 이것은 그 자체에 이용되지 않고 어떤 다른 영역에 이용된다.
> 이러한 것은 저부조에서 나타난다.

# 회화 Die Malerei

우리가 지금 보았던 것은, 조각에서는 대상이 객관적인 실체성, 즉 자신 내에서의 성격(Charakter)의 고요한 침잠이라는 것이다. 그런데 이 침잠의 재료는 공간성이라는 규정 외에 어떠한 규정도 갖지 않는 추상적인 질료이다. 하지만 회화는 주관성을 향해 계속 나아간다. 왜냐하면 정신은 본질적으로 '대자적으로 존재하는(für-sich-seinend)' 것으로서의 주관성이기 때문이다.|231 이 주관성에 의해 회화는 저러한 실체적인 예술[조각]에 맞서 등장하며, 정신성의 특수성 속으로 들어간다. 사원에서 신과 마주하여 등장하며, 자신 속에 있는 신의 실체성을 저 편으로 운반하며 특수화하는 것은 공동체이다. 동시에 이 주관성은 한편으로는 조각에, 다른 한편으로는 건축에 속하는 양 측면의 종합이다. 그렇기 때문에 우리는 회화에서 형체와 그 형체의 배경을 가지게 된다. 여기서 비유기적인 자연은 형체를 감싸거나 혹은 자체적으로 다루어진다. 회화의 더 자세한 개념 규정은 이러한 관계 속에 들어 있다. 대상의 범위는 조각에서보다 더 포괄적이다. [회화의] 추상적인 규정은 자신 속으로 들어간 주관성인데, 이 주관성은 추상적인 대자존재(Für-sich-Sein)의 형식으로 있다. 조각에서는 개별성이 형태로 주조되어 있으며, 조각에는 눈의 시선이 빠져 있다. 이에 반해 회화는 '대자적으로 존재하는' 주관성을 주된 규정으로 가지는데 이 주관성은 이와 동시에, 특수성을 자유롭게 하는 형식적인 동일성(formelle Identität)이다. 조각에서 특수성, 즉 순전히 외면적인 것은 개별성 자체에 의해 지배되어 있다. 이에 반해 회화의 원리는, 자유로운 주관성이 모든 특수한 것에

---

제3장
C. 회화

안으로 진입하는 [정신의] 특수성에 의해 조각은 자신을 넘어서게 되었으며, 실체적인 주관성은 자신 속에서 개별적으로 특수화된 주관성으로 계속 나아갔다. 그런데 이 개별적으로 특수화된 주관성은 회화의 대상이다.

개별적으로 특수화된 주관성은 외부와의 관계를 가지며 이 관계가 현상되어야만 하므로, 비유기적인 것도 마찬가지로, 자체 내에서 특수화된 신성들을 감싸는 사원이 된다.

추상적으로 대자적으로 존재하는 이런 주관성이 자신의 외면성에서 자체적으로 자유롭기 때문에, 외면성의 특수성은

관여함으로써 대자존재(das Fürsichsein, [즉 자유로운 주관성])가 차이들[특수성들]을 더 자유롭게 되도록 한다는 데 있다. 그러므로 이 범위는 무한하게 연장되어 있다. 특수성, 특성들의 일시적인 것, 이런 모든 것은 회화 속에 자리한다. 회화는 심정과 관계한다. 왜냐하면 회화의 객관성은 실체성과 같은 객관성이 아니기 때문이다. 더욱이 회화는 객관적으로 규정된 정신에 주관적인 것을 두지 않으며, 신적인 것에 대한 특정한 직관을 산출하지 않고, 오히려 감각에 속하는 불특정한 표상들을 낳는다. 감각은 어떤 일반적인 것을 대상으로 갖는데, 이 일반적인 것 속에서 나는 나를 개별적 특수성(Partikularität)으로서 알게 된다. 객관적인 가치내용을 알기 위해서는 나 자신을 망각해야 한다. 회화에서는 감각하는 주관성이 자유롭다.|**232** 그러니까 회화가 관계하는 것은 감각이다. 그래서 회화의 대상은 일반적인 방식으로만 나와 부합되는 특수한, 우연한 대상이다. 왜냐하면 우연적인 것은 나의 객관성보다는 오히려 나의 특수한 주관성을 흥미롭게 하기 때문이다. 이렇게 내용이 어떠해도 상관없는 것이므로 회화의 범위는 모든 것을 수용할 수 있는 광범위한 것이다. 이를 통해 회화는 한층 더 인간중심적이다. 자연적인 것도 회화에서 한 자리를 차지하지만, 자연적인 것은 산출되는 일반적인 울림일 뿐이므로 이 대상들은 그 가치내용에서 보면 더욱 하찮다.

이제 회화의 기본요소(Element)에 관해서 보면, 그것은 어둠에서 스스로 색채로 세부적으로 특수화되는 바의 빛이다. 빛 속에서 자연은 주관적인 것이 된다. 빛은 물리적인 자아이다. 개별적 특수성으로서 정립된 빛이 색채이다. 색채는 회화의 기본요소이다. 이로써 색채는 총체적 공간성과 외면성이라는 회화의 객관

*자체적으로 자유롭게 놓여 있으며, 이런 주관성을 표현하는 것의 범위는 넓고 다양하다.*

*이렇게 해서 회화는 관람자의 객관적인 실체성보다는 그의 주관성, 감각과 관계한다.*

*이러한 개체적으로 특수한 주관성의 감각적인 기초요소는 직접적으로 존재하는 질료성이 아니라 오히려 자신 속으로 들어간, 내면적으로 된, 그리고 이 내면성 속에서 개별적으로 특수된 질료성, 즉 색채이다.*

적 규정을 벗어나며, 이러한 규정으로부터 추상화함이다. 회화는 예술이며, 개념에서부터 나와 개념의 한 단계를 확보하고 있으며, 구체적 현실의 총체성이 아니라 개념의 구별들을 부각시킨다. 여기서 스스로 규정되는 구별은, 회화의 기본요소가 공간적인 총체성에 반해 주관성을 확보한다는 것이다. 이 공간적 총체성은 포기되는데 그것에서의 한 측면이 지워지며, 공간과의 관계에서 회화는 단지 공간의 추상, 즉 평면만을 보유한다. 이러한 것은 부정적 측면을 향한 진보의 필연성이다. 공간적 총체성은 스스로 평면화된다. 사람들은 왜 회화는 평면에서 머물러 있는지를 즉시 깨달으며, 그것은 인간의 한계라고 말할 수 있을 것이다. 허나 사람들은 흔히, 개념에 의해 규정된 진보를 한계로 간주한다. 기본요소의 다른 측면에 관하여 보면,|233 그것은 빛·그림자·색채이다. 이 기본요소들은 회화가 평면에서 스스로를 유지해야 한다는 사실을 긍정적인 방식으로 이끈다. 요컨대 빛과 그림자의 자연적인 것은 명암의 차이로써, 형태 일반의 결과이거나 더 자세히는 대상의 반대편에 있는 나의 위치에서 나온, 그리고 내가 그 대상들로부터 멀어진 거리에서 나온 결과이다. 비록 그 자체로 명과 암이 있기도 하지만, 빛과 그림자의 주된 현상은 주로 조명의 반대에 있는 나의 위치에 기인한다. 회화에서의 빛과 그림자는 회화에 의해 만들어진 것이다. 형태의 입체감(Rundung)은 빛과 그림자에 의해 표현되어 있다. 이 입체감은 만들어진 것의 한 결과로 현상한다. 그러니까 여기서 형태는 그 자체로는(für sich) 잉여적인 것이며, 삼차원을 가질 필요가 없다. 왜냐하면 이 삼차원은 빛과 그림자에 의해 만들어지기 때문이다. 더 나아가 명암의 규정에 따르면 색채적인 것의 현상이 목적이며, 이 현상은 우

자신 속으로 들어간 (즉 내밀화된) 질료성으로서의 저런 질료성도 또한 공간성의 총체성을 평면의 추상으로 지양시킨다.

왜냐하면 공간적인 총체성 그 자체는 더 이상 형태를 나타내지 않고, 오히려 공간은 추상적인 토대로 남기 때문인데, 이 토대 위에서 색채는 명암이라는 자신의 추상을 통해 형태를 그것들의 공간적 총체성에 따라 산출한다.

회화 345

연에 맡겨질 수 없다. 반면 자연에서는 색채적인 것의 현상이 우연적이며, 대부분 다른 대상들이 이루는 환경에 의해 규정되어 있다. 하지만 회화는 색채 현상을 목적으로 하므로 그 현상을 우연에 맡길 수 없다. 그렇기 때문에 회화는 명암이 확정해야 하는 것이다. 이로써 배경이 필수적이게 된다. 왜냐하면 형태가 현상하기 위해서는 어둠이 필요하기 때문이다. 더 나아가 유화그림은 여기서 그림이 중지된다는 것을 알리는 하나의 틀을 가져야 한다. 우리가 원주들에서 그런 것〔시작과 끝의 표시〕을 보았듯이 말이다.

우선 이런 것이 일반적인 규정들이다.

회화의 특수성은 회화 자체에서 나타나야 한다. 회화는 각각의 다른 예술보다도 더 많이 두 양극, 즉 대상의 흥미와 주관적 예술의 흥미를 허용한다. 어떤 예술에서도 |234 이 두 측면은 자체적으로 독자적이 될 수 없다. 한편으로는 대상이 우리를 매혹시킬 수 있으며, 적은 수단들로써 표현될 수 있다. 대상은 단지 소묘만 그려져 있어도 되며, 물론 하나의 완성된 이념상이어도 된다. 라파엘로(Raffaello)의 초벌그림들(Kartone, 도판 13)은 측정할 수 없는 가치를 가진 것이며,[42] 작품구상의 탁월함을 철저히 갖고 있다. 물론 회화는 소묘를 향해 나아가기도 하며, 이 소묘 또한 기술상 진전되지 않았을 수도 있다. 채색의 조화(Kolorit)에서는 네덜란드 화가들이 라파엘로보다 훨씬 숙련되었다. 라파엘로의 유화들은 〔채색〕방법(Mittel)이 매우 뚜렷하지 않다. 또다른 극단〔뛰어난 점〕은 기술적 숙련인데 여기서는 대상이 중요하지 않다. 이런 것은 주로 네덜란드 유화들과 또한 이탈리아 화파의 몇몇 유화들에서 볼 수 있다. 이 그림들에는 순간적인 현상들이 포착

이제 회화가 외면성을 더욱 자유롭게 두는 한, 회화에는 주관적인 숙련성의 측면이 들어가게 되고, 표현은 조각의 즉자대자적으로 규정된 표현이 아니며 오히려 기교들의 다양성 및 대상 자체와 이 대상의 주관적인 표현의 대립으로 나뉘진다.

되어 있다. 포도, 포도주, 미소, 빛나는 황혼 같은 것들 말이다. 이러한 대립은 회화가 특별히 허용하는 대립이다. 그리고 또한 회화의 여러 측면이 스스로 자유롭게 되는 것을 용인하는 것이 특수성이 가진 특성이다.

이제 세 번째로 더 자세히 살피면, 여기에서는 대상의 고유성에 관해 말할 수 있다. 여기에는 이상적인 것(das Ideale)도 부각될 수 있다. 회화에서는 별로 일반적이지 않은 것들이 언급된다. 조각에서는 한층 더 규정된 형식들이 제시될 수 있다. 하지만 회화에는 모든 특수한 것이 허용되며, 그래서 표현하는 것의 지반과 표현 종류와 방식의 지반이 넓고 다양하다. 무한하게 규정할 수 있는 어떤 고유성이 여기서 등장한다. 각 거장들은 대상과 색채의 표현, 그리고 현상의 산출과 관련하여 자신의 양식을 가지고 있다. 여러 범위들의 표현과 이 표현의 거장은 경험에 의해 이루어진다.|235 거장의 특수성이 등장하는 것이 회화의 고유성이므로, 보편적인 것은 〔회화에서〕 더 희박하다.

맨 먼저 진술할 수 있는 것은 대상 일반의 특성이다. 여기서는 모든 대상들이 허용된다고 말한 바 있다. 하지만 더 자세하게는 어떤 실체적인 것, 어떤 참된 규정이 특히 회화에 의해 수용될 수 있을 것인지, 또는 이상적인 것의 어떤 특성이 회화에서 발생하는지가 진술된다. 우리는 그런 특유한 종류의 이상적인 것을, 낭만적인 것의 범위에 속하는 것으로서 이전에 이미 더 자세히 규정하였다. 이런 특성은 조각이 아니라 회화만이 표출할 수 있다. 하지만 거꾸로 회화는 조각의 대상들을 잘 파악할 수 있다. 회화의 이념상은 낭만적인 것인데, 대자적인 주관성은 이 낭만적인 것에서 정신적인 내밀성(geistige Innigkeit)이라는 근본규정을 이

> 회화의 내용은 낭만적인 것 일반이다.

른다. 지금 이 내밀성은 그 자체 다시 여러 가지 내용을 지닌다. 실체적인 내밀성은 종교심(Religiosität)이 가진 내밀성이다. 한정된 성격 속의 내밀성도 대상이긴 하지만 필연적으로 실체적인 내밀성이 최고의 대상이다. 실체적인 내밀성은 자신에게(bei sich) 있으며 스스로를 감각하는 영혼이다. 이 영혼은 다음과 같은 한에서만 실체적이다. 즉 자신의 자연적인 주관성을 중단하였고, 스스로를 자신 속에 집약시켰으며, 주관성의 한갓된 자연성 너머로 고양된 채 이 고양됨 속에서 보편적인 내밀성이 되어 결과적으로, 스스로를 원하는 영혼이 하나의 다른 정신이 되며, 그 곳에서 자기 자신을 찾고 이 다른 영혼에 반(反)하여 자신을 포기하게 되는 한에서 그러하다. 이런 것이 사랑의 특성이며, 자신의 보편적 주관성 속에 있는 감각이고, 욕망이 없는 종교적 사랑이다. 욕망을 가진 사랑은 속된 사랑이다. 종교적 사랑은 여러 가지 형식과 규정을 지닌다. 그 사랑은 기도, 숭배이다. 숭배되는 것은 가시적으로 되었던 자이자 현시하는 자이며, 예술에 의해 표현될 수 있는 자이다. 이러한 |236 가장 내밀하며 가장 주관적인 사랑의 한 형식은 모성애이다. 이 모성애에서 심정은 이러한 합일을 [힘써서] 획득한 것이 아니라, 본래부터 타자와 합일적으로 스스로 아는 축복받은 것이다. 모성애는 한편으로는 욕망 없는 사랑이며 신적 어머니의 사랑으로서, 신적인 것을 대상으로 삼으며, 신적인 것과 자연적인 합일에 있는 사랑이다. 이런 사랑은 회화가 자신의 최고 목적을 바로 앞에 가졌던 한에서 회화에서 중심점이었다. 또한 고통과 부정도 여기에 자리한다. 하지만 이 고통에는 동시에 사랑이 더 강하게 작용한다. 그것은 죽은 아들을 바라볼 때 겪는 수난이다. 이런 고통은 고대인에게서 발생될 수 있는 고통과

실체적인 영역은 신적인 사랑의 영역이며, 실체적인 신적인 것에다, 그리고 이 신적인 것과 더불어 지복한, 내밀한 통일 속에 있는 존재에다 영혼의 자연성을 방기(放棄)함이다.

자연적인 이러한 합일성은 신적 어머니인 마리아의 합일성이다.

그러나 이런 내밀성은 단지 자연성의 부정을 통해서만 도달되므로 이 영역에는 고통의 계기도 속한다. 하지만 결과적으

는 전혀 다르다. 고대의 니오베와 라오콘의 고통은 낭만적인 영역에서와는 전혀 다르다.[43] 저런 고대의 고통은 심정의 고귀함이 유지되는 것이지 저열한 것이 짓눌리는 것은 아니며, 어떤 분노와 경멸도 표출되지 않는다. 고통이 수난으로 작용하지만 고귀함이 보존되는 것이다. 하지만 고귀함과 고통은 상쇄되어 있지 않다. 단지 그런 완강한 '자신에게 있음(Bei-sich-Sein)', '운명을 단지 견뎌냄'만이 있다. 낭만적 고통 속에는 언제나 자기 내로의 귀환, 내밀성이라는 지복한 것, 천상으로의 시선 그리고 자신에 대한 확신이 있는데, 이러한 것들은 높은 곳에 유지되며 가장 고통스러운 것을 울려퍼지게 한다. 〔영혼이 가진〕 실체적인 것의 자립성은 방해받지 않은 〔천상적〕 지복성 속에 있다. 그리고 이 영역의 위대한 거장들은 주로 더 지고한 만족의 성향을 표현하였다. 그렇다면 고대 거장들과 〔우리〕 이전의 거장들 간의 차이를 잘 구분할 수 있다. 고대 거장들에게는 속세를 넘어선 것이 없다. 속세적인 고통 혹은 속세적인 만족은 그와 같은 속세적인 인물들을 토대로 한다. 〔고대 형태들에는〕 한편으로는 지상에, 다른 한편으로는 천상에 있으며, 천상을 보여주는 그런 시선이 없다. ― 이런 특성〔즉 종교적 내밀성〕은 그러니까 회화에 고유한 이상적인 것이다.|237

이러한 표현을 필요로 하는 것은 교회이다. 교회는 숭배되어야 하는 그림들을 요구한다. 하지만 예술이 더 높이 상승하면 할수록 이러한 대상들은 더욱 더 현재 속으로 편승된다. 회화는 그런 대상들을 속세적으로, 현재적으로 만들며 그것들에다 세속적 현존재의 완전성을 부여하고, 인간중심적인 측면을 부각시킨다. 그래서 감각적 현존의 측면이 주된 사항이 되며, 기도의 관심

> 로 사랑이 지배자와 우세자로 남게 된다.

> 고대 조각은 자신의 형태로, 상쇄되지 않고 단지 인내하는 고통의 표현에까지 이른다.

회화 349

은 경미한 것이 된다. 예술은 다음과 같은 과제를 갖는다. 즉 이런 관념적인 것을 완전히 현재성으로 만들어내기와 감각적인 것으로부터 밀려난 것을 감각적으로 표현되게끔 만들기, 그리고 초속세적인 장면에서 나온 대상들을 현재로 가져와 인간화하는 과제를 가진다. 예로, 마리아 그림들에서 아기 예수와의 관계는 자연적이며 인간의 어머니가 아기에 대해 갖는 관계와 같다. 이런 것이 우리에게 현재로 이루어지며, 인간적인 관계가 부각되어 있다. 이러한 종교적 대상에는 출발점이 되는 객관적인 욕구가 있다. 다른 우연한 대상들을 표현할 때도 욕구의 우연성들이 자리한다. 종교적 대상을 볼 때 우리는 그 대상의 특성을 영혼의 '자기에게 있음(Bei-sich-Sein)' 이라는 실체적인 방식, 곧 사랑의 상태이며, 자기의 본질적인 것에 있는 자연적인 것의 '자기에게 있음'이라고 진술하게 된다. 하지만 이제 내밀성은 그 이외의 어떤 형태이기도 하다. 내밀성은 단순한 자연적 대상들에서 얼굴을 내민다는 것이다. 별이 반짝이는 하늘 · 달 · 햇빛 · 언덕과 산 · 계곡들을 고찰하면, 이러한 것들에서도 영혼이 내밀할 수 있다. 그런 것들이 어떤 하나의 욕구에 의해 포착된다면 말이다. 그런 것들은 직접적으로는 지각될 뿐, 감각되지는 않는다. 달빛, 고요한 바다 혹은 |²³⁸ 열정의 바다는 — 이런 것들이 감각된다면 — 영혼과의 관계를 가진다. 영혼은 그러한 것들에서 자신에게 상응하는 어떤 특성을 지각한다. 바다의 무한히 고요한 심연, 포효의 무한한 위력의 가능성이 심정이 되고, 그 심정의 현(絃)이 울리도록 하는 것이다. 거꾸로 우레, 흥분된 바다가 영혼의 색조들에 공감적으로 나타나듯이 말이다. 회화는 이런 내밀성도 대상으로 삼는다. 또한 이런 내밀성의 특성은 회화를 넘어 확산되어 있다. 풍경

> 실체적인 내밀성은 이제 개별적으로 특수한(partikulär) 내밀성으로 나아간다.

> 그렇게 하여 실체적인 내밀성은 두 번째로 자연과 더불은 영혼의 내밀성이다.

화는 영혼과 정신으로써 자연을 이해하고 분위기를 표출하려는 목적으로 자연의 형태를 배열한다. 따라서 풍경화는 자연의 단순한 모방이 되어서는 안되며, 그렇지 않은 것으로 남아 있어야 한다. 예컨대 자연이 나뭇잎과 가지 등에 대한 특성 있는 소묘를 요구한다면 풍경화는 그러한 특정한 방식을 가져야 할 것이나, 자연의 확고한 규정성 속에 들어 있는 그런 규정들에 얽매이지 않아야 한다. 오직 전체의 분위기만이 주된 사항이다. 여타의 것은 이 분위기에 종속되어 있어야 한다. 하나의 고유한 풍경은 그런 분위기에 알맞게 그 세부를 부각시켜야지, 이 세부를 그 자체로 (für sich) 특성묘사해서는 안 되며, 그 자체에 관심이 끌리게 해서도 안 된다.

> 이런 내밀성은 풍경화의 대상이다.

    세 번째 종류는 자체적으로 전혀 중요하지 않은 대상에게서 나타나는 내밀성이다. 그 대상들은 우리에게 평범하게 보일 수 있으며, 행위들 그 자체로는 역겨울 수 있다. 하지만 삶을 향유하는 기쁨, 충절, 일에 대한 집중, 이와 같은 상황은 유한하나 수완 있는 내밀성을 표할 수 있으며, 이 내밀성의 만족을 낳을 수 있다. 그러므로 세 번째 것은 직접 현재적인 것 속에 들어 있는 내밀성이다. 인간, 그리고 인간이 매순간 행하는 것은 특수한 것이다. 그리고 모든 일, 모든 특수한 것을 수행하면서 온전한 정신으로써 임하는 것은 정당한 것이다.|239 이러한 것이 유능하고 활기 있는 성격을 만든다.[44] 그러므로 현재적인 것 속에서의 자신과의 이러한 조화는 미술의 대상이 되는 내밀성이기도 하다. 여기서 전체적 매력은 조화에 있지, 대상 자체에 있는 것이 아니다. 이런 표현을 특히 네덜란드 화가들이 목적으로 삼았다. 그들에게는 마치 전체 개별성이 단지 이런 특수한 일을 위해서만 있는 듯이 보

> 이 내밀성은 세 번째로 '직접적으로 현재적인 것'과의 통일로 나아간다.

> 여기서 매력은 대상이 아니라 조화, 대자적인 내밀성이다.

인다. 특정한 상태를 위해서는 얼굴과 태도 전체가 적합해야만 한다. 예컨대 유쾌함은 다른 안면상보다는 어떤 특정한 안면상에 더 잘 어울린다. 코레조(Correggio)의 〈참회하는 마리아〉(도판 14)에는 흥미를 돋우는 분위기와 형체가 완전한 조화를 이룬다.[45] 심정과 더불은 전체 형체의 이러한 합일성은 회화의 최종적인 표현이다. 뿐만 아니라 여기서 미술은 현상의 일시성을 정착시킬 수 있는 자신의 위력을 증명한다. 자연 속의 모든 것은 무상하며, 연극배우는 순간에 봉사한다. 미술표현은 이런 일시적인 것을 정착시키며, 그것에 지속을 부여한다. 다른 한편으로 미술의 위력은 이런 일시적인 것을 상세하게 묘사하는 것이다. 자연은 모든 측면에서 구체적이다. 미술은 그런 것을 포착하므로 보편적인 것에 머물러 있지 않고, 오히려 그 보편적인 것을 완전히 개별화시켜 현상하게 한다. 그래서 결과적으로 미술에는 보편성이 존속하고 있다. 보편적인 것은 지각된 것의 이런 엄격한 모방이 아니다. 오히려 개별화를 하는 데 미술은 직접적인 현재보다 더 높이 위치해야 한다.

    대상과 관해서 볼 때, 회화의 더 상세한 규정성과 관계되는 두 번째 측면은 대상이 평면에 표현된다는 점이다. 이 평면에 의해 회화는 기껏해야 개별 군상 정도로 나아가는 조각보다 자신의 내용을 더 많이 펼친다. 회화는 자신의 대상을 펼친다. 그리고 이런 펼침의 진보도 회화의 역사에 속한다. 옛 회화는 조각처럼 개별 인물만 대상으로 삼았는데, 이 인물들은 거의 움직임을 보이지 않았다.|[240] 이에 따라 미술은 인물에 움직임을 부여하여 진보하였다. 움직일 때 표현은 더 어렵고, 단축이 등장한다. 더 어려운 것은 더 많은 인물들이 하나의 결합, 하나의 행동 속에서 표현

이러한 영역의 표현을 더 자세히 살펴보면 그 표현은 평면에서 발생하는데, 이 평면 때문에 표현이 펼쳐지며 병립된다.

된다는 것이다. 이러함에서도 미술은 처음에 더욱 소심했다. 보다 옛날의 회화는 십자가의 그리스도와 그 앞에서 기도하는 자들과 같은 피라미드 규칙성을 여전히 준수하고 있다. 진보가 계속되면서 비규칙성이 더 많이 나타나며, 인물들이 스스로 그룹지워지고 합리적으로 태도를 취한다. 여기에서 상이한 평면층과 상이한 구성이 생겨난다. 주요 인물들은 가장 전경의 구성에 속하며 조명을 밝게 받는다.

> 이런 펼침을 통해 장소의 다양성과, 전경·중경·후경 같은 평면층의 상이성이 등장한다.

    모티프도 이와 똑같이 화가의 감각이 스스로 증명되는 측면을 형성한다. 가장 함축적인 순간들이 파악되고 보여져야 하는데 이를 위해서는 뒤의 것과 앞의 것, 뒤잇는 것이 마찬가지로 표현되고, 단지 주변을 이루는 것에는 행동과 관련하여 중요성이 부과되어야 한다. 예컨대 오디세우스가 아킬레우스를 찾아다닐 때 한 소묘에서는 아가씨로 변장한 아킬레우스가 투구를 바라보며 움직이게 되는데,[46] 이 움직임의 결과로 〔투구와 함께 있던〕 그의 진주들이 알알이 뜯겨져, 한 아이가 그 진주들을 줍고 있다.[47] 우리는 동방박사 세 사람(도판 15)도 그런 방식으로 보게 된다.[48] 한 구유 속에 아이가 누워 있는데, 그 구유는 수리할 수 없을 정도로 낡았다. 사람들은 배경 속에서 그 외의 건물들, 완공되지 않은 궁륭 같은 것을 보게 된다. 부서지는 오두막, 치솟는 궁륭은 행동과 관계된다. 사람들은 흔히 꽃 가운데 있는 마리아 그림들에서 정낭 없이 그려진 백합줄기를 보게 된다. 정낭은 성교를 암시하기 때문이다. 이렇게 하여 마리아의 처녀성이 표출되어 있다. 지금 이런 것들이 회화의 보다 자세한 정황들이다.

> 또한 펼침은 자신을 둘러싸고 있는 자연을 자신과 연관지우는 행동 속에도 있다.

    두 번째 주요사항은 색채이다. 색채는 회화를 회화가 되게 만든다. 소묘, 창안이 본질적이고|241 필수적이긴 하지만 역시 색

채가 [회화의] 생명인데, 색채는 단순한 채색이 아니라 동시에 특성을 나타내는 표출이다. 특히 베네치아인과 네덜란드인이 색조의 대가들이다. 그들은 바로 희뿌연 하늘 아래의 일몰과 일출 속에 사는 대가들이다. 일반적으로 이탈리아인은 네덜란드인보다 더 건조한 자에 속한다. 색채에서는 다음의 정황들이 언급된다:

> 나아가 회화의 표현은 색채 속에 존립한다.

먼저 인물과 대상들을 조형적으로 나타내기 위한 명암대조. 이런 명암대조에는 고유색이 덧붙여지는데, 이 고유색 역시 밝고 어두우며, 이를 통해 특정 부분은 인물의 상황에 따라 자신의 고유색과는 다른 색을 갖게 된다. 즉 입술은 얼굴의 다른 부분들보다 더 강한 적색이 되는 것이다. 화가가 이런 고유색들을 충실하게 따르면, 그는 입체감을 고려한 명암을 위반하기 쉽다. 이런 갈등이 두 번째 정황이다. 세 번째 정황은 색채가 그 자체로 명암대비를 지닌다는 것이다. 노랑은 매우 밝으며, 파랑은 매우 어둡다. 또한 두 가지가 나란히 있으면 파란 것은 자체의 어두움 때문에, 공간의 상태에 따라 처음 상태와는 다른 상태로 보이게 된다. 혹은 파란색 자체는 어두운 색으로서 공간의 거리감을 변화시킨다. 나아가 색채는 상징적인 어떤 것을 함유한다. 빨강은 누구에게서나 제왕의 표시로 간주되었다. 노랑·빨강·파랑과 같은 색채와는 반대로 혼색들은 전적으로 [후경으로] 물러난다. 우리는 유명한 채색가에게서 주요 인물에는 주요 색채를, 부차적인 인물에게는 혼색을 부여하는 것을 보게 된다. 이제 색채의 견지에서 조화가 요구된다. 색채들은 서로 높이거나 혹은 서로 억누른다. 서로 나란히 있는 혼색들은|²⁴² 서로 해를 끼친다. 화가는 이런 조화의 견지에서 가장 유리한 것을 관찰해야 한다.

> 색채는 여하간 인물을 조형적으로 나타내기 위해 명암의 대립으로 분리된다. 이 명암은 ― 스스로 변화하면서 ― 형태 그 자체를 산출한다.
>
> 여기에 반해 두 번째로 부분들의 고유색조가 등장한다.
>
> 그리고 세 번째로는 색채 상호간의 대립이 등장한다.

어떤 시대에는 사람들이 색채를 부드럽게 하면서 조화에 이

르고자 노력했다. 하지만 위대한 미술은 색채들을 선명하게 만들면서도 현란함을 피하는 것이다. 현란한 색채로 작업하는 것은 대담한 행위이다. — 색채와 연관되는 그 외의 정황은 거리감 일반, 즉 대기원근법이다. 대상이 멀어질수록 색은 광택이 없어지고 퇴색된다. 그렇기 때문에 전경의 색들은 명암대조가 뚜렷해야 한다. 이 대조는 멀면 무뎌진다. 계속할 것은 특정한 조명이다. 이런 모든 정황들 때문에 색채 다루기가 회화의 가장 어려운 계기가 된다.[49)] 채색효과는 각 거장들의 고유함이다. 즉 예술가의 생산적 구상력의 계기인 것이다. 채색효과의 가장 어려운 것은 피부의 채색인데, 피부는 채색에서 이상적인 것을 이룬다. 청소년 뺨의 홍조는 실로 하나의 특정한 색이지만, 이 홍조 자체는 아직 피부의 붉음이 아니다. 피부에는 모든 색들이 통합되어 있다. 밝은 적색, 정맥의 푸르스름함, 피부의 노릇함이 서로 결부되며, 번쩍거리지 않는다. 어떤 색도 돌출하지 않고 모든 색들이 놀랍게 통일되어 있다. 이런 것을 그리면서 포착하기 위해서는 단조로운 색광을 피해야 하며, 피부를 자체에서 내면적인 것으로 표현해야 한다. 이에 반해 별무리들의 반짝임, 땅색·꽃·잎사귀들을 고찰해보면 여기에는 색들이 무한하게 변화되어 있지만, 표면에 균등하게 놓여 있다. 반면 하나의 숲 전체, 투명하게 비치는 포도들은 빛나는 색의 총화이다. 각각의 점은 인접한 점에 대하여 또 하나의 다른 점으로서 빛난다.|[243] 어디에나 투명하게 빛나는 것이 있다. 동물의 두상·털·가죽을 고찰해보면 이런 모든 것은 색으로 되어 있다. 가죽, 깃털은 양모같이 부드럽다. 이런 부드러움은 색이 무수히 많은 점과 선들의 결과라는 사실에서 나온다. 이런 '뒤섞여 빛남(Durch-einander-Scheinen)'은 사람의 피부

> 이런 측면의 통일은 채색효과(Kolorit)가 이루는데, 채색효과는 나아가 색채와 평면층들의 통일과 연관된다.

> 모든 색들의 조화가 사람의 피부이다.

회화 355

에 가장 많다. 사람 피부는 푸른 하늘의 심오함 등을 보여준다. 아름다운 피부색에서 색채는 투명하게 비추임이라는 외관을, 즉 단순한 평면으로서가 아니라 안에서 밖으로 나오는, 투명한 것으로서의 외관을 갖추어야 한다. 만약 석양의 호수를 본다면, 우리는 그 호수에 비치는 형태와 물의 고유함을 보게 될 것이다. 투명하게 비추임이 있는 것이다. 이런 것은 어두운 색채 위에 더욱 담색으로 유약을 발라서, 더 어두운 색이 밝은 색을 투과해 빛나도록 기계적으로 만들어졌다. — 채색에 관해서는 다음의 주요구분들을 주목할 만하다. 유년기의 회화는 형태를 윤곽으로 규정지었다. 거기에 색이 있긴 해도 그 형태를 형성하지 않고, 윤곽이 형태를 표시한 것이다. 완벽한 미술은 하나의 채색이 다른 채색으로 알아챌 수 없게 이행함으로써 형태가 규정되도록 만든다. 그래서 결과적으로 윤곽은 규정된 선이 아니며, 비록 규정적이라 해도 어떻게든 부각되지 않는다. 뒤러(Albrecht Dürer), 라파엘로의 유화들에서 우리는 아주 단순한 구분에 의해 최고의 효과가 산출되는 것을 보게 된다.50) 가까이 다가서면 평면은 단조롭게 보이나, 적절한 지점에 들게 되면 우리는 어떻게 색들이 자신의 작은 차이들로 영혼이 가장 많이 깃든 형태를 산출하는지를 보게 된다. 이런 위대한 옛 대가들은 최대의 어둠과 밝음을 융합하[여 그림을 그리]는 후대의 대가들보다는 명암의 기술을 그리 널리 이루지 못했다. |244 이런 융합에서 동시에 보이는 것은 최고의 부드러움과 우아함이다. 그런 후 이러한 측면에 따른 회화는 나중에, 사람들이 강한 명암 효과를 추구함으로써 기교에 빠져들었다. 여기에는 아름다운 입체감, 생명성이 표출되어 있지 않다.

> 채색의 역사를 살펴보면, 가장 옛 시대의 색은 형태를 표시하는 윤곽을 메우는 정도였다.

> 물론 최고의 미술은 윤곽들을 자체적으로 표시하지 않고, 색칠이 서로의 내부로 넘어가게 하여 윤곽들을 나타내는 데 있다.

# 음악 Die Musik

따라서 회화에서는 한편으로는 형태가 중요하며, 다른 한편으로는 형태에 소속되는 색의 마술이 중요하다. [또한 자유로운 주관성이 주가 되는 회화에서] 객관적인 것은 이미 얼마간 희미하게 사라지며, 어떤 물질적인 것에 의해서는 [회화적] 작용이 거의 더 이상 생기지 않는다. 음악에서 예술은 완전히 주관적인 측면으로 들어간다. ─ 음악은 한편으로는 가장 심오한 감각의 예술이며, 다른 한편으로는 엄격하고 차가운 오성이다. 음악의 기초요소에 관해 더 자세히 살펴보면, 음악은 조형예술에 대립한다. 음악에서는 공간적인 외면성이 작용하지 않는다. 즉 더 이상 시각이 아니라 청각이 감각적 기초요소를 부여하는 것이다. 감각적 기초요소는 불안하게 떠도는 가상이며 추상적 주관성인데, 이 주관성은 자신의 외화에서도 주관적으로 머물며 어떤 외적인 것으로는 편안히 있지 못하고, 오히려 외적인 것으로서는 즉시 사라져버린다. 이런 외화방식이 음(音, der Ton)이다. 그리고 자신의 외면성을 부정하는 것이 음의 본성이다. 직접적으로 주관적인 외화가 있다. 더욱이 추상적인 외화, 즉 음으로서의 음이 있다. 이제 진술될 수 있는 것은 어떤 내면성이 이런 외면성에 상응하는가이다. 가장 추상적인 내면성, 전적으로 무객관적인 객관성, 전적으로 주관적인 객관성, 추상적인 내면성이 있다. 후자의 내면성은 우리의 완전히 빈 자아, 더 이상의 내용이 없는 자기성(自己性, Selbigkeit)이다. 음악에서 요구되는 것은 이 마지막 내면성이다. 이런 견지에서 음악은 그 작용을 고려할 때 다른 예술들과 다르다. 다른 예술들에서 우리는 어떤 객관적인 것을 눈앞에 갖는

---

제2부
음향예술 또는 음악
(Die tönende Kunst oder die Musik)

회화는 자신의 마지막 영역에서, 가치내용이 어떠해도 상관없는 내밀성 그 자체를 대상으로 가짐으로써 자기 자신을 넘어 음악으로 전진하게 되었다.

추상적 내면성으로서의 이런 주관성의 재료는 자기 스스로를 지양하는 질료성, 즉 음(音)이다.

이 재료에 상응하는 것은 주관성의 추상적인 내면성, 이것의 순수한 '자신에게서 있음(Bei-sich-Sein)', 내용이 없는 자아이다.

데, 이 객관적인 것에 대해 자아는 아직 자신을 구분하거나 혹은 그럼에도 그 속에 침잠하면서 자신에게 외적인 내용으로 채워져 있다.|²⁴⁵ 채움은 그 자체 나와는 여전히 구분되어 있다. 채움은 그 본성상 외적이며, 공간적이어서 자아의 내면성과는 여전히 구분되어 있다. 하지만 음악에서는 이런 구분이 폐지된다. 자아는 감각적인 것 자체와 더 이상 구분되어 있지 않으며, 음들은 나의 가장 깊은 내면에서 계속된다. 가장 내적인 주관성 자체가 요구되어 있으며 움직여진다.\* 이런 것이 음들 일반의 위력이 이루어내는 것이다. 주관 그 자체는 이런 자신의 외화 속에 들어 있으며, 이 외화에 반(反)하여 자신을 보유하지 않는다. 만일 옛 사람들의 이야기가 전하는 것과 같이 음악이 우리를 열광하게 한다고 말한다면, 이는 자아가 대자적으로 머물지 않고 더불어 마음을 빼앗긴 것으로 느끼기 때문이다.\*\* 하지만 사람들은 음악의 위력에 대해 어리석은 의견을 가져서는 안 된다. 음악은 열광시키며, 주체는 완전히 흥분되어 음악 속에 있을 수도 있다. 사람들은 내용의 규정성이 적을수록, 표상과 생각이 적을수록 더욱 더 사

> 음 속에서 자아는 순전히 자기 자신에게서 있으며, 음은 자아 자신의 외화이다.

> 이런 것이 음악에 감동시키는 위력을 부여한다.

---

\* 이 행의 난외에 후일 추기됨: 〔편집자 주석〕
2) 음악의 특수한 규정들
a) 이념적인 측면
　α) 시간 자체　β) 박자　γ) 리듬
b) 실제적인 측면
　α) 일반적인 구분
　　αα) 악기; ββ) 사람 목소리; γγ) 양자의 통일
　β) 음의 물리적 특수성
　γ) 하모니
c) 멜로디

** 이 행의 난외에 후일 추기됨: 두 개의 분류항 초안들인데, 이 중 두 번째 (여기서는 오른쪽) 것은 2의 c)항을 포함한 것까지는 인쇄본의 분류항과 일치한다. 3)번에서는 호토가 줄을 그어 다시 삽입하고 있다. 〔편집자 주석〕

도입.
분류.
1) 음악의 일반적 특성

| | |
|---|---|
| 1) 조형예술들과 구분되는 음악의 재료 | a) 조형예술과 구분되는 음악의 재료 |
| 2) 내용〔:〕 감각의 주관적인 내적인 것 | b) 내용〔:〕 감각의 주관적인 내적인 것 |
| 3) 음악의 사로잡는 위력 | c) 음악의 사로잡는 위력 |

분류.
음으로서의 음

1) 울림의 시간적인 것
  α) 시간, β) 박자, γ) 리듬
2) 실제적인 조음(調音)
  a) 기악적 단독
    αα) 관악기
    ββ) 현악기
    γγ) 사람 목소리

b) 하모니
c) 멜로디
3) 내용과의 관계
  a) 표출의 멜로디적인 것
  b) 낭송적인 것
  c) 음악의 주관적 자유
  d) 작곡;
  e) 연주;

2) 특수한 규정들
  a) 울림의 시간적인 것
    α) 시간, β) 박자, γ) 리듬
  b) 실제적인 조음(調音)
    α) 기악적 단독
      αα) 관악기들
      ββ) 현악기들
      γγ) 사람 목소리
    β) 주요악기들 (?)
    γ) 하모니
  c) 멜로디   c) 양자의 합일
  3) 내용과의 관계(이하는 줄로 지움: 편집자)
  a) 멜로디
  b) 낭송적인 것
  c) 음악의 주관적 자유
    α) 작곡
    β) 연주
기악, 반주 음악
  a) 기악
  b) 반주 음악
  c) 표출의 멜로디적인 것을
    보완하는 내용에서의 실마리들

로 잡힐 수도 있다. [그러나] 전해지는 것처럼 오직 오르페우스만 사로잡을 수 있을 것이다.[51] 우리 시대에 음악은 이런 것을 더 이상 산출할 수 없거나 혹은 순간적으로만 산출하며, 이전에 이미 마음을 사로잡았던 위력에 의지해서만 그러할 수 있다. 사람들은 연대[군대]에서 훌륭한 음악을 갖게 되는데, 이 음악은 격전 속에서 용기를 불사를지언정, 더 이상 여리고(Jericho) 성벽은[52] 전복시키지 못할 것이다. 음악은 단지 용기, 의무의 위력만 지지할 뿐이다. 오르페우스는 인간을 진정시켰는데, 사람들은 말하길, [그가] 음악을 통해 법률을 부여했다고 한다.[53] 우리의 법률은 음악적으로 부여되어 있지 않다. 그 자체로 내용이 없는 음악만으로는 우리에게 효과가 충분치 않다. 우리의 교양에는 여전히 다른 사물들이 필요하다. ― 그것은 외적인 것과 이 외적인 것에 상응하는 내적인 것의 기본요소에 대한 일반적인 규정이다.|²⁴⁶

여기에 등장하는 그 다음 것은 음악에는 시간이 속한다는 것이다. 음은 있으면서도 있지 않다. 즉 음의 있는 그대로의 물리적인 충만은 사라져버린다. 그래서 음들의 충만은 시간에 속하는 것이다. 이 시간은 음에서 부정적인 것의 측면을 이루는데, 이 측면으로부터 주요 규정성이 나와서 음 속으로 이입된다. 추상적인 규정성(같은 방식으로 질료적으로 규정되어 있는 음들의 추상적인 관계들)은 시간에 의해 나온다. 이런 것은 우선 놔두고, 어떠한 종류의 내면성 자체가 더 자세한 규정성을 이루는가를 이야기하자. 자기중심적인 자아의 이러한 추상적인 내면성은 감각을 그 다음 특수성으로 갖는다. 이 감각은 음악이 관계하는 더 자세한 내면성이다. 음악이 영향을 미치는 것은 감각이며 우선 스스로를 확장하는 주관성, 이런 추상 속에서 규정성을 보유하는 자아이다. 예컨대 슬

> 이런 추상적인 자아의 그 다음 규정성은 감각이다. 그러니까 이 감각이 음악의 대상이다.

픔·공포·유쾌함에 관해 말해보면, 그런 것이 감각들인데 내용이 있다. 나는 그 내용을 나의 주관성과 관련시킴으로써 그 내용을 감각하게 된다. 내가 그런 상실을 겪든가 아니면 그런 상실을 주관성으로 가져오던가 하는 한에서 감각이 산출된다. 감각은, 내용이 나의 주관성에 관계되는 한, 언제나 내용이 바꿔 입는 옷일 뿐이다. 그리고 이런 영역이 우선 음악으로부터 요구되는 것이다.

> 감각은 내가 어떤 내용을 나의 주관성과 연관시키는 형식일 뿐이다.

이로부터 곧바로 나오는 결과는, 하나의 음악 내용은 감각들을 보유해야 한다는 것이다. 서술적인 시는 음악적으로 다루기에 적합하지 않다. 자체 내에 긴밀한 극적인 시(詩)도 음악적으로 개작하기에는 나쁘다. 그러기에는 일반적 감각들에 머물러 있는 피상적인 작품들이 더 낫다. 단순한 자연적인 표출이나, 외침·감탄사·탄식·흐느낌과 같은 이런 감각의 표출은 아직 음악이 아니다. 즉 그런 것들은 음들이 아니며, 그런 표시들은 표상적인 것들이다. 사실 음악은 감각의 외화에 머물러 있으며, 이 외화를 자신의|247 목적으로 삼는다. 자연적인 표출에서는 그런 표출이 [논리적인] 귀결이다.

> 그렇기 때문에 음악은 그 자체로 있는 하나의 가치내용을 표출하기에는 적합하지 않고, 하나의 감각하는 가치내용을 표출하는 것에만 적합하다.

음악에서는 내적인 감각이 자기 자신을 듣고 지각하며, 이런 지각(Vernehmen)을 이루어낸다. 이제 이 감각 표출 일반의 이러한 객관적인 방식은 감각과 감각의 외화를 분리하여 이들을 양성한다. 이제 의문인 것은 음은 무엇에 의해 자체 내에서 양성될 능력이 있는지, 음이 감각의 어떤 외침이 아니라 감각이 양성되어 표출됨이라는 이런 규정이 어떤 측면을 통해 음 속에 이입되는지이다. 감각은 하나의 내용을 가지지만, 음악 그 자체는 그렇지 않다. 그래서 음 속에는 규정자인 어떤 다른 것이 들어가야 한

> 이제 음악이 오로지 추상적인 자아를 목적으로 하는 것이 아니라 감각을 표출하는 것을 목적으로 가지므로, 추상적인 음은 자체 내에서 규정된 음으로 나아가야만 한다.

다. 이 특수자는 우선 질료적인 측면과 이념적인 측면으로 구분할 수 있다. 전자는 진동하는 물체의 본성에 달린 측면이다. 왜냐하면 음 일반은 물체적인 것의 전율이며 어떤 운동인데, 이 운동은 물체가 자신의 자리에서 나오지 않은 채 자기 자체 내에서 움직이거나 스스로 계속 움직여서 결국 이런 운동을 똑같은 정도로 다시 지양하게 되는 그런 운동이다. 그렇다면 주된 것은 규정이 등장하는 시간이다. 질료적 특수성은 재료의 특수성에 달려 있다. 공기·나무·금속·현(絃) 같은 것이 그것일 수 있다. 주된 구분은 관악기들처럼 공기관이 있는가, 아니면 다른 재료인가이다. 그런 것들은 현(線) 아니면 팀파니나 하모니카에서처럼 평면들이다. 가장 완전한 음은 사람의 목소리가 제공한다. 피부색이 모든 색채들을 자체 내에 조율하고 있듯이, 사람 목소리 속에는 관악기와 현악기가 합일되어 있다. [관악기에는] 한편으로는 응집력 없는 공기가 있으며, 다른 한편으로는 소리를 울리는 질료적인 것이 있다. 이와 다른 모든 악기들은 단지 추상적인 현들일 뿐이다. 각각의 악기들은 자신의 고유한 특성을 지닌다. 그래서 작곡의 주된 전문지식은 악기들이 그 전체성에서 극적인(dramatisch) 그림을 보여주도록 이 악기들을 올바르게 적용하는 것이다.|248

관습적인 악기들의 범위는 더 폐쇄적이어서, 새로 고안된 모든 악기들은 이 범위에 들어맞지 않는다. — 지금 더 중요한 측면은 음 자체의 내적인 관계와 연관되는 이념적인 측면이다. 이런 측면에서 우리와 만나게 되는 첫 번째는 시간이다. 우리는 여기서 첫째로 박자, 둘째로 하모니, 셋째로 멜로디를 보게 된다. 리듬은 이 세 측면들의 특수한 연관이다. 시간 자체에 관하여 보면, 박자는 음들의 다양성 속에 주어지는 첫 번째 통일이다. 많은

음의 규정성은 음의 실재적인 측면과 이념적인 측면으로 나눠진다.

질료적 특수성은 스스로 진동하는 재료의 특수성에 달려 있다.
그런 것은 다음의 것이다:
공기관(관악기),
구체적으로 질료적인 것 (현악기),
또는
양자가 하나인 것 (사람의 목소리)

이념적인 측면은 진동들 그 자체의 관계와 연관된다.

박자:

음들이 정해진 하나의 마디(節)에서 생겨나는데, 박자에 의해 음들의 균등한 운동이 산출된다. 이런 통일성은 오성의 동일성이다. 더 자세히 규정하면, 균등한 것은 외적인 것으로서의 자신의 규정성을 숫자에 의해 보유한다. 박자는 필연적이다. 왜냐하면 음들은 시간 속에서 현존하며, 시간을 정돈하는 것은 오성의 균등성이기 때문이다. 추상적인 자아 자체는 음악에서 단지 객관적이 될 뿐이다. 음의 다양성 속에서는 추상적인 자아 자체 또한 그 한 측면으로서 의당 객관적이 되어야 한다. 추상적인 자아 그 자체는 다양성에서 추상적인 동일성으로서 객관적이 된다. 이 추상적인 동일성이 균등성이며, 이것이 박자를 객관적으로 만든다. 다시 말해 점점 작아지며 사라지는 여러〔단계의〕소리들 — 그 속에서 나는 희미하게 사라지는데 — 의 다수성 속에서 추상적인 자아로서의 나는 박자에 의해 내 안으로 되돌아온다. 내가 내 안에서 나를 찾는 것이 박자에 의해서, 마디의 균등성에 의해서, 내가 그 속에서 나 자신을 갖게 되는 동일성의 가청성에 의해서 발생하는 것이다. 이런 것이 박자의 의미와 필연성이다. 이런 균등은 이제 틀림없이 또 다시 자체 내에서 분할될 수 있을 것이다. 이러한 분할은 다양한 불균등성을 허용하는데, 이 불균등성은 물론 하나의 규칙에 종속되어 있다. 이런 것이 박자의 종류를 이룬다. 예컨대 3/4박자에서는 세 개로 나누는 것이 기초되어 있다. 이 박자는 6/8박자에 따른 산술적 비례와 균등하나, 물론 리듬적으로 그런 것은 아니다. 왜냐하면 이 6/8 박자에 기초되어 있는 첫 번째|[249] 분할은 두 개로의 분할이며, 각각의 반의 첫 번째 1/8음에 상박(上拍)이 속하기 때문이다. — 그러니까 균등성과 이 균등성의 나뉨이 박자에서 주시될 수 있는 것이다. 박자에 이어지

> 박자의 필연성은 또한 한편으로 동일한 자아의 추상이 객관적이 된다는 것에 놓여 있다.

는 것은 하모니, 요컨대 서로 서로에 대한 조음(調音)의 구분이다. 박자의 리듬은 하모니적인 것에 기초가 되어 있으므로 하모니적인 것 속에서는 격변할 필요가 없다. 멜로디의 상박은 선행하는 박자에 놓여 있다. 그리고 멜로디적인 것이 진행하는 중에 어떠한 상박도 없는 것은 하나의 새로운 박자와 함께 시작할 수 있다. 운율에서 운문들이 그렇듯이 말이다. 이 운문들에서는 낱말들이 운격의 분절들과는 상이하다. 하모니에는 음들의 상이성이 속하며, 하모니는 음들의 기본관계를 규정한다. 박자에서는 장단과 지속이 지배적인데, 하모니에서는 다른 구분이 등장한다. 이 구분 역시 수 비례에 의해 조건지워진다. 음은 진동하는 운동이다. 시간의 동등성은 박자에서 본질적인 것이며, 하모니에서는 동등한 시간 내에서의 진동이 본질적인 것이다. 진동하는 것들의 다수와 소수가 음의 규정성을 이룬다. 예컨대 옥타브[8도 음정]는 자신의 기본음보다 한 배만큼 더 진동한다. 그러니까 음 서로에 대한 관계의 객관적 규정은 수 비례들에 기초한다. 이제 이런 비례들에서 기본음들이 나타나는데, 이 기본음들에는 간단한 수 비례가 상응한다. 즉 기본음, 3도 음정, 5도 음정은 조화로운 삼화음을 제공한다. 하모니적인 것은 기계적인 것으로 되돌아간다. 그 밖의 음들은 다른 수 비례에 의해 스스로 규정된다. 이런 기본관계들이 실체적인 기초, 즉 기초적으로 남아 있어야 하는 법칙인 필연성의 법칙을 만든다.

　　멜로디는 우선 시적인 것이며, 이는 음들 속에서 즐기면서 자신의 고뇌와 기쁨을 쏟는 영혼이다. 즉 멜로디적인 것이 음악의 가장 중요한 것이다. 멜로디는 하모니를|250 기초로 하지만 이것에 한정되어 있지는 않다. 하지만 물론 이들은 본질적으로 결

> 하모니:
> 정해진 시간 속에서의 **특정한** 조음(調音, Tönen)

> 멜로디:
> 이것은 박자와 하모니라는 추상적인 측면들 속에서 스스로 실제적이 되는 감각이다.

부되어 있다. 표면적인 멜로디는 단순한 비례들에서 오락가락하지만, 근본적인 음악은 비(非)하모니적인 것의 한계로까지 나아가며, 하모니를 손상시키되 다음에 이 손상으로부터 되돌아올 수 있을 정도로 손상시킨다. 하모니와 멜로디의 통일성 속에는 하모니의 가장 심오한 대립들을 불러일으키며 이 대립들로부터 되돌아오는 작곡의 비밀이 들어 있다. ― 그것은 말하자면 여기서 우리에게 스스로 나타나는 자유와 필연성의 대립이다.

    음악 일반은 우선 반주적(begleitend)이다. 음악은 음을 매개로 하여 존재하게 되는데, 이 음 자체로는 내용이 없다. 음은 자신의 비례들을 통해 내용을 보유한다. 하지만 이러한 음은 정신을 만족시키지 못한다. 감각이 정신의 내용을 수반하듯이 감각의 진술로서의 음악은 표상들의 기호, 낱말들을 수반하는 것이다. 말이 음악에 접합되는데, 이것이 음악의 원래 규정이다. 하지만 음악은 또한 자립적이 될 수도 있다. 이런 것은 특히 근세에서 그렇다. 근세는 단지 전문가만 만족시키는 그런 하모니의 건축학적 구조물들을 건립한다. 어떤 예술에서도 단지 오성적(verständig) 연구만으로 만족이 보장되는 경우는 없다. 음악은 건축과 다음과 같은 유사성을 가진다. 즉 음악이 자신의 내용을 자기 자체 내에 지니지 않는다는 것과, 건축이 하나의 신을 요구하듯이 음악의 주관성이 어떤 텍스트, 즉 특정한 내용으로서 음악 속에 들어 있지 않은 사상과 표상들을 요구한다는 유사성이다. 이제 언어 예술은 이러한 충만을 부여하는 그런 것이다. 음은 정신적 내용 그 자체에 결부된다. 비자립적인 음악은 단지 반주적이다. 자립적이면 자립적일수록 음악은 더욱 더 많이 오성에 소속되며 단지 전문가만을 위한, |251 그리고 예술의 목적에 충실치 않게 되는 한낱

> 그러나 감각 자체는 자신의 내용을 추상적인 자아와 자신과의 관계로서 수반하는 추상적인 형식일 뿐이므로, 감각의 표출인 음악 역시 단순히 내용을 반주하는 것일 뿐이다.

> 음악에는 가사(Rede)가 특정한 내용을 제공한다. 이런 가사를 반주하는 것이 음악의 규정이다.

> 가사는 예술, 즉 음악의 내용이므로 음악을 단순한 수단으로 하락시키며, 그래서 자기 스스로를 인지하는 자, 즉 시가

인공적인 기교성이다.

## 시 Die Poesie

따라서 언어예술(die redende Kunst)은 조형예술과 음향예술(die tönende Kunst)에 이어 세 번째의 것이다. 언어예술은 음(音), 주관적인 것, 자기 자체를 인지함이라는 원칙을 보유하고 있다. 조각상들은 자기 자신을 인지하지 못한다. 언어예술에서 소리남은 조형예술의 형상에 대한 규정성과 같다. 언어예술의 내용, 즉 주관적인 기본요소로 전치(轉置)되는 특정한 형태화는 표상이다. 언어예술의 내용은 표상의 전체 왕국이며, 정신 자체에 속하는 기본요소에 들어 있는 것으로서 자신에게서(bei sich) 존재하는 정신적인 것이다. 음은 그와 같은 〔전체 왕국의〕 충만을 보유하면서 단순한 수단으로 하락되어 단지 하나의 기호가 되고, 낱말로 변한다. 그리고 이 〔음의〕 표출은 내용 자체와는 매우 상이하다. 내용은 표상이며, 표상의 외면성은 기호로서 음이다. 그래서 음은 단순한 수단인 것이다. 감각적인 것으로서의 음 자체는, 그 스스로 외화하지만 더 이상 감각적인 것 속에 직접적으로 현존하지 않는 그런 내용의 외면성이 아니다. 감각적인 것 속에 직접적으로 있다는 것은 기호로 하락하는 것이기 때문이다. 그래서 더 자세히 살펴볼 것은, 어떤 것이 여기서 본래적으로 사태(die Sache)의 객관성, 외면성인가이다. 그렇기 때문에 표상 자체는 기본요소, 즉 실체적 내용이 대자적으로 되는 방식이라는 것을 말해야 한다. 사태, 즉 내용은 의당 정신에게 대상적이 되어야 한다. 사태

---

된다.

제3부
언어예술

혹은 시(die Poesie):
시는 말(die Rede)을 통해 스스로 자신을 인지하는 특정한 형태이므로 조형예술과 음향예술의 통일이다.

시의 기본요소는 현존재의 지양된 직접성, 그 자신 속에 있는 정신의 현존, 즉 표상이다.

는 의식 속에서 표상물로서 그렇게 [대상적으로] 된다. 이 표상된 것은 여기서 재료이다. 이전에 대리석 혹은 색채나 음이 재료였던 것처럼 말이다. 정신은 그렇게 해서 자신의 고유한 지반 위에서 스스로에게 대상적으로 된다. 즉 정신은 자신의 대상들을 자신 앞의 표상으로서 가지며, 언어(die Sprache)는 부분적으로는 전달의, 부분적으로는 표상의 직접적인 외화의 단순한 수단이 되는 것이다.|252 사태는 시에서 더 이상 직접적으로 외적이지 않고, 표상 속에 있다. 왜냐하면 시작품은 읽을 수 있고, 또한 다른 언어로 번역할 수 있으며 음들의 다른 상태들로 전이할 수 있기 때문이다. 우리가 시작품을 듣든 보든 아무래도 괜찮다. 표상은 사태를 우리에게 객관적으로 만드는 본래적인 기본요소이다. 그러므로 표상은 모든 소재가 그것의 다각적인 전개에 따른 자리를 갖는 전적으로 일반적인 기본요소이다. 그리고 소재의 전개는 시간 속에서 일련의 서술들로서 이루어져야 한다. 정신의 행동이 가장 구체적인 소재인데, 이 행동은 자신의 역사를 지니며 자신의 전개를 가진다. 꽃조차도 이런 전개를 갖는다. 표상은 소재를 그것의 가장 완전한 전개 속에서 서술할 가능성을 보유하고 있다. 하지만 이 소재는 결점도 가지고 있다. 요컨대 이 소재는 감각적인 직관과 같이 그렇게 규정적이지 않다는 것이다. 표상은 정신적 본성을 가지므로 그것에는 사유에 소속되는 보편성이 참으로 도움이 된다. 그러므로 표상은 사태를 조각상과 같이 구체적으로 하나의 것으로 서술할 수 없다. 이런 것은 단지 감각적인 측면에서의 결점이다. 왜냐하면 표상은 다각적인 것을 연속으로서 제공하지만, 자신 안에서 [하나로] 통일시키는 정신은 표상 혹은 말(言)이 순차적인 것(Nacheinander)으로서 제공하는 것을 함께

이런 기본요소 속에서 모든 소재는 자신의 전체 전개에서 자리를 갖지만, 이 자리는 현존하면서 시간 속에 들게 되며, 따라서 순차적인 것이 된다. 이 순차적인 것은 물론 정신이 하나로 종합한다.

시 367

형상화해 버리기 때문이다. 정신은 순차적인 것을 지워버린다. 이제 문제는 무엇에 의해 시가 산문의 표상과 구별되는가이다. 이 문제는 그 자체로는 매우 추상적이다. 둘은 서로 얽혀 있어서 특정한 한계를 짓는 것이 불가능하다. 개별적인 것으로 나눌 수 없다. 다음에 더 자세히 살펴볼 것은 무엇에 의해 말이 예술이 되는가이다:

> 표상은 자신의 대상을 대자적으로(für sich) 목적을 가지는 유기적인 전체로 표현함으로써 예술이 된다.

예술작품으로서의 표상은 먼저 유기적인 전체여야 하며, 자체적으로 하나의 특정한 목적을 가져야 한다. 개별성의 정신적 통일성이 요구되며, 하나의 목적에 모든 것이 관계되어야 한다. |253 예컨대 『일리아스』에서는 아킬레우스의 분노가 이런 목적이다.54)

두 번째는 이런 목적이 개별적인 목적이어야 한다는 것이다. 개인이 봉사하는 추상적인 보편자가 아니라 개인의 마음에, 정신에 소속되는 목적이어야 한다는 것이다. 아킬레우스의 분노, 단지 개인의 이런 분노가 그와 같은 목적이다. 예컨대 역사는 실로 예술의 경향을 보이는 측면이 있다. 예술은 발생된 것의 다채로운 내용을 표상 속에 수용해야 하며, 이 표현에서 목적이 출현하도록 연관을 만들어야 한다. 우리는 헤로도토스 등의 예술에 관해 말한 바 있다.55) 물론 이런 서술은 자유로운 예술에 소속되지 않는다. 왜냐하면 [헤로도토스 예술의] 내용은 부분적으로는 주어진 내용이며, 목적이 개인의 의지에서 생겨나지 않았고 오히려 외적으로 설정된 것으로 현상하는 그러한 것이기 때문이다. 발생하는 것은 한편으로는 개인의 성격에 의해 산출되어 있으며, 다른 한편으로는 우연성이 개입된다. 내용의 본성상 역사는 산문으로 만들어진다. 그 내용은 개인에게 지시되는 보편적인 목적이

> 표상이 표현하는 자신의 대상은 어떤 목적인데, 이 목적은 추상적으로 보편적인 어떤 것이 아니라, 본질적으로 그 목적을 자기 자신에게서 취하는 한 개인의 목적이다.

> 따라서 역사 그 자체는 시의 가치내용이 아니다. 왜냐하면 외적인 발생인 역사는 개인에 대해서는 주어진 상황이며, 많은

다. 역사를 시적으로 다룬다고 해서 역사로부터 어떠한 시가 만들어지는 것은 아니다. 사건은 개인 자체에서 비롯되지 않는다. 영웅 시대가 역사의 시대는 아니다. 오히려 영웅 시대는 역사의 피안에 놓여 있으며 예술에 소속된다. 영웅 시대는 틀림없이 또한 모든 일반적 종류의 시작품의 목적이 될 수 있다. 신적 세계, 완전히 보편적인 것 그리고 이에 대한 개인의 관계를 서술하는 단테의 『신곡 Commedia』에서와 같이 말이다.[56)] 하지만 기독교적 세계에서는 개인 그 자체가 무한한 목적이기도 한데, 이 보편적인 목적은 동시에 개인의 개별적인 목적이기도 하다. 이러한 신적 세계에서는 개인이 중요하다. 국가는 자신을 위해 있다. 신적 세계에서는 개인이 희생되어서는 안 된다. 개인은 즉자 대자적으로 자기목적인 것이다. 역사는 이런 규정에 의해 |254 예술에서 배제되어 있다. 역사는 개별적 목적으로서 설정되어 있지 않은, 오히려 개별성 그 자체로부터 자유로운 목적이기 때문이다.

　세 번째로 부분들은 유기적인 것의 부분들로서, 대자적으로 양성된 것으로서 현상해야 한다. 특수자에게서는 각각이 자신에 대해 목적인 것처럼 지속되어야 한다. 오성은 모든 것을 오직 규정된 합목적성에 따라서만 고찰한다. 특수자는 오성에게 자유롭지 않다. 예술에서는 부분들이 실로 지체들로서, 물론 자체 내에서 자유롭고 자신을 위해 존속하는 지체들로서 현상해야 한다. 그러므로 지체들은 아무리 통일성에 의해 결속되어도 무의도적이게 현상해야 한다. 그렇다면 이런 측면은 주로 이를 통해 시가 언어예술과 구분되는 것이다. 시는 하나의 목적, 즉 개별적인 목적을 지닌다. 이 목적의 전개는 정신에 의해 정립된 것이다. 이러한 한 그 정립물은 하나의 자유로운 산물이다. 물론 그러함에는

면들에서 우연성에 속하기 때문이다.

세 번째로 부분들은 유기적 전체의 지체들이어야 하며, 더욱이 대자적으로 자유롭고 자립적인 지체들이어야 하는데, 이 자립적인 지체들은 동시에 전체의 통일성을 거스르는, 자신의 자립성을 지양하는 지체들이다.

시 369

어떤 의도가 있다. 전개의 모든 부분들은 특정한 의도와 더불어 만들어지며, 이 특정한 의도는 부분들 속에 정립되어 있다. 나아가 규칙, 원칙들이 확정되어 있다. 목적은 자신에 대해 자유롭게 스스로 양성되지 않는다. 오히려 목적은 원칙들 아래로 수렴됨으로써 타당하게 된다. 관계는 단순히 오성적인 것이다. 의도가 전부이다. 의도성은 모든 부분들 속에서 현상하며, 원인과 작용, 작용원인과 결과의 연관 — 오성의 범주들 — 이거나 외적인 연관 속에 존립한다. 특수한 부분들은 자유로운 심정으로부터 나오지 않는다. 근대적 관계들의 내용, 즉 국가공무원, 장관들에 대한 서술은 어떠한 시적인 내용도 아니다. 왜냐하면 개인들은 규정된 관계들 속에 있기 때문이다. 즉 그들의 일련의 행동들은 부분적으로 합목적적이며, 부분적으로 그들 행동의 주된 측면은 그렇지 않아도 이미 확고히 규정된 측면들 속에 놓여 있기 때문이다. — 그러므로 이제 특수자는 자신에 대해 자유로워야만 하며, 물론 하나의 내적인 연관을 지녀야 한다. 추상적 오성의 통일성이 아닌, 생동적이며 영혼이 가득 찬 통일성이 요구되는 것이다. |255

이제 두 번째로 시적 표현에 관하여 보면, 시적 표현은 시에 고유한 것으로 보인다. 물론 산문과의 주된 차이는 설명적인 실체적 형식에 관계된다. 표현의 시적인 것은 낱말들 속에 놓여 있는 것으로 보인다. 하지만 이 낱말들은 단지 표상의 기호들일 뿐이다. 가청적(可聽的)인 것으로부터 추상되는 한에서의 표현에 관해 보면, 이것은 시적이기 위해서 내용이 표상 속에 형상화되어 있어야 하는 방식을 갖는다. 형상화된 표현은 특수하게 형상화된 표상들인 것이다. 우리는 두 가지를 구분해야 한다. 표상을 말할 때 우리는 표상이 내용일 것이라고 생각하며, 표상과 그것의 표

이제 그러한 내용의 이런 표현은 대체로 다음과 같은 표출이다. 즉 시적이기 위해서는 낱말 그 자체 속에 놓여 있지 않고, 표상의 특수한 형성 속에 들어 있는 표출인데, 이는 표상 자체가 시의 감각적 기본요소이기 때문이다.

현을 구분한다. 하지만 내용 일반은 표상의 방식으로 나타난다는
점이 이미 주지된 바 있다. 그러므로 여기서 표상은 그 자체 표현
의 방식이며, 내용의 현상인 것이다. 회화에서 내용은 공간성을
바탕으로 하여 색채, 형태로 표현된다. 시에는 동일한 내용이 있
을 수 있지만, 사실 그 내용은 표상 속에 표현되어 있다. 그렇기
때문에 우리가 표현에 관해 말한다면 그것은 표상과 동일한 것이
다. 그러므로 관건이 되는 것은 내용이 산문적으로 표상되느냐
혹은 시적으로 표상되느냐이다. 표상은 직관의 감각적인 규정성
을 가지고 있지 않다. 하지만 표상은 다른 한편으로 사유 그 자체
또한 아니다. 오히려 표상은 직관과 사유 사이에 놓여 있으며, 형
상적인 표상(bildliche Vorstellung)이다. 산문의 오성적인 것은 추상
적인, 요약하는 방식에 있다. 예로 우리가 원인과 결과에 관해 말
한다면, 이런 것은 모든 반성의 규정성들과 꼭 같이 오성의 관계
이다. 예컨대 "아침"이라고 하면 이것은 주지된 시간의 관계이다.
그런데 시인이 "장미빛 손가락을 가진 에오스(Eos)[57]가 솟아올랐
을 때"라고 말한다면,[58] 똑같은 것[시간]이 표출되어 있다. 하지
만 우리는 추상적인 표상을 받아들이지 않고 오히려 형상적인 표
상을 보유하게 된다. 나아가 "알렉산더가 256 승리했다"고 말한다
면, 이것은 그 자체로 구체적인 표상이다. 즉 "승리"로 표현되어
있지만 단순한 규정성을 띠는 것이다. 다음의 것도 이와 마찬가
지이다. 즉 우리가 기쁨, 향유에 관해 말한다면, 이 모든 것들은
'빛바랜'·'회색의'·'비규정적'·'산문적'과 같이 추상성들이
다. 그러므로 시적 표현의 본질적인 것은 표상의 방식에 놓여 있
는 것이다. 시적인 표현을 만드는 것, 그것은 표상함 자체에서부
터 사유함으로의 이행을 이루는 구역에 속한다. 우리는 완전히

> 표상 일반은 직관과 순수 사유 사이에 있으며, 사유의 추상적으로 보편적인 것을 감각적으로 구체적이고 개별적인, 따라서 형상적인 형식으로 표현함으로써 시적이게 된다.

시 371

감각적인 어떤 것을 그것의 형상을 이해하지 않고서도 오성 속에 가지고 있을 수 있다. 예컨대 '태양'이라고 말한다면, 우리는 표상 앞에 [그려지는] 형상을 가지지 않고서도 그것을 이해한다. 이해함이란 그것에 대한 표상과는 다른 어떤 것이다. 추상적인 생각은 보편적인 것 내에서의 시적인 표출을 통해 다시 구체적인 표상에 제공되어야 한다. 예컨대 우리는 음들의 기호인 철자들을 읽는다. 철자들을 고찰할 때 우리는 우리 앞에 음들을 갖지 않고도 읽혀진 것을 즉시 이해한다. 사실 자체의 표상이 필요 없이 우리가 지닌 사유의 방식으로 기억 속에서 갖고 있는 것도 이와 마찬가지이다. 표상은 이제 시가 되려면 단순한 이해가 아니게 형상화되어야 한다. 그러니까 사태가 한갓 오성의 방식으로 우리 속에 있어서는 안 되고 오히려 형상적으로 우리 앞에 나타나야만 한다. 그것에는 우리가 '바꿔쓰기(Umschreibung)'라고 부르는 것이 속한다. 시인들에게서는 의당 '바꿔쓰기'가 전혀 아닌 많은 것들, 즉 추상적인 규정성들 — 더욱이 내용은 이 추상적인 규정성상 오성 내에서 통상적이다 — 과 비교할 때 우리에게 단지 그렇게 여겨질 뿐인 많은 것들을 우리는 '바꿔쓰기'로 간주한다. 그래서 시적인 언어는 우회로서 현상할 수도 있다. 쓸모 없는 잉여로서 말이다. 예컨대 우리가 "알렉산더는 페르시아로 진군했다"고 말한다면, 이것은 우리의 오성에 익숙하다.|²⁵⁷ 시인에게 중요한 것은 우리가 표상과 더불어 형상에서 머물러 있는 것이다. 그렇기 때문에 호메로스는 주인공에게 별칭을 붙여주는데,⁵⁹⁾ 이로 인해 우리는 곧바로 구체적인 것을 갖게 된다.⁶⁰⁾ 별칭은 우리에게 형상을 그려 보인다. 관습적으로 사람들은 오성적인 것과 표상 사이를 구분하는 것에 익숙하지 않다. 그러니까 형상화된 표상이 시적인

구체적인 형상성 속에 들어 있는 내용의 이런 표현으로서의 표상은 [내용을] 쉬운 말로 바꿔쓰고 있는 것이다.

바꿔쓰기는 오성적인 이해와 비교할 때 우리에게 단지 잉여적으로만 여겨지기도 한다.

것을 만드는 것이다. 그렇다면 다른 표현형식들은 실로 계속 차별화함으로써 만들어지는 형식들이다. 고유한 표현과 고유하지 않은 표현이 그와 같은 차별화이다. 고유한 표현은 단지 사실만을 나타내며, 고유하지 않은 표현은 두 번째 사실을 더 첨가한다. 그와 같은 표현은 은유라는 표현이다. 이 은유에서는 하나의 내용에 두 번째 내용이 첨가되는데, 두 번째 내용은 표현의 잉여에 속하고 단지 부분적으로만 이용될 수 있으며 특정한 측면에 의해서만 첫 번째 내용에 속하게 된다. 예를 들면 호메로스가 도망가지 않으려는 아이아스(Aias)[61]를 고집 센 당나귀에 비교할 때[62] 그런 것이 은유이다. 특히 낭만적 표현은 아주 화려하다. 왜냐하면 낭만적인 것은 부수물일 뿐인 소재의 다양성을 즐기는 주관적인 것이기 때문이다. 그 부수물이 표현의 주된 계기들인 것이다. 고유하지 않은 표현은 다분히 낭만적인 것에 소속된다. 호메로스와 고대인들은 대개 자신을 언제나 직접적으로 표현한다.

세 번째 것은 아직 운문화(Versifikation)의 측면이다. 말은 언술된 말이어야 한다고 규정되어 있다. 비록 이것이 본질적으로 필요하지 않을지라도 말이다. 시에는 본질적으로 운문화가 속한다. 시적인 산문은 자신의 규정에 적합하지 않은 혼합물이다. 운문화는 시의 향기이며, 비본래적인 표현보다 더 중요하다.|[258] 그것은 우리가 관습적인 의식과는 다른 지반 위에 있을 것이라는 점을 즉시 인식하게 한다. 동시에 시인은 운문에서 구속을 보게 되는데, 그가 부득이하게 이런 감각적인 측면에 따라 표현을 형상화하도록 하는 구속이며, 표현이 표상적인 한에서 그 표현의 형상에 몰두하도록 하는 구속이다. 사람들은 운문화는 많은 좋은 생각들이 그것으로 인해 상실되어 버리는 구속이라고 쉽게 생각

---

바꿔쓰기는 고유한 표현과 고유하지 않은 표현의 차이로 나아간다. 고유한 표현은 사실 자체만을 표현하는데, 고유하지 않은 표현은 자신의 표현을 위해 두 번째 사실을 더 많이 사용한다.

바꿔 쓰기의 직접적인 외면성은 말(Rede)에서 표상을 가지는데, 이 말은 예술에 소속되어 있는 것으로서 우연한 말이 아니라, 오히려 즉자 대자적으로 규정된 말이어야 하며, 따라서 운문화를 자신의 규정으로 가진다.

시 373

할 수도 있다. 확실히 시인은 많은 것을 포기해야만 한다. 하지만 다른 한편으로 운문화는 도움이 되며, 시인으로 하여금 부득이 탐구하고 자신의 표상을 몇 번이고 뒤엎게 만든다. — 하지만 감각적인 것의 이러한 형상화는 물론 직접적으로 자체적으로 요구되어 있다. 낱말들의 본질적인 측면을 울린다는 것은 우선 무규정적이다. 사실 예술작품에서는 형상화되지 않은 측면은 마땅히 없어야 한다. 즉 예술작품은 어떠한 우연적인 것도 견디지 못하며, 단지 정신에 의해 형태지워진 것만 감수한다. 운문화는 감각적인 측면이지만 그 구조 속에서 현상하는 내용에 적합해야 한다. 그것은 전체의 보편적인 음조이며, 외적인 숨결이다. 이 운문화는 또한 감각적인 측면에서, 즉 — 이 측면에는 외면성이 자체적으로 형상화되어 있으므로 — 우리가 내용을 객관적인 것으로서 우리 앞에 가짐으로써 이 감각적인 측면에서 내용은 우리 외부로 내놓이게 되며, 이론적인 태도가 촉발된다.

우리가 직접적인 것으로서의 내용 속에 침잠하지 않고 내용을 정신에 의해 형상화된 것으로서 우리 앞에 가지면서 내용 외적인 것을 양성함으로써 이론적인 태도가 만들어진다.

이제 운문화의 고대 방식과 각운이 있다. 최초의 운문화는 단순히 리듬적인 방식인데 이 방식은 음의 장단들에서 머무르고 있으며, 이 방식에서는 지속과 관련되는 음절의 움직임을 고찰할 수 있다. 낱말의 액센트는 또 다시 다른 어떤 것이며, 감각과 관계하고 음절의 특유한 장단과 결부된다. 두 번째 운문화는 장단에만 기초하지는 않는다. 오히려 각운이 질료적인 울림이며, 음 자체가 고찰된다. 좋은 악음(樂音)은 울림의 균등성에 의해 나온다.|[259] 운율의 더 자세한 것 일반에 관해 보면, 그것은 박자가 그 운율에서 나타난다는 점이다. 지속은 스스로 반복하며, 이를 통해 자아는 운동 속에서 자신을 다시 발견하게 된다. 자아 자신이 음들 속에서 규칙없이 상실되는 것이 부정되는 것이다. 단순히

말은 음향을 내고 있으므로 시간에 속한다. 그러므로 시간 속에서 나타나며 다분히 리듬적으로, 추상적인 균등성 속에서 운동하는 것은 박자다.

리듬적인 운율에서는 박자가 그다지 본질적인 법칙이 아니다. 6각운의 시구는 실제로 박자를 가지지만, 다른 운율들을 그다지 규정하지는 않는다. 고대 운율들에도 예를 들어 우리의 단장격(短長格, Jambus)과 같은 고유한 박자가 있는지가 큰 논란인데, 포스(Voss)는 그렇다고 주장했다.[63] 그러나 이것은 공허한 상상이다. 우리는 우리의 음 장단을 통해 박자의 규정성에 매우 익숙해져 있다. 관습적으로 고대인들의 비극은 각본에 적혀 있다. 물론 몇몇 비극은 명료한 단장격으로 이뤄져 있는데, 미는 오히려 바로, 고전시의 양양격(揚揚格, Spondeen)들이 단장격들과 더불어 변환하며, 하나·셋·다섯과 같은 엇박자의 운각들이 양양격이거나 혹은 양양격 하에서는 동일한 운각이라는 것에 있다. 우리 독일 단장격도 역시 양양격을 지니고 있다.[64] 예컨대 "사람들은 자유와 평등이 울려퍼지는 것을 듣는다(Freiheit und Gleichheit hört man schallen)."라고 하는 것에서처럼 말이다. 고대인들의 대부분의 삼음격시(Trimeter)는 양양격과 더불어 시작한다. 괴테도 아주 많은 그와 같은 양양격을 사용하고 있다. 그러니까 고대인들은 단장격적인 것 자체에서는 박자를 준수하지 않았던 것이다. 엄격한 박자 속에 있는 우리의 단장격적 음의 장단은 가장 취급하기 어려운 것이다. ― 이때 각각의 음 장단은 특수한 성격을 가지며, 시인은 각각을 시작품의 특정한 음조를 위해 사용해야만 한다. 서사적인 것은 단순하나, 서정적인 것은 더 다층적이어야 한다. 단장격적인 것은 장단격적인 것(das Trochäische)과는 상이하다. 후자는 조용한 고찰에 어울린다. 운율에서 주된 사항은 각운이다. 각운은 낭만적인 시에만 소속되며, 단순히 리듬적인 것은 고전적 시에 소속된다. 이 고전적 시에서 언어의 구조를 고찰해 보면, 우

리는 고대 언어에서는 동사의 활용이 주된 사항이라는 것을 보게 된다. 이 동사 변화들은 접미|260 음절에 의해 주시되도록 만들어 지는데, 어근은 이 접미 음절에 의해 훨씬 잘 변화될 수 있다. 우리 언어에서는 그것이 좀 다르다. 우리는 시대와 인물들을 특히 말로 표현한다. 예컨대 라틴 사람들은[그들은] "사랑했다 (amaverunt)"고들 말한다. 거기서 "am" 하나만 어근이며, 따라서 다른 것은 단지 우발적인 변형(Modifikation)일 뿐이다. 그리스어 "typteō(때리다)"에서도 마찬가지이다. 여기서는 "typ"가 어근인데, 여러 가지로 변형된다. 이를 통해 우리는 무엇이 가능하게 만들어져 있는지를 즉시 보게 된다. 어근의 실체적인 것은 울림 그 자체에 귀 기울이는 것을 허용하지 않으며, 자체적으로 그것을 그렇게 상대하지 않는다. 이에 반해 우리 언어에는 변형들이 기본낱말과 분리되어 있으며, 개별적인 낱말을 이룬다. 나(ich), 너(du), 그(er), 있다(sein), 가지다(haben), 된다(werden)와 같이 말이다. 이런 방식으로 발생하는 것은, 어근낱말이 집중된 채 남아 있으며 음들로부터 다수성 속으로 스스로 방출되지 않고 자신에 대해서 위력적이라는 점이다. 단순한 변형은 그 자체 또 다시 개별적인 낱말을 이룬다. 이를 통해 우리는 이미 곧바로 각 낱말의 뜻에 머물러 있게끔 구속되어 있으며, 그 움직임이 [우리를] 몰두시킬 수 있는 어떤 소리냄(Tönen)도 갖지 않는다. 액센트는 우리에게서 지배적인 것이며, 근본의미에 부착된다. 이 근본의미에 따라 우리는 들으며 그것으로부터 장단을 이해한다. 예컨대 우리가 "sage nicht(말하지 마)", "rede mir(내게 말해)", "geht hin(저리로 가)"이라고 말한다면, "sa", "re", "ge"가 자체 그대로는 짧으나, 액센트에 의해 길어진다. 그러므로 우리에게서 리듬적인 것은 자기대

이와 동시에 말은 음향을 내고 있다. 그래서 운문화는 음으로 가득 찬 리듬 속에 들어 있다. 이런 것은 고대 언어들 속에 들어 있는데, 그 속에서는 울림과 리듬이 직접적으로 통일되어 있다.

근세의 언어들에서는 각 낱말들이 어근낱말이고, 이에 따라 지금 설정되어야 하는 울림(das Klingen) 그 자체가 상실되어버림으로 인해 이런 통일성이 와해된다.

로 스스로 즐기는 자유를 별로 갖지 않는다. 그렇기 때문에 우리는 울림 그 자체에 주목하려 한다면, 더욱 질료적으로 몰두해야만 할 것이다. 이러한 작용을 일으키는 것이 각운이다. 리듬은 시간과의 관계만 고찰할 수 있게 한다. 각운에서는 음 그 자체가 동등하게 함께 울리는데, 이 울림이 우리를 몰두시키는 것이다. 액센트와 연관된 말의 강력한 힘에는 감각적 측면의 [이에 대응하는] 더 강한 평형추가 부여되어야 할 것이다. 그렇기 때문에 다른 한편으로 본다면 각운은 낭만적인 시에 적합하다. |261 자기 스스로를 인지함(Vernehmen)은 우리를 우리 자신에게로 되돌아가게 하는 각운의 균등한 울림 속에서 강화되어 있고 두드러져 있다. 우리를 우리 자신에게 되돌아가게 하는 이런 것은 각운에 의해 촉진되어 있으나, 주관적 측면이 나타난다. 운문은 음악적인 것에 더 가깝게 분류되는데, 낭만적인 특유함인 이 음악적인 것은 소재로부터의 해방이다. 각운은 그 자체로(für sich) 필연적인 것으로서 스스로 양성되었다. 각운은 아라비아 언어 속에 들어 있다. 물론 서양에서 각운은 서양이 아라비아인들을 안 것보다 더 오래 되었다. 기독교에서는 각운이 라틴적인 것과 4세기에 작시된 암브로시우스[65]의 찬가에서 관습적이 되었다.[66] 또한 성 아우구스티누스도 운을 맞춰 시를 지었다.[67]

우리는 시를 산문과 구분하게 하는 간단한 규정은 있을 수 없음을 이미 말한 바 있다. 왜냐하면 시는 그 자체로 구체적이며, 여러 가지 측면들을 확고하게 갖추고 있기 때문이다. 스케치만 된 것은 소묘이며, 검정과 백색으로 운용된 것은 동판화이다. 그렇다면 그런 것 또한 시에서도 있을 수 있다. 즉 실체적 내용이 그 자체로 시적 성질을 가진 것이 아니어서 예술작품이나 시가

이러한 정립된 울림이 각운(Reim)이다.

그래서 더 이상, 설립되어 있는 리듬적인 것의 그 한 측면만이 있는 것이 아니라 또한 다른 측면, 즉 울림이 있다. 그리고 운문화는 더 이상 직접적이지 않은, 오히려 부정적인 통일성 속에 있는 이 두 측면 모두의 설정체(das Gesetztsein)다.

아니어도 소재(Stoff)는 매우 시적으로 낭독될 수 있으며, 아름다운 어법을 가질 수 있는 것이다. 그래서 사람들은 개개의 문구들에 관해서는 그것이 시적이니, 산문적이니 라고 말할 수 없다. 개개의 붓자국이 그 자체로는 회화에 속하는 어떠한 척도도 갖지 않는 것과 똑같다.

시의 분류에 관해 보면, 한편으로는 내용이 자신의 표상방식에서 고찰되며, 다른 측면으로는 언어가 중요한데, 이 언어는 외적인 현존에 관계한다. 시가 인간적인 것으로서만 존재하며 (조각작품은 그것의 질료성에 의해 존립한다), 시의 존립이|²⁶² 말하는 주체, 즉 인간이므로, 여기에는 시가(詩歌)작품과 그것의 존재방식과의 관계가 나타난다. 이 두 가지 측면은 필연적인 연관을 지녀야 한다. 사람들이 물감을 사용할 것인지 광석을 사용할 것인지가 어떤 필연성인 것과 똑같이 말이다.

│ 시는 자체 내에서 내용과 [시형태들의 외적인 현존으로 특정하게 분류된다:
│ I) 표상 속에서 시로서 스스로 형태화되는 그대로의 내용.

전체에서 내용은 이제 세 가지 형식을 가질 수 있다:

첫 번째로 내용은 하나의 객관적인 것이다. 외적으로 펼쳐진 세계, 표상의 조각상과 같은 것이 그런 것인데, 거기서는 사태가 자체적으로 자유롭게 나아가서 자신의 객관성 속에서 발전하며, 시인은 뒤로 물러난다.

│ A)
│ 서사시: 즉자-대자적-존재자를 객관적인 발생의 형식으로 표현하는 것

두 번째로 내용은 주관적인 정조(Stimmung), 즉 주관의 충만인데, 이 주관은 내용을 자기 속에 지니고 그것을 자신 내에서 알고 있는 그대로 표출하며, 내면적인 움직임 자체를 진술한다.

│ B)
│ 서정시: 즉자-대자적-존재자를 주관이 자신 속에서 아는 그대로 표현하는 것

세 번째 것은 이 둘의 통합이다. 그래서 저 객관적인 것의 전개는 주관에 소속된다.

│ C)
│ 극시(劇詩): 즉자-대작적-존재자를 주관이 자신 속에서 알면서 이를 객관적인 발생으로 만드는 그대로 표현하는 것.

이렇게 해서 우리는 다음의 것을 가진다:

　　서사시(die epische Poesie),

서정시(die lyrische Poesie),

극시(die dramatische Poesie).

서사시에서는 정신의 객관적 세계가 표상 속에서 발전한다. 서정시는 주관성 그 자체를 다루며, 극시는 주관의 행위를 다룬다.

이제 다른 측면은 내용이 자신을 찍어내는 재료이다. 이 재료는 말(Rede)인데, 주관은 말을 통해 존재(Existenz)한다. 말은 내용의 필수적인 측면으로 나타나며, 이 내용에 따라 스스로 규정된다. 서사시의 대상이 객관적인 세계라면, 주관적 측면은 언어(die Sprache), 말(die Rede)의 존재, 이와 마찬가지로 외적으로 객관적인 표현과는 멀리 떨어져 있는 말, 흡사 기계적인 말이다. 고대인들에게서 서사시는 음유시인에 의해 언표되고 낭송되었다. 이런 언표(Sprechen)는 다소 기계적이다.|²⁶³ 이러한 말의 존재는 남들 앞에서 행하는 외적인 읽기이다. 서정적인 시 예술의 내용은 주관 그 자체의 충만이다. 계속 요구되는 바는 외적으로만 존재하기이다. 노래하는 자가 서정적인 것을 낭송하므로 존재는 음악적이다. — 마침내 극(劇, Drama)의 내용은 객관적인 내용이며, 정신적이고 구체적인 객관성, 즉 행위함이다. 여기서는 말에 존재를 부여해야 하는 전체적인 주관, 즉 낭송하는 자의 전체 인격이 요구된다. 주관적인 측면이 완비되어 있는데 그 첫 번째 방식은 단지 기계적인 언표일 뿐이며, 두 번째 방식은 음악적인 언표이다. 플라톤의 증언에 의하면 음유시인들은 가장 무지한 사람들이었다.⁶⁸⁾ 극에서는 주관적인 측면이 객관적으로 표현되어야 하며, 언표 자체가 표현되어야 한다. 여기서는 표현의 객관성이 필요하다.

우리는 이런 분류에 따라 다음 형태들의 특성을 묘사해야 할 것이다.

II)
이런 특정한 형태들의 외적인 존재

A)
서사시는 음유시인의 기계적인 낭송을 통해 외적으로 존재한다.

B)
주관성의 표출인 서정적인 것은 또한, 노래하는 자가 되어 음악적으로 낭송하는 자인 언표하는 자의 내면성을 요구한다.

C)
자기 자신을 객관화하는 주관의 표현인 극(劇)은 자신의 현존을 위해, 말(Rede)로서의 주관성뿐만 아니라 서술자의 전체 인격성을 매개로 한 자신의 객관적인 표현을 필요로 한다.

## 1) 서사시 Das Epos

서사시는 사실인 것을 진술한다. 즉 대상으로서의 대상, 정황의 폭, 자신의 현존재 내에 있는 전체대상이 진술된다. 그래서 서사시는 기념비 위에 쓰인 간략한 비명(碑銘)이었던 비문과 함께 시작되었다.[69] 비문은 사실인 것을 말한다. 이런 비문들은 실로 어떤 것 위에 적혀 있다. 하지만 자립적인 내용이 요구되어 있지, 어떤 외적으로 현전하는 내용이 요구되어 있지는 않다. 더 나아가면 격언들이 그러한 것들이다. 감동, 자의(恣意)는 배제되어 있다. 격언들은 무엇이 의무인지, 무엇이 인륜적인 것인지를 진술한다. 더 나아가 피타고라스의 금언은 서사시들(epēn)이다.[70] 인류적으로 참된 것이 서사적으로 진술되어 있는 바와 같이 고대 철학도 서사적이었다. 고대 철학자들의 단편들은 서사적 음조로 작성되어 있다. 비록 그런 후 곧바로 서정적인 것이 혼합되지만 말이다. 이러한 철학적 연구들조차도 '있는 것(was ist)'을 진술하며, 서사적인 성격을 지닌다. 헤시오도스의 교훈시와 같이 교훈시들도 꼭 같은 방식을 띤다.[71] 이런 모든 것 속에 서사적인 음조가 들어 있다. 그럼에도 우리는 이런 시작(詩作)들을 고대 서사시들(Epopöen)이라 칭하지 않는다. 물론 차이는 음조의 차이가 아니라, 내용의 차이이다. 왜냐하면 전자의 내용은 아직 구체적으로 시적인 내용이 아니기 때문이다. 윤리상의 원리들, 철학설들은 보편적인 것에서 머물러 있으며, 내용이 아직 참되이 시적이 아니다. 후자, 즉 고대 서사시의 내용은 개별적인 형태 속에 들어 있는 구체적으로 정신적인 것이다. 그리고 서사시는 '있는 것'을 대상으로 함으로써, 하나의 행위, 그 전체 전개와 폭 속에 들어 있는 사건을 대상으로 가진다. 특히 행위는 개별적 형태의

---

제1장
서사시
서사시의 개념
서사시는 객관적인 사건으로서 진술된 내용이다. 그래서 내용이 자신의 정황의 전체 폭에 따라 낭송된다.

이 서사시는 먼저 기념비들의 비명(碑銘)인 비문들과 정의, 의무에 대한 진술인 격언에서 발생했다.

사실 이런 것들의 내용은 추상적이다. 하지만 시는 개별적인 형태 속에 들어 있는 구체적인 정신성이다.

세계 속에서 표상되어 있는 행위를 말한다.

    행위는 개별적이다. 그러므로 서사시는 역사나 조국을 대상으로 가지지 않으며, 보편적인 인격들이나 자서전을 내용으로 갖지 않는다. 왜냐하면 자서전 속에는 인격의 통일성만 있지, 행위의 참된 객관적 통일성은 없기 때문이다. 고로 서사시의 내용은 개별적인 행위가 발생하는 하나의 세계 전체이다. 여기에는 세계 전체에 속하는 다양한 대상들, 지리학적인 지역성이 등장한다. 하지만 이런 자연계기들은 주된 사항이 아니라 단지 부수적인 계기일 뿐이다. 행위 그 자체뿐만 아니라 생각들, 권리의 서술도 대상이다. 즉 극적인 것과 서정적인 것의 소재가 등장하는 것이다. 이런 측면들은 서사시에 속해 있지만 단지 계기들일 뿐이어서 서사시에서 그 서사적인 특성을 빼앗지 않음이 틀림없다. 정황을 실현시킬 만큼 개인들은 많이 행해야만 한다.|²⁶⁵ 사람들이 행하는 것은 그 자체 정황들의 얽힘(錯綜)으로서 나타나야 한다. 왜냐하면 서사시는 있는 것을 서술해야 하며, 그래서 행위들도 그런 특성을 가져야 하기 때문이다. 서사시에서는 운명이 통치하는데, 극에서는 그렇지 않다. 서사시에는 하나의 전체 세계가 있는데, 이 세계에서는 행위, 결의들이 전체 속에서 단지 개별적이며, 그 전체도 마찬가지로 의지인 외적인 필연성에 소속된다. 이러한 것을 통해 극적인 음조와 서사적인 음조의 차이가 정해지는 것이다. 극에서는 대상, 즉 행위 그 자체가 사람의 성격에 의해, 의지에 의해 정해져 있다. 여기서는 사람의 성격이 발생하는 모든 것의 기초이다. 여기서 상황, 정황들은 정신과 심정이 사람의 성격과 의지로부터 만드는 것일 뿐이며, 정신과 심정이 그 '성격과 의지에 대해 반응하는 방식이다. 내면적인 것, 의

이에 따라 서사시는 하나의 개별적인 행위를 이 행위의 전체 범위 속에서, 하나의 사건으로서 서술하는데, 사람은 이 사건 속에서 그의 정황들과 직접적으로 통일되어 있으며, 이 사건에 의해 좌우된다. 그래서 행위 자체는 정황들의 작용으로서만 서술된다.

행위가 대상이기 때문에 서정적인 것과 극적인 것의 소재 또한 등장하지만, 이런 것들은 그 자체 객관적인 사건들로서 등장한다.

정황들이 작용하므로 서사시에서는 운명이 통치한다.

이에 반해 극에서는 정황들이 단지 다음과 같은 것일 뿐이다. 즉 행위하는 주관의 결단이 그것을 위해 정황을 만드는 그런 것이다. 그런데 이 주관은 자기 스스로를 관철시키거나 혹은 이런 관철에서 몰락하게 된다.

시 381

지가 본질적인 것이다. 서사시에서는 정황도 마찬가지로 전적으로 유효하다. 사람이 행하는 것이 여기서는 우연이 행하는 것과 꼭 마찬가지로 일시적이다. 예로 용맹성은 서사시의 대상이다. 반면 용맹성은 극적이지는 않다. 용맹성은 본성에 속하며, 용기는 피 속에 들어 있는 한, 정신의 강함과 마찬가지로 본성에 속한다. 또한 용맹성은 행위의 내용과 무관하다. 극적인 것에서는 용맹성의 자연적 측면과 형식적인 것이 대상이 아니라 의지가 대상인데, 이 의지는 권리가 있거나 혹은 권리가 없는 의지이며, 자신의 권리를 알고 있으며 이를 원하는 의지이다. 서사시의 덕(德)은 다소 자연적이고 우연적인 것이다. 극에서는 개인이 그가 원하는 것을 타당하게 만들어야 한다. 그리고 그가 원하는 것과 의당 해야 하는 것, 요구하는 것, 이런 것은 그의 성격에 기인하며, 개인은 이 성격을 관철해야만 한다.|266 하지만 서사시에서는 정황, 상태가 그와 마찬가지로 유효하다. 우리는 호메로스에게서 이런 것을 곧바로 보게 된다.

　　예컨대 헥토르가 안드로마케[72]와 어떻게 작별하는가에 대한 서술을 보면, 이런 것은 서사적이지 극적이 아니다. 안드로마케는 아이들과 프리아모스를 들어 헥토르를 훈계한다.[73] 헥토르는 다음과 같이 말한다. 즉 그는 모든 것을 고려하고 있으나 트로이 사람들을 두려워하며, 겁쟁이로 보이지 않겠다는 것과, 일리온이 더 이상 존재하지 않는 날들이 확실히 있을 것이라는 등을 말한다. 관계들은 따로따로 분리되는데, 이런 것은 극적이지 않을 것이다. 포로들이 그들의 조국에 관해 이야기할 때와 마찬가지로 객관적인 관계, 정황들이 있는데, 그럼에도 이런 것 역시 극적이 아니다. 그와 같은 이야기들은 감동들이다. 하지만 정황들

*서사시에서는 정황 그 자체가 유효하며 행위들을 규정하는 것인데, 이 행위들은 또 다시 그 자체 사건으로서, 정황들로서 나타난다.*

*호메로스에서의 예들: 헥토르와 안드로마케의 작별*

에서 만들어진 감동들은 비록 근세의 극 속에 나온다 할지라도 극적이지 않다. 왜냐하면 극은 오직 심정의 결단에 의해서, 이 심정이 관계들을 담지하고 그런 속에서 자신의 성격을 주장하는 방식에 의해서만 작용할 수 있기 때문이다. 서사시에서 개인은 관계들에 굴복하는 것처럼 보일 수 있으며, 위력적인 것인 관계들의 결과일 수 있다. 극에서는 등장인물이 위력적이어야 한다. 서사시에서는 행위와 정황들이 똑같이 부유한다. 등장인물과 외적인 필연성이 동등한 힘으로 병립하고 있는 것이다. 극적인 개인은 자기 자신을 실행해 나가야 한다. — 이런 것이 일반적으로 서사적인 음조이다.

극에서는 감동이 정황에서가 아니라 결단에서 얻어질 수 있다.

서사시의 소재에 관해 보면 (소재, 즉 특정한 소재는 언제나 각 시작품에서 주된 사항이며, 표출은 가치내용 자체와 분리되어서는 안 된다) 더 자세한 것은 다음의 것이다:

고대 서사시(Epopöe)의 소재는 한 사건의 전체인데, 이 사건은|²⁶⁷ 객관적인 발전 속에 있으며, 전체적인 관계 방식 속에 있는 민족의 세계여야 한다. 행위는 한 민족의 세계 속에서 이루어져야 하므로, 이 세계는 행위를 필연적이게 하는 하나의 특수한 상태에서 파악될 수 있다. 더 나아가 이 행위는 개인들이 이해하고 설정하는 하나의 특정한 궁극목적이다. 이러한 더 구체적인 행위, 즉 한 민족의 특수한 상태는 오직 전쟁상태일 수밖에 없다. 사람들은 또한, 전체 세계사가 고대 서사시 — 그것의 주인공은 인류정신, 즉 인간적인 것(der Humanus)일 것인 — 의 대상이 될 것을 생각할 수도 있을 것이다.⁷⁴⁾

그러므로 이제 서사시가 표현하는 것은, 행위를 야기시키는 하나의 상태가 객관적으로 발전된 총체성이다.
행위로서의 상태는 특정한 상태이며, 특정한 행위를 필연적이게 만드는 것이다.
행위는 개별적인 것으로서만 있지만, 하나의 총체적 상태의 행동으로서는 민족들의 행위이기도 하다. 즉 그들의 전쟁이 그와 같은 것이다.

서사시로서의 세계사에 대한 표상:

사람들은 인류정신이 스스로를 세계사로 완성시키는 주인공이라고 생각할 수 있다. 그럼에도 이 소재는 예술에게는 너무

지고하다. 왜냐하면 보편적 이념이 배경으로 놓여 있을 것이기 때문이다. 물론 이 이념은 개별적이지 않다. 그러나 예술은 개별적인 형태들을 가져야만 한다. 사람들은 마치 이런 고대 서사시가 인도의 〔신의〕 육화들(Inkarnationen)처럼, 형태들의 연속으로서 나타날 것이라고 생각할 수 있다. 하지만 이념 앞에서는 허구적인 형태들에서의 저런 한갓된 가상은 퇴색된다. 그 형태들이 진상(眞象)을 지닌다면 실체적인 내용은 간과될 것이다. 그리고 정신, 개념이 전체를 지배했을 것이라면 전체 그림은 단지 우의적일 뿐일 것이다. 혹은 특정한 개별성들이 그 연속 속에서 나타났다면, 이것은 본질적인, 참된 결합을 지니지 않은 외면적인 결과일 뿐일 것이다. 왜냐하면 본질적인, 참된 결합은 이념뿐이며, 이념은 한 개인의 목적이 아니기 때문이다. — 그러므로 특수한 상태가 표현되어야 할 것이다. 특수한 동기유발, 충돌(Kollision)은 행위를 수반한다. 이 충돌은 극의 충돌과는 다르다. 전체적으로 충돌은 서사시에서는 전쟁상태여야 한다. 전쟁에서 한 민족은 다른 민족에게 대립적이다. 거기서는 용맹성이 주된 관심인데, 이 용맹성은 본성적인 것을 — 의지 그 자체에 의해│268 설정되어 있지 않은 — 인륜적인 것으로서 가지는 한에서 탁월하게 서사적이다. 나아가 전쟁에서는 의지와 우연이 저지른 일들이 똑같이 부유한다. 극에는 한갓된 사건이 배제되어 있다. 시민적 봉기의 상태, 헌법의 도입들과 같은, 이러한 많은 흥미로운 행위들과 발생들을 우리는 떠올릴 수 있는데, 이런 것들은 비록 예술을 위해서는 서술될 수 없지만 주관적 견지와 객관적 견지에 동시에 위치한다. 전쟁상태는 또한 낯선 민족들이 서로 대립하여 싸우는 것이어야만 한다. 전쟁은 동양에 대립해서는 서양에 의해서, 무어족에 대

---

세계사 속에서는 이념이 주인공이다.

사실 이념은 개인이 아니며, 오히려 개인들의 연속으로서 현상해야만 할 것인데, 이 연속의 결과는 실로 우연적이어서 이념의 결과로 보이지 않기도 한다. 그래서 다른 한편, 이념이 지배적인 것으로 나타날 때 표현은 허구적인 개인들을 통해 단지 알레고리로서만 제시되었다.

규정된 것으로서의 행동은 다른 상태와의 충돌 속에 있다. 이런 충돌은 민족들의 전쟁상태이다.

전쟁에서는 용맹성이 대상이며, 이는 서사시에 적절하다. 왜냐하면 용맹성의 행위들은 동시에 어떤 본성적인 상태에서 나오기 때문이다.

나아가 전쟁 속에서는 행위와 정황이 똑같이 부유한다.

하지만 전쟁은 실체적인〔인륜성에 기초한〕 전쟁이어야 하지, 우연한 내란이어서는 안 된다.

립해서는 기독교인들에 의해서, 아시아인들에 대립해서는 그리스인들에 의해 묘사되어야 한다. 대체로 그러한 바인 이와 같은 적대감은 서사시의 특성에 합당하다. 다른 국민들이 서로 대립적이어야 하는 것이다. 이에 반해 비극작가는 한 형제가 다른 형제와 맞서 전쟁을 하는 것에서 소재를 선택했다. 여기서 적대적인 관계의 속성은 교전하는 자들의 특수한 개별성에 기초하고 있다. 테베(Thebe)[75]를 공격하는 자는 테베의 아들[오이디푸스의 두 아들 중, 폴리네이케스]이고, 그의 형제가 그의 적[에테오클레스]이다.[76] 그러므로 분리는 어떠한 존재하는 분리가 아니며, 실체적인 관계도 아니다. 오히려 이 실체적 관계는 곧 합일인데, 단지 심정, 신봉된 정의가 통일성을 분리시키는 것이다. 위에 묘사된 바와 같은 저러한 상태가 서사적 세계를 이루므로, 이 상태는 단지 배경일 수밖에 없으며 개인이 유희하는 지반을 이룰 수밖에 없거나 혹은 개인이 그 상태 자체를 만들 수도 있다. 첫 번째 상태가 더 적절한 것이다. 상태는 이미 존재해야만 하며, 그 상태를 규정짓는 듯한 개인은 그 상태에 의해 규정되어 있어야만 한다. 개인이 정점에 서 있다면 현전하는 것의 규정은 다소 개인의 특성에 속할 것이다. 『일리아스』에서는 트로이 전쟁이 그 자체로 있는 하나의 상태이다.[77] 아가멤논은 왕중의 왕이며, 아킬레우스는 그와 같은 왕들 가운데 하나이다. |269 전체 상태는 전제되어 있다. 낭만적 세계의 아름다운 기사인 『시드 Cid』에서도 이와 마찬가지이다.[78] 기독교를 믿는 여왕이 무어족 여왕에 맞서 싸우는데, 시드는 단지 가신(家臣) 중의 한 사람일 뿐이다. 행동은 어떤 사건이 일어나는 것처럼 발생하는데, 이런 것이 주된 규정이다. ― 이제 더 자세히 살펴보면 사건의 시대는 영웅적인 시대여야만 하며,

국가의 통일성이 실체적인 것〔기저에 놓여 있는 것〕이며 이 분(二分)은 행위하는 인물들의 결단일 뿐이므로, 극은 내면적인 전쟁을 이용한다.

서사시의 상태는 전제된 지반이어야 하는데, 이 지반 위에서 개인은 그런 상태가 이끄는 행위를 수행한다.

『일리아스』에서의 예:

『시드 Cid』에서의 예

나아가 행위와 정황들의 직접적인 통일성 때문에 서사시의 시대는 영웅 시대여야만 한다.

시 385

이 시대에는 인륜적인 삶, 관계들이 인간이 수단으로 사용하는 외적인 자연에 대한 관계와 마찬가지로 발전했으며, 필요시되었다는 것을 알게 된다. 이 양 측면에 따르면 삶은 이미 전개되어 있되 인륜적인 관계들은 아직 법적으로 확고하게 되어 있지 않아야 하며, 자연물들의 사용은 아직 습관이 아니어야 한다. 인륜적인 관계는 스스로 만들어졌다고 할지라도 아직 의무가 아니어야 하며, 아직 주관적인 특수성 없이 확립된 외적인 확정들의 형식으로 존립하지 않아야 한다. 관계들은 스스로 형성되어 나와야 하지만 아직 고착적인 것이 되어서는 안 되고, 아직은 개인의 의지여야 하며, 아직 옳음과 같은 뜻으로서, 인륜으로서 있어야 한다. 상황들은 스스로 발견되었어야 하지만 그럼에도 아직 개인의 뜻을 거스르는 오성에 의해 강제력에 이르지는 않았어야 한다. 이와 마찬가지로, 자연물들이 대상으로, 수단으로 하락되어 있으나 아직 죽은 수단일 수밖에 없는 상태가 아닌 것은 허용된다. 우리는 호메로스에게서 제후들 모두가 아가멤논의 왕홀 아래 소집된 것을 보게 된다.[79)] 아가멤논은 명령을 하지 않고 오히려 제후들과 협의를 한다.[80)] 그들은 갖가지 수단들에 의해 원정에 미혹되어 있다. 같은 상황에서 제후들은 그들의 민중을 돕는다. 이 민중들은 확실히 제후들을 따른다. 거기에는 그들을 강요할 어떠한 법도 없다. 모든 왕들은 자립적이다. 민중들은 경의와 영예에서 그들을 따르거나 혹은 강제에 의해 강요되어서 그렇게 한다. 그래서 상황들은 스스로|270 자체적으로 형성되고 있었던 것으로서 현상한다. 예컨대 호메로스는 『일리아스』에서 그리스인과 트로이인의 전투를 이야기하고 있다.[81)] 그리스인도 많은 전사들을 잃었지만 [트로이인 보다는] 더 적었다. 왜냐하면 (호메로스가 말하길)

이 영웅 시대에는 국가상태가 아직 법이 아니라 인륜으로서 있다.

국가의무들과 인륜성의 전체 상태는 이미 발전했을지라도 아직 주관적인 의지 없이 확립되어서는 안 되며, 오히려 이 주관적인 의지와 더불은 최초의 불가분적인 통일이어야 한다.

호메로스에게서의 예:

그들은 항상 서로 극심한 곤경을 저지하는 것을 생각했기 때문이다. 그리하여 그들은 서로 서로 도왔던 것이다. 그리스인들에게 호메로스는 그들이 모든 도덕을 얻는 성서였다. 그와 마찬가지로 모든 것은 마치 스스로 만들어진 것처럼 나타난다. 예컨대 터키 세력을 유럽 세력과 구분해보자면, 그 차이는 유럽 군사들은 오직 다른 이와의 합일에서만 세력이 있다는 의식을 가진다는 데 있다. 이러한 결속은 교양 있는 군대의 본질적인 것이며, 〔다른 군대와〕 차별화되는 것이다. 이런 것은 이미 호메로스의 단순한 낱말들 속에 들어 있다. 야만인에게는 단지 무리들만이 있다. 즉 개인은 다른 사람에게 자신을 맡길 수 없으며, 유기적인 전체가 없다. 하지만 호메로스에게서는 교양 있는 것(das Gebildete)은 첫째 인류로서 있다.

이와 마찬가지로 다른 측면도 제공되어 있다. 이 측면 역시 관습으로 되어 있지 않다. 우리에게는 외적인 모든 것이 부차적인 것이며, 따라서 부차적인 묘사일 수만 있다. 〔그러나〕 호메로스는 왕홀과 복장에 관해, 오디세우스의 침상, 축으로 된 회전문에 관해서 상세하게 이야기하고 있다.[82] 이 모든 것이 여기서는 아직도 인간의 숙련성이 거기다 그 영예를 두는 것과 같은 것, 인간이 이것에서는 진보를 이루었다는 의식을 거기서 갖는 것으로서 현상한다. 영웅은 식사를 위해 아직도 황소를 손수 도살한다. 이런 모든 일들은 우리에게는 비속한 것이며 단순한 수단이 되었지만, 영웅 시대에는 인간이 아직도 거기서 자신의 영예를 가지는 그러한 일들이다. 〔이 시대에〕 인간은 모든 측면에 걸쳐 모든 것에서 아직 생동적으로 살고 있다. 그에게는 어느 것도 단순히 외적인 것이 아니다. — 이제 시인이 우리에게 한 민족의 저와 같

이와 마찬가지로 자연물의 사용은 아직 죽은 수단이 아니어야만 하며, 오히려 인간은 아직도 자연물들을 자신에게 부속시킨 것에서 자신의 영예를 찾고 있어야 한다.
호메로스에서의 예:

그러므로 서사시는 나중에 법인 것이 아직 원천적으로 인류으로서, 뜻(Sinn)으로서 나타나는 한 민족의 상태를 표현한다.

은 세계를 눈 앞에 떠올려줌으로써 서사적 시작품은, 둔감함에서 깨어나고 있어서 나중에 법이 되는 것이 바로 인륜으로서, 뜻으로서 나타나는 [상태에 있는] 민중의 첫 시대에 속하게 된다.|²⁷¹

서사시에는 한 민중의 순박한 의식이 진술되었으며, 일련의 고대 서사시는 민중정신의 갤러리를 보여준다. 요컨대 이런 서사시가 후대에 제작된 작품이 아니라 원래의 [고대] 서사시인 경우에 말이다. 시작품(die Gedichte)은 나중에 삶 자체로서, 이 행위와 이 상태 속에 침잠되어 있는 정신으로서 있다. 물론 시인의 정신과 그가 산출하는 것 사이에는 여전히 밀접한 연관이 있어야 한다. 그렇지 않으면 시작품 속에 분리가 생긴다. 표현, 표출이 형성된 표상일 뿐이라는 것은 이미 주지되어 있다. 이 형성된 표상은 내용이 그 속에 파악되어 있는 그런 기초요소이다. 이 내용은 표상의 종류(Art)처럼 동시에 정신적인 자연이다. 내용과 표상, 이 둘은 하나의 원리를 가진다. 만일 표상의 정신적인 것이 내용의 정신적인 것과 다른 것이라면, 부적당한 것으로서 즉시 우리에게 대립되는 분리가 있게 될 것이다. 그러므로 원래의 고대 서사시와 후대에 만들어진 서사시가 여기에서 구분될 수 있다. 이러한 구분은 호메로스와 베르길리우스에게서 나타난다.⁸³⁾ 호메로스의 세계와 그 자신의 소재의 형성은 아직 아름다운 조화 속에 있다. 베르길리우스에게서 우리는 모든 6운각의 시구에서, 표상방식이 내용과는 다른 시대에 소속되는 것을 느낀다. 특히 이런 것은 서사시의 신화적인 것에서 생긴다. 베르길리우스에게서는 신화가 순전히 허구적인 것인데, 이것은 시인에게도 청취자에게도 진지하지 않다. 하지만 시인은 신화에서 마치 자신에게 이것이 매우 진지한 것처럼 가상을 넣어 속인다. 호메로스에게서는 신화적인

> 그렇기 때문에 시인 자신은 아직 의식 속에서는 저러한 유아기적인 상태에서 살아야 한다.

> 그러므로 표상의 정신적 원리는 내용의 원리와 다른 어떤 것일 수 없다. 그런데도 표상과 그 내용이 예술에 부적당하게 분리되는 일이 생기기도 한다. 우리가 이런 것을 베르길리우스와 클롭슈토크에게서 발견하듯이 말이다.

> 그리고 이런 것은 특히 신화론에서 나타난다.

것이 시와 현실 사이에서 부유한다. 그 신화적인 것은 결코 현실 세계의 완전하게 규정된 형태가 아니나, 다른 한편으로는 물론 현실적일 정도로 표상에 가까이 가 있다. 신들은 마찬가지로 행동하는 자의 성격들로 잘 설명될 수 있는 행동방식에만 결부되어 있다. 신들이 간섭했다면 그것은 이미 오성적인 것으로 넘어갔을 것이다. 신들은 단지 한 측면이다.|272 그들은 진지하지만, 동시에 아이러니하게 다뤄져 있다. 헤파이스토스는 구부정하고 절룩거린다.84) 신들은 손수 전쟁에 출현한다. 물론 아이러니하게 말이다. 헤라가 아프로디테의 뺨을 치고, 아레스는 넘어지기도 한다. 우리가 이 신들을 믿게 되는 것은 그들에게 기초되어 있는 실체적인 것[인륜적인 바탕]에 의해서이다. 예를 들어 아레스는 전쟁이고, 트로이 정신은 아프로디테이며, 그리스 정신은 아폴로다. 그래서 아이러니한 것이 유쾌함을 이루어낸다. 사태는 심각하지만, 그것의 실재 상태(Dasein)를 보면 동시에 익살이 된다. 이에 반해 베르길리우스에게서는 인물들 자체가 진지하고, 산문 세계처럼 오성적으로 규정되어 있다. 아이네아스(Aeneas)가 지하세계로 들어가는데,85) 이 세계는 다른 세속적 대상과 꼭 같이 규정된 채로 서술되어 있다. 호메로스에게서는 이와 다르다. 지하세계는 혼탁한 안개로 덮여 있다.86) 우리의 고대 서사시(Epopöe), 즉 클롭슈토크(Klopstock)의 『구세주 Messias』87)에서도 이러한 균열이 들어 있다.88) 거기에는 한편으로 그리스도의 역사가, 다른 한편으로는 18세기의 독일 교양, 즉 볼프 철학이 들어 있다.89) 그리고 이런 것이 행마다 인식된다. 그러니까 서사시가 클롭슈토크 자신의 시대에 결합되어 있는 것이다. 그런데 『구세주』 내의 신화적인 것도 그러하다. 여기에는 하나님 · 그리스도 · 천사 · 총대주교들

호메로스에게서는 신들이 절대적인 위력 자체이며, 오성적인 현실성을 향해 계속 규정된 것으로도, 무형태적인 것으로도 있지 않다.

신들은 오히려 개인들 행동의 보편적인 것이다.

신들은 개인들의 행위에 반(反)하여 독자적으로 관여하지는 않는다. 개인들이 신들의 실체성에 의해 그들을 믿는 반면, 신들은 그들의 현존재에 유쾌함이라는 아이러니한 특징을 가지고 있다.

이에 반해 베르길리우스에게서는 인물들 자체가 — 시인에게 그리 진지하지 않은 — 오성적으로 규정된 세계이다.

이와 마찬가지로 『구세주 Messias』 속에서 그리스도의 역사가 18세기의 표상과 괴리된다.

시 389

이 있는데, 이것은 한편으로 상상의 자의에 적합하지 않다. 다른 한편으로는 특수한 천사들 — 총대주교가 이 천사들인데 — 이 나타난다. 즉 성인들이 자신들의 무덤에서 나오는 것이다. 상상의 측면에서 보면 이런 그림은 아름답다. 하지만 그 속에는 아무런 가치내용이 없다. 천사들은 단지 시중꾼, 단순한 수단일 뿐이며, 내용적으로는 어떤 실체적인 것이 아니다. 이와 마찬가지로 총대주교들은 단지 역사적인 인물들일 뿐이다. 마르스·아폴로, 즉 전쟁·지혜, 이런 것은 불변하는, 본질적인 위력들이다. 그러니까 클롭슈토크에게는 한갓된 허구들만 있는데, 이들은 아무런 진지한 가치내용도 갖지 않지만 진지하게 다루어진 허구이다.

여기서 신화적인 것은 천사와 총대주교들이다. 천사들은 어떠한 실체적인 내용도 지니지 않으며, 한갓된 심부름꾼이고, 추상적으로 단지 수단일 뿐이다. 총대주교들은 역사적인 인물 — 확실한 역사적인 인물 — 이며, 그리스 신들과 같은 영원한 절대적 위력들이 아니다.

고대 서사시(Epopöe)에 대해서는 이들에 관한 논술에서 더 자세히 알게 될 것이다.|273 고대 서사시들의 특유한 속성은 한 민족의 생동성이다.

서사적인 시작품은 오직 특정 시대에만 있을 수 있다. 근대는 어떤 서사시도 없다. 동양은 어느 시대나 고대 서사시를 가졌다는 데서 지복하다. 왜냐하면 그들의 세계에서는 우리에게서와 같은 이런 분별성에 아직 이르지 않았기 때문이며, 따라서 교양의 분별성에도 이르지 않았기 때문이다. 그러므로 인도 시작품들은 고대 서사시이다. 이 시들에서 사람들은 인도사람들이 어떤 사람들인지를 알게 된다. 호메로스에게서 그리스라는 나라를 알게 되듯이 말이다. 사람들이 호메로스에 대해 새로이 말하는 것은 그는 결코 실존하지 않았으며,90) 개개의 음유시인들이 시를 지었으므로 [그의 것으로 여겨지는] 시작품이 중단되지 않았을 것이라는 것이다. 이것은 최고의 칭송이다. 노래하는 자는 사라져 버리고, 사람들은 감각의 어떠한 개별적 특수성도 보지 못한

그러므로 서사적인 시작품은 어떤 시대, 즉 아직 개인의 의지에 반하여 자신의 원리를 합리적으로 확립하기에 이르지 않은 시대, 개인이 아직 자신의 내용과의 직접적이고 실체적인 통일성 속에서 살고 있는 시대에 결부되어 있다.

그렇기 때문에 호메로스는 자신의 시작품에서 주체로 나타나지 않으며 그가 사태의 객관성만을 서술하기 때문에, 사람들은 그의 시작품이 여러 시인들의 것이라고 말했다.

다. 민족의 사상(事象, Sache), 한 민족의 직관의 객관적 방식은 스스로 표현된다. 하지만 사람들은 또한 전체는 실로 어떤 결말을 가지는 하나의 전체라는 것을 보게 된다. 단지 아킬레우스의 분노만이 노래되어야 할 것이다. 각 부분은 자립적이며, 그러면서도 오직 유기적인 전체의 한 부분이다. 하지만 본질적으로 알아야 하는 점은 오직 한 개인만이 시를 짓는다는 것이다. 민족이 시를 짓지 않고 오직 한 사람만이 짓는다. 사실 오시안(Ossian)도 다소 서정적으로 기울어져 있다.91) 원래 시인이긴 하지만 말이다. 또한 아라비아인들도 원래의 고대 서사시를 가지고 있다. 『니벨룽의 노래』는 다소 극적인 성질의 것이다.92) 즉 그 속에는 우리에게 민족적인 것이 아무 것도 없는 세계가 들어 있다. 가톨릭교의 고대 서사시는 단테의 『신곡』이다.93) 단테는 이것을 희극(Commedia)이라고 칭한다. 왜냐하면 그것은 당시 아직 학식의 언어가 아니었던 이탈리아의 저속한 방언으로 쓰여져 있기 때문이다. 이 시작품에는 이중적인 것, 하나의 상태와 저 영원한 상태가 표상되어 있는데, 이는 지옥,|274 연옥, 그리고 천국이다. 이 영원한 존재가 상태로서 있는 것이다. 그것은 확고한 상태들이다. 즉 이 상태들은 전제들이며, 그리고 그 속에서 인물들은 그들의 특수한 성격에 따라 움직인다. 또는 그 상태들은 아마도 스스로 진행하였으며, 영원하게 되어 있을 것이다. 개인들은 자기 자신에게서 자기 힘으로 영원화를 수행하는 듯이 표상된다. 그들의 행위는 영원한 정의 속에 응결되어 있다. 시인에 의한 영원화와 인간 스스로의 영원화가 하나로 서술되어 있다. ― 이제 서사적인 방식은 위대한 상태와 행위들 외에 하나의 사적인 상태에만 국한될 수도 있다. 그렇다면 그런 상태는 전원적이다. 그와 같은 상태

서사시의 역사:
1) 동양의 서사적인 시작품들: 상징적인 시작품들
2) 고전적인 시작품: 호메로스, 베르길리우스
3) 낭만적인 고대 서사시: 오시안, 단테의 『신곡 Divina Commedia』, 아리오스토, 타소 등

『신곡』의 상태는 개인들이 그 속에서 움직이는 확고한, 영원한 신 존재 자체이다.

는 서정적·극적·또한 서사적으로도 다루어질 수 있다. 우리에게는 그런 것에 포스의 『루이제 Luise』,[94] 『헤르만과 도로테아 Hermann und Dorothea』가[95] 속한다. 하나의 상태가 전제되어 있으며, 인물들은 그 속에서 행동한다. 『헤르만과 도로테아』에서는 더 거대한 배경이 제공된다. 하지만 행동과 이 배경의 결합은 비약으로 머물고 만다. 정치적 상황 속에 있는 작은 지방도시는 빠져 있는 것이다. 우리는 연관들의 매개를 아쉬워할 것이다. 이 매개가 들어 있으면 전체가 그 특성을 완전히 상실할지라도 말이다.

전원적인 서사적 시작품들: 포스의 『루이제』, 『헤르만과 도로테이아』

## 2) 서정적인 것 Das Lyrische

서정적인 것에서는 주관이 스스로 표출된다. 한 세계의 풍요로움이 아닌, 개별적인 감각과 심정의 개별적인 판단이 반영된다. 서정적인 것은 심정 일반을 나타내 보인다. [여기에는] 욕구가 스스로 진술된다. [반면] 서사적인 것에서는 사실을 경청하려는 욕구가 있다. 그러므로 서정적인 것에는 노래를 위한 형식 갖추기가 본질적이 된다. 이제 내용과 취급방식이 주관성에 속하기 때문에, 이 둘은 여러 가지일 수 있다. 심정 일반은 외화되기를 원한다. 이를 위해 가장 사소한 내용이 심정에 이용된다. 하지만 심정은 또한|[275] 최고의 것을 예찬하고, 가장 심오한 것을 진술하는 데로 계속 나아갈 수도 있다. 서사적인 내용도 수용될 수 있다. 여기에는 담시(Ballade)와 민요조의 설화시(Romanze)가 속한다. 『시드 Cid』는 그와 같이 서정적으로 다루어진 서사적인 것이다.[96] 이런 설화시는 내용은 서사적이지만, 서정적으로 다루어져 있다. 주된 줄거리가 간결하며, 급속하게 잇따라 서술되어 있다. 비가

제2장
서정시
(Das lyrische Gedicht)

서정적인 것인 객관적인 사건이 아니라, 주관성 그 자체가 진술된 내용인 예술내용

서사적인 내용이 주관적·서정적인 형식으로 있는 것이 담시와 민요조의 설화시다.

(悲歌, Elegie)와 비문(碑文) 또한 여기에 속한다. 후자는 감각이 어떻게든 비명(碑銘)에 결합되어 있을 때 혹은 어떤 소망이 그 속에 표출될 때, 주관적인 착상으로 머물게 된다. 묘비명들 또한 매우 서정적일 수 있다. 서정적인 시작품들은 어떤 하나의 내용에 대한 주관적인 감각이기 때문에 대부분 즉흥시들이다. 호라티우스 송가들(Oden), 핀다로스 송가들은 승리, 향연과 같은 모든 기회들을 토대로 삼는다.[97] 그러면 가요는 주로 근대적인 서정적 시작품이다. 괴테의 가요들은 가장 영향력이 풍부하다.[98] 왜냐하면 그 가요들은 전적으로 그와 그의 민족에 소속되어 있기 때문이다. 이 가요들은 괴테의 가장 고유한 것이며, 우리에게 낯선 것은 어떤 것도 그 속에 들어 있지 않다.

> 감각은 그저 그런 기분인 채로 있으면서 자신을 스스로 규정하지 않으며, 자신의 내용을 외부로부터 얻는다. 그래서 대부분의 서정적인 시작품은 핀다로스와 호라티우스의 대부분의 시작품처럼 즉흥시(Gelegenheitsgedichte)가 된다.
>
> 가요(Lied)

### 3) 극시 劇詩, Die dramatische Poesie

극시는 시와 예술 일반의 가장 완전한 단계로서 고찰될 수 있다. 극의 대상은 행위이며, 서정적인 것의 주관성이 그 행위와 결부된다. 하지만 정신, 내적인 것은 단순히 상태로서, 정조로서만 표현되지 않고 의욕하는 것으로서, 자기 자신을 본질적으로 규정하는 것으로서, 스스로에게 목적을 정립하며 이를 실현시키는 것으로서 표현된다. 그러므로 서정적인 것의 내면성은 여기서 지양되어 있으며, 서사적인 측면에 따라 스스로를 객관화하고 있는데, 이 서사적인 측면은 물론 단순한 발생이 아니라 개인에 의한 사건으로서 산출되어 있는 것이다. 행위는 [행위자가 스스로] 알고 있는 의지를 실행함이다. 이제 행위는 이와 동시에 외적인 행위이기도 하다. 이러한 측면은 극의 말(言)에 소속되지 않으므로 첨가되어야 한다. 외적인 알림, 스스로 발생함은 |[276] 서사시처

> 제3장
>
> 극(Das Drama)
>
> 객관적인 사건은 내면성에서 나오는 것 및 스스로를 객관화하는 내면성으로서 있다. 즉 자기 자신을 자신의 내면성에서부터 규정하는 주체의 행위로서 말이다.
>
> 외적인 사건, 서사적인 사건으로서의 행위는 여기서 말에 소속되지 않으며, 기술(記述)되지 않고 외적으로 표현된다.

시 393

럼 기술되어 있지 않으므로 말에 속하지 않는다. 실제 인간들이 이를 표현해야 한다. 극은 기술하지 않는 것이다. 외면적인 것은 인간에 의해 표현, 거동으로서 말에 부가된다. 서사시는 낭송되지만, 극에서는 '외적으로 전하는 것, 양도하는 것'이 배제된다. 여기에는 입상들이 살아서 등장한다. 장면 여기저기에 사원처럼 건축적인 것, 둘러싸는 것이 있다. 신들은 움직이면서, 말하면서 등장한다. 고대 표현은 조형적이다. 조각상들은 움직이며, 그들의 태도는 이상적이다. 우리 근세인은 특정한 특수성을 요구하며, 표정극은 우리에게 주된 부문으로 보인다. 반면에 고대인은 가면을 썼으며, 이에 따라 특수성이 드러나지 않았다. 나아가 고대인은 손을 외투 속에 넣고 있어서 움직임이 단순했다. 고대인은 말로 할 수 있는 것은 말했다. 표정극이 아니라 의식적인 말이 표출되어야 했다. 근대 비극에서는 종종 내면적인 것이 진술되어 있지 않고 제스처를 통해 표출되어야 한다. 『발렌슈타인 Wallenstein』이 그렇게 끝난다.[99] 영주로 등용될 때 옥타비오(Oktavio)는 발렌슈타인에 대한 피콜로미니(Piccolomini)의 모든 반동행위(Reaktion)를 굴욕으로 느낀다.[100] 그렇지만 이런 것은 말로 표현되지 않는다. 〔반면〕 고대인들은 모든 것을 말하며, 말(Rede)이 중요하다.

이제 행위에 관해 보면, 우리는 고대 규칙으로서 행위와 시간, 장소의 통일을 알고 있다. 표현에서 직관의 조건들이 충족되어야 한다. 그렇기 때문에 감각적인 직관에 거슬러 너무 많은 것을 부당하게 상상력에 요구하지 말아야 한다. 실로 셰익스피어에서의 경우와 같이 말이다. 우리는 대자적인 표상에서는 거대한 시공간을 종합할 수 있다. 그런 것이 『돈 키호테』 속에 한번 나타

---

극적인 행위는 실제 인간에 의해 스스로 표현되며, 말은 거동과 결부되어 있다.

극의 고대 표현은 조형적이다(plastisch). 이 극들이 보편적인 개별성을 표현하는 바, 거동의 모든 특수성, 표정극은 제외된다.

이에 반해 근대적 표현은 특수한 개별성을 표상해야 하기 때문에 표정극이 필요하다.

『빌렌슈타인』에서의 예:

극의 행위에 대하여:

극의 행위는 직관되므로 표상이 직관에 모순되어서는 안 되며, 행위의 시간과 장소를 너무 넓게 늘이지 않아야 한다는 요구가 생긴다.

난다.[101] 우리는 감각적인 직관으로는 수년을 그렇게 빨리 뛰어 넘을 수 없다. |277 〔『돈 키호테』에는〕 장소의 통일이 최소한 대자적으로는 적당하며, 이해될 수 있다. 즉 모든 불명료성은 회피되어 있다. 사람들은 너무 정확하게 '현실에 부착됨'을 요구하지 말아야만 하며, 그럼에도 또한 현실을 손상시켜서는 안 된다. 이에 반해 행위의 통일은 본질적인 것이다. 행위는 하나여야 하며, 규정된 목적은 끝까지 수행되어야 한다. 결말은 확실히 충돌들을 해소하지만 그럼에도 다른 관심과 더불어서 다른 전개를 수반할 수도 있다. 여기에서 3부작이 생겨난다. 소포클레스에게서는 테베 권역이 다뤄진다.[102] 첫 부분은 라이오스(Laios)의 살해자[103]를 발견한 것을 포함하고 있다. 그 외의 것은 아들들의 싸움, 안티고네의 운명, 오이디푸스의 죽음이다. 하지만 이들 각각에는 특정한 목적이 완수되어 있다. 상연되는 저러한 부분은 절(節)로 나눠진다. 사이 막(幕)에는 그 외 외적으로 생기는 것이 들어갈 수 있다. 막들은 그 숫자에 의하면 세 개 혹은 네 개이다. 극에서는 두 측면이 대립해 있다. 그래서 제1막은 상황을 전개시키며, 어떻게 하나의 측면이 그 상황을 수용하고 있는지를 드러낸다. 제2막에서는 다른 분파가 자신의 옳음을 진술한다. 제3막과 4막은 분파들을 얽히게 하는 것이 있다. 제3막에는 한 분파에 대한 두려움이, 제4막에는 다른 분파에 대한 두려움이 있다. 제5막은 해소 일반이다.

극 일반은 비극과 희극으로 나눠진다. 행위는 이 둘 모두의 대상이다. 행위에는 하나의 목적이 나타나고, 개별성들이 이 목적을 성취한다. 비극적인 것에서 주된 것은, 개별성이 자신의 목적의 일면성에 의해 파괴된다는 점이다. 자신의 목적을 가진 개

본질적인 것은 바로 자체 내에서의 행위의 통일서이다.

행위는 논리정연하게 스스로를 관철시키는 특정한, 자체 내에서 일치하는 행위여야 한다. 이러한 관철에 의해 새로운 관심들이 생겨나는 한에서 삼부작이 나온다.

소포클레스의 테베에서의 예:

규정된 것으로서의 행동, 즉 이런 알력의 출현과 해소는 극을 흥미롭게 하며, 극의 3막 혹은 4막에 들어가게 된다.

행위는 실체성의 측면을 포착하기 때문에 비극의 대상이다. 행위가 실체성의 측면을 포착함으로써 다른 측면이 이 실체적 측면에 대립되며, 이 두 측

시 395

별성은 몰락한다. 영원한 정의는 목적과 개인에게서 스스로 행사한다. 물론 이 목적은 어떤 하나의 실체적인 목적이어야 한다. 그러니까 목적은 자신의 실체성에 의해 보유되며, |²⁷⁸ 개인이 실현하는 일면성을 벗겨버릴 뿐이다. 희극에서 목적은 다소간 허구적이다. 이 목적은 실체적으로 현상할 수 있다. 여기서 목적의 일면성은 주체 자체에 의해 파괴되며, 그렇게 함으로써 주체는 스스로를 보유한다. 비극에서는 영원히 실체적인 것이 승리하면서 나아가지만, 희극에서는 주체성 그 자체가 승리하면서 진행된다. 행위에는 이런 두 측면이 서로 대립적일 수밖에 없다. 실체성 아니면 주체성이 승리를 얻게 된다. 그렇기 때문에 희극에서는 목적이 참으로 실체적인 것일 수가 없다.

비극적인 것에 대해 더 자세히 보면, 비극적인 것은 고전 비극이다. 고전 비극은 어떤 하나의 상황과 더불어 시작된다. 즉 개인들은 어떤 손상된 상태에 얽혀들어 있으며, 그런 속에서 자신에게 하나의 목적을 세워야만 한다. 그런 목적으로 설정되기에 정당한 것은 인륜적인 것 일반이다. 인륜적인 위력은 여러 가지이다. 안정된 상태에서는 그 위력들은 신들 영역으로서 조화 속에 있다. 하지만 이 위력들은 상처를 입는 일도 생길 수 있는데, 이를 통해 인륜적인 위력들이 활동성으로 나타나게 된다. 그렇게 하여 개인들은 파토스로서, 인륜적 위력의 현실화로서 나타난다. 왕과 누이, 즉 크레온과 안티고네 혹은 상처입은 아버지의 아들, 즉 오레스테스가 그렇게 나타난다. 조형적인(plastisch) 성격들은 서사시에서처럼 구체적인 성격들이 아니기 때문에 조형적이다. 〔서사시의〕 아킬레우스는 인간이 처해 있는 모든 주변 관계에 따라 〔구체적으로〕 서술된다. 〔반면〕 비극적 인물은 추상적이며, 오

---

면 모두는 그들의 모순에 의해 서로 와해되고 실체성을 화원된 것으로서 승리하여 나오게끔 한다.

하지만 실체성은 단지 개인에 의한 행위로서만 존재하게 된다. 개인이 그 자체 즉자적으로 (an sich selbst) 일면성을 벗겨버리고, 그렇게 하여 승리하면서 나아갈 때 그 행위는 희극의 행위이다.

하지만 주체성 자체가 승리함으로써 실체성이 상실되며, 목적은 우연적인 것이 된다.

고전 비극:

고전 비극은 특수자를 손상시키는 한에서만 보편성으로 보이는 그런 보편적인 신들의 위력의 실현이다.

비극적 개인이 이러한 위력들 가운데 하나를 현실화시킴으로써, 그리고 단지 개인 — 이런 실체적 위력을 자신에게 목적으로 설정하는 —이며 이로 인해 조형적임으로써 그런 손상이 현상한다.

반면, 서사적 개인은 모든 측면을 자신 속에 통합할 수 있다.

직 하나의 인륜적인 위력만 실현시킨다.

    이렇게 하여 우리는 이중적인 것을 가진다. 즉 적대감에 빠지지 않은, 안정된 상태 속에 있는 인륜적인 위력들이 있다. 그러나 이 인륜적 위력들은 현실로 모습을 드러내며, 단지 실체적인 기초로 머물지는 않는다. 이런 이중적인 태도는 합창이 방해받지 않은 인륜성 속에 살고 있으며 인륜적인 위력들의 이분을 꺼리고 자체적으로 중립적으로 머물러 있는 안정된 상태를 나타내는 것으로 표현된다.|279 인륜적인 의식의 두 번째 측면은 특수한 형태로 등장하며, 이와 함께 서로 적대적으로 나타나고 있다. 그래서 합창은 고대 비극에서는 필수적이다. 사람들은 근대 극들에서 합창을 다시 도입하고자 시도했으며, 합창은 안정된 상태이며 공중의 대변자여서 합창에는 전체에 대한 성찰이 속한다고 말했다.[104] 이것은 물론 옳다. 하지만 합창은 단순한 외면적인 성찰이 아니다. 오히려 합창은 영웅의 지반 자체이며 꽃, 나무들에 대한 그림이 그 위에서 스스로 형상화되는 풍요로운 지상왕국과 같은 실체적인 상태이다. 합창은 앞서 가는 것이다. 근대 비극에서는 합창이 적절하지 않다. 예로 하인들이 나타난다면, 그럴 때 합창은 단지 수단일 뿐이다. 합창은 음모에는 적절하지 않다. 개별적으로 특수한 관심이 중요한 데서는 합창이 제 위치를 갖지 못한다. 합창은 신 형상들, 영웅들을 둘러싸고 있는 건축과 비교될 수 있다. 이제 대상 일반의 방식에서 고대와 근대의 대립이 등장한다. 그래서 고대에서의 충돌은 두 측면 모두가 정당함을 가질 때 있게 된다. 어떤 나쁜 의지나 단순한 불운이 갈등을 낳는 것이 아니라, 두 측면 모두 인륜적으로 정당함이 충돌을 낳는다. 추상적인 악은 참되지도 흥미롭지도 않다. 그러나 사람들이 인물들에게

1) 합창은 안정된 통일성 속에 있는 보편적인 위력들이다.

합창은 다음의 이유로 근대 비극에는 속하지 않는다. 근대 비극에서는 관심의 개별적 특수성(Partikularität)이 나타나기 때문인데, 이 개별적 특수성은 합창이 행위에 관여해서는 안 되며 단지 실체적인 상태일 뿐이기 때문에, 그리고 특수한 측면이 투쟁하는 보편적 지반이기 때문에, 합창을 이용하면서도 수단으로 하락시키는 그런 것이다.

2) 비극의 두 번째 측면을 이루는 것은 인륜적 위력들이 서로 대립적으로 개별화되면서 생기는 안정된 상태의 충돌이다.

시 397

인륜적인 선을 부여하는 것이 단지 의도여서는 안 되며 권리는 본질적이어야 한다. 각 측면은 하나의 특정한 개별성이다. 이 두 개의 위력은 — 서로 대립적인 관심, 목적인데 — 인륜적인 규정, 대자적으로 정당함이 있는 규정을 그들의 진정한 내용으로 가진다. 그렇기 때문에 이 위력들은 그렇게 진정으로 다양하지는 않다. 이 위력들은 비록 다양하게 스스로 개별적으로 특수화될 수 있지만, |280 주된 관심, 절대적인 관심들은 보편성의 형식으로 있는 보편적인 인륜적 삶, 즉 국가와 주관성, 가족으로서의 인륜적인 삶의 대립이다. 이런 면들이 충돌에 빠질 수 있는 측면들이다. 자연적인 것으로서의 인륜적인 삶과 정신적인 것으로서의 국가는 서로 대립해 있다. 완성된 인륜성은 이 두 측면의 조화 속에 있다. 『안티고네』에 이런 것이 표현되어 있다.[105] 안티고네는 혈연과 지하계의 신들을 숭상하며, 크레온은 제우스와 국가권력을 숭상한다. 이와 동일한 충돌이 오레스테스와 클리타임네스트라에서 보인다.[106] 즉 자기 딸을 그리스 군대의 이익에 희생시킨 아가멤논 왕의 정의는 그토록 상처입은 어머니의 관심에[107] 마찬가지로 대립해 있다. 오레스테스에는 이런 충돌 자체가 들어 있다. 오레스테스는 어머니를 존경하지만 아버지의 복수를 해야 한다. 이와 동일한 것이 『아울리스의 이피게니아 Iphigenie auf Aulis』에도 들어 있다.[108] 국가는 가족에 대립해 있다. 이러한 것이 거대한 위력들이다. 다른 관심들은 부속적이다. 『필록테테스 Philoktetes』[109]에서 그리스 군대의 [보편적] 관심은 자신의 모욕에 대한 필록테테스의 증오라는 [개별적] 관심에 대립적이다.[110] 『아이아스 Aias』[111]에는 아이아스의 명예가 군대의 이익에 대립해 있다. 의례적인 관심은 의식의 정당함이라는 관심이다 — 개인이 알고 있

---

각 측면은 권리를 지녀야 한다.

그러므로 권리들은 다양하지 않고, 오히려 보편적 위력들에 따라 스스로 규정된다.

보편적인 실체적 행동은 국가이며, 이 국가의 측면들은 보편적인 인륜적 삶으로서의, 즉 국가로서의 측면과 가족으로서의 개별적인 인륜적 삶의 측면인데, 충돌을 통해 이루어지는 완성된 인륜성이 이 두 측면의 조화이다.

안티고네, 오레스테이아, 클리타임네스트라, 필록테테스, 아이아스에서의 예들

는 것만 개인에게 귀속되어야 한다는 것이다. [하지만 비극에서는] 개인에게 [의식의] 유한성이라는 것이 정당화되지 않는다. 이런 것은 자신의 어머니와 결혼하여 가장 사악한 위반으로 얽혀드는 오이디푸스의 주변에서 나타난다. 의식적으로 아는 것과 사태에 대립하는 것이 여기에 등장한다. 이러함에 사람들은 죄와 무죄에 대한 잘못된 생각들을 없애야 한다. 이와 마찬가지로 영웅들은 죄가 있기도 하고 없기도 하다. 우리는 죄를, 개인이 선택할 수 있을 때, 개인이 자의로 결단할 때 생겨나는 것으로 떠올린다. 하지만 [자의적이지 않은] 조형적인 인물들에게는 그러한 선택은 |281 제거되어 있으며, 개인은 있는 그대로의 것이며, 그는 성격으로, 파토스로 행위한다. 그리고 그가 바로 그런 성격이기 때문에 그 개인은 성격이다. 그들은 [행위를] 선택하지 않으며, 오히려 그들은 자신이 행하는 것[과 같다]는 점이 고대 등장인물들의 강점이다. 나의 주관성이 나의 의욕과 분리되어 있다는 것은 약점이 된다. 최고의 약점은 비결단성이다. 결단은 자의가 아니어야 하며, 의지와 주관성 사이의 연대는 풀어질 수 없어야 한다. 성격들은 그러한 것이며, 영원히 그러한 것이다. 그리고 그러한 것이 그들의 위대함이다. 그러함에서는 죄에 대한 우리의 [의례적인] 표상이 폐지된다. 위대한 성격도 다를 수 없다. 즉 그는 무죄가 아니라 오히려 그인 것, 그리고 그가 원하는 것이 그의 행동이며, 그의 의지이다. 고대 인물들에서는 유죄인 것이 등장인물들의 영예이다. 죄와 무죄는 그들에게서 다 드러나지 않는다. 그와 같은 주인공에게는 그가 죄 없이 살았다는 것을 가장 나쁘다고 탓할 수 있을 것이다. 동정에 의해 사람들이 숭상하는 것은 지고의 인물이 아니라, 바로 그들의 확고하고 강한 성격, 그들의 주

즉자 대자적으로 존재하는 사태에 거스르는 의식적인 개별적 정신성의 정당함이 — 튀라노스와 콜로노스의 — 『오이디푸스』에서의 충돌이다.

이런 조형적인 성격에서는 죄와 무죄가 관건이 아니다. 죄와 무죄는 단지 그들의 파토스, 그들의 인륜적 위력일 뿐이며, 그렇기 때문에 권리가 있으며 — 물론 일면적으로 권리가 있지만 — 그래서 충돌 속에 있는 것이다.

관성과 실체성의 통일성이다. 이제 시인이 파토스를 전개시킨다면 그의 언어가 격정적일 것인데, 그런 언어는 그가 인륜적인 정당함을 가졌을 때만 그럴 수 있다. 실러에게서도 대부분이 이런 파토스이다. 괴테에게서는 감동과 관심의 특수성이 더 많다.

이제 전개에 관해 보면, 이 전개는 단지 대립들의 화해, 대립들의 해소일 수밖에 없다. 불운이 아닌, 정신의 만족이 마지막 것이어야 한다. 화해를 이끌어내는 방식은 매우 여러 가지일 수 있다. 하지만 비극의 목적은 다음과 같이 구분된다. 즉 일면성이 제거되고, 파토스로서만 간주되는 개별성이 몰락하게 되는 것으로 말이다. 파토스는 우연적이며, 외적으로 혹은 개인이 이 파토스 자체에서 대립된 계기 — 그가 이것에서 혼란스럽게 되는 — 를 가지는 것으로 발생한다.112) |282 이런 것은 가장 완전한 예술작품인 『안티고네』 속에 들어 있다.113) 『안티고네』에서는 크레온, 즉 국가권력이 가족에게 적대적으로 행동한다. 그는 안티고네를 벌하며 외경심을 손상시킨다. 크레온의 아들 하이몬은 안티고네의 약혼자인데, 그녀와 함께 죽는다. 즉 왕은 손상을 줌으로써 자기 자신도 손상되는 것이다. 이와 마찬가지로 안티고네도 국가에 소속되며 국가에 반해 행위하는데, 이러한 손상은 마찬가지로 그녀를 손상시키며 죽음으로 몰고 간다. 각각의 이 두 측면 자체에는 개인을 그들 자체에서 손상시키는 그런 측면이 있다. 이런 것이 대단원의 가장 완전한 방식이다. 이제 대단원 자체에 관하여 보면, 그것은 화해적이며, 긍정적이어야 한다. 인륜적인 것들의 균형, 두 위력의 동등한 타당함이 직관되어야 한다. 두 측면 모두는 부당함을 가지며, 조화에 이름으로써 통일성을 이룬다. 이러함을 통해 마음은 개인들에 의해 감동된 채 참되이 인륜적으로 만족되

3) 하지만 이런 조형적인 강함조차도 개인을 파괴하고, 그들의 일면성을 제거하여 실체적인 통일성이 재건되도록 한다.

a) 개인은 자신의 타자를 자신에 대해 외적으로 가지며, 이에 반해 자신을 포기할 정도로 몰락할 수 있다. 아이아스와 필록테테스가 그렇다.

b) 또는 개인이 그 자신에서 자기의 타자를 갖는다. 그래서 그는 타자를 손상시킴에서 그 자신이 손상된다. 『안티고네』가 그렇다.

어 있으며, 사태 속에서 화해되어 있다. 이제 이러한 화해는 [첫 번째는] 객관적이지만, 단지 우리에 대해서만 객관적이지 일면적인 개인들에 대해서는 그렇지 않을 수 있다. 이와 같은 화해는 『안티고네』 속에 들어 있다. 여기서 관람자는 이런 만족, 즉 조정이 그 자체로 사태 속에서 생겨났고, 그래서 묘사가 가장 조형적이라는 만족을 가진다. 자신의 타자를 인정한다는 특징이 안티고네 자신 속에 들어 있다. 왜냐하면 그녀는 "우리가 고통스럽기 때문에, 위반했음을 인정하자"고 말하기 때문이다.[114] 이 말 속에는 자신의 고통과의 화해가 진술되어 있다.

두 번째로 화해는 다분히 주관적인 종류의 것일 수 있다. 개별성이 자신의 일면성을 포기할 때 그러하다.[115] 그러면 이 화해는 무성격적으로 현상한다. 그렇기 때문에 고대인들에게는 화해가 이런 방식으로 생겨날 수 없었다. 개인은 더 높은 위력에 대해 자신을 포기할 수만 있었는데, 그 위력은 기계장치에서 나온 신 (deus ex machina)이다. 어려운 문제가 더 높은 위력에 의해 단번에 해결되는 것이다. 헤라클레스는 필록테테스에게 나타나서 그의 뜻을 꺾을 것을 명령한다. |283 사실 『필록테테스』와 『아이아스』는 그저 소포클레스의 청년기[단순한] 작품들로 보인다. — 이제 그 외의 것은 조정이 주관 속에서와 주관에게서 생겨나는 것일 수 있다. 예컨대 아이스킬로스의 『에우메니데스 Eumenides』에서와 같이 말이다.[116] 여기서 우리는 비극에서 갈등 속으로 들어오는 신들의 참된 뜻을 보게 된다. 개인도 여기서는 몰락하지 않는다. 『에우메니데스』는 아폴로 — 우두머리의 입장에 있는 한 측면의 위력 — 가 사태를 아레오파구스 법정으로 가져오는 것으로 끝난다. 여신인 아테나가 결정하는데, 그녀의 결정은 아폴로가 존경

c) 세 번째 화해는 주관 자체에서 생겨나며 그에게 의식이 되는 그런 화해이다. 이는 주관이 자신의 타자와 화해하며 그와 동등하게 됨으로써 이루어진다. 『에우메니데스』가 그런 것이다.

시 401

받는 것처럼 에우메니데스도 존경받도록 하는 방향으로 나아간
다. 화해는 두 위력 모두에게 동등한 영예가 주어지는 그런 화해
이다.117) —『콜로노스의 오이디푸스 Ödipus zu Kolonos』에는 기독
교적인 것으로 이르는 하나의 화해가 있다. 말하자면 신이 죄인
을 은총으로 받아들인다는 그런 것이다.118) 오이디푸스는 자신의
아버지를 참살했고, 자신의 어머니를 죽였다. 하지만 그는 자신
의 불행을 예감했으며, 최초로 [스핑크스의] 수수께끼를 푼 자이
다. 그는 수수께끼를 풀며, 자기 자신이 누구인지에 대한 앎이 나
오도록 했다. 이것이 해답이다. 그는 자신이 살인자라는 것을 안 『콜로노스의 오이디푸스』:
다. 동시에 이것이 그를 가장 불행하게 만든다. 견자(der Seher)인
그는 자신을 장님으로 만든다. 왜냐하면 자신의 견식이 그를 불
행하게 만들기 때문이다. 그렇듯, 아담과 이브를 불행하게 만드
는 것이 선과 악의 인식이다.119) 아담이 낙원에서 추방되었듯이
오이디푸스도 추방되었다.120) 콜로노스에서 그는 앎에의 도달이
만족과 분열이며, 전도되었음을 안다. 앎은 자체 내에서도 대립
을 재구성하게 된다. 오이디푸스는 자기 자신에서 변용(變容,
Verklärung)에 이른다.121)

    이런 것이 고대 비극의 성질이다. 근대 비극에 관하여 보면,
화해는 대부분 배후로 들어가는 것이다. 고대 비극에는 우연성,
우리가 운명이라고 부르는 것, 즉 단순한 필연성이 아니라 이성
의 필연성이 있었다. 불행, 개인의 연약함은|284 근대 비극에서 나
타나는 것이다. — 이제 극은 비극에서 희극으로 이행한다. 비극
에는 본질적으로 정당한 이해관계가 있는 관심들이 대립되어 있
다. 이제 그 관심들은 스스로 개별적으로 특수화되어야 한다. 예
를 들면 그와 같은 것은 사랑이다. 충돌은 특정한 개인이 그의 사

랑을 다른 강제들 하에 있는 또 다른 우연적인 것에다 던짐으로써 생겨난다. 그러므로 여기에는 우연성이 들어온다. 이런 하찮은 관심들은 개별성이 전적으로 자신들에게 결합되어 있어야 한다는 정당함을 요구하면 안 되도록 그렇게 생겨나 있다. 개인은 이런 목적을 포기할 수 있으며 실로 그러함에서 고통스러워 하지만, 그럼에도 그러함에서 남아 존속한다. 대단원은 여기서 그러저러해도 된다. 내용은 특수한 종류의 것인데, 그렇다면 방해물 역시도 특수한 방식으로 나타나고, 우연성이 들어온다. 그리고 이런 것이 근대 비극의 특성이다. 화해는 개인이 자신의 성격의 형식적인 강함을 주장한다는 것이며, 쟁취되는 자신과의 통일은 형식적인 것이다. 이런 환경에서는 더 쉽게 용서될 수 있으며, 심정은 더 쉽게 자신의 목적으로부터 추상될 수 있다. 그래서 사태는 개인들의 몰락 없이 마무리될 수 있다. 사태가 행운 또는 불운과 더불어 완결될 것인지는 우연적이다. 우리는 그런 것을 근대 비극이 행복한 결말을 이루는 데서 보게 된다. 이제 우리는 고귀한 개인들의 저와 같은 행, 불행이 우연에 속한다는 것을 보면 소름이 끼칠 수도 있다. 그와 같은 진전은 우리를 심하게 공격할 수 있다. 사람들은 『햄릿』에는 결말이 우연적이라고 말할 것이 틀림없다.[122] 이러한 우연성은 심정 속에서 생겨나는 것과 일치하는 한에서만 흥미롭게 될 수 있다. 햄릿은 불안정했으며, 유한성의 모래탑이 그에게는 충분하지 않다. 그의 심정의 배후에는 죽음이 드리워져 있다. 그리고 이러한 |285 내면적인 필연성은 우연적인 외면성을 통해 실행된다. 이와 똑같은 것이 『로미오와 줄리엣』 속에도 들어 있다.[123] 이런 연하고 부드러운 꽃〔줄리엣〕의 전체 주변 환경은 꽃에 상응하지 않으며, 빠르게 만개하는 꽃의 심정은

일찍 시들해질 것이 틀림없다. 우리는 줄리엣 속에서 아킬레우스의 운명을 본다. 그토록 부드러운 심정이 현실 속에 놓여지는 한, 우리는 분명 그것이 소멸할 것임을 안다. 이런 내면적인 필연성은 우리를 외면적인 현상방식과 화해시킨다. 하지만 슬픈 종말이 있게 되며, 전체적으로 그와 같은 부속된 목적들에서는 사건이 행복하더라도 불행한 것과 별반 다름없이 종료될 수 있다. 근세 극들은 그 자체에 위대한 관심이 없다. 그래서 개인들이 그 관심을 위해 몰락하는 것은 가치가 없다. 그렇다면 이 결말들에서 볼 수 있는 것은, 특히 용서가 등장하는 것이다. 정신의 힘은 이미 일어난 일을 극복한다. 자기 스스로를 용서하거나 혹은 용서받게 되는 심정은 사람들이 용서의 가능성을 보게끔 그렇게 기술되어야 한다. 인물들은 코체부의 인물들처럼 부랑자들이어서는 안 된다.[124] 용서는 한갓 형식적인 것이 아니어야 한다. 심정의 아름다움은 과오를 범할 때도 보존되었어야 한다.

 이제 마지막으로 볼 것은 희극(Komödie)을 이루는 것이다. 희극은 원래부터 비극이 그것[희극의 출현]과 더불어 막을 내리는 것임을 우리는 이미 주지한 바 있다. 즉 희극은 절대적으로 자체 내에서 화해된 유쾌한 심정인데, 이 심정은 스스로 분규되며, 분규를 없애고자 대립을 생산하지만 수단에서 숙련되지 못하여 자신의 목적을 수단 자체를 통해 파괴하지만 그러함에서도 마찬가지로 안정적이며, 자기 자신에 확신하며 머물러 있다. 이런 것이 전반적으로, 우리가 아리스토파네스의 작품들에서 보는 것과 같은 고전 희극의 개념이다.[125] 우리는 희극적인 것에서, 인물들이 그 자체로 희극적인지 아니면 우리에 대해서 그런지를 구분해야 한다.|286 단지 제3의 의식에 대해서만 희극적인 우둔함들이

많이 있다. 우둔함들이 개인 자체에 대해 심각하지 않을 때, 즉 개인이 자신의 심각함 자체에서도 심각하지 않을 때만 우둔함은 희극적이다. 몰리에르 작품들과 스페인 작품들에서 우리는 어떤 하나의 목적을 가진 개인들을 보게 된다.[126] 그들은 자신들의 목적을 서로에 반(反)하여 추구하며, 종종 각자 그 목적들을 파괴시킨다. 그런 것이 각자에게 쓰디쓴 심각함인 반면, 우리에게는 희극적이다. 단지 몇몇의, 특히 시종들만이 양쪽 사이에서 재미를 보는 자들이다. 시종들은 관람자의 직관을 가지며, 희극적인 인물이다. 하지만 동시에 그들은 종종 비열하다. 우리는 매우 성실한 사람들이 굴욕적으로 기만당하는 것을 보게 된다. 종종 역겨운 관심 하나가 전체에 걸쳐 있기도 하다. 이에 반해 진짜 희극적인 것은 아리스토파네스가 우리에게 제공하는 것인, 심정의 절대적인 자유이다. 아리스토파네스를 읽지 않고는 사람들이 어떻게 그렇게 통쾌해 할 수 있는지 알 수 없다. 아리스토파네스의 인물들은 원래부터 모든 점에서 다음의 것에 적합하다. 즉 그들은 자신들의 목적을 파괴하지만 그러함에서도 마찬가지로 만족하며, 그래서 파괴를 할 때도 처음에는 그것이 마치 그들에게 심각하지 않은 것처럼 출현한다. 우리는 이런 것이 관례적으로 낮은 신분에서 생기는 것을 안다. 합창도 나오지만, 스스로를 성격으로 확고히 만들지 않고서 〔극에〕 관여한다. 물론 개인 스스로가 취하는 관심이 지고할 수도 있다. — 아리스토파네스의 〔작품에 등장하는〕 소크라테스와 스트렙시아데스(Strepsiades)에게서나 혹은 신들이 등장하는 작품들에서와 같이 말이다.[127] 즉자적으로 지고한 관심은 여기서 그와 같은 개별성 속에 설정되어 있는데, 이 관심들은 그런 개별성에서 단지 억측으로만 있을 수 있다. 스트레프

시아데스[128]에게서 지혜는 그가 이를 곧바로 전도시키는 그런 지저분한 관계 속에 들어 있다. 그리고 소크라테스에게는 그가 스트레프시아데스와 교제한다는 사실로 인해 지혜가 우둔함이 되어버리기도 한다. 그리고 바로 소크라테스의 주관적인 도덕 속에는 그 지혜가 하나의 수단으로 사용될 수 있다는 결함이 있다.|287
그러므로 조롱받는 것은 절대적 관심, 신적인 것 그 자체가 아니라, 그런 것이 저와 같은 하나의 의식 속에 어떻게 들어 있느냐이다. 아리스토파네스는 한번은 그리스 신들에게서 좋은 소재를 가졌다. 그리스 신들은 인간적인 형태를 하고 있어서 신성과는 최고의 모순 속에 있는 특수성으로 조금만 더 나아가기만 하면 스스로 조롱거리가 되었다. 예컨대 『개구리』[129]에서 아리스토파네스는 신들을 조롱한다.[130] 또 다른 하나는 『공화국』이었는데, 일부는 그 공화국[아테네]의 헌법을, 일부는 공화국의 활동, 즉 전쟁과 평화를 조롱했다. 아리스토파네스는 특히 아테네 시민을 조롱하기 위해 묘사했다. 시민들과 그들의 정치인들의 우둔함이 특히 아리스토파네스 희극의 대상인데, 이런 그의 희극 속에서 아리스토파네스는 자신을 가장 좋은 시민으로서 증명한다. 그에게 중요한 것은 단순히 재미만이 아니기 때문이다. 아리스토파네스는 우둔함에서 빚어지는 정치인들의 행위를 묘사하는데, 이 정치인들은 어떤 하나의 목적을 자신에게 설정하지만 이를 실행함으로써 그 목적을 파괴한다. 이렇게 그는 인물을 그들 자체에서 희극적으로 만들었다. 그래서 이들은 처음부터 우둔한 자이게 된다. 그러니까 우리는 여기서 자신의 목적이 몰락할 때도 언제나 자기 그대로인 바로 남아 있는 주관성의 그 완전한 태연함을 보게 된다. 이런 것이 주관성이 쟁취하는 화해를 연장하는 마지막

지점이다. 예술은 희극적인 것에서 끝이 난다. 우리는 상징적인 것에서 시작했다. 조형적인 것에서는 주관이 스스로 자신을 객관적으로 만들며, 개체가 신적인 것으로서, 특수한 주관성의 피안에 서 있는 자로서 스스로를 제시한다. 그렇다면 이런 주관성에 대해서는 자신 내에서 만족하며 단지 객관적인 것과 유희를 할 때만 위안을 받는 주관성이 그 반대가 될 것이다. 이 주관성에서는 객관성이 무화(無化)되는데, 이런 무화를 아는 것이 희극 속에 있게 된다.|288

이로써 우리는 예술을 그 영역 내에서 쭉 둘러보았다. 엄밀하게 보자면 예술은 우리에게 과거적인 것(Gewesenes)이다. 우리에게는, 우리에게 신적인 것을 대상으로 만들 다른 형식들이 필수적이다. 우리는 사유가 필요하다. 하지만 예술은 신적인 것을 표현하는 본질적인 방식의 하나이며, 우리는 이 형식[예술]을 이해해야만 한다. 예술은 쾌적한 것, 주관적인 숙련성을 대상으로 하지 않는다. 철학은 예술 속에 있는 참다운 것(das Wahrhafte)을 고찰해야만 한다.

# 부록

언급되는 책
편집자와 역자의 주
용어해설
역자후기
필자소개
사항색인
인명색인

# 언급되는 책

빈번히 언급되는 저서들은 다음과 같이 인용된다: (볼드체는 인용 약칭임)

**Aischylos, *Tragödie und Fragment*.**
Aischylos, *Tragödie und Fragmente. Griechisch-Deutsch*, hrsg. und übers. von Oskar Werner, München 1959($^4$1988).

**Apollodor, *Bibl*.**
Apollodor, *Bibliothek*. 인용문헌: Apollodorus, *The Library*, 2 vols, ed. Sir James George Frazer, London/Cambridge, Mass. 1970.

**Creuzer, *Symbolik und Mythologie*.**
Georg Friedrich Creuzer, *Symbolik und Mythologie der alten Völker, besonders der Griechen*, 6 Bde, 2. Aufl., Leipzig/Darmstadt 1819-1822.

**Goethe, *Werke*.**
Johann Wolfgang von Goethe, *Werke*, Hamburger Ausgabe in 14 Bänden, hrsg. von Erich Trunz, Hamburg 1948 ff; München $^{12}$1981 ff.

**Goethe, *Sämtliche Werke*.**
Johann Wolfgang von Goethe, *Sämtliche Werke*, Unveränderter Nachdruck der Bände 1-17 der Artemis-Gedenkausgabe zu Goethes 200. Geburtstag am 28. August 1949, hrsg. von Ernst Beutler, 18 Bde, Zürich $^3$1979($^1$1950).

**Hegel, *Werke*.**
*Georg Wilhelm Friedrich Hegel's Werke*, Vollständige Ausgabe durch einen Verein von Freunden des Verewigten, 18 Bde, Berlin 1832 ff.

**Hegel, *Gesammelte Werke*.**
Georg Wilhelm Friedrich Hegel, *Gesammelte Werke*, in Verbindung mit der Deutschen Forschungsgemeinschaft herausgegeben von der Rheinisch-Westfälischen Akadmie der Wissenschaften, Hamburg 1968 ff.

**Hegel, *Bhagavad-Gita*.**
Georg Wilhelm Friedrich Hegel, *Ueber die unter dem Nahmen Bhagavad-Gita bekannte Episode des Mahabharata; von Wilhelm von Humboldt, Berlin 1826*, in: *Jahrbücher für wissenschaftliche Kritik 1827*, Nr. 7-8 und 181-188, hrsg. von Johannes Hoffmeister, Hamburg 1956, S. 85-154.

***Enzyklopädie*. 1817.**
*Encyklopädie der philosophischenWissenschaften im Grundrisse. Zum Gebrauch*

seiner Vorlesungen von D. Georg Wilhelm Friedrich Hegel, Professor der Philosophie an der Universität zu Heidelberg, Heidelberg 1817.

**Enzyklopädie. 1827.**
Encyclopädie der philosophischen Wissenschaften im Grundrisse. Zum Gebrauch seiner Vorlesungen von Dr. Georg Wilhelm Friedrich Hegel, ordentl. Professor der Philosophie an der Universität zu Berlin. 2. Ausgabe, Heidelberg 1827. 인용문헌: Enzyklopädie der philosophischen Wissenschaften im Grundrisse(1827), hrsg. von Wolfgang Bonsiepen und Hans-Christian Lucas. G.W.F. Hegel, Gesammelte Werke, Bd. 19, Hamburg 1989.

**Enzyklopädie. 1830.**
Encyclopädie der philosophischen Wissenschaften im Grundrisse. Zum Gebrauch seiner Vorlesungen von Dr. Georg Wilhelm Friedrich Hegel, ordentl. Professor der Philosophie an der K. Fr. Wilh. Universität zu Berlin 1830. 인용문헌: Georg Wilhelm Friedrich Hegel, Enzyklopädie(1830). Unter Mitarbeit von Udo Raneil hrsg. von Wolfgang Bonsiepen und Hans-Christian Lucas. G.W.F. Hegel, Gesammelte Werke, Bd. 20, Hamburg 1992.

**Herder, Sämmtliche Werke.**
Johann Gottfried Herder, Sämmtliche Werke, Bd. I-XXXIII, hrsg. von Bernhard Suphan u. a. Berlin 1877-1913(Repr. Hildesheim/New York 1967-1968).

**Herodot, Historien.**
Herodoti historiae, ejusdem narratio de vita Homeri cum Vallae vers lat. ab H. Stephano recogn. item Ctesiae de rebus Pers. et Ind. Ed. II. Apud H. Stephanum, 1592; 다음과 같이 진술됨: Thusididis historiae c. interp. lat. Vallae ab H. Stephano reçogn. Francof. ap. her. Wecheli 1594. 인용문헌: Herodot, Historien. Griechisch-deutsch, hrsg. von Josef Feix, 2 Bde. München 1963, $^3$1980.

**Hesiod, Theogonie.**
Hesiodi op., Theogoniais sent., sybillae carum., Nusaei opusculum, Orphaei Argonautica. Venetiis 1543. 인용문헌: Hesiod, Theogonie. Werke und Tage. Griechisch und deutsch, hrsg. und übertr. von Albert von Schirnding, München/Zürich 1991.

**Homer, Ilias.**
Homeri Ilias, 2 Tom. stertot, Lipsiae 1819. 인용문헌: Homer, Ilias. Griechisch und deutsch, übers. von Hans Rupé, München/Zürich $^{10}$1994(텍스트 속에는 권수와 쪽수로 인용 표시).

**Homer, Odyssee.**
Homer, Odyssee, Griechisch und deutsch, übers. von Anton Weiher,

München/Zürich 101994(텍스트 속에는 쪽수로 인용 표시).

**Horaz, *Sämtliche Werke*.**

Horaz, *Sämtliche Werke*. Lateinisch und deutsch, hrsg. von Hans Färber und Wilhelm Schöne, München/Zürich ¹¹1993.

**Horaz, *De arte poetica*.**

Horaz, *De arte poetica. Horatius ed. Baxter, observ. add. J. M. Gessner*, Lipsiae, 1772. 인용문헌: Horaz, *Sämtliche Werke*. Lateinisch und deutsch. Sermones et Epistulae, übers. und zusammen mit Hans Färber bearbeitet von Wilhelm Schöne, München/Zürich ⁹1982, S. 230-259.

**Kant, *Gesammelte Schriften*.**

Immanuel Kant, *Gesammelte Schriften*, hrsg. von der Königlich Preußischen Akademie der Wissenschaften, 23 Bde, Berlin 1910-1955.

**Kant, *Kritik der Urteilskraft*.**

Immanuel Kant, *Kritik der Urteilskraft*, Berlin/Libau 1790. 인용문헌: *Kant's Gesammelte Schriften*, Bd. 5, Berlin 1913.

**Lessing, *Sämmtl. Schr*.**

Gotthold Ephraim Lessing, *Vermischte [Sämmtliche] Schriften*, Bd. I-XXX, hrsg. von Karl Gotthelf Lessing, Johann Joachim Eschenburg und Friedrich Nicolai, Berlin 1771-1794.

**Lessing, *Ges. Werke*.**

Gotthold Ephraim Lessing, Gesammelte Werke, Bd. I-X, hrsg. von Paul Rilla, Berlin/Weimar 21968(11954-1958).

**Mendelssohn, *Philosophische Schriften*.**

Moses Mendelssohn, *Philosophische Schriften*. I-II, Berlin 1761, ²1771; Wien 1783; Proppau 1784(Repr. in einem Bd. Brüssel 1968).

**Mendelssohn, *Ges. Schr*.**

Moses Mendelssohn, *Gesammelte Schriten*. I-VII(in 8 Bdn), hrsg. von G. B. Mendelssohn, Leipzig 1843-45(Repr. Hildesheim 1972-75).

**Mendelssohn, *Gesammelte Schriften*.**

Moses Mendelssohn, *Gesammelte Schriften*, Jubiläumsausgabe. I-XX(in 23 Bdn), in Gemeinschaft mit F. Bamberger, H. Borodianski(Bar-Dayan), S. Rawidowicz, B. Strauss, L. Strauss begonnen von I. Ellbogen, J. Guttmann, E. Mittwoch, fortgesetzt von A. Altmann u. a. Berlin 1929-1932, Brelau 1938, Stuttgart-Bad Cannstatt 1971 ff(Repr. der bis 1938 erschienenen Bände und Weiterführung). Bd. 1: *Schriften zur Philosophie und Ästhetik. I*, bearbeitet von F. Bamberger, Stuttgart-Bad Cannstatt 1971.

**Ovid, *Metamorphosen*.**

Publius Ovidius Naso, *Metamorphosen*. Lateinisch und deutsch, übers. von Erich Rösch, hrsg. von Niklas Holzberg, Zürich/Düsseldorf ¹⁴1996.

**Platon, *Werke*.**

Platon, œuvres complètes. Trad. et accomp. de notes par Victor Cousin, Tom. 2-7, Paris [1]824-31. 인용문헌: Platon, *Werke in acht Bänden*. Griechisch und deutsch, hrsg. von Gunther Eigler, Darmstadt 1977.

**Schelling, *Ueber Dante*.**

Friedrich Wilhelm Josef Schelling, *Ueber Dante in philosophischer Beziehung*. Kritisches Journal, Bd. 2, Stück 2. 인용문헌: G.W.F. Hegel, *Gesammelte Werke*, Bd. 4, Hamburg 1968, S. 486-493.

**Schiller, *Werke***

Friedrich Schiller, *Werke*, Nationalausgabe, hrsg. von im Auftrag der Nationalen Forschungs- und Gedenkstätten der klassischen deutschen Literatur in Weimar und des Schiller-Nationalmuseums in Marbach von Lieselotte Blumenthal und Benno von Wiese. T. 1-43, Weimar 1943 ff.

***Schlegel.***

*Kritische Friedrich-Schlegel-Ausgabe*, hrsg. von Ernst Behler unter Mitwirkung von Jean-Jacques Anstett und Hans Eichner, Paderborn/München/Wien 1958 ff.

***Shakespeare.***

*The Riverside Shakespeare*, ed. G. Blakemore Evans, Boston 1974.

**Shakespeare, *Sämtliche Dramen*.**

William Shakespeare, *Sämtliche Dramen nach der 3. Schlegel-Tieck-Gesamtausgabe von 1843-1844*, München 1967(Bd. I: Komödien, ⁸1996; Bd. II: Historien, ⁶1993; Bd. III: *Tragödien*, ⁸1996).

**Sophokles, Tragödien.**

*Sophoclis tragoediae septem, cum interpretationibus uetustis et ualde utilibus*. [Frankfurt] 1544; *Sophoclis tragoediae ed. R. F. Ph. Brunk cum vers. et schol*. Argent 1786. 인용문헌: Sophokles, *Tragödien*, herausgegeben und mit einem Nachwort versehen von Wolfgang Schadewaldt, Zürich/Stuttgart 1968.

**Winckelmann, *Gesch. d. Kunst d. A.***

Johann Joachim Winckelmann, *Geschichte der Kunst des Alterthums*, Dresden 1764. 인용문헌: Johann Joachim Winckelmann, *Kunst des Altertums*, hrsg. von Ludwig Goldscheider, Wien 1934(Reprograph. Nachdruck Darmstadt 1982). 쪽수로 인용 표시.

## 편집자와 역자의 주

역자에 의한 주는 '역주'로 표시하였다. 표시가 없는 것은 모두 편집자 게트만-지페르트에 의한 주이다. 주의 형태는 『전집 Gesammelte Werke』에서 사용되는 형식에 따른다.

주는 규칙상 텍스트에 나오는 인용들과 다른 저서들의 관계에 대한 전거(典據)와 텍스트 내부의 참조에 한정된다. 때로는 강의 직필노트에서 명확하게 이름을 말하지 않거나 상응하는 저서에 대한 분명한 지시가 없을지라도 헤겔이 명백히 관련시키는 인물이나 저서에 대한 전거들도 밝힌다. 그럼에도 상세한 주석은 다루지 않았다. 부가적 전거들 — 텍스트 혹은 이들의 요약 — 은 필기록이 원래 인용문을 정확하지 않거나 잘못 이해한 채 제시할 때만 주어진다. 인용되는 판(版)들은 헤겔이 이를 사용했음을 우리가 알고 있는 판들이다. 그렇지 않을 경우에는 각각의 초판들을 제시하며, 이것이 불가능할 때는 당시의 판들을 언급한다. 기초가 되는 판들의 정서법과 구두법은 그대로 둔다. 가능한 경우에는 관련되는 장소들을 오늘날 통용되는 전집의 권수와 면수에 따라 전거를 제시한다.

## 들어가는 말 주

1) 역주: 호토가 출간한 헤겔 『미학』에서는 미가 "절대적 이념의 감각적 현현(sinnliches Scheinen der absoluten Idee)"으로 규정되면서, 미 이념의 "감각적"인 면과 "현현"이 강조된다. 이와 달리 헤겔은 강의에서 미와 예술의 규정에서 현현의 "종류"와 "방식"을 중요시한다.
2) 예술을 덧없는 유희로서 규정하는 것은 칸트(Immanuel Kant, 1742-1804)가 『판단력 비판 Kritik der Urteilskraft』 §43에서 쾌적한 예술과 아름다운 예술을 구분하면서 [수공품에 반하는] 자유로운 예술을 유희로서 규정하며 행한 것이다.
3) 헤겔은 칸트가 『판단력 비판』(§16)에서 구분한 것을 시사한다. 칸트가 구분하는 미의 두 종류는 자유미(*pulchritudo vaga*)와 단순한 부용미(*pulchritudo adhaerens*)이다.
4) 이에 관해서는 호라티우스(Quintus Horatius Flaccus, BC 65-8), *De arte poetica*, 86f를 비교. 호라티우스는 시의 주제와 운율 내지는 회화의 주제와 표현이 어울릴 것을 요구한다.
5) 헤겔은 예술은 절대적인 것에 대한 예지적 직관으로서 최고의 철학적 대상("철학의 기관")이라는 셸링(Friedrich Wilhelm Joseph Schelling, 1775-1854)의 가정을 비판한다. 헤겔은 예술이 내용적으로 제한적이라고 시사하면서 이미 그의 예나 시대의 저서와 성찰들에서 자신을 셸링과 구분한다(예컨대 「피히테와 셸링 철학 체계의 차이 *Differenz des Fichte'schen und Schelling'schen Systems der Philosophie*」, in: Hegel, *Gesammelte Werke*, Bd 4, S. 75-77). 셸링은 「철학적 관계에서 단테에 관하여 *Ueber Dante in philosophischer Beziehung*」(Schelling, *Ueber Dante*, S. 486-493)란 논편에서는 예술작품 속에서의 절대적인 것에 대한 직관의 "역사적 구성"을 전개하는데, 예술작품은 "삼라만상 일반을 고찰하는 유형"으로서 특기된다(위의 논편, S. 490). 절대적인 것에 대한 직관의 이에 상응하는 "사변적 구성"은 셸링의 『선험적 관념론의 체계 *System des transzendentalen Idealismus*』 내의, 철학의 보편적 기관의 연역과 관련된 예술규정에서 보인다(*Friedrich Wilhelm Joseph von Schellings sämmtliche Werke*, Erste Abtheilung, Dritter Band, Stuttgart und Augsburg 1859, S. 612). 셸링은 "사변적 구성"을 또한 1802/03년의 자신의 예나 시대 미학강의에서도 언급하는데, 이 강의에 대한 필기 증거물이 하나 있다(*Schellings Ästhetik in der Überlieferung von Henry Crabb Robinson [1802/03]*, hrsg. von Ernst Behler, in: *Philosophisches Jahrbuch*. 83 [1976], S. 133-183). 마찬가지로 절대적인 것에 대한 직관으로서의 이러한 예술규정은 『아카데미 연구의 방법 *Methode*

*des akademischen Studiums*』에 관한 강의 중 제14번째 강의에서 전개된다 (*Schellings sämmtliche Werke*, Erste Abtheilung, Fünfter Band, Stuttgart und Ausgsburg 1859. S. 344-352).

6) 헤겔은 1817년 하이델베르크에서 처음으로 실시했던 "엔치클로페디 *Enzyklopädie*" [강의]에서 자신의 미학의 기초적인 체계를 발전시켰다. 헤겔은 미학과 번갈아 강의했던, 그리고 체계적인 해설을 보유하고 있는 베를린의 엔치클로페디 강의를 참조하게 한다(*Enzyklopädie*. 1817. §§ 456-464; *Enzyklopädie*. 1827. §§ 556-563).

7) 헤겔은 인간을 위해 제작된 것인 예술작품은 작품 산출의 규칙에 따라야 한다는 생각을 다음에 인용되는 호라티우스의 논저 『시론 *De arte poetica*』(주 9 참조)에서 함축적으로 발견한다. 물론 모든 예술작품은 이에 준하여 제작될 수 있다는 규칙에 대한 계속되는 요구는 오히려 바로크와 계몽주의 시학을 가리킨다.

8) 헤겔은 18세기 후반부 동안 예술에 관한 토론 분야를 지배했던 "크리티쿠스 (criticus)", 비평가(Kritiker) 또는 예술판정가(Kunstrichter)를 시사한다. 이것과 그 외의 것에 관해서는 『비판적 시예술 *Critische Dichtkunst*』 제2판의 서문에 보이는 고트셰트(Johann Christoph Gottsched, 1700-66)의 진술을 참조. 『미와 숭고의 원천 *Die Quelle des Schönen und Erhabenen*』(1757)에 관한 멘델스존의 고찰에는 예술비평가가 언급되고 있는데, 헤겔은 나중에 언급되는 모세스 멘델스존(Moses Mendelssohn)에 관한 전통을 알고 있었다(멘델스존은 『아름다운 예술과 학문의 주요원칙들에 관하여 *Ueber die Hauptgrundsätze der schönen Künste und Wissenschsften*』란 제목으로 나온 이 저서의 나중 판에서는 예술비평가 대신 예술판정가라는 개념을 사용한다; Mendelssohn, *Ges. Schriften*, Bd. 1. S. 287-305). 본문에서 다음에 이어지는 문장은 예술판정가의 전문성에서 연역된 판정을 예술작품에서부터 [이끌어내어] 확립시키는 규범들에 관계되지 않고 옛 시학들과 관계된다.

9) 헤겔은 약 18세기에 나온, 『시론 *Ars poetica*』이란 제목으로 전해진 호라티우스의 『피조네스에게 보내는 서간 *Epistola ad Pisones*』을 가리키는데, 이 저서는 예술작품의 산출 규칙에 대한 요구를 그 외의 일련의 측면들로 더 보완하는 것이다. 호라티우스는 학습할 수 있는 예술이해 외에도 장르를 구분하고, 주제를 규정한다. 헤겔은 이런 것들을 사실에 의거하여 시 규정에서 다시 거론한다(주 10 참조). 헤겔은 18세기 이래 대중적이었던 이 텍스트를 게스너(Gessener) 판으로 소장하고 있었다.

10) 이 참조에 대한 직접적인 전거는 호라티우스에게서 보이지 않지만, 시의 주제에 관한 규정에서 내용적으로 상응하는 상론들이 보인다(그것은 다음과 같은 것들을 포괄한다: "조국", "우정", "가족애", "시민과 국가지도자의 의무"; Horaz, *De atre poetica*, p. 315 ff). 마찬가지로 호라티우스는 시작품들은 청중을 장악하며 무저항적으로 낚아채야 할 것을 요구한다(같은 책, p. 100f). 그러면서 시인은 보편적인 인간적 소재를 참되이 살아있게 형태화하는 어려움에 빠지게 될 것인데(같은 책, p.

들어가는 말주 415

126f). [그것이 어려워 때로는] 산맥이 탄생하는 것이 아니라 아주 작은 생쥐가 탄생되게 된다(같은 책, p.139). 매우 매혹적인 변전이 청중을 사로잡아야만 하는 풍자의 서술방식에 관한 참조에서도 호라티우스는 흥미로운 내용에 대한 요구를 내용과 형식의 적합성과 정확한 척도에 대한 요구에 부속시킨다. — 헤겔은 흥미로움이라는 범주를 드니 디드로(Denis Diderot, 1713-84)의 『회화에 관한 시도 Versuch über die Malerei』와 『그리스 시에 관한 연구 Über das Studium der griechischen Poesie』라는 논편에(1795-97; Schlegel, Bd. 1, S. 222-223) 들어 있는 슐레겔(Friedrich Schlegel, 1772-1829)의 비판에서 알게 된다; 이에 대해서는 미의 경험적인 관심에 대한 칸트의 비판을 비교(Kant, Kritik der Urteilskraft, § 41).

11) 영감(Begeisterung)의 개념은 신적인 것에 의해 고취된 (물론 그것의 최고 형식으로는 시적인 것이 아니라 철학적인) 영감에 대한 플라톤(Platon, BC 428/427-348/347)의 구상으로 소급된다. 특히 헤겔은 이미 호라티우스에게서, 그리고 나중에 18세기 미학과 칸트에게서 다뤄진 논의인, 영감이 시의 진실에 대한 색인(Index)일 것인가에 관한 논의를 풍자적으로 시사한다. — 빌란트(Christoph Martin Wieland, 1733-1813), 헤르더(Johann Gottfried Herder, 1744-1803), 청년 괴테(Johann Wolfgang Goethe, 1749-1832)의 영감 내지는 프로메테우스적 열광의 개념은 영국의 시이론과 예술이론에 영향받아 (헤겔에게서 이른바) "천재 시대"의, "유명한, 소명받은, 악평받은 문학 시대"의 근본개념이 된다(Dichtung und Wahrheit, Dritter Teil. 12. Buch, in: Goethe, Werke, Bd. IX, S. 520).

12) 헤겔은 아직 전통적인 형식으로 유지된 괴테와 실러의 본래의 처녀작들이 아니라 『의수를 가진 베를리힝엔의 괴츠. 각본 Götz von Berlichingen mit der eisernen Hand. Ein Schauspiel』(1773. In: Goethe, Werke, Bd. IV, S. 73-175)과 마찬가지로 『젊은 베르테르의 슬픔 Die Leiden des jungen Werther』(Leipzig 1774. In: Goethe, Werke, Bd. VI, S. 7-124), 그리고 실러의 『군도. 희곡 Rauber. Ein Schauspiel』(Frankfurt/Leipzig. 정확하게는 Stuttagrt 1781. Schiller: Werke. Bd. 3)을 시사한다.

13) 이에 관해서는 "작품은 사상의 보고(寶庫)를, 옳고 참된 인간을 나타내 보여라."는 호라티우스의 요구를 비교(Horaz, De arte poetica. p. 315ff); 실러와 괴테의 처녀작들에 관해서는 주 12를 비교.

14) 호메로스의 눈멂을 언급하는 구절처럼 이 구절이 널리 확산되어 있기 때문에, 헤겔이 특정한 원전을 가리키고 있는지는 단정할 수 없다. 헤겔의 소장품에는 헤로도토스(Herodotos, BC 484-430/420)의 전기 두 권이 보인다: *Herodoti libri IX. Interpr. L. Valla., item de vita Homeri lib., lat. ab Conr. Heresbachio emend. Seb. Castalio*, Coloniae apud Mat. Cholinum 1562; *Herodoti historiae, ejusdem narratio de vita Homeri cum Vallae vers lat. ab H. Stephano recogn. item Ctesiae de rebus Pers. et Ind.* Ed. II. Apud H. Stephanum. 1592. 다음의 전집 속에 총괄된

호메로스 생애를 비교하라: *Opera rec. Th. W. Allen*, Tom V, Oxford 1912.
15) 모세스 멘델스존은 그의 『감각들에 관한 서간 *Briefen über die Empfindungen*』(Berlin 1755; 특히 제11 서간을 비교)에서 예술이 쾌적한 감각의 환기로서 효과적일 수 있는 한에서 예술의 형태들에 대한 참조들을 발전시키고 있다(Mendelssohn, *Gesammelte Schriften*, Bd. 1. S. 85 ff).『아름다운 예술과 학문의 원천과 결합들 *Quellen und Verbindungen der schönen Künste und Wissenschaften*』(Leipzig 1757;『철학적 저서 *Philosophische Schriften*』[1761]에는『아름다운 예술과 학문의 주요원칙들에 관하여 *Über die Hauptgrundsätze der schönen Künste und Wissenschaften*』란 제목으로 출간됨)에 관한 고찰들에는 "미"가 "우리의 모든 감각의 독재적 지배자"로 규정된다. 감각들은 다시금 "언제라도 만족 혹은 불만의 특정한 정도에 의해 수반된다". 즉 감각은 점진적으로 단계화된 쾌적한 감각들인 것이다 (Mendelssohn, *Gesammelte Schriften*, Bd. 1. S. 167, 168). 또한 Mendelssohn, "Zufällige Gedanken über die Harmonie der innern und äußern Schönheit"(약 1755), in: *Mendelssohn, Gesammelte Schriften*, Leipzig 1843 ff. Bd. 4, S. 46-53, 특히 49쪽 참조: "미는 직접적인 감각이기 때문에 [⋯] 또한 미를 바라봄에는 어떠한 오류도, 선입관도 발생하지 않는다. 어떤 한 사람에게 호감을 주고, 아름답게 생각되는 것은 만족의 근거를 보유하고 있음이 틀림없다."
16) 감각, 즉 미의 감성적 인식의 학문을 위한 "미학"이라는 명칭은 1750년에 출간된 바움가르텐(Alexander Gottlieb Barumgarten, 1714-62)의 미완성의 라틴어 저서인 『감성학 *Aesthetica*』이래 통용되고 있다. 먼저 학문으로서의 미학은 바움가르텐의 다음의 저서에서 발전되었다: Baumgarten, *Meditationes philosophicae de nonnullis ad poema pertinentibus*(Halle 1735), übers. und mit einer Einleitung hrsg. von H. Paetzoldt, Hamburg 1983.
17) "아름다운 학문 Kallistik"은 칸트가 "선험적 감성의 모든 원리들에 관한 학문"을 (*Kritik der reinen Vernunft*. § 8 [A 42 ff; B 59 ff]) 위해 미학이란 개념을 보존한 것을 토대로 하여 아름다운 것의 미학적 이론을 위한 명칭으로서 시범적으로 사용하였다. 칼리에스테틱(Kalliästhetik), 칼로로기(Kalologie) 또는 칼레올로기(Kalleologie)도 이와 마찬가지이다(Wilhelm Traugott Krug, *Allgemeines Handwörterbuch der philosophischen Wissenschaften nebst ihrer Literatur und Geschichte*, Bd. 2, Leipzig 1827 [Repr. der zweiten Auflage 1832-1838: Stuttgart 1969], S. 569 및 Gottlieb Ph. Chr. Kaiser, *Ideen zu einem Systeme der allgemeinen reinen und angewandten Kalliästhetik*, Nürnberg 1813을 비교).
18) 역주: 호토는『미학』을 편집할 때 감각과 감정을 엄밀히 구분하지 않은 듯함. 주 40 참조.
19) 예를 들어 헤르더는 미학을 어울리게 작용하는 예술작품의 형태화를 위한 훈련을 기

초하는 학문인, "아름다움의 감정 또는 볼프적 언어로는 감성적 인식의 학문"으로 규정한다(*Kritische Wälder* [1769], in: Herder, *Sämmtliche Werke*, Bd. IV, S. 22).

20) 감정을 아름다움을 감각함, 아름다움을 위한 감각으로 규정하는 것은 예를 들면 칸트가 도덕적 이념을 위한 경의의 정신적인 감정과 단순한 감각적인 감정, 경향(Kant, *Kritik der Urteilskraft*, §41)을 구분하는 데서, 또는 "감각의 향유"와 "도덕감정" — 이 사이에 취미가 "공통적 감각"(같은 책, §40), "(내적 감관의) 감정"으로서 (같은 곳, §15) 매개되어 있는데 — 을 구분한 데서 보인다.

21) 헤겔은 취미의 통상적인 규정에 관해 말한다. 헤겔은 아름다움을 위한 감정으로서의 취미라는 이러한 규정과 취미의 도야로서의 미학의 결합을 멘델스존에게서 발견한다. 멘델스존은 자신의 『감각에 관한 서간 *Briefe über die Empfindungen*』에서 또한 아름다움의 감정의, 아름다움을 위한 감각의 육성과 양성을 요구하는데, 그때 그는 계몽의 미학에 관계하고 있다(Mendelssohn, *Gesammelte Schriften*, Bd. 1, S. 50 f, 53). 칸트는 취미가 사회 속에서 양성되고 육성될 수 있다는 데서 출발한다(Kant, *Kritik der Urteilskraft*, §40, §60). 헤르더는 흄(David Hume, 1711-76)의 경험주의에 연결되는 칸트와는 달리 취미의 도야를 오히려 자연적으로 자라나는 과정으로 본다(*Über die Ursachen des gesunkenen Geschmacks bei verschiedenen Völkern, da er geblühet*, in: Herder, *Sämmtliche Werke*, Bd. V, S. 599 ff).

22) 헤겔은 헤르더가 취미와 천재를 같은 것으로 여기는 것에 반대하고, 미감적 취미를 칸트와 헤르더에 의해 비판된, 관습적인 것을 모방하는 "유행취미" 또는 궁정취미의 의미에서, 또는 정신과 취미의 칸트적 대립의 의미에서 판정한다. 정신은 이념을 창조하는 데 적합하지만, 취미는 "생산적인 구상력의 법칙들에 적당한 형식을 위해" 이념을 한정하는 것만 가능하다. 칸트는 이러한 취미를 진정한 미감적인 취미에 대립시키는데, 이 진정한 미감적인 취미는 "원래 (모방적이지 않고) […] 육성할 수 있는 취미이다(*Anthropologie in pragmatischer Hinsicht*, in: Kant, *Gesammelte Schriften*, Bd. XII, §71, B)".

23) 이러한 구분의 토대는 예술전문가 내지는 예술판정가의 규정에 대한 논의를 형성하는데, 이 논의는 예술판정가는 필수적인 역사적 지식을 마음대로 운용할 수 있어야 할 뿐만 아니라, 또한 이를 넘어서 철학자여야 한다고 한다. 아름다움에 대한 그의 판정 규범들은 더 이상 "기계적인 법칙들"이 아니라 "사물의 본성을 촉구하는 규칙들"이다(Lessing, *Ges. Werke*, Bd. VI. S. 171, 101; Bd. III, S. 701을 비교). 플라톤에게서는 전문성이 미리 주어진 모범들로 방향지어짐, 내지는 모방과 모상에 대한 판정에 관계되기 때문에(*Nomoi*, 669a) 아직 누구나 예술미의 전문가일 수 있다. 반면에 칸트는 경험주의와 분리되어 (Hume의) 경험적 규칙에 따른 아름다운 예술의 산물에 대한 판정과, (허치슨[Fransis Hutcheson, 1694-1746]의 의미에서의) "공통감(*sensus communis*), 미에 대한 감각"을 요구하는, 역사적인 기술적 지식을 넘어

서는 판정을 구분한다. 참된 전문가의 판단은 "단순한 감각에서 나온 향유의 쾌"를 판정하는 것이 아니라, "반성"의 쾌를 판정한다. 칸트의 취미판단은 "감관의 감각"이 아니라 "반성적 판단력"을 "척도로" 가진다(Kant, *Kritik der Urteilskraft*, § 44).

24) 헤겔은 칸트가 쾌적함에의 관심과 아름다움에의 관심을 구분한 것과 관련하여 말하며(Kant, *Kritik der Urteilskraft*, §§ 3-5), 이 구상을 『정신현상학 *Phänomenologie des Geistes*』의 자신의 욕구 개념에 상응하여 발전시킨다(Hegel, *Gesammelte Werke*, Bd. 9, S. 107, 114f, 199). 헤겔은 그의 이론적 도야를 규정하면서 대상의 실존에 대해 현전하지 않는 관심이라는 의미에서 칸트의 무관심에 대한 이론을 예술작품의 규정 — 칸트는 이 규정에서 대상에 대한 저러한 [현전하지 않는] 관심을 가정한다 — 에 결부시킨다(Kant, *Kritik der Urteilskraft*, § 52). 헤겔은 대상에 대한 실천적 관심과의 차이를 요구하면서, 칸트가 그의 구상과 더불어 빠져든 어려움들을 "욕구"에 대한 "현상학"의 숙고를 통해 해결하고자 시도한다. 이에 관해서는 다음의 것을 참조: G.W.F. Hegel, *Vorlesungen über Naturrecht und Staatswissenschaft, Heidelberg 1817/18 mit Nachträgen aus der Vorlesungen 1818/19. Nachgeschrieben von Peter Wannemann*, hrsg. von Claudia Becker et al. Hamburg 1983, S. 116; G.W.F. Hegel, *Nürnberger Gymnasialunterricht 1808-1816*, hrsg. von Johann Hoffmeister, Leipzig 1938, S. 183 f: "나아가 [이론적] 도야에 속하는 것은 다음의 것이다. 즉 내가 [⋯] 대상들을 즉자 대자적인 그대로 그들의 자유로운 고유성에서 고찰하며 다루는 것, 그리고 내가 특수한 편익없이 그것들에 관심을 가지는 것이다 [⋯]".

25) 칸트는 이런 의미에서 "감각을 통해 그와 같은 대상에 대한 욕구를 일으키는" 것인 쾌적함에의 만족과 아름다움의 만족을 구분한다(Kant, *Kritik der Urteilskraft*, § 3).

26) 칸트는 이러한 "지성의 관심"이라는 생각을 "아름다움에 관한 지적 관심"에 대한 그의 성찰들에서 발전시키며, 물론 주로 예술미가 아니라 자연미에의 관심과 관련하여 말한다(Kant, *Kritik der Urteilskraft*, § 42).

27) 헤겔은 실러(Johann Christoph Friedrich Schiller, 1759-1805)의 시 《그리스의 신들 *Die Götter Griechenlands*》(Schiller, *Werke*, Bd. 1, S. 190ff)을 시사하는데, 더욱이 실러가 1800년에 그의 『시집 *Gedichte*』 제1부에 출간하면서 2차로 작성한 시에서 나오는 구절을 시사한다(Schiller, *Werke*, Bd. 2, S. 1, 367): "아름다운 세계야, 너 어디에 있느냐 [⋯] 아, 저 따스한 삶의 형상에 대해 / 오직 그림자만 남아 있네". 그렇지 않으면 이 맥락은 플라톤의 "그림자 형상들"의 모방으로서의 예술규정보다는(Platon, *Politeia*, 598b) 오히려 칸트를 가리킬 것이다.

28) 헤겔은 칸트의 아름다움과 쾌적함 간의 구분을(Kant, *Kritik der Urteilskraft*, § 3) 전제한다: "쾌적함은 감각에서 감관들에 호감을 주는 것이다".

29) 쉴레겔은 1801년까지 예나에 체류할 동안 즉흥시 외에는 어떤 운문도 출간하지 않

왔다. 헤겔은 나중에 강의에서 언급하는(일반부분 주 194 참조) 비극 「알라르코스 Alarcos」에 관해 말하는 것일 수도 있다(Alarcos. Ein Trauerspiel von Friedrich Schlegel, Berlin 1802, in: Schlegel, Bd. 5, S. 221-262).

30) 자연의 모방은 아리스토텔레스의 『시학 Poetik』 이래 예술의 원리로 여겨진다. 헤겔은 자연의 직접적인 모방을 창조적·관념적 모방이라는 후일의 규정과 구분짓는다. 이 관념적 모방은 주로 바퇴(Charles Batteux, 1713-80; 그의 저서 Les Beaux arts reduits à un même Principe, par Mr. l' Abbé Batteux [Paris 1743]에서), 모리츠(Karl Phillip Moriz, 1756-93), 그리고 또한 멘델스존, 레싱(Gotthold Ephraim Lessing, 1729-81)에 의해 대변된다. 다음의 숙고들은 괴테가 『자연의 단순한 모방, 기법, 양식 Einfache Nachahmung der Natur, Manier, Stil』(1789)에 관한 그의 논편에서 발전시킨 것과 같은 사유내용들을 시사한다.

31) 제욱시스(Zeuxis)의 포도의 예는 모방에 관한 논쟁에서 결정적인 역할을 한다. 아리스토텔레스(Aristoteles, BC 384-322)는 (폴리그노트 Polygnot와의 비교에서) 주제를 개별화하는 표현에 관해 언급하며(Poetik, 1450a), 퀸틸리아누스(Marcus Fabius Quintilianus)는 빛과 그림자의 발견을 언급한다(M. Fabii Quintiliani institutionis oratoriae libri, Lib. XII, 10, p. 4; Lat. und dt., hrsg. und übers. von H. Rahn, 2 Bde, Darmstadt 1972-1976). 헤겔이 언급한 에피소드는 플리니우스에게서 이와 다르게 해석되어 보고되며(Plinius, 23/24-79; Gaius Plinius Secundus, Naturlehre, Lat. und dt., hrsg. von R. König in Zusammenarbeit mit G. Winkler, München 1977, Buch XXXV, S. 65, 56 f), 세네카(Seneca Maior, BC 55?- AD 39)에게서는 『대립 Controversiae』에서 보고되고 있다(M. Annaei Senecae Rhetoris, Suasoriae, Controversiae, cum Declamationum Excerptis. Ex ultima Andreae Schotti recensione. Tomus Tertius. Lugduni Batavorum. MDCXLIX., Lib. V. Contr. XXV, p. 310).

32) 뷔트너(Christian Wilhelm Büttner, 1716-1801)는 괴팅엔의 자연연구가이자 언어연구가이다. 예나에서는 궁중고문관(추밀원)으로 사인(私人)으로서 생활을 했으며, 광범위한 장서의 소지자이다. 헤겔이 기술하는 에피소드는 괴테의 저서에서 보인다: Goethe, Ueber Wahrheit und Wahrscheinlichkeit der Kunstwerke. Ein Gespräch(1789), in: Propyläen. Eine periodische Schrift, hrsg. von Goethe, I. Bd. 1. Stk., Tübingen 1798, S. 56-65, 특히 S. 62 f(Goethe, Werke, Bd. XII, S. 67-73, 특히 S. 71 ff).

33) 뢰젤(August Johann Rösel von Rosenhof, 1705-59)은 그의 『곤충오락 Insektenbelustigungen』에서 토속적인 곤충들과 여러 담수동물들의 생태 이야기를 기록한다(August Johann Rösel von Rosenhof, Insektenbelustigungen. Nach dessen Tode von Chrostian Friedrich Karl Kleemann fortgesetzt [Th. 4], 4 Theile,

Nürnberg 1741-61).

34) 예술이 향유되어야 하며 장식에 이용되어야 한다는 것은 전체 궁중문화에서는 중심적이며, 르네상스 예술이론에서 (알베르티[Leon Battista Alberti, 1404-72]에게서, 특히 그의 저서 *De re aedificatoria libri X*, Florenz 1458, VI/2에서) 비로소 명료하게 공식화되어서 19세기까지 영향력을 발휘하게 된다.

35) 헤겔은 직접적으로 괴테의 서사시 『비밀 *Die Geheimnisse*』(1784-85)을 가리키는데, 헤겔은 예술의 내용에 대한 자신의 규정에서 명백히 이 서사시에 의거하고 있다("인간적인 것[Humanus]이 신성한 것이다 […]". (Goethe, *Werke*, Bd. II, S. 271-281, 특히 S. 278]). 헤겔은 1826년 강의에서 테렌츠(Publius Terenz Afer, 약 BC 185-159)의 "나에게 낯선 것은 어떤 것도 인간적인 것으로 받아들이지 않겠다 Nihil humani a me alienum puto"를 참조하도록 한다(Terenz, *Heautontimorumenos* [자기가학자]. I, 1, V. 77. Terenz, *Kömodien*. Deutsche übers. hrsg. von V. von Marnitz, Stuttgart 1960, S. 63).

36) 헤겔은 아리스토텔레스의 카타르시스 규정(*Politik*, 1342a 16), 내지는 예술은 치유수단의 작용을 가진다는(*Poetik*, 1453b 11) 견해에 의거하고 있을 수도 있다. 마찬가지로 미감적 취미의 의미를 둘러싼 논쟁에 대한 풍자적 시사도 이에 근접해 있다. 줄처(Johann Georg Sulzer, 1720-79)에게 인간의 취미 양성은 인간을 자연적 조야함에서 구제할 수 있다(J. G. Sulzer, *Allgemeine Theorie der schönen Künste*, 4 Bde, Leipzig 1773-75, 특히 Bd. 1, S. 465). 칸트는 취미에서는 "자연적 경향이 요구하는 하나, 하나의 것을 촉구하는 수단"을 보며, 취미의 사교적인 양성에서는 문명화의 시작을 본다(Kant, *Kritik der Urteilskraft*, § 41). 이와 유사한 숙고가 헤르더에게서 보이며, 누구보다 레싱에게서는 루소(Jean-Jacques Rousseau, 1712-78)와의 비판적 토론에서 보인다. 실러는 인간에게 "그가 문화적이 되어서" "미"를 통해 "[…] 자유로" 나아가도록 하는 예술 자체에 이러한 생각을 연관시킨다("Über naive und sentimentalische Dichtung", in: Schiller, *Werke*, Bd. 20, S. 438; "Briefe über die ästhetische Erziehung des Menschen", in: Schiller, *Werke*, Bd. 20, S. 312). 이러함에서 예술은 "거친 자에게서는 본성을 쇠고리에" 묶고, "야만인에게서는 그 본성을 자유롭게" 함으로써 자연을 능가한다(Schiller, *Werke*, Bd. 20, S. 336). 이와 동시에 칸트의 "도덕성의 상징"으로서의(Kant, *Kritik der Urteilskraft*, § 59; § 42 비교) 미 규정이란 의미에서 확립된 예술의 도덕적인 궁극목적을 둘러싼 논쟁이 시작되었다.

37) 헤겔은 실러의 『미적 교육에 관한 서간 *Briefe über die ästhetische Erziehung*』에 관해 말하며, 실러와 함께 루소에 반대한다. 자연이 아니라 시가 "인간성의 교육", 인류성의 함양을 보장한다는 것이다(Schiller, *Werke*, Bd. 20, S. 337). 헤겔은 실러의 이러한 개념구상을 "민중교육"의 이상에 관한 횔덜린과의 논의에서 확장시킨다. 그렇기 때문에 그는 강의에서 동시에 간접적으로 레싱의 구상을 시사한다.

38) 헤겔은 이미 『독일 관념론의 최초의 체계구상 *Ältestes Systemprogramm des deutschen Idealismus*』(1797)에서 슐레겔의 "민중의 교사"로서의 예술규정을 자신의 철학구상에 통합시킨다("Über das Studium der griechischen Poesie", in: *Schlegel*, Bd. 1, 217-367, 특히 S. 351). 헤겔은 이와 동시에 실러와의 연대에서 "민중교육의 이상"을 발전시키려는 자신의 고유한 시도를 계속한다(주 37 참조; *Briefe von und an Hegel*. 1785-1812. Bd. 1, hrsg. von Johannes Hoffmeister, Hamburg ³1969, S. 20, 24 f).
39) 헤겔은 단테(Alighieri Dante, 1265-1321)의 『신곡 *Divina Comedia*』의 개개 노래의 시작운율에 의거한다; Dante Alighieri, *Die Göttliche Komödie*, übers. von Karl Ludwig Kannegießer, Leipzig 1814-21; 여기서는 다음의 판을 인용함: Dante Alighieri, *Die Göttliche Komödie*, Italienisch und deutsch, übers. von Hermann Gmelin, 3. Bde, Stuttgart 1949-51, ²1968. "Allegorie(우의)"라는 용어는 어쩌면 오청(誤聽)이다. 정확한 것은 아마도 "Anagogé(비유)"일 것이다.
40) 역주: '감각(Empfindung)'은 추상적인 정신적 내면성으로서, 구체적 사태나 욕망과 관계되는 '감정(Gefühl)'과 구분된다. 그러므로 헤겔에게서 음악은 — 잘못 알려져 있듯이 — '감정의 예술'이 아니라 '감각'의, 혹은 '추상적 내면성'의 예술이다.

# 일반부분 주

1) 역주: 'das Ideal'은 이념의 주체적인 상으로, 현실성을 가진 이념을 의미하는 경우에는 이상(理想)으로, 이 이상이 예술에 구체화된 것으로서의 예술미를 의미하는 경우에는 이념상(理念像)으로 번역함.
2) Georges Baron de Cuvier(1769-1832), *Recherches sur les ossements fossiles de quadrupèdes, où l'on rétablit les caracetères de plusieurs espèces d'animaux que les révolutions du globe paroisssent avoir détruites*, 4 Bde, Paris 1812, 특히 제3권의 서문: *Inroduction*, 1.
3) Cuvier, 같은 책, Bd. 3. *Introduction*, p.1.
4) Johann Wolfgang von Goethe, *Versuch die Metamorphose der Pflanzen zu erklären*, Gotha 1790, Einleitung. § 6, S. 3: "규칙적인 변형은 최초의 떡잎에서부터 열매의 마지막 완성에 이르기까지 항상 단계적으로 작용하는 것을 주시하게" 하며, "하나의 형태가 다른 형태로 바뀜으로써 즉시 정신적 사다리를 타고 자연의 정점으로, 즉 양성(兩性)의 번식으로 높이" 올라간다." — 헤겔은 이 판 외에도 "식물의 변형 Metamorphose der Pflanzen"에 관한 텍스트도 소장하였다. "Metamorphose der Pflanzen", in: *Zur Morphologie. Von Goethe*, Stuttgart/Tübingen 1817, S. 1-80: "Die Metamorphose der Pflanzen", in: Goethe, *Schriften zur Naturwissenschaft*, 1. Abt.: Texte, Bd. 9: *Morphologische Hefte*, bearbeitet von Dorthea Kuhn, Weimar 1954, S. 23-61.
5) 여기서 의미된 바는 괴테의 원현상(原現象, Urphänomen) 개념이다. 괴테의 이해에 따르면, 직관의 추상적인 합법칙성이 이 원현상에서 계시된다고 한다.
6) *Göthe's Farbenlehre*, 2 Theile, mit einem Hefte von 16 Tafeln, Tübingen 1810; Goethe, *Werke*, Bd. XIII, 예로 S. 339, 341, 343을 비교. 괴테가 색채의 예들과 관련하여 표명하는 것은 어떤 집약적인 색채인상에 들어 있는 그때마다의 여색(餘色, 보충색)의 도발이라는 "이런 법칙성에 대한 생산적인 요구가 어떻게 관람자에게 생생하게 직관될 수 있는가"이다(같은 책, S. 344).
7) 호가스(William Hogarth, 1697-1764; 영국 화가, 동판화가, 미술이론가)는 "미의 선(line of beauty)"에 관한 자신의 이론을 그의 미술이론서인 『미의 분석 *Analyse of Beauty*』(London 1753; Repr. Hildesheim/New York 1974)에서 발전시킨다.
8) 헤겔은 아마도 윌슨 로우리(Wilson Lowry)가 1790년경에 발명한 후 계속 섬세하게 다듬어졌던 '동판화가의 선 그리는 기계 engraver's ruling machine'를 시사하는 것일 거다. 이런 종류의 기계들은 서로 같은 넓이로 벌어진 병렬적인 직선 혹은 자체 내에서 확장되는 간격의 연속선들을 파거나 혹은 기계적인 만곡선(타원형의, 포물

선적인, 쌍곡선적인)을 모든 크기에서 정확하게 그리기 위해 구상되었다. 기계들은 무엇보다 동판화면들의 배경을 기계적으로 판각하기 위해 작동되었으나, 은행지폐를 판목하기 위해서도 작동되었다. Rees' Cyclopaedia, Vol. 13, 1819; Anthony Dyson, *Pictures to print: The nineteenth-centry engraving trade*, London 1984, p. 126-130를 비교.

9) 1826년의 헤겔 미학강의에 관한 필기노트들은 이 장소에 플라톤의 『소피스트 *Sophistes*』 혹은 『파르메니데스 *Parmenides*』에 관해 언급하고 있다. 이에 「향연 *Symposium*』에 관한 언급이 보충될 수 있을 것이다. 헤겔은 1825-26년에 플라톤에 관한 강의에서 숙고한 바들을 나중의 미학강의에 통합시킨다. G.W.F. Hegel, *Vorlesungen über Platon(1825/26)*, hrsg. und eingeleidet von Jean-Louis Viellard-Baron, Frankfurt a.M./Berlin/Wien 1979, S. 92 f.

10) 역주: 'das Ideal' 개념에 관해서는 주 1 참조.

11) 헤겔은 플라톤의 것으로, 플라톤이 사랑했던 아스터(Aster)를 위해 쓴 묘비문을 시사하고 있다: "사랑하는 아스터여 / 별들을 쳐다보아라, 내 별이여. 오 내가 / 하늘의 수천 개의 눈을 지니고 있다면, 그 별들로써 그대를 내려다 볼 것을"(*Anthologia Graeca*, Bd. VII, S. 669; Griechisch-deutsch, hrsg. von Hermann Beckby, 4. Bde, München 1957, 특히 Bd. 2, S. 392, 393).

12) Fr. Schiller, *Das Reich der Schatten*. Erstdruck in den Horen. I, 9. Stück. 1795, 1-10; 실러는 1880년에 시를 개작한 판(版)에《형식들의 왕국 *Das Reich der Formen*》이라는 제목을 붙였는데, 1804년부터는 이것에《이상과 삶 *Das Ideal und das Leben*》이라는 제목이 붙여지게 된다. Schiller, Werke, Bd. 1, S. 247-251을 비교. 〔역주: 실러의 시《이상과 삶》에는 현실성 및 고통과 투쟁에 대비되는 '고요한 그림자 왕국의 아름다움'이 묘사되어 있다.〕

13) 헤겔은 헤라클레스의 이러한 특성묘사와 함께 다음의 것과 연관하여 말하고 있다: Karl Wilhelm Ramler, *Kurzgefaßte Mythologie oder Lehre von den fabelhaften Göttern und Helden des Altertums*, Dritte verbesserte Auflage, Berlin 1816, S. 277-318. 하나의 가능한 원천은 또한 디오도로스(Diodoros Siculus)에게서 보이는 것으로(*Diodoros Siculus*, IV. 8-39; *Diodorus of Sicily in twelve volumes*, trad. C.H. Oldfather, Vol. II, Cambridge, Mass./London [4]1967 [[1]1935], p. 364-469) 헤라클레스를 둘러싼 신화들의 전래, 혹은 아폴로도로스(Apollodoros, 180?-?)에게서 보이는 전래이다(Apollodor, *Bibliothek*, II, IV. 8-VII. S. 7; Apollodor: *Bibl*. Vol. I, S. 174-273).

14) 호메로스는 영웅의 지위를 명확히 보여주는 그리스인의 시의회를 『일리아스 *Ilias*』의 서두에 묘사하고 있다: Homer, *Ilias*, I, 54-305(S. 8-23). 또한 아킬레우스의 행동도 이런 연관에서 기술된다. 아킬레우스의 자의에 관해서는 Homer, *Ilias*, I, 488-

492(S. 30-33)을 참조.
15) 역주: 시드는 무어인의 침략을 막아 기독교 세계를 수호한 스페인의 국민적 영웅 로드리고 디아즈(Rodrigo Diaz, 1043-99)를 가리킨다. 그는 12세기 이래 문학작품에 종종 등장한다.
16) 추측건대 헤겔은 14세기에 나온 것으로, 헤르더가 번역한《로드리고의 노래와 엘시드의 청년 시대 Cantar de Rodrigo o mocedades del Cid》라는 운문서사시의 나중 판과 관련하여 말하고 있을 것이다: J. G. Herder, *Der Cid, Geschichte des Don Ruy Diaz, Grafen von Bivar. Nach spanischen Romanzen*(1803/04년에 헤르더의 학술지 『아드라스테아 *Adrastea*』에 처음으로 나오고, 그 다음에는 그의 전집 [*Sämmtliche Werke*, Tübingen 1805] 제3권에 나온다. 이 제3권에는『아름다운 문학과 예술에 관하여 *Zur schönen Litteratur und Kunst*』라는 저작이 담겨 있다).
17) 1826년 미학강의에서 이와 평행을 이루는 장소는 다음의 사실을 추측하게 한다. 즉 헤겔이「파펜 콘라드의 롤랑의 노래 *Rolandlied des Pfaffen Konrad*」(약 1170)의 가장 자세히 상술된 판에 의거하거나, 아니면 롤랑의 노래(Chanson de Roland, 약 1100)에 속하거나 또는 테룰드(Théroulde 혹은 1826년의 헤겔의 표현에 의하면 Turold)에게 속하는 그것의 원본에 의거한다는 것이다.
18) 헤겔은 이러한 특성묘사를 다음의 텍스트에 의거하고 있다: Joseph Görres, *Das Heldenbuch des Iran aus dem Schah Nameh des Firdusi*, 2 Theile, in: Bd. 1, Berlin 1820(*Gesammelte Schriften*, hrsg. im Auftrage der Görres-Gesellschaft von Adolf Dyroff u. a. Bd. 12, hrsg. von Willibald Kirfel, Köln 1942).
19) 이에 관해서는 헤르더의 다음 논저를 비교: J. G. Herder, "Shakespear [1773]", in: Herder, *Sämmtliche Werke*, Bd. V, S. 208-257, 특히 S. 222 f, 226, 251: "그러므로 셰익스피어는 또한 자신의 새로운 세계의 상황들에 따라 새로운 시대를 창조해냈다. 그리고 내가 이렇게 말해도 된다면, 이런 새로운 시대의 감정은 얼마나 중요한가" (같은 책, S. 251).
20) 헤겔은 여기서도 다시 괴테의『베를리힝엔의 괴츠 *Götz von Berlichingen*』(들어가는 말의 주 12; 일반부분 주 21) 및 실러의『군도 *Räuber*』(주 22 참조)를 시사한다.
21) "Götz von Berlichingen mit der eisernen Hand"(1773), in: Goethe, *Werke*, Bd. IV, S. 73-175. 괴테는『시와 진실 *Dichtung und Wahrheit*』(*Aus meinem Leben. Dichtung und Wahrheit*, Bd. 1-3, Tübingen 1811, 1812, 1814; in: Goethe, *Werke*, Bd. IX, S. 517)의 제13권에서, 그가 원작 작업 시 자신의 작품에 "역사적이며 민족적인 가치내용"을 충분히 부여했는지, 그리고 "괴츠와 독일 고대의 생활기술"에 너무 협소하게 한정하지 않았는지에 관해서 회의한다. 괴테는『예술과 고대에 관하여 *Über Kunst und Altertum*』라는 학술지에 엠페르(J. J. A. Ampère)가 쓴 자신의 드라마 작품의 서평 ― 헤겔의 해석에 부분적으로 상응하는 ― 을 번역하여 출간

한다: "중세는 전적으로 철저히 의수(義手)를 가진 이런 괴츠 속에서 숨을 쉬었다. 여기에는 이 시기의 힘, 정당성, 독립성이 들어 있으며, 이 시기는 이러한 개인의 입을 통해 말하며 […] 개인과 더불어 스러지고 사멸한다"(*Über Kunst und Altertum*, Bd. 5, Drittes Heft, Stuttgart 1826, S. 144). 괴테는 나중에 이 해석을 기록서인 『나의 생애에서. 시와 진실 *Aus meinem Leben. Dichtung und Wahrheit*』(17. Buch [1813], Tübingen 1833, in: Goethe, *Werke*, Bd. X, S. 116)에서 이와 의미상 동일하게 되풀이하여 언급한다.

22) Fr. Schiller, *Die Räuber. Ein Schauspiel*, Frankfurt/Leipzig [Stuttgart] 1781; Schiller, *Werke*, Bd. 3. 개인이 근세를 영웅적 상태의 의미로 잘못 이해했다는 비판은 또한 『발렌슈타인 *Wallenstein*』(1800)에 관한 헤겔의 논편에도 보인다(Hegel, *Werke*, Bd. 17: *Vermischte Schriften*, 2. Bd, hrsg. von Friedrich Förster und Ludwig Boumann, Berlin 1834, S. 411-413). 흥미로운 것은 모어의 자기해석인데, 근대의 위대한 개인을 범죄자로 보는 헤겔의 해석은 모어의 다음과 같은 자기해석을 강조한다: "그리고 나는 이 아름다운 세상에서 저토록 추하며 — 그리고 이 멋진 대지에서 괴물이다"(Fr. Schiller, "Die Räuber", dritter Akt, 2. Szene, in: Schiller, *Werke*, Bd. 3, S. 188).

23) 여기에 언급된 벨베데레의 아폴로는 레오카레(Leochare)의 작품인 청동입상(BC 4세기; 로마 바티칸)을 로마황제 시대에 본뜬 대리석 복제인데, 이것이 위치한 장소인 바티칸의 벨베데레에 따라서 벨베데레의 아폴로로 불렸다. 빙켈만(Johann Johachim Winckelmann, 1717-68)은 이 입상을 "파괴를 피해 남아 있는 고대의 모든 작품 중 예술의 최고 이상"으로서 고찰한다. 이 입상의 묘사에 관해서는 J.J. Winckelmann, *Geschichte der Kunst des Alterthums*, Dreseden 1764, S. 392-394, 특히 S. 892; Winckelmann, *Gesch. d. Kunst d. A.*, XXX, S. 364-366, 특히 S. 364를 참조.

24) 언급된 포츠담의 머큐리 입상에서 중요한 것은 프랑스 조각가 피갈(Jean-Baptiste Pigalle, 1714-85)의 작품이라는 점이다. 헤겔은 이어지는 1826과 1828/29년 미학강의 모두에서 이를 언급하고 있다. 또한 슐레겔(August Wilhelm Schlegel, 1767-1845)도 이미 1801/02년에 그의 『예술론 *Kunstlehre*』에서 이를 다루었다(A.W. Schlegel, *Kritische Schriften und Briefe*, hrsg. von Edgar Lohner, 7 Bde, Stuttgart 1963-1974, Bd. 2: *Kunstlehre* [1963], S. 159). 헤겔이 언급한 작품은 예술가의 수공에 의한 거대한 규모의 사본으로, 루이 14세가 프리드리히 대제에게 희사하는 선물로서 1748년에 상수시(Sanssouci) 궁전으로 보내졌던 것인데 (후일 베를린 국립박물관 소장) 날개신발을 묶고 있는 머큐리의 대리석 입상이다. 같은 장소에는 이 입상에 마주 놓인 것으로, 앉아 있는 비너스 상이 있다.

25) 토르발센(Bertel Thorvaldsen, 1770-1844)의 〈아르구스 퇴치자로서의 머큐리

Merkur als Argustöter〉. 이 작품은 1818년 봄에 모형으로 만들어졌고, 1819년에 아우구스텐부르그의 공작이 대리석으로 주문했던 것이다. 세밀하게 제작된 전시물은 영국으로 팔렸다(현재 코펜하겐의 토르발센 미술관 소장). 아르구스 퇴치자 모습의 머큐리의 두 번째 대리석판은(대리석의 부족으로 모자가 없음) 토르발센이 소장하고 있다가 1849년에 마드리드로 팔렸다(현재 마드리드의 프라도 미술관 소장). 세 번째판은 1829년에 폴란드 백작 레온 포토키(Leon Potocki)에게로 갔다(현재 크라카우 국립미술관 소장).

26) 역주: 헤겔은 아르구스(Argus)를 마르시아스로 잘못 생각했다.
27) 〈샌들 묶는 소녀 *Sandalenbinderin*〉는 빌헬름 샤도(Wilhelm von Schadow, 1788-1862)의 작품이 아니고 토르발센에게 대단히 영향받은 그의 형 루돌프 샤도(Rudolf Schadow, 1786-1822)의 잘 알려진 작품 중의 하나이다. 〈물레 짜는 여인〉과 함께 빌헬름 3세로부터 주문받은 〈샌들 묶는 소녀〉의 대리석 작품화의 작업시작은 1814년으로 기록되어 있고, 1820년에 완성된다. 루돌프는 〈샌들 묶는 소녀〉를 대리석으로 일곱 차례나 되풀이해 만들었다. 이 판의 석고 압형은 이미 1816년부터 베를린에 있었다. 완전히 세워진 조각들은 1820년 4월 11일에 베를린에 등장했으며, 먼저 1821년 초에 아버지 요한 고트프리드 샤도(Johann Gottfried Schadow)의 아틀리에에서 전시되었는데 나중에 베를린 성으로 운반되었고, 1824년에 궁전의 보리수나무 아래 세워졌다가 연이어 다시 성으로 운반되었다.(도판: 전시도록. Johann Gottfried Schadow 1764-1850. 조형작품과 소묘들. 베를린. 국립화랑. 1964년 10월-65년 4월, 253쪽)
28) 역주: 아드메토스는 페라이의 왕. 그는 1년간 자신의 시종으로 지낸 아폴로의 도움으로 펠리아스의 딸인 알케스티스와 결혼하게 되었으나 아르테미스에게 감사의 예물을 바치는 것을 잊어버려 죽을 병에 걸린다. 알케스티스는 자신이 남편 대신에 죽겠다고 결심했고, 죽음의 신이 그녀를 데리러 왔으나 헤라클레스의 도움으로 죽음에서 벗어난다.
29) 헤겔은 에우리피데스(Euripides)의 보존된 가장 초기의 드라마인 『알케스티스 *Alkestis*』(V. 1-76)의 서문과 해설에 관해 말하고 있다. "Alkestis", in: Euripides, *Sämtliche Tragödien und Fragmente*, Griechisch-deutsch. I-VI, übersetzt von Ernst Buschor, hrsg. von Gustav Adolf Seeck, München 1972-1981, Bd. I, S. 6-11.
30) 헤겔은 호메로스(Homeros, BC 800?-750?)의 『일리아스 *Ilias*』를 시사하는데, 특히 아폴로의 사제를 다치게 한 벌로서 병(病)을 해석하는 칼카스(Calchas)의 언변과 (Homer, *Ilias*, I, 93-100; S. 10-11을 참조), 아폴로가 보낸 아흐레 동안의 페스트를 (Homer, *Ilias*, I, 43-53; S. 8-9를 참조) 시사한다.
31) 괴레스(Joseph Görres, 1776-1848)의 『영웅서사집 *Heldenbuch*』의 (헤겔의 장서에서 보이는) 판에 여덟 번째 이야기로 인쇄되어 있는 이야기인, "즈레드쉬(Jredsch)

의 죽음과 세 형제의 분쟁에 관한 전설"을 비교; Görres, *Gesammelte Schriften*, Bd. 12: *Das Heldenbuch des Iran und dem Schah Nameh des Ferdussi*(주 18 참조), 136-139. 〔역주: 세 형제의 분쟁은 페르시아 최초의 영웅전인 『샤나메 *Schahnameh*』에 나오는 이야기이다. 페루두시는 세 아들에게 영토를 나누어주었지만 아들들은 서로 땅을 요구하며 싸움을 그칠 줄 몰랐다.〕

32) 헤겔은 실러의 『메시나의 신부 *Die Braut von Messina*』(Tübingen 1803, in: Schiller, *Werke*, Bd. 10, S. 5-123)에 나오는 돈 마뉴엘과 돈 세자르 간의 형제 불화를 시사한다. 〔역주: 『메시나의 신부』는 실러의 1803년 작품으로, 한 여인을 함께 사랑하는 형제의 비운을 그리고 있다.〕

33) 역주: 아이스킬로스(Aeschylos)에게서 비롯되어 디오니소스 제전의 비극 경연대회 때 공연되던 형태.

34) 헤겔의 언표는 그가 — 아테나가 화해를 지원한 — 에우리피데스가 아니라 괴테의 『타우리스의 이피게니아, 각본 *Iphigenie auf Tauris, Ein Schauspiel*』에 관하여 말하고 있음을 보여준다. 각본은 1779년에 나왔고, 『괴테 전집 *Goethe's Schriften*』 제3권에 개정판으로 출간되었다(Goethe, *Werke*, Bd. VI, S. 7-67). 헤겔은 5막의 마지막 장에 (같은 책, S. 63ff) 관해서나 아니면 아트리덴 왕조의 운명과 연관하여 4막의 5장에 (S. 53f) 관하여 말하고 있다. 일반적인 참조를 위해서는 에우리피데스의 『타우러의 이피게니아 *Iphigenie im Taurerland*』(운율 1313ff); Euripides, *Sämtliche Tragödien und Fragmente*(위의 주 29), S. 97ff를 비교.

35) 헤겔은 아트리덴 드라마들에 대한 그의 해석과 유비하여 소포클레스(Sophokles, BC 496-406)의 원래의 옛 『안티고네 *Antigone*』(BC 422)를 참조하도록 가리킨다. 이 작품은 사실 비극 『오이디푸스 티란노스 *Oedipos Tyrannos*』(BC 425)의 결과이며 『오이디푸스 콜로노스 *Oedipos Coloneus*』(BC 401, 유작으로 상연됨)를 묘사하고 있다. 헤겔은 소포클레스 비극의 두 가지 판을 소장하고 있었다: *Sophoclis tragoediae*. VII, Frankoforte 1555; *Sophocles cum interpretatione vetustis*, Prof. ap. P. Brubachium, 1544. 로젠크란츠(Rosenkranz)는 헤겔이 소포클레스에 집중적으로 몰두한 점과 헤겔이 참조했던 소포클레스 비극의 독일어 번역본의 소실에 관해 보고한다(Karl Rosenkranz, *G.W.F. Hegel's Leben*, Berlin 1844, S. 11). 〔역주: 사실 소포클레스는 3부작을 거부하고 개개의 작품들이 하나의 독립적인 전체를 이루도록 했으나, 『오이디푸스 왕』, 『콜로노스의 오이디푸스』, 『안티고네』는 내용상 3부작에 해당된다.〕

36) 역주: 아킬레우스의 분노 - 그리스 군대를 이끄는 아가멤논과 아킬레우스는 트로이 부근에 있는 크리세 섬을 침공하여 약탈하면서 아폴론 신전의 사제인 크리시스의 딸 크리세이스를 납치한다. 아버지 크리시스가 찾아와 딸의 몸값을 치르고자 했으나 크리세이스에게 마음을 빼앗긴 아가멤논은 이를 거절한다. 크리시스는 아폴론에게 그

리스 군대에 전염병이 돌게 해달라고 기원하자 그리스 군대는 전염병으로 전사들이 죽어갔다. 전염병이 9일째 지속되던 날 아가멤논은 아킬레우스가 차지한 브리세이스를 자기에게 줄 것을 조건으로 하여 크리세이스를 돌려준다. 이로 인해 아가멤논과 아킬레우스 사이에 언쟁이 생기고 인간의 왕인 아가멤논이 신의 자식인 아킬레우스보다 우월함을 과시하자 아킬레우스는 이에 분노하여 트로이 전쟁에 불참하겠다고 한다. 하지만 아테나 여신이 영광을 약속하며 계속 참전케 하여 아킬레우스에게 트로이 전쟁의 갖가지 영광을 부여한다.

37) 헤겔은 『일리아스』 I, 2ff(S. 6-7 비교)에 관해 말하고 있다. 포스(Johann Heirich Voss, 1751-1826)는 자신의 번역에서 이와 마찬가지로 아킬레우스의 분노에 관해 언급한다(J. H. Voß, *Homers Odüßee*, 1781년에 번역; *Homers Werks*, von Johann Heinrich Voss, T. 1-4, Stark verbesserte Auflage, Stuttgart und Tübingen 1814, S. 3 f).

38) Sophokles, *Antigone*. *Vers 21-79*; Sophokles, *Tragödien*, S. 68-70 비교.

39) 헤겔은 그가 여러 원천들에서 알고 있을 『마하바라타 *Maha-Bharata*』에 나오는 "날루스 일화 Episode des Nalus"를 인용하고 있는 것 같다. 추정되는 원천은 A.W. 슐레겔의 『인도 총서 *Indische Bibliothek*』(1. Bd, 1. Heft, Bonn 1820, S. 98-128, 특히 S. 98)이다. 이 해석에 관한 충분한 해명은 또한 훔볼트(Wilhelm von Humboldt, 1767-1835)의 책에 관한 헤겔의 서평에서 볼 수 있다. *Ueber die unter dem Namen Bhagavad-Gita bekannte Episode des Maha-Bharata*, Berlin 1825-1826(*Hegel: Bhanavad-Gita*). 그 외 가능한 원자료들은 F. Creuzer, *Symbolik und Mythologie*, Bd. 1, S. 634이다. 헤겔은 여기서와 다음에서 계속 지시되는 제2판 및 라틴어 번역본을 소장하고 있었다: *Nalus, Carmen Sanscritum e Màhâbbhârato: edidit, latine vertit, et adnotationibus illustravit Franciscus Bopp*, Londini, Parisiis et Argentorati 1819.

40) *Hartmann von der Aue: Der arme Heinrich*(ca. 1190-1220), neu ediert durch Jacob und Wilhelm Grimm, Berlin 1819.

41) 이에 대해서는 Herodot, *Historien*, Bd. 1, S. 246 ff 비교: "헤시오도스와 호메로스는 [...] 그리스 신들의 족보를 제시했고, 그 신들에게 별칭을 붙여주었으며, 공직자들과 명예로운 자들을 그 신들 아래 배치하여 신들의 형태를 분명하게 만들었다".

42) 헤겔은 소포클레스의 『필록테테스 *Philoktetes*』(1409-51)를 의역하고 있다; Sophokles, *Tragödien*, S. 342-344를 참조.

43) 아폴로도로스는 『총서 *Bibliothek*』(Apollodor, *Bibl*. III. XIII, S. 6)에서 아킬레우스를 불 속에 넣어둠으로써 불멸적으로 만들려는 테티스(Tethys)의 — 펠레우스에 의해 수포로 돌아간 — 시도에 관해 보고한다. 테티스는 자신의 아들을 다치지 않게 만들려고 그 아들을 스틱스 강에 빠뜨렸는데, 그녀가 잡았던 아들의 발꿈치는 적셔지

지 않은 채 남았다는 전설은 예컨대 세르비우스(Servius)에 대한 베르길리우스의 주석이 시사하고 있다. 이 주석은 베르길리우스(Publius Virgilii Maro, BC 70-19)의 *Aeneis* VI, 57에 관련된다(*Commentarius in Virgilii Carmina*; 여기에서 인용된 책은: *Servii grammatici qui feruntur in Vergilii carmina commentarii*, hrsg. von G. Thilo und H. Hagen, Leipzig 1878-1902).

44) 본문에서는 에우메니도스 파트로스(*eumenidos pathros*)라는 정확하지 않은 표현이 보인다. 이 표현은 에우메니테스〔토〕파트로스(*Eumenidos〔tou〕patros*; 아버지 에우메니데스)로 재구성되었다. 이에 대해서는 Sophokles, *Ödipus Coloneus*, V. 1389-1392, 즉 여기서 다이모네르(*daimoner*)로서 진술되는 디케, 아레스, 에린니엔의 탄원하에 이루어지는 폴리네이케스(Polyneikes)의 저주를 참조(Sophokles, *Tragödien*, S. 396).〔역주: 폴리네이케스의 저주 - 폴리네이케스는 오이디푸스의 아들이다. 오이디푸스는 테베의 라이오스 왕을 자신의 아버지인줄 모르고 살해한 후 아내로 삼은 라이오스의 왕비 이오카스테가 자신의 어머니임을 알게 되어 스스로 눈을 찔러 소경이 되며, 이오카스테는 목을 매어 죽는다. 오이디푸스는 스스로 집을 떠나고자 하였는데, 왕좌를 다투는 에테오클레스와 폴리네이케스 두 아들로부터 추방당했다. 그러나 오이디푸스가 편을 드는 쪽이 승리할 것이라는 신탁에 따라 에테오클레스를 지지하는 크레온(이오카스테의 남동생)과 폴리네이케스가 각각 오이디푸스를 찾아와 귀환을 요구했으나 오이디푸스는 이에 응하지 않고 스스로 목숨을 끊었으며, 두 아들은 싸우다 모두 죽었다. 크레온은 에테오클레스의 유해만 묻어주고 폴리네이케스의 시체는 매장하지 못하도록 명령을 내렸는데, 이것이 폴리네이케스가 받은 저주이다.〕

45) Homer, *Ilias*, I, 1ff(S. 6-7 비교; 또한 주 37 참조). 헤겔은 이러한 해석을 무엇보다 자신의 「바가바드기타 *Bhagavad-Gita*」 서평에서 되풀이한다: "그래서 우리는〔…〕그녀가 곧〔…〕아킬레우스 자신에서 나타나는 신중함을 위해 아킬레우스가 칼 빼는 것을 저지할 때, 그럴 때의 팔라스(Pallas)를 「일리아스」의 시작으로 삼는다".〔역주: 팔라스 - 아테나 신. 지혜와 용기의 여신.〕

46) 헤겔은 Homer, *Odyssee*, II, 393-406을 시사한다.

47) 역주: 텔레마코스는 오디세우스와 페넬로페 사이의 아들. 멘토르는 오디세우스의 친구이자 텔레마코스의 스승.

48) 역주: 멘토르는 알키모스의 아들로 오디세우스의 가장 친한 친구. 텔레마코스가 아테나에게 아버지 오디세우스를 찾게 해달라고 기도할 때 아테나는 멘토르의 모습과 목소리로 그에게 다가갔다.

49) 역주: 데우스 엑스 마쉬나(deus ex machina)는 "신이 기계에서 나옴"을 뜻하는 말로, 초자연적인 힘을 사용하여 극의 긴박한 국면을 타개하고 결말로 이끌어가는 고전극의 기법을 가리킨다. 무대 측면에 설치된 기중기 등의 기계를 타고 신이 등장하

도록 연출했다고 하여 '기계장치의 신 Deus ex machina' 이라고 불렀다.
50) 『맥베스』 I, 3; IV, 1에 관해서는 *Shakespeare*, 1313-1314, 1329-1330; Shakespeare, *Sämtliche Dramen*, Bd. III, S. 521-523, 560-564를 참조. 『햄릿 *Hamlet*』 I, 4-5; II, 2에 관해서는 *Shakespeare*, 1148-1151, 1152-1159; Shakespeare, *Sämtliche Dramen*, Bd. III, S. 607-615, 619-635 참조.
51) 헤겔은 의미상으로 보아 『빌헬름 마이스터의 편력기 Wilhelm Meisters Lehrjahre』 제2권에 관해 말하고 있다. 괴테는 제5장에서 햄릿을 고귀한 인간, "온유한 영혼(zarte Seele)"으로 특성짓는다(Goethe, *Werke*, Bd. VII, S. 218). 제3장에는 이와 상응하는 표현이 보인다: "행위하기에 성숙하지 않은 영혼에 놓여진 위대한 행위 […] 여기서 떡갈나무는 그 품에 단지 사랑스런 꽃들만 받아들일 것인 향기로운 그릇 속에 심어진다; 뿌리는 뻗어나가고, 그릇은 부서진다. 영웅들이 만들어내는 감각적인 강함이 없는, 아름답고 순수하며 고귀하고 최고로 도덕적인 존재는 자신이 옮길 수도 내동댕이칠 수도 없는 부담 아래에서 몰락해간다"(Goethe, *Werke*, Bd. VII, S. 245f).
52) 헤겔은 『햄릿』의 제2막, 제2장의 마지막 운율(598-605)에 관해 말하고 있다: "내가 본 혼령은 악마일지도 모른다 […] / 연극이 왕의 양심을 사로잡을 바로 그런 올무이리라"(*Shakespeare*, 1159; Shakespeare, *Sämtliche Dramen*, Bd. III, S. 635).
53) 펠레우스(Peleus)를 가리키는 많지 않은 지점 중의 하나는 아킬레우스의 아버지로서의 그에 대해서만 말하고 있다: Homer, *Ilias*, IX, 252; 290-291. 테티스에 관해서는 Homer, *Ilias*, XVIII, 35-64; S. 668-669를 참조. 프리아모스(Priamos)에 관해서는 Homer, *Ilias*, XXIV, 468-571, 특히 507; S. 842-845와 844-845를 참조. 파트로클로스와 그 외에 관해서는 Homer, *Ilias*, XVI, 1 ff; S. 534ff를 참조. 안틸로코스(Antilokos)에 관해서는 Homer, *Ilias*, XXIII, 618 f; 802-803을 참조. 『일리아스』의 송가 I 전체는 아킬레우스의 투쟁심을 기술하고 있다. 그의 잔혹함은 수많은 예들에서 서술되고 있다. 특히 그가 헥토르의 시신을 다루는 것에 관해서는 Homer, *Ilias*, XXIV, 1-21; S. 818-19를 참조. 〔역주: 트로이 전쟁에서 아킬레우스는 자신의 친구 파트로클로스를 죽인, 트로이의 프리아모스 왕의 아들 헥토르를 칼로 찔러 죽이게 된다. 그 후에도 여전히 노여움을 풀지 못한 아킬레우스는 말이 끄는 전차 뒤에 헥토르의 시체를 묶어 파트로클로스의 무덤 주위를 끌고 다녔다. 이런 헥토르를 가엾게 여긴 제우스의 분부에 따라 아킬레우스는 프리아모스 왕에게 헥토르의 시체를 넘겨주게 된다. 펠레우스는 아이아코스의 아들이자 아킬레우스의 아버지. 테티스는 네레우스의 딸로 아킬레우스의 어머니. 프라이모스는 라오메돈의 아들로 트로이 전쟁 당시의 왕이자 트로이 전쟁의 불씨를 만든 파리스의 아버지. 파트로클로스는 메노이티오스의 아들이며 아킬레우스의 죽마고우. 안틸로코스는 네스트로(포세이돈과 튀로 사이에 난 넬레우스의 아들)의 아들.〕

54) *Romeo und Julia*, II, 3 V, 31-94(*Shakespeare*, 1070-1071; Shakespeare, *Sämtliche Dramen*, Bd. III, S. 312-313); II, 6 v, 1-15(*Shakespeare*, 1074; Shakespeare, *Sämtliche Dramen*, Bd. III, S. 320-321); III, 3 V, 1-70(*Shakespeare*, 1078-1079; Shakespeare, *Sämtliche Dramen*, Bd. III, S. 3 31-333)은 수도사에 대한 로미오의 관계를 묘사한다. 시동(侍童)에 대한 관계는 다음 부분에서 서술된다: *Romeo und Julia*, V, 1 V, 12-33(*Shakespeare*, 1088; Shakespeare, *Sämtliche Dramen*, Bd. III, S. 356-357). 약제사와의 대화는 연이어 5막의 1 V, 34-86(*Shakespeare*, 1088-1089; Shakespeare, *Sämtliche Dramen*, Bd. III, S. 357-358)에서 서술된다. 〔역주: 약제사와의 대화 - 로미오가 약제상 노인에게 독약을 사는 장면에서의 대화. 약제상 노인은 독약을 팔면 사형에 처해진다고 말하자 로미오는 독약이 아니라 그의 궁핍을 도우기 위해 가난을 사는 것이라고 말하며 약을 산 후, 그 돈으로 음식을 사먹고 살찌기를 당부하며 떠난다.〕

55) "스카만드로스(Skamandros) 강"은 Homer, *Ilias*, XII, 147-156; V, 774; XXI, 1-32(S. 748-751, 184-185, 708-709 비교)에 기술되어 있다. 〔역주: 스카만드로스 강은 트로아스 지방의 강. 신들 사이에서는 크산토스(Xanthos)라 불린다.〕 "시모에이스(Simoeis) 강"에 대한 기술은 Homer, *Ilias*, V, 774 S, 184-185 비교)를 보라. 〔역주: 시모에이스 강 - 바다와 트로이 성채(일리오스) 사이에 평원이 있었고, 이 평원에 스카만도로스 강과 함께 흐르던 강.〕 그리고 아킬레우스의 검에 관해서는 Homer, *Ilias*, XVIII, 468-608(S. 646-655 비교)를 보라. 오디세우스의 집에 대한 기술은 *Odyssee*, XVII, 85-100; VIII, 302-311; XIX, 53-64; XXIII, 190-201("침상")(S. 460-461, 504-505, 51-515, 628-629 비교)에서 보인다. 〔역주: 오디세우스의 침상은 그가 올리브 나무를 자르고 남은 나무 둥치를 그대로 기둥으로 삼아 손수 만든 침상으로 옮길 수 없는 것이다. 트로이 전쟁 종료 후 오랜 방랑 끝에 고향으로 돌아온 그를 아내인 페넬로페가 의심하자 그가 침상의 비밀을 얘기함으로써 페넬로페는 오디세우스를 확신하게 된다〕.

56) 헤겔은 메로빙거(Merowinger)의 친지반목을 둘러싼 서사시들과 베른(Dietrich von Bern)을 둘러싼 전설류를 전하는 『영웅서사집 *Heldenbuch*』에 관해 말하고 있다(2. Bde, hrsg. von Friedrich von der Hagen und Antin Primisser, Berlin 1820 und 1825). 『니벨룽의 노래 *Nibelungenlied*』에 대해서는 *Der Nibelungen Lied in der Urprache mit den Lesarten von der verschiedenen Handschriften*, hrsg. durch Friedrich Heinrich von Hagen, Berlin 1810 참조. 보드머(Johann Jacob Bodmer, 1698-1783)는 이미 1757년에 『니벨룽의 노래』의 일부를 편찬했다: *Chrimbildens Rache und die Klage: Zwey Heldengedichte aus dem Schwäbischen Zeitpuncte, Samt Fragmenten aus dem Gedichte von den Nibelungen und aus dem Josaphat. Darzu koemmt ein Glossarium*, hrsg. von Johann Jakob Bodmer, Zyrich 1757. 완

전한 판은 1782년에 밀러/뮐러(Christoph Heinrich Myller/Müller, 1740-1807)가 다음의 제목으로 출간했다: *Der Nibelungen Liet: ein Rittergedicht aus dem 13. oder 14. Jahrhundert*, hrsg. von Christoph Heinrich Myller. Zum ersten Male aus der Handschrift ganz abgedruckt, Speyer 1782. 『영웅서사집』에 관한 코멘트는 *Creuzers, Symbolik und Mythologie*, Bd. 4, S. 294-314(특수부분 주 92 참조)에서 보인다. 〔역주: 메로빙거 왕조는 전통적으로 최초의 프랑스 왕가로 여겨지는 프랑크족 왕조(476-750). 메로빙거라는 이름은 메로비치에서 유래함.〕

57) 이에 관해서는 Johann Gottfried Herder, *Homer und Ossian*, in: *Die Heroen*, erster Jahrgang 10. Stück, V, Tübingen 1795, S. 86-107(Herder, *Sämmtliche Werke*, Bd. XVIII, S. 446-462) 참조. 지역성에 대한 기술은 같은 책 88쪽에서 보인다. 헤겔은 영웅의 성격적 특성을 의미상 동일하게 인용한다: "오시안에게서는 모든 것이 감각의 하프로부터, 노래하는 자의 마음에서부터 출발한다〔…〕. 모든 것의 형태들은 안개 속의 형태들이며〔…〕감각의 고즈넉한 숨결로부터 그 형태들이 창조되어 있고, 공기처럼 미끄러져 사라진다"(같은 책, S. 96, 97; Herder, *Sämmtliche Werke*, S. 453-455).

58) 헤겔은 게스너(Salmon Gessner, 1730-88)의 전집 가운데 1756년에 나온 「전원시 Idyllen」를 소장하고 있었다: *Gessners Idyllen, aus den Sämmtlichen Schriften der 2te Band*, Kalsruhe 1775.

59) 역주: 우골리노는 롬바르디아 출신으로 기벨리니 가문의 손자이자 피사의 귀족이며, 괄피당에 속함. 그의 장인인 비스콘티와 합의하여 피사의 기벨리니 정권을 괄피당으로 대치하는 데 성공했으나 후에 투옥당한 후 추방당했다. 그러나 다시 정권을 잡고 화려하게 복귀했으나 최후에는 잔혹한 기벨리니당의 영수 롯지에리 주교에 의해 권력을 빼앗기고 투옥당했다. 피사의 성 등을 팔아먹었다는 죄목으로 자식들과 함께 괄린리니 가문의 탑에 유폐당한 뒤 굶어죽었다.

60) 우골리노의 죽음은 「지옥 *Inferno*」의 33번째 노래에 기술되어 있다: Dante Alighieri, *Die Göttliche Komödie*(들어가는 말의 주 39 참조), Bd. I: *Die Hölle*, 33. Gesang, Vers 1-90, S. 388-395.

61) 게르스텐베르크(Heinrich Wilhelm von Gerstenberg, 1737-1823)의 『우골리노 Ugolino』는 처음에 작자미상으로 나온 후(Hamburg/Bremen 1768), 1815년에 Heinrich Wilhelm von Gerstenberg, *Vermischte Schriften*, von ihm selbst gesammelt und mit Verbesserungen und Zusätzen hrsg. von in drei Bänden, Bd. 1. Altona 1815, S. 379-510(Repr. Frankfurt a. M. 1971)에 실렸다.

62) 헤겔은 오디세우스가 침상을 제작한 것과(Homer, *Odyssee*, XXIII, 190-201〔S. 628-629〕) 또한 Homer, *Odyssee*, XIV, 414-438(S. 392-393)에 관해 말하고 있다.

63) 시편의 이러한 특성묘사는 헤르더와 관계된다: Johann Gottfried Herder, *Vom Geist*

*der Ebräischen Poesie*, zweiter Theil, 1783. 헤르더는 시편을 "가장 내적인, 가장 개별적인 마음의 언어의 표현들"이라고 기술한다(Herder, *Sämmtliche Werke*, Bd. XII, S. 232).

64) 트로이 전쟁(약 BC 1200) 당시의 역사적 트로이와 호메로스의 서사시(약 BC 700) 간의 시대간격은 『니벨룽의 노래』(약 1200)의 39개의 "절(Âventiuren)"이 그 주제로 (약 5세기)부터 갖는 간격에 상응하며, 물론 또한 헤겔의 현재와의 간격에도 상응한다. "시대의 교양"의 고유성에 대한 시사는 주제를 슈타우퍼〔역주: 중세 독일의 왕족 호엔 슈타우펜 집안 사람〕시대의 사유물(思惟物)과 뒤섞음을 가리킨다. 헤겔은 "우리 시대의 개별적 특수성(Partialität)"에 관한 다음의 숙고들을 독일 서사시들, 특히 『니벨룽의 노래』를 활성화하려는 시도들에 대한 그의 비판에서 첨예화한다(특수부분 주 92 참조).

65) 정확하게 말하면 핀다로스(Pindaros, BC 518-438)에게서 언급된 곳은 ariston men hydor(가장 맛있는 물)이다(Pindaros, *Erste Olympische Ode*, 1; Pindar, Siegeslieder, griechisch-deutsch, hrsg. von und übers. von Dieter Bremer, München 1992, S. 6-7).

66) Fr. Schiller, "Die Jungfrau von Orleans", vierter Aufzug, 6. Auftritt, in: Schiller, *Werke*, Bd. 9, S. 278.

67) 헤겔은 한스 작스(Hans Sachs, 1494-1576)의 다음의 책에 관하여 말하고 있다: *Comedia. Die ungeleichen kinder Eve, wie sie Gott, der Herr, anredt; hat XIX person und fünff actus* in: *Sehr herrliche schöne und warhaffte gedicht, geistlich und weltlich, allerey art, als ernstliche tragedien, liebliche comedien* […] *durch den sinreichen und weyt berümbten Hans Sachsen, ein liebhaber teudscher poeterey*, Nürnberg MDLVIII; *Hans Sachs*, hrsg. von Adelbert v. Keller, Bd. 1, Stuttgart 1870(Bibliothek des Literarischen Vereins Stuttgart, Bd. 102; Repr. Hildesheim 1964), S. 78을 비교. 제4막은 가인이 시험과 주기도문을 망쳐버리는 것, 제3막은 아담의 다른 아들에게 실시한 교리문답시험을 다룬다(같은 책, S. 68-76). 〔역주: 당시 뉘른베르크에서 희극적으로 상연되었던 그리스도 수난극 가운데 하나를 가리킴.〕

68) 1804년 3월 17일에 『빌헬름 텔 *Wilhelm Tell*』이 초연되었고, 1804년 10월에는 극본이 코타 출판사에서 인쇄되었다. 이에 대해서는 셸링에게 보낸 1804년 2월 27일자 헤겔의 편지를 보라(*Briefe von und an Hegel*, Bd. I 〔들어가는 말의 주 38 참조〕, 80).

69) 「의수를 가진 베를리힝엔」, 제1막, 1장("프랑켄의 슈바르첸베르그. 헤르베르게") "헨젤, 브란트바인 한 잔 더, 그리고 꽉 채워줘"(*Goethe, Werke*, Bd. IV, S. 74).

70) 같은 책, 제3막 (회당), in: *Goethe, Werke*, Bd. IV, S. 139-140.

71) 헤겔은 대체로 다음 저서 속의 슐레겔의 숙고들에 의거한다: "Über das Studium der griechischen Poesie", in: *Schlegel*, Bd. 1, S. 217-367, 특히 S. 347.
72) 코체부(August von Kotzebue, 1716-1819)는 수많은 극본을 썼는데, 이 극본들은 1795-1825년에 독일 연극무대 레퍼토리의 25%를 차지했다. 헤겔은 이후의 강의에서 코체부의 라이벌인 이플란트(August Wilhelm Iffland, 1759-1814)와 동시에 코체부를 비판한다.
73) 헤겔은 뷔퐁(Georges-Louis-Leclerc de Buffon)의 1753년 학술원강연에서 나온 유명한 문구인 "양식은 그 사람 자신이다 le Style est l'homme même"를 다시 거론한다. 양식은 진리의 표현에 알맞은 (학문적) 표출의 종류를 표시한다. 기법(Manier)에 대한 양식(Stil)의 상위라는 이러한 의미에서 양식의 개념이 예술 영역으로 전이되었다. 헤겔은 이런 참조에서와 또한 양식을 '주관적으로 채색된 기량'으로 축소시키는 (슐레겔 혹은 슐라이어마허[Friedrich Daniel Ernst Schleiermacher, 1768-1834]에게서 그러하다) 뷔퐁-문구 해석을 비판할 때 『자연의 단순한 모방, 기법, 양식 *Einfache Nachahmng der Natur, Manier, Stil*』(1789)에 관한 괴테의 논저에 의거한다: "단순한 모방이 안정된 현존재와 사랑이 넘치는 현재에 기초하고, 기량이 경쾌한 소질 있는 정서로써 현상을 포착하듯이, 양식은 우리에게 가시적이며 파악할 수 있는 형태들을 인식하는 것이 허용되어 있는 한, 인식의 가장 깊은 견고함과 사물들의 본질을 토대로 하고 있다"(Goethe, *Werke*, Bd. XII, S. 30-34, 특히 S. 32).
74) 수도사에 대한 아이러니한 비판은 『베를리힝엔의 괴츠』 제1막 ('숲 속의 헤르베르게')에 나오는 괴츠와 아우 마르틴과의 대화에서 보인다: Goethe, *Werke*, Bd. IV. S. 78-82 참조. 〔역주: 루터를 암시하는 듯한 마르틴은 괴츠를 보면서 금욕적인 수도사의 삶에 비해 자유롭고 열정적인 기사의 삶을 부러워한다.〕
75) 역주: J. B. 바제도는 독일의 교육학자. 종교나 국적에 무관하게 모든 사람을 사랑하고 행복을 증진시키는 교육을 주창했다(아래 주 77 참조).
76) 역주: 이 교육학의 이념은 직관과 경험을 통해 배워야지 이를 방기해서는 안 된다는 것이다.
77) 바제도(Johann Bernhard Basedow, 1723-90)는 1774년 데사우에서 박애주의 정신(Philanthropinium)을 창시했다. 또한 같은 해에 그의 교육학적 주저서가 나왔다: *Des Elementarwerkes 1.-4. Band. Ein geordneter Vorrath aller nötigen Erkenntniß zum Unterrichte oder Jugend vom Anfang bis in's Academische Alter, zur Belehrung der Eltern, Schullehrer und Hofmeister, zum Nutzen eines jeden Lesers, die Erkenntniß zu vervollkommen.* Dessau 1774. 헤겔의 주석은 괴츠의 아들 칼의 궁중적 교육과 외양간 머슴인 게오르그의 경험을 중심으로 한 교육 간의 대립과 연관된다. 이러한 대립에 관해서는 또한 니이트함머(Friedrich Immanuel Niethammer, 1766-1848)의 저서 *Der Streit des Philanthropinismus und*

*Humanismus in der Theorie des Erziehungs-Unterrichts unserer Zeit*, Jena 1808 참조.

78) 헤겔은 *Die Wahlverwandtschaften. Ein Roman von Goethe*, zweyter Theil, Tübingen 1809와 더욱이 제5장에 의거하는데, 제5장에는 "자연스러운 조형미술품 […] 회화적인 움직임과 자세들을 모방하는 것", 그리고 "현실적인, 잘 알려진 회화 작품들을 표상하는 것"이 기술된다(Goethe, *Werke*, Bd. VI, S. 392). 헤겔은 또한 제11장에도 의거하는데, 11장에는 금속의 느낌에 대한 오틸리엔(Ottilien)의 민감함이 기술된다(같은 책 S. 444 f). 헤겔은 이런 현상을 『조간지 *Morgenblatt*』(no. 26, 180)와, 지성지(Intelligenzblatt)인 『일반문학신문 *Allgemeine Literatur Zeitung*』(no. 36, 1807)에 실린 셸링의 논편들로부터 셸링이 "물"과 "금속"에 대한 감수성에 관해 기술한 바를 통해 알고 있었다. 이에 관해서는 헤겔에게 보낸 셸링의 1807년 1월 11일자와 1807년 3월 22일자 편지 및 헤겔의 1807년 2월 23일자 편지를 참조(*Briefe von und an Hegel*, Bd. I〔들어가는 말의 주 38 참조〕, S. 135, 158, 150 f; 및 괴테에게의 알림, S. 142).

79) Fr. Schiller, *Die Räuber*, dritter Akt, 2. Szene(Schiller, *Werke*, Bd. 3, S. 77-86).

80) 루터의 "우리 주님은 굳건한 피난처(城)이시다"(약 1526-28년에 나옴)는 시편 제46절("우리와 함께 하시니 야곱의 주님은 우리의 피난처이시다.")과 관련된다. 먼저 1529년에 클룩의 송가서에 인쇄되었다; *Luther Deutsch. Die Werke Martin Luthers in neuer Auswahl für die Gegenwart* hrsg. von Kurt Aland, Bd. VI: *Kirche und Gemeinde*, zweite Auflage Stuttgart/Göttingen 1966, S. 276 f("신령한 노래", 제23번).

81) 예로 시편 3절을 비교: "오 여호와여, 나의 모든 원수의 뺨을 치시며 악인의 이를 꺾으셨나이다."

82) 헤겔은 크로이처(Georg Friedrich Creuzer, 1771-1858)의 「옛 상징론의 이념과 실증 Idee und Probe alter Symbolk」(in: *Studien*, hrsg. von Carl Daub und Friedrich Creuzer, Bd. 2, Frankfurt und Heidelberg 1806, S. 224-324)과 크로이처의 『옛 민족들의 상징론과 신화론 *Symbolik und Mythogoie der alten Völker*』(앞의 주 39 참조)에 들어 있는 신화론의 해석단초를 대략 적고 있다.

83) 이러한 비판은 무엇보다 포스(J. H. Voss)가 그의 『반상징론 *Antisymbolik*』(Stuttgart 1824)에서 제기하는데, 이미 『예나 일반문학신문 *Jenaische Allgemeine Literatur Zeitung*』(1821년 no. 81-87, 161-216쪽)에 실린 「크로이츠 상징론에 대한 평가」에서도 제기하고 있다. 그는 『신화론적 서간 *Mythologische Briefe*』(Königsberg 1794)에서는 하이네(Christian Gottlob Heyne, 1729-1812)를 플라톤주의—그가 이제 크로이처에게 전가하는—라고 비난했다.

84) 크로이처는 상징론이 "자유로운 도야"라는 작품으로 고찰될 수 있다는 생각을 이미

그의 초기 저서인 「옛 상징론의 이념과 실증」(in: *Studien*, 앞의 책, S. 225)에서 발전시키는데, 이 "자유로운 도야"에서 인간은 그에게 내적 세계가 열렸던 이후에 그 세계의 의미를 진술할 필요를 느끼고 [⋯] 직관의 넓은 공간에서 도움을 찾는다."고 한다.

85) 헤겔은 아리스토텔레스의『형이상학 *Metaphysik*』, A. 2, 982b에 의거한다: "왜냐하면 인간이 시초에는 직접적으로 이목을 끄는 것에 대해 놀랐고, 그런 후 점차 진보하여 또한 위대한 것에 대해서도 의심을 품게 됨에 따라 경이는 인간에게 예전이나 지금이나 철학함의 시초였기 때문이다"(*Aristoteles' Metaphysik*, erster Halbband: Bücher I–VI, in der Übersetzung von Hermann Bonitz, neu bearb., mit einer Einleitung und Kommentar hrsg. von Horst Seidel, Griechischer Text in der Edition von Wilhelm Christ, Hamburg 1978 [³1991], S. 12 f).

86) 이 서술은 드 페롱(Abraham Hyacinthe Anquetil du Perron)의 다음의 저서에 의거한다: Perron, *Zend-Awesta, Ouvrage de Zoroastre, contenant les Idées théologiques, physiques et morales de ce législateur, les cérémonies du culte religieux qu'il a établi et plusieurs traits importans relatifs à l'ancienne histoire des Perses*, Paris 1777. 헤겔은 이 책을 최소한 크로이처의『옛 민족들의 상징론과 신화론』을(아래의 주 89 참조) 통해 독일어 번역으로 알고 있었다: *Zoroasters lebendiges Wort. Aus dem Französischen des Herrn Anquetil du Perron von Johann Friedrich Kleuker*, Th. 1–3, Riga 1770–1778.

87) "오르무즈(Ormuz)"에 대한 헤겔의 특성묘사는 드 페롱 내지는 클로이커의 번역(위의 주 86 참조) 직접 연관되나, "메다적 페르시아 종교(Medisch-Persische Religion)"에 대한—클로이커에 기초하는—크로이처의 서술을(Creuzer, *Symbolik und Mythologie*, Bd. 1, S. 650–799, 특히 S. 693 ff) 보고하는 것일 수도 있다.

88) 이에 관해서는 아마도 헤겔이 의거하고 있을 크로이처의 서술을 비교: "페르시아인 중 최초의 문명인인 쉠(Dschem)은 그래서 신화 속에서 태양의 거울로서, 혹은 농경 체계와 연관되는 태양년 자체로서 상징되어 있었다. 쉠은 먼저 황금의 돌쩌귀로 땅을 갈았다. 그래서 이란의 표상은 [쉠을] 오르무즈의 빛의 왕국의 모상(模像)으로서 상징하였다"(Creuzer, *Symbolik und Mythologie*, Bd. 2, S. 714).

89) 헤겔은 크로이처가 클로이커에 기초하여 제6장 "메다적 페르시아 종교" 편에서 "정령론, 우주론 그리고 종말론"에 관해 서술하면서 제시하는 이상적인 원형들(Feruers)의 특성묘사에 의거하여 말하고 있다: "정신들의 세 번째 배열은 셀 수 없는 이상적인 원형들이다. 이들 하에서 모든 본질의 이념들, 원형들(Prototypen), 모범상들이 사유된다"(Creuzer, *Symbolik und Mythologie*, Bd. 2, S. 794).

90) 역주: 케레스는 곡물의 여신. 데메테르(Demeter)로 불리기도 함.

91) 에우리스테우스(Eurysteus)에 의해 헤라클레스(Herakles)에게 부과되었던 열두 가

지 임무에 관해 호메로스는 케르베로스(Kerberos)를 데리고 오는 것을 언급한다(Homer, *Ilias*, 8, 368 [Homer, *Ilias*, S. 266-267]; *Odyssee*, 11, 623 [Homor, *Odyssee*, S. 320-321]). [역주: 케르베로스(Kerberos) - 죽음의 나라의 파수를 보는 개. 헤라클레스의 열두 가지 일 중 마지막 임무는 이 개를 데리고 오는 것이었다. 헤라클레스는 죽음의 나라 왕 플루토로부터 무기를 사용하지 않고 케르베로스를 저승에서 이승으로 데려갈 수 있다면 데려가도 좋다는 허락을 받아 마침내 이 개를 에우리스테우스에 데려갈 수 있게 된다.] 헤시오도스에게서는 네메아 골짜기의 사자와의 싸움, [뤼모네 샘가의 늪에 살고 있는 머리가 아홉 개인] 히드라와의 싸움 그리고 게리오네스(Geryones; 역주: 몸뚱이가 세 개 달린 괴물 같은 소)와의 싸움이 언급된다(*Theogonie*, 332, 316, 289-292 [Hesiod, *Theogonie*, S. 30-21, 28-29, 26-27]). 열두 가지 일은 페잔도로스(BC 7 또는 6)의 「헤라클레이아 *Hérákleia*」에서 처음으로 완전하게 세어지고, 핀다로스와 비극작가들에게서 숫자 12가 전수된다. [역주: 헤라클레스의 열두 가지 일 — 헤라클레스는 테베에 사는 알크메네와 제우스 사이에서 태어났다. 헤라의 저주로 정신착란을 일으켜 아내 메가라와의 사이에서 낳은 자신의 자식들을 죽여버리고, 정신이 든 후 자신의 죄를 씻기 위해 델포이의 신탁을 청한다. 신탁은 티린스의 왕 에우리스테우스를 12년간 섬기면서 그가 명하는 일을 하면 불사의 몸이 된다고 하여 이를 행하게 된다. 그 열두 가지 일은 다음과 같다: ① 네메아의 사자 퇴치, ② 레르메에 사는 히드라(물뱀) 퇴치, ③ 케리네이아의 산중에 사는 사슴을 산 채로 잡는 일, ④ 에리만토스 산의 맷돼지를 산 채로 잡는 일, ⑤ 아우게이아스 왕의 가축 우리 청소하기, ⑥ 스팀팔스 호반의 사나운 새 퇴치, ⑦ 크레타의 황소를 산 채로 잡는 일, ⑧ 디오메데스 왕 소유의 사람 잡아먹는 말 네 마리를 산 채로 잡는 일, ⑨ 아마존의 여왕 히폴리테의 띠를 탈취하는 일, ⑩ 괴물 게리온이 가지고 있는 소를 산 채로 잡는 일, ⑪ 님프 헤스페리데스들이 지키는 동산의 황금사과를 따오는 일, ⑫ 저승을 지키는 개 케르베로스를 산 채로 잡는 일이다.] 헤겔의 원천은 크로이처의 『상징론과 신화론』인데, 이 저서에서 크로이처는 디오니소스, 디오도르, 스트라보에 의거하고 있다: "그런 후 우리는 좀-헤라클레스(Som-Herakles)로서, 태양행로 위의 투쟁자로서 의인화된 365일이라는 일년의 주기를 주시하게 된다. 이러한 견지에 따르면 헤라클레스는, 산양자리에 나타나며 일년을 많은 일들 아래 관장하는 빛의 왕 암몬(Ammon)의 아들이다. 왜냐하면 열두 가지 투쟁은 우리에게 곧 황도대(12동물표)를 통해 태양 행로를 나타내기 때문이다"(Creuzer, *Symbolik und Mythologie*, Bd. 1, S. 456). [역주: 이집트인들은 헤라클레스를 Som(또는 Dsom, Chon)이라고 불렀음.]

92) "오시리스는 나일 강이며, 이시스는 이집트인들의 비옥한 땅이다"(Creuzer, *Symbolik und Mythologie*, Bd. 1, S. 334). 머물러 있는, 말라가는, 거의 메말라버린 나일 강으로서의 오시리스의 규정과, 비탄하는 여신으로서의 이시스의 규정에 대해

서는 같은 책, S. 269를 참조: "이시스는 남편이자 오빠인 나일 강에 결부된, 이제 나일 강이 소멸할 정도로 쇠약할 때 그 결과들을 감지하는 자매의 나라이다"(같은 책, S. 268 참조. 이 페이지에서는 이시스가 "이집트 땅"으로 불려진다). 이시스와 오시리스에 관한 그 외의 특성묘사에 관해서는 Plutarchuns(Plutarch von Chaironeia, 45/50 - 125년경), *Über Isis und Osiris*, griechisch-deutsch, 2 Bde, Text, übersetzt und kommentiert von Theodor Hopfner, Prag 1940-1941(Darmstadt 1967 재인쇄) 참조. 나일 강과 오시리스, 대지와 이시스의 동일화에 관해서는 전설 32장에 대한 플루타르크의 코멘트를 비교: Bd. 2: *Die Deutung der Sage*(같은 책, S. 17).

93) 추상적 본질로서의 "브라마"의 규정은 훔볼트의 『바가바드-기타 *Bhagavad-Gita*』에 관한 헤겔의 서평에서 보인다(Hegel, *Bhagavad-Gita*, S. 111). 그 외의 규정들은 "순수한 존재"(S. 138), "추상적 자기의식"(S. 144)이다. 비슈누(Vishnu) 또는 크리슈나(Krishna)와 연관된 브라마의 서술에 관해서는 같은 책, S. 149 참조. 이 관계에서는 브라마가 "인도의 삼위일체성인 트리무르티(Trimurti)의 모습"으로 서술된다. 전체적인 것에 관해서는 Creuzer, *Symbolik und Mythologie*, Bd. 1, S. 626, 634를 참조.

94) 헤겔은 마찬가지로 자신의 『바가바드 기타 *Bhagavad-Gita*』 서평에서 이 일화를 언급한다(Hegel, *Bhagavad-Gita*, S. 133). 『라마야나 *Ramayna*』의 도입부 구절 번역은 슐레겔의 논저 『*Über die Sprache und Weisheit der Indier*』의 부록에도 보인다: "Ein Beitrag zur Begründung der Alterthumskunde", Heidelberg 1808, in: *Schlegel*, Bd. VIII, S. 327-331.

95) *Abhij`nàna `Sàkuntala, Drama in sieben Akten des Kalidasa* (4./5. C), 윌리엄 요네스(William Jones)의 영국판에 의거하여 게오르그 포르스터(Georg Forster)가 *Sakuntala oder der entscheidende Ring, von Kalidasa*로 번역, Mainz/Leipzig 1791. 헤겔은 제2판을 소장하고 있었다: *Sakontala, Indisches Drama*, übersetzt von G. Forster, hrsg. von J. G. Herder, 2te Auflage, Frankfurt a. M. 1803. 이에 대해서는 J. G. Herder, "*Ueber ein morgenländisches Drama*", in: *Zerstreute Blätter. Vierte Sammlung*, St. VI, 1792(Herder, *Sämmtliche Werke*, Bd. XVI, S. 84-104).

96) "왜냐하면 주님의 눈에는 천 년이 / 금방 지난 어제와 같으며 / 밤의 한 순간 같을 뿐이기 때문이지"(시편 90, V. 4).

97) "이집트인들은 또한 최초로 다음의 사상을 진술하였다. 즉 인간의 영혼은 불멸이며, 신체가 죽을 때 영혼은 새로 태어난 다른 생명체 속으로 들어간다는 것, 만일 영혼이 그러고 나서 모든 육지동물들과 어류들을 거치고, 모든 새들을 거쳐 편력하였다면 영혼은 막 태어나는 한 인간의 신체 속으로 다시 귀환한다는 것이다. 이 순환은 3천 년이 걸린다"(Herodot, *Historien*, II, 123,2; Bd. 1, S. 306-309).

98) 나이드(Neith)에 관한 참조사항은 제이스(Säis)의 이시스 제의에 관해 시사하며, 이

와 함께 원천으로서 헤로도토스의 『역사서 *Historien*』(II, S. 172)보다는 오히려 크로이처의 『상징론과 신화론 *Symbolik und Mythologie*』(Bd. 1, 530, 특히 크로이처가 제이스의 주지된 비문을 인용하고 있는 주 325)을 가리킨다. 헤겔은 나중의 강의에서 기회가 되는 대로 또한 실러의 시 《자이스의 베일에 감춰진 형상 *Das verschleierte Bild zu Sais*》을 언급한다("불멸자여 [⋯] / 이 베일을 밀쳐라, 내가 직접 그것을 들어올릴 때까지"; Schiller, *Werke*, Bd. 1, S. 254-256).

99) 헤겔은 「오이디푸스 티란노스」에 대한 후기 고대 가설을 인용하고 있다(Sophokles, *Tragödien und Fragmente*, griechisch-deutsch, hrsg. und übersetzt von Wilhelm Willige, München 1966, S. 900-903; 이에 관해서는 드라마 V, 35f에 있는 관련부분 참조 [Sophokles, *Tragödien*, S. 171]).

100) 헤겔은 심플레가덴(Symplegaden) 섬과 연관하여 말하고 있다. 이것들은 헬레스폰트(Hellespont, 역주: 다르다넬스 해협의 옛 명칭)가 아니라 보스포루스(Bosporus, 역주: 흑해와 마르마라 해 사이에 있는 해협)에 있다. 이 참조사항의 원천들은 다음의 것들이다: Pindar, *Vierte Pyrhische Ode*, V. 210-211(Pindar, *Siegeslieder* [113, 4-5 참조]) 및 Apllonios Rhodios, *Argonautica*, II, 604-606(Apllononios von Rhodos, *Das Argonautenepos*, hrsg., übers. und erl. von Reinhold Glei und Stephanie Natzel-Glei, Bd. I: *Erstes und zweites Buch*, Darmstadt 1996, S. 108-109). [역주: 아르고나우타이(Argonaut)는 희랍의 Argo호 승무원]

101) 시편 90, V. 4. 하지만 내용에 따르면 오히려 시편 102장이 이 참조사항에 상응한다. 왜냐하면 이 참조사항이 욥기(예로 1, 2, 6, 9장)를 시사하기 때문이다.

102) *Gotthold Ephraim Lessings Fabeln*. Drey Bücher. Nebst Abhaldungen mit dieser Dichtungsart verwandten Inhalts, Berlin 1759(Lessing, *Ges. Werke*, Bd. 5).

103) 이솝(공식적으로 BC 6세기 중엽)에 관해서는 13세기에 막시움 플라누데스(Maxium Planudes)에 의해 엮어진 『이솝 우화전집 *Corpus Fabularum Aesopiarum*』을 참조. 또한 *Aesopische Fabeln*, griechisch und deutsch, bearbeitet von A. Hausrath, München 1940 내지 Samuel Richardson, *Äsopische Fabeln mit moralischen Lehren und Betrachtungen. Aus dem Englischen übertragen und mit einer Vorrede von Gotthold Ephraim Lessing sowie den vierzig Kupfertafeln der Erstausgabe von 1757*, Berlin 1987. 헤겔이 제시하는 이솝우화의 해석은 (레싱을 비판함에도 불구하고) 동물형태들의 사용에 대한 레싱의 해석을 반영한다. 레싱에 의하면 동물형태들은 "가장 무지한 사람들도 이름을 들으면 바로 이 생각이 맞다는 것을 확실히 알게 되는 그런 존재들의 작은 영역"을 포괄한다(Lessing, *Ges. Werke*, Bd. 5, S. 390). 도덕과 동물형태의 결부는 우화가 하나의 "보편적인 도덕적 명제"를 특수한 경우에서 직관하는 도중에 인식되도록 한다는, 레싱의 우화 정의에 상응한다(같은 책, S. 385).

104) 헤겔은 장 드 라 퐁텐(Jean de la Fontaine, 1621-95)의 우화 제1권, 첫 번째 우화의 주제를 기술하고 있다. 물론 거기서 배우들은 귀뚜라미와 개미("La Cigale et la Fourmi")이다.
105) 18번째 우화: "Die Schwalbe und andere Vögel", in: S. Richardson, *Äsopische Fabeln*(주 103 참조), S. 34-36.
106) 13번째 우화: "Der Fuchs und der Raben", in: S. Richardson, *Äsopische Fabeln*(주 103 참조), S. 26-29.
107) 헤겔은 아리스토파네스의 「말벌 *Vespas*」 V. 1446("Die Wespen", V. 1446, in: Aristophanes, *Sämtliche Komödien*, übersetzt. von Ludwig Seeger, hrsg. von Hans Joachim Newiger, München 1976, S. 23)과 「에이레네 *Eirene*」[역주: 평화의 여신] V. 129("평화", V. 129, 같은 책, S. 243)에 의거한다. 포스가 편집한 다음의 아리스토파네스 책에 우화의 한 의역이 보인다: J. H. Voß, *Aristophanes von Johannes Heinrich Voß. Mit erläuternden Anmerkungen von Heinrich Voß*. Zweiter Band, Braunschweig 1821, 11; *Corpus Fabularum*, Bd. 3, 1. c(주 103 참조).
108) 이솝에 관해 추정되는 사실은 그가 후일 크로이소스(Krösos) 왕의 대사로서 큰 명망을 얻었던 사모스 섬 출신의 방면된 노예였다는 것이다. 물론 50년경에 죽은 로마 우화시인 페드루스(Phädrus)도 역시 노예였는데, 페드루스는 마케도니아 출신으로 노예로서 로마에 왔고, 거기서 아우구스티누스에 의해 자유롭게 되어 자신의 우화 다섯 권을 (약강격 육각의 그리스 삼격시에 상응하여) 처음에는 이솝에 의존하여 저술했고, 그 다음에는 독자적으로 저술했던 자이다. 헤겔이 다음에서 언급하는 "교훈 Nutzanwendung"은 나중에 이솝우화에 첨가된 것이다.
109) 헤겔은 괴테의 『라이네케 여우』(처음에 *Goethes Neue Schriften*, Bd. 2, Berlin 1794에서 나옴; Goethe, *Werke*, Bd. II, S. 285-436 참조)에 의거한다. 괴테는 1498년의 성서주해 잡록 및 16세기에 나온 개신교 성서주해 잡록(성서의 윤리론의 해설)을 함께 전하고 있는 고트셰트 판에서 이 소재를 알게 되었다: *Heinrich von Alkmar Reineke der Fuchs, mit schönen Kupern. Nach der Ausgabe von 1498 ins Hochdeutsche übersetzt und mit einer Abhandlung von dem Urheber, dem Alter und großen Werth dieses Gedichtes versehen von Johann Christoph Gottscheden*, Leipzig und Amsterdam 1752. 헤겔의 특성묘사는 라이네케를 사기꾼이 아니라 무뢰한으로 묘사하는 헤르더(*Reineke, der Fuchs*. 처음에 *Zerstreute Blätter*. Fünfte Sammlung, Gotha 1793, S. 219-228에 실림; Herder, *Sämmtliche Werke*, Bd. XVI, S. 218-222) 및 괴테(Goethe, *Werke*, Bd. II, S. 285)의 관심사에 부합된다.
110) 헤겔은 Herodot, *Historien*, I, 125,2-126,6(Bd. 1, S. 122-125 참조)에 의거한다.
111) 헤겔은 추측컨대 괴테 전집(Goethe, *Werke*, Stuttgart und Tübingen 1815-1819, Bd. S. 193-208) 속에 출간된 표제인 "비유담적으로 Parabolisch"와 연관하여 말하

고 있다: Goethe, *Sämtliche Werke*, Bd. 1, S. 396-406, 569-578 참조. 이에 또한 "비유담 Parabel"(Goethe, *Werke*, Bd. I, S. 354) 참조.

112) "Der Gott und die Bajadere. Indische Legende", in: *Musenalmanach für das Jahr 1789*(이 책에 처음으로 실림), hrsg. von Fr. Schiller, Tübingen 1789, S. 188-193; Goethe, *Werke*, Bd. I, S. 273-276 참조.

113) "Der Schatzgräber", in: *Musenalmanach für das Jahr 1789*(주 112 참조; 이 책에 처음으로 실림), S. 46-48; Goethe, *Werke*, Bd. I, S. 265-266.

114) 헤겔은 괴테가 1815-19년의 전집(주 111 참조), 제2권 속에 수용했던 "신", "정서와 세계" 그리고 "경구적인 것"과 같은 표제들(Rubriken)을 시사하는 것일 수도 있다. 이에 관해서는 괴테 자신이 1827년에 편집한 그의 전집, 제3권에 「신과 세계」라는 제목 하에 총괄된 "세계관적인 시들"을 참조(Goethe, *Werke*, Bd. 1, S. 357 ff).

115) 헤겔은 괴팅엔의 『연간시집 *Musenalmanach*』(1774)에 「찬가 *Gesang*」라는 제목으로 실린 1772/03년에 나온 초판이 아니라, 슈타인 부인을 위한 수고(1777)로 개정한 후 보존된 「마호메트 찬가 *Mahomets Gesang*」판에 의거한다(Goethe, *Werke*, Bd. I, S. 42-44).

116) 헤겔은 일반적으로 오비디우스(Publius Ovidius Naso, BC 43-AD 17)의 『변신 이야기 *Metamorphosen*』에 의거한다.

117) Kant, *Kritik der Urteilskraft*, § 2, § 5 참조; 미감적 고찰을 "이론적인" 것으로 특성지운 것은 칸트가 취미판단을 "단순히 관조적인" 것으로 규정하는 것에 관계된다.

118) 헤겔은 오시안을 "연약한 후세에 대한 영웅 시대의 마지막 목소리로서 […] 전 시대의 목소리, 하지만 슬픈 목소리로서" 특성지은 헤르더를 따른다: "Homer und Ossian", in: Herder, *Sämmtliche Werke*, Bd. XVIII, S. 100.

119) "비교 / 볼테르와 셰익스피어: 그 한 사람은 / 다른 자가 나타나 보이는 그대로인 자이다 / 거장 아루에(Arouet[볼테르])가 '나는 운다'고 말하면, 셰익스피어는 운다"(Mattias Claudius, *Asmus omnia sua secum portans, oder Sammtliche Werke des Wandsbecker Boten*, I. und II. Theil, Hamburg 1775, S. 153. 여기서는 M. Claudius, *Sämmtliche Werke*, München 1968, S. 69를 인용함).

120) 칼데론(Pedro Calderón de la Barca, 1600-81)과 셰익스피어(William Shakespeare, 1564-1616)의 이와 같은 비교는 예컨대 A. W. 슐레겔의 『극예술과 문학에 관한 강의들』(1809년, 1817년 제2판)에서 보인다; *Kritische Ausgabe*, eingeleitet und mit Anmerkungen versehen von Giovanni Battista Amoretti, Bd. 2, Bonn/Leipzig 1923, S. 109-114.

121) 헤겔은 『로미오와 줄리엣』 III, 2, 10-13을 인용한다: "점잖은 밤아 이리 온 / 마님처럼 온통 검은 옷을 수수하게 입은 밤아 / 숫처녀와 숫총각이 씨름하여 이기고도 지는 법을 부디 좀 가르쳐다오. […]"(Shakespeare, *Sämtliche Dramen*,

Bd. III, S. 328)
122) 헤겔은 셰익스피어의 『헨리 4세』의 제1부, V, 4(무대지문에 의하면 제76줄; "왕자가 퍼시를 죽이다 The Prince killeth Percy")에 의거하여 말하고 있다: 제86줄(*Shakespeare*, 880; Shakespeare, *Sämtliche Dramen*, Bd. II, S. 241)을 비교. 난외 주석은 경미한 철자법 변이들을 가한 슐레겔과 티크의 번역본 『헨리 4세』, 제1부, I, 1, 68-75를 인용하고 있다(*Shakespeare*, 888; Shakespeare, *Samtliche Dramen*, Bd. II, S. 252).
123) 헤겔은 셰익스피어의 『리처드 2세』의 4막 1장, 5막 181-189장을 인용하고 있다. 난외 주석에 있는 인용은 슐레겔과 티크의 번역본이다(*Shakespeare*, 829; *Shakespeare, Sämtliche Dramen*, Bd. II, S. 137-138).
124) 헤겔은 셰익스피어의 『맥베스』 5막 5장, 23-26줄(*Shakespeare*, 1337; Shalespeare, *Sämtliche Dramen*, Bd. III, S. 582)을 의역하고 있다. 호토는 실러가 『맥베스』(Tübingen 1801, V, 6, 24-28)를 연극을 위해 구두법에서 약간 벗어나게 개작한 것을 난외주석에 덧붙이고 있다("Bühnenbearbeitungen/1. Teil", in: Schiller, *Werke*, Bd. 13, S. 156 [V. 2156-2160]).
125) 헤겔은 셰익스피어의 『헨리 8세』의 제3막, 2장, 351-358줄에 의거한다 (Shakespeare, *Samtliche Dramen*, Bd. II, S. 846).
126) 헤겔은 셰익스피어의 『헨리 8세』의 제3막 1장, 146-153줄에 나오는 캐서린 (Catharine) 왕비의 말을 인용하고 있다(*Shakespeare*, 999; Shakespeare, *Sämtliche Dramen*, Bd. II, S. 846). [역주: 여기에는 이런 말이 나온다: "이 세상에 나보다 더 불행한 자는 없을테지 […] 백합 같이 한때는 들판의 여왕으로 자랑스럽게 피어 있었던 것이 이제는 머리를 떨구고 시들어 가는구나."]
127) 셰익스피어의 『줄리어스 시저 *Julius Caesar*』의 4막 3장, 110-113줄 참조 (*Shakespeare*, 1126; Shkaespeare, *Sämtliche Dramen*, Bd. III, S. 497; 약간의 상위함들: "오 캐시어스! 그대는 어린양을 상대하고 있었구료").
128) 추측컨대 헤겔은 헤시오도스의 「에르가 *Erga*」(Hesiod, *Theogonien*, S. 82-147)에 의거한다.
129) 베르길리우스의 교훈시로서 의미되는 것은 교훈적인 6각운의 서사시인 「게오르기카 *Georgica*」이다. *Vergil, Landleben. Catalepton · Bucolica · Georgica*, hrsg. von Johannes und Maria Götte; *Vergil-Viten*, hrsg. von Karl Bayer, Lateinisch und deutsch, München/Zürich ⁵1987, S. 83-209.
130) 헤겔은 피디아스(Phidias)의 〈올림푸스의 제우스〉를 시사하고 있다. 이 작품에 관해서는 스트라보(Strabo, BC 64/63-AD 23 이후)가 그의 『지리학 *Geographika*』 (VIII 권, C 353 [3. 30])에서 묘사하고 있으며, 동전에 재현상들이 보존되어 있다. 〈올림푸스의 제우스〉는 〈아테나 파르테노스 *Athena Parthenos*〉와 나란히 피디아

스의 두 번째 주요작품이다. 이 두 개의 거대한 입상은 황금과 상아로 세공되어 있었고, 제우스 입상은 세계의 경이로 손꼽혔다. 후기 고대의 전설적인 전래에 의하면 콘스탄티노플로 운반되어야 했던 이 두 작품의 원본은 소실되었다. 올림피아의 제우스 거상에 관해서는 또한 플리니우스가 보고하고 있다: Plinius, *Naturae historia*, 36, 18 (헤겔의 소장품에는 다음의 판이 보인다: C. Plinii Secundi, *Naturalis Historiae*, Libri XXXVII, Post Ludovici Iani obitem recognovit et scripturae discrepantiae adiecta edidit Carolus Mayhoff, Editio stereotypa editionis prioris [MDCCCXCVII], Stuttgardiae MCMLXVII); Pausanias, *Beschreibung Griechenlands*, 5, 11(*Pausanias Description of Greece*, transl. W. H. S. Jones, 4 Vols. London/Cambridge, Mass. 1918-1935 [Repr. 1977-1979], Vol. X, XX); 헤겔의 소장품에서 발견된 파우사니아스(Pausanias)의 저서들에 관해서는 주 172 참조 — 호메로스에 대한 헤겔의 언급은 그리스인들이 표상, 즉 그들의 신들의 형상적인 묘사를 시인에게서 얻었다는 그런 일반적인 의미에서 이해될 수 있다(주 135 참조).

131) 들어가는 말의 주 39 참조.

132) 신화의 해석은 소포클레스의 「오이디푸스 티라노스 *Oedypus Tyrannos*」의, 예를 들면 V장 449-462절에 나오는 것으로 운명을 신들과 예언자로부터 이미 들어서 알고 있는 것으로서 서술하는 테이레시아스(Teiresias)의 격언에 의거한다 (Sophokles, *Tragödien*, S. 186). 최초의 암시는 테이레시아스가 오이디푸스에게 자기가 찾고 있는 살인자가 오이디푸스 자신이라는 것을 공개하는 장소인 V장 362절(S. 183)이 이미 제시한다. 또한 V장 711-725절(S. 195-196); V장 788-793절(S. 198)을 참조. 그리고 가장 명확한 것은 V장 1170절(S. 212)인데, 이 장은 비극적 인간의 무조건적 의지를 — 알도록 하기 위해 — 강조하고 있다. [역주: 테이레시아스는 인간 7대(代)를 살 만큼 장수했으며, 죽어서도 지혜를 잃지 않았다는 인물이다. 그는 소경인데 그 이유는 인간이 알아서는 안 될 것을 안 탓으로 벌을 받아서 그렇다고도 하며, 일설에는 아테나의 벌거벗은 모습을 본 탓에 벌을 받아 그렇다고도 한다. 테이레시아스는 『오디세이아』에서 언급되는데, 오디세우스가 저승에 내려가서 테이레시아스의 망령에게 고향으로 돌아갈 수 있는 길을 묻는다.]

133) 헤겔은 크세노파네스의 격언에 대해서는 그의 소장품 속에 있는 크세노파네스의 다음 저서에 의거한 것 같다: *Xenophanis reliquiae carm*, *de vita ejus et studiis*, ed. J. Karsten, Bruxellis 1830. "사실 만일 황소", "말과 사자들이 손을 가졌거나, 인간처럼 그 손으로 작품을 만들 수 있다면 준마들은 말들처럼, 황소는 황소처럼 신의 형태를 그릴 것이며", 각 종류가 "바로 그 자체 그들의 형식을 가지는 방식과 꼭 같이 몸을 형상화할 것이다"(*Die Fragment der Vorsokratiker*, griechisch und deutsch von Hermann Diels, hrsg. von Walther Kranz, Bd. 1, Berlin [17]1974, S.

132-133).
134) 위의 주 참조. 이 언급은 특별한 인용인지 확인할 수 없다.
135) Herodot, *Historien*. II, 53; Bd. 1, S. 246-249.
136) Herodot, *Historien*. II, 53; Bd. 1, S. 244-245.
137) 「레위기 *Leviticus*」, 17장 11절 ("고기의 생명은 피 속에 있다") 그리고 「신명기 *Deuteronomium*」, 12장 23절 ("피는 생명이다"); 또한 「창세기 *Genesis*」, 9장 4절 과 「I. 사무엘 *Samuel*」, 14장.
138) 테세우스 외에도 많은 영웅들이 참가한 고대의 가장 유명한 사냥 가운데 하나는 칼리도니아(Calydonia) 숫 산돼지 사냥이다. 호메로스는 『일리아스』(IX, 529-599)에서 무엇보다 산돼지의 가죽을 두고서 발발된 전쟁을 다루고 있다. 사냥과 그 참석자들에 관해서는 아폴로도로스와 오비디우스가 상세하게 보고하고 있다: Apollodor, *Bibliothek*. I, VIII, 2-3(Apollodor, *Bibl*. Vol. I, p. 64-69) 및 Ovid, *Metamorphosen*. VIII, 260-444(S. 288-297). 유명한 사냥에 속하는 것은 그 외에도 또한 헤라클레스의 열두 가지 일 가운데 첫 번째인, 네메이의 사자를 쓰러뜨리는 것이다. 이에 관해서는 Hesiod, *Theogonie*, 326-332(S. 30-31); Apollodor, *Bibliothek*. II, V, 1(Apollodor, *Bibl*. Vol. I, p. 184-187); *Diodor*. IV, 11, 3-4(같은 책, Vol. II. p. 376-379) 참조. 또한 주 91 참조.
139) 일년경로의 상징으로서 헤라클레스의 열두 가지 일에 대한 특성묘사는 주 91 참조.
140) 주 107 참조.
141) 헤겔은 아리스토파네스(Aristophanes)의 『에이레네』(BC 421년 디오니소스 주신제에서 처음으로 상연됨)를 가리킨다. 이 작품에서는 트리가이오스(Trygaios)가 페가수스[역주: 그리스 신화에 나오는 날개 달린 말] 대신 말똥풍뎅이(Mistkäfer)를 타고 하늘에 도달한다(V. 1-178; 쾨터부르그에 도착은 V. 177-178절에 나옴). 포스(J. H. Voss)는 풍뎅이(Roßkäfer/scarabeus stercorarius)로 번역한다; *Aristophanes von Johann Heinrich Voß*, mit erläuternden Anmerkungen von Heinrich Voß, zweiter Band, Braunschweig 1821: *Der Friede*. V, 82(Aristophanes, *Sämtliche Komödien*. [주 107 참조], 특히 S. 243-244 참조)
142) Ovid, *Metamorphosen*(주 116 참조).
143) Ovid, *Metamorphosen*. I, 163(S. 209-239).
144) Ovid, *Metamorphosen*. VI, 424-674(S. 218-231). 오비디우스에게서는 두 자매가 제비, 더 정확하게는 바늘꼬리칼새(Rauchschwalben)로 변신된다. 바늘꼬리칼새의 붉은 갈색 목과 연관되는 것은 "살육 [...] 징표(caedis [...] notae)"(V. 669-670; S. 230-231), 즉 살육의 반점이다. 아폴로도로스의 어법에서는 필로멜라(Philomela)가 제비로 되며, 프로케네(Prokene)는 나이팅게일이 된다; Apollodor, *Bibliothek*. III, 418(Apollodoro, *Bibl*. Vol. II, p. 98-101) 참조.

145) 제우스가 황소로 변신한 것에 관해서는 다음의 것을 참조: Apollodor, *Bibl.* Vol. I(p. 298-299); Ovid, *Metamorphosen*, 846-875(S. 86-89). 백조로의 변신에 관해서는 Apollodor, *Bibliothek*. III, 10, 7(Apollodor, *Bibl.* Vol. II, p. 22-23과 *Laktantius*, I, 21[*De falsa religione*], in: Migne. PL Tomus VI[*Lucii Caecilii Firmiani Lactantii opera omnia. Tomus Primus*], Paris 1844, p. 230-242); Euripides, *Helena*, 17-22(Euripides, *Sämtliche Tragödien und Fragmente*, Bd. IV, S. 112-113)을 참조.
146) 역주: 디아나는 일반적으로 사냥 또는 정조의 여신. 또는 달의 여신으로 그리스 신화의 아르테미스를 가리키기도 하나, 헤겔은 당시 그리스인들은 디아나를 달의 여신이 아니라 달과 동일시했음을 말하고 있다.
147) 역주: 오케아노스는 천공(우라노스)과 대지(가이아) 사이에서 태어난 티탄신족의 한 사람. 그러나 오케아노스 역시 당시 그리스인들에게는 자연적인 것과 동일시되었음을 말하고 있다.
148) 헤겔은 플라톤의 『프로타고라스 *Protagoras*』 321d-322a에 의거한다(Platon, *Werke*, Bd. 1, S. 116-117); 플라톤 자신은 Hesiod, *Theogonie*, 565-570(S. 46-49)에 의거한다.
149) 역주: 피에리데스는 피에로스의 딸들. 피에로스는 아이올로스와 에나레테(또는 제우스와 티이라)의 아들 마그네스가 나이아스와의 사이에서 낳은 아들이며, 폴리데크테스, 딕틱스, 에이오네오스의 형제이다. 올림포스산 북쪽에 있는 산에 그의 이름을 붙여 피에로스산이라고 불렀다고 한다. 파이오니아 여인 에비페(에우히페)와의 사이에서 9명의 딸을 낳았는데, 이들을 피에리데스, 에마티데스라고 부른다. 오비디우스의 『변신 이야기 *Metamorphosen*』에 따르면, 피에리데스는 아카이아 등지를 여행하다가 헬리콘산에 이르러 뮤즈를 만났다. 자신들의 재능을 과신한 피에리데스는 뮤즈에게 음악 실력을 겨루어 보자고 도전하였다. 요정들을 심판으로 세운 이 시합에서 피에리데스는 올림포스의 신들을 조롱하는 노래를 불렀다. 뮤즈의 대표로 나선 칼리오페는 데메테르 여신에 관한 노래를 불렀다. 요정들은 뮤즈의 손을 들어 주었으나 피에리데스는 패배를 인정하지 않고 계속해서 뮤즈를 헐뜯다가 벌을 받아 까마귀로 변해 버렸다고 한다.
150) Ovid, *Metamorphosen*. V. 294-331(피에리데스의 노래; 178-181); V. 341-661(케레스에 대한 칼리오페의 노래; S. 180-197); V. 669-678(피에리데스의 까치[picae]로의 변신; S. 196-197). 사툰의 아들로서의 딱따구리(picus)는 독자적으로 다루어진다: XIV, 312-396(S. 528-533).
151) 역주: 주 90 참조.
152) 역주: 피티아는 거대한 뱀인 피톤(Python)의 아내였으나 아폴로가 델포이에서 피톤을 죽인 후 슬퍼하는 피티아를 불쌍히 여겨 인간으로 변신시킨 후 자신의 신전을

지키게 했다.

153) Aischylos, *Eumeniden*. V. 1-20(Aischylos, *Tragödien und Fragmente*, S. 186-187).
154) 역주: 테미스는 그리스어로 '질서', '율법'을 뜻한다. 하늘의 신 우라노스와 땅의 여신 가이아 사이에서 태어난 12명의 티탄 가운데 하나이다. 정의와 질서의 수호신으로 양손에 칼을 들고 있는 모습으로 묘사된다.
155) 역주: 오레스테스는 미케네 왕인 아가멤논과 왕비 클리타임네스트라의 아들. 클리타임네스트라는 원래 아가멤논의 사촌인 탄탈로스와 결혼하였으나 아가멤논이 그를 죽이고 클라임네스트라를 아내로 맞이한다. 하지만 탄탈로스의 아우인 아이기스토스가 클라임네스트라와 정을 통하여 둘이 함께 아가멤논을 살해한다. 오레스테스는 아버지를 죽인 어머니를 죽이라는 신탁을 받아 이를 수행한다. 이 내용은 아이스킬로스의 『에우메니데스』에서 다뤄진다.
156) Aischylos, *Eumeniden*. V. 84 및 대부분은 Aischylos, *Tragödien und Fragmente*, S. 190-191에 관계됨.
157) 역주: 에우메니데스는 원래 복수의 여신인 피에리데스들인데, 나중에 아테나 여신에 의해 자비의 여신인 에우메니데스로 바뀌어 아테네인들의 일상생활에 축복을 주는 일을 한다.
158) Aischylos, *Eumeniden*. V. 614-620, 713-733(Aischylos, *Tragödien und Fragmente*, S. 226-227, S. 232-235).
159) 역주: 팔라스는 아테나 여신으로, 용기와 지혜의 여신이다.
160) 역주: 안티고네는 테베의 왕 오이디푸스의 딸이다. 가장 일반적인 전설에 의하면 오이디푸스와 그의 어머니 이오카스테와의 사이에서 태어났으며, 에테오클레스, 폴리네이케스라는 두 오빠와 여동생 이스메네가 있었다. 스스로 눈을 찔러 소경이 된 채 왕국을 떠난 비극의 부왕 오이디푸스를 따라 여러 나라를 방황하다가 아버지가 콜로노스의 땅에서 죽은 뒤 다시 테베로 돌아왔다. 그러나 그 자신도 천륜을 지키기 위해 국법을 어기고 스스로 목을 매어 죽는다. 더 자세한 내용은 특수부분 주 113의 역주 참조.
161) Sophokles, *Antigone*. V. 450-457(Sophokles, *Tragödien*, S. 84-85) 및 G.W.F. Hegel, *Phänomenologie des Geistes. Gesammelte Werke*, Bd. 9, S. 236.
162) 헤겔은 프로메테우스의 설화를 헤시오도스에게서 발견한다(Hesiod, *Theogonie*. V. 507-616 [S. 42-51]).
163) 역주: 제우스의 아들. 그리스 신화에 등장하는 탄탈로스(Tantalos)는 신들의 비밀을 누설한 벌로 물을 바로 곁에 두고서도 마실 수 없는 고통을 당하게 된다. 마시려고 고개를 숙이면 그 순간 물이 줄어들면서 사라지기 때문이다.
164) 탄탈로스의 설화는 호메로스에게서 보고된다(*Odyssee*. XI, 528-592; Homer,

Odyssee, S. 318-319).
165) 헤라와 제우스 간의 신화적 혼인중매에 대한 가장 오래된 전거로서 헤겔이 이에 의 거하여 헤라를 결혼중매인으로 특성짓는 전거는 호메로스의 『일리아스』에서 보인 다(Ilias, XIV, 294-296, 346-351; 또한 480-481, 484-485절 참조). 그 외의 특성묘 사는 아이스킬로스의 『에우메니데스』에서 보인다(Eumeniden, 214; Aischylos, Tragödien und Fragmente, S. 200-201). 디아나 내지는 아르테미스(에페수스의 디아나)는 헤시오도스가 기술하고 있다(Theogonie, 14, 918 [S. 6-7, 74-75]). 헤겔 은 아테나와 아프로디테를 위한 자신의 특성묘사도 마찬가지로 헤시오도스에게서 발견한다(Theogonie, 318, 924-926 [S. 28-29, 74-75]는 미네르바에 관하여; Hesiod, Theogonie, 187-206 [S. 20-21]은 아프로디테에 관하여).
166) 『일리아스』 내의 테티스의 보고 참조: Ilias, I, 423-425(S. 28-29).
167) 헤겔은 헤시오도스에 의거한다(Hesiod, Theogonie, 453-467; S. 38-41).
168) 이에 대해서는 Karl Wilhelm Ramler, *Kurzgefaßte Mythologie oder Lehre von den fabelhaften Göttern, Halbgöttern und Helden des Alterthums*, dritte verbesserte Auflage, Berlin 1816, S. 277-318 참조. 헤라클레스 혹은 헤라클레스의 임무들에 관해서는 아폴로도로스가 보고한다: Apollodor, *Bibliothek*, II, V, 1-12(Apollodor, *Bibl.* Vol. I, p. 185-237). 헤스페리엔으로의 여행에 관한 아폴로도로스의 보고는 *Bibliothek*, II, V, 11(Apollodor, *Bibl.* Vol. I, p. 230-233) 참조.
169) 역주: 주 91의 역주 참조.
170) 헤겔은 추측컨대 오비디우스의 『변신 이야기』에 의거한다: Ovid, *Metamorphosen*, V, 341-661("케레스의 이야기"에 대해서는 180-197, "프로제르피나의 [⋯] 이야기" 에 대해서는 V, 385-571 참조).
171) 『일리아스』(XIV, 312-328; 482-483절 비교)에서 제우스는 헤라에게 자신의 열정들 가운데 윤리적인 열정을 말한다. 제우스의 첫 번째 두 여인인 메티스와 테미스와 같은 몇몇 연정들에 관해서는 헤시오도스가 언급하고 있다: Hesiod, *Theogonie*, 886-944(S. 72-77); 또한 Apollodor, *Bibliothek*, I, III, 1(Apollodor, *Bibl.* Vol. I, p. 14-17) 참조. 더 상세한 예들은 이오(Io) 이야기에서 보인다: Aischylos, *Der gefesselte Prometheus*, 561-886(Aischylos, *Tragödien und Fragmente*, S. 444-465). Apollodor, *Bibliothek*, II, I, 3(Apollodor, *Bibl.* Vol. I, p. 130-135) 참조. 그 외의 예들은 아폴로도로스에게서 보인다: Apollodor, *Bibliothek*, II, IV, 8(Apollodor, *Bibl.* Vol. I, p. 172-175); Homer, *Ilias*, 95-133(S. 660-663); Ovid, *Metamorphosen*, IX, 275-323(S. 332-335).
172) 이에 대한 헤겔의 원천은 그가 소장하고 있던 파우사니아스(Pausanias)의 저서이 다. 크로이처도 그의 『호메로스와 헤시오도스에 관한 서간들 *Briefe über Homer und Hesiodus*』(Heiderberg 1818, S. 150 f)에서 이 저서에 의거하고 있다:

*Pausaniae Graeciae descriptio*. 3 Vol. Lipsiae 1818(이에 관해서는 "Il periegeta Pausanias", in: *Descriptio Graeciae*, 2 Bde. Rec. Johann Heinrich Christian Schubart, Leipzig 1870 참조).

173) 헤겔은 이 연관을 『정신현상학 *Phänomenologie des Geistes*』의 종교에 관한 장에서 상징적 종교로부터 그리스 예술종교로의 이행으로서 체계적으로 서술한다 (Hegel, *Gesammelte Werke*, Bd. 9, S. 375 f). 헤겔『미학』인쇄본에는 파우사니아스 외에도, 상술되지 않은 그 밖의 원천으로서 또한 Ch. G. 하이네(Christian Gottlob Heyne, 1729-1812) 및 프랑스 역사가 니콜라 프레레(Nicolas Fréret, 1688-1749)가 언급된다. 헤겔은 이들의 개념구상을 ― 파우사니아스와는 반대로 ― 하나의 "수긍될 수 있으나, 평범한 견해"로 보아 비판한다(Hegel, *Vorlesungen über die Ästhetik*, hrsg. von Heinrich Gustav Hotho, Bd. 2, 1. Aufl, Berlin 1835, S. 88 〔파우사니아스〕, S. 89 f 〔하이네와 프레레〕).

174) 역주: 칼카스는 예언자. 그는 그리스군의 트로이 원정에 참가하여 아킬레우스의 도움을 얻지 않으면 승리할 수 없다고 예언하였다.

175) Homer, *Ilias*, I. 8-100(S. 6-11).

176) 역주: 파트로클로스는 악토르의 아들 메노이티오스의 아들이다. 파트로클로스는 아킬레우스와 우정이 각별하여 아가멤논에게 화가 나 출정을 거부한 아킬레우스 대신 싸움터에 나갔으나 트로이의 적장 헥토르에게 죽게 되고 아킬레우스의 갑옷까지 빼앗겼다.

177) Homer, *Ilias*, XVI. 793(헬름라움스의 묘사; S. 574-575). 파트로클로스의 말에서 나온 것으로 이에 상응하는 장소는 다음과 같다: "레토스의 아들〔아폴로〕과 끔찍한 운명 역시 나를 죽일 것이다. / 그리고 인간들 가운데서는 에우포르보스가 〔나를 죽일 것이며〕, 물론 너는 세 번째로 나를 이길 것이다"(이러함에서 전달오류나 혹은 헤겔의 실수에 의해 에우포르보스라는 이름이 푀부스로 바뀌었다: Homer, *Ilias*, XVI. 849-850 〔S. 578-579〕).

178) 역주: 에우포르보스는 트로이의 원로이며 아폴로의 사제인 판토스가 프론티스와 결혼하여 태어난 아들로서, 폴리다마스와 히페레노르의 형제이다. 트로이 전쟁에 참가한 같은 연배의 사람들 가운데는 창술이나 기마술이 가장 뛰어난 전사였다고 하나 그리스군 메넬라오스의 창에 목이 찔려 죽는다.

179) Homer, *Ilias*. IV. 439("아레스"; S. 136-137); IV. 454-526(S. 138-141); XXI. 385-520("테오마키"; S. 728-735).

180) 역주: 아레스는 전쟁의 신으로, 제우스와 헤라의 아들이며 올림푸스 12신의 하나이다.

181) Homer, *Odyssee*, XXIV. 48-56(S. 640-641).

182) 크세노파네스는 그리스인들의 인간중심적 신표상을 비판한다: Xenophanes, *Die*

Fragmente, Fragment B. 15, hrsg. von E. Heitsch, München/Zürich 1983(헤겔이 소장하고 있던 판은 주 133 참조). 이에 관해서는 특별히 호메로스와 헤시오도스의 신들 이야기에 반대했던 플라톤의 비판 참조: Politeia, II, 377c-198b.
183) 위의 주 참조. 또한 Platon, Politheia, X. 607a 비교.
184) Aristophanes, Die Vögel(새들, BC 414)과 Die Frösche(개구리들, BC 405): "Die Vögel", in: Aristophanes, Sämtliche Komödien(주 107 참조), S. 289-359; "Die Frösche", 같은 책, S. 463-524.
185) 헤겔은 타키투스(Publius Cornelius Tacitus, 562?-120?)의 『게르만 민족의 기원과 거주지에 관하여 De origine et situ Germanorum』("Germania"; S. 98)를 시사하는 것 같다. 이 책은 게르만인의 이상화된 "우수성들"을 황제 시대의 몰락과정에 대립시키고 있다. 헤겔은 아마도 『역사서 Historiae』의 제14권(S. 109)을 시사하는 듯하다. [역주: 타키투스는 로마의 역사가로서 그의 저서 『연대기 Annals』(112년경)에서 "기독교인들"에 대해 언급하고 있다. 64년의 로마의 대화재발생시, "네로" 황제가 "기독교인"에게 책임을 돌린 것과 기독교인(Christian)이라는 단어가 "티베리우스" 황제 통치시 "빌라도"에게 처형당한 "크리스투스"(Christus)라는 인물에게서 비롯되었다는 것을 진술하고 있다.]
186) Horaz, Satyren(Horaz, Sämtliche Werke, S. 254-417 [Sermones]). 이에 대해서는 문화비판적인 각주들이 있는 빌란트(Christoph Martin Wieland)의 번역본 참조: Wieland, Horazens Satiren aus dem Lateinischen übersetzt und mit Einleitungen und erläuternden Anmerkungen versehen von C. M. Wieland(1786). Neue verbesserte Ausgabe, Leipzig 1804(Christoph Martin Wieland, Übersetzung des Horaz, hrsg. von Manfred Fuhrmann, Frankfurt a. M. 1986 [Christoph Martin Wieland, Werke in zwölf Bänden, hrsg. von Gouthier-Louis Fink et al, Bd. 9]).
187) 루시안(Lucian von Samosata, 120-180년경)의 풍자시들 외에도 헤겔은 다음의 것들을 가리킨다: Juppiter confutatus(Luciani opera, recognovit brevique adnotatione critica instruxit M. D. MacLeod, Tomi I-IV, Oxonii [Oxford] 1972-1987; 특히 tom. I, 1972, p. 202-213)과 Juppiter Tragoedus(같은 책, tom. I, 1972, p. 214-248) 및 특히 "신들의 대화"(Dialogi Deorum, tom. IV, 1987, p. 261-314). 헤겔의 소장품에는 다음의 판이 있었다: Luciani opera. Gr. et lat. ad edit. Hemsterhusii et Reitzii accurate expressa et cum var. lectt. et annotatt. IX Tomi. Bipontinae 1789-1793; 및 Luciani opera. P. 1. per Secer. Haganoae 1526.
188) 이에 관해서는 주 184 참조.
189) 「누가복음」 15장, 11-32절. 헤겔은 이를 넘어 퀴겔겐(Wilhelm von Kügelgen, 1802-67)의 그림을 시사하는 것 같다: 〈탕자〉(1820, 예전에 드레스덴의 회화 갤러리 소장 [분실됨]); 이에 관해서는 헤겔의 퀴겔겐 서평에 관한 로젠크란츠의 보고

참조: Karl Rosenkranz, *Georg Wilhelm Friedrich Hegel's Leben*, Darmstadt ²1969(unveränderter fotomechanischer Nachdruck der Ausgabe Berlin 1844), S. 351 f. 예컨대 다음의 서적 속에 도판 하나가 들어 있다: Werner Busch, *Die notwendige Arabeske. Wirklichkeitsaneignung und Stilisierung in der deutschen Kunst des 19. Jahrhunderts*, Berlin 1985, S. 21(Abb. 2).

190) 기독교 도상학에 확산된 마리아 막달레나 모티프는 성서적 전래로 소급되는 것이 아니라 10세기 이래 마리아 에집티아카(Maria Ägyptiaca)의 전설에 의거하여 이탈리아에서 나와 확산된 전설로 소급된다. 헤겔이 상이하게 파악하고 있는 모티프인 무명의 아름다운 속죄여인의 성서적인 모티프(「누가복음」 7장, 37-50절)는 실제적 성서해석에서는 마리아 막달레나라는 인물과 결부된다; 특수부분 주 45 참조.

191) Pedro Calderón de la Barca(주 120 참조;「십자가에서의 기도」 1634; 독일판 1803). 이에 관해서는 "Die Andacht zum Kreuze", in: *Calerón de la Barca: Schauspiele*, übers. von August Wilhelm Schlegel, 2 Bde, Berlin 1803-1809, 특히 Bd. 1, S. 1-152.

192) 헤겔은 곧 바로「누가복음」 14장, 26절(또한 9장, 59-62절 참조)과「마태복음」 10장, 37절(또한 들어가는 말의 주 9 참조)에 연관하여 말하고 있다.

193) 주 37 참조.

194) *Alarkos. Ein Trauspiel von Friedrich Schlegel*, Berlin 1802(*Schlegel*, Bd. V, S. 221-262). 슐레겔은 *Romance del Corde Alarcos*, Sevilla 1515에 의거한다. 행위의 충돌은 헤겔이 차갑고 죽은 것으로 비판한, 혼인 성사에 대한 독단적인 가톨릭적 해설과 스페인 귀족의 명예법전과의 대결에서 생겨난다.

195) 역주: 헤몬(하이몬)은 크레온의 아들로, 오디푸스의 딸 안티고네의 약혼자.

196) "하이몬과 크레온" 간의 대화(Drittes Epeisodion; V. 631-780; Sophokles, *Tragödien*, 91-96)와 곧 이어지는 합창 외에도 말할 수 있는 것은 다음의 것이다: V. 626-630; 648-654; 750-751; 793-800(Sophokles, *Tragödien*, S. 91, 91-92, 95, 96-97).

197) 테세우스(Theseus)와 페이리토스(Peirithoos)에 관해서는 예컨대「콜로노스의 오이디푸스」(Sophokles, *Tragödien*, 404)에 들어 있는 서술과 디오도로스(Diodoros Siculus, BC 90-21?)에서의 서술 또는 다음의 저서들 참조: Ovid, *Diodor*, IV, 63, 1-5(*Diodorus of Sicily in twelve volumes*. 〔주 13 참조〕 Vol. III, 16-19; *Diodori Bibliotheca historica*, hrsg. von Curt Theodor Fischer u.a. 5 Bde, Leipzig ³1888-1906 [Neudruck Stuttgart 1964]); Ovid, *Metamorphosen*, VIII, 303, 403-406(S. 290-291, 294-297); XII, 226-229(S. 446-447); Ovid, *Tristia*, I, IX, 31-32(*Ovid in six volumes*. Vol. VI. Tristoa. Ex ponto, trad. by Arthur Lesley Wheeler, London/Cambridge, Mass. 1975 [¹1924], p. 44-45); Ovid, *Ex ponto*, II, III, 43

(같은 책, Vol. VI, p. 334-335). 필라데스는 아이스킬로스의 「오레스트 *Orestie*」에서 오레스트의 반려자로 언급된다(*Orestie*, zweiter Teil der Trilogie: *Weihgußträgerinnen*, V. 900-902; Aischylos, *Tragödien und Fragmente*, S. 170-171). 테세우스와 페이리토스 두 사람의 우정에 대해서는 오비디우스가 『폰투스에서 보낸 편지들 *Epistulae ex ponto*』에서 보고하고 있다(*Ex ponto*, II, III, 45 [같은 책, Vol. VI, p. 334-335]; *Tristia*, I, V, 19-22; I, IX, 27-28 [같은 책, Vol. VI, p. 30-31, 44-45]).

198) 주 124 참조.

199) 헤겔은 이탈리아 예술 희극 코메디아 델 라르테(Commedia dell' arte [16-18세기에 유행한 즉흥가면극])에 개별성이 없다는 것에 대한 언급과 더불어 18세기 이탈리아 성격들의 전형화되어가는 고착성에 대한 비판, 특히 예술 희극 속의 가면들에 반대하는 비판을 시사한다; 이런 비판은 예컨대 카를로 골도니(Carlo Goldoni, 1707-93)에게서나 고트셰트에게서는 독일 논쟁(deutsche Dibatte) 속에서 보인다. 셰익스피어 이래로, 특별히 희극의 영역에서는 몰리에르(원래는 Jean-Baptiste Poquelin, 1622-73) 이래로 전형화되고 있던 이해는 개별 성격들을 충분히 완성시키는 것으로 바뀌졌다.

200) 이에 대해서는 *Romeo und Juliet*, I,3, 16-62 참조: 줄리엣의 어린 시절에 관한 서술 등(Shakespeare, *Sämtliche Dramen*, Bd. III, S. 293-295).

201) 헤겔은 셰익스피어의 「폭풍우 *Tempest*」(1631년에 최초 상연; 1623년에 첫 인쇄)에 나오는 프로스페로의 딸인 미란다(Miranda)와 연관하여 말하고 있다. 제1막(I, 2, 18)에서 프로스페로는 자신의 딸을 "네가 누구인지 모르는 ignorant of what thou art" 것으로서 특성짓는다(*Shakespeare*, 1612; Shakespeare, *Sämtliche Dramen*, Bd. I, S. 33); 이러한 가치평가는 미란다의 행동과 자기이해에 적중된다(이에 대해서는 특히 제3막의 첫째 장면을 참조: *Shakespeare*, 1624-1625; Shakespeare, *Sämtliche Dramen*, Bd. I, S. 63-66).

202) 헤겔은 괴테의 시 《양치기의 탄식가 *Schäfers Klagelied*》를 가리킨다: Goethe, "Schäfers Klagelied", in: *Taschenbuch auf das Jahr 1804*, hrsg. von Wieland und Goethe, Tübingen 1804, S. 113 f. 헤겔이 쓴 이 시의 필사본은 뉘른베르크 시립도서관의 소장품 속에 있다(전사본 1500); *Hegels Abschrift von Goethes Gedicht 'Schäfers Klagelied'*. Mitgeteilt von Helmut Schneider, in: *Hegel-Studien*, 13(1978), S. 77-88 참조.

203) "Der König von Thule" (첫 출간), in: *Volks- und andere Lieder*. In Musik gesetzt von Siegmund Frhn. v. Seckendorf, Dessau 1782; 거기서 no. 3, S. 6: *Der König von Thule. Aus Goethens Dr. Faust*(Goethe, *Werke*, Bd. I, S. 79-80).

204) 아리오스토(Ludovico Ariosto, 1474-1533)의 운율서사시 《광란의 오를란도

Orlando furioso》(1516년 첫 인쇄; 1521년에는 티치안의 초상을 포함한 개정판으로 노래 6곡이 더 증보되어 나옴; 1532에 최종판으로 나옴). 헤겔의 소장품에는 Ariosto, *Orlando furioso*, Venezia 1570이 있었다.

205) 헤겔은 낭만주의에서 높이 평가받은 세르반테스(Miguel de Cervantes Saavedra, 1547-1616)의 작품『라만차의 재기발랄한 향사 돈키호테 *El ingenioso Hidalgo Don Quixote de la Mancha*』(Teil 1. 1605, Teil 2. 1615)를 특성짓고 있다. 이에 관해서는 티크의 번역본을 참조: *Leben und Taten des scharfsinnigen Edlen Don Quixote von la Mancha*, Berlin 1799-1801(Neudruck nach der Ausgabe 1852/53 in 2 Bdn, Berlin 1982).

206) *The Tragedy of Hamlet, Prince of Denmark*. I. 1 참조(*Shakespeare*, 1141-1143; Shakespeare, *Sämtliche Dramen*, Bd. III, S. 591-596).

207) 헤겔은 아마도 디드로의 『사생아 *Fils naturel*』(1757)의 대화형식의 부록과 연관하여 말하고 있을 것이다: 『도르발과 나 *Dorval et moi*』 및 1758年 "가족의 아버지 Père de famille"에 함께 철해진 『극시론 *Discours sur la poésie dramatique*』. 『디드로 극장 *Théatre de Diderot*』(Amsterdam [Paris] 1759)의 이 텍스트들은 레싱의 번역을 통해 알려져 있었다(*Theater des Herrn Diderot*, Berlin 1760).

208) 『베를리힝엔의 괴츠』(I, 1; II, 10; V, 1; 2; 5; 6; 또한 Goethe, *Werke*, Bd. IV, 74-76, 119-121, 157-159, 159-161, 163-164, 165-166) 외에 헤겔은 추측컨대『에그몬트 *Egmont*』속의 민속장면을 시사하며(I, 1; II, 1; Goethe, *Werke*, Bd. IV, S. 370-377, 389-395), 또한『클라비고 *Clavigo*』를 시사하는 듯하다(V; Goethe, *Werke*, Bd. IV, S. 302-306). 실러에 관해서는 빈번히 언급된 「군도 *Räuber*」속의 이에 상응하는 장면들을 참조(I, 2; II, 3; III, 2; IV, 5; V, 2; Schiller, *Werke*, Bd. 3, S. 20-33, 53-73, 77-86, 103-116, 127-135).

209) 시민 비극의 두 시인, 즉 코체부와 이플란드에 관한 자세한 특성묘사에 관해서는 주 72를 참조.

210) 1826년 강의에서 헤겔은 이 맥락에서 게르하르트 도우(Gerhard Dou, 1613-75)를 언급하므로, 추측컨대 도우의 〈실패를 쥐고 있는 늙은 부인〉(1660-75년경, 33.5×26.5cm, 목판, 드레스덴 회화 갤러리)을 말한 것일 것이다.

211) Johann Paul Friedrich Richter(1763-1825); 헤겔은 주로 로렌스 슈테르네(Lawrence Sterne, 1713-68)와 헨리 필딩(Henry Fielding, 1707-54)의 후속으로 쓰여진 유머스러운 이야기들에 의거하며, 장 파울을 주관적 유머의 대변자로 특성짓는다.

# 특수부분 주

1) 역주: 예술의 시초에 대한 잘못된 표상들.
2) 역주: 여기에 언급된 '아름다운 예술'은 헤겔의 사유에 따르면 '자연미'에 반하는 '정신적인 예술'을 의미한다.
3) 헤겔은 히르트(Alois Ludwig Hirt, 1795-1839)에 의거하는데, 히르트의 저서 『고대인들의 기본원칙에 따른 건축술 Die Baukunst nach den Grundsätzen der Alten』(2 Bde. Berlin 1809)은 건축의 시초들을 서술하기 위한 것으로 비트루비우스(Vitruvs, BC 1세기 활동)의 저서 『비트루비우스의 건축십서 Vitruvii de architectura libri decem』(1487년에 처음으로 인쇄됨, 1514년에 독일어로 번역됨), 특히 제2서, 1장으로 소급된다. 비트루비우스는 여기서 태초의 건축 형식들을 다루고 있다(Zehn Bücher über die Architektur, lateinisch-deutsch, mit Anmerkungen von C. Fensterbusch, Darmstadt 1964 [$^1$1976], S. 78-87).
4) 난외주석은 괴테의 『사계절 Vier Jahreszeiten』, 가을, 68번-69번에서 따온 (약간 변경된) 인용을 증명하고 있다(최초의 인쇄, in: Goethe's Neue Schriften, Bd. 7, Berlin 1800; Johann Wolfgang Goethe, Sämtliche Werke, Bd. 1, S. 263).
5) 이에 대해서는 「I. 모세」, 11장 1-9절.
6) 역주: 고대 그리스의 거리 단위. 184m.
7) 벨 사원에 대한 상세한 기술에 관해서는 Herodot, 『역사서 Historien』, I. 181,5, 183,1, 184,1; III. 158(Bd. 1, S. 164 ff, 500 f 비교)을 참조.
8) 역주: 헤로도토스, 『역사서』 1.181-2 인용.
9) 역주: 엑바타나는 메디아의 수도(원래 명칭은 한그마타나[Hangmatana]였음). 오늘날 이란의 수도인 하마단(Hamadan)에 위치하였음.
10) 헤겔은 크로이처의 『옛 상징론의 이념과 실증 Idee und Probe alter Symbolik』, Bd. I, S. 686f(일반부분 주 82 참조)에 의거한다. 크로이처는 그가 페르시아와 메디아 건축기념물을 다룬 것과 연관하여 헤로도토스의 『역사서 Historien』에 관한 언급에서 "엑바타나 Ekbatana"를 기술한다: "데이오세스(Deioces)에 의해 축성된 [BC 710-657] 엑바타나는 [···] 언덕 위에 지어진 제왕의 성이며, 테라스형이고, 일곱 개의 벽이 있다. 안쪽에 있는 벽이 밖의 것보다 높았으며, 이 벽들은 태고의 소박한 뜻그림의 원이 의미하는 일곱 개의 행성과 명백하게 연관되어 상이하게 칠해졌다".
11) 알키비아데스는 오히려 소크라테스를 "실레노스(Silenos, 역주: 주신 디오니소스의 양육자 겸 종자)"의 한 사람에(Symposium, 215a-b; 221d-e) 내지는 "마르시아스의 사티르(Satyr - 역주: 반인반수의 숲의 신, 디오니소스의 종자)"에(Symposium, 215a-b) 비교한다. [역주: 마르시아스는 강 이름. 원래는 사람 이름으로 미다스가

다스리던 프리지아에 살았다. 마르시아스는 아테나가 버린 피리를 주워 열심히 연습한 끝에 능숙해지자 아폴론에게 연주실력을 겨루자고 제안하여 패배했다. 승리한 아폴론은 마르시아스를 나무에 묶은 채 살가죽을 모두 벗겼다. 마르시아스의 몸에서 흐르는 피는 그를 불쌍히 여기는 이들이 흘리는 눈물과 합쳐져서 강이 되었는데, 그 강을 마르시아스 강이라고 부르게 되었다.]

12) 역주: 세소스트로는 이집트의 왕.
13) 헤겔은 세소스트리스(Sesostris)의 원정을 보고할 때 Herodot, *Historien*. II, 102, 3-5 및 106, 1(Bd. 1, S. 282-283, 284-285)에 의거한다.
14) 역주: 그리스 신화에 나오는 멤논은 새벽의 여신 에오스(오로라)와 티토노스 사이에서 에티오피아에서 태어나 이후 에티오피아의 왕이 되었다.
15) 헤겔은 추측컨대 크로이처의 『상징론과 신화론 *Symbolik und Mythologie*』에 의거한다: 여기서 의미되는 바는 "오지만디아스 Ozymandias"(Bd. 1, S. 452)이다. 다음에 이어지는 사항들에 관해서는 같은 책, Bd. 1, S. 458 참조.
16) 이 보고는 플리니우스에게서 보인다: C. Plinius Secundus, *Naturalis Historiae*(일반부분 주 130 참조), Vol. V. Libri XXXI-XXXVII. 헤겔의 관련장소는 추측컨대 플리니우스 자체가 아니라, 플리니우스의 『자연사 *Historia Naturae*』, XXXVI, 14를 가리키고 있는 크로이처일 것이다(Creuzer, *Symbolik und Mythologie*, Bd. 1, S. 469): "그렇게 또한 아우로렌(Auroren)의 이디오피아 아들은 메디아인들에게 행성과 같은 도시들을 지어주었다. 메디아인 혹은 페르시아인 미트라스는 이집트의 태양의 도시(On-Heliopolis)를 다스렸고, 거기서 꿈을 통해 오벨리스크, 즉 소위 돌로 된 태양광선을 짓고 그 위에다 사람들이 이집트적인 것이라고 부르는 철자를 새기는 것이 떠올랐다."
17) 역주: 시바는 인도의 파괴의 신으로, 황소를 타고 다닌다.
18) 헤겔은 다시금 크로이처에게 의거하는데, 크로이처는 이집트 신성들 및 동물제의를 다룰 때 스트라보(Strabo 내지는 Strabon, Amaseia; 약 BC 63-AD 28)의 『지리학 *Geographie*』을 새로이 참조했다: *Strabonis Rerum geographicum libri XVII*. A. Guilielmo Xylandro [⋯] magna cura recogniti [⋯] Iidem ab eodem Xylandro in sermonem Latinum [⋯] transcripti. Adictae sunt eiusdem annotatiunculae [⋯] Accesserunt inventaria loculetissima rerum et verborum memorabilium atque scriptorum quorum sententias allegat Strabo. [S. I.]: off. Henricpetrina 1571; 이에 관해서는 Creuzer, *Symbolik und Mythologie*, Bd. 1, S. 322(S. 481, 507 비교) 참조.
19) 이에 대해서는 『정신현상학 *Phänomenologie des Geistes*』 속의 헤겔의 진술 참조: "그러므로 정신은 여기서 장인(Werkmeister)으로서 현시된다. 그리고 정신은 자신의 행위를 통해 자기 자신을 대상으로 산출하지만 자신의 생각은 아직 파악하지 못했는데, 그런 정신의 행위는 본능적으로 일함(ein instinctartiges Arbeiten)이다. 마

치 꿀벌이 그들의 집을 짓듯이 말이다"(Hegel, *Gesammelte Werke*, Bd. 9, S. 373). 헤겔은 그 자신이 크로이처에게 보내는 1821년의 편지 초안에서 제시하고 있듯이, 이러한 구상을 크로이처와의 토론에서 더욱 첨예화했다: *Briefe von und an Hegel*, hrsg. von Johannes Hofmeister, Bd. 2, Hamburg ³1969, Nr. 389, S. 266 f.

20) [이에 대한] 묘사는 비트루비우스에게서 보인다; Vitruvius, *De architecture libri decem*. Liber quartus/Buch IV, S. 1(*Zehn Bücher über die Architektur*: 주 3 참조).

21) 헤겔이 시사하는 이야기도 마찬가지로 비트루비우스에게서 보인다: *De architectura*. Liber quartus/Buch IV, 1, S. 9-10.

22) 갈(Franz Joseph Gall, 1758-1828)은 1804년에 두개골학(Kraniologie) 내지는 골상학(Kranioskopie; 나중에는 Phrenologie로 쓰여짐)을 다음의 저서 속에서 총괄한다: *Neue Darstellungen aus der Gallischen Gehirn- und Schedellehre, als Erläuterungen zu der vorgedruckten Vertheidigungsschrift des Doktors Gall Abhandlung über den Wahnsinn, die Pädagogik und die Physiologie des Gehirns nach der Gallschen Theorie*, hrsg. von Walter, München 1804. 헤겔은 이미 『정신현상학』에서 갈과 토론을 벌이고 있다(Hegel, *Gesammelte Werke*, Bd. 9, S. 181 ff, 185 ff, 190).

23) 헤겔은 빙켈만(일반부분 주 23 참조)의 『고대 미술사 *Geschichte der Kunst des Alterthums*』(Dresden 1764)에 의거한다. 이 논서의 제1부에서 빙켈만은 한편으로는 그리스 미술을 이집트인 이래의 미술 발전의 역사적 맥락에서 고찰하며, 다른 한편으로는 한 민족의 그때마다의 미술 내부에서 양면적 차별화를 기획하여, 예컨대 그리스 미술에서도 네 단계를 구분한다(*Von dem Wachsthume und dem Fall der Griechischen Kunst, in welcher vier Zeiten und vier Stile koennen gesetzt werden*, 1. Theil, 3. Skt., Dresden 1764, S. 213-248; Winckelmann, *Gesch. d. Kunst d. A*. S. 207-237 참조 — 그리스 미술이상의 서술은 제2부, 2편 "미술의 본질적인 것에 관하여 Von dem wesentlichen der Kunst"라는 제목 하에서 보인다 [Dresden 1764, S. 141-212]; Winckelmann; *Gesch. d. Kunst d. A*. S. 139-207 참조).

24) 헤겔은 빙켈만에 의거하는데, 빙켈만은 자신의 서술에서 "에기나 양식으로 작업된, 그리스의 많은 오랜 입상들에 관한 소식들이" 증명하듯이, "이미 아주 오래된 시대들에서" 시작되었던 에기나 화파를 가리키고 있다. 빙켈만은 이런 연관에서 이름이 잘 알려져 있지 않은 에기나 조각품 — 이에 대해서는 플리니우스가 "에기나 조각가(Aeginetae fietoris)란 명칭으로" 보고하고 있음(Plinius, Naturalis historia. Lib. XXXVI, c. 4, n. 10 [일반부분 주 130 참조]) — 을 가리키고 있다(*Geschichte der Kunst des Alterthums*, Dresden 1764, S. 321 [Winckelmann, *Gesch. d. Kunst d. A*. S. 303]). 반면 헤겔은 소위 사원 입상(Ägineten)인, 에기나 만의 아파이아

(Aphaia) 사원의 합각머리 조각들(BC 500년경)에 관해 말하고 있다. 이 조각들은 1811년에 발견되었고, 바이에른의 루드비히 황태자에 의해 낙찰되어 1815년에 에기나에서 로마로 옮겨졌다. 〔여기서〕 중점이 되는 것은 신화의 영웅들에 둘러싸인 아테나를 표현하는 후기 아르카익 조각들이다. 이 조각들은 1815-17년 로마에서 토르발센(Bertel Thorvaldsen, 1768-1844)과 바그너(Johann Martin Wagner, 1777-1858)에 의해 보완되었고, 1828년에는 뮌헨의 조각전시관(Glyptothek)에 진열되었다.

25) 추측컨대 헤겔은 빙켈만의 『고대 미술사 Geschichte der Kunst des Alterthums』(Dresden 1764, S. 109; Winckelmann, Gesch. d. und Kunst d. A. S. 115)에 관해 말하고 있다. 빙켈만은 "최초의, 더 오래된 에트루리아(Hetrurisch) 양식"에 대한 자신의 서술에 "후속하는 두 번째" 양식의 서술을 연결한다. 이 두 번째 양식의 "특성들은 부분적으로는 형체와 그 부분들의 민감한 암시이며, 부분적으로는 강요된 자세와 행위인데, 이 자세와 행위는 몇몇 형체들에서는 강압적이며 과장되어 있다. 첫 번째 특성에서는 근육들이 불룩하게 올라와 있으며 언덕처럼 놓여 있고, 뼈는 날카롭게 그려져서 너무나 가시적으로 되어 있다. 이로 인해 이 양식은 딱딱하고 고통스러워진다". 이에 관해서는 동일한 형식의 얼굴들과 몸의 자세에 대한 헤겔의 상술들을 참조(Winckelmann, Geschichte der Kunst des Alterthums, Dresden 1764, S. 110-112; Gesch. d. Kunst d. A. S. 116-117). 이 양식의 "놀라울 정도에" 이르는 자연주의에 대해서는 폰 바그너도 언급하고 있다: Johann Martin von Wagner, Bericht über die Äginetischen Bildwerke im Besitz Seiner Königlichen Hoheit des Kronprinzen von Bayern. Mit kunstgeschichtlichen Anmerkungen von F. W. J. Schelling, Stuttgart und Tübingen 1817; 위의 주 참조.

26) 주 23 참조.

27) 헤겔은 다음과 같이 인용한다: "이러한 나체상 양식으로 된 소묘의 일반적인, 그리고 가장 두드러지는 고유성은 직선적인 것, 혹은 크게 벗어나지 않고 적당하게 굽은 선으로 형체를 윤곽짓는 것이다. 바로 이러한 양식이 그들의 건축술에서, 그리고 그들의 왜곡에서 보인다: 그래서 그들의 형체에는 우아함과 〔…〕 스트라보가 건물들에 관해 말했던 회화적인 것이 결여되어 있다(Stravo: Geschichte der Kunst des Alterthums. Dresden 1764, S. 39; Winckelmann: Gesch. d. Kunst d. A. S. 51)". 빙켈만은 나아가 이집트 양식의 징표로서 "거의 곧은 선으로 된 윤곽 짓기와 형태 짓기, 사람 형체에서 뼈와 근육을 거의 암시하지 않음"을 말한다(Geschichte der Kunst des Alterthums. Dresden 1764, 40; Winckelmann: Gesch. d. Kunst d. A. S. 52); 동물표현들은 예외이다(Geschichte der Kunst des Alterthums. Dresden 1764, S. 40 f; Winckelmann: Gesch. d. Kunst d. A. S. 52f).

28) 이 신화는 K. P. 모리츠에게서 전래되고 있다: Götterlehre oder mythologische Dichtungen der Alten. Berlin/München 〔1795〕, S. 222. 빙켈만은 그의 『고대 미술

사 *Geschichte der Kunst des Alterthums*』에서 마찬가지로 이 신화와 연관하여 말하고 있다: "마침내 다이달로스(Daidalos)는 가장 공통적인 의견 그대로 이 기둥조각들의 아래 부분의 절반을 다리형태로 서로 분리하기 시작했다. 그리고 사람들이 돌로 사람의 전신상을 만드는 것을 이해하지 못했기 때문에 그 예술가는 나무로 작업을 했다. 최초의 입상들은 이 예술가에게서 다에달리(Daedali)라는 이름을 얻었다고 한다"(*Geschichte der Kunst des Alterthums*. Dresden 1764, S. 7; Winckelmann: *Gesch. d. Kunst d. A.* S. 27 f).

29) Winckelmann: *Geschichte der Kunst des Alterthums*. Dresden 1764, 39-43(Winckelmann: *Gesch. d. Kunst d. A.* S. 52-54). 헤겔은 거의 낱말 하나하나에 충실하게 빙켈만의 서술을 반복하고 있다. 손들과 근육에 대한 서술에 관해서는 다음을 참조: *Geschichte der Kunst des Alterthums*. Dresden 1764, S. 40, 14째 줄 이하 계속(Winckelmann: *Gesch. d. Kunst d. A.* S. 52); 얼굴 형상짓기에 관해서는 같은 책, S. 41 f(Winckelmann: *Gesch. d. Kunst d. A.* S. 53) 참조.

30) 그리스 측면상에 대한 빙켈만의 기술은 그리스 미술에서 두상 표현을 다루는 맥락에서 보인다(*Geschichte der Kunst des Alterthums*. Dresden 1764, S. 176-188; *Gesch. d. Kunst d. A.* S. 173-177). 그리스 측면상의 규정에 관해서는 다음을 참조: 같은 책, S. 117 f(*Gesch. d. Kunst d. A.* S. 174).

31) 헤겔은 P. 캄페르(Pieter Campers, 1722-89)의 다음의 논저와 연관하여 말한다: *Ueber den natürlichen Unterschied der Gesichtszüge in Menschen verschiedener Gegenden und verschiedenen Alters, über das Schöne antiker Bildsäulen und geschnittener Steine, nebst Darstellung einer neuen Art, allerlei Menschköpfe mit Sicherheit zu zeichnen*, hrsg. von Adrian Gilles Camper, übers. von S. Th. Soemmering, Berlin 1792(다음의 주 참조).

32) 헤겔은 1815년에 뮌헨에서 복원된 상태에서 보았던 〈어린 디오니소스를 안고 있는 판〉 입상과 연관하여 말하고 있다. 그 입상의 당시 상태에서의 (그간에 복원되었던 부분이 다시 떨어져나갔다) 도판 하나가 녹스(Knox) 판 헤겔 『미학』 속에 있다: *Aesthetics. Lectures of Fine Art by G.W.F. Hegel*, translated by T. M. Knox, Vol. I, Oxford 1975. 이 도판은 또한 다음의 전시도록 속에 들어 있다: *Hegel in Berlin. Preußischer Kulturpolitik und idealistische Ästhetik. Zum 150. Todestag des Philosophen*, Berlin, Staatsbibliothek Preußischer Kulturbesitz 11. 11. 1981 - 09. 01. 1982; Düsseldorf, Goethe Museum 20. 01. 1982 - 07. 03. 1982, Wiesbaden 1982(Ausstellungskataloge. Staatsbibliothek Preußischer Kulturbesitz. 16), Kat. Nr. 22c, Abb. 81 〔도판번호 81〕, S. 225).

33) J. J. Winckelmann: *Geschichte der Kunst des Alterthums*. Dresden 1794, 179 (Winckelmann: *Gesch. d. Kunst d. A.* S. 175 비교): "눈의 아름다움 가운데 하나

는 크기이다. 큰 빛이 작은 빛보다 더 아름답듯이 말이다". 또한 같은 책, S. 166 (Winckelmann: *Gesch. d. Kunst d. A.* S. 163): "하지만 비너스는 두 여신들[헤라와 팔라스]과는 다른 시선을 지니고 있는데, 이 시선은 특별히 약간 올라간 아랫 눈썹이 만들어낸 것이다. 이 눈썹에 의해 부드럽게 열린 눈들로 추파를 던지는 자와 애타게 그리워하는 자가 형상된다. 그리스인들은 이 눈썹을 to hygron(부드러움)이라고 부른다. 그러나 이 부드러움은 근세인들의 음탕한 표정과는 거리가 멀다. 왜냐하면 고대 예술가들도 사랑을 지혜의 배석자로서 간주했기 때문이다".

34) 헤겔은 괴테의 캄페르(Camper) 서평을 시사하고 있다. 괴테는 헤겔이 소장하고 있던 그의 『자연학 논서 *Schriften zur Naturwissenschaft*』, 특히 "변형론(Morphologie)"(4편 중 제1권. Stuttgart/Tübingen 1805)에서 빈번히 캠퍼의 가정에 의거한다. 캄페르는 (소위 캄페르적) 안면각에 기초하여 표현된 측면상의 관념성의 정도를 추론하는데, 이 안면각은 바깥의 청강과 (소위 캄페르의 선인) 코 돌기를 결합하는 선에 의해, 그리고 코의 아랫 부분(die Subnasale)을 윗부분의 코점(Obernasenpunkt)과 결합하는 직선에 의해 형성되는 각이다. 80°보다 큰 모든 안면 각들은 이상적 프로필에 속한다. 고대 두상들에서는 이 각이 100°를 넘어 관념성의 최대치까지 상승된다. 슐레겔 역시 자신의 『예술론 *Kunstlehre*』(1801/82)에서 이러한 사상을 발전시킨다: "캄페르는 그리스인의 프로필의 고유성을 해부학적 측정을 통해 규정하고자 했는데, 이 측정의 정확성 평가는 전문가들에게 맡긴다. 그 측정 작업에 따르면 그리스인의 프로필의 고유성은 전적으로 자연을 넘어서는 비례일 것이다. 그러함에 있어 캄페르는 그와 같은 비례 작용을 그 비례의 실로 명확한 관상학적 의미에서 추출하지는 않는다. 더 큰 안면각에 의해서 윗부분들은 아랫 부분들에 대해 지배적이 되며, 전자는 더 높은 심의력의 자리로서 현시된다. 왜냐하면 감성이 아랫 부분들에서 보다 많이 거주하기 때문이다. 따라서 그와 같은 형성은 동물적인 것에 대한 순수한 인간적인 것의 우세를 드러낸다" (*Die Kunstlehre*, in: A. W. Schlegel, *Kritische Schriften und Briefe*, II, hrsg. von Edgar Lohner, Stuttgart 1963, S. 127).

35) 헤겔은 BC 1년에 나온 그리스 입상을 로마 시대 때 복제한 대리석 모사품인 〈메디치의 비너스〉(피렌체, 우피치 미술관 소장)와 연관하여 말하고 있다. 이 입상에서는 턱이 아니라, 오른쪽 팔과 왼쪽 손의 형체가 복구되어 있다. 메디치 비너스의 턱[속의 보조개]에 관해서는 빙켈만도 보고하고 있다(*Geschichte der Kunst des Alterthums*, Dresden 1764, S. 181; Winckelmann, *Gesch. d. Kunst d. A.* S. 167). 이 조각의 복구된 손들에 관해서는 같은 책, S. 182(Winckelmann, *Gesch. d. Kunst d. A.*, S. 178) 참조.

36) 「창세기」 제3장 7절, 10절.

37) 빙켈만은 트로이 전쟁 이전 시대와 조각의 특성을 결부시키지만 확실히 다른 의미에

서이다. 그는 예술 즉 조각, 회화, 건축술의 연속적인 발전을 가리키는 것이다 (*Geschichte der Kunst des Alterthums*, Dresden 1764, S. 138; Winckelmann: *Gesch. d. Kunst d. A.* S. 137).

38) 그리스 예술 내의 여신들의 유형에 대한 빙켈만의 규정에 관해서는 특히 다음을 참조: *Geschichte der Kunst des Alterthums*, Dresden 1764, S. 164-166(Winckelmann, *Gesch. d. Kunst d. A.* S. 162-164). 조각에서의 남신들의 유형에 관해서는 같은 책, S. 157-164(Winckelmann, *Gesch. d. Kunst d. A.* S. 157-162) 참조. 헤라의 프로필에 관한 언술은 아마 동전의 남신 및 여신들의 유형들에 대한 빙켈만의 서술을 시사하는 것일 수 있다; 같은 책, S. 166(Winckelmann, *Gesch. d. Kunst d. A.* S. 164 f).

39) 미론(Myron, BC 5세기)의, 또는 그의 작업장에서 나온 여러 가지 작품들은 이미 고대에서 유명했다. 〈원반 던지는 사람〉, 〈권투선수〉, 〈마르시야스 Marsyas와 함께 있는 아테나〉, 〈소〉가 그런 것들이다. 미론은 소위 엄격 양식의 대변자로, 그리고 초기 고전기의 완성자로 간주된다. 그의 작품을 본딴 것으로 로마황제 시대에 나온 구리 합금 또는 돌로 된 수많은 두상들이 보존되어 있다(주 40, 41 참조).

40) 헤겔은 1818년 「예술과 고대에 관하여 *Über Kunst und Altertum*」에 실린 미론에 관한 괴테의 논저에 의거한다: "그리스 조형 예술가에게 불가능했던 것은 수유하고 있는 여신을 표현하는 것이었다 [⋯]. 부수적 존재들인 영웅녀, 님프들, 반인반수들에게는 유모, 양육자의 임무가 들어 있는데, 이들은 부득이하게도 소년을 돌보는 자들로 나타난다. 왜냐하면 제우스 자신이 염소에 의해서도 양육될 수 없었을 때 한 님프에 의해 양육되었고, 다른 신들과 영웅들도 마찬가지로 은폐된 곳에서 야생의 양육을 즐겼기 때문이다. 게다가 조형 예술가들도 반인(半人)의 수유라는 동물적 행위를 즐거워하면서 그들의 위대한 감각과 취미를 가장 고도로 나타냈다. 제욱시스의 저 〔켄타우로스 가족〕이 이에 대한 명백한 일례를 보여준다"("*Über Kunst und Altertums*", in: Goethe, *Sämtliche Werke*, Bd. 13, S. 637-647; 특히 S. 643 f). 〔역주: 켄타우로스는 그리스 신화에 나오는 동물로, 상체는 사람이고 하체는 말인 다리가 넷인 전설적 존재.〕

41) 여기서도 헤겔은 역시 "미론의 소 *Myrons Kub*"에 관한 괴테의 논편에 의거한다: "물론 우리는 또 하나의 표현에 관해 침묵할 수 없다. 그것은 로마의 암늑대이다. 사람들은 원한다면 이 늑대를 몇몇의 모조품으로도 볼 것인데, 이 암늑대는 언제나 고도의 즐거움을 불러온다"(위의 주 참조). 일례는 기원전 5세기 중엽에 유래한 카피톨 성의 암늑대의 유명한 청동입상이다(로마, 콘살바토르 궁). 〔역주: 카피톨 성은 로마의 일곱 언덕 중의 하나인 카피톨 언덕에 있음.〕

42) 레오 10세는 1515년에 시스틴 성당의 하단 벽면의 양탄자를 위한 카르통 밑그림을 라파엘로(원래는 Raffaello Santi 내지는 Sanzio; 1483-1520)에게 대규모로 위임하였

다. 사도 베드로와 바울로의 생애에서 나온 주제들로 된 열 개의 양탄자 중 일곱 개에 대한 카르통이 보존되어 있다. 원래 순전히 작업장용으로 정해졌던 이런 작업기본판들이 1823년에도 여전히 햄프턴 코트(Hampton Court)에 있었다. 이 작업 기본판들은 오늘날 런던의 빅토리아 & 앨버트 뮤지움에 있다.

43) 고통과 고통의 미학적 의미의 기술에 대해 헤겔에게 척도가 되는 것은 레싱의 「라오콘, 또는 시와 회화의 한계에 관하여」(1766)와 조각에 관한 헤르더의 논편(1768-70년에 씀), 괴테의 1789년의 『프로필레엔 *Propyläen*』 기고인 「라오콘에 관하여」이다. 언급된 이런 고전 작품들은 A.W. 슐레겔의 『예술론 *Kunstlehre*』(1801/02)과 셸링의 예나 미학강의(1802/03; 내지는 나중의 뷔르츠부르그, 1804/05 강의)에서도 낭만적 예술의 전형적인 표현방식인 특성적인 것(das Charakteristische)으로 넘어가는 이행점을 이룬다.

44) 이에는 "소박시와 감상시에 관하여 Über naive und sentimentalische Dichtung", in: Schiller, *Werke*, Bd. 20, S. 460-461 참조.

45) 이것이 의미하는 바는 헤겔 시대에 코레조(Corregio, 1494-1534)의 것으로 여겨진 그림인 〈독서 중에 참회하는 막달레나 *Büßende Magdalena bei der Lektüre*〉(29×39.5cm, Dresden, Gemäldegalerie, 전쟁 중 분실)이다. 예로 다음의 책 속에 도판 하나가 들어 있다: Cecil Could, *The Paintings of Corregio*, London 1976, 표 97c.

46) 괴테에게서 상을 받은, 호프만(Joseph Hofmann, 1764-1812)의 1801년 바이마르 공모과제의 소묘에 관한 것이다: 〈리코메데스의 딸들 가운데 있는 아킬레우스 *Achill unter den Töchtern des Lykomedes*〉 혹은 〈스키로스의 아킬레우스 *Achill auf Skyros*〉(1801, 회색 종이에 먹을 사용해 깃털과 붓으로 그림, 흑백으로 빛깔을 냄. 69.5×110.8cm, 바이마르, 국립 예술수집소 소장). 괴테는 시상을 할 때 헤겔처럼 아킬레우스의 뜯겨진 진주목걸이 모티프를 특별히 강조한다. 진주를 모으고 있는 아이에 대한 헤겔의 언급은 그림과는 일치하지 않는 보충설명이다. *Goethes Preisaufgaben für bildende Künstler 1799-1805*, hrsg. von Walter Scheidig, Weimar 1958(*Schriften der Goethe-Gesellschaft*. 57), 도판 15 참조.

47) 역주: 아킬레우스를 낳은 바다의 여신 테티스는 자신의 아들이 트로이 전쟁에서 죽을 것을 미리 알고 참전하지 못하도록 아들을 스키로스 섬에 여장을 하여 리코메데스의 딸들 가운데 숨겨 놓는다. 이를 안 오디세우스는 방물장사로 변장하여 아가씨들 앞에 방물들을 펼쳐 보이니 다른 아가씨들은 관심을 보이는데 아킬레우스는 전혀 관심을 보이지 않았다. 이때 어디선가 전쟁 나팔소리가 들리자 아킬레우스는 자신도 모르게 장식품 속에 함께 들어 있던 투구를 움켜잡게 된다. 이때 장식함 속의 진주목걸이가 걸려서 알알이 뜯긴 것이다. 이렇게 하여 행방이 밝혀진 아킬레우스는 트로이 전쟁에 참전하게 된다.

48) 여기서 헤겔은 로지에 반 데어 베이덴(Rogier van der Weyden, 1399/1400-64)의

소위 말하는 〈동방박사의 경배 *Dreikönigsaltar*〉(콜룸바 제단화)를 시사하고 있다. 이 제단화는 헤겔 시대에는 반 아이크(van Eyck)의 것으로 여겨졌다(현재 뮌헨의 알테 피나코텍 소장). 헤겔은 이 그림을 봐세레(Boisserée) 형제의 콜렉션에서 알게 되었는데, 이 그림은 쾰른 부근의 성(聖) 콜룸바(St. Columba)에 있는 — 쾰른 시장인 괴데르트 폰 덴 바서파스(Goedert von den Wasserfass)가 기증한 — 예배당을 위해 이 시장이 기증한 것으로서 추정컨대 1460년경에 제작된 것이다. 여기에서 이 그림은 주된 대표인물들 가운데 하나를 그렸다. 헤겔은 회화의 해석, 특히 회화의 색채와 [당시] 나타나기 시작했던 성격적인 것(초상화류의 것)에 대한 자신의 해석을 위해 척도가 되는 모범을 봐세레 형제의 콜렉션에 대한 괴테의 서술에서 찾는다. 괴테의 서술은 『라인과 마인의 예술과 유물 *Kunst und Altertum an Rhein und Main*』 속에 들어 있다. 이 책은 처음에 『괴테의 라인과 마인 지역의 예술과 유물에 관하여 *Über Kunst und Altertum in den Rhein- und Maingegenden von Goethe*』로 1816년에 슈투트가르트에서 출간되었다(Goethe, *Werke*, Bd. XII, S. 160-161).

49) 헤겔은 여기서 명백하게 채색에 관한 디드로의 구상을 가리킨다. 그는 디드로의 구상을 괴테의 번역과 주석에서 알고 있었던 것이다. *Diderots Versuch über die Malerei*, übersetzt und mit Anmerkungen begleitet, in: *Propyläen*, ersten Bandes zweites Stück und zweiten Bandes erstes Stück, 1799(in: Goethe, *Sämtliche Werke*, Bd. 13, S. 201-253). 디드로의 텍스트(『회화에 관한 에세이들 *Essais sur la peinture*』)는 1765년에 쓰여졌고, 1795년에 인쇄되었다. 그 외의 헤겔과의 연관점은 괴테의 『색채학 *Farbenlehre*』(1810년 출간)인데, 헤겔은 이미 예나 시절부터 이 책에 관심을 가지고 있었다. 명암에 관해서는 *Farbenlehre*, Didakt, Teil. § 851을 참조; 색채(노랑 대(對) 파랑)의 공간적 작용에 관해서는 같은 책, § 915를 참조; 색채 조화와, 명암의 단계화를 통한 조화 이루기에 관한 비판 및 맑은 색에 대한 의견표명에 관해서는 *Farbenlehre*, Didakt. Teil. §§ 891-895 외에도 *Diderots Versuch*(Goethe, *Sämtliche Werke*, Bd. 13, S. 246-248)을 참조; 채색에서 가장 난점이며 최고점인 살색(Inkarnat) 내지는 기초색들의 조화로운 결합으로서의 살색에 관해서는 *Diderots Versuch*(Goethe, *Sämtliche Werke*, Bd. 13, S. 234-238); *Farbenlehre*, Didakt. Teil. §§ 666-672, §§ 876-878 참조.

50) 헤겔은 여기서 명백하게 알브레히트 뒤러(Albrecht Dürer, 1471-1528)의 그림과 라파엘로의 그림을 한편은 독일 미술에서의, 다른 한편은 이탈리아 르네상스 그림에서의 인간의 완전한 표현을 위한 예로서 가리킨다. 헤겔은 원칙적으로 라파엘로의 유명한 스푸마토(sfumato) 기법을 네덜란드인들의 채색주의보다 하찮게 평가한다. [역주: sfumato - 명암의 변화를 약하게 조절하여 형태의 윤곽선이 두드러지지 않는 부드러운 화면을 만드는 기법.]

51) 헤겔은 아마 다음 문헌들과 연관하여 말하고 있을 것이다: Karl Wilhelm Ramler,

소위 말하는 〈동방박사의 경배 *Dreikönigsaltar*〉(콜룸바 제단화)를 시사하고 있다. 이 제단화는 헤겔 시대에는 반 아이크(van Eyck)의 것으로 여겨졌다(현재 뮌헨의 알테 피나코텍 소장). 헤겔은 이 그림을 봐세레(Boisserée) 형제의 콜렉션에서 알게 되었는데, 이 그림은 쾰른 부근의 성(聖) 콜룸바(St. Columba)에 있는 — 쾰른 시장인 괴데르트 폰 덴 바서파스(Goedert von den Wasserfass)가 기증한 — 예배당을 위해 이 시장이 기증한 것으로서 추정컨대 1460년경에 제작된 것이다. 여기에서 이 그림은 주된 대표인물들 가운데 하나를 그렸다. 헤겔은 회화의 해석, 특히 회화의 색채와 [당시] 나타나기 시작했던 성격적인 것(초상화류의 것)에 대한 자신의 해석을 위해 척도가 되는 모범을 봐세레 형제의 콜렉션에 대한 괴테의 서술에서 찾는다. 괴테의 서술은 『라인과 마인의 예술과 유물 *Kunst und Altertum an Rhein und Main*』 속에 들어 있다. 이 책은 처음에 『괴테의 라인과 마인 지역의 예술과 유물에 관하여 *Über Kunst und Altertum in den Rhein- und Maingegenden von Goethe*』 로 1816년에 슈투트가르트에서 출간되었다(Goethe, *Werke*, Bd. XII, S. 160-161).

49) 헤겔은 여기서 명백하게 채색에 관한 디드로의 구상을 가리킨다. 그는 디드로의 구상을 괴테의 번역과 주석에서 알고 있었던 것이다. *Diderots Versuch über die Malerei*, übersetzt und mit Anmerkungen begleitet, in: *Propyläen*, ersten Bandes zweites Stück und zweiten Bandes erstes Stück, 1799(in: Goethe, *Sämtliche Werke*, Bd. 13, S. 201-253). 디드로의 텍스트(『회화에 관한 에세이들 *Essais sur la peinture*』)는 1765년에 쓰여졌고, 1795년에 인쇄되었다. 그 외의 헤겔과의 연관점은 괴테의 『색채학 *Farbenlehre*』(1810년 출간)인데, 헤겔은 이미 예나 시절부터 이 책에 관심을 가지고 있었다. 명암에 관해서는 *Farbenlehre*, Didakt, Teil. § 851을 참조; 색채(노랑 대(對) 파랑)의 공간적 작용에 관해서는 같은 책, § 915를 참조; 색채 조화와, 명암의 단계화를 통한 조화 이루기에 관한 비판 및 맑은 색에 대한 의견표명에 관해서는 *Farbenlehre*, Didakt. Teil. §§ 891-895 외에도 *Diderots Versuch*(Goethe, *Sämtliche Werke*, Bd. 13, S. 246-248)을 참조; 채색에서 가장 난점이며 최고점인 살색(Inkarnat) 내지는 기초색들의 조화로운 결합으로서의 살색에 관해서는 *Diderots Versuch*(Goethe, *Sämtliche Werke*, Bd. 13, S. 234-238); *Farbenlehre*, Didakt. Teil. §§ 666-672, §§ 876-878 참조.

50) 헤겔은 여기서 명백하게 알브레히트 뒤러(Albrecht Dürer, 1471-1528)의 그림과 라파엘로의 그림을 한편은 독일 미술에서의, 다른 한편은 이탈리아 르네상스 그림에서의 인간의 완전한 표현을 위한 예로서 가리킨다. 헤겔은 원칙적으로 라파엘로의 유명한 스푸마토(sfumato) 기법을 네덜란드인들의 채색주의보다 하찮게 평가한다. [역주: sfumato - 명암의 변화를 약하게 조절하여 형태의 윤곽선이 두드러지지 않는 부드러운 화면을 만드는 기법.]

51) 헤겔은 아마 다음 문헌들과 연관하여 말하고 있을 것이다: Karl Wilhelm Ramler,

다. 사도 베드로와 바울로의 생애에서 나온 주제들로 된 열 개의 양탄자 중 일곱 개에 대한 카르통이 보존되어 있다. 원래 순전히 작업장용으로 정해졌던 이런 작업기본판들이 1823년에도 여전히 햄프턴 코트(Hampton Court)에 있었다. 이 작업 기본판들은 오늘날 런던의 빅토리아 & 앨버트 뮤지움에 있다.

43) 고통과 고통의 미학적 의미의 기술에 대해 헤겔에게 척도가 되는 것은 레싱의 「라오콘, 또는 시와 회화의 한계에 관하여」(1766)와 조각에 관한 헤르더의 논편(1768-70년에 씀), 괴테의 1789년의 『프로필레엔 Propyläen』 기고인 「라오콘에 관하여」이다. 언급된 이런 고전 작품들은 A.W. 슐레겔의 『예술론 Kunstlehre』(1801/02)과 셸링의 예나 미학강의(1802/03; 내지는 나중의 뷔르츠부르크, 1804/05 강의)에서도 낭만적 예술의 전형적인 표현방식인 특성적인 것(das Charakteristische)으로 넘어가는 이행점을 이룬다.

44) 이에는 "소박시와 감상시에 관하여 Über naive und sentimentalische Dichtung", in: Schiller, *Werke*, Bd. 20, S. 460-461 참조.

45) 이것이 의미하는 바는 헤겔 시대에 코레조(Corregio, 1494-1534)의 것으로 여겨진 그림인 〈독서 중에 참회하는 막달레나 *Büßende Magdalena bei der Lektüre*〉(29×39.5cm, Dresden, Gemäldegalerie, 전쟁 중 분실)이다. 예로 다음의 책 속에 도판 하나가 들어 있다: Cecil Could, *The Paintings of Corregio*, London 1976, 표 97c.

46) 괴테에게서 상을 받은, 호프만(Joseph Hofmann, 1764-1812)의 1801년 바이마르 공모과제의 소묘에 관한 것이다: 〈리코메데스의 딸들 가운데 있는 아킬레우스 *Achill unter den Töchtern des Lykomedes*〉 혹은 〈스키로스의 아킬레우스 *Achill auf Skyros*〉(1801, 회색 종이에 먹을 사용해 깃털과 붓으로 그림, 흑백으로 빛깔을 냄, 69.5×110.8cm, 바이마르, 국립 예술수집소 소장). 괴테는 시상을 할 때 헤겔처럼 아킬레우스의 뜯겨진 진주목걸이 모티프를 특별히 강조한다. 진주를 모으고 있는 아이에 대한 헤겔의 언급은 그림과는 일치하지 않는 보충설명이다. *Goethes Preisaufgaben für bildende Künstler 1799-1805*, hrsg. von Walter Scheidig, Weimar 1958(*Schriften der Goethe-Gesellschaft*. 57), 도판 15 참조.

47) 역주: 아킬레우스를 낳은 바다의 여신 테티스는 자신의 아들이 트로이 전쟁에서 죽을 것을 미리 알고 참전하지 못하도록 아들을 스키로스 섬에 여장을 하여 리코메데스의 딸들 가운데 숨겨 놓는다. 이를 안 오디세우스는 방물장사로 변장하여 아가씨들 앞에 방물들을 펼쳐 보이니 다른 아가씨들은 관심을 보이는데 아킬레우스는 전혀 관심을 보이지 않았다. 이때 어디선가 전쟁 나팔소리가 들리자 아킬레우스는 자신도 모르게 장식품 속에 함께 들어 있던 투구를 움켜잡게 된다. 이때 장식함 속의 진주목걸이가 걸려서 알알이 뜯긴 것이다. 이렇게 하여 행방이 밝혀진 아킬레우스는 트로이 전쟁에 참전하게 된다.

48) 여기서 헤겔은 로지에 반 데어 베이덴(Rogier van der Weyden, 1399/1400-64)의

*Kurz gefaßte Mythologie oder Lehre von den fabelhaften Göttern, Halbgöttern und Helden des Alterthums*, Berlin ³1816 내지는 *Orphica*, hrsg. von Gottfried Hermann mit Prolegomena versehen, Leipzig 1805. 예컨대 원래의 원전들은 다음과 같다: Aischylos, *Agamemnon*, 1629f(Aischylos, *Tragödien und Fragmente*, S. 106-107); Euripides, *Vierte Pythische Ode*, 560-564(Euripides, *Sämtliche Tragödien und Fragmente*, Bd. V, S. 292-293; 일반부분 주 29 참조); *Ovid Metamorphosen*, X, 1-XI, 66(S. 358-399) 및 Pindar, *Die Mänaden*, 176과 주해 (Pindar, *Siegeslieder*, S. 154-155; 일반부분 주 65 참조).

52) 역주: 'Jericho' 성은 성경의 여호수아 6장 15-17절에 나오는 여리고 성의 영문표기. 이 성은 이중으로 된 난공불락의 성인데, 모세의 후계자 여호수아 장군의 인도로 팔레스타인 지역으로 들어온 이스라엘 민족이 성령에 힘입어 나팔을 일곱 번 불었더니 성이 무너졌다고 한다.

53) 오르페우스의 입법에 관해서는 「파우사니아스 *Pausanias*」, IX. 30, 4; II. 30, 2; III. 14, 2에 보고되어 있다. 헤겔의 원전에 관해서는 일반부분 주 172 참조. 파우사니아스는 짧은 언급으로만 음악의 힘을 설명한다(IX. 30, 4-12, 특히 30, 4; *Pausanias Description of Greece* [일반부분 주 130 참조]; Vol. IV, p.300-301). 『오르피카』에 포함된 짧은 서사시 《오르페우스 아르고나우티카 *Orpheos Argonautika*》도 마찬가지로 자연에 대한 음악의 위력에 관해 보고하고 있다("Orphei Argonautica", in: 같은 책, 515-557; 여기서는 V. 707 f [S. 132] 참조; V. 413-441 [S. 82-130]; V. 1004-1022 [S. 186-189]; 주 51 참조).

54) Homer, *Ilias*, I. 1-12(S. 6-7); 일반부분 주 30, 37 참조.

55) 헤로도토스에 관해서는 들어가는 말의 주 14, 일반부분 주 41, 97, 98, 110, 135, 136, 167, 특수부분 주 8, 10, 13 참조.

56) 단테에 관해서는 들어가는 말의 주 39 참조.

57) 역주: 에오스(Eos)는 서광을 의미. 히페리온과 테이아 사이에 탄생한 새벽의 여신이며 그리스의 Aurora 여신이다.

58) 이런 표현형식은 『오디세이 *Odyssee*』에서 모두 약 50번 정도 보인다; 예로 Homer, *Odyssee*, II. 1(S. 30-31)을 참조. 호메로스는 『일리아스 *Ilias*』에서는 다른 표현형식들을 택한다; Homer, *Ilias*, VIII. 1(S. 248-249; 사프란빛 옷을 입은 에오스)을 참조. [역주: 호메로스는 '사프란빛 옷을 입은 새벽이 온 대지 위에 퍼지는' 모습을 묘사한다.]

59) 아킬레우스는 예컨대 신과 같은 자 또는 발이 빠른 자로 특성지어진다(Homer, *Ilias*, I. 292; S. 20-21). 아이아스는 그리스(아르카이아)인의 보루로서 여겨지며 (Homer, *Ilias*, III. 229; S. 100-101), 헥토르는 '투구가 번쩍이는' 자로 특성이 묘사된다(Homer, *Ilias*, VII. 233; S. 234-235).

60) 호메로스는 자신의 주인공들에게 하나만이 아닌 두서넛의 별칭을 부여한다. 예를 들면 '제우스에게 사랑받는 자', '발이 빠른 자' 등과 같이 말이다.
61) 역주: 그리스 신화에 나오는 아이아스는 둘인데 하나는 텔라몬의 아들이며, 다른 하나는 오일레우스의 아들이다. 여기에 언급된 자는 텔라몬의 아들인 용감한 아이아스이다.
62) Homer, *Ilias*, XI. 556-562(S. 376-377). [역주: 그리스 군대와 트로이 군대의 혼전 속에서 맹활약을 하던 아이아스를 헥토르와 케브리오네스를 지지하는 제우스가 마음에 공포를 불러일으켜 싸움에서 물러나도록 이끈다. 이때 아이아스는 아르카이아 (그리스)인들의 함선이 염려되어 비통한 마음으로 참으로 마지못해 아군에게 돌아가는데 호메로스는 그의 모습을 다음과 같이 묘사한다: "마치 게으른 당나귀가 들판을 지나다가 소년들에게 반항할 때와 같이 ― 당나귀는 이미 막대기가 수없이 부러지도록 매맞은 경험이 있어 소년들이 막대기로 치는데도 무성한 곡식 밭으로 들어가 마구 뜯어먹는다 [⋯]." 『일리아스』(XI권, 558-562절).]
63) 헤겔은 포스의 다음의 저서를 둘러싼 논쟁을 시사한다(Heinrich Voss, *Zeitmessung der deutschen Sprache*, Königsberg 1802). 포스는 독일어에서는 그리스어와 유사한 시형(詩形, Prosodie)을 요구하며, 운율구조에서는 그리스 도식을 재생하기를 요구했다.
64) 이에 관해서는 Johann Heinrich Voss, 같은 책(위의 주)을 참조. 괴테는 억양격(抑揚格)보다 양양격(揚揚格)을 더 적게 사용했다.
65) 역주: 암브로시우스(Ambrosius, 340-397)는 이탈리아 밀라노의 성자.
66) Ambroise de Milan, *Hymnes*, Texte établi, traduit et annoté sous la direction de Jacques Fontaine, Paris 1992; *Hymni latini antiquissimi*, hrsg. von W. Bulst, Heidelberg 1956; A.S. Walpole, *Early Latin Hymns*, Hildesheim 1966(Repr. der Ausg. Cambrige 1922).
67) Augustinus, "Psalmas contra partem Donati", in: Migne, PL Tomus XLIII(*Sancti Aurelii Augustini opera omnia, Tomus Nonus*), Paris 1863, S. 23-32.
68) 헤겔은 또 다시 플라톤의 『정치론 *Politeia*』 598c(일반부분 주 183 참조) 및 『이온 *Ion*』 532c에 관해 말한다.
69) G.E. Lessing, *Zerstreute Anmerkungen über das Epigramm*, Berlin 1771 및 J.G. Herder, "Anmerkungen über die Anthologie der Griechen, bes. über das griechische Epigramm", in: Herder, *Sämmtliche Werke*, Bd. XV, S. 205-221(처음에는 다음의 저서에 실림: J.G. Herder, *Zerstreute Blätter*, Erste Sammlung, Gotha 1785, S. 99-132) 참조; "Anmerkungen über das griechische Epigramm. Zweiter Theil der Abhandlung", in: Herder, *Sämmtliche Werke*, Bd. XV, S. 337-392(처음에는 다음의 저서에 실림: J.G. Herder, *Zerstreute Blätter*, Zweite Sammlung,

Gotha 1786, S. 150-176). 헤겔은 예로서 무엇보다 괴테와 실러의 「크세니엔(경구들) *Xenien*」을 가리킨다(Goethe, *Werke*, Bd. I. S. 208-221 [실러가 묶어낸 *Xenien des Musenalmannachs* 1797]); S. 224-234 [「크세니엔」과의 연관에서 나왔지만 「크세니엔」 연작에 포함되지 않고 출간된 이행시] 참조). — 격언은 모든 시가작품들에서 운문이나 산문으로 된 교훈시의 대표적인 형식이다. 헤겔은 이 형식을 자세히 상술하지 않는다.

70) 피타고라스 구전물(*akousmata*)은 먼저 J.W.L. 글라임(Johann Wilhelm Ludwig Gleim, 1719-1803)이 번역하여 『토이취 메르쿠어 *Teutscher Merkur*』(1775년 5월)에 출간되었다: *Die goldenen Sprüche des Pythagoras, Aus dem Griechischen, nebst Anhang*, Halberstadt 1775; 그런 후 글렌도르프(Glendorf)의 편집으로 1776년에는 라이프치히, 1786년에는 할버슈타트에서 출간되었다. *Die Fragmente der Vorsokratiker*, Griechisch und deutsch von Hermann Diels, hrsg. von Walter Kranz, Bd. 1, Berlin [17]1974, S. 462-466 참조.

71) 헤겔은 여기서도 추측컨대 헤시오도스의 「에르가 *Erga*」를 시사하고 있다(Hesiod, *Theogonie*, S. 82 ff; 일반부분 주 128 참조).

72) 역주: 안드로마케는 헥토르의 아내이고, 프리아모스는 트로이 왕으로 헥토르의 아버지이다. 안드로마케는 전장에 나가는 헥토르에게 그의 용기가 그를 죽이게 될 것이며, 그렇게 되면 어린 자식과 자신이 어떻게 될 것인지를 눈물을 흘리며 말한다.

73) Homer, *Ilias*, VI. 371-499(S. 212-221) 참조.

74) 비록 표현형식이 괴테의 서사시 「비밀 *Die Geheimnisse*」(들어가는 말의 주 35 참조)을 가리키지만, 헤겔은 이 맥락에서 프리드리히 막시밀리안 클링어(Friedrich Maximilian Klinger, 1752-1831)와 연관하여 말한다: *Fausts Leben, Taten und Höllenfahrt*, Riga 1791(또한: M. Baum/K.R. Meist, "Hegels 'Prometheische Confession'. Quellen für vier Jenaer Aphorismen Hegels", in: *Hegel-Studien*. 8 [1973], S. 79-90).

75) 역주: 테베는 그리스 신화에 나오는 왕가 중의 하나이다. 테베의 시조는 포세이돈이며, 포세이돈과 리비아 사이에서 자식들이 번창한다. 테베를 건설한 자는 페니키아계의 카드모스이며, 그의 증손자가 라이오스, 라이오스의 아들이 오이디푸스이다.

76) 이에 관해서는 *Sophokles Antigone*, V. 141-147(Sophokles, *Tragödien*, S. 73); V. 194-206(Sophokles, *Tragödien*, S. 75)을 참조.

77) 헤겔은 "남자들의 지배자, 민족들의 목자"로서의 아가멤논의 성격묘사를 시사한다: Homer, *Ilias*, IX. 96 u. ö(S. 282-283); 내지는 Homer, *Ilias*, X. 3(S. 316-317).

78) 『시드, 비바르의 백작 돈 루이 디아츠의 이야기 *Der Cid, Geschichte des Don Ruy Diaz, Grafen von Bivar. Nach spanischen Romanzen*』는 독일어권에서는 무엇보다 J.G. 헤르더의 번역(1803/04년에는 『아드라스테아 *Adrastea*』에, 그 후에는 『아름

다운 문학과 예술에 관하여 *Zur schönen Litteratur und Kunst*(Herder, *Sämmtliche Werk*, Bd. III, Tübingen 1805에 실림)를 통해 알려졌다. 헤르더의 기초 텍스트는 다음의 저서가 아니었다: *Historia del muy valoroso Cavallero Don Rodrigo di Bivar, el bravo Cid Campeador*, Lissabon 1605 — 이 책에서 후안 에스코바스(Juan Escobars)는 시드에 관한 전설류의 각종 원전들을 수집했고, 이를 분류하여 개작했다. 그의 텍스트 기초는 오히려『보편 총서 *Bibliothèque Universelle*』(1783)에 나오는 저자미상의 조합물이다.『노이어 토이춰 메르쿠어 *Neuer teutscher Merkur*』(hrsg. von Christoph Martin Wieland, 1792, 1. Stk, S. 199-215)에는 S(Seckendorff; Karl Sigmund Freiherr von Seckendorff, 1744-215)로 표시된 번역 견본이 실렸다: *Romantische Geschichte des Cid*. 여기서는 — 헤겔에게서와 같이 — 원래 후기 중세 영웅가들이 낭만적 세계에 귀속됨이 강조된다.

79) 역주: 트로이 전쟁 과정에서 트로이 군사들에게 밀리고 있던 상황에서 기운빠진 아가멤논은 회의를 소집하였고, 네스트로가 — 아가멤논에게 브리세이스를 빼앗겨 — 분노를 품고 있는 아킬레우스를 회유시켜 참전시킬 수 있는 방안을 예기한다.
80) 조언은『일리아스』9번째 노래에서 서술된다(Homer, *Ilias*, IX, 278-315).
81) Homer, *Ilias*, XVII, 362-365(S. 598-599): "트로이인들과 용감한 동맹군들의 시신들 / 그리고 아카이아인들도 마찬가지였다 ; 그들도 물론 싸움에서 자신의 피를 흘려야만 했다. / 그러나 그들은 전사자가 훨씬 적었다. 왜냐하면 그들은 혼전 중에도 불의의 죽음 앞에서 서로 수호해주는 것을 잊지 않았기 때문이다."
82) 헤겔은 예로 다음의 것과 연관하여 말한다: Homer, *Odyssee*, XXIII, 181-204(오디세우스의 침상; S. 626-629)와 VI, 214-237(오디세우스의 의복; S. 166-169).
83) 호메로스보다 베르길리우스(Publius Vergilius Maro, BC 70-19)를 더 높게 평가하는 것은 — 헤겔은 이 평가에 반대하는데 — 예컨대 세자르 스칼리거(Caesar Scaliger, 아마도 Guilio Bordoni일 것임, 1484-1558)에게서 보인다: *Prolegomena ad Homerum; sive, De operum Homericorum prisca et genuina forma variisque mutationibus et probabili ratione emendandi*, Vol. I, Halis Saxonum 1795(*Homeri opera omnia*, Tomus I; 더 이상 출간되지 않음). 헤겔은 이 책을『호렌 *Horen*』속의 헤르더 논편을 통해 알게 되었는데, 헤르더 논편에서는 호메로스와 베르길리우스의 비교가 거부된다. "Johann Gottfried Herder, Homer, ein Günstling der Zeit", in: Herder, *Sämmtliche Werke*, Bd. XVIII, S. 420-446(처음에는 *Die Horen*, IX, S. 53-88에 실림).
84) 헤겔은『일리아스』의 테오마키에(Theomachie) 편에 나오는 장면을 묘사한다: 예로 XXI, 331-382(S. 724-729; 헤파이스토스); XXI, 479-496(S. 732-735; 헤라와 아르테미스 [아프로디테가 아님]); V, 846-863(S. 188-189; 아테네의 도움으로 디오메데스가 공격하여 아르스가 변신함).

85) Virgil, *Aeneis*, Sechstes Buch(Vergil, *Aeneis*, Lateinisch und deutsch, hrsg. u. übers. von Johannes Götte in Zusammenarbeit mit Maria Götte, München ¹1965, S. 222-273).
86) 헤겔은 다음의 것과 연관하여 말한다: Homer, *Odyssee*, Elfter Gesang(S. 288-321)
87) 역주: 『구세주 Messias』 ― 클롭슈토크는 슐포르타에서 밀턴의 영국적인 국가 서사시 『실락원』을 접하고 깊은 감동을 받아 『구세주』를 집필했다. 『구세주』의 첫 번째 노래 3편은 1747년 진보적인 문학잡지 『브레멘 기고』지에 발표되었다. 청교도 밀턴은 아담과 이브의 타락을 중심에 놓았으나, 경건주의자 클롭슈토크는 그리스도의 속죄를 위한 죽음을 중심적으로 노래한다.
88) 헤겔은 1748년과 1773년 사이에 쓰여진 클롭슈토크(Friedrich Gottlob Klopstock)의 『구세주 Messias』 네 권을 라이프치히 1819년 판으로 소장하고 있었다. 그의 주석은 첫 번째 노래 V. 1-4(Klopstock, *Sämmtliche Werke*, Dritter Band, *Der Messias*, Erster Band, Leipzig 1823, S. 3)와 연관된다.
89) 클롭슈토크의 『구세주』의 신지학적 사상 및 물리신학적 단초들은 C. F. 폰 볼프(Christian Friedrich von Wolff, 1679-1754)의 철학과 연관된다. 그는 알렉산더 고틀리브 바움가르텐(들어가는 말의 주 16 참조) 및 요한 크리스토프 고트셰트(들어가는 말의 주 8 참조)와 게오르그 베른하르트 빌핑어(Georg Bernhard Bilfinger, 1693-1750)의 미학 발전에 영향을 주었다.
90) 호메로스의 실존 논쟁에 관해 헤겔이 언급하는 바의 정확한 진술은 확인될 수 없다.
91) 헤겔은 헤르더의 『호렌』-논편인 「호메로스와 오시안」(일반부분 주 57 참조)의 해석에 따르는데, 헤르더는 오시안을 "서정적-서사" 시인으로(*Horen*, 97; Herder, *Sämmtliche Werke*, Bd. XVIII, S. 455), "순수하게 주관적"인 자로(*Horen*, 95; Herder, *Sämmtliche Werke*, Bd. XVIII, S. 453) 특성짓는다. 왜냐하면 오시안은 "순수한 서정적 작품들"을(*Horen*, 98; Herder, *Sämmtliche Werke*, Bd. XVIII, S. 455) 만들었기 때문이라고 한다.
92) 헤겔이 『니벨룽의 노래』를 민족서사시가 아니라고 주장하는 것은 논란의 여지가 있다(무엇보다 Creuzer, *Symbolik und Mythologie*, Bd. 6, S. 294-314, 특히 S. 301 f. 313 f 참조). 헤겔은 함축적으로 라크만(Karl Konrad Friedrich Wilhelm Lachmann, 1793-1851)의 논문인 *Über die ursprüngliche gestalt des gedichts von der Nibelungen noth*, Berlin 1816 및 폰 데어 하겐(Friedrich Heinrich von der Hagen, 1780-1856)에 대해 반대한다. 폰 데어 하겐은 니벨룽의 노래를 1807년에는 고급독일어로, 1810년에는 중세 고급독일어 판으로 발간했다: 이에 또한 동저자의 *Anmerkungen zu der Nibelungen Noth*, Frankfurt a. M. 1824; *Die Nibelungen: ihre Bedeutung für die Gegenwart und für immer*, Breslau 1819 참조.
93) Dante, *Göttliche Komödie*. 단테는 칸그란데 델라 스칼라에게 쓴 편지에서 자신의

서사시를 특성짓고 있다(Dante Alighieri, *Das Schreiben an Cangrande della Scala*, übers. von Thomas Ricklin, Lateinisch und deutsch, Hamburg 1993, S. 12-13). ""빛나는 속어"(volgare illustre)"(숭고한 민족어로서의 이탈리아어의) 선택에 대해서는 예로 다음의 것을 참조: *De vulgari eloquentia*, entstanden ca. 1303/04(*De vulari eloquentia libri duo*, EA Vicenza 1529 [트리씨노(Trissino)의 이탈리아어 번역만 포함됨]; 텍스트의 첫 편집은 1577년 파리에서 나왔다). 이 저술에서 단테는 예술언어와 시어(詩語)로서의 "빛나는 속어", 이탈리아어에 대한 그의 이상을 발전시킨다. 그는 이탈리아어가 베르길리우스, 호라티우스, 오비디우스의 라틴어에 등가적이라고 생각했던 것이다. 헤겔 시대에는 K. L. 칸네기써(Karl Ludwig Kannegießer)의 세 권의 번역이 나돌고 있었다: *Die göttliche Komödie*, Leipzig 1814-1821(제1권: 「지옥」은 이미 1809년에 암스테르담에서 별도로 발간되었다). *Die Göttliche Komödie*, italienisch und deutsch, übers. von Hermann Gmelin, 3 Bde, Stuttgart 1949-1951 참조.

94) Johann Heinrich Voss, *Luise. Ein ländliches Gedicht in drei Idyllen*, entstanden 1782-1794. 「루이제」는 제2판에서 개개의 전원시들이 앞서 인쇄된 후 1795년에 쾨니히스베르크에서 먼저 출간되었고, 최종판은 1807년에 튀빙엔에서 출간되었다.

95) *Herrmann und Dorothea von J. W. von Göthe*, Taschenbuch für 1789, Berlin 1797(Goethe, *Werke*, Bd. II, S. 437-514). 전원시들은 괴테가 죽을 때까지 30편 이상의 판들로 나왔는데, 헤겔은 그 가운데 좋아하는 출간본 하나를 소장하고 있었다: *Herrmann und Dorothea*, der deutsche Text und Übersetzung in lateinische Hexameter von Graf v. Berlichingen, Jaxthausen 1825 및 Jaxthausen ²1825. 헤겔의 해석은 A. W. 슐레겔의 서평과 연관된다: Berlin, bei Vieweg des ältern: "Taschenbuch für 1789. Herrmann und Dorothea von J. W. von Goethe. Mit Kupfern. 174 S. ohne den Calender. Taschenformat", in: *Allgemeine Literatur-Zeitung*, Nr. 393(1797년 12월 11일), S. 641-648; Nr. 394(1797년 12월 12일), S. 649-656; Nr. 395(1797년 12월 13일), S. 657-662; Nr. 396(1797년 12월 13일), S. 665-668. 그 외의 관계점은 W. von Humboldt, *Ästhetische Versuche*, 1. Theil: *Über Göthe's Herrmann und Dorothea*, Braunschweig 1799, Kap. LXXVIII, S. 271-273이다.

96) 헤겔은 헤르더가 『시드』를 각운없이 4운각의 억양격으로 옮겨 쓴 것과 연관하여 말하고 있다.

97) 헤겔은 헤르더가 송가를 (기회를 따른, 또한 원래 즉흥적인) 시가로 규정한 것과 연관하여 말하고 있다. 핀다로스의 《개선가 *Epinikien*》에 대해서는 이런 해석이 정확하다(Pindaros, *Siegeslieder* [일반부분 주 65 참조], S. 6-349). 호라티우스의 《축가 *Carmina*》는 현상가(懸賞歌), 음주가, 애가와 함께 무엇보다 정치적 내용을 가진 시

작품들도 포함하고 있다(Horaz, *Sämtliche Werke*, S. 6-209 [*Carmenia*]: S. 210-215 [*Carmen Saeculare*]).

98) 헤겔은 여기서 (나중에 이렇게 칭해진) 《제젠하이머가 *Sesenheimer Lieder*》와 연관하여 말하고 있다. 이 시가는 17070/71년에 나왔고, 대부분 1775년에 J. G. 야코비(Jacobi, 1740-1814)의 잡지 『이리스 *Iris*』에 출간되었다. 나중에 나온 시가들 가운데 의미되는 것은 예컨대 《요정 왕 *Erlkönig*》, 《방랑자의 밤 *Wanders Nacht*》, 《폭풍가 *Strumlied*》이다.

99) 헤겔은 "발렌슈타인의 죽음"(1800; 제5막, 12장)과 특히 마지막 운율에 이어지는 연출지문과 연관하여 말하고 있다: "옥타비오는 놀라며, 매우 고통스럽게 하늘을 쳐다본다"(Schiller, *Werke*, Bd. 8, S. 354).

100) 역주: 『발렌슈타인』 - F. 실러의 작품으로 신성로마제국 시대의 30년 전쟁을 무대로 한 3부작이다. 사령관 발렌슈타인은 부하 피콜로미니를 신임하지만 이 부하는 야심 때문에 상관을 배신한다. 한편 그의 아들 막스 피콜로미니는 발렌슈타인의 딸 페클라와 사랑하는 사이이다. 발렌슈타인은 스웨덴과 힘을 합쳐 황제에게 반란을 일으킬 계획을 세웠으나 실천하지 못하고 망설인다. 그동안 황제편에 붙은 피콜로미니는 비밀리에 총사령관에 임명된다. 결국 발렌슈타인만 부하에게 암살되는 이야기이다. 여기서 옥타비오는 발렌슈타인의 배반을 눈치챈 발렌슈타인 휘하의 부하이다.

101) 아마도 뜻하는 바는 황금 시대에 대한 돈키호테의 말일 것이다. 이 말은 그가 1부의 제11장에서 한 것이다(일반부분 주 205 참조).

102) 헤겔은 드라마의 성립시기가 아니라 테베 전설류의 내용에 다른 순서를 그대로 재현한다. 『오이디푸스 튀라노스』(BC 425), 『안티고네』(BC 422), 『콜로노스의 오이디푸스』(BC 401, 유고).

103) 역주: 『오이디푸스』를 말함. 라이오스는 테베의 왕으로서 오이디푸스의 친아버지이지만, 이를 모르는 오이디푸스에게 살해된다.

104) 헤겔은 실러의 논문 「비극에서 합창의 사용에 관하여」(in: Schiller, *Werke*, Bd. 10, S. 7-15)와 연관하여 말한다. 이 논문을 실러는 『메시나의 신부』(Tübingen 1803)에 앞서 썼다. [역주: 실러는 『오이디푸스』를 읽고 감명을 받아 『메시나의 신부』를 쓴다. 이 비극은 저주받은 아탈리아 가문의 두 아들이 운명적으로 똑같이 여동생 베아트리체를 사랑하게 되어 동생 돈 체자르가 형을 죽이게 되고 자신의 죄를 속죄하기 위해 자신도 자살하는 내용을 다룬다.] 실러는 이와 동일한 입장을 또한 쾨르너와의 서신왕래에서도 발전시킨다(1803년 2월 6일, 1803년 3월 10일 편지들에서. In: Schiller, *Werke*, Bd. 32, Nr. 10, S. 8 f; Nr. 26, S. 19 f).

105) 헤겔은 소포클레스의 『안티고네』, 450-457을 가리킨다(Sophokles, *Tragödien*, S. 84-85; 이에 또한 G.W.F. Hegel, *Phänomenologie des Geistes*, *Gesammelte Werke*, Bd. 9, S. 236-509; 들어가는 말의 주 24 참조).

106) 헤겔은 아이스킬로스의 『오레스테이아』에서의 상충되는 의무들에 대한 서술과 연관하여 말한다. 예로, 아폴론이 오레스테스에게 그의 아버지 아가멤논을 위해 복수하도록 신탁을 내린 것: 「제주를 나르는 여인들 Weihgußträgerinnen」, 269-305. 또한 오레스테스의 변호; 「제주를 나르는 여인들」, 1027-1033, 1053-1054(Aischylos, Tragödien und Fragmente, S. 132-143) 및 의무들의 논리귀결, 즉 어머니 살해로 인한 저주로 뒤따르는 에리니에스(Erinyen)의 복수, 198-231(Aischylos, Tragödien und Fragmente, S. 198-201).

107) 역주: 상처입은 어머니 - 아가멤논은 트로이를 공격하러 출항하고자 했으나 바람이 전혀 불지 않자 예언자 칼카스의 이야기를 듣게 되는데, 아가멤논이 사냥의 여신 아르테미스의 사슴을 쏘았기 때문에 그의 딸 이피게니아를 제물로 바쳐야만 그가 승리한다고 하여, 오디세우스를 시켜 이피게니아를 아킬레우스와 결혼시킨다고 속이고 클리타임네스트라에게서 데려와 제물로 바친다. 클리타임네스트라는 나중에 이를 알게 되고 아가멤논을 증오한다.

108) Euripides, Iphigenie in Aulis(Euripides, Sämtliche Tragödien und Fragmente, Bd. V, S. 131-253; 일반부분 주 29 참조).

109) 역주: 필록테테스는 헤라클레스의 사촌. 헤라클레스의 활과 화살을 물려받음. 헤라클레스가 장작 위에서 타 죽기(올림포스로 올라가기) 전에 히드라의 독이 묻어 있는 화살과 활을 물려받는다. 후에 필록테테스는 트로이 전쟁에 참전하려다 한 섬에서 뱀에게 물려 도중에서 트로이 전쟁에 참전하지 못할 뻔 하였으나 후에 다시 전쟁터로 와 히드라의 독이 묻은 화살로 트로이 군사들을 많이 죽였다. 그는 트로이의 왕자이자 아프로디테에게 황금 사과를 주고 그리스의 메넬라오스의 아내인 헬레네를 빼앗아와서 트로이 전쟁의 불씨를 일으켰던 파리스를 이 화살로 쏘아 죽인다.

110) 헤겔은 소포클레스의 온전히 보존된 비극들 가운데 가장 오래된 「아이아스 Aias」 (약 BC 456) 및 노작에 속하는 『필록테테스 Philoktetes』(BC 409)를 가리킨다.

111) 역주: 아이아스 - 그리스 군대의 아이아스는 끝까지 아테나 여신상을 한 손에 잡고 저항하는 트로이의 프리아모스 왕의 딸 카산드라를 강간하여 아테나 여신의 노여움을 사게 된다. 이로 인해 그리스 군대가 무차별 살상된다. 아이아스에 대한 설명은 주 62 참조.

112) 헤겔은 주로 『필록테테스』(1409-1444)와 연관하여 말한다; 주 110 참조.

113) 소포클레스의 『안티고네』에 관해서는 주 105 참조. [역주: 크레온 - 원래 오이디푸스의 외삼촌이지만 오이디푸스가 그의 아버지를 살해한 후 어머니 이오카스테를 아내로 맞이함으로써 둘 사이에 태어난 안티고네와 오빠들에게도 외삼촌이 된다. 오이디푸스가 죽자 오이디푸스의 두 아들인 에테오클레스와 폴리네이케스가 왕위를 두고 다투다가 일년씩 돌아가면서 왕권을 차지하기로 했으나 서로 싸우다 모두 죽는다. 그러자 크레온이 왕위를 계승한 후 자신이 지지했던 에테오클레스는 성대

히 장례를 치뤄주고, 폴리네이케스는 국법을 어긴 이유로 매장하지 못하도록 명령하였으나 안티고네가 천륜에 따라 오빠를 매장해 주려고 하다가 잡힌다. 안티고네는 스스로 목을 매어 죽고 그녀의 약혼자인 하이몬(크레온의 아들)도 스스로 배를 찔러 죽는다. 또한 이 소식을 들은 크레온의 아내 에우리디케도 자살한다.]

114) 헤겔은 또다시 『정신현상학』(Hegel, *Gesammelte Werke*, Bd. 9, S. 256)에서와 같이 『안티고네』, 925-926(Sophokles, *Tragödien*, S. 101)을 가리킨다.

115) 헤겔은 몰리에르의 『타르튀프』를 소장하고 있었다(*Le Tartuffe, comédie de Molière*, Paris 1825); Molière, *Œuvres complètes*, 2. Vols, hrsg. von G. Couton, Paris 1971(Bibliothèque de la Pléiade, 8 und 9).

116) 헤겔은 「에우메니데스」, 566-1047을 시사한다(Aischylos, *Tragödien und Fragmente*, S. 222-253).

117) 역주: 『에우메니데스』에서의 화해 - 아버지 아가멤논의 원수를 갚기 위해 자신의 어머니 클라임네스트라를 살해한 오레스테스의 죄를 심판하는 내용으로 된 『오레스테이아』의 제3부에 해당하는 극이다. 에우메니데스는 원래 근친살육과 자연 법을 어긴 자들을 따라다니며 못살게 구는 복수의 여신 에리니에스들이지만 오레스테스의 모친 살해를 무죄로 판정한 아테네의 중재로 오레스테스를 벌하지 않는 대가로 아테네의 모든 인간사를 관장하고 축복을 내리는 자비의 여신들(에우메니데스)이 된다.

118) 헤겔은 소포클레스의 『콜로노스의 오이디푸스』(1500ff)를 시사하지만, 이 드라마의 성격묘사에 『오이디푸스 튀라노스』(주 102 참조)와 관계되는 내용을 덧붙인다.

119) 〈창세기〉 3장, 22-24절.

120) Sophokles, *Ödipus Colononeus*, 307, S. 27 ff를 참조.

121) 역주: 이는 오이디푸스가 콜로노스에서 스스로 목숨을 끊음으로써 신적인 존재가 되었음을 뜻한다.

122) 결말의 우연성에 관해서는 레어티즈(Laertes - 역주: 재상인 폴리니어스의 아들이자 오필리어의 오빠)와의 펜싱 장면을 비교(V. 2, 225-360). (*Shakespeare*, 1183-1185; Shakespeare, *Sämtliche Dramen*, Bd. III, S. 696-700). 특히 무대지문 속에 요구된 펜싱검의 교환은 우연성을 말하고 있다. 다음에 이어지는 햄릿의 성격묘사에 대해서는 햄릿의 주저함에 관한 언급들을 비교(II막, 2장, 550-605절 [*Shaespeare*, 1159; Shakespeare, *Sämtliche Dramen, Bd*. III, S. 633-635]; III막, 1장, 55-87절; [*Shaespeare*, 1160; Shakespeare, *Sämtliche Dramen*, Bd. III, S. 637-638]; III막. 3장, 73-96절 [Shakespeare, 1167; Shakespeare, *Sämtliche Dramen*, Bd. III, S. 654]; IV막, 4장, 32-36절 [*Shaespeare*, 1172; Shakespeare, *Sämtliche Dramen*, Bd. III, S. 667-668]). 하나의 가능한 관계는 햄릿의 멜랑콜리에 관한 언급이다(III막, 1장, 162-167절 [*Shaespeare*, 1161; Shakespeare, *Sämtliche Dramen*, Bd III, S. 640]).

123) 헤겔은 우연들에 의해 수반된 극의 종말을 시사하지만, 이런 종말을 또다시 행위하는 개인의 성격에 결부시킨다: *Romeo and Juliet*, V막. 3장, 22-170절 (*Shakespeare*, 1090; Shakespeare, *Sämtliche Dramen*, Bd. III, S. 360-364)
124) 앞서 언급한 예들과는 반대로 헤겔은 코체부의 인물들에게 상황과 성격이 양립되지 않음을 비판하며, 이로써 그의 이전의 비판을 보완한다(일반부분 주 72 참조).
125) 아리스토파네스에 관해서는 일반부분 주 107과 184 참조.
126) 강의필기록들에 기초해서는 인쇄본 『미학』에 언급된 작품들 가운데 어느 것을 헤겔이 실제로 알았는지 짐작할 수 없다.
127) 헤겔은 아리스토파네스의 희극 『구름 *Nephelai*』과 연관하여 말한다. Aristophanes, *Wolken*(기원전 423년, 주신제에서 시연됨), V. 222 ff, 627 ff(Aristophanes, *Sämtliche Komödien*, 〔일반부분 주 107 참조〕, S. 120 ff, 137ff).
128) 역주: 스트렙시아데스는 상연된 아리스토파네스의 『구름』에 등장하는 주인공 늙은 농부의 이름이다. 『구름』은 BC 423년에 상연되었고, 소피스트의 신교육을 공격한 사회풍자 희극이다. 스트렙시아데스는 아들(피디피데스 Phidippides)의 낭비벽으로 빚에 쪼들리자 아들을 소크라테스의 궤변학교에 보내 궤변술을 배우게 한다. 이 학교를 졸업한 아들은 궤변을 구사하여 채권자들을 쫓아버린다. 그러나 아들이 아버지를 때리고 궤변술로 자신의 행위를 정당화하자 화가 난 아버지는 소크라테스의 학교에 불을 지른다. 소피스트들을 맹공격한 소크라테스는, 이 희극에서 외모만 비슷할 뿐, 소피스트나 자연철학, 기타 새로운 여러 학문의 대표자로 희화되었다.
129) 역주: 아리스토파네스의 『개구리 *Batrachoi*』는 BC 405년에 상연된 희극이다. 작품명 개구리는 여기에 등장하는 개구리 코러스의 복장에 따라 붙여진 이름이며, 다음과 같은 내용을 담고 있다. 연극의 신 디오니소스가 자신이 총애하던 비극작가 에우리피데스를 살아 있는 사람들의 땅으로 다시 데려오기 위해 몸소 영웅 헤라클레스로 변장하여 지하 세계로 내려간다. 그러나 에우리피데스와 선배 작가인 아이스킬로스 사이에 벌어진 경쟁의 결과, 디오니소스는 아이스킬로스의 주장에 설복당하여 에우리피데스 대신 아이스킬로스와 함께 지상으로 돌아온다.
130) 신들에 대한 조롱은 『개구리』에서 보인다. *Frösche*, V. 1-673(Aristophanes, *Sämtliche Komödien* 〔일반부분 주 107 참조〕, 469-494). 하지만 주로 『새들』에서 보인다. *Vögel*, V. 1195-1265(Aristophanes, *Sämtliche Komödien*, S. 340-342); V. 1494-1692(Aristophanes, *Sämtliche Komödien*, S. 349-356).

# 용어해설

**헤겔 철학의 체계 개요**(『엔치클로페디 *Enzyklopädie der philosophischen Wissenschaft im Grundriße*』[1830] 참조)

단순히 자기 자신에 머물러 있는 **이념**(Idee)은 자기 자신을 외화(Entäußerung)시켜서 자기 밖의 존재인 타자를 정립해야 한다. 이렇게 정립된 타자는 **자연**(Natur)이고 무한한 이념에 비해서 유한한 존재이다. 이념이 자연을 정립한다는 것은 무한한 이념이 유한한 존재로 스스로 생성된다는 말과 같은 의미이다. 이렇게 유한한 존재로 내려오는 것은 이념 자체의 필연성에 의한 것이며, 이러한 유한한 타자에서 자기 자신으로 되돌아가는 것이 **정신**(Geist)의 길이다. 정신은 이념의 타자존재를 지양하는 관념성(Idealität)이며, 자신의 타자에서 자신으로 되돌아가는 활동성이다. 정신이 타자에서 자기 자신을 발견해가는 과정은 크게 주관정신, 객관정신, 절대정신의 영역을 거치는데, 절대정신은 또한 '예술'·'종교'·'철학'의 영역을 거친다. 예술은 절대정신을 직관을 통해 표현하며, 종교는 이를 표상을 통해 나타낸다. 철학에서는 종교가 표상으로써 이해한 진리, 곧 절대정신이 개념에 의해 파악된다. 여기에서 이념은 자신의 대상을 다름 아닌 이념으로 파악하면서 완전한 주객동일성, 자기동일성, 자기인식을 얻게 된다.

**가상 Schein / 현현 Scheinen**

Schein은 ① 빛남, 광채의 의미와 ② 외관, 가상의 뜻이 있다. 18세기 들어서면서 Schein은 기만(Täuschung)과 동의어로 사용되고, 또 현상(Erscheinung)과 함께 쓰였다. 이러한 상황에서 칸트는 현상을 기만과 구분하고 본체(Noumenon)와 대비시켰다. 칸트에게는 가상은 Erscheinung이 아니라, Schein인 것이다. 그러나 헤겔은 Erscheinnung과 Noumenon의 칸트적인 구별을 거부하고, 본체적인 것은 마땅히 '나타나야 한다'고 보고 있으므로, Erscheinung뿐만 아니라 Schein 역시 보다 긍정적인

473

의미를 갖는다. 본질(Wesen)은 나타나야(scheinen) 하는 것이다. 따라서 가상은 본질에게 본질적이다. 진리는 그것이 나타나지 않는다면, 현상하지 않는다면 존재하지 않기 때문이다. Schein이 기만적 가상의 뜻보다 '나타난다'는 현현(Scheinen)의 의미가 두드러지는 것은 『미학』에서이다. 『미학』에서는 환영을 준다는 의미의 부정적인 의미의 가상보다는 진리가 구체적 형태로 '나타난다'는, '현현한다'는 의미로 사용되며, 이 경우에는 아름답다(schön)는 말과 연결된다. 즉 가상은 곧 예술미인 것이다. 기존의 호토판 헤겔『미학』에서는 흔히 인용하듯 미가 "이념의 감각적 현현"으로 규정되어 있으나 이는 호토 자신의 표현으로서 '현현'보다는 이념의 '감각적' 특성을 강조하는 것이다. 하지만 헤겔이 미학강의에서 의미하는 가상으로서의 미 혹은 예술미는 현현된 이념의 '현존재(Dasein)' 내지 '현존(Existenz)'을 가리키며, 감각적인 것만도 정신적인 것만도 아닌 이 둘 모두의 성격을 띤 것으로서 궁극적으로는 정신을 위한 것으로 규정된다.

### 감각 Empfindung / 감정 Gefühl / 감관 Sinn

외부자극을 받아들이는 능력을 감성(Sinnlichkeit)이라고 한다면, Empfindung은 일차적으로 대상과 직접 관계하며 외부자극을 받아들인 것, 즉 감각을 의미한다. 감각은 우리 안에서 발견되는 외부자극을 깨달을 수도 있고 못할 수도 있지만, 기본적으로는 감각기관과 쾌와 고통, 그리고 미적 경험과 관계한다. 반면 Gefühl(감정, 느낌)은 대상에 직접 연관되지 않고 감각에 의해 우리에게 촉발된 주관적 인상, 느낌으로서 여기서는 대상이 인식되지 않는다. 감정은 원래 촉감에 제한되었지만 헤겔 당시에는 모든 느낌에 다 적용되어서 상당부분은 감각(Empfindung)과 중첩된다. 그러나 일반적으로는 감각이 대상과 관련되는 객관적인 내용을 갖는 반면에 감정(느낌)은 주관적인 것에 강조점이 놓인다. 감각은 주로 수동적인 것·발견된 것에, 감정은 자아에 초점이 있다. 따라서 감정은 감각에 의해서 규정된 자기상황을 느끼는 것이라고 정의할 수 있다.

헤겔의 철학 체계에서는 감각(Empfindung)보다는 감정(Gefühl)이 보다 발전한 단계의 것으로 나타난다. 하지만 헤겔은 감정 속에서는 주관적 특수성만 가능하므로 감정을 정신의 하위 단계로 규정하며, 감정이 예지(Intelligenz)에 의해 표상(Vorstellung)으로 고양되면 표상 속에서 우리는 비로소 대상을 가지게 된다고 한다. 18세기의 미적 감정이론이나 감정을 중요시하는 낭만적 예술이론들과는 달리 헤겔은 감정을 낭만적 예술의 내용이나 대상으로 보지 않는다. 그는 오히려 낭만적 예술에 속하는 회화나 음악을 감각을 표출하는 예술로 규정한다. 이때 감각은 "자신의 내용을 추상적인 자아와 자신과의 관계로서 수반하는 추상적 형식"이 되며, 음악은 이러한 감각을 대상으로 하며 동시에 이를 표출하는 예술로 규정된다. 따라서 흔히 알려져 있듯 헤겔에게서 음악은 감정의 예술이 아니라 "가장 심오한 감각의 예술"이자 "엄격한 차가운 오성"의 예술이다(본서 〈음악〉 부분 참조).

한편 Sinn은 감각기관을 의미한다. 감각기관(감관)을 통해서 외부자극을 받아들이는 능력을 감성(Sinnlichkeit)라고 한다. 헤겔은 감각기관을 따로 나누어서 오감(시각, 청각, 후각, 미각, 촉감)을 언급하기도 하며, 확대해서 음악을 이해하는 능력(음감), 유머를 이해하는 능력 등등으로 사용하기도 하다가 말의 의미(Bedeutung)를 뜻하기도 한다. Sinn이 형용사적으로(sinnlich) 사용될 때는 감각기관에 의해서 '지각될 수 있는'의 의미이고, 사람에게 적용될 때는 감각적인 것, 육체적인 것에 지배되는 것을 의미한다. Sinn이 감각적인 것(개별적인 것)에 관련되기도 하고, 그 의미(보편적인 것, 정신적인 것)에도 관련된다는 사실이 헤겔에게는 매우 중요하다. 헤겔은 감각적인 것이 정신적인 것으로 고양되는 것에 관심 있고, 『미학』은 특히 이러한 측면을 강조하기 때문이다.

## 개념 Begriff

볼프(Christian Wolff)의 철학에서는 우리의 사유 내에 있는 모든 표상을 개념으로 이해했는데, 칸트가 개념과 직관(Anschauung)을 날카롭게 분리한다. 칸트는 개념을 많은 대상들에 공동으로 적용될 수 있는 보편적 표상으로 보고 직관에 대립시켰다. 칸트는 우리의 대상 인식은 직관의 내용과 오성(Verstand)의 형식이 결합하여 발생하는 것이라고 보았다. 이러한 이론에서는 순수하게 개념만 고찰하는 것은 현실성을 갖지 못한다. 추상적이고 보편적인 개념은 구체적이고 현실적인 실재(Realität)와 필연적 연관을 갖지 못하기 때문이다. 헤겔은 칸트의 이원론을 극복하면서 개념과 실재의 동일성을 주장한다. 헤겔은 사유와 그 규정이 단순히 주체에 속하는 것이 아니라 사물 자체의 뿌리에 놓여 있다고 보았다. 우리의 개념 또는 범주에서 표현되는 이성적이고 보편적인 사유는 정신의 자기인식이며, 개념이 적용되는 외적 실재들은 단순히 정신의 구현일 뿐만 아니라, 정신이 그렇게 정립한 것이므로 사유의 이성적 필연성을 반영하는 것이다. 따라서 사물에 대한 사유의 범주를 파악하면 우리는 세계가 전개되는 본질적 구조를 파악하는 것이 된다. 그러므로 일반 논리학에서 개념을 내용이 없는 사고 형식이나 일반 표상으로 보는 것과는 달리 헤겔의 논리학에서는 개념이 내용이 가장 풍부한 구체적인 보편이다. 즉 헤겔에게는 개념이 오성의 추상작용에 의해서 구성되는 것이 아니라 절대자의 자기 파악인 것이다. 헤겔의 개념은 주관적 개념(subjektiver Begriff), 객관적 개념(objektiver Begriff), 이념(Idee)의 3단계로 구별된다. 헤겔 철학의 궁극 목표는 개념과 실재의 일치를 얻는 데 있다. 이러한 일치는 주관적 개념과 객관적 개념의 단계를 거쳐서 최종적으로 확보된다. 개념과 실재의 일치, 즉 개념이 실재에서 자기 자신을 확보하는 단계는 헤겔에게서 이념이라고 불린다.

### 개별적 특수성 Partikularität

헤겔은 Partikularität라는 용어로써 주객이 이분화된 근대의 세계 상태나 개인이 지니는 보편성이 결여된 주관성의 특성을 나타낸다. Partikularität는 특수성이라는 의미를 포함하지만 Besonderheit(특수성)와는 달리, 분리된 어느 한 개별체의 특수성을 의미한다. 그러므로 본서에서는 Besonderheit와 구별하기 위해 '개별적 특수성'으로 번역하였으며, 문장형태에 따라 특수성으로도 번역하였다. 이 용어는 근대 이후의 예술 혹은 낭만적 예술에 관한 서술에서 자주 언급된다. 헤겔은 이와 연관하여 근대 주관성의 개별적 특수성을 주제로 하고 표현하는 근대 예술은 더 이상 보편적 진리를 매개하지 못하고 '파편적(partial)'일 뿐이라고 한다. 이러한 맥락에서 헤겔은 예술의 과거성을 시사한다. 이는 발전된 정신의 주관성을 표현하는 데 예술의 질료적 한계성을 의미하기도 하지만 보다 본질적으로는 예술의 내용이 되는, 근대에서 추구되는 진리 자체가 누구에게나 타당한 보편성을 결여하는 것에서 비롯된 결과로 서술된다. 그러나 헤겔은 근대 예술의 이러한 파편적 특성의 필연성을 파악하고 이후 예술철학 강의들과 다른 강의들에서 근대에서의 예술의 역할을 문화철학적 관점에서 규정한다.

### 관념적 · 이념적 ideell

헤겔에게 이념(Idee)은 개념과 실재의 통일이다. 그러나 형용사적으로 쓰이는 ideell이 '실재적(reell)'에 대비되어 쓰이는 경우에는 프랑스어 ideell(관념적인)에 뿌리를 두고 있는 그 어원적 의미와 같이 이념으로 전개되기 이전의 개념의 단순히 주관적인 통일을 뜻한다. 따라서 이 경우는 '관념적'이라고 번역했다. 그러나 헤겔은 ideell을 이념(Idee)과 연관해서 사용하기도 한다. 즉 이념을 구현하고 있는 것들을

ideell 하다고 말하기도 하는데, 이러한 경우에는 '이념적'이라고 번역했다. 『미학』의 경우에는 실재와 대비되는 경우보다는 이념과의 관련을 의미하는 경우가 많아서 대체로 '이념적'이라는 의미를 갖는다.

### 구체적 konkret / 추상적 abstrakt

헤겔 철학에서 '구체적'과 '추상적'은 존재하는 것의 규정 상태를 가리키는 것으로서 둘 모두 이중적 의미를 띤다. '구체적'이란 먼저 직접적인 것을 가리키는 저차적·부정적인 의미가 있으며, 다음으로는 규정적인 것을 가리키는 고차적·긍정적인 의미가 있다. 마찬가지로 '추상적'이라는 용어도 일차적, 혹은 부정적 의미는 어떤 것이 비규정적 상태에서 구체성을 결여하고 있는 경우에 사용되며, 반면 추출된 본질적인 것을 가리키는 고차적·긍정적인 의미로도 사용된다.

### 보편성 Allgemeinheit / 특수성 Besonderheit / 개별성 Individualität

어원적으로 보편(*katholou*)은 전체와 관련되는 것으로서 개별적인 것(*kathekaston*) 혹은 부분(*kata meros*)과 관련되는 특수에 대립되는 개념으로 이해되어 왔다. 보편과 개별이 이원적 관계이냐, 일원적 관계이냐는 고래로 이데아에 관한 플라톤과 아리스토텔레스의 논쟁과 중세의 보편논쟁에 이르기까지 지속된다. 헤겔에게서 보편, 특수, 개별은 상호 대립적 관계가 아니고 '개념'의 세 계기이다. 보편성(Allgemeinheit)은 가장 단순한 규정으로서, 개념이 자기 자신 속에서 가장 순수한 것으로 있는 단순한 상태를 말한다. 이러한 보편성의 본성은 절대적 부정성을 통해 최고의 구분과 규정성을 자신 속에 보유하는 것이다. 다시 말하면 보편성은 개념이 자체 내에 머물면서 단순히 자기 자신과 관계하는 상태, 즉 자기 자신과의 동등성을 의미한다. 보편(성)은 이렇듯 자신과 자신의 규정성과의 합치이지만 동시에 그러한 규정성의 부정도 자체 내에 포함하고 있다. 그래서 보편성으로 있는 개념은 자체 내의 부정을 통해 특수성으로 이행하게 되는 것이다.

특수성(Besonderheit)은 개념이 존재와 직접적인 것에 귀속됨으로써 생겨나는 규정성 혹은 '규정된 보편성'이다. 즉 특수성은 개념이 자기동일성으로부터 자기의 외타적 존재로 이행하여 자신의 부정성을 스스로 반성하고 마침내 '판단'으로 화하는 개념을 말한다. 이 특수성은 보편성 자체에 의해 정립되어 있는 것으로 보편자에서 결과로 나온 것이지 어떤 다른 규정성이 아니며, 그 자체 보편성이기도 하다. 특수자는 다만 보편자의 구분 혹은 타자와의 관계이며, 외부로 보편자 자신이 현현한 것일 뿐이다. 특수는 이렇게 자신의 규정성을 통해 보편을 나타낸다. 그러므로 보편에서 특수로의 이행은 분리된 두 영역 간의 이행이 아니라 특수를 통해 드러나는 보편의 가상일 뿐이다.

한 개념이 외적 존재인 다른 개념과의 구분에 대한 반성을 통해 규정된 보편성이 특수성이라면, 개별성(Einzelheit)은 보편성 내의 동일성 혹은 부정성이 외적인 것과 관련되지 않고 자기 자신과만 관계하면서 생겨나는 규정성을 말한다. 이 규정성은 규정된 규정성(die betimmte Bestimmtheit) 혹은 대자적 자기지향성을 지닌 절대적 부정성이기도 한다. 그러므로 개별자(das Individeulle)는 개념이 자기 자신과 관계하는 규정성, 즉 특정하게 규정된 자(das bestimmte Bestimmte)가 된다. 보편성과 특수성과의 관계에서 본다면 이 둘은 개별성이 생성되는 계기가 되며, 특수는 그것이 '규정된 보편'이라는 측면에서는 곧 개별이기도 하며, 또한 반대로 개별 역시도 '규정된 보편'이라는 점에서는 곧 특수가 되기도 한다.

『미학』에서는 역사적이고 구체적인 시·공간 속에서 '규정된 보편자'인 개별자 혹은 개인과 그의 행위가 이상을 구체적이고 가시적인 형태(이념상)로 실현하는 매개자로서 주목된다. 뿐만 아니라 이념상이 구체적으로 실현되는 데 필요한 또 다른 요소인 '외적 규정성', 즉 '세계상태'와 관련해서 헤겔은 고대 그리스 시대에는 보편성이 우세했으나 근대로 오면서 주관과 외적 존재들과의 관계가 다면성을 띠면서 특수성이 지배적인 것으로 파악한다. 그리하여 낭만적 예술형식(회화, 음악, 시)에는 특수성이 주로 표현됨을 보여준다.

### 사상 Gedanke

이성적 사유가 표상에서 잡아낼 수 있는 보편적인 것을 의미한다. 사상은 표상(Vorstellung)과 개념(Begriff)의 중간에 위치하며 개념은 순수 사상이라고 불린다. 사상이 반드시 사유의 결과만을 의미하는 것은 아니다. 헤겔은 누스(Nous)를 사상과 동일한 의미로 사용하고 있으며(『철학사』, 전집 19권, 165쪽 이하), 사유의 작용도 함께 뜻하는 경우가 적지 않다. 본서에서는 Gedanke를 문맥에 따라서 사상 또는 사유로 번역했다.

### 사유 Denken

헤겔은 사유를 일반적으로 인간 정신에 의해서 산출된 모든 것, 즉 직관, 기억, 감정, 의욕, 이해 등의 주관적인 것과 국가, 종교, 학문, 예술 등의 객관적인 것을 포괄하는 것으로 규정한다. 독일 관념론의 문맥 속에서 헤겔은 사유를 모든 다른 것들이 산출되는 본질적인 것, 보편적인 것으로 설정한다. 그리고 국가, 종교, 학문, 예술처럼 외화된 것들은 대상에 결부되어 있으며 개별적인 것, 감각적인 것과 혼합되어 있다. 철학은 이러한 대상의 본질을 고찰하는 것이고, 이 본질은 바로 사유이다. 따라서 철학은 사유가 자기 자신에 관계하는 것이다.

### 상징 Symbol

19세기까지 일반적으로 상징은 내용과 형식, 지시되는 기의(signifié)와 지시하는 기표(signifiant)의 일치를 가리키는 용어였다. 이러한 의미의 상징 개념은 예술에서도 일반적으로 통용되며, 추상적 내용(이념)을 구체적 형식으로 표현함으로써 내용과 형식이 불일치를 이루는 것으로 여겨지는 알레고리(Allegorie)의 대립 개념으로 이해되어 왔다. 모더니즘까지도 '미'란 곧 내용과 형식의 조화를 뜻하였고 이러한 조화의 표현방식으로서의 상징이 예술에서 중요한 개념으로 작용하였다. 하지만 헤겔은 상징을 내용과 형식, 즉 기의와 기표가 일치하지 않는 것으로 새로이 규정하고, 이러한 의미의 상징의 범위 내에 여러 가지 비유법들, 즉 직유(Gleichnis), 은유(Metapher), 비유(Vergleichung), 우화(Fabel), 비유담(Parabel), 수수께끼(Rätsel), 알레고리 등을 포함시킨다.

### 상징적 예술형식 symbolische Kunstform,
### 고전적 예술형식 klassische Kunstform,
### 낭만적 예술형식 romantische Kunstform

이 세 가지 예술형식은 헤겔이 내용과 형식의 결합방식을 기초로 하여 예술을 역사적으로 분류한 것이다. 예술의 내용은 역사 속에서 구체화되고 스스로 발전해가는 정신(이념)이며, 형식은 이 정신의 발전과 더불어 변화하며 정신의 발전 상태에 상응하는 표현형태이다. 상징적 예술형식은 발전의 초기 상태에 있는 정신이 그 내용이 되는데, 아직 추상적으로 머물고 있는 이 정신은 여기서 자연형태를 척도 없이 무한히 크게 변형시켜 자신을 표현하는 방식으로 삼는다. 헤겔은 고대 동양의 예술(건축물)을 이런 예술의 내용과 형식으로 규정한다. 고전적 예술형식은 보다 구체화된 정신이 그 내용이 되며, 이에 적합한 형식으로 인간 형태가 취해진다. 헤겔은 인간 그 자체가 자연성과 정신성이 통일된 것으로 보기 때문에 아직 자연성을 띠면서도 주관성으로 발전해가고 있는 정신(내용)이 자신의 형태에 가장 적합하게 표현되었다고 보며, 고전 그리스 예술에서 이러한 특성을 예시한다. 낭만적 예술형식은 고전 그리스 이후의 예술을 총칭하는 것으로, 여기서 정신은 주관성으로 발전하면서도 근대로 올수록 더욱 내면화되며 객관적 대상으로부터 자유로워진다. 따라서 이 정신은 어떠한 자연적 표현형식에도 적합하지 않게 되어 내용과 형식이 분리된 채 다뤄진다. 이러한 세 가지 예술형식은 이념 자체의 발전과 이에 따른 여러 가지 표현방식에 의한 것이므로, 위계적으로 평가되거나 어느 한 예술형식이 절대적 중요성을 갖지 않는다. 세 가지 예술형식 모두는 정신의 필연적 산물로서 저마다 정신의 발전 상태를 보여주는 중요한 계기들로 이해되어야 한다.

## 생 · 생명 Leben

18세기 프랑스의 계몽주의자들은 살아있는 존재를 기계적인 것으로 설명하려고 노력했다. 라 메트리(La Mettrie)는 생명체를 시계와 대비했으며, 돌바하(D' Holbach)는 생명의 근원을 내적 · 외적 물리적 현상에서 찾았다. 이러한 프랑스 계몽주의의 경향에 대항해서 독일에서는 '생명' · '힘' · '유기체'의 개념에 새로운 강조점을 두었다. 예를 들면 괴테(Johann Wolfgang Goethe)는 생명을 자연 전체를 지배하고 형성하는 원칙으로 파악했으며, 모든 살아있는 것들은 완전한 것이며, 생명이야말로 신과 자연으로부터 받은 최고의 것이라고 주장했다. 횔덜린(Friedrich Hölderlin)은 생에서 모든 분열의 화해와 죽음의 극복을 보았다. 헤겔도 생을 분열의 극복으로 보아 부분과 전체, 개별자와 보편자의 결합의 증표로 설명한다. 살아있는 것에서는 부분들이 전체와 하나가 된다는 것이다. 예나 시대 이후의 헤겔은 분열의 필연성을 인정하고 난 다음에 대립을 다시 결합시키는 철학의 필연성을 생으로 정립한다. 이렇듯 생이 다양함을 통일하고 통일적인 것이 다양하게 전개되는 과정에 대한 메타포로 사용되며 또한 '직접적인 이념'으로서 정신의 자기 인식 과정의 첫 단계이기도 하지만, 자연 현상으로서의 생은 의식이 없다는 중대한 결함 때문에 헤겔의 체계에서는 정신보다 하위에 놓인다.

## 숭고 Erheinheit

칸트나 실러(Friedrich Schiller)에게 있어서 숭고는 이성 이념의 무한성이나 이로 인해 유발되는 감정을 의미한다. 하지만 헤겔은 단지 내용과 형식의 부조화 내지는 부적합성만을 숭고의 규정 근거로 삼는다. 따라서 헤겔은 상징적 예술형식에서 아직 추상적으로 머물러 있는 이념이 자신에 적합한 표현형식을 찾지 못해 크기나 양의 변형만을 제시한다는 점에서 내용과 형식의 부적합성을 보며, 이러한 상징적 예술형식의 특성을 '숭고'라고 서술한다. 낭만적 예술형식 역시 내용과 형식의 부적합성을 띠지만 그 부적합성이 다양한 방식으로 구현되므로 낭만적 예술형식의 특성은 '특성적인 것(das Charakteristische)'으로 규정된다.

## 실체성 Substantialität / 일자 Eins

실체성은 일반적으로 철학에서 '기저에 있는 변화하지 않는 혹은 운동성이 없는 본질'을 뜻하는 실체의 성격을 의미한다. 스피노자의 경우 실체성은 절대적인 것, 신적 본질, 나아가 영구불변의 일자(一者)를 의미하기도 한다. 헤겔도 '자신의 본질이 실존을 자체 내에 포함하는 것'을 실체로 규정하고, '정신 및 그 형식들의 본성에 정초되어 있는 그 어떤 보편적인 힘'으로 실체성을 규정하지만 그의 철학에서 실체성은 발전하는 정신의 초기적 형태이다. 정신은 실체성에서 주관성으로 운동 내지는 발전해 나가는 것이다. 따라서 헤겔은 불변하는 본질·일자로서의 스피노자적 실체성 개념을 비판하며 참된 정신은 운동을 통해 실체성에서 주관성으로 발전하는 것이라고 본다. 또한 미학에서 언급되는 일자는 문맥에 따라 '하나의 것', 단순히 '통일된 것으로서의 하나', 마호멧교의 '유일신'으로서의 일자, '완전한 통일성인 절대적인 것'을 가리킨다.

## 심정 Gemüt

경험능력의 한 형식으로, 원래는 감정, 감각, 사유를 모두 포괄하는 뜻이었다. 칸트의 경우에서도 느낌, 감각, 사유 모두를 포괄하는 넓은 뜻으로 사용되어 영혼(Seele, *Animus*)과 거의 동일한 의미로 사용되었다. 그러나 칸트 이후에는 정신(Geist)이 지적인 측면이 강조되자, 심정(Gemüt)은 내면성이 두드러지게 되고, 결국에는 감정이 거주하는 터로 대비된다. 헤겔은 심정은 이러한 좁은 의미로 사용하며, 대상을 개념적으로 파악하는 것이 아니라 내적으로 느끼는 순수 의식의 한 양태(『정신현상학』

에서의 '불행한 의식')로 본다. 『미학』에서는 심정이 정신의 내면성으로 규정된다.

### 아름다움·미 Schönheit / 미학 Ästhetik

바움가르텐이 "미학의 목표는 감각적 인식 그 자체의 완전성인데, 이것이 아름다움"(Baumgarten, 10쪽)이라고 정의한 다음부터 아름다움이 미학의 근본개념이 되었다. 바움가르텐이 아름다움을 감각적 인식의 완전성과 일치시킨 것은 미학을 보다 객관적인 것으로 보아서 이성적 학문의 대상으로 만들려는 의도였다. 헤르더도 이와 유사하게 '예술작품이 어울리게 작용하도록 형태화하는 훈련을 기초하는 학문' 혹은 '아름다움의 감정 또는 볼프적 언어로는 감성적 인식의 학문'이라고 미학을 규정했다. 그러나 칸트는 아름다움을 완전성의 개념과 분리해서 감성과 오성의 작용에 의해서 발생하는 대상의 표상으로 전환시켰다. 칸트에게는 미적 판단이란 어떤 것을 아름답다고 말하는 취미판단(Geschmacksurteil)이다. 이 판단은 주관적이며, 표상이 상상력에 의해서 주체 자체에 쾌·불쾌의 감정으로 관계하는 것이다. 취미판단은 개념적 지식이 아니라, 감정을 표현하는 정서적 명제인 것이다. 그럼에도 그는 '무관심(Interesselosigkeit)', '목적 없는 합목적성(Zweckmäβigkeit ohne Zweck)'의 개념을 도입하여 미학의 독립성과 자율성을 확보했다. 그럼에도 그는 『판단력 비판』에서 아름다움을 인륜적 선의 상징으로 볼 수 있음을 암시했다.

칸트에 이어 전개되는 독일 관념론은 칸트가 암시한 아름다움의 선험성을 보다 긍정적으로 전개시킨다. 미학을 칼리스틱(Kalistik)으로 칭한 실러(Friedrich Schiller)를 거쳐서 셸링(Friedrich Wilhelm Joseph Schelling)에 이르면 아름다움은 철학의 최상위에 놓인다. 예술이 정신과 자연을 매개하며, 아름다움은 이념(신적인 것)과 현상(감각적인 것)의 일치로 나타난다. 헤겔은 셸링과는 달리 아름다움을 철학의 최상위에 놓지는 않지만, 절대정신의 한 부분을 차지하도록 한다. 아름다움은 신적인 것(이념)이 감각적인 것에서 자신을 드러내는 것이기 때문이다. 특히 헤겔은 자연의 아름다움보다는 예술의 아름다움을 고찰의 대상으로 삼는데, 이는 헤겔의 철학 체계에서 이념적인 것이 인간 활동의 산물로서 역사에서 나타나며 예술에서만 이러한 것이 형상화되기 때문이다. 이런 까닭에 헤겔은 자신의 강의 명칭으로 미에 관한 학문으로서의 미학이란 용어 사용을 자제하며 후기 미학강의에서는 예술철학이란 용어를 사용한다. 따라서 예술철학에서 헤겔이 의미하는 미는 예술미로서 "이념의 현존재(Dasein der Idee)" 내지는 "현존(Existenz)"을 가리키며, 좁은 의미에서는 "내용과 그 내용의 현존재 방식의 통일성 또는 개념에 대한 실재의 적절함(das Angemessen-Sein)과 적절하게 만듦(das Angemessen-Machen)"으로 규정된다.

### 예술 Kunst

헤겔에게서 예술은 주관적 정신과 객관적 정신이 통일된 절대정신이 활동하는 영역들(예술, 종교, 철학) 가운데 하나이다. 예술, 종교, 철학의 영역에서 절대정신은 각기 직관, 표상, 개념(사유)을 통해 드러난다. 이렇듯 절대정신을 '직관'을 통해 나타내는 영역인 예술은 정신철학의 일부가 되며, 예술의 내용은 절대정신, 더 구체적으로는 역사 속에서 구체화되고 스스로 발전하는 정신, 즉 이념이 된다. 따라서 예술의 역사적 발전은 다름 아닌, 역사 속에서 그때마다 발전하는 정신(이념) 혹은 각 민족이 추구했던 절대적인 것, 곧 진리에 대한 생각들을 구체적으로 보여주는 것이다.

헤겔은 이러한 예술의 내용을 Inhalt라고 하며, Gehalt라는 용어를 사용하기도 한다. Inhalt(내용)가 일반적으로 표면에 대립되는 의미인 체적·용적·용량으로서의 내용물을 가리킨다면, Gehalt(가치 내용)는 단순한 부피적인 내용물이 아닌 내용의 가치 혹은 가치내용을 가리킨다. 본서에서는 Gehalt를 문장형태에 따라 '가치내용' 또는 '내용'으로 번역하였으나 어느 경우든 어떠한 가치를 가진 내용을 의미한다.

### 예술작품 Kunstwerk

헤겔이 의미하는 예술작품은 한 민족이 '노동(Arbeit)'과 '언어(Sprache)'를 통해 이뤄낸 정신의 산물로서 그 민족의 민족정신이 구현된 것을 의미한다. 헤겔은 초기 사상에서 고대 그리스의 경우는 국가(Polis)가 곧 예술작품이었다고 본다. 예술철학에서 예술작품은 이념이 존재물 속에 구체화된 이념상(das Ideal)과 같은 의미로 사용되거나 이념상인 예술미를 담고 있는 것이 되며, 이념상과 함께 헤겔 예술철학의 기본 개념이 된다. 이러한 예술작품 개념에서 중요한 것은 인륜성(Sittlichkeit)이지, 내용과 형식의 단순한 조화로서의 '미'가 예술작품의 규정과 판단의 관건이 아니다. 그러므로 역사상의 모든 민족의 정신의 산물들은 그들이 추구한 진리와 인륜성이 담겨있는 한, 모두 동등한 예술작품이 되며 예술철학에서 역사적 고찰의 대상이 된다.

### 이념 Idee

고대 플라톤의 경우에 이데아(idea, *eidos*)는 개별적 사물들의 원형 또는 이상으로서 보편적 실재를 의미하는 것이었다. 근세 초기 영국이나 프랑스 철학에서는 idea, idée(관념)는 정신적인 것이 재현된 것이라는 의미를 갖고 있었다. 그러나 칸트는 플라톤적인 의미로서 Idee(이념)를 사용하여 경험세계에 주어진 어떤 것과도 상응하지는 않지만, 그럼에도 필연적인 것으로 보았다. 칸트의 선험적 이념들(자아 · 세계 · 신)은 경험을 구성하는 것은 아니지만, 우리의 경험을 통제하는 것이다(『실천이성비판』에서는 자유, 불멸성, 신이 요청된다).

헤겔의 이념은 주관적이거나 단순히 정신적인 실재가 아니다. 그렇다고 해서 플라톤의 이데아처럼 개별자를 초월해있거나 개별자와 분리되어서 존재하는 것도 아니다. 이념은 이성적인 것이며, 단순히 우리의 경험을 통제하는 것이 아니라 현존재 내에서 자신을 현실화하는 역사적인 것이다. 헤겔에게 이념은 무조건적인 것이며, 자신 이외의 어떠한 것에도 의존하지 않는 것으로서, 실재성을 갖춘 개념, 즉 개념과 그 실재성과의 통일이다. 따라서 이념은 도달할 수 없는 피안이 아니며, 단순히 주관적인 표상도 아니다. 현실 속에 존재하는 모든 것은 참 모습에 있어서 이념을 자기 자신 속에 함유하여 이념을 표현하는 한에서 존재할 수 있는 것이다. 이러한 이념은 첫째 생명이며, 둘째로는 인식과 의욕으로서의 진과 선의 이념이며, 셋째로 즉자대자적인 것으로 있는 진리, 즉 정신의 자기 자신의 절대지로 나타난다. 절대 이념 그 자체를 다루는 것은 「논리학」이며, 이념의 타자존재를 다루면 「자연철학」, 이념의 자기인식과정을 다루면 「정신철학」이다. 이념은 역사 속에서 발전하며 각 시대 예술의 내용이 된다.

### 이상 · 이념상 Ideal

일상적인 의미에서는 인간 활동의 모든 영역에서 목표 내지는 모델을 의미한다. 이상은 추상적인 개념일 수도 있고, 상상적인 개체일 수도 있고, 실존하는 인물일 수도 있다. 칸트는 이상을, 이념에 충분히 상응하는 것으로 파악되는 개별자로 보았다. 순수 이상으로는 신, 최고 선, 그리고 경험적 이상으로는 완전한 미 또는 완전한 행복이 있다. 그러나 이러한 이상은 객관적인 실재가 아니라 우리의 인식적 · 실천적 활동을 통제하는 것이다. 헤겔은 초기에는 단순히 넓은 의미로서 이상을 사용하다가 점차 미학적인 의미로 좁혀서 쓴다. 헤겔이 이렇게 좁히는 이유는 칸트처럼, 이상을 이념이 개별자에서 구체화된 것으로 파악하기 때문이다. 하지만 헤겔의 이상은 칸트의 경우처럼 단순히 우리가 추구해야 할 상상적 목표에 지나지 않는 것이 아니라, 현실성을 갖는 것이다.『미학』에서 Ideal은 이념이 구체적인 형상물로, 즉 현존재로 현현하는 것을 가리키며 이것은 아름다움(예술미)을 의미한다. 본서에서는 이러한 경우의 Ideal은 특별히 이념상(理念像)이라고 번역하였으나, 때로 어느 시대의 한 민족이 추구하는 이념으로 예술의 내용으로서의 의미가 두드러지는 경우에는 이상(理想)으로 번역했다.

### 전체 das Ganze / 지체 Glieder

헤겔이 전체를 말할 때는 보통 두 가지 의미로 사용된다. 하나는 부분들의 총합으로서 집합의 의미이고, 다른 하나는 유기체나 체계에서 볼 수 있는 전체의 의미이다. 헤겔이 "진리는 전체이다"(『정신현상학』, 전집 3권, 24쪽)라고 말했을 때 전체는 유기체와 체계의 의미로서 이러한 전체는 부분들보다 우위에 놓인다. 전체는 단순히 부분들의 총합이 아니고, 스스로 발전하고 전개하는 것이다. 부분들은 전체의 목적에 봉사한다. 이런 경우에 부분들은 종종 유기체적인 용어로서 지체나 구성요소라 불린다.

### 정신 Geist

정신의 기원은 영(靈)에 두고 있지만 그리스어 *pneuma*(호흡, 숨쉬다)와 *nous*(이성), 라틴어 *spiritus*, 불어 esprit의 의미가 혼합되어 오늘 날에는 다양한 의미를 함의하고 있다. 일반적으로는 성령, 육체와 대비되는 의미에서의 정신·귀신·개인의 마음(또는 지적 능력) 또는 정신적 태도·시대정신 등으로 사용된다. 헤겔은 넓은 의미에서는 정신을 자연, 이념과 구별되는 인간의 마음과 그것의 산물을 지시한다. 이 경우에는 절대적 자기 동일성으로서의 이념(Idee)이 자신의 타자(자연)로 되었다가 타자로부터 다시 자신으로 귀환(정신)하는 과정을 큰 틀로 갖는다. 헤겔의 체계는 이념을 다루는「논리학」, 자연을 다루는「자연철학」, 그리고 이념의 자기 귀환을 다루는「정신철학」으로 이루어진다. 따라서 정신의 모든 활동은 외적인 것을 내면적인 것으로 되돌리는 다양한 양식 이외에 다른 것이 아니다(『철학강요』, 전집 10권, 21쪽). 정신은 외면성(Äußerlichkeit)을 지양하는 것에 자신의 본질이 있다. 외면성이라는 것은 이념의 타자존재(Anderssein)이며, 이것을 지양하면 이념은 자기 자신으로 되돌아가는 것이다. 정신은 이렇게 이념의 타자존재를 부정하는 관념적인 것(Idealität)이다. 이러한 관념화작업(Idealisierung)은 — 직관에서 사유에 이르는 — 주관정신, 사회적 집단, 관습 법, 제도에서 활동하는 객관정신, 그리고 예술, 종교, 철학을 의미하는 절대정신의 모든 영역에서 진행된다. 그리고 유한한 정신에서도 정신이 자기 자신으로 되돌아가는 것이 실행되지만, 이로는 충분치 않고 철학의 개념작업에 의해 비로소 완성된다.

### 주관성 Subjektivität

헤겔 철학에서 주관성은 이념적으로 자기 자신에 대자적으로 존재하는 정신의 개념이며, 이념적인 통일성으로서의 개념을 가리킨다. 이 개념은 자기의 활동성에 의해 스스로를 객관성으로서 정립하게 되며, 이를 통해 개념은 객관성과 주관성이 동등성을 이루는 이념이 된다. 이념은 곧 개념의 이념적 통일과 실제적 규정이 합치가 된 것이다. 이러한 이념은 개념을 다시 개념 자신의 주관성으로 이끌기도 한다. 그리하여 다시 자신의 주관성 속으로 들어가게 된 개념이 이념으로 간주되기도 한다. 실체(Substanz)와의 관계에서 보면 실체는 즉자대자적인 존재(das An-und-Fürsichsein)인데, 이 존재가 정립된 존재로서만 있을 수 있음을 깨우치는 실체의 무한한 자기반성이 실체를 보다 고차적인 것, 즉 주체·개념으로 발전하게 한다.

헤겔은 동물이나 단순한 감각의 주관성과 같은, 아직 대자적이지 못하므로 전적으로 추상적인 주관성과 정신적 주관성을 구분한다. 정신적 주관성은 자기 내에서 무한한 주관성으로서 낭만적인 것의 참된 내용인 절대적 내면성에 상응하며, 낭만적 예술의 원리가 된다. 이 주관성은 자기 자신에 대자적인, 자기 내로 다시 귀환한 정신성이어서 예술에는 이를 나타내기에 적합한 표현이 없게 되어 내용과 형식의 분리가 일어난다. 그럼에도 쉴레겔(Friedrich Schlegel)이나 노발리스(Novalis) 등 일단의 낭만주의자들은 이러한 주관성을 참된 주관성으로 여기며 낭만적 예술을 전개하였으나, 헤겔은 이들과 달리 내면성에만 머무는 주관성을 '주관적 주관성'이라 비판하고 세계와의 연관 속에서 실체성과 객관성을 보유하는 '객관적 주관성'을 촉구하며 이를 참다운 주관성으로 규정한다. 〔후기 예술철학강의에서 헤겔은 괴테의 『서동시집 West-östlicher Diva』에서 이러한 주관성이 실현된 것을 예시하며, 그 특성으로서 '객관적 유머 objektiver Humor'를 든다.〕

### 즉자 an sich / 대자 für sich

헤겔 당시 철학에서 an sich라는 말은 일반적으로 "다른 것과의 관계없이" 그 자체로라는 의미로 사용되었다. 칸트가 Ding an sich(물 자체)라고 했을 때, 이때의 의미는 인식 주체와 관계를 맺지 않고 있다는 의미이다. 이 경우에는 an sich가 für sich와 구별되지 않고 사용되어서 사물 그 자체(Ding für sich)라는 말이 사물 자체(Ding an sich)라는 말과 같은 의미로 사용된다. 헤겔은 위와 같은 의미로 an sich를 사용하기도 하지만, 종종 an sich와 für sich를 대립되는 의미로 쓰기도 한다. 대립적인 의미로 사용될 때에는 an sich는 타자와의 관계를 맺고 있지 않아 잠재적인 것, 가능적인 것을 의미한다(예: 어린 아이는 '가능적으로 an sich' 이성적 존재이다). 반면 für sich는 타자와의 관계 속에서 자신의 규정을 얻지만, 이를 부정하는 경우를 지칭한다. 예를 들면, 한 사람은 다른 사람과의 관계 속에서 '선생'일 수 있는데, 이를 부정하고 단순히 '자신'을 생각할 수 있다. 이 경우 für sich는 '자기의식'을 가지고 있을 것을 전제한다. 헤겔에게서 대자존재(das Fürsichsein)의 단적인 예는 자아(das Ich)이다. [헤겔의 저서를 읽을 때는 an sich, für sich와 같은 단어들이 대립적인 의미로 사용되었는지, 아니면 같은 의미로 사용되었는지는 문맥으로 이해하는 수밖에 없다.]

### 표상 Vorstellung

일반적으로 표상이란 의식이 자신 앞에 세우는 심상을 의미한다. 이 경우에는 마음에 떠오르는 모든 내용을 포괄한다. 그러나 표상은 재현된 것의 주관적인 측면을 강조하고 있어서 객관적인 특징을 갖는 개념과 대비되기도 하는데, 헤겔은 주로 이러한 의미로 자주 사용한다. 헤겔은 주관적인 표상과 객관적인 사유(또는 사상)의 구별을 강조하고, 철학은 표상을 사상으로 바꾸는 것, 더 나아가서는 사상을 개념으로 바꾸는 것이라고 말한다. 즉 그는 표상을 감성적 직관과 개념적 사유의 중간단계에 위치시킨 것이다. 절대정신의 단계에서 종교는 진리를 '표상'의 요소에서 이해하며, 철학은 그것을 개념적으로 파악한다.

### 행위 Handlung

행위는 순간적이고 도발적이며 자동적인 행함을 의미한다. 이와 유사한 용어인 Tat는 의식적이며 도덕적 가치가 내포된 행함을 의미하며, 본서에서는 행동으로 번역했다. 헤겔에 의하면 역사적 시대마다 각 민족이 추구하는 진리 내지 이상(das Ideal)은 인간의 행위를 통해 예술미(이념상으로서의 das Ideal)로 구체화된다. 따라서 행위는 각 시대 예술의 예술미를 형성하는 주된 요소가 된다. 고대 그리스 시대에는 주인공인 영웅(주관)의 행위가 세계(객관)와 일치함으로써 그 자체 객관적 보편성을 띠며 예술에서도 이념상의 가장 완전한 실현이 가능하였으나, 근대에 이르러서는 특정한 시공간에 한정된 주인공의 행위가 개별적 특수성을 띠면서 보편성을 상실하고 파편성을 띠게 된다. 이에 따라 이러한 행위를 통해 실현되는 이념상도 역시 파편적이고 부분적인 특성을 지니게 된다. 헤겔은 낭만적 예술 및 근대 예술 일반에서 이러한 특성을 파악하고 이를 통해 근대 정신의 주관성과 그 실현의 파편적 성격을 드러낸다.

### 형식 Form / 형태 Gestalt / 모습 · 모양 · 형상 · 형체 Figur

헤겔의 미학강의에는 형식과 관련되는 여러 용어가 사용된다. 먼저 형식(Form)은 내용에 반대되는 개념으로 예술의 내용이 표현되는 외적인 방식을 의미한다. 헤겔은 예술의 형식을 크게 세 가지로 분류하고(상징적 · 고전적 · 낭만적 예술형식), 이 형식들은 임의적이 아니라 이념(내용)의 발전 상태에 따라 형성되는 필연적인 것으로 본다 [이에 대해서는 세 가지 예술형식에 관한 용어해설 참조]. 다음으로 형태(Gestalt)는 특정한 형상으로 구체화된 형식을 의미하며, 형태짓기 혹은 형태화(Gestaltung, Gestalten)는 이러한 형식을 만드는 것을 의미한다. Figur는 형태가 갖춰진 사물의 모습을 뜻하는 것으로서 본서에는 문맥에 따라 모습, 모양, 형상, 형체로 번역했다. 하지만 행동의 주체로서의 Gestalt나 Figur는 '인물'로 번역했다.

### 인용 및 참조문헌

G.W.F. Hegel, *Gesammelte Werke*, hrsg. von der Reinisch-westfälischen Akademie der Wissenschaften, Hamburg: Felix Meiner Verlag 1968ff.

G.W.F. Hegel, *Werke in zwanzig Bänden*, hrsg. von Eva Moldenhauer und Karl Markus Michel, Frankfurt am Main: Suhrkamp Verlag 1970 [인용: '전집'].

Baumgarten, Alexander Gottlieb, *Theoretische Ästhetik*, Hamburg: Felix Meiner Verlag 1988 (Philosophische Bibliothek, Band 355) [인용: '바움가르텐'].

*Ästhetische Grundbegriffe*, 5 Bde, hrsg. von Karlheinz Barck et al, Stuttgart Weimar: J. B. Metzler Verlag 2000-03.

*Historiches Wörterbuch der Philosophie*, hrsg. von Jochachim Ritter und Karlfried Gründer, Basel/Stuttgart: Schwabe & Co Verlag 1976ff.

# 역자해설

헤겔의 미학 내지 예술철학은 헤겔이 후기에 베를린에서 강의한 예술에 대한 사유들을 담고 있다. 이번에 출간되는 『헤겔 예술철학』은 그 중 1823년 강의의 필기록으로 그의 제자이자 기존의 세 권짜리 헤겔 『미학』(Berlin, 1835-38/1842)을 편찬한 하인리히 구스타브 호토가 직접 받아쓴 것이다. 이 필기록은 이념상·가상으로서의 예술 규정과 예술의 의미, 예술의 역사적 기능, 예술작품에 대한 헤겔의 근본적인 생각들을 군더더기 없이 명료하게 보여줌으로써 지금까지 헤겔 미학을 둘러싼 오해들을 불식시키고, '헤겔'의 사유물로서의 미학에 대한 이해와 새로운 연구의 장을 열어준다는 점에서 매우 중요하다.

역사적으로 볼 때 헤겔의 미학 혹은 예술철학은 이전 철학자들의 미학과는 달리 미 혹은 예술에 대한 협의의 개념 규정을 제시하는 데 머무르지 않고 각 시대와 민족들에게서 예술의 의미와 역할이 무엇인지를 보여줌으로써 미학사에서 큰 전기를 마련하였다. 또한 예술에 대한 미학적 논의들이 헤겔과 더불어 처음으로 역사적 지평에서 전개되기 시작했으며, 그의 역사적 예술 규정은 이후 루카치(Georg Lukács)를 비롯한 마르크스주의자들 및 아도르노(Theodor W. Adorno)·마르쿠제(Herbert Marcuse) 등 신마르크스주의자들의 사회비판적 예술이론에 결정적인 영향을 주면서 20세기의 대표적 고전으로 자리매김을 했다.

그럼에도 헤겔 미학은 여러 연구자로부터 문제점들이 지적되어 비판받기도 하고, 포스트모던 사상과 예술의 매체에 관한 담론이 팽배해진 오늘날에는 심지어 무용지물로 치부되기도 한다.

그러나 과연 그럴까? 헤겔 미학을 둘러싼 현재까지의 많은 논란들은 잘못된 원전에 기초하기 때문에 초래된 오해들이다.

헤겔은 초기 프랑크푸르트 시대부터 예술과 미에 대해 숙고하였지만 하이델베르크 대학에서 1817/18년 겨울학기에 처음으로 미학강의를 하였다. 이 강의를 시작하면서 헤겔은 미학강의를 출간할 계획을 세우고 이후 베를린에서도 여러 차례 — 1820/21년 겨울학기, 1823년 여름학기, 1826년 여름학기, 1828/29년 겨울학기에 — 미학강의를 했지만 이 계획은 결국 실행되지 못하고 말았다. 그리하여 오늘날 우리에게 전해진 헤겔『미학』은 헤겔 자신의 출간서가 아니라 그의 제자인 H. G. 호토가 편찬하게 된 것이다.

호토는 이 책을 편찬할 때 헤겔의 강의원고들과 학생들의 필기록들을 대부분 가지고 있었다. 하지만 그럼에도 호토는 1835년 초판 서문에서 밝히고 있듯이 스승의 미학을 변증법적 체계에 따른 완결본으로 만들어야 한다는 의무감에서 많은 부분을 의도적으로 변형시켰다. 이 과정에서 호토는 체계에 대한 의도와 후기 낭만주의적인 자신의 입장을 강하게 반영하였는데, 이로 인해 헤겔이 강의에서 강조했던 점이나 예술에 대한 근본적인 규정들은 본래적 맥락을 벗어나거나 혹은 간과되었다. 이렇게 편찬된 헤겔의『미학』을 원전으로 삼았던 지금까지의 많은 헤겔 미학 연구자들은 헤겔이 고대 그리스의 아름다운 예술을 완성된 예술로 높이 평가하면서 이후의 예술은 아름답지 않다는 이유로 예술의 종말을 선언했다고 여기며 그를 '고전주의자'라고 비난하거나, 다른 한편 그의 미학이 변증법적 논리로 이루어진 '폐쇄적' 구조여서 이후의 예술 발전을 더 이상 논할 수 없다고 비판해왔다.

하지만 미학강의의 원자료인 학생들이 받아쓴 미학강의 필기록들을 살펴보면 이러한 점들은 어디에도 볼 수 없다. 헤겔은 결코 고전 그리스 예술만 높이 평가하지도, 기독교 예술이 변증법적 논리에 따라 예술의 완결을 이룬다고 주장하지도 않았다. 강의 필기록들에서 뚜렷이 드러나는 바는 무엇보다 예술의 의미를 역사적으로 고찰한 헤겔의 관점, 즉 정신철학적인 관점이다.

헤겔에 의하면 예술의 내용은 예술과 더불어 종교·철학의 영역에서 구현되는 절대정신이며, 예술은 역사 속에서 스스로 발전해가는 — 실체성에서 주관성으로, 주관적 정신에서 객관적 정신, 절대 정신으로 구체화되는 — 정신의 발전 상태를 이에 상응하는 형식으로 표현하는 것이다. 즉 예술은 절대정신이 구체적인 현존재의 형태(가상 Schein)로 가시화되는 영역이며, 따라서 정신철학의 일부가 된다.

헤겔은 예술철학 강의에서 내용과 형식의 결합 양상에 따라 예술을 역사적으로 세 가지 형식으로 분류한다. 이 세 가지는 상징적·고전적·낭만적 예술형식인데, 이 예술형식들 및 이 형식들 내의 여러 예술 형태들은 각기 역사 속에서 발전하는 정신의 자기 인식과 정신이 그때마다 표상하는 진리·참된 것·신적인 것을 나타낸다. 그러므로 헤겔은 예술철학 강의에서 이 세 가지 예술형식 모두는 정신의 발전에 따른 필연적 계기들이며, 정신의 발전 형태를 표현한다는 점에서 동등한 가치가 있음을 강조한다.

이러한 정신철학적인 헤겔의 예술 규정은 미학사적으로도 획기적인 의미와 영향력을 지니지만 예술에 관한 오늘날의 이해와 논의들에서도 유효하다. 오늘날의 다양한 예술 양상들 역시 역사 속에서 발전하고 있는 인류 정신을 반영하고 있기 때문이다. 하지만 무엇보다 헤겔 미학의 현재성은 헤겔이 예술의 역사적 의미와 역할을 특정한 하나의 내용으로 규정하지 않는다는 데 있다. 헤겔이 선취했듯이 근대에 와서 진리에 대한 표상은 시대마다, 민족마다, 인류 정신의 발전 상태에 따라 상이하기 때문이다.

미학 강의뿐 아니라 법철학 강의·역사철학 강의들에서도 시사되는 바와 같이 고대 그리스의 경우 그리스 민족에게 진리(신화)가 보편적 타당성을 지녔다면 이후 근대로 올수록 국가들 간에, 그리고 한 민족·한 국가에서조차 진리에 대한 표상은 보편성을 상실하고 파편적이고 다양하게 추구된다. 더욱이 종교적 측면에서도 개신교에 이르러 신에 대한 표상이 인간중심적이 되면서 인간의 마음에 감명을 주는 것이면 뭐든 예술의 소재가 될 수 있음을 헤겔은 이미 파악했다.

헤겔은 이렇듯 근대에 이르러 예술이 더 이상 보편적 진리를 매개할 수 없다는 측면에서 예술의 과거적 성격을 말한다. 하지만 헤겔은 근대에서도 예술은 여전히 나름대로의 역사적 의미와 역할을 지닌다고 보고 이를 마지막 미학 강의에서까지 꾸준히 숙고했음을 알 수 있다. 후기 베를린의 여러 다른 강의들을 살펴보면 근대에서 예술의 의미와 역할은 진리에 대한 여러 민족들의 다양한 생각과 삶의 양태, 문화를 전달하는 것으로 시사된다. 근대 예술에 대한 이와 같은 헤겔의 규정은 정신철학적 및 문화철학적인 규정으로서, 오늘날의 예술 이해에도 유효한 규준이 될 수 있다.

헤겔 당대에도 이미 그러했겠지만 오늘날 예술은 더 이상 절대적으로 보편적인 진리를 보여주는 것이 아니므로 관람자들은 예술이 전달하는 내용을 비판적으로 수용해야 한다. 헤겔은 이러한 비판적 수용력을 연마하고, 저마다 한정된 의식과 인식의 폭을 넓혀 보다 보편적인 관점을 획득하기 위한 것으로 법철학 및 역사철학 강의들에서는 '형식적 도야(formelle Bildung)'의 필요성을 강조한다. 이는 전수되는 진리 내용을 그대로 답습하는 교육이 아니라 종래의 진리 내용과 규정을 비판하는 능력을 기르는 교육이다. 이러한 맥락에서 헤겔은 예술·종교·철학 모두를 형식적 도야의 매체로 규정하기도 한다.

이렇듯 오늘날에도 예술은 다양한 예술작품들을 통해 여러 민족들의 진리 표상과 문화를 매개하지만 우리는 이를 수용하는 데 필요한 비판적인 능력을 기름으로써 비로소 여러 국가·민족들의 삶의 방식들을 올바로 배우고 수용하게 될 것이다. 뿐만 아니라 다른 한편 우리는 스스로가 추구하는 혹은 추구해야 하는 진리 내용을 반성하고 규정하도록 예술을 통해 촉구받기도 한다. 헤겔은 이러한 상황을 선취하여 예술철학의 말미에서 절대적·보편적 진리를 전수하는 것이 불가능해진 우리 시대에는 여느 때보다 예술에 대한 반성과 사유, 즉 예술철학이 더욱 필요함을 역설한다. 이렇게 볼 때 헤겔의 예술철학 자체가 바로 그러한 상황에 필요한 지침서로서 중요성을 지닌다.

하지만 호토가 편찬한 헤겔『미학』은 헤겔이 강의에서 보여주는 이러한 열려 있는 사유들을 우리에게 올바로 전해주지 않고 있다. 그러므로 이제 헤겔 미학을 연구하고자 한다면 우선적으로 새로운 원자료들, 즉 강의 필기록들을 텍스트로 삼아야 할 것이다. 물론 강의 필기록들은 문장이 매끈하지 않으며, 설명이 자세하지 못한 점도 있으나 그럼에도 헤겔 사유의 논점과 사유발전 과정을 단순명료하게 일별토록 한다. 특히 이번에 소개되는 1823년 강의는 헤겔 미학 내의 중요 개념들과 헤겔의 관점들을 어느 강의에서보다 명료하게 보여준다는 점에서 귀중한 자료이다. 이와 달리 현재의 호토판『미학』은 변증법적 체계에 맞춰 구성하려는 호토의 노력으로 인해 중복된 부분도 많고 장황하여 쉽게 이해되지 않으며 읽기를 쉬이 포기하게 만든다.

베를린 미학강의의 필기록들은 그간 열두 편 가량 발굴되었다(편집자서론 주 14 참조). 그 중 빌헬름 폰 아쉐베르크(Wilhelm von Ascheberg)가 정서한 1820/21년의 강의 필기록은 독일의 페터 랑 출판사에서 출간되었고, 1826년 강의 필기록은 여섯 편 가운데 하인리히 켈러(Heinrich Kehler)와 폰 데어 포르텐(Von der Pforten)의 것이 최근 빌헬름 핀크 출판사와 슈르캄프 출판사에서 각각 출간되었다. 여기 소개되는 『헤겔 예술철학』은 1998년 함부르크의 펠릭스 마이너 출판사의 원전을 대본으로 한다. 이 원전은 현재 하겐대학 철학과 교수인 안네마리 게트만-지페르트 교수가 오랜 세월에 걸쳐 수고를 정리하고 고증한 것으로 무엇보다 헤겔이 강의에서 언급한 사실들이나 인명, 예술작품들에 대한 자세한 정보와 헤겔이 참조한 문헌들을 주석에서 매우 충실하게 밝히고 있어 헤겔 미학 연구자는 물론 일반 독자들에게도 많은 도움이 된다.

이 책은 번역되어 나오기까지 홍익대학교 및 서울대학교 대학원 미학과와 강원대학교 영상문화학과 대학원에서 교재로 사용되었는데 수업 참여자들과의 토론과 그들의 명석한 이해가 난해한 문장을 해독하는 데 많은 도움이 되었다. 또한 마지막 교정 과정에서 전체 문장을 꼼꼼히 읽어준 강원대학교 영상문화학과 대학원생들에게 많은 감사를 표하며, 무엇보다 강의 필기록 원본의 사진을 이 책에 수록하도록 허락해준 보쿰의 헤겔문서연구소 소장 발터 예쉬케(Walter Jaeschke) 교수와 여러 장의 필기록 스캔에 수고하신 엘리자베드 바이써-로만(Elisabeth Weisser-Lohmann) 박사와 요켄 자틀러(Jochen Sattler) 씨께 고마움을 전한다. 그리고 늘 우리의 인문학 발전에 말없이 공헌하시는 미술문화 지미정 사장님의 후의와 인내에 깊은 감사를 드린다.

2008년 1월
옮긴이

## 필자소개

### 저자
### 게오르크 빌헬름 프리드리히 헤겔
(Georg Wilhelm Friedrich Hegel, 1770~1831)

1770년 독일 슈투트가르트에서 출생하였으며, 칸트(Immanuel Kant), 피히테(Johann Gottlieb Fichte), 셸링(Friedrich Wilhelm Johann Schelling)을 망라하는 독일 관념론의 대표적인 철학자이다.

튀빙엔 대학(1778-90)에서 신학을 전공하였으나 졸업 후 베른과 프랑크푸르트에서 가정교사를 하면서도 정치, 경제를 비롯하여 철학에 대한 관심과 연구를 꾸준히 발전시켜 나갔다. 1801년 예나 대학에서「행성의 운행궤도 De orbitis planetarum」라는 제목의 자연철학 논문으로 박사학위를 취득하고, 논리학과 형이상학 강좌를 맡아 강의하던 중 1805년 이 대학의 별정직 교수로 부임하였다. 그 후 1808년에 뉘른베르크 김나지움의 예비학 교수로 임명되었고 교장직도 맡아서 1816년까지 재직하였다. 1816년 10월에는 하이델베르크 대학 교수로 부임하였고, 1818년에 피히테의 후임으로 베를린 대학 철학과 교수로 초빙되었다. 이곳에서 법·역사·종교·예술·철학사 등의 분야에 대한 강의를 여러 차례 실시하면서 각 분야의 제 현상들에 대한 더욱 생동적이고 포괄적인 사유를 하였다. 1829년에 베를린 대학의 총장이 되었으나 1831년에 사망하였다.

프랑크푸르트 시대의 종교비판적 논편들을 비롯하여 베를린 시대에 이르기까지 많은 저작물들이 있는데 대표적으로『피히테와 셸링 철학체계의 차이』(1801),『정신현상학』(1807),『뉘른베르크 저작들』(1808-16), 하이델베르크의『철학백과』(1817),『법철학강요』(1821) 등이 있으며, 베를린에서 실시한 '법철학', '종교철학', '역사철학', '예술철학' 강의들은 헤겔 사후에 제자들이 그의 유고와 청강생들의 강의필기록들을 자료하여 책으로 출간하였다.

헤겔의 철학은 형식논리학이 아니라 모순을 통해 현실 속에서 스스로를 실현해가는 개념과 역사 속에서 현상하는 정신의 운동원리, 즉 변증법적 논리에 기초하는 것으로

〈헤겔의 묘〉
베를린, 도로텐 시립 공동묘지 내

서 마르크스(Karl Marx)의 유물론적 역사인식에 직접적인 영향을 주었으며, 20세기의 철학, 문화, 과학이론, 예술이론, 사회학, 역사, 신학, 정치, 법률학 등 많은 분야에서 새로운 사유의 출발점을 마련해 주었다. 특히 헤겔의 역사적 예술 규정과 고찰방식은 현대 미학·예술이론 분야에서 미국 예술철학자 단토(Athur C. Danto)의 예술이해와 '역사 이후(posthistory)' 시대의 예술에 대한 그의 사유에 중요한 지반이 됨으로써 오늘날 새로운 관심과 연구의 대상으로 주목받고 있다.

**헤겔 강의 수록자**

## 하인리히 구스타브 호토 (Heinrich Gustav Hotho, 1802~73)

1802년 베를린에서 출생하여 그 곳에서 사망하였다. 1826년에 베를린 대학에서 문학 분야의 학위를 받고 파리와 런던, 남부지방들을 여행한 후 미술사에 관심을 갖게 되어 미학과 미술사 분야의 도슨트 자격을 취득하였다. 1829년에 베를린 대학의 미술사 교수가 되었고, 1833년에는 바겐(G. F. Waagen) 교수에 의해 프로이센의 수도였던 베를린 미술관 조교로도 채용되었으며, 1858년부터는 이곳의 동판화 수집관 관장으로 활동하였다.

미학 분야에서 호토는 무엇보다 헤겔 미학 편찬자로 널리 알려져 있다. 호토는 1823년경 헤겔의 '미학 혹은 예술철학 강의'를 청강하면서 강의를 직접 받아적었을 뿐 아니라 이 무렵 헤겔이 실시한 '법철학 강의', '역사철학 강의'들도 청강하여 필기록을 남겼다. 헤겔 사후에는 베를린 대학에서 헤겔이 해왔던 예술철학 강좌를 맡아 강의하였다. 특히 호토가 1833년에 실시한 '미학 혹은 미와 예술철학 강의'를 헤겔의 아들인 임마뉴엘 헤겔(Immanuel Hegel)이 청강하여 필기록을 남기고 있는데, 이 필기록은 헤겔의 미학강의와 호토의 미학강의의 연관성과 차이를 살펴보는 데 중요한 자료가 된다.

헤겔 미학을 편찬하여 출간한 1835년에 호토는 『삶과 예술에 관한 예비연구 *Vorstudien zu Leben und Kunst*』라는 자신의 책을 출간하여 미술뿐 아니라 예술 일반에 관한 고찰입장을 밝히는데, 이 책에서 보이는 그의 낭만주의적 견해가 헤겔 미학 편찬에 대폭 반영되었음을 알 수 있다. 이 후 호토는 오랜 기간 동안 품어왔던 독일과 네덜란드 플레밍 화파의 역사에 관한 전문가가 되고자 하는 야망으로 1842-43년에 걸쳐 이 분야에 관한 연구서들을 출간했는데, 1853-58년에 그 일부를 『후베르트 반 아이크 화파, 그리고 그의 독일 선구자와 동시대인들』이라는 제목으로 묶어 개정판을 발간하기도 했다.

## 편집자
### 안네마리 게트만-지페르트 (Annemarie Gethmann-Siefert, 1945~ )

본 대학, 인스부르크 대학에서 철학 · 신학 · 미술사를 수학하고, 1970년에 하이데거의 철학과 신학적 이론에 관한 논문으로 철학박사 학위를 받은 후 보쿰 대학과 헤겔 문서연구서에서 조교로 활동하였다. 1983년 보쿰 대학에서 헤겔 미학에 관한 연구를 통해 교수자격(Habilitation)을 획득한 후 보쿰 대학 교수를 역임하다가 1991년에 하겐 대학 철학과 C4직 교수로 초빙되어 현재까지 재직하고 있으며, 철학연구 시리즈 '새 시대와 현재 Neuzeit und Gegenwart' (München: Wilhelm Fink Verlag)의 편집자로도 활동하고 있다.

주요 연구분야는 철학적 미학 · 미술사이며, 그 밖에도 인간학 · 종교철학 · 역사철학 · 독일관념론 분야를 포괄한다. 저서로는 『마르틴 하이데거의 사유에서 철학과 신학의 관계 Das Verhhältnis von Philosophie und Theologie im Denken Martin Heideggers』 (Freiburg/München: Kral Alber 1975), 『역사에서 예술의 기능. 헤겔 미학 연구 Die Funktion der Kunst in der Geschichte. Untersuchungen zu Hegels Ästhetik』(Bonn: Bouvier 1984), 『미학입문 Einführung in die Ästhetik』(München: Wilhelm Fink 1995), 『헤겔미학입문 Einführung in Hegels Ästhetik』(München: Wilhelm Fink 2005) 등이 있으며, 그간 보쿰 대학의 헤겔 문서연구소에 수집된 헤겔 미학 관련 새로운 문헌들을 검증하고 편찬하면서 『헤겔연구 Hegel-Studien』지 및 『헤겔연구 호외본 Hegel-Studien Beiheft』에 헤겔 미학에 관한 수많은 연구논문들을 발표하여 헤겔 미학연구의 세계적 권위자로 인정받고 있다.

## 역자
### 한동원(韓東遠, 1948~ )

고려대학교 철학과에서 석사학위를 취득한 후 헤겔의 『정신현상학』에 관한 연구로 1987년 철학박사 학위를 취득하였다. 1978년부터 부산여자대학교 교수를 역임하였고, 1984년에 강원대학교 철학과 교수로 부임하였으며 2003년부터 동 대학 영상문화학과 교수로 재직하고 있다.

연구 분야는 서양근대독일철학, 특히 헤겔 및 독일관념론이며, 그 밖에 미학 일반과 영화이론이 주된 연구 분야를 이룬다. 저서『철학의 이해』(공저, 강원대출판부, 1994)와 역서『진리와 방법 I – 철학적 해석학의 기본 특징들』(공역, 문학동네, 2000)이 있으며, 「헤겔 정신현상학의 구조에 관한 연구」를 비롯하여 헤겔의 논리학과 칸트 · 니체 · 하이데거 미학 및 파졸리니 · 고다르의 영화에 관한 연구논문들이 있다.

### 권정임(權貞壬, 1960~ )

홍익대학교 미학과에서 석사학위를 취득한 후 독일 보쿰 대학 및 헤겔 아키브에서 수학하고 하겐대학 철학과에서 헤겔 미학에 관한 연구로 1998년 박사학위를 취득하였다. 2003년부터 강원대학교 미술학과 교수로 재직하고 있다.

연구 분야는 독일 관념론 미학 및 예술이론이며, 저서로『헤겔의 예술규정. 헤겔미학에서 '상징적 예술형식'의 의미 *Hegels Bestimmung der Kunst. Die Bedeutung der 'symbolischen Kunstform' in Hegels Ästhetik*』(München: Wilhelm Fink 2001), 게트만-지페르트 교수와 공동편찬한『헤겔 예술철학. 1826년 강의 *G.W.F. Hegels Philosophie der Kunst. Vorlesung von 1826*』(Frankfurt am Main: Suhrkamp 2004), 공동 저서로『텍스트와 형상. 예술의 학제간 연구를 위한 고찰』(미술문화, 2005), 『미학』(책세상, 2007), 『미학으로 읽는 미술』(월간미술, 2007)이 있고, 헤겔을 비롯한 독일 관념론 미학과 현대 예술해석에 관한 국내외 연구논문들이 있다.

# 사항색인

가상(Schein) 77-79, 82, 97, 102, 131, 132, 134, 161, 357
가시성(Sichtbarkeit) 119, 120, 298, 324
가청성(Hörbarkeit) 120, 363
가치내용(Gehalt) 91, 98, 116, 119, 197, 200, 202, 210, 263, 288, 290, 344, 383
감각(Empfindung) 79, 81, 86, 90-93, 120, 121, 136, 149, 157, 326, 344, 360, 361, 365
감각/감관(Sinn) 92, 140, 142/ 89, 139, 147, 297, 298, 329
감정(Gefühl) 91, 92, 268
개념(Begriff) 81, 83, 108, 111, 114, 116, 127-130, 133, 143, 154, 162, 165, 170, 207-210, 226, 237, 240, 255, 265, 291, 323, 324, 328
개별성(Individualität) 93, 117, 118, 146, 154-158, 161, 165, 176-179, 183, 254, 256, 326, 327, 343, 385, 395, 398, 401, 405
개별적 특수성(Partikularität) 118, 159, 189, 192, 193, 198, 326, 327, 344, 390, 179, 277, 344
객관성(Objektivität) 123, 165, 195-199, 325, 327, 344, 357, 366, 378, 379, 407
건축(Architektur) 115-123, 148, 214, 221, 298-305, 309-315, 321, 323, 328, 340-365
고전적(klassisch) 200, 203, 222, 245, 249, 256, 259, 273, 284, 301
고전적 건축 302, 314-317, 321
고전적 시 376
고전적 예술 112, 113, 123, 203, 214, 237-239, 243, 244, 248, 254-257, 261, 262, 265-272, 277, 282, 286, 312, 313, 330
고전적 예술형식 39, 42, 48, 53, 115, 200, 237, 479, 480, 488
공간(Raum) 114, 122, 123, 131, 132, 301, 337, 345
관념론(Idealismus) 131-133
  객관적 관념론 132
관념성/이상성(Idealität) 120, 130-136, 143, 154, 163, 164, 179, 186, 187, 299, 319, 335, 341
교훈담(Apolog) 229
교훈시(Lehrgedicht) 226, 236, 380
구체적(konkret) 95, 97, 109-114, 116, 128, 143, 324, 379, 380
국가(Staat) 158, 166-169, 173, 175, 220, 250, 252, 259, 281, 285, 304, 369, 398, 400
균제(Symmetrie) 144, 145, 148
그리스 예술(griechische Kunst) 172, 244,

262, 263, 331
극/드라마(Drama) 144, 232, 252, 379-384, 394, 402, 405
극시(dramatische Poesie) 379, 393
기독교 예술(christliche Kunst) 113, 261, 288, 331
기법(Manier) 197, 198
기호(Zeichen) 121, 122, 200, 213, 214, 247, 365, 370, 372
낭만적(romantisch) 116, 117, 120, 121, 200, 262-265, 270-281, 291, 301, 347, 349, 373, 376, 377, 385
낭만적 건축 320
낭만적 소설 284
낭만적 시 116, 376
낭만적 예술 113, 122, 123, 169, 261, 269, 271, 274, 275, 286-288, 299, 474-476, 486, 488
낭만적 예술형식 39, 42, 53, 118, 122, 123, 478-481, 488
내면성(Innerlichketi) 116, 118, 121, 132, 181, 186, 266, 268, 292, 357, 360, 393
내밀성(Innigkeit) 268, 271-273, 277, 278, 286, 287, 292, 293, 331, 336-351
내용(Inhalt) 81, 82, 91, 98-102, 105-112, 115, 116, 120, 137, 162, 168, 170, 177, 179, 196, 203, 206, 208, 210, 225, 238, 240, 243, 244, 254, 257, 273, 279, 297, 303, 361, 368-384
니벨룽의 노래(*Nibelungenlied*) 187, 193, 391
다양성(Mannigfaligkeit) 118, 129, 134, 156, 220, 260, 266, 269, 270, 363, 373
대자적/자신에 대하여(für sich) 78, 89, 113,
128, 143, 165, 206, 214, 223, 236, 263, 277, 325, 326, 329, 343, 347, 366
도야(Bildung) 82, 92, 93, 103, 105, 327
독창성(Originalität) 197-199
라마야나(Ramayana) 217
링감(Lingam) 306, 308
멤논(Memnon) 307-309
명예(Ehre) 107, 167, 175, 178, 185, 247, 278-280, 282, 399
무한성(Unendlichkeit) 161, 162, 243, 279
미(Schönheit/das Schöne) 77, 110, 127, 139-142, 153, 154, 158-164, 199, 200, 314, 320, 339, 375
미 이념 52
미학(Ästhetik) 33, 90
칼리스틱(Kalistik) 91
미학 *Vorlesungen über die Ästhetik*, 1835 32-40, 43-45, 48-51, 54-56, 64-66
민족정신(Volksgeist) 250, 291
바벨탑(Belus/Bell Turm) 304
반작용(Reaktion) 164, 174, 177, 236
배화교도(Parse) 209
변신/변신 이야기(Metamorphosen) 246, 247, 250, 251
보편성(Allgemeinheit) 96, 104, 112, 116, 118, 119, 210-212, 260, 269, 326, 352, 398
보편적 예술형식 115-118, 123, 200
범신론(Pantheismus) 209, 216, 243, 247
브라마(Brahma) 216-218, 221
비극(Tragödie) 169, 180, 185, 191, 193, 280, 281, 375, 394-404
비유(Vergleichung) 201, 226-235
비유담(Parabel) 226, 229, 262

사랑(Liebe) 176, 256, 272-274, 278-282, 348, 350, 403
사유(Gedanke) 80-82, 98, 99, 108, 109, 122, 128, 133, 138, 139, 201, 208, 286, 328, 407
사콘탈라(Sakontala) 218
산문(Prosa) 122, 175, 178, 186, 190, 197, 207, 208, 368-373, 377, 389
  산문적(prosaisch) 87, 98, 109, 158, 161, 178-181, 195, 196, 203, 204, 218, 225, 226, 230, 247, 262-264, 286, 371, 377
상상(Phantasie) 77, 81, 98, 99, 112, 178, 188, 205, 257, 259, 268, 288, 375, 390
상상력(Einbildungskraft) 188, 232, 290, 394
상징(Symbol) 53, 122, 200-206, 212-225, 230, 241, 245, 247, 258
  상징적(symbolisch) 112, 113, 193, 200-226, 240, 244-247, 257, 258, 265, 277, 290, 299-314, 331, 354, 407
  상징적 건축 116, 117, 302-305, 312, 314
  상징적 예술 112, 123, 208, 223, 237, 238, 243
  상징적 예술형식 39, 52, 53, 114, 115, 123, 200, 479, 481, 488
상태(Zustand) 164-170, 190, 292, 293, 383-385, 391, 396, 397
상황(Situation) 80, 94, 135, 164, 169-176, 184, 193-199, 215, 232, 235, 236, 276, 351, 354, 370, 381, 386, 392, 395
성격(Charakter) 170, 180-186, 233, 234, 240, 255, 256, 269, 272, 282-285, 287, 343, 381-383, 391, 396-403
색채(Farbe) 119, 120, 128, 134, 149, 153,
259, 289, 323, 324, 337, 344-347, 353-356, 362, 367, 371
생/생명(Leben) 87, 88, 97, 130, 143, 146, 147, 156, 192, 209-212, 245, 333, 354
  생명성(Lebendigkeit) 131, 133, 140, 141, 148, 154-161, 184, 245, 247, 289, 356
  생명체/살아있는 것(das Lebendige) 127, 130-136, 141, 142, 147-159, 209, 216
서사시(Epos) 187, 378-391, 393-397
서정시(lyrische Poesie) 193, 379
설화시(Romanze) 392
소재(Stoff) 86, 87, 90, 111-120, 144, 168, 170, 178, 188, 193-200, 230-239, 257, 260, 268, 270, 276, 280-282, 286-293, 324, 367, 373, 378, 381-388, 406
수수께끼(Rätsel) 222, 223, 228, 269, 310, 402
순교자(Märtyrer) 274, 275
숭고/숭고성(Erhabenheit) 111, 112, 142, 218, 219, 224, 225, 254, 255, 273, 322
스핑크스(Sphinx) 223, 308-311, 402
시(Poesie) 85, 87, 98, 100, 105, 116, 121, 122, 144, 148, 162, 171, 175, 176, 187, 188, 198, 205, 217, 218, 224, 225, 229-231, 236, 237, 257, 262, 287, 298, 361, 366-379, 389-393
시간(Zeit) 114, 120-123, 148, 186, 218, 243, 250, 258, 360-367, 371, 394
시인(Dichter) 86, 93, 100, 175, 180-188, 193-198, 218, 230-259, 290, 371-378, 388, 391, 400
  음유시인(Rhapsode) 379, 390
신(Gott) 88, 109-118, 164, 171-174, 177-184, 187, 189, 203, 208, 212, 215-220,

224, 225, 229, 240-273, 291, 299, 305-309, 315, 341-343, 365, 384, 389, 394, 401, 402, 406
신곡(Divina Comedia) 369, 391
신화(Mythos) 204, 206, 210, 213, 222, 223, 240, 247, 249, 252, 259, 260, 388
　신화론/신화이야기(Mythologie) 203-207, 241, 309
실체성(Substantialität) 162, 166, 254, 282, 327, 343, 344, 396, 400
실체적인 것(das Substantielle) 131, 150, 154, 155, 162, 166, 170, 171, 177-180, 196, 198, 206, 207, 239, 240, 249-251, 261, 262, 270, 286-292, 347, 349, 376, 389, 390, 396
심정(Gemüt) 86, 87, 114, 158, 176, 181-186, 233-234, 269, 270, 275-286, 292, 298, 329, 331, 344, 348-352, 370, 381-385, 392, 403, 404
아름다운(schön) 84, 91, 92, 101, 255, 261, 281-284, 289, 300, 312-319, 325, 330, 336, 339, 340, 356, 377, 385, 388
　아름다움(das Schöne) 92, 97, 141, 142, 151, 240, 255, 265, 268, 273, 288, 298, 309, 312, 404
아이러니(Ironie) 179, 290, 389
알레고리(Allegorie) 106, 229, 256
양식(Stil) 85, 185, 188, 198, 230, 251, 318-320, 330, 332, 333, 347
엔치클로페디(Enzyklopädie) 38, 40, 42, 46-48, 54
영웅(Heros) 167- 169, 180, 184, 187, 192, 194, 201, 214, 245, 258, 260, 286, 339, 342, 387, 397, 399

영웅서사집(Heldengeschichte) 187
영혼(Seele) 115, 122, 130-148, 154-161, 185, 221, 232, 234, 241, 267-271, 283, 311, 312, 328, 334-337, 348-351, 356, 364, 370
예술(Kunst) 77-91, 95-98, 101-110, 114, 136, 147, 160-165, 190-194, 239, 261, 293, 297-301, 324, 330, 350, 369, 407
　예술의 관심(Interesse der Kunst) 96, 271, 291
　예술의 내용(Inhalt der Kunst) 81, 83, 102, 105, 106, 109, 206, 239
　예술의 목적(Zweck der Kunst) 97, 105, 314, 365
　예술의 시초(Anfang der Kunst) 207, 300
　예술의 의미(Bedeutung der Kunst) 231
예술가(Künstler) 86, 98, 104, 193, 197, 198, 238, 290-292, 331, 332
예술미(das Kunstschöne) 49, 91, 127
예술욕구(Bedürfnis der Kunst) 89
예술의 종말 34, 35, 36, 40
예술의 종말 논제 35, 36, 48
예술작품(Kunstwerk) 48, 50, 53, 82-103, 106-108, 192, 195-200, 223, 292, 374, 377
예술철학(Philosophie der Kunst) 82, 83
예술형식(Kunstform) 36, 47-49, 52, 53, 81, 106, 114-116, 119, 199, 200, 226, 236, 240, 243, 262-265, 285, 297
오디세이아(Odysseia) 182
오벨리스크(Obelisk) 307, 308
오리엔트 예술(orientalische Kunst) 112
오성(Verstand) 109, 122, 133, 146, 190, 314, 357, 363, 365, 369-372, 386
　오성적 117, 121, 146, 148, 207, 230, 312-

317, 365, 370-372, 389

외면성(Äußerlichkeit) 78, 88, 93, 115-118, 122, 123, 129, 145-148, 170, 240, 242, 254, 260-272, 286, 287, 303, 323, 344, 357, 366, 374, 404

외적인 규정성(äußerliche Bestimmtheit) 144, 164, 186

욕구(Bedürfnis) 81, 82, 89, 90, 96, 156, 171, 173, 177, 189-192, 208, 212, 223, 303, 332, 392

우연성(Zufälligkeit) 135, 149, 163, 192, 198, 256, 282-285, 350, 402, 403

원자료(Quellen) 30-45, 50, 53-56, 66

유기체(das Organische) 131, 135, 140, 145, 151, 155

유대교(judische Religion) 245

유머(Humor) 286-291

유한성(Endlichkeit) 158, 159, 164, 165, 168, 177, 225, 267, 268

은유(Metapher) 230, 373

음(Ton) 120-123, 200, 323, 357-367, 372-376

음조 148, 149, 327, 332, 374, 375, 380-383

음악(Musik) 86, 121, 123, 133, 148, 314, 357-365

음향예술(tönende Kunst) 366, 298

의식(Bewußtsein) 88-90, 142, 161, 162, 273, 397, 324, 326, 366, 388, 397, 399

자기의식(Selbstbewußtsein) 170, 206, 223, 245, 254, 280

이념(Idee) 41, 52, 53, 64, 82, 110, 113, 127, 130, 154, 155, 163, 177, 179, 238, 260, 263, 272, 273, 287, 297, 327, 332, 384

이상/이념상(Ideal) 36, 40-42, 48-53, 64, 113, 127, 143, 153, 154, 160-172, 179, 181, 184, 192, 199, 238, 242, 254, 255, 260-262, 268-273, 327, 341, 346, 347

이성(Vernunft) 82, 93, 204, 208, 328, 364, 402

인간적인 것(humanus) 88, 102, 157, 217, 220, 223, 228, 240, 252, 378, 383

인륜적(sittlich) 105, 165, 166, 170-177, 247, 252-254, 278, 282, 285, 326, 380, 384, 386, 389, 396-401

일자(das Eine/Eins) 78, 109, 118, 130-136, 155, 159, 225, 242, 248

이솝 우화(äsopischer Fabel) 226-229, 245

자연미(Naturschönheit) 125, 143, 153, 155

자유(Freiheit) 132, 133, 148, 150, 159, 162, 163, 169, 179,-187, 207, 221-223, 229, 235, 238, 240, 266, 334, 365, 375, 377, 405

재능(Talent) 85-87, 99, 100, 235, 292

예술재능(Kunsttalent) 99, 100

정신(Geist) 78, 84-87, 94, 97, 99, 128, 159, 162, 163, 178, 223, 240, 243, 265, 298, 325-329, 393

정신성(Geistigkeit) 99, 206, 212, 219, 240, 242, 248, 263, 270, 291, 323, 325, 328, 330, 338, 343

정황(Umstand) 122, 158, 168-177, 184, 257, 259, 274, 283, 342, 353-355, 380-383

조각(Skulptur) 115-123, 128, 151, 164, 171, 172, 185-188, 228, 230, 239, 255-266, 288, 298-311, 315, 322-329, 336-343, 347, 352, 378

조형예술(bildende Kunst) 230, 298, 299, 357, 366
종교(Religion) 81, 89, 91, 105, 107, 204, 207, 208, 242, 244, 248, 261, 291, 348
주관성(Subjektivität) 120, 154, 165, 178, 184, 186, 220, 222, 242, 278, 282, 286, 290, 291, 325, 326, 343-347, 358, 360, 365, 407
　개별적 주관성(individuelle S.) 162
　실체적 주관성(substantielle S.) 200, 206, 210
　자유로운 주관성(freie S.) 149, 151, 165, 207, 343, 344, 357
　절대적 주관성(absolute S.) 266
　정신적 주관성(geistige S.) 207, 210, 215, 240, 249, 271, 299
　추상적 주관성(abstrakte S.) 267, 357
　형식적 주관성(formelle S.) 282
즉자적(an sich) 135, 154, 161, 306, 308, 406
즉자 대자적(an und für sich) 85, 128, 162, 177-179, 217, 222, 238, 268, 279, 330, 341, 369
즉자-대자적으로 존재하는 것(ein An-und-für-sich-Seiendes) 103, 105
지체(Glied) 83, 130-132, 136-141, 146, 147, 155, 156, 369
직관(Anschauung) 89-95, 113, 135-139, 149, 208, 221, 224, 297, 367, 371, 391, 394
　정신적인 직관(geistige Anschauung) 395, 367, 394
직유(Gleichnis) 201, 226, 234
진리(Wahrheit) 78-81, 107, 113, 130, 160, 162, 197, 229, 249
천재(Genie) 85, 86, 94, 332
철학(Philosophie) 80-83, 130, 297, 328, 380, 389, 407
청각(Gehör) 97, 120, 298, 357
초상화(Porträt) 101, 171, 271, 287, 293
총체성(Totalität) 127, 129, 149, 184, 186, 187, 219, 226, 237, 255, 263, 271, 277, 345
추(das Häßliche) 273
추상적(abstrakt) 91, 96, 98, 108, 120, 122, 123, 129, 134, 144, 224, 236, 240, 243, 248, 256, 263, 343, 357
　추상적 내면성(abstrakte Innerlichkeit) 121, 357, 360
　추상적 사유(abstraktes Denken) 98, 202, 264
　추상적 외면성(abstrakte Äußerlichkeit) 123
　추상적 자아(abstraktes Ich) 363
　추상적 통일(성)(abstrakte Einheit) 114, 143-146, 151, 152
　추상적 표상(abstrakte Vorstellung) 170, 178, 205, 211, 242, 371
충돌(Kollision) 179, 180, 280, 281, 384, 395, 398, 403
충성(Treue) 278, 281, 282
취미(Geschmack) 92, 93, 232
친화력(*Wahlverwandtschaft*) 199
타자(das Andere) 78, 115, 123, 134, 142, 143, 155, 158, 159, 224, 247, 249, 265, 272, 280, 348, 401
통일(Einheit) 99, 105, 106, 113, 127-130, 134-146, 154, 243, 291, 301, 362

통일성 110, 128-140, 148, 400
특수성(Besonderheit) 92, 119, 120, 170, 226, 249, 254-256, 280, 326, 340-347, 360, 362, 386, 394, 400
파토스(Pathos) 177-184, 232, 281, 291, 396, 399, 400
표상(Vorstellung) 81, 83, 94, 121, 128, 178, 200-205, 212, 213, 222, 223, 297, 303, 304, 331, 366-371, 388
　감각적 표상(sinnliche Vorstellung) 94, 113, 201, 200, 297
　보편적 표상(allgemeine Vorstellung) 138, 201, 205, 210-213, 218, 222, 230, 303, 304
　추상적 표상(abstrakte Vorstellung) 170, 178, 205, 211, 242, 371
표현(Darstellung) 82, 117, 121, 127, 165, 177, 187, 193-197, 202, 203, 208, 210, 215-222, 229, 230, 236, 268-273, 290-292, 304, 323, 330-334, 347, 370-373, 379
피라미드(Pyramid) 122, 221, 222, 306, 312, 316, 353
필론(Pylon, 성문건물) 309
필연성(Notwendigkeit) 80, 83, 90, 97, 108, 113, 135-140, 157, 176, 282, 336, 345, 363-365, 378-383, 402-404
합규칙성(Regelmäßigkeit) 134, 135, 144-151, 301
합목적성(Zweckmäßigkeit) 133, 134, 141, 312-321, 369
합법칙성(Gesetzmäßigkeit) 148-151
행위(Handlung) 165, 172, 173, 245, 257-261, 284, 378-384, 393-395
현존재(Dasein) 78, 79, 110, 114-119, 122, 127, 132, 143, 154, 155, 161-164, 170, 192, 207, 212, 221, 240-243, 260, 262, 266, 271, 324
현현(Scheinen) 78, 117, 132, 134, 225, 28-292
형상/심상(Bild) 98, 101, 104, 110, 119, 202-205, 209, 332
형상화(bilden/einbilden) 110-113, 213, 238, 239, 299, 331, 334, 367- 374/ 265, 271, 273, 325
형식(Form) 88, 91, 108, 115-122, 141, 142, 151, 155, 178, 228, 230, 243, 255, 262, 265, 278, 297, 301, 304, 316, 330, 347, 373, 378, 407
형태(Gestalt) 97, 101, 110-115, 119, 120, 203, 212-218, 225, 226, 236, 240-243, 254-256, 262-268, 272, 273, 304, 356, 357, 379, 384, 389
　인간 형태(menschliche Gestalt) 113, 160, 207, 214-217, 223, 240, 241, 254, 267, 304, 307, 315, 328, 329
　자연형태(Naturgestalt) 102, 157, 159, 206, 216, 313
형태화(Gestaltung) 97-100, 111-113, 120, 207, 212, 223, 272, 284, 286, 330, 366
회화(Malerei) 120, 123, 171, 187, 188, 193, 228, 239, 288, 298-300, 323, 333, 342-357, 377
희극(Komödie) 391, 395, 396, 402-407

# 인명색인

가이아(Gaia) 249, 251
게르스텐베르크(Heinrich Wilhelm von Gerstenberg) 191
게스너(Gessner, 1737-1823) 190
게트만-지페르트(Annemarie Gethmann-Siefert, 1945- ) 30, 67
괴츠 폰 베를리힝엔(Götz von Berlichingen, 1480-1562) 170, 195, 199
괴테(Johann Wolfgang von Geothe, 1749-1832) 86, 87, 139, 140, 150, 169, 182, 183, 195, 199, 229, 230, 283, 287, 303, 338, 375, 393, 400
그리스도(Christ, BC 6년경-A.D. 30년경) 194, 267-278, 353, 389
나이드(Neith) 223
네메시스(Nemesis) 247, 248
네스토르(Nestor) 185
넵튠(Neptun) 249
노섬벌랜드(Northumberland) 234
녹스(Sir Thomas Malcom Knox, 1900-80) 34
다이달로스(Daedalus) 333
단테(Alighieri Dante, 1265-1321) 106, 191, 239, 369, 391
돈 키호테(Don Quixote) 284, 394
뒤러(Albrecht Dürer, 1471-1528) 356

디드로(Denis Didrot, 1713-84) 287
디아나(Diana) 249, 250, 254, 256, 339
디오니소스(Dionysos) 212, 337
디케(Dike) 249
라마(Rama) 216, 217
라쏜(Georg Lasson, 1862-1932) 34, 35, 39
레싱(Gotthold Ephraim Lessing, 1729-81) 227
레아(Rhea) 258
라파엘로(Raffaello, 1483-1520) 239, 346, 356
로미오(Romeo) 185, 233, 404
루터(Martin Luther, 1483-1546) 185
루시안(Lucian) 264, 265
리처드 2세(Richard II, 1367-1400) 234
리카온(Lycaon) 246
마르시아스(Marsias) 172
마르티(Fritz Marti, 1894-1991) 67
마리아(Maria) 149, 274, 276, 291, 350-353
맥베스(Macbeth) 183, 235, 282
멘델스존(Moses Mendelssohn, 1729-86) 90
멘토르(Mentor) 182
모어(Karl Moor, 1853-1932) 170, 201
몰리에르(Molière, 1622-73) 405
문트(Theodor Mundt, 1808-61) 35
미론(Myron) 342

미트라스(Mitras) 307
바제도(Johann Bernhard Basedow, 1723-90) 199
발렌슈타인(Wallenstein) 394
베르길리우스(Publio Vergillius Maro, BC 70-BC 19) 236, 388, 389
볼테르(Alias Voltair/ François Marie Arouet, 1694-1778) 194, 232
브루투스(Brutus) 235
브리세이스(Briseis) 185
비너스(Venus) 337-339
비슈누(Vishnu) 217
비트루비우스(Vitruvius, ?-?) 302
빌헬름 텔(Wilhelm Tell) 195
빙켈만(Johan Joachim Winckelmann, 1717-68) 330, 333, 335, 341
샤도(Wilhelm Schadow, 1788-1828) 172
세르반테스(Miguel de Cervantes Saavedra, 1547-1616) 284
솀시드(Schemschid) 209
셰익스피어(William Shakespeare, 1564-1616) 169, 194, 198, 232-235, 282, 286, 394
셸링(Friedrich Wilhelm Joseph von Schelling, 1775-1854) 38
소크라테스(Socrates, BC 470년경-399) 306, 405, 406
소포클레스(Sophokles, BC 496년경-406) 175, 181, 185, 198, 252, 280, 327, 395, 401
슐레겔(Friedrich Schlegel, 1772-1829) 100, 196, 280
스트라보(Strabo, BC. 64/63-A.D. 23 이후) 308

스트레프시아데스(Strepsiades) 405, 406
시드(Cid) 167, 385, 392
시바(Schiva) 217, 308
실러(Johann Christoph Friedrich Schiller, 1759-1805) 86, 87, 162, 169, 170, 194, 287, 400
아가멤논(Agamemnon) 168, 174, 181, 185, 260, 385, 386, 398
아드메토스(Admetos) 173
아레스(Ares) 260, 389
아리스토텔레스(Aristoteles, BC. 384-322) 207
아리스토파네스(Aritophanes) 245, 263, 265, 404-406
아리오스토(Ludovico Ariosto, 1474-1533) 284
아모르/에로스(Amor, Eros) 181, 339
아쉐베르크(Wilhelm von Ascheberg) 43
아우구스티누스(Augustinus) 377
아이네아스(Aeneas) 389
아우에(Hartmann von der Aue) 176
아이스킬로스(Aeschylos) 251, 280, 401
아이아스(Aias) 373, 398, 401
아킬레우스(Achilleus) 167, 175, 180-185, 194, 260, 279, 353, 368, 385, 391, 396, 404
아테나(Athena) 181, 182, 250-252, 256, 402
아폴로(Apollo) 171, 250-256, 260, 273, 389, 390, 401
아프로디테(Aphrodite) 247, 250, 256, 309, 389
안드로마케(Andromache) 382
안티고네(Antigone) 175, 252, 281, 395-401

안틸로코스(Antilokos) 185
알라르코스(Alarkos) 280
암브로시우스(Ambrosius) 377
에우리피데스(Euripides, BC 484?-406?) 182, 198
에우메니데스(Eumenides) 181, 251, 252, 401, 402
에우포르보스(Euphorbos) 260
에피메테우스(Ephimeteus) 252
오디세우스(Odysseus) 180, 187, 192, 260, 353, 387
오레스테스(Orestes) 174, 182, 251, 252, 281, 396, 398
오르무츠(Ormuz) 209
오르페우스(Orpheus) 360
오비디우스(Publius Ovidius Naso, BC 43-BC. 17) 231, 246, 250
오시리스(Osiris) 214, 215, 219-221
오시안(Ossian) 189, 232, 391
오이디푸스(Oedipus) 181, 223, 240, 385, 395, 399, 402
오케아노스(Okeanos) 249
우골리노(Ugolino) 191
우라노스(Uranos) 249
이시스(Isis) 214, 309
이플란트(August Wilhelm Iffland, 1759-1814) 287
이피게네이아(Iphigeneia) 174
작스(Hans Sachs, 1494-1576) 194
제우스(Zeus) 168, 179, 203, 239, 246-258, 339, 342, 398
줄리엣(Juliet) 185, 233, 283, 403
카를 대제(Karl 大帝, 742년경-814) 168
카시우스(Casius) 235

칼데론(Pedro Calderón de la Barca, 1600-81) 233, 276
칼카스(Calchas) 259
캄페르(Pieter Camper, 1722-89) 335
캐서린(Catherin) 235
케레스(Ceres) 212, 215, 251, 254, 258, 339
코레조(Antonio Allegri da Correggio, 1494-1534) 352
코체부(August Kotzebue, 1761-1819) 197, 287, 404
퀴비에(Georges Cuvier, 1769-1832) 137
크레온(Creon) 175, 176, 396, 398, 400
크로노스(Kronos) 249, 258
크로이처(Georg Friedrich Creuzer, 1771-1858) 204, 205, 305
크세노파네스(Xenophanes, BC 560년경-478년경) 241, 262
클롭슈토크(Friedrich Gottlieb Klopstock, 1724-1803) 389, 390
클리타임네스트라(Clytaimnestra) 252, 398
키루스(Cyrus) 229
타키투스(Publius Cornelius Tacitus, 56?-120?) 264
탄탈로스(Tantalos) 253
테미스(Themis) 251
테티스(Tethys) 184, 260
텔레마코스(Telemachos) 182
토르발센(Bertel Torbaldsen, 1770-1844) 172
토아스(Thoas) 182
파리스(Paris) 174
파울(Jean Paul, 1763-1825) 290
파트로클로스(Patroklos) 185, 260
팔라스(Pallas) 252, 339

팔루스(Phallus) 306
퍼시(Henry Percy, 1364-1403) 234
페르두시(Ferdusi) 173
페르세포네(Persephone) 258
페리클레스(Pericles, BC 495년경-429) 327
펠레우스(Peleus) 184
포에부스(Phoebus) 251
푀겔러(Otto Pöggeler) 67
프로메테우스(Prometheus) 250-254
프로크네(Procne) 246
프리아모스(Priamos) 185, 234, 382
플라톤(Platon, BC 428/427-348/347) 154, 160, 250, 262, 306, 379
플리니우스(Gaius Plinius Secundus, 23-79) 307
피디아스(Phidias, BC 500?-432?) 239
피셔(Theodor Vischer, 1807-87) 35
피에리데스(Pierides) 250, 251
피타고라스(Pythagoras, BC 580년경-500년경) 281, 380
피티아(Pythia) 251
핀다로스(Pindaros, BC 518-438) 194, 393
필로멜라(Philomela) 246
필록테테스(Philoktetes) 180, 398, 401
하이데거(Martin Heidegger, 1889-1976) 55
하이몬(Haemon) 281, 400

해리스(Karsten Harries, 1937- ) 36
햄릿(Hamlet) 183, 286, 403
헤라(Hera) 247, 250, 252, 256, 339, 342, 389
헤라클레스(Herakles) 167, 180, 214, 215, 245, 258, 401
헤로도토스(Herodotos, BC 484?-430/420) 221, 244, 305, 306, 368
헤르메스(Hermes) 172, 251, 306
헤베(Hebe) 251
헤시오도스(Hesiodos) 236, 244, 380
헤파이스토스(Hephaistos) 203, 253
헥토르(Hector) 185, 260, 382
헨리 4세(Henri IV, 1366-1413) 234
헨리 8세(Henri VIII, 1491-1547) 235
헨리히(Dieter Henrich, 1927- ) 35
헬리오스(Helios) 249
호가스(William Hogarth, 1697-1764) 151
호라티우스(Quintus Horatius Flaccus, BC 65-8) 84, 85, 264, 393
호메로스(Homeros, BC 800?-750) 87, 167, 175, 179, 181, 184-187, 193, 198, 239, 244, 257-260, 372, 373, 382, 386-390
호토(Heinrich Gustav Hotho, 1802-73) 30-40, 43-45, 50, 54-61, 64, 65-67
히르트(Alois Hirt, 1759-1839) 302

# G.W. F. 헤겔 강의 필기록과 수고 선집
**GEORG WILHELM FRIEDRICH HEGEL VORLESUNGEN**
**Ausgewählte Nachschriften und Manuskripte**
Hamburg: Felix Meiner Verlag

1권: *Vorlesungen über Naturrecht und Staatswissenschaft* 『자연법과 국가학 강의』, Nachschrift P. Wannenmann, hrsg. von C. Becker, W. Bonsiepen, A. Gethmann-Siefert, F. Hogemann, W. Jaeschke, Ch. Jamme, H.-Ch. Lucas, K.R. Meist, H. Schneider, mit einer Einleitung von O. Pöggeler, 1983.

2권: *Vorlesungen über die Philosophie der Kunst* 『예술철학 강의』, Berlin 1823, Nachgeschrieben von H.G. Hotho, hrsg. von A. Gethmann-Siefert, 1998.

3-5권: *Vorlesungen über die Philosophie der Religion* 『종교철학 강의』, hrsg. von W. Jaeschke.
   3권   : Teil 1. *Der Begriff der Religion* (제1부. 『종교 개념』), 1983.
   4권a/b : Teil 2. *Die bestimmte Religion* (제2부. 『규정적 종교』), 1985.
   5권   : Teil 3. *Die vollendete Religion* (제3부. 『완성된 종교』), 1984.

6-9권: *Vorlesungen über die Geschichte der Philosophie* 『철학사 강의』, hrsg. von P. Garniron und W. Jaeschke.
   6권: *Einleitung. Orientalische Philosophie* (『들어가는 말. 동양 철학』), 1994.
   7권: *Griechische Philosophie I: Thales bis Kyniker* (『그리스 철학 I: 탈레스에서 키니커까지』), 1989.
   8권: *Griechische Philosophie II: Plato bis Proklos* (『그리스 철학 II: 플라톤에서 프로클로스까지』), 1996.
   9권: *Philosophie der Mittelalters und der neueren Zeit* 『중세와 근세철학』, 1986.

10권: *Vorlesungen über die Logik* 『논리학 강의』(1831), Nachschrift von K. Hegel, hrsg. von H.-Ch. Lucas und U. Rameil, 2001.

11권: *Vorlesungen über Logik und Metaphysik* 『논리학과 형이상학 강의』(1817), Nachschrift von F.A. Good, hrsg. von K. Gloy, 1992.

12권: *Vorlesungen über die Philosophie der Weltgeschichte* 『역사철학 강의』(1882/23), Nachschriften von K.G.J. v. Griesheim, H.G. Hotho, und F.C.H.V. v. Kehler, hrsg. von K.-H. Ilting, K. Brehmer und H.N. Seelmann, 1996.

13권: *Vorlesungen über die Philosophie des Geistes* 『정신철학 강의』(1827/28), Nachschriften von J.E. Erdmann und F. Walter, hrsg. von F. Hespe und B. Tuschling, 1994.

15권: *Vorlesungen über philosophische Enzykloädie* 『철학백과 강의』(1812/13), Nachschriften von J. F. H. Abegg und Ch. S. Meinel, hrsg. von Udo Rameil, 2002.

16권: *Vorlesungen über die Philosophie der Natur* 『자연철학 강의』(Berlin 1819/20), Nachgeschrieben von Johann Rudolf Ringier, hrsg. von Martin Bondeli und Hoo Nam Seelmann, 2002.